신약성서 본문: 역사와 본문비평

현대 본문비평의 이론과 실제 및 비평적 편집본들에 대한 입문서

2판(증보판)

쿠르트 알란트, 바바라 알란트 저
김문경, 김동희 역

독일성서공회
대한성서공회 성경번역연구소

신약성서 본문: 역사와 본문비평
2020년 8월 25일 초판 1쇄 발행
2025년 6월 10일 초판 3쇄 발행

지은이 쿠르트 알란트, 바바라 알란트(Kurt Aland and Barbara Aland)
옮긴이 김문경, 김동희
발행처 (재)대한성서공회
서울시 서초구 남부순환로 2569
등 록 1962년 7월 20일, 제 1-78
인쇄소 주식회사 신우피앤비
제본소 (주)바이블코리아

ISBN 978-89-412-9959-2 DTDNT

초판에 관한 머리말

이 책은 대학의 강의용 교재, 또는 학업을 마친 사람들 또는 학교 밖에서 스스로 연구하기를 원하는 사람들을 위한 학습서이다. 또한 본 교재는 여러 가지 현대 본문 인쇄본들(《네슬-알란트 26판》[Nestle-Aland, 26], 〈그리스어 신약성서〉(*Greek New Testament,* 이하 GNT)는 3판부터, 〈사복음 대조서〉[*Synopsis Quattuor Evangeliorum*]는 13판부터, 〈그리스어-영어 사복음 대조서〉[*Greek-English Synopsis*]는 7판부터) 중 하나를 가능한 대로 최대한 이용하여 독립적인 연구를 수행하면서 신약성서 본문을 가늠해 보려는 사람들을 위해 저술되었다. 동일한 출판사에서 뷔르트바인(E. Würthwein)이 펴낸 〈구약성서 본문: 역사와 본문비평〉(*Der Text des Alten Testaments,* 1988년 제5판)이 이 책의 좋은 본보기가 된 것은 사실이지만, 이 책은 이용자들의 실질적인 요구 사항에 더욱 집중하였다는 점에서 차이가 있다. 이 책을 통해 그리스어 신약성서를 다루기 위한, 그리고 전승된 다양한 신약성서의 이문들을 독자적으로 판단하기 위한 필수적인 기초 지식들이 제공될 수 있을 것이다. 고대의 개별적인 사항들(예를 들어, 모든 개별 사항에서 논의되는 신약성서의 초기 인쇄에 관한 역사)은 필수 사항에 국한하였지만, 견해를 전달하는 부분(광범위한 그림 자료를 참조할 것), 복잡한 자료들을 다루며 실제적으로 연습하는 부분, 그리고 독자적인 판단에 대해 설명하는 부분은 (개략적인 윤곽이 허용하는 범위에서) 상세하게 다루었다.

이 책은 선행 지식 없이 읽는 사람을 포함하여 모든 독자에게, 어려운 자료들을 개괄적으로 설명하기 위하여 노력했다고 자부한다. 따라서 독자가 첫 쪽부터 차례대로 읽어 갈 수 있기는 하다. 그러나 다른 내용들을 계속해서 접하기 전에 일단 자신이 갖고 있는 그리스어 신약성서 인쇄본의 기본 장치와 구조를 전체적으로 파악하고자 하는 독자들은, 우선 5장부터 시작하기를 추천한다. 잘 모르거나 혹 낯설게 느껴지는 것(예를 들어, 필사본의 기호 등) 등은 상세하게 기록된 목차나 다른 장에서, 관련된 색인을 참고하여 비교적 쉽게 이해할 수 있을 것이다. 가능하면 각 장은 — 때때로 내용이 좀 반복되더라도 — 하나의 완성된 단위로 구성하였다.

2판에 관하여

우리도 제2판을 준비할 수 있을 것으로 생각은 했지만, 독일어 초판이 예상 밖으로 크게 환영을 받아 판매량이 매우 빨리 늘어나서, 2판을 준비할 시간이 우리가 생각했던 것보다 훨씬 부족했다. 본문은 최근의 것으로 맞추고 보충하였으며 몇 군데에서는 본문을 확장하기도 했다. 쪽 배치에 들어가는 비용을 줄이기 위해 제1판의 쪽 배치를 할 수 있는 대로 바꾸지 않았고, 증보된 내용(본 책의 397쪽 이하는 예외)은 이 책의 부록 490–529쪽에 수록하였다. 그러나 쪽 수를 바꿔도 무관한 곳(예를 들어, 그림 자료에 해당한다. 111, 114, 147, 186/187쪽을 참고할 것.)과 그 밖의 여러 곳에서는 쪽 수를 바꾸기도 했다(1988년 5월의 상황).

영어판에도 비슷한 상황이 발생했다. 1987년의 초판이 너무 이른 시기에 품절이 되어, 몇 달이 지나지 않아서 벌써 재간행이 절실하게 되었다. 그러나 이 재간행본도 우리가 기대했던 것보다도 너무 이른 시기에 품절되어 즉시 신판을 구상하지 않을 수 없었다. 영어 신판을 출간할 때도 독일어 신판을 출간할 때의 상황과 같은 상황을 맞을 수 밖에 없었다. 그래서 영어와 독일어 신판 준비를 동시에 시작하게 되었다.

독자가 경우에 따라 더 많은 특수 문헌들의 정보를 원한다면, 본 책의 1판 머리말에 실린 목표 설정에 관한 내용을 추가로 참고할 수 있다. 만일 이 책이 범위를 1/3 정도로 줄여서 다뤘다면, 아마도 특수 문헌들의 정보를 더 실어서 그것을 필요로 하는 사람들의 기대와 바람에 부응할 수도 있었을 것이다. 전문적인 것을 다루는 방향으로 나아가는 것이 한편으로는 옳을 수도 있다. 그런데도 그렇게 하지 않은 이유는, 범위도 넓은데 전문적인 것까지 다룬다면, 깊이 있고 자세한 내용을 전하지 못할 수 있기 때문이다.

보통의 경우 저자의 특수 분야 연구는 언급하지 않았다. "현대 본문비평"은, 20세기 전반기의 본문비평의 상황과 비교해 볼 때, 괄목할 만한 발전을 이루어 내긴 했다. 그러나 본문비평이 가야 할 길의 마지막 지점에 도달한 것은 결코 아니다. 그때까지는 많은 노력이 필요할 것이다. 또한 오늘날에는 서로 너무 동떨어져 있는 듯한 연구들이 따로 따로 시작되는 일이 빈번한데, 이러한 개별 연구들이 그 전체를 아우르며 모든 사람에게 통할 수 있도록 수렴되기까지는 많은 토론이 필요할 것이다. 이 책에서 이러한 과정을 앞장서서 돕고자 한다. 이에 대해 엘리엇(J. K. Elliott[본 책의 65쪽 참고])의 저서들처럼 특수한 분야의 전문 서적은 대단히 중요할 수도 있다. 그는 자신의 저서에서 그리스어 신약성서 필사본에 관해 출판된 저서들과 연구들을 한데 묶는 일에 모든 힘을 쏟았다.

신약성서본문연구소(Institut für neutestamentliche Textforschung)의 미하엘 벨테(Michael Welte)는 색인 정리는 물론이고 교정 및 검토 작업을 완성하는 데 기술적으로 크게 기여했으며, 에롤 로데스(Erroll F. Rhodes)도 영어판을 위해 수고를 아끼지 않았다. 모두에게 감사의 뜻을 전한다.

1988년 3월 28일, 뮌스터/베스트팔렌에서

쿠르트 알란트, 바바라 알란트(K. Aland, B. Aland)

목차

초판에 관한 머리말 iii

2판에 관하여 v

I. 신약성서의 여러 인쇄본 1

1. 에라스무스에서 그리스바흐까지 1

에라스무스 1

〈콤플루텐시스 여러 말 대조 성서〉 2

베자 3

수용본문 3

콜리나에우스 5

스테파누스 5

엘제비어 5

여러 말 대조 성서 5

존 펠 6

요한 자우베르트 9

존 밀, 리차드 벤틀리, 에드워드 웰즈, 다니엘 메이스 9

요한 알브레히트 벵엘 9

요한 야콥 베트슈타인 9

요한 야콥 그리스바흐 11

2. 라흐만에서 네슬까지 12

칼 라흐만 12
콘스탄틴 티쉔도르프 12
브룩 포스 웨스트코트와 펜튼 존 안토니 호트 16
사무엘 프리도 트레겔 22
에버하르트 네슬 22
3. 〈네슬〉 구판에서 〈네슬〉 신판으로 24
에르빈 네슬 24
쿠르트 알란트 26
헤르만 폰 조덴 27
레그 29
'국제 프로젝트' 29
빈턴 디어링 30
〈신약성서 대비평본〉 30
알렉산더 수터 31
태스커, 킬패트릭 31
놀리, 호지스/파스타드, 포겔스 32
메르크 32
보버 32
오캘러헌 32
최근 백여 년간 인쇄본들 간의 본문 대조 상황 33
지금까지 다룬 신약성서 인쇄본들 간의 일치 37
지금까지 다룬 신약성서 인쇄본들 간의 차이 39
새로운 본문이 나오기까지의 역사 41
새로운 본문에 대한 평가 46
4. 주요 인쇄본들에 관한 비교 고찰 50
〈웨스트코트/호트〉 51
〈티쉔도르프〉 52
〈폰 조덴〉 55
〈네슬-알란트 26판〉과 〈그리스어 신약성서 3판〉(GNT) 60

II. 그리스어 신약성서의 전승 과정 67

1. 신약성서 책들의 수집 67
2. 정경의 중요성과 본문의 역사를 위한 교회의 역사 69
3. 본문 형태들의 생성 70
4. 200년 이래 라틴어, 시리아어, 콥트어 역본을 통한 그리스어 필사본의 영향력 제한 72
5. 그리스어 필사본 생성의 중심 지역들 74
6. 서방 교회는 자신만의 고유한 본문 형태를 발전시켰는가? 75
7. 신약성서 필사본의 전파와 본문 형태 77
8. 초기 시대의 본문 80
9. 콘스탄틴 시대의 전환 88
10. 요약 92

III. 그리스어 신약성서 필사본 99

1. 일반 사항: 그레고리까지의 필사본 수와 기호 99
2. 그레고리 체계와 필사본 수의 증가 101
3. 필사지의 재료 103
4. 시대별 분포 109
   신약성서 본문 필사본 109
   성구집 111
5. 내용별 분류 112
6. 주요 보관 장소 114
7. 파피루스 사본들 116
   파피루스 필사본들에 관한 정보 131
8. 대문자 필사본들 148
   대문자 필사본들의 해설 목록 155
9. 소문자 필사본들 193
   소문자 필사본 설명 목록 194

10. 본문 범주에 따른 필사본 분류에 관한 간략한 개관 232
11. 예배 성구집 240
12. 교부들의 인용문 249
그리스 교부 및 문헌 설명 목록 253

IV. 신약성서의 고대 번역본들 275
1. 기본 사항 275
2. 라틴어 역본들 277
고대 라틴어 역본 277
불가타 283
3. 시리아어 역본들 285
디아테사론 287
고대 시리아어 역본 288
페쉬타 292
필록세니아 역본 293
하르켈 시리아어 역본 294
팔레스타인-시리아어 역본 295
4. 콥트어 역본들 298
5. 아르메니아어, 조지아어, 에티오피아어 역본들 304
아르메니아어 역본 305
조지아어 역본 307
에티오피아어 역본 308
6. 고트어, 고대 교회 슬라브어, 그 외의 언어 역본들 313
고트어 역본 313
고대 교회 슬라브어 역본 316
그 외의 언어 역본들 317
7. 교부들의 인용문 318
라틴 교회 교부들과 동방 교회 교부들 설명 목록 319

V. 현대 인쇄본 사용을 위한 기본 안내 332

1. '현대 인쇄본들' 332

2. 〈그리스어 신약성서 3판〉(GNT) 335

〈그리스어 신약성서〉(GNT)의 구조 336

비평장치를 달아야 할 구절 선택 336

예시 구절: 마가복음 8:15-18 336

본문 및 이문들에 대한 증거 목록 339

〈그리스어 신약성서〉(GNT)의 비평장치 341

두 인쇄본의 비평장치에 사용된 약어표의 차이 341

성구집 표기 방식 342

비잔틴 대다수본문 표기 방식 344

〈그리스어 신약성서〉(GNT)의 구두점 비평장치 344

바깥쪽 난외의 비평장치 346

대괄호 [ ]와 이중 대괄호 [[ ]] 사용 348

두 인쇄본의 비평장치의 또 다른 차이점들 348

3. 〈네슬-알란트 그리스어 신약성서 26판〉(NTG^{26}) 349

비평장치의 구성과 비평장치에 사용된 여러 기호 349

예시 구절: 마태복음 21:28-32의 두 아들 비유 350

한 구절에서 비평기호들이 반복되는 경우 360

인쇄된 본문에 대한 증거 361

증거들의 순서 361

비평장치의 묶음 기호들 361

그 밖의 부가 기호들 362

그리스어 본문 증거들의 기호들 367

'상용 증거' 367

'상용 증거'의 둘째 범주 373

기호 𝔐('대다수본문') 374

특별히 자주 인용되는 일련의 소문자 사본들 376

고대 역본들과 그 해당 기호들 377
교부들의 신약성서 인용문 381
안쪽 난외 비평장치 382
바깥쪽 난외 비평장치 383
성서의 각 책들에 대한 표기 방식 384
예시 구절: 마태복음 21:28-32 387
부록 I: 비평장치에 나오는 그리스어와 라틴어 필사본들의 목록 390
부록 II: 현대 인쇄본들에 나타나는 이문들에 대한 개관 390
부록 III: 구약성서 인용 목록 395
부록 IV: 여러 기호와 표시와 약어 등의 목록 및 간략한 설명 396
해설 안내 카드 396

4. 복음서 대조서들 397
〈사복음서 대조서〉 및 다른 대조서들과의 비교 397
본문비평장치의 구성 406
특정 단락 빨리 찾는 방법 407
〈그리스어-영어 사복음서 대조서〉 408

VI. 보조 도구 410

1. 용어 색인들 410
2. 사전 415
3. 문법책 419
4. 사복음서 대조서 421
5. 전문 서적 421
6. 주석서들 427

VII. 신약성서 본문비평 적용 안내 430

1. 본문비평을 위한 12가지 기본 원칙 430
2. 선별된 예시 구절 논의: 이문 형성 과정과 이문 선택 과정에 대한 설명 433

연속 기록: 마가복음 10:40; 마태복음 9:18 433
철자 혼동: 로마서 6:5; 유다서 1:12; 히브리서 4:11;
고린도전서 5:8; 사도행전 1:3 434
중복오사-중자탈오: 데살로니가전서 2:7 436
피로 현상 438
동일 문미 반복-동일 문두 반복: 마태복음 5:19-21;
마태복음 18:18 438
이오타표기법 : 고린도전서 15:54-55; 로마서 5:1;
고린도전서 15:49 439
구두점: 마가복음 2:15-16; 마태복음 25:15; 마태복음 11:7-8;
요한복음 1:3-4 442
단 하나 철자 차이 때문에 생기는 본문의 변화: 누가복음 2:14;
고린도전서 13:3 444
뜻을 더 분명히 하기 위한 보충어 446
문체상의 보완: 마가복음 1:37; 1:2; 마태복음 27:9 447
병행 본문 조화 447
동의어 삽입 448
끈질긴 형태 보존 현상: 마가복음의 여러 결론들 449
혼합 독법: 마태복음 13:57; 마가복음 1:16 452
교회의 본문 전승 침해: 로마서 결론 부분 454
본문비평 작업의 경계: 요한복음 21장 457
3. 〈네슬-알란트 26판〉과 〈그리스어 신약성서 3판〉(GNT)의
비평장치로 옮겨진 구절과 그 이유에 관한 논의 458
해당 구절 예시 459
로마서 16:24 462
마태복음 17:21; 18:11; 23:14 462
마가복음 7:16; 9:44; 9:46; 11:26; 15:28 464
누가복음 17:36; 23:17 466
요한복음 5:3하-4 466

사도행전 8:37; 15:34; 24:6하-8상; 28:29 ... 467
요약 정리 ... 469
4. '새 본문'에서 구절의 일부가 생략된 부분과 그 이유에 관한 논의 ... 472
마태복음 5:44; 6:13; 16:2하-3; 20:16; 20:22, 23;
25:13; 27:35 ... 472
마가복음 9:49; 10:7; 10:21, 24; 14:68 ... 475
누가복음 4:4; 8:43; 9:54-56; 11:2-4; 11:11; 22:43-44;
24:42 ... 477
요한복음 ... 481
사도행전 28:16 ... 481
로마서 16:24, 25-27 ... 481
고린도전서 11:24; 누가복음 22:19하-20 ... 481
요한1서 5:7-8 ... 482
5. 두 아들의 비유(마태복음 21:28-32) ... 483

VIII. 보충과 추가 ... 490

1. 신약성서 필사본 추가 목록 ... 490
파피루스 사본들 ... 490
대문자 사본들 ... 491
교정자들을 위한 필사본 기호-대조 ... 492
소문자 사본들 ... 494
비잔틴 본문을 가진 소문자 사본들 ... 495
성구집 ... 499
2. 신약성서 필사본의 본문과 본문 가치 ... 500
3. 본문 범주와 본문 유형 ... 520

IX. 색인 ... 530

그림 출처 581
감사의 말씀 583

이 책에서 사용한 약자들

ANTF: Arbeiten zur neutestamentlichen Textforschung

CSCO: Corpus Scriptorum Christianorum Orientalium

CSEL: Corpus Scriptorum Ecclesiasticorum Latinorum

GCS: Griechische Christliche Schriftsteller

GNT: Greek New Testament

LThK: Lexikon für Theologie und Kirche

NTG: Novum Testamentum Graece

PO: Patrologia Orientalis

TU: Texte und Untersuchungen

ZNW: Zeitschrift für die neutestamentliche Wissenschaft

ZPE: Zeitschrift für Papyrologie und Epigraphik

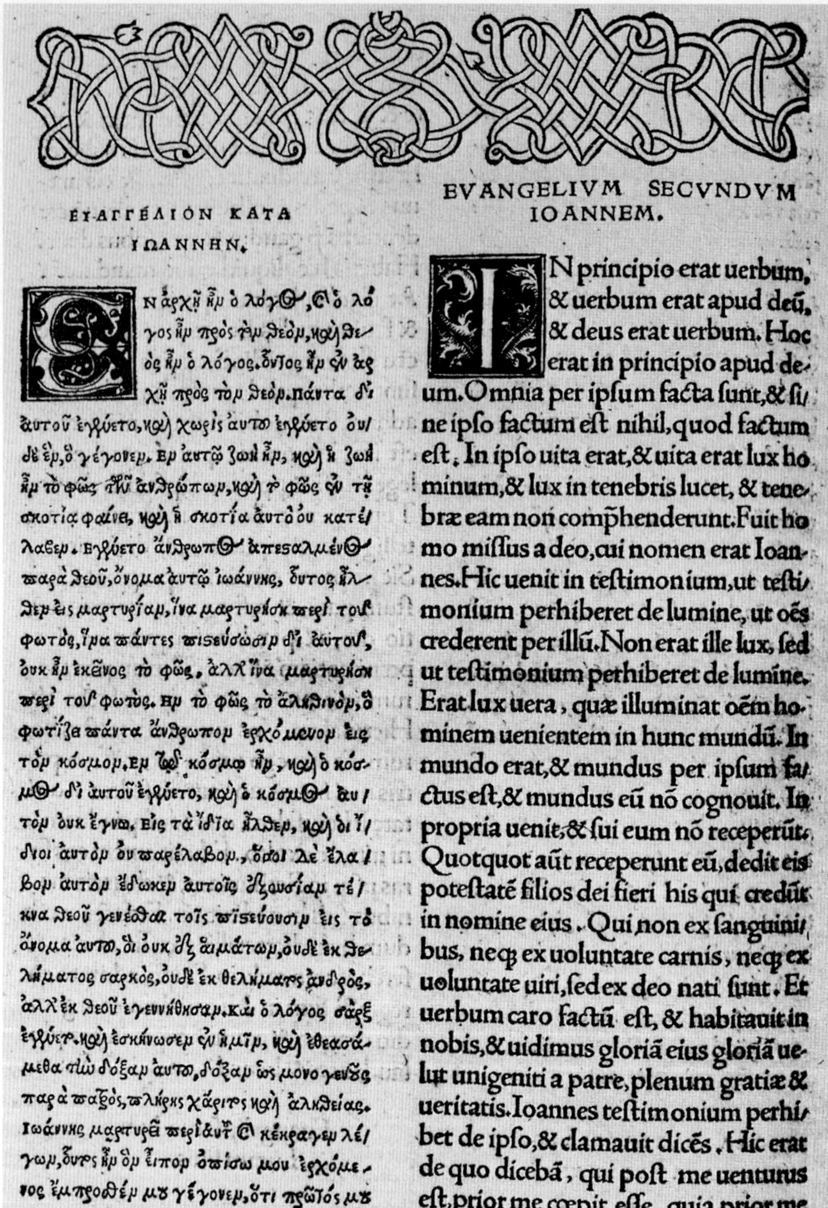

ΕΥΑΓΓΕΛΙΟΝ ΚΑΤΑ ΙΩΑΝΝΗΝ.

Ἐν ἀρχῇ ἦν ὁ λόγος, καὶ ὁ λόγος ἦν πρὸς τὸν θεόν, καὶ θεὸς ἦν ὁ λόγος. οὗτος ἦν ἐν ἀρχῇ πρὸς τὸν θεόν. πάντα δι᾽ αὐτοῦ ἐγένετο, καὶ χωρὶς αὐτοῦ ἐγένετο οὐδὲ ἕν, ὃ γέγονεν. ἐν αὐτῷ ζωὴ ἦν, καὶ ἡ ζωὴ ἦν τὸ φῶς τῶν ἀνθρώπων, καὶ τὸ φῶς ἐν τῇ σκοτίᾳ φαίνει, καὶ ἡ σκοτία αὐτὸ οὐ κατέλαβεν. ἐγένετο ἄνθρωπος ἀπεσταλμένος παρὰ θεοῦ, ὄνομα αὐτῷ ἰωάννης. οὗτος ἦλθεν εἰς μαρτυρίαν, ἵνα μαρτυρήσῃ περὶ τοῦ φωτός, ἵνα πάντες πιστεύσωσιν δι᾽ αὐτοῦ, οὐκ ἦν ἐκεῖνος τὸ φῶς, ἀλλ᾽ ἵνα μαρτυρήσῃ περὶ τοῦ φωτός. ἦν τὸ φῶς τὸ ἀληθινόν, ὃ φωτίζει πάντα ἄνθρωπον ἐρχόμενον εἰς τὸν κόσμον. ἐν τῷ κόσμῳ ἦν, καὶ ὁ κόσμος δι᾽ αὐτοῦ ἐγένετο, καὶ ὁ κόσμος αὐτὸν οὐκ ἔγνω. εἰς τὰ ἴδια ἦλθεν, καὶ οἱ ἴδιοι αὐτὸν οὐ παρέλαβον. ὅσοι δὲ ἔλαβον αὐτόν, ἔδωκεν αὐτοῖς ἐξουσίαν τέκνα θεοῦ γενέσθαι τοῖς πιστεύουσιν εἰς τὸ ὄνομα αὐτοῦ, οἳ οὐκ ἐξ αἱμάτων, οὐδὲ ἐκ θελήματος σαρκός, οὐδὲ ἐκ θελήματος ἀνδρός, ἀλλ᾽ ἐκ θεοῦ ἐγεννήθησαν. καὶ ὁ λόγος σὰρξ ἐγένετο, καὶ ἐσκήνωσεν ἐν ἡμῖν, καὶ ἐθεασάμεθα τὴν δόξαν αὐτοῦ, δόξαν ὡς μονογενοῦς παρὰ πατρός, πλήρης χάριτος καὶ ἀληθείας. ἰωάννης μαρτυρεῖ περὶ αὐτοῦ, καὶ κέκραγεν λέγων, οὗτος ἦν ὃν εἶπον ὀπίσω μου ἐρχόμενος ἔμπροσθέν μου γέγονεν, ὅτι πρῶτός μου ἦν.

EVANGELIVM SECVNDVM IOANNEM.

IN principio erat uerbum, & uerbum erat apud deū, & deus erat uerbum. Hoc erat in principio apud deum. Omnia per ipsum facta sunt, & sine ipso factum est nihil, quod factum est. In ipso uita erat, & uita erat lux hominum, & lux in tenebris lucet, & tenebræ eam non cōphenderunt. Fuit homo missus a deo, cui nomen erat Ioannes. Hic uenit in testimonium, ut testimonium perhiberet de lumine, ut oēs crederent per illū. Non erat ille lux, sed ut testimonium perhiberet de lumine. Erat lux uera, quæ illuminat oēm hominem uenientem in hunc mundū. In mundo erat, & mundus per ipsum factus est, & mundus eū nō cognouit. In propria uenit, & sui eum nō receperūt. Quotquot aūt receperunt eū, dedit eis potestatē filios dei fieri his qui credūt in nomine eius. Qui non ex sanguinibus, neq; ex uoluntate carnis, neq; ex uoluntate uiri, sed ex deo nati sunt. Et uerbum caro factū est, & habitauit in nobis, & uidimus gloriā eius gloriā uelut unigeniti a patre, plenum gratiæ & ueritatis. Ioannes testimonium perhibet de ipso, & clamauit dicēs. Hic erat de quo dicebā, qui post me uenturus est, prior me cœpit esse, quia prior me erat.

그림 1 1516년 바젤에서 로테르담의 에라스무스에 의해 간행된 그리스어 신약성서 최초의 인쇄본(라틴어 역본과 함께 수록되어 있음.), 192쪽, 요한복음 처음.

I. 신약성서의 여러 인쇄본

1. 에라스무스에서 그리스바흐까지

성서 인쇄의 역사는 라틴어 성서 인쇄로 시작된다. 곧 1452-1456년(연도는 확정할 수 없음)에 구텐베르크(Gutenberg)의 이른바 '42행 성서'가 마인츠(Mainz) 시장에 나온 것이다. 현재까지는 단지 수십 권의 인쇄본만 전해지고 있으며, 한 권의 값어치는 수십억 원을 부를 수 있을 정도이다. 서적 인쇄술의 발명은 새로운 시대를 열었으나, 그리스어 신약성서에는 해당되지 않았다. 16세기 초반까지만 해도 일반 사람들은 성서가 인쇄되어 나오기를 기다려야만 했다. 그러는 동안에 100권이 넘는 라틴어 성서와 적어도 3권의 히브리어 구약 그리고 몇 권의 그리스어 시편이 간행되었고, 적지 않은 성서 번역본이 독일어 프랑스어 이탈리아어 등의 언어로 출판되었다. 당시의 신학자들은 신약의 라틴어 본문에 매우 만족하는 것처럼 보였고, 그리스어 본문을 보려는 사람들은 필사본을 구해야만 하였다.

16세기 초반에 동시에 두 개의 인쇄본이 간행되었다: 1514년 1월 10일 이른바 〈콤플루텐시스(*Complutensis*) 여러 말 대조 성서〉의 신약 부분 인쇄가 완성되었고, 1516년 3월 1일에는 **로테르담(Rotterdam)** 출신 인문학의 대가 **에라스무스(Erasmus)**의 〈새 도구 전서〉(*Novum Instrumentum omne*)가 바젤(Basel)의 요한 프로벤(Johann Froben)에 의해 출간되어 판매되었다. 에라스무스의 성서는 〈콤플루텐시스〉보다 비록 2년 늦게 간행되었음에도 그리스어 신약성서의 최초 인쇄본(editio princeps)이라는 명성을 얻게 되었다. 이로써 편집자와 발행인 모두 그들의 목표를 이루게 되었다. 이들은 톨레도(Toledo)의 추기경이자 대감독인 시메네스(Ximenes, 1437-1517)가 여러 권으로 된 다국어 성서 간행에 자본을 투자했다는 사실을 알고 있었다.[1] 시메네스에게 위탁을 받은 스페인 알칼라(오늘날의 알칼라[Alcalá]라는 곳은 과거 콤플루툼[Complutum]이란 곳이다. 이 지명에서 〈콤플루텐시스〉[*Complutensis*] 또는 〈**콤플루텐시스 여러 말 대조 성서**〉[***Complutensische Polyglotte***]라는 명칭이 나왔다.) 대학의 학자들은 이와 같은 광범위한 작업에 많은 시간을 투자하였다: 시메네스가 죽기 전인 1517년 7월 10일 마침내 성서의 마지막 권이 완성되었지만, 전집의 간행은 보급을 위한 교황의 허락(바티칸도서관에서 대여한 필사본들이 다시 로마에 도착할 때까지 제지되었다.)이 떨어진 1520년 3월 22일까지 기다려야만 했다.

오늘날까지도 이 필사본들이 어떤 필사본들이었는지 확실히 말할 수는 없다. 적어도 신약성서와 관련된 부분에 대해서는 그러하다. 그러나 에라스무스가 자신의 인쇄본을 만들기 위해 기초로 삼았던 필사본들에 대해서는 훨씬 더 정확하게 말할 수 있다. 그는 바젤에서 편하게 얻을 수 있는 필사본을 신약성서 분류별로 하나씩(사복음서, 사도들의 서신들[사도행전 및 공동서신], 바울서신, 요한계시록) 구하여 반드시 필요하다고 생각되는 부분을 교정한 후, 바로 인쇄소에 보냈다. 식자공은 이 사본을 주저 없이 일반 원고로 취급하여 활자를 제작하였다. 이러한 놀라운 과정은 현재 바젤대학 도서관에 보관된 두 개의 필사본을 두고 오늘날에도 여전히 자세히 살펴볼 수 있다. 에라스무스는 바젤에서 요한계시록 사본을 구할 수 없어서, 친구 로이흘린(Reuchlin)에게 빌려서 사용하였다. 에라스무스는 빌려 온 요한계시록에서 누락된 결론 부분인 22:16-21을 라틴어에서 그리스어로 (여러 가지 실수를 범하면서) 번역했다. 그 밖에도 에라스무스는 본문에 손을 댔다. 일상적인 라틴어 발음을 따라 본문을 교정하였다. 한 페이지에 좌우로 두 가지 본문을 나란히 실은 인쇄본(왼쪽에 그리스어 성서 본문을 넣고 그 옆 오른쪽에 에라스무스에게서 비롯된 라틴어 번역을 두었다. 그림 1 참고) 제작은 1515년 8월에서야 시작되고 몇 달 후 완성되었기 때문에, 작업이 어떻게 진행되었는지는 쉽게 상상할 수 있다(에라스무스는 후일 이 인쇄본에

1) 이 인쇄본의 구약성서는 히브리어와 그리스어로 되어 있으며, 이에 대한 각각의 라틴어 번역이 불가타(Vulgata) 본문과 함께 실려 있다. 거기에 타르굼(Targum) 본문도 덧붙어 있고, 이 또한 라틴어로 번역되어 있다. 신약성서에는 그리스어 본문 옆에 불가타 본문만 있고 단어들이 서로 상응할 때는 동일한 어깨글자를 덧붙여 표시하였다.

대해 "편집이라는 과정을 통해 이루어진 작업이라기보다는 너무 급작스럽게 이루어진 작업이었다"고 고백하였다.). 최초의 인쇄본이라는 명성을 얻고자 노력했던 에라스무스와 프로벤은 (재정적인 이득과 함께) 그들이 목적하는 바를 이루었다.

최초의 그리스어 신약성서 인쇄본에 나타난 수많은 결함은,[2] 그 인쇄본이 결정적으로 중요한 것들을 빠뜨리고 있다는 것보다도, 오히려 그 인쇄본의 본문 형태에서 찾을 수 있다. 에라스무스는 ─ 마치 이러한 본문 형태를 항상 언급하고 싶어 하는 것처럼[3] ─ 비잔틴 본문(byzantinischen Reichstext)과 코이네(Koine) 본문 및 대다수본문(Mehrheitstext) 등이 들어 있는 12/13세기의 필사본들을 근거로 하였다. 다시 말해서, 에라스무스는 신약성서로 전해진 여러 가지 본문 유형 중에서 가장 늦은 시기의 그리고 가장 보잘것없는 본문 형태를 보여주는 필사본을 사용한 셈이다. 에라스무스의 후계자들도 마찬가지였다. 이러한 사정은 다음과 같이 이해할 수 있다. 14/15세기의 필사본 전승에서도 이러한 본문 형태가 지배적이었다. 따라서 이 당시에 더 오래된 대문자 사본을 접할 수 있었음에도 불구하고 다시 거슬러 올라가 대문자 사본을 사용하지는 않았다: 에라스무스는 바젤에서 8세기의 대문자 형식인 대문자 사본 E를 사용할 수도 있었을 것이다(물론 그는 그 대문자 사본에서도 ─ 더 이른 시기의 사본에서도 마찬가지로 ─ 비잔틴 본문을 옹호하는 증거 자료만을 찾았을 테지만). 베자(Theodore Beza)가 개인적으로 소유하고 있던 베자 켄터브리지언 사본(Codex Bezae Cantabrigiensis[D^{ea}])과 클라로몬타나 사본(Codex Claromontanus[D^{p}])[4]도 있었지만, 에라스무스와 베자 두 사람 모두 이것들을 무시해 버렸다. 특히 베자 켄터브리지언 사본이 당시 이렇게 무시된 것에 대해 우리는 오히려 베자(제네바 교회 지도자인 칼빈[Calvin]의 친구이자 후계자이고, 1565-1604년 사이에 적어도 9판 이상의 그리스어 신약성서를 출간했음.)에게 감사해야 할 것이다. **수용본문(Textus Receptus)**을 극복하는 데는 300년 이상의 학문적 작업이 필요했다. 베자 켄터브리지언 사본 본문이 초기 인쇄본의 주류를 형성했다면, 베자 사본을 극복해 내기는 수용본문의 경우보다

2) 에라스무스는 이미 생전에 이런 결함을 지적받았다. 그 외에도 19세기의 한 영국 비평가는 에라스무스의 초기 인쇄본을 가장 부주의한 인쇄본으로 규정하였다.

3) 표시에 대해서는 본 책의 91쪽을 참고하라.

4) 필사본의 기호에 대한 설명은 본 책의 99쪽 이하를 참고하라.

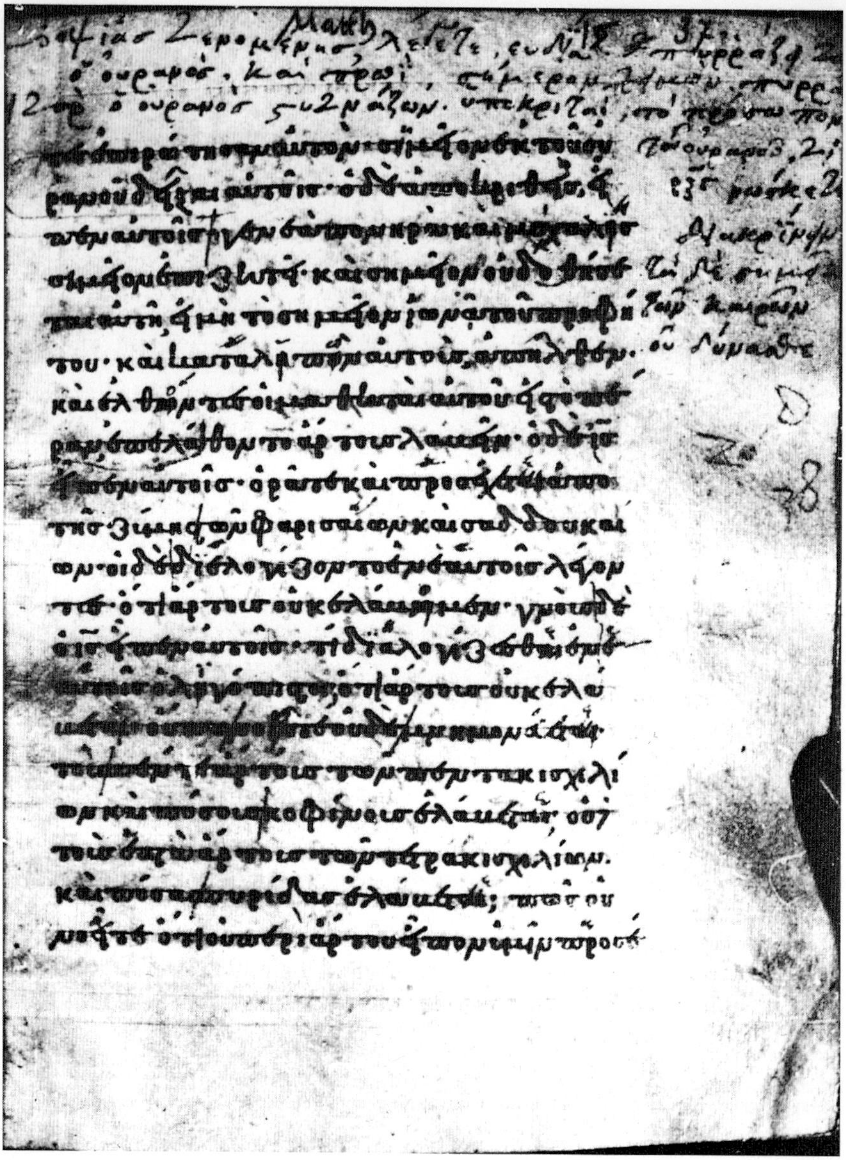

그림 2 에라스무스가 사용했던 필사본 가운데 하나인 소문자 사본 2^{e}(바젤대학 도서관, 12세기), 마태복음 16:1-11, 난외에 에라스무스가 적어 놓은 메모와 자신이 작성자임을 나타내는 표시가 적혀 있음, 3쪽 참고.

훨씬 더 어려웠을 것이다. 이 인쇄된 본문을 수용본문이라고 부르게 된 것은, 사업 수완이 좋은 어떤 출판업자(엘제비어[Elzevier], 1633)가 에라스무스의 인쇄본 본문을 두고 다음과 같이 호평한 때부터다: "당신은 이제 모든 사람이 수용하였고, 우리가 어떤 것도 바꾸거나 훼손하지 않은 채 그대로 옮긴 본문을 가지게 되었습니다(Textum ergo habes, nunc ab omnibus receptum: in quo nihil immutatum aut corruptum damus.)."

사실 에라스무스의 인쇄본 이래로 출판된 성서 인쇄본들은 본문들이 전혀 일치하지 않는다. 성서 인쇄본이 계속 개정되면서 총 다섯 번에 걸쳐 출간된 후, 1534년 **콜리나에우스(Colinaeus = Simon de Colines** '콜리네스 출신의 시몬')가 출판한 첫 인쇄본부터 이미 상당 부분 에라스무스의 인쇄본들에서 벗어나 있다. 인쇄본의 출판이 줄어들면서 그 중 일부는 다시 〈콤플루텐시스〉 인쇄본을 따르고, 또 다른 일부는 새롭게 접하는 필사본들에 근거를 두고 있다(본 책의 1쪽 참고). 에라스무스 이후에는 프랑스인 로베르 에스티앙(Robert Estienne, 또는 라틴어 이름으로 로베르투스 스테파누스 Robertus Stephanus 1503-1559)과 네덜란드 출판업자 가문인 **엘제비어**(Elzevier)가 각각 16, 17세기에 가장 큰 영향을 끼쳤다. **스테파누스(Stephanus)** 인쇄본들 가운데 가장 큰 영향력을 미친 것은 1550년에 나온 이른바 〈에디티오 레기아〉(*editio regia*)[5]와 1551년에 출판된 인쇄본(소형판. 1550년 인쇄본에서는 그리스어 본문 옆에 에라스무스의 라틴어 번역을 나란히 두었다. 그림 1을 참고하라)이었다. 이 때 처음으로 각 장이 더 작은 단위인 절로 나누어졌다. 1624-1678년 사이 총 7회에 걸쳐 출판된 라이덴 지역의 **엘제비어** 가문의 인쇄본들이 성공을 거둔 것은 무엇보다도 인쇄가 깔끔하고 겉모양이 좋은데다가 선전도 능숙하게 한 덕택이라 할 수 있다. 본문은 대체로 베자의 본문과 일치한다(본 책의 2쪽을 보라).

이 인쇄본들이 16, 17세기 인쇄본의 특징을 결정지었다. 이 인쇄본들 외에 동시대의 **여러 말 대조 성서(Polyglotten)**에 대해서도 언급해야 한다. 이 시대의 여러 말 대조 성서 인쇄본은 〈콤플루텐시스〉(본 책 2쪽을 보라)를 본받아 그리스어와 히브리어 원본문과 함께 라틴어 번역을 실었을 뿐만 아니라, 구할 수 있는 모든 옛 번역본들도 함께 수록

5) 이 본문은 영국에서 1880년까지 표준본문으로 통용되었다. 오늘날까지도 여러 비평판 인쇄본에서는 수용본문을 뜻하는 그리스어 표시로 'ς'를 사용하는데, 이것은 원래 스테파누스 본문을 의미한다.

하였다. 그런 번역본들로는 〈안트베르펜 여러 말 대조 성서〉(*Antwerpener Polyglotte*, 1569-1572, 총 8권의 다단 편집본)와 〈파리 여러 말 대조 성서〉(*Pariser Polyglotte*, 1629-1645, 총 10권의 대형 다단 편집본)와 브라이언 월튼(Brian Walton)이 편찬한 〈런던 여러 말 대조 성서〉(*Londoner Polyglotte*, 1655-1657, 총 6권의 다단 편집본. 이 대조 성서의 시리아어 부분은 오늘날에도 의미가 있다.)가 있다. 이러한 여러 말 대조 성서들은[6] 신약성서 본문을 확정짓기 위해 얼마나 많은 노력을 기울였는지를 보여준다. 그러나 실질적인 성과를 내지는 못했다. 당시 정경으로서의 의미를 갖고 있던 수용본문을 기본으로 삼는 한, 근본적인 발전은 이룰 수 없었기 때문이다. 불가타(Vulgata) 본문으로 만족했던[7] 15세기는 이미 오래 전에 지나가 버렸고, 16세기와 17세기 신학자(성서주석가들뿐만 아니라)마다 자신에게는 '계시된 본문(offenbarten Text)'이라는 의미를 지니는 신약성서 그리스어 본문의 한 가지 인쇄본으로부터 출발했기 때문이다. 양쪽 개신교 교단[8]의 정통 교리에서 강력하게 옹호하는 축자적 영감론 곧 성경무오설에서 전제하는 본문은 수용본문(Textus Receptus)이었다. 그런데 오늘날의 시각으로 볼 때 수용본문에는 여러 가지 오류가 들어 있었다. 이를테면, 수용본문에 덧붙여진 것들은 모두 2차적인 성격을 지닌다는 점에 대해서는 의심할 여지가 없다.[9]

그러나 그 사이에도 다른 한편에서는 이미 신약성서 본문에 큰 진전이 있었음이 분명하다. 에라스무스는 최대 5권 또는 그보다 적은 수의 필사본에 기초하여 성서를 출판하였다. 또한 〈런던 여러 말 대조 성서〉는 이미 가장 중요한 대문자 사본 중 하나였던 알렉산드리아 사본(Codex Alexandrinus [A])[10]을 사용했다. 당시 크라이스트 처치(Christ Church)의 대교구 수석 사제이며 후일 옥스퍼드의 감독이 된 존 펠(**John Fell**)은 이미 그의 1675년 판 그리스어 성서 인쇄본을 낼 때 100권 이상의 필사본을 이용하였으며, 번역본들 가운데서는 〈런던 여러 말 대조 성서〉에 들어 있는 것들뿐만 아

---

6) 예를 들어, 〈런던 여러 말 대조 성서〉에는 신약성서에 그리스어와 불가타 본문 외에, 시리아어, 에티오피아어, 아랍어가 병기되어 있으며, 복음서들에 대해서는 페르시아어 역본이 추가되었고, 각각은 이에 대한 라틴어 풀이가 함께 수록되어 있다.

7) 가톨릭 교회와 신학은 예외로 하고라도, 이러한 상태는 오랫동안 지속되었다.

8) [역자 주] 유럽 본토의 개신교와 영국 성공회를 가리키는 듯하다.

9) 이에 대해서는 본 책의 472쪽 이하를 참고하라.

10) 이에 대해서는 본 책의 155쪽 이하를 참고하라.

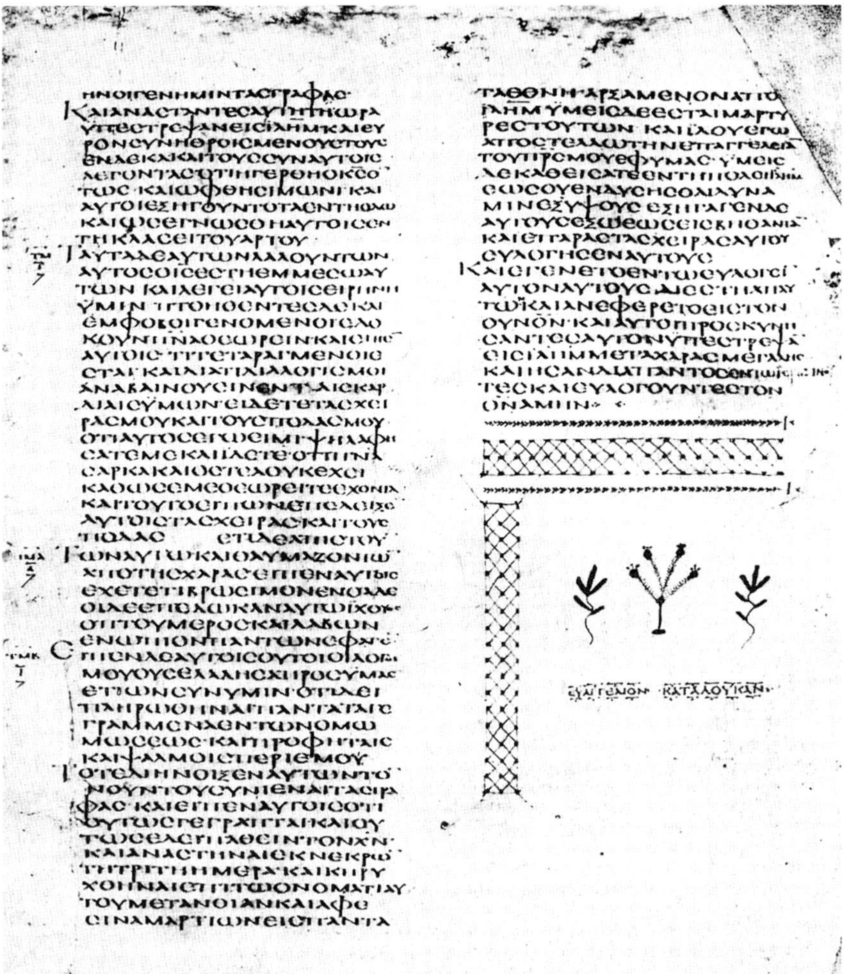

그림 3 5세기 알렉산드리아 사본(A, 02), 누가복음 결론 부분, 70쪽 및 155쪽 참고.

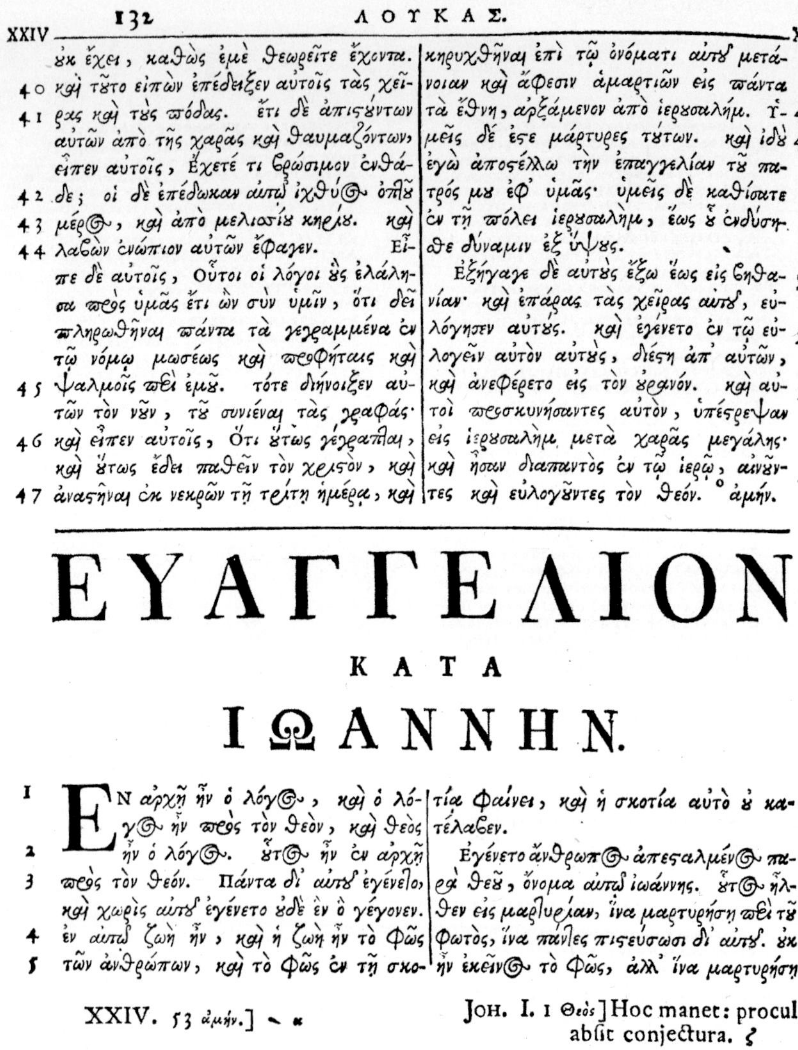

XXIV 132 ΛΟΥΚΑΣ. XXIV

οὐκ ἔχει, καθὼς ἐμὲ θεωρεῖτε ἔχοντα.
40 καὶ τοῦτο εἰπὼν ἐπέδειξεν αὐτοῖς τὰς χεῖ-
41 ρας καὶ τοὺς πόδας. ἔτι δὲ ἀπιστούντων
αὐτῶν ἀπὸ τῆς χαρᾶς καὶ θαυμαζόντων,
εἶπεν αὐτοῖς, Ἔχετέ τι βρώσιμον ἐνθά-
42 δε; οἱ δὲ ἐπέδωκαν αὐτῷ ἰχθύος ὀπτοῦ
43 μέρος, καὶ ἀπὸ μελισσίου κηρίου. καὶ
44 λαβὼν ἐνώπιον αὐτῶν ἔφαγεν. Εἶ-
πε δὲ αὐτοῖς, Οὗτοι οἱ λόγοι οὓς ἐλάλη-
σα πρὸς ὑμᾶς ἔτι ὢν σὺν ὑμῖν, ὅτι δεῖ
πληρωθῆναι πάντα τὰ γεγραμμένα ἐν
τῷ νόμῳ μωσέως καὶ προφήταις καὶ
45 ψαλμοῖς περὶ ἐμοῦ. τότε διήνοιξεν αὐ-
τῶν τὸν νοῦν, τοῦ συνιέναι τὰς γραφάς·
46 καὶ εἶπεν αὐτοῖς, Ὅτι οὕτως γέγραπται,
καὶ οὕτως ἔδει παθεῖν τὸν χριστὸν, καὶ
47 ἀναστῆναι ἐκ νεκρῶν τῇ τρίτῃ ἡμέρᾳ, καὶ
κηρυχθῆναι ἐπὶ τῷ ὀνόματι αὐτοῦ μετά-
νοιαν καὶ ἄφεσιν ἁμαρτιῶν εἰς πάντα
τὰ ἔθνη, ἀρξάμενον ἀπὸ ἱερουσαλήμ. Ὑ- 48
μεῖς δέ ἐστε μάρτυρες τούτων. καὶ ἰδοὺ 49
ἐγὼ ἀποστέλλω τὴν ἐπαγγελίαν τοῦ πα-
τρός μου ἐφ᾽ ὑμᾶς· ὑμεῖς δὲ καθίσατε
ἐν τῇ πόλει ἱερουσαλὴμ, ἕως οὗ ἐνδύση-
σθε δύναμιν ἐξ ὕψους.
Ἐξήγαγε δὲ αὐτοὺς ἔξω ἕως εἰς βηθα- 50
νίαν· καὶ ἐπάρας τὰς χεῖρας αὐτοῦ, εὐ-
λόγησεν αὐτούς. καὶ ἐγένετο ἐν τῷ εὐ- 51
λογεῖν αὐτὸν αὐτοὺς, διέστη ἀπ᾽ αὐτῶν,
καὶ ἀνεφέρετο εἰς τὸν οὐρανόν. καὶ αὐ- 52
τοὶ προσκυνήσαντες αὐτὸν, ὑπέστρεψαν
εἰς ἱερουσαλὴμ μετὰ χαρᾶς μεγάλης·
καὶ ἦσαν διαπαντὸς ἐν τῷ ἱερῷ, αἰνοῦν- 53
τες καὶ εὐλογοῦντες τὸν θεόν. ° ἀμήν.

ΕΥΑΓΓΕΛΙΟΝ
ΚΑΤΑ
ΙΩΑΝΝΗΝ.

1 ΕΝ ἀρχῇ ἦν ὁ λόγος, καὶ ὁ λό-
γος ἦν πρὸς τὸν θεὸν, καὶ θεὸς
2 ἦν ὁ λόγος. οὗτος ἦν ἐν ἀρχῇ
3 πρὸς τὸν θεόν. Πάντα δι᾽ αὐτοῦ ἐγένετο,
καὶ χωρὶς αὐτοῦ ἐγένετο οὐδὲ ἓν ὃ γέγονεν.
4 ἐν αὐτῷ ζωὴ ἦν, καὶ ἡ ζωὴ ἦν τὸ φῶς
5 τῶν ἀνθρώπων, καὶ τὸ φῶς ἐν τῇ σκο-
τίᾳ φαίνει, καὶ ἡ σκοτία αὐτὸ οὐ κα-
τέλαβεν.
Ἐγένετο ἄνθρωπος ἀπεσταλμένος πα- 6
ρὰ θεοῦ, ὄνομα αὐτῷ ἰωάννης. οὗτος ἦλ- 7
θεν εἰς μαρτυρίαν, ἵνα μαρτυρήσῃ περὶ τοῦ
φωτὸς, ἵνα πάντες πιστεύσωσι δι᾽ αὐτοῦ. οὐκ 8
ἦν ἐκεῖνος τὸ φῶς, ἀλλ᾽ ἵνα μαρτυρήσῃ

XXIV. 53 ἀμήν.] ~ α

JOH. I. 1 Θεός] Hoc manet: procul absit conjectura. ς

그림 4 1734년에 간행된 요한 알브레히트 벵엘의 인쇄본, 누가복음 끝부분(위)과 요한복음 처음(아래).

니라 콥트어와 고트어 성서까지도 참고하였다.[11] 그러나 수용본문이 이렇게 간접적으로 비판받았다고 해서, 그 본문이 달라진 것은 아니었다. 그 비판이 점점 더 거세어지긴 했다. — 이미 1672년 헬름슈테트(Helmstedt)의 교수 요한 자우베르트(**Johann Saubert**)는 수용본문과 차이가 나는 이문들을 모았다.[12] 그러나 18세기가 되어서야 다음과 같은 방법들을 통하여 직접적으로 수용본문에 대한 비판이 시작되었다. 즉 필사본과 번역본의 본문을 보는 데 참고하기 위해 수용본문에 점점 더 광범위하게 본문비평 장치를 덧붙이는 것이었다. 그뿐만 아니라, 참고하는 본문 가운데 어떤 것이 수용본문보다 더 나은지를 표시하거나 또는 더 나은 본문을 수용본문에 삽입하여 직접 교정하기도 했다. 일단, 이러한 발전을 획기적으로 이끈 영국인들이 있었다. 존 밀(**John Mill**)의 1707년 판 인쇄본, 1720년 리차드 벤틀리(**Richard Bentley**)의 여러 가지 연구 사업, 에드워드 웰즈(**Edward Wells**)와 다니엘 메이스(**Daniel Mace**)의 1709/1719년 판과 1729년 판 인쇄본(이 인쇄본에서 수용본문은 여러 곳에서 변경된다.) 등이다.

그 후에는 독일인 요한 알브레히트 벵엘(**Johann Albrecht Bengel**, 1687-1752)과 그리스바흐(Griesbach), 네덜란드에 거주하는 스위스인 베트슈타인(Wettstein)이 수용본문의 발전을 이끌게 되었다. 요한 알브레히트 벵엘은 자신의 1734년 판 본문에 수용본문을 편집해서 인쇄했다. (물론 그의 선임자 또는 후임자들처럼 어느 하나의 인쇄본을 따른 것이 아니라, 여러 인쇄본들을 참고해서 그때그때마다 그 가운데서 맞다고 여기는 본문을 선택하였다.) 그러나 비평장치의 독법마다 분류 체계를 기입해 넣었으며, 그 분류의 처음 두 분류(α: 확실하게 최초의 것으로 여기는 것, β: 확신을 가지고 말할 수는 없으나, 수용본문보다 우월한 것)는 사실상 수용본문의 개정인 셈이다. 요한계시록에서 벵엘은 처음부터 본문을 새롭게 구성하기 시작했고, 알렉산드리아 사본은 물론이고, 요한계시록에 대한 가이사랴(Cäsarea)의 안드레아 주석도 특별하게 여겼다. 요한 야콥 베트슈타인(**Johann Jakob Wettstein**, 1693-1754)은 1751/1752년에 두 권짜리 인쇄본(그림 5 참고)을 펴냈는데, 이로써 벵엘의 인쇄본들은 더 이상 빛을 보지 못하게 됐다. 베트슈타인이 다룬 필사본의 수는 그 당시까지 존재하던 모든 필사본

11) 이 인쇄본은 당시 존재하는 모든 인쇄본들 가운데 가장 발전된 인쇄본이었다. 1702년 아우구스트 헤르만 프랑케(August Hermann Francke)는 이 인쇄본을 받아들여, 경건주의를 위한 신약성서 연구 방법과 목표에 대해 32쪽 분량의 서문을 달아 신판을 냈고, 이를 추천하였다.

12) 주로 영국인과 네덜란드인이 결정했던 본문비평 토론에 적극 참여한 최초의 독일인이다.

830 ΕΥΑΓΓΕΛΙΟΝ XXIV.

Τότε διήνοιξεν αὐτῶν τὸν νοῦν, τοῦ συνιέναι τὰς γραφάς. Καὶ εἶπεν αὐτοῖς· Ὅτι οὕτω γέ- 45
γραπται, καὶ οὕτως ἔδει παθεῖν τὸν Χριστὸν, καὶ ἀναστῆναι ἐκ νεκρῶν τῇ τρίτῃ ἡμέρᾳ, Καὶ 46
κηρυχθῆναι ἐπὶ τῷ ὀνόματι αὐτοῦ μετάνοιαν καὶ ἄφεσιν ἁμαρτιῶν εἰς πάντα τὰ ἔθνη, 47
ἀρξάμενον ἀπὸ Ἱερουσαλήμ. Ὑμεῖς δέ ἐστε μάρτυρες τούτων. Καὶ ἰδοὺ, ἐγὼ ἀποστέλλω 48
τὴν ἐπαγγελίαν τοῦ πατρός μου ἐφ' ὑμᾶς· ὑμεῖς δὲ καθίσατε ἐν τῇ πόλει Ἱερουσαλὴμ, ἕως 49
οὗ ἐνδύσησθε δύναμιν ἐξ ὕψους. Ἐξήγαγε δὲ αὐτοὺς ἔξω ἕως εἰς Βηθανίαν· καὶ ἐπάρας τὰς 50
χεῖρας αὐτοῦ, εὐλόγησεν αὐτούς. Καὶ ἐγένετο ἐν τῷ εὐλογεῖν αὐτὸν αὐτοὺς, διέστη ἀπ' 51
αὐτῶν, καὶ ἀνεφέρετο εἰς τὸν οὐρανόν. Καὶ αὐτοὶ προσκυνήσαντες αὐτὸν, ὑπέστρεψαν εἰς Ἱε- 52
ρουσαλὴμ μετὰ χαρᾶς μεγάλης. Καὶ ἦσαν διαπαντὸς ἐν τῷ ἱερῷ, αἰνοῦντες καὶ εὐλογοῦντες 53
τὸν Θεόν. Ἀμήν.

45. συνιέναι] συνεῖναι B. 46. γέγραπται καὶ οὕτω] — 72. Versio *Armen.*
καὶ οὕτως ἔδει] — BDL Versio *Copt.* Codices *Latini*. *Irenaeus*. probante *J. Millio* prol. 422.
παθεῖν τὸν χριστὸν] τὸν χριστὸν παθεῖν D. ἐκ νεκρῶν] — D 29. 71. probante *J. Millio* prol. 1471.
47. καὶ posterius] εἰς B. εἰς] ὡς ἐπὶ D.
ἀρξάμενον] ἀρξαμένων C ut videtur. D probante *Erasmo*, *Millio* prol. 422. *Pricaeo*. ἀρξάμενοι BL 33. Versio *Copt.* ἀρξάμενος 86. ἀρξαμένην 1. *Pricaeus*. 48. ὑμεῖς δέ ἐστε] καὶ ὑμεῖς δὲ D.
δὲ] — BL Versio *Copt.* ἐστε] — B. ἐστε μάρτυρες] μάρτυρες ἐστε C.
49. ἰδοὺ] — DL. 33. Versio *Vulg. Syr. Copt.* ἰδοὺ ἐγὼ] ἐγὼ ἰδοὺ 1.
ἀποστέλλω] ἐξαποστελῶ L. ἐξαποστέλλω 33. ἀποστελῶ Evang. 15. 18. 19. Versio *Vulg. Syr.*
τοῦ πατρὸς] — D. δὲ] — 72.
Ἱερουσαλὴμ] — BDL Versio *Copt.* Cod. *Latini*. probante *J. Millio* prol. 424. οὗ] ὅτου D 1.
ἐνδύσησθε] ἐνδύσεσθε Editio *Erasmi* 1. *Aldi*. ἐνδύσασθε Editio G. a Mastricht A. 1711.
δύναμιν ἐξ ὕψους] ἐξ ὕψους δύναμιν B. 50. ἐξήγαγεν δὲ] καὶ ἐξήγαγεν L Versio *Syr.*
ἔξω] — C a prima manu 1. 33. Versio *Copt. Syr.* Codices *Latini*.
ἕως εἰς] πρὸς D 33. ἕως Evang. 15. ἕως πρὸς L 1. καὶ ἐπάρας] ἐπάρας δὲ D.
εὐλόγησεν] ηὐλόγησεν D. 51. διέστη] ἀπέστη D.
καὶ ἀνεφέρετο εἰς τὸν οὐρανόν] — D. Codices *Latini*.
52. προσκυνήσαντες αὐτὸν] — D. Cod. *Lat.* probante *J. Millio* prol. 424. *Augustinus* de Unit. Eccles. 10.
53. διαπαντὸς] alii divisim scribunt διὰ παντός. ἐν τῷ ἱερῷ] — A a prima manu.
αἰνοῦντες καὶ] — L Versio *Copt.* καὶ εὐλογοῦντες] — D Codices *Latini*.
ἀμήν] — CDL 1. 33. Versio *Copt. Armen. Æthiop. Arab.* Codices *Latini*. probante *H. Grotio*. & *J. A. Bengelio*.
στίχ. Βω K. 34. 39. 49. 50. 55. 65. 105. 107. Versio *Æthiop.* Βχ *Nicephorus*. ΒΧϛ 48. τὸ κατὰ Λουκᾶν Εὐαγγέλιον ἐγράφη ἑλληνιστὶ μετὰ ἔτη ιε. τῆς ἀναλήψεως τοῦ κυρίου, εἰς ἀλεξάνδρειαν τὴν μεγάλην, ἔχει δὲ ῥήματα Γων [al. Γωγ] στίχους δὲ βψπ. Γπγ. Versio *Syr.* τὸ κατὰ λουκᾶν εὐαγγέλιον ἐξεδόθη μετὰ χρόνους πέντε καὶ δέκα τῆς τοῦ χριστοῦ ἀναλήψεως 105. 107.

pion. p. 441. tripartitam etiam divisionem instituit, sed ita ut ad primam quidem Classem referat Pentateuchum, ad tertiam Psalmos & tres Salomonis libros, ad secundam vero reliquos omnes. *Koheleth* R. VII. 9. incipiens a Lege ad Prophetas, a prophetis ad Hagiographa. & Ruth. III. 13. Thanchuma f. 86. 2. dixit R. Josua R. Nehemiae — Lex est triplex, Lex, Prophetae, hagiographa. *Beracboth Hieros.* 1. in lege, in prophetis & Hagiographis. *Moed katon* f. 15. 1. 18. 2. 21. 1. Megilla f. 21. 2. 24. 1. 31. 1. Avoda Sara f. 19. 2. *Hieros. Schekalim* III. 4. *Rosch Haschana* f. 32. 1. *Taanith* f. 8. 1. 16. 1. 20. 1. 30. 1. *Bava Kama* f. 92. 2. Haec res scripta est in lege, repetita in prophetis, & tertio in Hagiographis.

45. *Herod.* V. 4. ἀνοιγνύμενοι τὰ ἀνθρωπήϊα πάντα. *Plut.* de Aud. Poet. p. 36. D. Lectio Poëtarum προανοίγει καὶ προκλίνει τὴν τοῦ νέου ψυχὴν τοῖς φιλοσοφίας λόγοις. *Act.* XVI. 15. Preces Judaeorum: Aperi cor meum in lege tua. Ipse aperit cor nostrum in lege sua *Esaj.* L. 5.

47. ἀρξάμενον] Participia impersonalia scribuntur pro genitivis absolutis *Act.* II. 29. *Xenoph.* Exped. Cyr. IV. δόξαν δὲ ταῦτα ἐκήρυξαν οὕτω ποιεῖσθαι. *Etymol.* ἐπαγγελία — ἰδίως λέγεται ἐπὶ πεπορευμένων καὶ δημηγορούντων, ὡς ἐξόν. *Herodot.* III. 91. ἀπὸ Ποσειδηΐου πόλιος, τὴν Ἀμφίλοχος οἴκισε ἐπ' οὔροισι τοῖσι Κιλίκων τε καὶ Σύρων, ἀρξάμενον ἀπὸ ταύτης μέχρι Αἰγύπτου, τ. καὶ τ. τάλαντα φόρος ἦν. ἀρξάμενον scil. τὸ κηρυχθῆναι i. e. ἀρξαμένου τοῦ κηρύγματος.

49. *Esaj.* XXXII. 15. supra I. 35. *Psal.* XXXV. 26. CXXXII. 9. 17. 19. *Ezech.* XXVI. 26. 1. *Cor.* XV. 53. *Gal.* III. 27. *Col.* III. 9. 10. *Rom.* XIII. 14. *Job* XXIX. 14. *Silius* I. 38. Jamque Deae cunctas sibi belliger induit iras. XV. 738. Cunctisque pavorem Gallorum induerat pavor. *Statius* VIII. 392. Irasque sedentum induerint. *Seneca* Ep. XLVII. Regum nobis induimus animos. *Petronius* 4. eloquentiam pueris induunt, adhuc nascentibus. Leg. XI. §. 4. ff. *de muner. & honor.* qui primis literis pueros induunt. *Lutatius* ad Statii Theb. VI. 728. Pollux hoc exercitio, dum inter mortales esset, delectabatur, & hunc Alcidama induit. *Claudianus* de II. Cos. Stiliconis 121. tenerosque his moribus induit annos. *Ælianus* V. H. V. 9. οὕτω ἔξω περιεβάλετο, ἃ μετὰ ταῦτα ἐκτήσατο.

50. *Il.* α. 301. ἠρήσατο χεῖρας ὀρεγνύς. *Schol.* ἐκτείνας. 450. χρύσης μεγάλ' εὔχετο χεῖρας ἀνασχών. Schol. in Il. I. 564. εὔχονται δὲ οἱ Ἥρωες τοῖς μὲν οὐρανίοις θεοῖς ἄνω τὰς χεῖρας ἀνίσχοντες — τοῖς δὲ θαλασσίοις· πολλὰ δὲ μητρὶ φίλῃ ἠρήσατο χεῖρας ὀρεγνύς, εἰς θαλάσσαν δηλονότι. τοῖς καταχθονίοις δὲ κόπτοντες τὴν γῆν. *Apulejus* de Mundo. Habitus orantium sic est, ut manibus extensis in coelum precemur. 1. *Tim.* II. 8.

ἕως εἰς] *Polybius* ἕως εἰς τὸν χάρακα. *Ælian.* V. H. XII. 22. ἕως εἰς τὰ γόνατα.

Philo quis haeres p. 484. in Gen. XV. 5. ἐξήγαγεν δὲ αὐτὸν ἔξω, ὅ τινες ὑπὸ ἀμουσίας οὐδὲν εἰδέναι γελᾶν φάσκοντες· εἴσω γάρ τις ἐξάγεται; ἢ ἔμπαλιν εἰσέρχεται ἔξω; Levit. IX. 22.

52. Absentem & inconspicuum adorant, quod cultum religiosum significat, nunc primum Christo a discipulis exhibitum,

TO

그림 5 1751/1752년에 간행된 요한 야콥 베트슈타인의 인쇄본, 누가복음의 끝부분

의 수를 확연히 뛰어넘는 것이다. 그리고 그는 유대 작가들 및 이방인 작가들의 신약성서 인용문들을 모아 이에 대한 비평장치를 만들었는데, 이것은 오늘날까지도 유효하게 쓰인다. 베트슈타인은 필사본을 표시하는 데에도 기호를 붙여 표시하면서 필사본들을 소개해 나갔다: 대문자 사본은 알파벳으로, 소문자 사본은 숫자로 표시했다. 이러한 시스템은 20세기까지 지속되었다. 당시 그레고리(Gregory)는 비로소 이 체계를(기본 원칙을 유지하면서) 오늘날에도 일반적으로 통용되는 형태로 발전시켰다.[13] **요한 야콥 그리스바흐(Johann Jakob Griesbach**, 1745-1812)는 자신의 1775/1777년(2판은 1796/1806) 인쇄본으로 18세기 출판 간행의 최종적인 형태를 이루어 놓았다. 그리스바흐의 출판물은 효과 면에서는 대단하지만(수많은 필사본이 모델로 따르고 있음.), 현재에는 과대평가할 위험이 있다. 그리스바흐가 최초로 공관복음서 저자들에 관하여 말했다는 것은 분명하지만, 그가 공관복음 저자들에 대해 말한 것과 연결된 그의 이론은 더 이상 유지될 수 없다. 확실한 것은, 그가 세 가지 본문 형태, 즉 오늘날까지도 우리가 행하고 있는 '서방' 본문 형태와 알렉산드리아 본문 형태와 비잔틴 본문 형태를 언급하였다는 것이다. 그러나 그리스바흐는 그때 제믈러(Semler)에 의존하였는데, 그는 벵엘을 따르는 사람이었다. 확실히 그리스바흐는 수용본문을 부분적으로 수정하긴 하였다. 그렇지만 그의 수정은 벵엘의 작업을 넘어설 정도는 결코 아니었다. 벵엘은 본문비평장치에서 본문에 대한 수정 제안의 내용을 분류해서 수록하였는데, 비평장치 안에서 처음에 나오는 두 그룹에 이 내용을 담았다. (베트슈타인은 자신이 인쇄한 수용본문과 그 본문을 위한 비평장치 사이에서 자신의 생각에 맞다고 판단되는 곳의 해당본문을 표시해 두었는데, 베트슈타인도 역시 숫자상으로 볼 때 벵엘에게는 미치지 못한다.) 본문비평에 대한 결정적인 — 그리고 오늘날에도 유효한 — 기본 원칙을 이미 벵엘이 작성하였기 때문에,[14] 그는 18세기 본문비평 분야에서 가장 위대한 인물로 평가되어야 한다.[15]

---

13) 이에 대해서는 본 책의 101쪽 이하를 참고하라.

14) 그 기본 원칙은 게르하르트 폰 마아스트리히트(Gerhard von Maastricht)가 1711년 발표한 견해를 심화한 것이긴 하다.

15) 베트슈타인이 벵엘을 능가하듯, 필사본 사용에 있어서는 티쉔도르프가 웨스트코트/호트를 능가한다. 그럼에도 벵엘이 18세기 가장 뛰어난 인물로 업적을 인정받듯, 19세기에는 웨스트코트/호트가 가장 뛰어난 인물로 인정받아야 할 것이다.

2. 라흐만에서 네슬까지

당시에는 수용본문이 하나님으로부터 직접(마지막 하나까지도), 오류 없이 적은 신약성서를 담고 있다고 생각했다. 이러한 때에 수용본문의 압도적인 영향력으로부터 벗어나고자 했던 노력들을 앞서 설명했고, 이는 매우 높이 인정받아야 한다(더욱이 벵엘은 뷔르템베르크 경건주의 선구자 가운데 하나였다!). 수용본문에 맞서서 더 이른 시기의 본문 형태로 돌아가기 위한 격렬한 논쟁들 가운데 가장 결정적이었던 것은 19세기에 이르러서야 베를린 출신의 고전어학 교수 **칼 라흐만(Karl Lachmann**, 1793-1851)을 통해 일어났다. 그는 이미 1830년에 자신의 프로그램[16]을 공표하였다. "수용본문을 담고 있는 후기 본문 형태로부터 벗어나, 4세기 말 교회의 본문 형태로 돌아가자!" 하는 것이었다. 이 슬로건으로 다음 세대가 할 일이 정해졌다. 라흐만이 발표한 프로그램은, **콘스탄틴 티쉔도르프(Constantin von Tischendorf**, 1815-1874)에 의해 실현되었다. 그가 거둔 첫 번째 큰 성과는 5세기 그리스어 신약성서의 필사본인 에프라임-시루스 재생 사본(Codex Ephraemi Syri rescriptus[C])[17]의 판독이었다. 이 사본은 나중에 깨끗이 세척된 후, 시리아의 교부인 에프라임(Ephraem)의 저술들과 함께 새로운 이름을 달게 되었다(이른바 재생 사본[18] 중 하나). 그러나 가장 놀라운 것은 시내산의 카타리나수도원(Katharinenkloster)에서 발견된 시내 사본(Codex Sinaiticus[א])[19]이었다. 그 외에도 다른 수많은 대문자 사본들이 발견되었다(정확히 센다면 21개). 이것들은 티쉔도르프가 (러시아 황제 니콜라우스 1세[Nikolaus I.]의 지원으로) 중동을 여행하던 중에 발견되었다. 다른 여러 대문자 사본들(약 23개 정도?)에 대한 평가 결과가 대수롭지 않게 여겨졌던 것처럼, 이것들 역시 내용의 범위가 좁고, 큰 의미가 있는 것들은 아니었다. 티쉔도르프가 출판한 신약성서의 결정판은 1869/1872년에 출간된 바로

16) 1831년과 1842/1850년의 인쇄본에 이 프로그램을 실행하려고 했지만, 이것은 이미 시대에 뒤처져 맞지 않는 시도였다.

17) 이에 대해서는 본 책의 그림 6과 157쪽을 참고하라.

18) 이에 대해서는 본 책의 157, 162, 13, 108쪽을 참고하라. 티쉔도르프는 수많은 다른 필사본처럼, 화학 물질을 덧칠하여 원래 본문을 보이게 하였다. 이로 인해 오늘날 비록 필사본이 광범위하게 훼손되고 읽지 못하게 되는 결과를 가져오긴 했다. 제시된 그림 6은 자외선 촬영 기법을 적용하여 생성한 것이다.

19) 이에 대해서는 본 책의 그림 7과 155쪽을 참고하라.

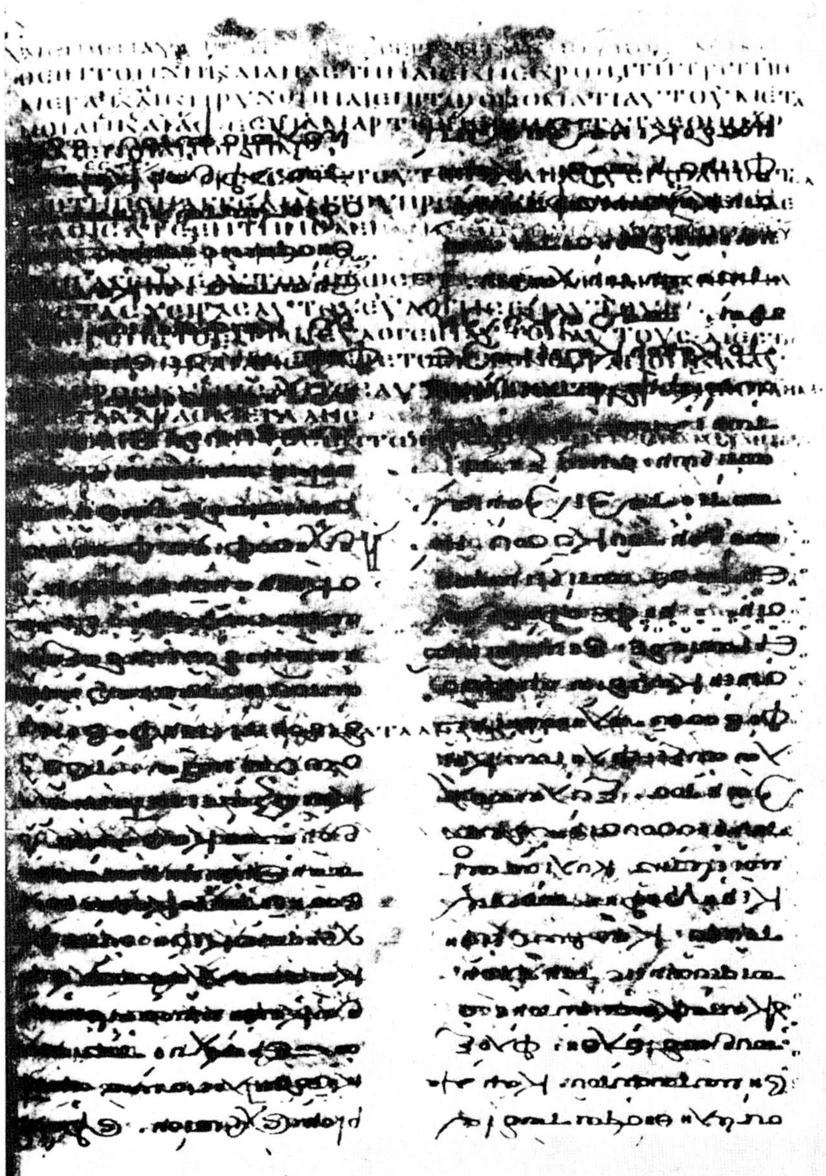

그림 6 티쉔도르프가 해독해낸 5세기 에프라임-시루스 재생 사본(C, **04**), 누가복음 끝부분, 12쪽 및 157쪽 참고.

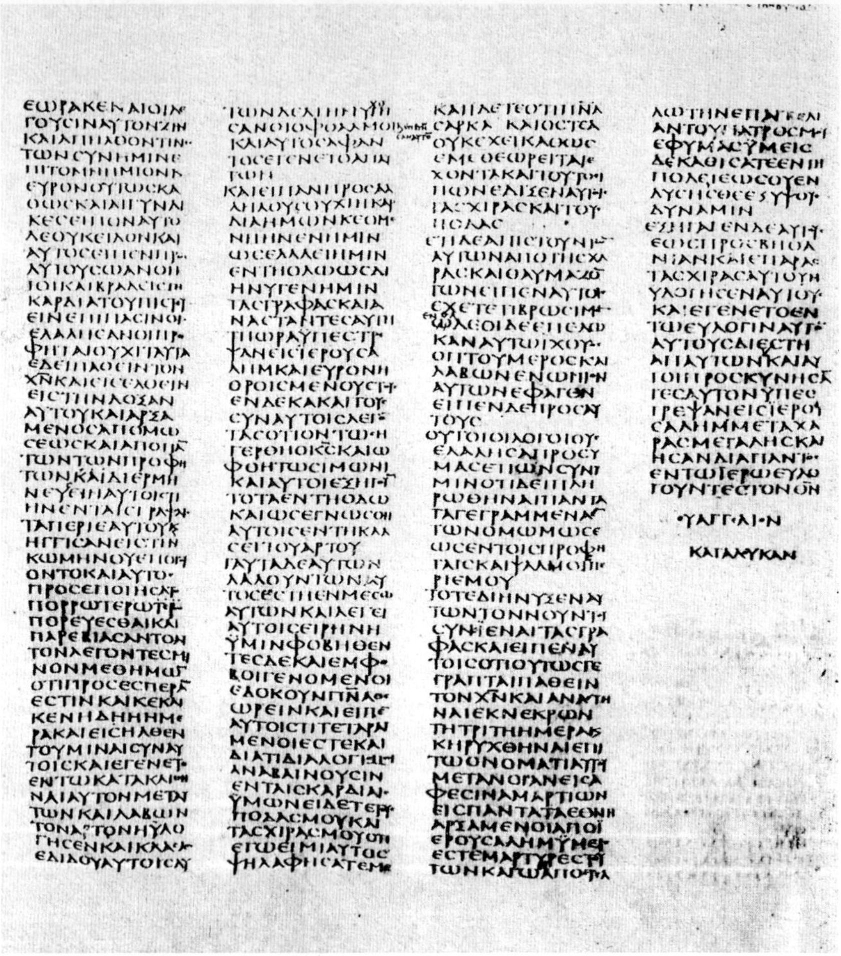

그림 7 티쉔도르프가 발견한 4세기 시내 사본(**א, 01**), 누가복음 끝부분, 12쪽 및 155쪽 이하 참고.

*Editio octava critica maior*이다(64쪽의 접어서 제본한 그림 자료 참고). 최근(1965) 이 책의 재판이 출간되었다는 것은, 이 책이 100여 년이 지난 지금까지도 여전히 학문적인 연구에 사용할 가치가 있다는 것을 분명하게 보여 준다.

티셴도르프는 자신의 본문비평장치에 당시 널리 알려졌던 증거 자료를 사용했다. 널리 알려졌던 그 증거 자료들은 온전하고 신뢰할 만하지만, 그가 사용한 2차 자료는 당연히 그렇지 못하다.[20] 그의 업적은 다음과 같은 사실을 통하여 잘 드러난다. 다른 인쇄본으로 티셴도르프의 인쇄본을 대체해 보려는 시도가 과거에 여러 차례 있었다. 이 인쇄본들은 티셴도르프의 인쇄본과 동일한 방식으로 그리스어 필사본 및 초기 번역본과 교부 인용문에 대하여 알려진 모든 자료가 담겨 있는 것이었지만, 시도는 모두 실패하였다. 또한 최근에 시작된 여러 가지 시도들도 여전히 그 끝을 맺지 못하고 있다.[21] 확실히 티셴도르프는 (오늘날 우리가 알고 있는 299개 중) 대략 64개의 잘 사용되지 않았던 대문자 사본과 — 우리가 현재 알고 있는 것은 96개 — 단 한 개의 (그것도 불완전한) 파피루스 사본을 활용했다. 그리고 우리에게 알려진 2,812개의 소문자 사본들 중 한 개의 아주 적은 부분만을 활용했다. 그렇지만 그가 제공하는 것은 이미 언급한 대로 완벽하고, 신뢰할 만한 수준이었다. 티셴도르프가 자신이 발견한 시내 사본에 얼마나 큰 의미를 부여했는지는, 그 사본에 축약 기호 **א**을 이름으로 붙였다는 사실에서 알 수 있다. 그러나 많은 신약학자들은 이러한 사실을 좋게 생각하지 않았으며, 그 사본을 기호 'S'로 인용하였다. (그러나 이 때문에 혼동을 유발하게 되었는데, 기호 'S'는 949년부터 로마 교회에서 수세대 동안 복음서 대문자 필사본을 가리키는 것이었기 때문이다.) **א**(시내 사본)은 티셴도르프에게 본문을 확정하기 위한 결정적인 기준이 되기도 했다. — 그렇게 된 것은 그가 이 사본을 발견했다는 자부심 때문만이 아니라, 어느 정도까지는 실질적인 이유들도 있었다. 티셴도르프는 작업 초기 바티칸 사본(Codex Vaticanus)을 매우 제한적으로만 접할 수 있었다. 이는 스스로 한 권의 인쇄본을 출간하기를 원했던 추기경 마이(Mai)가 권력으로 티셴도르프의 필사본에 대한 연구를 방해했기 때문이다. 1857년 마이의 인쇄본

20) 20세기의 소책자에는 많은 기록 오류가 발견된다. — 이 가운데 유독 뛰어난 〈네슬〉만은 처음부터 예외였다. 이러한 오류는 대형 책자본에서도 예외는 아니며, 특히 〈폰 조덴〉에서 더하다.

21) 이에 대해서는 본 책의 29쪽 이하를 참고하라.

이 간행되고, (1859년에 개정되면서 개선됨) 1868/1872년에 다시 출판된 그의 인쇄본은 완전히 이 인쇄본의 첫 번째 재간행본에 불과했다. 당시 마이의 인쇄본에 대한 티쉔도르프의 기본적인 소신이 이미 확실히 굳어졌다는 사실을 차치하고서라도, 이때 마이의 인쇄본에서 기본적인 구성 장치를 변경하기에는 너무 늦은 상황이 되어 버렸다.[22)]

영국인 브룩 포스 웨스트코트(**Brooke Foss Westcott**, 1825-1901, 케임브리지대학 교수이며 후일 더함[Durham]의 감독)와 펜톤 존 안토니 호트(**Fenton John Anthony Hort**, 1828-1892, 케임브리지대학 교수)의 상황은 달랐다: 그들은 〈원본 그리스어 신약성서〉(*The New Testament in the Original Greek*) 인쇄본을 1881년에 간행하였다. 바티칸 사본은 그들이 원하는 목적지의 방향을 안내하는 별과도 같았다. 이 사본에서 알렉산드리아와 비잔틴과 서방 교회의 본문이라는 세 가지 본문 형태를 뛰어 넘는, 원본문에 매우 가까운 본문을 발견했다고 생각했다. 무엇보다도 바티칸 사본이 ℵ(시내 사본)과 일치했을 때 더욱 그랬다. 그러나 신약성서에 원본문은 존재하지 않는다. 𝔓75는 본문을 볼 때 바티칸 사본과 너무 비슷해서, 바티칸 사본의 누가복음과 요한복음은 부분적으로 𝔓75를 기본 자료로 보고 필사한 것으로 여겨질 수도 있다.[23)] 𝔓75가 바티칸 사본보다 150년 앞섰음에도 불구하고, 이 파피루스 사본에 대해서도 '중립적'이라고 말할 수는 없다. — 신약성서의 모든 필사본은 '살아 있는 본문'[24)]을 제공할 뿐이다. 게다가 바티칸 사본은 본문의 수준에서 볼 때 바울서신 부분에서 질이 떨어진다. 복음서와 그 밖의 다른 부분에서는 시내 사본(그리고 모든 다른 대문자 사본)보다 질적으로 훨씬 우세하지만, 바울서신에는 해당되지 않는다. 바티칸 사본은(시내 사본과 마찬가지로) 4세기 후반의 것이다. 그래서 웨스트코트/호트가 어떤 마음으로 자신들이 신약성서 '그리스어 원문'의 인쇄본을 제공한다고 주장한 것인지 놀라울 수밖

22) 마이의 인쇄본에서는 '*editio octava critica maior*'에 이르기까지 인쇄본마다 개별적으로 변경된 부분들을 모두 참고하였다. 또 이 변경된 부분들은, 인쇄본의 기본 장치를 바꾸는 일을 한 번도 시도해 보지 않은 학자들 가운데서만 보자면 티쉔도르프의 탓으로 돌릴 수도 있다. 그러하더라도 이 인쇄본은 위와 같이 평가할 수밖에 없다.

23) 이에 대해서는 본 책의 127쪽과 128쪽을 참고하라.

24) 이에 대해서는 본 책의 95쪽을 참고하라.

그림 8 4세기 바티칸 사본(B, **03**), 누가복음 끝부분과 요한복음 처음, 16쪽 및 156쪽 참고.

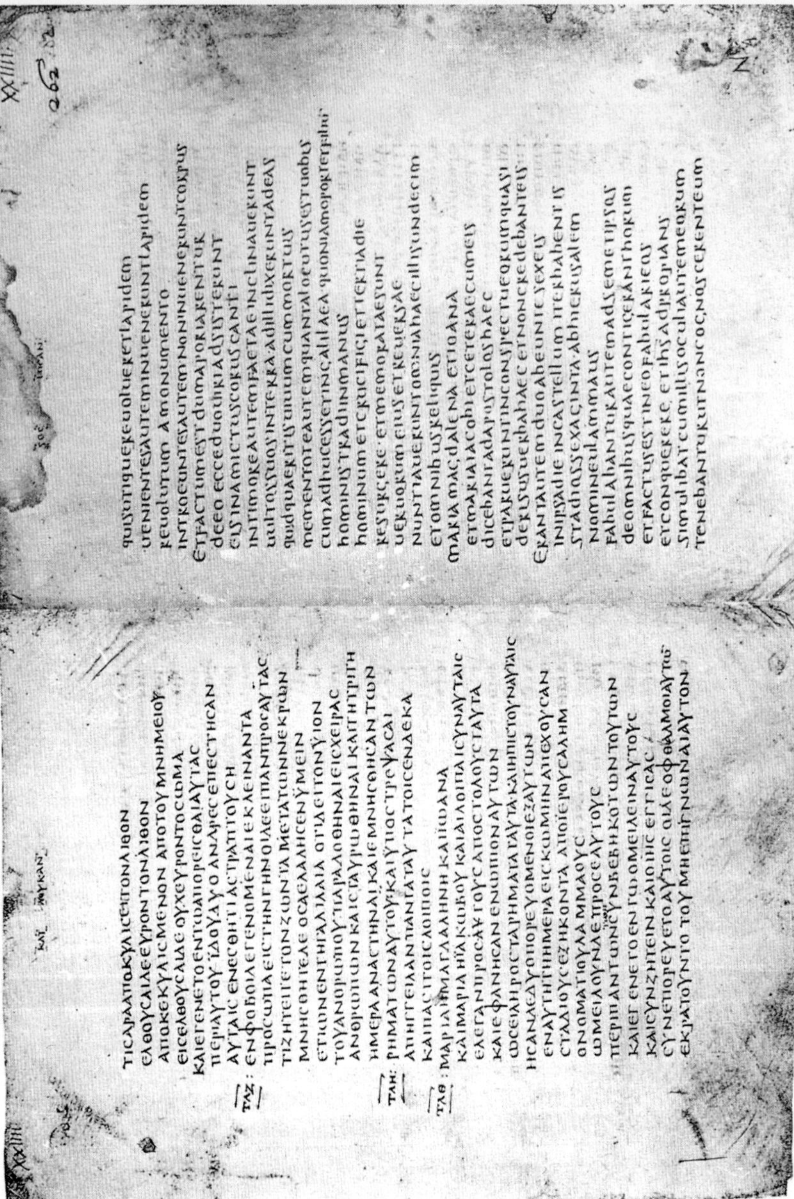

그림 9 5세기 베자 켄터브리지언 사본(D^ea, **05**), 누가복음 24:1-16, 22쪽과 89쪽 및 157쪽 이하 참고.

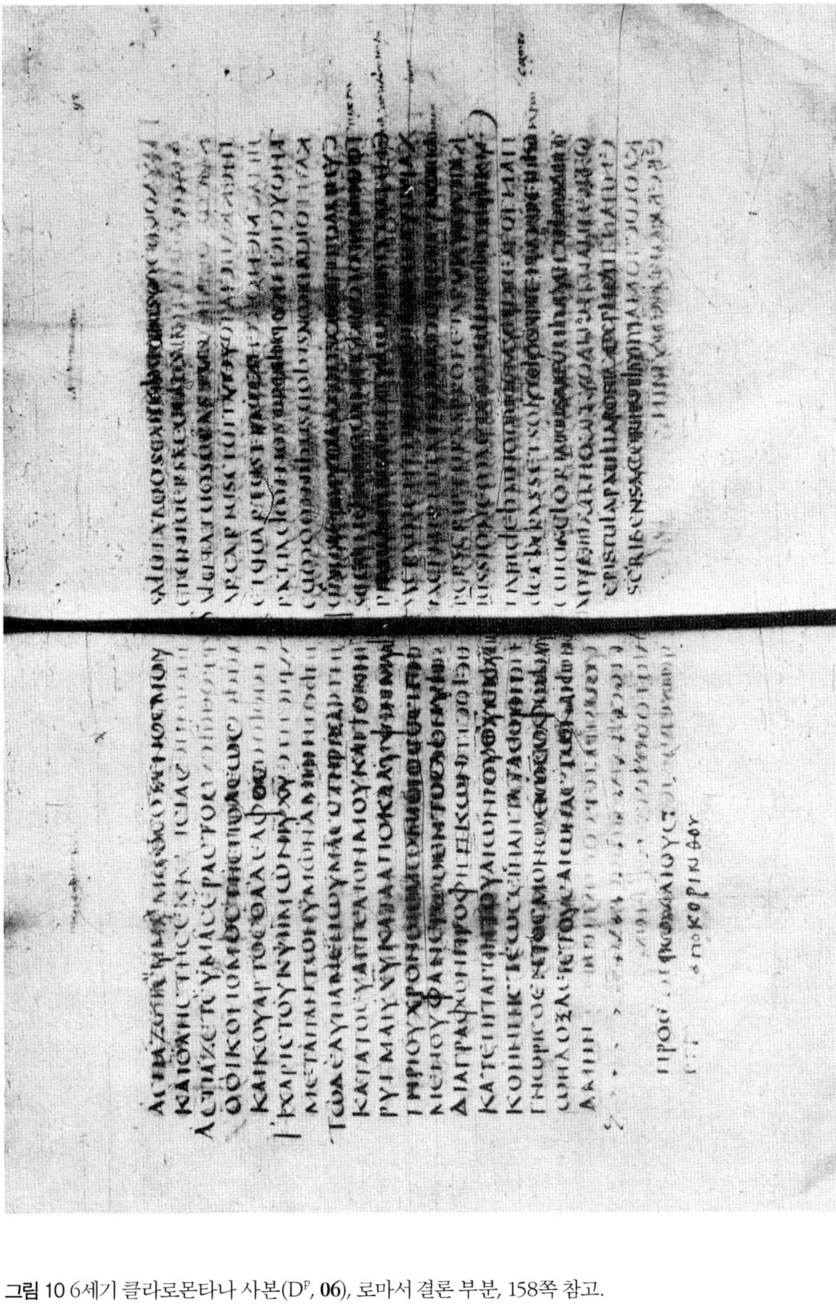

그림 10 6세기 클라로몬타나 사본(D^p, **06**), 로마서 결론 부분, 158쪽 참고.

에 없다. 우리 세대에게는 2세기 초에까지 이르는 증거들이 가득하지만, 이와 달리 웨스트코트/호트에게는 신약성서 본문에 대한 직접적인 증거가 4세기에 끝나 버렸기 때문이다.

웨스트코트/호트는 그들이 갖고 있는 증거로 추론하는 방법을 통해서만 4세기 이전의 정보를 얻을 수 있었다. 그들은 고대 라틴어 역본(사실 2세기 말에 시작되었음)과 고대 시리아어 역본(이른바 시리아어 시내 사본[Sinai-Syrer]과 쿠레톤의 시리아어 역본[Cureton-Syrer][25]으로 대표되는)을 웨스트코트/호트가 2세기의 것으로 판단했던[26] 이른바 '서방 본문[27](기호 'D', 곧 베자 켄터브리지언[28] 사본으로 대표되는)'과의 조합으로 추론을 할 수 있었다. 이러한 '서방' 본문은, 서방 본문이 확장되는 과정을 통해 그 특징을 알 수 있다. 따라서 전해진 것 가운데 (이른 바 '서방 본문의 비-삽입문'에[29] 있는) 더 짧은 것을 원본문으로 간주한다. 웨스트코트/호트가 본문들의 이러한 역사적인 위치를 임의로 선택하여 정하기 시작했다는[30] 사실을 차치하고서라도, 위치 선정을 전제로 삼은 것부터가 잘못된 일이다: '베자 사본 D'는 결코 2세기의 '서방' 본문을 대표하는 것이 아니며, 기원후 300년[31]까지 소급될 수 있다고 전제하는 필사본의 복사본만을 대표하는 것이다. 쿠레톤의 시리아어 역본처럼 시리아어 시내 사본도 결코 2세기의 것이 아니며, — 초기 시리아 교회에서 널리 사용된 타티안(Tatian)의 디아테사론(Diatessaron)[32]만이 이 시기까지 거슬러 올라갈 수 있

---

25) 이에 대해서는 본 책의 285쪽 이하를 참고하라.

26) "때때로 이것을 4세기의 것으로 짐작하기도 하지만, 우리는 이것이 실제로는 2세기의 서방 본문이라고 믿는다."(B. F. Westcott and F. J. A. Hort, "introduction", *The New Testament in the Original Greek*, 148.)

27) 이에 대해서는 본 책의 75쪽 이하를 참고하라.

28) 이에 대해서는 본 책의 그림 9와 157쪽을 참고하라.

29) 이에 대해서는 예를 들어, 본 책의 51쪽을 참고하라.

30) 이와 상황이 같으면서 사본 D(베자 켄터브리지언 사본)가 고대 라틴어 전승 및 고대 시리아어 전승과 함께, 일반 그리스어 전승보다 더 짧은 본문을 제공하는 다른 구절들은 상당히 많다. 이러한 구절들은 결코 '서방 본문의 비-삽입문'의 범주로 받아들이지 않았다.

31) 이에 대해서는 본 책의 157쪽 이하를 참고하라.

32) 이에 대해서는 본 책의 285쪽을 참고하라.

다. — 4세기에 작업한 것임을 보여 준다.[33] 결론적으로 다음과 같은 사실이 강조되어야 한다(이에 대해 일반적으로 대부분 동의함). 웨스트코트/호트는 단 한 개의 필사본과도 대조하지 않았으며, 이미 인쇄되어 존재하고 있는 결과물로부터만 출발했다는 것이다. 즉 광범위한 편집본들을 가지고 실용적으로 작업을 시작했다는 것이다(이에 대해 티쉔도르프가 말한 바 있음.). 그러므로 "신약성서 출판본의 이 본문은 다른 어떤 출판본을 참조하지 않고 전적으로 문서에 의한 증거만으로 구성되었다"(541쪽)는 그들의 인쇄본의 편집 후기 첫 문장은 이해하기 어렵다. 웨스트코트/호트가 제시한 본문(본 책의 64쪽에 접어서 제본한 자료 참고)은 다른 사본들과 겨룰 만한 독법들을 가장자리에 제공하긴 하지만, 이에 대한 비평장치는 전혀 제공하지 않는다. 〈웨스트코트/호트〉(Westcott/Hort)의 본문 부록에 140쪽을 할애하여 수록한 것이 있긴 하지만, 이것은 단지 '독법을 선택하는 데 필요할 만한 참고 사항들'에 불과하다. 그러나 웨스트코트/호트의 본문에서는 특히 (호트가 작성한) 서문에서와 마찬가지로 저자들이 날카로운 통찰력을 발휘하고 있다. 이를 통하여 인쇄본이 당시에 준 인상과 오늘날까지도 (특히 영·미 지역에서) 지속되는[34] 이론의 영향을 이해할 수 있다. 다음과 같은 두 개의 인용문으로 인쇄본의 특징을 나타낼 수 있다.

1. 여기서는 하나의 Bא 본문에 관하여 다룬다:

"따라서 위에 언급된 예외 사항과 함께 우리는 두 가지 신념을 밝히고자 한다. (1) אB 본문의 독법은, 본문 안에서 그 독법에 대한 유력한 반증이 발견되기 전까지는 옳은 독법으로 인정되어야 한다. (2) 또한 אB 본문들을 특히 당시 다른 판본들이나 교부들로부터 어떤 지지도 얻지 못하는 각주에만 달아 놓는 것이 때때로 옳다 할지라

33) 이에 대해서는 본 책의 285쪽 이하를 참고하라.

34) 브루스 메츠거(Bruce Manning Metzger): "제1부 신약성서 본문비평을 위한 자료들"(Der Text des Neuen Testaments. Eine Einführung in die neutestamentliche Textkritik), 『신약의 본문』(*Der Text des Neuen Testaments*, Stuttgart 1966), 138쪽을 참고하라. "추가로 발견된 필사본들 때문에 몇 개의 본문 그룹들에 대해서는 다르게 배열할 필요가 생기기는 했지만, 이 필사본들의 비평적인 원칙과 절차의 보편타당성은 오늘날에도 학자들로부터 널리 인정받고 있다." 다른 곳에서 메츠거는 매우 소극적으로 표현하고 있다. "비평적인 가치를 돌아보며 다음과 같이 이야기할 수 있을 것이다. 웨스트코트/호트가 기여한 본질적인 공헌 중 하나는, 시리아어(또는 비잔틴) 본문이 다른 본문 유형보다 더 최근의 것이라는 것을 분명히 증명해 냈다는 사실에 오늘날 학자들이 대체로 동의하고 있다"(136쪽). 그러나 우리는 이러한 사실을 (늦어도) 그리스바흐 이래로 알게 되며, 1974년에 이 인쇄본의 복사판이 출간되었다.

도, אB 본문의 어떤 독법도 전적으로 거부될 수는 없다."(B. F. Westcott and F. J. A. Hort, "introduction", 225.)

2. 그런데도 베자 켄터브리지언 사본(D^{ea}) 본문에 최고 등급을 부여한다.

"베자 사본 본문의 복음서와 사도행전은 3세기에 가장 널리 읽혀졌고, 아마 2세기에도 상당히 긴 기간에 걸쳐 읽혀졌을 것이다. 이 본문 형태는 다른 어떤 그리스어 형태보다도 더 진정성 있는 모습을 그대로 보여 준다."(B. F. Westcott and F. J. A. Hort, "introduction", 149.)

수용본문은 티쉔도르프(서로 다른 여러 대비평본[editio critica maior]과 수많은 소책자들이 출간되었음)와 웨스트코트/호트의 인쇄본으로 인하여 학계에서 자리를 빼앗겼다. 이 인쇄본들 밖에도 전혀 다른 종류의 인쇄본들이 있었다. 이 중 특히 1857/1872년 출간된 것으로 사무엘 프리도 트레겔(**Samuel Prideaux Tregelles**, 1813-1875년)의 이름을 붙여 부를 수 있는 인쇄본은, 일반적으로 티쉔도르프의 것보다는 덜 중요하게 여겨졌다. 그렇지만 티쉔도르프의 인쇄본과 크게 다르지 않은 본문을 제시하였다. 수용본문을 옹호하는 사람들(당시에 특히 딘 버건[Dean John William Burgon])은 떠들썩하게 논증을 하였지만 이미 설 자리를 잃었다. 그렇긴 하지만 그들은 1898년에 슈투트가르트의 뷔르템베르크성서공회(Württembergische Bibelanstalt in Stuttgart)에서 에버하르트 네슬(또는 에버하르트 네스틀레, **Eberhard Nestle**, 1851-1913년)의 〈그리스어 신약성서〉(*Novum Testamentum Graece*, 이하 NTG)가 출간되고 나서야 수용본문을 지키고자 하는 싸움에서 마침내 패하게 된다. 이제 수용본문은 교회에서도, 학교의 수업 현장에서도 밀려나게 된다.

여기서 수용본문이 얼마나 확고하게 자리 잡았는지에 대해서는, 당시 모든 성서공회 중 가장 규모가 크고 영향력 있던 영국성서공회(British and Foreign Bible Society)가 웨스트코트/호트 인쇄본의 간행 이후에도 공식적으로 20년 이상 수용본문을 널리 보급했다는 사실을 통해서 알 수 있다. 이 성서공회는 특이하게도 네슬이 이미 5판을 출판한 1904년에서야 비로소 '네슬'판을 채택하게 된다. 이로써 수용본문은 첫 인쇄 후 거의 400년이 지나서야 최종적으로 위세가 꺾였다.

오늘날 미국에서는 수용본문이 다른 현대 인쇄본들의 본문보다 더 우수하다는 평가를 거의 들어볼 수가 없다. 역사의 수레바퀴를 되돌릴 수는 없기 때문이다(이에 대해서는 이 책의 VII장 3, 4를 참조하라).

에버하르트 네슬이 한 일은 사실 매우 단순한 것이었다(그가 이룬 일은 획기적인 변환이었지만 돌이켜 보면 매우 간단한 일이었다. '콜럼버스의 달걀'처럼 처음 발견할 때는 대단해 보였지만, 적어도 그 뒤로는 그것이 단순한 것이었다는 사실이 거듭하여 드러났다.). (1895년 오스카 폰 겝하르트[Oscar von Gebhardt]의 전형적인 인쇄본 이후에) 그는 티쉔도르프와 웨스트코트/호트의 본문을 서로 비교하였다. 두 인쇄본이 서로 다른 입장으로 나뉠 경우, 이에 대한 결정을 내릴 수 있도록, 그는 제3의 인쇄본(처음에는 1892년 웨이머스[R. Fr. Weymouth]의 2판을, 그 후 1901년부터는 베른하르트 바이스[Bernhard Weiß]의 1894-1900년 판)을 추가로 참고하였다.[35] 이로써 이제 다수결에 의한 결정이 가능하게 되었다: 세 인쇄본 가운데 두 개의 인쇄본이 같은 독법을 보이면 네슬의 인쇄본 본문에 포함되었다. 이때 나머지 다른 하나의 독법은 비평장치로 들어오게 되었다. 이 비평장치는, 독자들이 기본인쇄본들의 완전한 본문을 정확하게 재구성할 수 있도록 잘 만들어 놓았다.(웨스트코트/호트 인쇄본의 난외 독법까지 표시할 수 있었으며, 그럼으로써 이것들의 본문비평적 가치마저도 표시할 수 있게 되었다.) 이 비평장치는 흥미로웠지만 필사본으로부터 온 비평장치는 비교적 내용이 짧은 편이었다(그림 11 참고): 그림 11을 보면, 〈네슬〉에서는 처음 1~2줄에 베자 켄터브리지언 사본의 독법들을 제공하고 있다(웨스트코트/호트의 견해에 영향을 받았다). 이는 비교적 단순해 보이지만(초판에 대한 서문이 단지 한 쪽에 불과하다는 것이 특징적이다) 획기적이었다. 왜냐하면 이렇게 기계적으로만 대다수 본문을 먼저 적용하는 방법의 체계가 19세기 본문비평 작업에 대한 결과를 요약해서 말해 주는 것이기 때문이다. 웨스트코트/호트(웨스트코트/호트는 바티칸 사본[B]만을 일방적으로 선호했기 때문에)와 마찬가지로 티쉔도르프가 과도하게 한쪽으로 치우쳐 행했던(티쉔도르프는 시내 사본[א]만을 일방적으로 선호했기 때문에) 방식들은 사라지게 되었다(특히 베른하르트 바이스의 인쇄본을 접한 이래로). 이로써 70

35) 따라서 1898년 이후에 나온 〈네슬〉 판본들의 첫 쪽 이하와 다른 쪽들에서 위 내용에 대해 설명하는 부분은 1898년 판의 서문에 의거하여 추후 교정할 수 있다.

년이나 지속되었을 뿐만 아니라 모든 면에서도 유효하게[36] 당시 지식 수준을 대표할 만한 본문이 등장하게 되었다. 특징적인 것은, 어쨌든 657쪽 분량의 초기 〈네슬〉 본문이 새로운 본문으로 전환될 때 수정해야 할 곳이 거의 700군데밖에 되지 않았다는 사실이다.

3. 〈네슬〉 구판에서 〈네슬〉 신판으로

20세기 신약성서 인쇄본의 발전에 대해 설명할 때, 〈네슬〉 본문이 20세기에 절대적으로 지배적인 위치를 차지했다는 것을 먼저 말해야 한다. 〈네슬〉 본문의 위상은 오로지 수세기 전의 수용본문이 차지했던 위상만이 비교 대상이 될 수 있다. 〈네슬〉 본문이 그러한 위상을 얻은 것은 특히 에르빈 네슬(**Erwin Nestle**)이 자기 아버지를 본보기로 삼고 따랐을 때부터 비롯된다. 새로운 인쇄본에 대한 역사는 1927년 〈네슬 13판〉으로 시작된다.

에르빈 네슬(1883-1972)은 본문만을 한 번 더 수정한 것이 아니다. 이제서야 마침내 실제로 다수결의 원칙을 본문에 적용하게 되었다. 뷔르템베르크성서공회가, 그들이 갖고 있던 슈바벤 지역의 절약정신에 입각하여 1901년 판본에 대해 주요 부분만 변경하는 것을 허락했기 때문이다. 이렇게 변경된 부분은 바이스의 인쇄본을 접하면서 생긴 것이다.[37] 이제야 마침내 인쇄본에도 그 이름을 얻을 만한 본문비평장치가 추가되었다. 기초가 되었던 인쇄본들의 독법이 적힌 기록이 그대로 남아 있긴 했지만(여기에 폰 조덴[von Soden]의 인쇄본이 추가되었다), 이제는 모든 중요한 이문들과 이 이문들을 뒷받침해 주는 그리스어 필사본, 고대 번역본 및 교부들의 진술이 함께 기록되었다. 이로써 에르빈 네슬은 독일 신약성서학자들의 학술 모임에서 거듭 제기되었던 요구 사항들을 따르게 되었다. 〈네슬〉판 본문은 이제 1898년의 초판 형태에서 하나의 학문적 연구를 위한 소책자 형태로 발전되었다. 또한 이 판은 당시 경쟁 관계에 있던 모든 인쇄본을 능가하는 것이었다. 이에 따라 네슬 인쇄본이 점점 더 많이 보

36) 그가 웨스트코트/호트의 특수한 이론들을 따랐던 구절은 제외한다.

37) 이에 대해 다음과 같은 특별한 점도 있다. 〈네슬〉은 25판까지도 여전히 1898년의 오래된 활자판을 이용해 인쇄하여 수십만 권의 책을 인쇄하였다는 점이다.

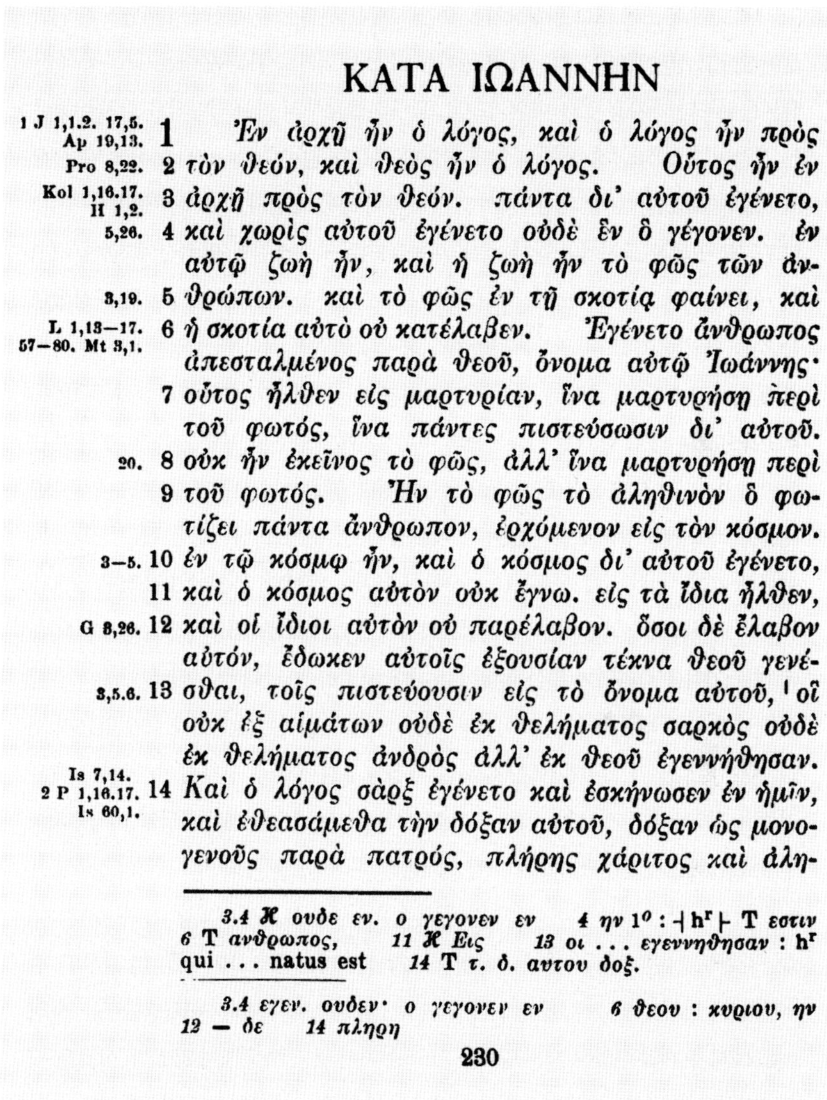
KATA IΩANNHN

1 J 1,1.2. 17,5. Ap 19,13. 1 Ἐν ἀρχῇ ἦν ὁ λόγος, καὶ ὁ λόγος ἦν πρὸς
Pro 8,22. 2 τὸν θεόν, καὶ θεὸς ἦν ὁ λόγος. Οὗτος ἦν ἐν
Kol 1,16.17. H 1,2. 3 ἀρχῇ πρὸς τὸν θεόν. πάντα δι' αὐτοῦ ἐγένετο,
5,26. 4 καὶ χωρὶς αὐτοῦ ἐγένετο οὐδὲ ἓν ὃ γέγονεν. ἐν
αὐτῷ ζωὴ ἦν, καὶ ἡ ζωὴ ἦν τὸ φῶς τῶν ἀν-
8,19. 5 θρώπων. καὶ τὸ φῶς ἐν τῇ σκοτίᾳ φαίνει, καὶ
L 1,13—17. 57—80. Mt 3,1. 6 ἡ σκοτία αὐτὸ οὐ κατέλαβεν. Ἐγένετο ἄνθρωπος
ἀπεσταλμένος παρὰ θεοῦ, ὄνομα αὐτῷ Ἰωάννης·
7 οὗτος ἦλθεν εἰς μαρτυρίαν, ἵνα μαρτυρήσῃ περὶ
τοῦ φωτός, ἵνα πάντες πιστεύσωσιν δι' αὐτοῦ.
20. 8 οὐκ ἦν ἐκεῖνος τὸ φῶς, ἀλλ' ἵνα μαρτυρήσῃ περὶ
9 τοῦ φωτός. Ἦν τὸ φῶς τὸ ἀληθινὸν ὃ φω-
τίζει πάντα ἄνθρωπον, ἐρχόμενον εἰς τὸν κόσμον.
3—5. 10 ἐν τῷ κόσμῳ ἦν, καὶ ὁ κόσμος δι' αὐτοῦ ἐγένετο,
11 καὶ ὁ κόσμος αὐτὸν οὐκ ἔγνω. εἰς τὰ ἴδια ἦλθεν,
G 3,26. 12 καὶ οἱ ἴδιοι αὐτὸν οὐ παρέλαβον. ὅσοι δὲ ἔλαβον
αὐτόν, ἔδωκεν αὐτοῖς ἐξουσίαν τέκνα θεοῦ γενέ-
3,5.6. 13 σθαι, τοῖς πιστεύουσιν εἰς τὸ ὄνομα αὐτοῦ, ˡ οἳ
οὐκ ἐξ αἱμάτων οὐδὲ ἐκ θελήματος σαρκὸς οὐδὲ
ἐκ θελήματος ἀνδρὸς ἀλλ' ἐκ θεοῦ ἐγεννήθησαν.
Is 7,14. 2 P 1,16.17. Is 60,1. 14 Καὶ ὁ λόγος σὰρξ ἐγένετο καὶ ἐσκήνωσεν ἐν ἡμῖν,
καὶ ἐθεασάμεθα τὴν δόξαν αὐτοῦ, δόξαν ὡς μονο-
γενοῦς παρὰ πατρός, πλήρης χάριτος καὶ ἀλη-

3.4 **Ꮒ** ουδε εν. ο γεγονεν εν *4* ην 1° : ⊣ h^r ⊢ T εστιν *6* T ανθρωπος, *11* **Ꮒ** Εις *13* οι . . . εγεννηθησαν : h^r qui . . . natus est *14* T τ. δ. αυτου δοξ.

3.4 εγεν. ουδεν· ο γεγονεν εν *6* θεου : κυριου, ην *12* — δε *14* πληρη

230

그림 11 1898년 간행된 에버하르트 네슬의 〈그리스어 신약성서〉(NTG) 초판, 요한복음 처음.

급되었다. 특히 그리스어 판과는 별도로 그리스어-라틴어 및 그리스어-독일어 인쇄본이 등장하였기 때문이다.[38)]

그리스어 본문에 대한 비평장치를 보는 사람은 필사본들로부터 이 비평장치가 만들어졌다고 생각했다. 그리스어 본문이든 다른 번역어로 된 본문이든, 교부들의 간행본들로부터 가져온 것과 마찬가지로, 필사본들로부터 이 비평장치가 만들어졌다는 생각이다. 1950년경 공동 작업에 참여한 **쿠르트 알란트(Kurt Aland)**도 같은 생각이었다(1952년 <네슬 21판>에서 그의 이름이 공동 작업자로서 처음 등장하며, 22판부터는 인쇄본 표지에 등장함). 알란트는(머리말에서 소감을 밝히긴 했지만), 에르빈 네슬이 티쉔도르프 이래로 출판되어 나온 인쇄본들로부터 비평장치를 편성했다는 것을 확인하고, 또 네슬의 비평장치가 증거가 있었고 거의 항상 정확했다는 사실을 확인하고, 더욱더 놀랐다. 알란트는 필사본과 교부들의 인쇄본들의 도움을 받아, 티쉔도르프 이래로 출간된 인쇄본들의 비평장치에서 발견한 모순들을 밝혀 달라는 부탁을 받고, 그 모순들을 긴 목록으로 정리했다. 알란트는 이 목록을 보면서 에르빈 네슬의 작업물을 살펴보았던 것이다. 에르빈 네슬 자신도 이와 같은 일은 시도하지 못했다. (그는 이런 일을 할 수 있는 상황이 되지도 않았다. 부친이 소유했던 엄청난 규모의 도서관이 부친의 사망 후 케임브리지에 팔렸기 때문이다.) 이것은 에르빈 네슬에 대한 기억을 폄하하기 위한 설명이 아니다. 오히려 그 반대이다. 어떻게 그가 자신이 설명한 그 방법론을 가지고 비평장치를 이렇게 꼼꼼하게 발전시킬 수 있었는지 거의 믿을 수 없을 정도이다. (예상치 못한 사실의 결과에 매우 당황하여) 곧바로 매우 집중력 있게 원본을 검사한 결과, 차이를 보이는 경우 네슬 인쇄본에 달린 비평장치의 정확도는 80%가 넘는 반면, 폰 조덴 인쇄본과 현대의 소책자의 비평장치의 정확도는 20%에 머물렀기 때문이다. (위와 같은 결과를 가져옴으로써) 〈네슬 21판〉부터 〈네슬-알란트 23판〉(Nestle-Aland)에 이르기까지 기본 대조표가 점점 더 넓게 그 범위를 넓혀 나가게 되었다. 게다가 이때부터는, 원본으로 여기던 자료(필름이든 사진이든)에서 추가된 수없이 많은 증거들은 그중 어떤 것도 사용되지 않았다. 이것은 특히 광범위하게 비평장치에 인용되기 시작했던 파피루스 사본들에도 적용되었다.

---

38) 전자는 식스토-클레멘트 불가타(*Sixto-Clementinische Vulgata*) 본문이고, 후자는 〈루터성경개정판〉(1912년)의 루터-개정본 본문이다. 두 인쇄본 모두, 범위가 비록 넓지는 않다고 하더라도, 처음 요구 사항들을 충족시키는 비평장치를 갖추고 있다.

그러나 이러한 성과는 신약성서 본문의 발전을 다시금 암시해 주었다. 에르빈 네슬은 부친의 인쇄본에 대한 비평장치를 발전시킬 수 있었던 것을, 특히 베를린 출신의 목사 헤르만 폰 조덴(**Hermann von Soden**, 1852–1914)의 인쇄본 덕분으로 생각했다. 에르빈 네슬의 아버지가 자신이 사용한 독법들을 표시해 두었던 것처럼, 에르빈 네슬 또한 폰 조덴 인쇄본의 독법들을 매우 정확하게 비평장치에 기록해 놓았다. 부유한 여성 후원자(엘리제 쾨니히스[Elise Koenigs]. 이 후원자의 뒤를 따라 계속 후원해 줄 사람을 찾는다는 의미에서 특별히 이름을 밝힌다고 함)로부터 도움을 받아 자금을 얻어, 폰 조덴은 필사본을 대조할 수 있는 총 40명의 협력자들을 유럽의 도서관과 그 외의 다른 곳에 파송할 수 있었다. 이렇게 폰 조덴 인쇄본의 전망은 순탄해 보였다. 1902년부터 1913년에 이르기까지 총 4권으로 구성된 인쇄본(1부: 연구 내용 3권, 2부: 본문 1권)이 출간되었다. 이 인쇄본은 "신약성서 본문의 역사를 근거로 삼아 제작했으며, 접할 수 있는 신약성서 본문 형태 가운데 가장 오래된 본문 형태를 담고 있는 신약성서"이다.

그러나 미국의 탁월한 본문비평가인 커솝 레이크(Kirsopp Lake)가 이미 1904년 웨스트코트/호트의 인쇄본에 관하여 평가했던 것과 같이, 이 책 곧 폰 조덴의 인쇄본은 "훌륭한 것이긴 하지만 실패작"이라고 평가할 수 있다. 이유는 다음과 같다:

1. 이론적인 기본 전제들이 잘못되었다. 폰 조덴은 세 가지 커다란 본문 유형을 생각하였다. 즉 K(코이네) 본문과, H(헤시키우스, 이집트) 본문과, I(예루살렘) 본문이 그것이다. 폰 조덴에 따르면, 이 세 가지 개정본들은 원형 본문, 다시 말하자면 오리겐(Origenes)도 사용했던 원래의 본문에서 발전되었다는 것이다. 타티안(복음서에서)이나 마르키온(바울서신에서)이 원래의 것을 훼손하지 않았다면, 이 세 가지 아니면 적어도 두 가지의 본문들이 일치할 경우(본문 작성을 위한 짧은 기본 원칙 편성표, 참고 II, XXVIII), 폰 조덴은 이 경우를 신약성서 원래의 본문으로 생각했다. 그러나 타티안(게다가 폰 조덴은 타티안의 본문을 매우 빈약한 정도로만 사용할 수 있었다)의 영향력이 매우 과장되었다는 것을 차치하고라도, 폰 조덴이 말하는 I 본문은 아예 존재하지 않았으며, 적어도 그가 생각한 범위의 본문 형태로는 존재하지 않았다. 폰 조덴은 K 본문이나 H 본문으로 분류할 수 없는 거의 모든 필사본과 전승들을 I 본문으로 분류했다. 더욱이 K 본문을 다른 두 본문(H 본문과 I 본문)과 동등한 위

치에 놓음으로써, K 본문에 부여할 만하지 않은 가치를 부여하고 말았다.[39] 원문을 규정할 때, 만일 K 본문을 온전히 다 사용했고, H와 I 두 본문 그룹이 충분히 일치했다면(K와 I를 조합할 경우, 2차적인 본문 형태 하나와 아예 존재하지 않는 본문 형태 하나를 조합한다는 것을 생각해야 한다!), 어떤 식으로든 '원본문'이라는 수식어를 결코 붙일 수 없는 하나의 본문이 나오게 되어 있다. 게다가 폰 조덴의 경우가 실제로 그러하듯이, 원문은 어쩔 수 없이 그 비중이 훨씬 더 코이네 본문(K 본문)쪽으로 실리게 되었다.

2. 폰 조덴은 신약성서 필사본을 위한 기호 체계(본 책의 55쪽 참고)를 고안함으로써 자신의 인쇄본을 거의 사용할 수 없게 만들어 버렸다. 이때 폰 조덴이 필사본을 개별적으로 언급했다면 이 인쇄본이 아직 더 사용되었을지도 모른다. 그러나 그는 관례적으로 자신이 직접 확인한(아니면 확인했다고 주장한) 엄청나게 많은 양의 하위 그룹들(K와 I 본문이 그 안에 분류되어 있는 대략 30개 그룹들)만을 인용하였을 뿐이다. 그리고 이 그룹으로부터 이문을 갖지 않는 필사본만을 추가적으로 거론한 것이다. 엄청나게 많은 양의 하위 그룹들을 기억하는 것은 매우 어려운 일이다. 그리고 기억에 대한 전문적인 기술을 가진 사람조차도 손쉽게 바로 할 수 있는 일이 아니다. 따라서 매번 특별한 참고 서적을 찾아 봐야만 하는데, 이 참고 서적들도 불완전하거나 이용하기에 불편할 수 있다.[40]

3. 폰 조덴의 비평장치에 있는 정보는 신뢰할 수 없다(이것은 확실하긴 하지만 II, XXII 각주 1을 참고할 것). 다시 말해서, 독자가 그의 비평장치를 보면 얼마 지나지 않아 그 수많은 낯선 비평장치의 기록들이 단지 이문들을 모아둔 것으로 여겨질 정도라는 것이다. 이러한 이문 자료의 증거를 뒷받침하는 기록들도 대략적인 지침에 불과할 뿐인데, 이 지침들마저 다른 곳에서 더 정확하고 쉽게 찾아볼 수 있는 것들이다.

---

39) (비록 서로 다르긴 하지만) 고대 전통이 코이네 본문의 근간을 이루고 있다는 것은 분명한 사실이지만, (이 본문에는 초기 시대 하나 또는 여러 개의 파피루스 필사본이 기초를 이루고 있다.) A.D. 300년 경 또는 그 직전에 코이네 본문을 개정하면서 결정적인 모양새를 갖게 되었고 분명하게 부수적인 특징을 가지게 되었다.

40) 이 비판이 너무 이론적인 것으로 여겨질 수도 있다. 그러나 본 책의 64쪽에 접어서 제본한 자료를 보면, 폰 조덴의 인쇄본 한 쪽이 주석(본 책의 57쪽 이하)과 함께 소개된다. 독자가 직접 이것을 보고 이용하게 된다면, 위에서 언급한 내용보다 더 비판적인 태도를 취하게 될 것이다.

이런 이유로 볼 때 폰 조덴의 인쇄본은 명백하게 실패했다. 아무튼 티쉔도르프의 인쇄본을 대체하려 했던 폰 조덴의 노력이 성공했다고는 결코 생각할 수 없다. 그의 노력에 상응하는 외적인 성과물은 얻지 못한 셈이다. 지금으로부터 얼마 전에야, 다시 말해서 폰 조덴의 작업 이후 50년이 지난 후에야 그의 첫 번째 견본 인쇄 출판이 마무리되었다. 그렇더라도 폰 조덴의 인쇄본은 본문비평가마다 사용하는 작업 도구라고 해야 할 것이다. 그의 인쇄본 제1부에는 어느 곳에서도 찾아볼 수 없는 많은 양의 정보가 담겨 있다. 또한 코이네 본문에 관한 폰 조덴의 연구들은 근본적으로 중요한 의미를 지닌다. 이 연구에는 폰 조덴이 확인한 그룹들, 심지어 그가 I 본문이라고 적어 놓은, 그룹이 뒤섞여 있는 그룹들도 있다. 이 연구는 필사본 가족들과 필사본 그룹들을 확인하기 위한 가장 광범위한 자료를 제공하고 있다. 이 분야에서 최근 수십 년 동안 작업을 통해 확인된 놀랄 만한 많은 결과물들은 이미 폰 조덴이 이루어 놓은 핵심적인 성과물들 중에서 확인할 수 있다. 그의 성과물들 중 어떤 것은 거의 온전한 형태로 발견되기도 한다. 광범위한 이문들에 대한 그의 다양한 시각(물론 그의 이러한 시각은 세 가지, 최소한 두 가지 다른 비평장치를 함께 살펴봐야 찾아낼 수 있다)을 담은 책은 여전히 중요한 정보를 제공하고 있다.

영국인인 레그(**S. C. E. Legg**)가 편찬한 두 권의 그리스어 신약성서(*Novum Testamentum Graece secundum Textum Westcotto-Hortianum*(마가복음 1935, 마태복음 1940)도 그 책 나름의 방식대로 쓸 만하다. 여기에 기록된 이문들은 티쉔도르프의 이문들을 넘어서서 폰 조덴의 이문들보다 더 손쉽게 검증할 수 있기 때문이다. 누가복음과 함께 원고 형태로 이미 존재하는 책을 옥스퍼드에 있는 클라렌돈(Clarendon) 출판사가 더 이상 출판하지 않는 것은 다음과 같은 비판 때문이다. 기본적인 필사본이 너무 적게 수록됐다는 점과, 이문들을 담고 있는 증거 사본들을 수록하는 데 빠뜨린 부분과 오류 등이 여러 쪽에서 두드러지게 나타났다는 점이다.

대신, 미국 신약본문비평협회를 선도적으로 이끄는 어니스트 캐드먼 콜웰(Ernest Cadman Colwell)의 주도로 1942년 '미국 위원회'(오래지 않아 영국 위원회가 함께 지원함)가 설립되었다. 이 위원회는 새로운 토대 위에 계속해서 인쇄 작업을 해 나가는 일을 **그리스어 신약 본문비평 '국제 프로젝트'**로 위임받게 되었다. 우선 수용본문을 토대로 본문비평적 각주를 붙여서 누가복음의 모든 전승 자료를 출판해야 했고, 2년 후에는 이러한 것을 기초로 하여 이에 대한 비평적인 편집본을 출판해야 했다. 신약성서의 다른 책들도 같은 방법으로 차례차례 성공적으로 출판했다. 그러는 사이 40년간의 누가복음의 편집 작업이 이루어진 후에 원래의 계획대로 1984/1987년 판 수용본문의 누가복음 인쇄본이 출간되었다. 다시 말해서 이 인쇄본은 많은 부분에서 도움이 되긴 하지만(예를 들어 교부들의 인용문들을 참고하라), 아쉽게도 그 사용은 그리스어 필사본의 영역으로만 제한되며, 이때에도 여전히 불완전한 자료집으로서 제공된다. 이 자료집은 원문 비교를 위한 기초 자료로 수용본문을 선택하였기 때문에, '거울에 비치는 반대 방향의 모습을 볼 수 있는 정도'로만 사용할 수 있다. 중요한 모든 것을 비평장치에서 찾을 수는 있지만 아마도 많은 양의 정보로 인하여 많은 수고가 필요할 것이다.

그러는 사이 빈턴 디어링(**Vinton A. Dearing**)은 10세기까지의 필사본의 독법들, 다시 말해서 모든 파피루스 사본과 대문자 사본(그리고 몇 개의 소문자 사본을 포함)의 독법들을 수록한 인쇄본을 준비하고 있다. 이 인쇄본 작업은 컴퓨터의 도움이 있어야 하며, 따라서 이문들을 개별적으로 상세하게 수록해야 할 것이다. 이 인쇄본(이 인쇄본에 관해 오랫동안 더 이상 아무것도 들은 바가 없음)의 첫 책이 요한복음으로 간행되면, 이에 관해 더 많이 이야기할 수 있을 것이다. 이 인쇄본에는 후대의 소문자 사본들과 다른 번역본들 및 교부들의 인용문에 대한 참고 내용이 빠지긴 하겠지만, 파피루스 사본과 대문자 사본들의 개별적인 것들까지도 자세하게 옮기는 것으로, 이러한 결함을 메우는 것 이상의 효과를 낼 수도 있을 것이다.

어쨌든 — 레그의 '국제 프로젝트'에서든 디어링에게서든 — 비평적인 인쇄본을 제작하려는 시도는 포기된다. 단지 뮌스터(Münster)에 위치한 신약성서본문연구소(Institut für neutestamentliche Textforschung)에서 관장하여 준비하고 있는 〈신약성서 대비평본〉(***Novi Testamenti editio critica maior***)만이 이를 위해 노력하고 있다. 이 연구소에서 제1권으로 공동서신의 인쇄본을 출간할 것이다. 사전 작업은 이미 종결되어 그 성과물이 출판되었다(ANTF 6권, 7권, 9-11권). 현재는 한층 개선된 방법을 바울서신에 계속해서 적용해 보고 있다. 만약 재정적인 문제가 해결된다면 대규모 사업을 시작하기 위해서다.

전체적으로 볼 때 분명한 것은, 20세기 현재까지도, 19세기에 티쉔도르프가 이루어 놓은 작업을 제대로 완성해 낼 수 없었다는 사실이다: 티쉔도르프가 이루어 놓은 것이라 함은, 신약성서 본문 역사에 대해 잘 알 수 있는 자료를 완전하고 믿을 만하게 한눈에 볼 수 있다는 것을 말한다. 이런 이유는 갑자기 엄청나게 많은 양으로 불어난 자료와 이 자료들과 관련된 어려운 점들 때문이다. (티쉔도르프는 하나의 파피루스 사본을, 우리는 96개의 파피루스 사본을 알고 있고, 티쉔도르프는 64개의 대문자 사본을, 우리는 299개의 대문자 사본을 사용했다. 그 외에도 여러 가지 양적인 차이가 있다.) 그러나 이것은 엄청난 결함이 있다는 것을 의미한다. 오늘날 우리가 가지고 있는 새로운 본문이, 〈폰 조덴〉(von Soden)의 본문은 말할 것도 없이 〈티쉔도르프〉(Tischendorf)와 〈웨스트코트/호트〉(Westcott/Hort)의 본문보다 원본문에 훨씬 더 가깝다고 주장할 수 있을지라도 마찬가지다.

이러한 발전은 소책자를 출판하면서 실현되었다. 소책자로 된 그리스어 신약성서는 언제나 많은 부수로 출판되었는데, 이는 교회 교육 및 학문적인 수업을 위해 신학에서 필요로 하는 것을 어떤 식으로든 만족시키고 싶었기 때문이다. 1900년대 초에도 많은 종류의 그리스어 신약성서 소책자들이 있었으나, 그 중 단지 몇 종류만이 계속 남아 널리 보급될 수 있었다. 20세기에 와서 네슬의 인쇄본과 더불어 포겔스(Vogels), 메르크(Merk) 그리고 보버(Bover)가 소책자를 간행하였다. 그 밖에 **알렉산더 수터(Alexander Souter)**의 인쇄본도 언급할 수 있다. 그는 1910년에 〈그리스어 신약성서〉 첫 판을, 그리고 1947년에 두 번째 인쇄본을 간행하였으며, 이 두 인쇄본은 엄청난 양으로 인쇄되었다. 그러나 이 판의 본문은 특별한 점을 보여 주진 못한다. 1881년의 영어 신약 개역에, 단지 수용본문을 그리스어 원문으로 삼아 적용했을 뿐이다. 이 인쇄본의 가치는 빈번히 호평을 받은 비평장치에서 찾을 수 있다. 그리스어 본문을 재구성한 영문판 성서 인쇄본이, 1964년 **태스커(R. V. G. Tasker)**의 〈그리스어 신약성서〉(*The Greek New Testament,* 이하 GNT)로 거듭 출판되었다. 이 인쇄본은 〈새영어성서〉(*New English Bible*)에서 출발하였으며 이 영어성서 단어에 대해 그리스어 단어를 일치시켜 보려 하였다. **킬패트릭(G. D. Kilpatrick)**이 책임을 맡은 〈성서 번역자들을 위한 그리스어-영어 대조 성서〉(*Greek-English Diglot for the Use of Translators*)를 비영리적으로 보급하기도 했으나, 완성되기 전에 영국성서공회에 의해 중단되었다. 만일 이 인쇄본이 출간되었다면, 몇 가지 방법론을 선별적으로 취하여 과격하게 만들어낸 본문의 예를 볼 수 있었을 것이다. 1981년에는 그리벤(H. Greeven)의 그리스어 공관복음 대조판이 출간되었으며, 1983년에는 오처드(Orchard), 1986년에는 부와마르(Boismard)에 의해 각각 공관복음 대조판이 편찬되었으나, 이들 대조판들은 모두 각각 고유한 본문을 내세웠다. 이들에 관해서는 더 언급해야 할 필요가 있다(본 책의 397쪽 이하 참고). 앞에 언급한 포겔스, 메르크, 보버의 세 가지 인쇄본을 제외하고는 최근 50년간 새로운 본문에 대해 언급할 만한 것이 그리 많지 않다. **놀리(Nolli)**의 인쇄본이 바티칸 출판사(Libreria Editrice Vaticana, 1981)에서 선을 보이기는 했지만, 비평장치 및 본문에 여전히 결함이 많았다. **호지스/파스타드(Hodges/Farstad**, 1982)의 대다수본문(Majority Text) 인쇄본에서는 모든 관점에서(본 책의 458, 472쪽 이하 참고) 시대착오적인 모습을 보이므로 주의할 필요가 있다.

포겔스와 메르크와 보버가 간행한 인쇄본들은 진지하게 논할 수 있는 유일한 신약성서 본문 인쇄본들이다. 이 인쇄본들에 있는 본문은 19세기 본문들과 어떤 관계가 있으며 또 〈네슬〉 본문 및 새로운 본문과는 어떤 관계가 있을까? **포겔스**의 인쇄본 〈그리스어-라틴어 대조 신약성서〉(*Novum Testamentum Graece et Latine*)는 1922년에(1955년 프라이부르크[Freiburg]에서 4판), **메르크**의 〈그리스어-라틴어 대조 신약성서〉(*Novum Testamentum Graece et Latine*)는 1933년에(1984년 로마에서 10판), 그리고 **보버**의 〈그리스어-라틴어 대조 신약성서〉(*Novi Testamenti Biblia Graeca et Latina*)는 1943년에(1968년 마드리드에서 5판) 각각 최초로 출판되었다. 위의 책 제목에서 볼 수 있듯이, 세 인쇄본 모두 두 가지 언어 즉 그리스어와 라틴어로 되어 있지만, 라틴어 부분에 대해서는 다룰 만한 내용이 전혀 없다. 세 인쇄본 각각의 라틴어 부분은 〈식스토-클레멘트 불가타 성서〉가 그대로 복사된 형태이기 때문이다. 이는 편집자 세 사람 모두가 가톨릭 학자였기에 당시 가톨릭 교회 규정을 따른 것이다. (알려진 대로 포겔스는 자신의 인쇄본에 다른 라틴어 본문을 기꺼이 첨가하려 했지만 이에 대한 허락을 받지 못했다.) 다만 예외적으로 *Nuevo Testamento Trilingüe*라는, 세 가지 언어로 된 1977년 마드리드에서 출간된 인쇄본이 하나 있다. 이 인쇄본은 가톨릭 교회 지침에서 벗어나 있다. 보버의 그리스어 본문(**오캘러헌[J. O'Callaghan]**이 보완 및 교정하여 마무리 작업을 했다.) 외에도 새-불가타 성서와 스페인어 역본의 두 번째 판(1988)을 포함하였다. 이 세 가지 인쇄본 모두를 가톨릭 신자가 기획한 것은 아마도 우연한 일이 아닐 것이다. — 이 인쇄본들은 가톨릭 신학자에게도 널리 보급된 네슬 인쇄본의 강력한 경쟁력에 맞서기 위한 것이었다. 당시 가톨릭 교회의 공식적인 결정에 영향을 받는 성서공회들이 있었다. 이런 성서공회들이 〈네슬〉을 널리 보급했다는 사실은 가톨릭 교회의 불쾌감을 가중시켰다. 그러나 이 세 가지 인쇄본들은, 〈네슬〉 본문 및 〈네슬〉이 대표하는 본문과 객관적으로도 반대 입장을 취했다. 이 세 인쇄본들에는 폰 조덴의 영향 아래 코이네 본문의 독법을 특별히 강하게 지향하는 본문 일부분이 담겨 있다는 점에서 그러하다. 메르크는 폰 조덴의 기호 체계로 작업했기 때문에, 깊이 들여다보지 않아도 그의 인쇄본에서 폰 조덴에 대한 의존도를 손쉽게 파악할 수 있지만, 다른 두 인쇄본들에서도 상황은 크게 다르지 않았다.

다음 그림에서는 최근 백여 년간 인쇄본들 간의 본문 대조 상황을 가장 단순한 방식

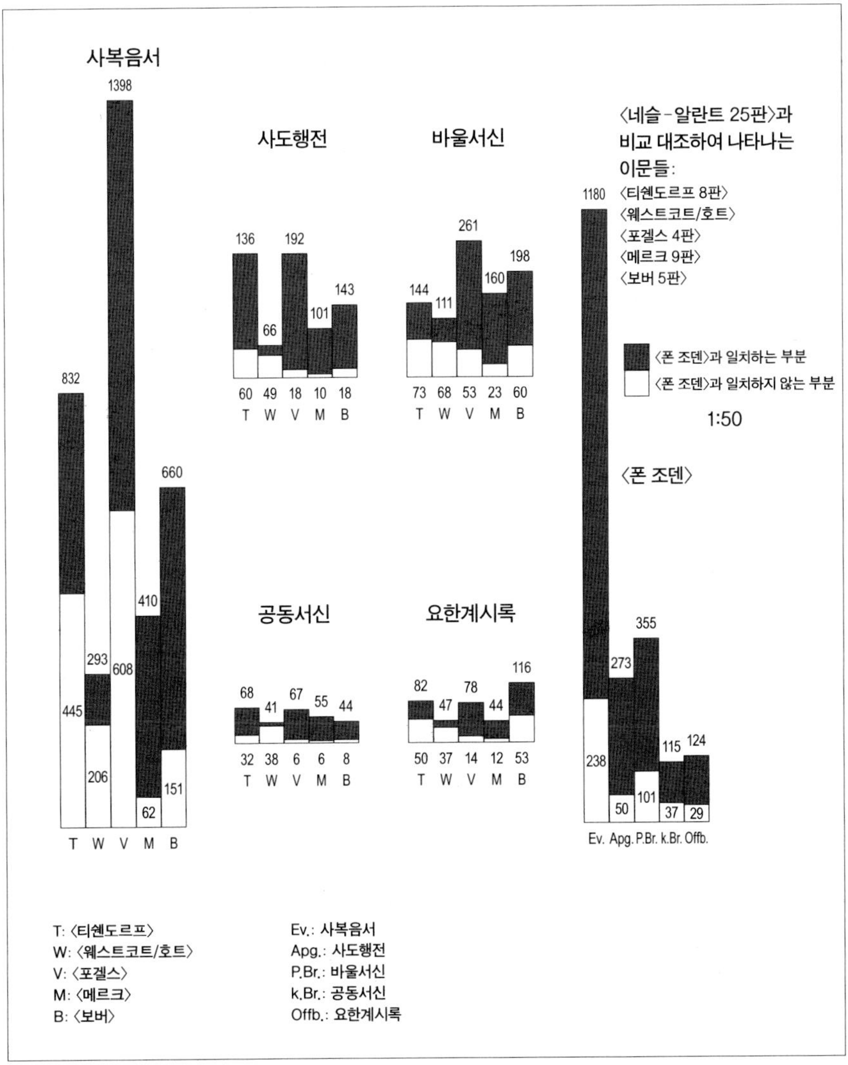

그림 12

으로 분명하게 이해할 수 있도록 나타냈다. 이 그림은 〈네슬-알란트 25판〉(Nestle-Aland) 본문을 기초해서 시작한다. 이에 대한 정당성은, 이 본문이 실제로 최근 100년 가운데 80년을 지배했다는 사실에서 찾을 수 있을 것이다. (또한 아주 적은 수정, 곧 〈네슬〉이 주도하여 최대 12곳 정도를 개정한 것을 제외하면 이 본문은 80년 동안 그 상태대로 남아 있었던 셈이다.)

이 그림을 살펴볼 때 먼저 알 수 있는 것은, 폰 조덴의 본문이 〈네슬〉의 본문과 가장 큰 차이를 보인다는 것이다. 즉 복음서에서 1,180곳, 사도행전에서 273곳, 바울서신에서 355곳, 공동서신에서 115곳, 요한계시록에서 124곳 등 총 2,047곳에서 차이를 보인다. 그 뒤로 포겔스의 인쇄본이 이어진다: 그의 인쇄본은 1,996곳에서 〈네슬〉의 본문과 차이를 보인다(복음서 1,398곳, 사도행전 192곳, 바울서신 261곳, 공동서신 67곳, 요한계시록 78곳). 보버의 인쇄본과는 1,161곳에서 차이가 나는 데 반해, 메르크의 인쇄본에서는 총 770곳에서 차이를 보인다. (이 수치들은 신약성서를 다섯 부분으로 나눴을 때 각각의 개별 인쇄본에 대한 막대그래프의 숫자를 합산한 것이다.)

이제 계속해서 〈네슬〉(25판까지)이 티쉔도르프 및 웨스트코트/호트의 인쇄본과 어떤 관계에 있는지를 확인해 보면, 상응하는 막대그래프(이미 언급했듯이, 본 책의 22쪽 이하 참고)에서의 숫자가 증가하는데, 이것은 곧 〈웨스트코트/호트〉와 긴밀한 관계가 있음을 알 수 있다. 〈웨스트코트/호트〉와 〈네슬〉은 단지 558개만 차이가 있는 데 비해, 〈티쉔도르프〉와는 1,262개의 차이를 나타낸다. 티쉔도르프는 본문을 작성하기 위해 종종 시내 사본을 선택하였다. 〈네슬〉의 세 번째 기본 자료가 되는 바이스의 인쇄본이, 웨스트코트/호트의 인쇄본처럼 바티칸 사본을 따르기 때문에, 〈웨스트코트/호트〉와 비교적 밀접한 관계가 형성된 것이다. (558개의 차이가 나는 것은 여전히 적은 숫자가 아니다.)

우리는 도표에서 더 많은 것을 알 수 있다. 폰 조덴의 인쇄본은 웨스트코트/호트의 인쇄본보다 티쉔도르프의 인쇄본과 더 밀접하다: 폰 조덴의 인쇄본과 티쉔도르프의 인쇄본은 〈네슬〉 본문과 차이가 나는 부분 중 모두 602곳에서 일치하고 있다(복음서에서 387곳, 사도행전 76곳, 바울서신 71곳, 공동서신 36곳, 요한계시록 32곳). 그러나 〈폰 조덴〉과 〈웨스트코트/호트〉를 비교할 때 이들이 각각 〈네슬〉과 보이는 차이 중 겨우 160곳만이 일치한다(복음서 87곳, 사도행전 17곳, 바울서신 43곳, 공동서신 3곳, 요한계시록 10곳).

출발점 즉 〈네슬〉과 〈폰 조덴〉을 비교하는 주제로 다시 돌아가기 위해, 결국 다음과 같이 말할 수 있다: 폰 조덴의 인쇄본은 20세기의 소책자 인쇄본에 가장 강력한 영향력을 발휘하였다(막대그래프의 검은 부분 참고). 이러한 영향력은 〈메르크〉에서 가장 광범위하게 나타난다. 네슬의 인쇄본과 두 인쇄본을 비교해 볼 때, 메르크의 인쇄본과 폰 조덴의 인쇄본은, 네슬 인쇄본에 대해 657곳에서 같은 차이를 보이고, 113곳에서만 다른 차이를 보인다. 따라서 6대 1의 비율이 생겨난다. 그 뒤를 〈보버〉가 따르며(867곳에서는 공동의 차이를, 290곳에서는 서로 다른 차이를 보임. 비율은 3:1), 〈포겔스〉(1,297곳에서는 공동의 차이를, 699곳에서는 서로 다른 차이를 보임. 비율은 1.8:1)는 세 번째이다. 이들이 모든 부분에서 〈폰 조덴〉의 본문을 따른 것은 당연히 아니었다. (맨 오른쪽 그래프를 참고할 것. 그 그래프에서 소책자 인쇄본이 폰 조덴의 인쇄본과 일치하는 곳은 검은색으로 나타나고, 일치하지 않고 단독으로 있는 부분은 흰색으로 표시됨.) 그러나 폰 조덴이 지금까지 유통된 소책자 인쇄본에 끼친 엄청난 영향은 이러한 개관을 통해 분명하게 드러날 것이다. 이러한 영향력은, 폰 조덴의 인쇄본에 가장 적은 영향을 받은 포겔스의 인쇄본에도 적용되는 사항이다. 맨 왼쪽 막대그래프 그룹들, 즉 복음서들이 표시된 곳의 오른쪽에 있는 신약성서 부분들을 위한 막대그래프 그룹들을 한 번 살펴보기만 하면 될 것이다: 여기에서 하얀 막대는 매우 작고, 검은 부분은 매우 크게 나타나 있다. 〈포겔스〉는 단지 복음서에서만 독자적인 방식을 취하고 있으며, 여기에서 폰 조덴의 인쇄본과 차이나는 (608곳, 그러니까 관찰한 곳의 거의 50%) 많은 부분은 폰 조덴의 인쇄본으로부터 〈포겔스〉가 비교적 독립성을 가지고 있다는 (잘못된) 인상을 주게 된다. 독자들은 스스로 이 도표에서 인쇄본들을 서로 비교하는 가운데 숫자들을 더하고 빼가면서 더 많은 것들을 파악할 수 있다.

이 도표에 대한 오해를 없애기 위해서는 한 가지만 더 알면 된다. 도표를 얼핏 보면, 위의 여러 인쇄본들이 〈네슬〉 본문과 매우 큰 차이를 드러내는 것처럼 보인다는 것이다. 또한 여러 인쇄본끼리도 본문이 매우 차이나는 것처럼 보인다. 그러나 실제로 그 차이는 그리 크지 않다. 왜냐하면 〈네슬-알란트 25판〉은 여전히 657쪽이나 되기 때문이다. 〈네슬〉의 본문과 비교할 때, 폰 조덴이 2,047군데, 포겔스가 1,996군데에서 차이를 보이지만, 평균적으로 볼 때에는 한 쪽당 겨우 세 군데에 불과하다. 숫자에 대한 이러한 정보를 얻게 되면, 이제 도표에 대한 생각이 완전히 바뀌게 된다. 물론 오해의 여지가 있기도 하다. 서로 다른 본문의 수치가 (다른 문서들에 비해) 복음서에서 상대적으로 높게 나타나기 때문이다. 다시 말해, 〈네슬〉은 복음서들을 296쪽으로 인쇄하였는데, 이 부분에서만 보면, 〈네슬〉의 본문이 〈폰 조덴〉과는 1,180군데에서 차이가 나고, 〈포겔스〉와는 1,398군데에서 차이를 드러낸다. 이것은 각각 쪽당 4군데, 4.5군데에 해당한다. 그러므로 신약성서의 다른 부분에서는 이 수치가 더 작아지고, 다른 인쇄본들은 그보다 훨씬 차이가 적어진다: 〈네슬〉의 본문과 비교해 볼 때 평균적으로 보버의 인쇄본에서는 쪽당 2개 미만, 메르크의 인쇄본에는 쪽당 1.2개 미만의 차이가 있다.

위의 도표에 나타난 비교에서는 인쇄본들 사이에 보이는 이문들의 숫자들만 헤아렸지, 이들의 가치를 재어 보지는 않았다는 이의를 제기할 수 있다. 그러나 이러한 이의는 순수하게 이론만을 생각했을 때 그러한 것이다. 실질적인 경험을 살펴보면 이 도표를 통해 나타난 비교는 다른 것을 말해 준다. 여러 가지 인쇄본에 '중요한' 차이와 '중요하지 않은' 차이는 같은 비율로 존재하기 때문에, 이 수치들을 통해 도표로 전하고자 하는 전체적인 생각을 결국 올바로 이해하도록 해 준다. 또한 이 수치들만이 관찰자에게 전체를 조망할 수 있게 한다. 세부적인 것이 논의되면, 전문가들에게조차도 전체적인 개관을 볼 수 있는 기회가 여지없이 사라져 버리기 때문이다. 이 도표에서는 마치 비행기에서 내려다보듯이 어느 정도까지 신약성서 '본문비평에 대한 전체적인 조망'을 담아보려 한다. 그래야만 마치 비행기가 착륙할 만한 활주로 같은 중요 내용들의 굵직한 선들이 선명하게 드러난다. 땅에서 직접 찍은 사진들이 훨씬 더 생동감 있게 나오리라는 것은 의심할 여지가 없다. 그러나 땅에서 우연히 보게 된 장면으로 전체적인 그림을 판단하면 실패할 수밖에 없다. 물론 그렇다고 해서 세부적으로 살펴보는 것을 무시해서는 안 된다. 우리는 나중에[41] 누가복음 24장을 살펴봄으로써 심지어 매우 극단적인 경우도 보게 될 것이다. 그러나 세부적인 고찰은 개별적인 것들에 대한 관계들이 규명되고 기준이 세워질 때에만 의미가 있는 것이다.

신약성서 본문비평 상황을 전반적으로 볼 때 짚고 넘어가야 할 것이 있다. 신약성서

41) 본 책의 51쪽 이하를 참고하라.

본문을 판단할 때, 전체를 보는 것은 너무 소홀히 하면서, 인쇄본들이 보여 주는 이문들과 필사본들 안에서 나타나는 이문들은 ― 문외한이나 전문가나 ― 너무 많이 참고한다는 것이다. 이것은 전문적인 본문비평에까지 해당된다. 예를 들어 필사본이 어떤 본문 형태에 속하는지를 규정할 때, 계속해서 너무 쉽게 간과되는 것이 있다. 서로 대치되는 두 극단의 본문들, 즉 비잔틴 본문과 알렉산드리아-이집트 본문은 상당할 정도로 ― 80% 정도는 되지 않을까? ― 일치한다는 것이다. 문외한들은 말할 것도 없이, 본문비평을 하는 사람들은 인쇄본들 간의 차이점들을 매료된 채로 바라보곤 한다. 신약성서 전문가들은 이보다 좀 더 심하다. 그래서 그 차이점들 가운데 얼마나 많은 부분이 우연한 것이고, 얼마나 많은 변형의 폭이 필요한지, 진짜 차이라고 할 수 있는 부분은 얼마나 적은지 등의 물음에 대해서는 잊어버리고 만다. ― 전체적인 것을 볼 때는 언제나 개별적인 것들을 도외시할 위험에 빠질 수 있다. 지금까지 다룬 신약성서 인쇄본들이 일반적으로 생각하는 것보다 더 많이 ― 다시 말해서 훨씬 더 많이 ― 서로 일치한다는 것을 증명하는 일은 매우 쉬운 일이다. 〈티쉔도르프〉, 〈웨스트코트/호트〉, 〈폰 조덴〉, 〈포겔스〉, 〈메르크〉 그리고 〈보버〉 등 6개의 인쇄본을 〈네슬-알란트 25판〉 본문과 비교해 볼 때 완전하게 일치하는(철자법 상의 차이는 제외) 구절을 한 번 계산해 보면 다음과 같은 결과를 얻을 수 있다.

인쇄본들 사이의 일치

책	총 구절 수	일치되는 구절 수
마태복음	1,071	642
마가복음	678	306
누가복음	1,151	658
요한복음	869	450
사도행전	1,006	677
로마서	433	327
고린도전서	437	331
고린도후서	256	200
갈라디아서	149	114

에베소서	155	118
빌립보서	104	73
골로새서	95	69
데살로니가전서	89	61
데살로니가후서	47	34
디모데전서	113	92
디모데후서	83	66
디도서	46	33
빌레몬서	25	19
히브리서	303	234
야고보서	108	66
베드로전서	105	70
베드로후서	61	32
요한1서	105	76
요한2서	13	8
요한3서	15	11
유다서	25	18
요한계시록	405	214
총합	7,947	4,999

신약성서 본문의 2/3에서, 우리가 평가한 7가지의 그리스어 신약성서 인쇄본은 철자상의 차이점(이름에 대한 표기 등에서 보이는 차이점들)을 제외한다면 어떠한 차이도 보이지 않고 완전하게 일치한다. 한 구절에서 7개의 인쇄본들 중에서 단지 하나의 인쇄본만이 다른 단어를 사용할 경우에는 계산하지 않았다. 이러한 사실은 전문가들도 예상하지 못했듯이, 매우 놀랍게도 지난 20세기에 사용된 그리스어 신약성서 본문의 광범위한 일치를 보여 주는 것이다.

이제 다시 총체적 결과에 주목해야겠다. 앞에 나타난 리스트를 살펴보면 7개 인쇄본들 간에 일치하는 정도가 개별적인 기록에서는 각각 서로 다르다. 즉 복음서들과 사도행전과 요한계시록에서는 낮고, 서신서들에서는 매우 높다. 다른 관점에서 상황을 살펴보려면, 다음의 차이점을 정리한 편성표에서 유익한 지침을 안내받을 수 있다.

〈네슬-알란트25판〉 본문과 비교해 볼 때, 언급된 다른 여섯 인쇄본 각각이 〈네슬-알란트 25판〉 본문과 차이를 보이는 이문들의 실제 수치를 둘째 열에 표시했고, 평균적으로 〈네슬〉 본문 한 쪽에 해당하는 상대적인 수치도 셋째 열에 적어 놓았다. 여기서 특히 눈에 띄는 것은, 인쇄본들과의 차이를 나타내는 수치에 있어서 복음서들과 사도행전과 요한계시록 등이 그 밖의 신약성서 본문들과 확연히 구별된다는 것이다.

신약성서의 인쇄본들

책	이문의 총 수	이문의 빈도 수 (네슬 인쇄본의 각 쪽당)
마태복음	567	6.8
마가복음	556	10.3
누가복음	637	6.9
요한복음	567	8.5
사도행전	395	4.2
로마서	102	2.9
고린도전서	111	3.5
고린도후서	61	2.8
갈라디아서	35	3.3
에베소서	33	2.9
빌립보서	19	2.5
골로새서	26	3.4
데살로니가전서	29	4.1
데살로니가후서	13	3.1
디모데전서	25	2.9
디모데후서	17	2.8
디도서	9	2.3
빌레몬서	9	5.1
히브리서	71	2.9

야고보서	50	5.6
베드로전서	51	5.7
베드로후서	39	6.5
요한1서	27	2.8
요한2서	6	4.5
요한3서	4	3.2
유다서	10	4.2
요한계시록	229	5.1

이러한 내용은 필사로 전해 내려왔다는 점에서 그 이유를 찾을 수 있다. 복음서들에 본문을 증명하는 많은 양의 사본이 있기 때문이고, 사도행전에는 서로 엄청난 차이를 보이는 두 가지의 본문 형태가 있기 때문이며, 요한계시록에서는 비교적 늦은 시기에 후세대에 전승됨으로 인한 불확실성이 주된 요인이다(그러나 이것이 유일한 원인은 아님). 제시된 도표만 보면 잘못된 인상을 받을 수 있다. 이문의 수치들이 확연히 차이를 보이는 것은 이러한 원인에서만 비롯된 것이 아니고, 신약성서 각 권의 분량이 다르다는 매우 단순한 이유 때문이기도 하다. 따라서 둘째 열에 있는 이문들의 실제 수치를 신약성서 각 권의 분량과 관련지어 보면, 셋째 열에 있는 수치들이 무엇을 드러내려 했는지 볼 수 있다. 당연히 여기에 주어진 숫자는 평균치이다. (제시된 이문들의 수치들이, 신약성서 각 권의 쪽마다 나타나는 이문들의 정확한 수치를 반영하지는 않는다. 각 쪽의 수치들은 다소 많아지기도 하고 적어지기도 할 것이다.) 이제 도표를 본질적으로 전혀 다르게 이해하게 된다. 실제 수치들을 나타내는 둘째 열의 숫자들을 봤을 때, 복음서들이 여전히 선두 자리를 지키지만, 공동서신(공동서신 가운데 몇 권은, 쪽당 이문들이 요한계시록보다 많고, 어떤 것은 심지어 사도행전보다도 많다)과 바울서신은 훨씬 더 앞자리로 나가게 된다. 여기에서 모든 이문들은 개별적으로 계산되었기 때문에 비교적 높은 숫자로 나타난 것이다.

과거의 인쇄본들과 이들의 본문에 관해서는 이 정도로 언급하기로 한다. 새로 나온 〈네슬-알란트 26판〉 본문과, 이와 동일한 본문을 담은 〈그리스어 신약성서 3판〉(GNT)을 비교하며 함께 보고 있는 신약성서 사용자의 현재 상황은 어떠한가? 새로운 본문 곧 〈네슬-알란트 26판〉은 가톨릭공회와 관련된 기관들과 세계 여러 나라 성서공회들이 공식적으로 기본 본문으로 삼은 유일한 본문이다(현재 상황에서 본문에 '새로운'이라는 수식어를 붙인 것에 대해서는, 1968/1987년 가톨릭공회와 세계성서공회연합회 사이에 협의된 '기본 원칙[Guiding Principles]'과 '지침[Guidelines]'을 참고할 것). 그리스어 신약성서를 사용하고자 하는 사람은 〈그리스어 신약성서 3판〉(GNT)의 개정본이나 〈네슬-알란트 26판〉을 구입하든, 또는 그리스어-라틴어 대조 인쇄본이나 그리스어-독일어 대조 인쇄본 및 그리스어-영어 대조 인쇄본을 구입하든, 또는 쿠르트 알란트의 〈사복음서 대조서〉(*Synopsis Quattuor Evangeliorum*)나 〈그리스어-영어 사복음서 대조서〉(*Greek-English Synopsis*)를 구입하든, 어떤 책에서든지 동일한 본문을 보게 될 것이다. 다만 비평장치 및 책의 구성에서는 큰 차이가 있을 수도 있다. 이에 관해서는 뒤에서(60쪽 이하 참고) 언급하기로 한다. 그렇다면 이제, 새로운 〈네슬-알란트 26판〉의 본문이 어떠한 과정을 거쳐 나오게 되었는가를 살펴보도록 한다.

새로운 본문이 나오기까지의 역사는 1940년대 말로 소급해 올라간다. 당시는 쿠르트 알란트가 구판 〈네슬〉 본문 출판의 공동 작업에 발을 들여놓은 시기이다(1952년 간행된 〈네슬 21판〉에서야 비로소 인사말에 알란트의 이름이 처음 언급됨). 거기서 그의 첫 업무는 비평장치의 기록들을 검사하는 것이었다(본 책의 24쪽도 참고할 것). 그러나 그가 동시에 맡은 업무가 있었다. 그것은 본문을 전체적으로 재검토하고, 또한 개정판을 준비하는 일이었다. — 에르빈 네슬은 이러한 작업이 반드시 필요한 것임을 인정하면서도, 아버지 에버하르트 네슬의 간섭 때문에 이 작업에 착수하지 못하였다. 그랬던 그가, 알란트가 맡게 된 이 작업에 확실히 동의하게 되었다. 이 작업은 1955년 미국성서공회(American Bible Society) 번역 책임자 유진 나이다(Eugene A. Nida)의 주도하에 국제위원회(ein internationales Komitee)가 창설되었을 때 이미 상당한 진척을 보았다. 당시에 전 세계적으로 성서를 번역하는 기관이 수백 개에 달했는데, 이 국제위원회는 그들 모두의 요구를 충족시키는 그리스어 신약성서 인쇄본을 마련해야 했다. (물론 현재도 마찬가지인데) 당시 세계 곳곳에서는, 기존의 번역을 개정하거나, 아니면 성서의 원본문에서 출발하여 완전히 새로운 번역을 내놓아서, 신약성서를 보다 더 쉽게 읽고 이해할 수 있도록, 나라마다 현대어로 바꾸는 작업이 한창 진행되고 있었다. 기독교(교회)의 역사가 길지 않은 신생 교회 지역 또는 국가의 경우, 오늘날 사용되는 성서는 거의 초기 선교사들의 작품이다. 그리고 그 성서가 그 언어로 인쇄된 최초의 책인 경우가 많다. 따라서 그 번역들은 매우 오래 전의 고리타분한 것이며, 그 이후로 해당 민족이나 부족의 언어와 문화가 엄청난 어마어마한 변화를 겪었다. 그런 만큼 곳곳에서 민족적 자부심을 가지고 토박이 학자들이 직접 번역에 착수하기를 바라기는 힘들더라도, 최소한 기존 번역의 개정작업은 시작해야 했는데, 그마저도 한참이나 지연되었(고 지연되고 있)다. 이러한 지역의 번역위원회들은 학문적 차원의 본문비평에는 관심이 별로 없었다. 이들은 단지 신뢰할 만한 그리스어 본문을 손에 쥐길 원했다. 그리고 불확실한 곳이나 번역 및 해석을 위하여 특히 중요시 되는 곳에만 이문들이 수록된 본문을 원하였다. 이러한 이문들에서는, 이 이문들이 어떤 것을 원문으로 내세우는지 또는 인쇄된 본문의 신뢰도에 대해 얼마나 의심을 표하고 있는지를 처음부터 읽어 낼 수 있어야만 했다. 비평장치의 구성과 수록이 가능한 한 투명하게 이루어져야 했다는 것은 이해할 만한 일이다. 그러나 여러 그리스어 인쇄본(반드시 봐야 한다면 접어서 제본한 본 책의 64쪽 자료를 참고할 것)뿐만 아니라 현대 중요 역본들에서도 기호를 표시하여 특별한 비평장치를 덧붙인 것은 흔하지 않은 일이었다. — 그러나 이미 사정을 파악한 사용자들에게는 필요한 것이었다. 게다가 처음부터, 그리스어 신약성서를 사용하는 사람들을 위한 주석서가 계획되어 있었다. 사용자들에게는 이 주석서로 위원회가 결정하는 방식과 같은 논증 방식을 분명하게 밝혀야 했다.

〈그리스어 신약성서〉(GNT) 편집위원회에 위촉된 사람들은 스코틀랜드 세인트앤드루스대학의 블랙(M. Black), 프린스턴대학의 메츠거, 시카고대학의 뵈외부스(A. Vööbus), 시카고대학의 윅그렌(A. Wikgren), 베스트팔렌 뮌스터대학의 알란트 등이다. 이 중에서 알란트는 모든 동료들의 동의하에 새로운 〈네슬〉 본문을 위한 작업을 계속하였다. 따라서 알란트는 두 인쇄본을 — 적어도 부분적으로는 두 인쇄본이 서로 경쟁하고 있긴 하지만 — 만드는 작업 모두에 참여하게 되었다. 이에 따라 그는 일뿐만 아니라 자부심에 있어서도 각각에 부합하는 특별한 요구를 받게 되었다. 이 위원회는 위원회 자체가 수집한 자료와, 뉴욕과 뮌스터와 다른 곳에서 작업팀이 수집한 자료들에 관해 토론하고, 본문의 필수적인 변경을 결정하기 위해 매년 4~6주에 걸친 연구 모임을 열었다. 네덜란드성서공회와 영국성서공회가, 이 출판 사업을 맡고 있는 성서공회들(미국성서공회, 스코틀랜드성서공회, 뷔르템베르크성서공회[오늘날 독일성서공회]) 등과 연결되면서, 이 편집위원회의 업무는 몇 년간 지속되었다. 이 두 성서공회의 가입으로 효과가 나타났다. 본 사업이 더 폭넓게 인정을 받기 시작하였다. 특히 영국성서공회의 가입은 (관계자들에게) 커다란 의미를 가져다주었다. 영국성서공회는 이들이 〈그리스어 신약성서〉(GNT)를 두고 해왔던 것과 정확히 같은 방식으로 목표를 설정하여 하나의 독자적인 인쇄본을 지금까지 계획해 왔기 때문이다. 또한 그 사이에 여러 권으로 된 〈성서 번역자들을 위한 그리스어-영어 대조 성서〉(*Greek-English Diglot for the use of Translators*, 옥스퍼드 대학의 킬패트릭 편집) 전서가 이미 간행되었기 때문이기도 하다. 두 성서공회가 작업에 합류한 것은 이미 당시에 완성되어 있던 〈그리스어 신약성서〉(GNT)의 본문이 〈성서 번역자들을 위한 그리스어-영어 대조 성서〉의 본문을 능가한다는 것을 기본적으로 알고 있었기 때문에 비롯된 실제적인 결과일 뿐이었다. 〈성서 번역자들을 위한 그리스어-영어 대조 성서〉의 분책을 계속 출판하는 것은 중지되었다.

당시 〈그리스어 신약성서〉(GNT) 본문은 어떠하였는가?

1962/1963년쯤에 사복음서를 두고 〈그리스어 신약성서〉(GNT) 본문과 〈네슬〉 신판의 본문을 비교한 통계 수치가 있다. 이에 따르면 두 인쇄본은 〈네슬〉 '구판'(즉, 25판까지를 말함.) 본문과 차이를 보인다.

	〈네슬〉 신판	〈그리스어 신약성서〉
마태복음	142	150
마가복음	110	137
누가복음	109	136
요한복음	133	172
총계	494	595

두 인쇄본은 여러 곳에서 공통적으로 〈네슬〉 구판과 차이나는 곳을 보여 준다.

	차이점이 일치하는 곳
마태복음	103
마가복음	85
누가복음	82

요한복음	93
총계	363

두 인쇄본은 각각 〈네슬〉 구판과 차이를 보임에도 불구하고, 두 인쇄본의 차이점 사이에는 일치하지 않는 곳이 적지 않음을 아래 수치가 보여 준다.

차이점이 불일치하는 곳	
마태복음	86
마가복음	77
누가복음	81
요한복음	119
총계	363

그러나 이 숫자들은 단지 각각 인쇄본의 과도기 단계에서 비교되는 수치를 나타낼 뿐이다. 1966년 〈그리스어 신약성서〉(GNT) 초판이 간행되었을 때, 이미 상황은 근본적으로 바뀌어 있었다.

편집위원회는 작업을 시작했을 때보다 훨씬 더 큰 동질감으로 뭉치게 되었다. 본문의 문제들을 두고 광범위한 주제로 토론을 하는 데에 해마다 대략 180시간을 보내면서 당연하게 생긴 결과이다. (당연히 문제들 각각의 토론 전후 작업을 위한 시간과 그에 따른 다양한 일들이 수반되었다.) 이 상황에서 알란트는 작업을 시작할 때보다 점점 더 어렵게 되었다. 그가 〈네슬〉 구판을 두고 새로이 작업할 때 생겨난 그의 제안들이 받아들여지는 만큼 두 인쇄본 본문의 차이가 줄어들었기 때문이다. 게다가 그는 영향을 줄 뿐만 아니라 받기도 하는 상황에 처하게 되었다. 위원회의 토론에서 자신의 개정 제안을 거두어들인 경우가 드물지 않았는가 하면, 〈네슬 25판〉 본문에서와는 다른 제안을 받아들이기도 했기 때문이다. 1968년 간행된 〈그리스어 신약성서 2판〉(GNT)의 심의 가운데 두 인쇄본 본문의 융합을 향한 중대한 진전이 일어났다. (1판이 간행되기도 전에 뵈외부스가 편집위원회를 탈퇴하였고, 당시 로마 교황청 성서연구소 소장이었고 현재 밀라노의 대감독인 마르티니[C. M. Martini]가 가입하는 일이 그 사이에 있었다.) 여기에서는 단지 몇 가지만 개정 작업을 시작했지만, 이는 매우 중요한 의미를 갖는다. 이제 편집위원회(정확히 말하자면, 편집위원회의 다수)가 웨스트코트/호트의 이론과 최종적으로 결별하고, 알란트가 회의에서뿐 아니라 여러 논문에서도 지속적으로 주장한 것과 마찬가지로 이른바 '서방 본문의 비-삽입문(본 책의 51쪽 참고)'을 온전한 본문 구성 요소로 받아들이기로 결정하였기 때문이다. 이로 인하여 마침내 두 판의 본문을 조정하여 하나의 통합된 본문 인쇄본을 내는 일에 집중할 수 있게 되었다. 심의의 최종 과정에 대해서는 〈그리스어 신약성서 3판〉(GNT) 서문의 일부(VIII쪽)를 인용할 수 있겠다.

"몇 차례에 걸쳐 진행된 위원회 모임에서는 신약성서 연구 분야의 전문가들이 제기한 여러 가지 제안들뿐 아니라 초판의 본문 작업에 관여했던 위원회의 회원들 경험에서 비롯된 여러 가지 조언을 주의 깊게 고려하면서, 초판 본문을 전체적으로 재검토하는 작업을 시작하였다. 보다 나은 개정 작업을 위한 대부분의 제안은, 〈네슬-알란트 26판〉을 위해 제시된 수정안들을 세밀히 분석하고 있던 쿠르트/알란트가 제안하였다. 이 가운데 많은 제안들은 초판 작업에서 위원회가 검토하지 않았던 본문 수정에 관한 것이었다. 위원회의 토의 결과, 500개가 넘는 변경 사항을 3판에 소개하였다."

따라서 원래 분리되었던 두 가지 인쇄본, 즉 〈그리스어 신약성서〉(GNT)와 〈네슬-알란트 26판〉은 본문에 관한 한 하나의 통합체로 성장하게 되었다. (〈네슬-알란트 26판〉이 〈그리스어 신약성서〉[GNT]의 본문을 넘겨받았다는 내용을 때때로 읽게 된다고 해도, 이것은 사실과는 전혀 상관이 없다. 단지 본문비평장치를 구성하는 데 시간이 오래 걸려서 〈네슬-알란트 26판〉의 출판이 지연됐기 때문이다.) 더 정확하게 말하자면, 본문의 단어 구성에 관한 한 그렇다. 본문 자체에는 상당 부분 차이가 있기 때문이다. 예를 들어 철자법(Orthographie), 구두점(Interpunktion),[42] 단락의 배열(Absatzgliederung) 등이 그러하고, 나중에 언급되어야 할 본문의 전체 체제는 말할 것도 없다.

뷔르템베르크성서공회는 독자적인 인쇄본을 위한 계획들을 포기하였고, 그럼으로써 집중사업을 끝마치게 되었다. 이에 따라 〈그리스어 신약성서〉(GNT)와 〈네슬-

42) 이러한 차이점들도 〈그리스어 신약성서 3a판〉(GNT)에서는 사라졌다. 여기에는 (직접 화법의 소개는 예외로 하고) 〈네슬-알란트 26판〉의 구두점과 철자법을 받아들여 사용했기 때문이다.

알란트 26판〉은 동일한 단어 구성뿐만 아니라 동일한 편집위원회의 책임 하에 출간되었다. 위원회에 속한 편집위원들은 알란트, 블랙, 마르티니, 메츠거, 윅그렌 등이다. 이들은 모두 5명이지만 원래는 7명이 되었어야 했다. 나이다는 본 사업을 주도하였고 편집위원회의 심의에 적극적으로 참여했기 때문에(종종 그의 의견은 결정적인 의미를 부여하기도 하였다) 편집위원회에 추가되어야 할 것이며, 바바라 알란트(B. Aland)도 쿠르트 알란트가 강연을 통해 제공했던 모든 부분에 결정적인 몫을 감당했던 공로로 이 위원회에 포함되어야 할 것이다. 그러는 사이에 바바라 알란트는 카라비도풀로스(J. Karawidopulos, 테살로니키[Thessaloniki])와 함께 〈그리스어 신약성서 4판〉(GNT) 편집위원회에 들어가게 되었다.

물론 이러한 '위원회 본문(Komiteetext)'은 경우에 따라 문제가 있는 것으로 여겨지며, 가끔 문제가 될 수도 있다. 위원회에 속한 어느 누구도 본문 형성에 대한 자신의 모든 제안을 관철시킬 수 없기 때문에, 이 본문은 여러 경우에서 하나의 타협된 사항을 나타내는 것이다.[43)]

그러나 모든 면에 있어서 편집자 각자는, 오늘날 새로운 본문으로 인식할 수 있는 최선의 것을 표현한다고 생각할 것이다. 더욱이 엄격한 문헌학적 관점에서 새로운 본문을 평가할 때, 여기에 적용된 절차(그때그때 바뀔 수 있는 대다수의 의견에 따라 본문을 결정하는 것)는 불합리하다는 반론이 제기될 수 있다. 왜냐하면 본문을 인쇄본으로 만들어내기 위한 문헌학의 기본 원칙 가운데 하나는, 책임 있는 편집자와 통일된 원칙에 의하여 본문이 만들어지는 것이기 때문이다. 이러한 생각은 이해할 만하지만, 제시된 경우에는 맞지 않는다. 고전 그리스어(또는 라틴어) 본문 편집을 위한 전제는 – 간단히

43) 어떤 것을 성서 주석에 실을지에 대해, 위원회 본문을 분리투표로 뽑을 수 있었다. — 최소한 어느 정도까지는 이렇게 할 수 있었다. 모든 위원회 회원들이 집필에 대해 같은 열정을 품고 있지는 않았기 때문이다. 이 성서 주석은 〈그리스어 신약성서〉(GNT)에 대한 회의 기록을 근거로 하여 편집위원회의 이름으로 위임을 받은 메츠거가 편찬하였다(*A Textual Commentary on the Greek New Testament*, London-New York 1971). 모두 30명의 분리투표자 중에서 17명이 메츠거에게만, 8명이 메츠거와 윅그렌에게 같이, 2명이 윅그렌에게만, 1명이 메츠거와 마르티니에게 같이, 1명이 메츠거와 알란트에게 같이, 1명이 알란트에게만 표를 던졌다. 여기에서 다수와 소수가 확연하게 드러나는 경향을 보이지만, 표를 얻은 다양한 조합의 이름들을 볼 때, 확실히 선이 그어져 나눠져 있는 그룹이 없다는 것도 볼 수 있다.

말해서 — 계보를 작성하는 일이다. 이것으로 현존하는 필사본 간의 상호 의존성을 확인하고 본문 역사에 대한 완전한 개관을 통하여 얻은 통찰력(모체가 되는 필사본에서 파생되어 이에 의존적인 필사본들을 구별하여 추려내는 일)을 바탕으로(이런 방법으로 생겨난 약간의 증거들을 바탕으로) 본문의 형성이 가능해진다. 성서 밖 일반 그리스어 본문 전승과의 비교에서 끝없이 나오는 많은 증거들뿐만 아니라(5,400개 이상의 그리스어 필사본 외에, 교부들에게 전해진 전승 자료들을 비롯해 옛 버전의 광범위한 필사본 자료까지 더해짐) 신약성서 본문 전승의 내부적인 적법성 때문에 하나의 전체적인 계보를 만들어 내는 일은 불가능하다. 현재뿐만 아니라 예상할 수 있는 미래를 전망해봐도 마찬가지다. 오히려 모든 개별적인 신약성서의 본문은 계속해서 바뀌는 필사본의 상황에 맞게 반드시 독자적으로 취급해야 하며, 그때그때 내적 기준과 외적 기준에 따른 새로운 토의를 거쳐야만 한다.

이러한 절차에 대하여 자주 사용되는 '절충주의'라는 단어는 적합하지 않으며 잘못된 연상을 하게 한다. 아마도 현대의 신약성서 본문비평 절차와 관련해서는 '지역-계보적 방법'을 말할 수 있을 것이다. (전승된 자료 전체에 대해 적용했던 고전문헌학을 신약성서 구절 곳곳마다 새롭게 적용하는 방법이다.) 단 한 명의 편집인만을 두는 것이 아니라 다수가 (이들 각자가 필수적인 지식 및 인식 능력을 갖췄으며 특히 신약성서 전승 자료들을 다뤄본 경험을 반드시 갖췄다는 전제하에) 편집에 대한 책임을 맡으면, 편집인들이 서로 다른 전제를 갖고 모인다 할지라도 이들이 하는 토론으로 보장되는 것이 있다. 문제가 되는 관점들과 가능성들을, 한 명의 편집자가 책임질 때보다 더 꼼꼼하게 생각하고 살펴보게 되는 것이다.

여기에 특별한 책임이 부가되는데, 이 책임은 그리스어 신약성서 인쇄본과 연결되어 있는 일이다. 여기서 다룰 것은 선호하는 하나의 본문에 대해서가 아니라, 전 세계에 있는 모든 종파와 교단의 모든 신학자들이 신약성서를 분석하는 데 필요한 밑바탕에 대한 것이다. 또한 그리스어 본문은 새로운 모든 번역본 및 이미 현대의 각국 언어로 번역된 모든 교정본을 위한 토대를 제공한다. 다시 말해서, 실질적으로 모든 기독교인의 신앙적 진술을 위한 기초인 셈이다. 이러한 엄청난 책임의 무게는 편집자위원회에서 나누어 더 가볍게 지고 갈 수 있다. 편집인이 단 한 명이었다면 인쇄본이 출판되어 나오는 시점까지 혼자서 책임감 때문에 압박받았을 것이다.

어쨌든 새로운 본문은 실제로 존재하고 있으며, 국제적인 여러 성서공회들과 이에 상응하는 가톨릭 교회의 기구들을 통하여 보급되어(바로 얼마 전까지도 상상할 수 없던 일이다), 짧은 시간 안에 대학과 교회의 연구와 수업 등에서 이에 걸맞게 자리를 잡았다. 이러한 상황은 라틴어 역본에 있어서도 마찬가지이다. (1968년 바티칸과 세계성서공회연합회[United Bible Societies] 사이에 '기본 원칙[Guiding Principles]'이 합의됐다. 합의된 이 '기본 원칙'은 1987년 '지침[Guidelines]'에서 확실히 인증 받았으며, 이 '기본 원칙'이 성서 번역에 독보적인 원칙으로 적용될 것이라고 내다보고 있다.)

확실히 교직(모든 교파와 종파의 교직을 포함하여)에 있는 많은 신학자들은 오랜 기간 동안 자신들에게 친숙해진 인쇄본과 멀어진다는 것(〈네슬-알란트 25판〉 또는 다른 어떤 인쇄본이든)에 주저할 것이다. 그러나 공관복음 대조 성서의 경우처럼 이러한 과정은 크게 문제되지 않을 수도 있다. 예를 들어 헉-리츠만(Huck-Lietzmann)의 복음서 대조 성서는 가격이 싸고 구성이 더 단순하기 때문에 교재로 추천할 만하긴 하다. — 그러나 머지않아 교재를 익숙한 옛 본문에서 헉-리츠만의 복음서 대조 성서로 교체하려는 대학생들은 이 성서의 본문(이 인쇄본은 오피츠[Opitz]가 상당히 일방적인 관점을 가지고 만든 본문을 담고 있음)에 의문을 갖게 될 것이다. 그리벤과 오처드 및 부와마르의 대조 성서에 실린 헉의 공관복음 대조 성서 신판의 본문이 얼마나 성공을 거둘지는 기다려 봐야 알겠지만, 여기에서도 곧 사용자들이 이 본문에 관해 의문을 제기할 것이다.

물론 새로운 본문이라고 해서 고정불변의 특성을 갖는다는 것을 의미하지는 않는다. 인쇄를 책임지는 위치에 있는 모든 사람들 및 편집위원회의 모든 회원들은 새 본문이 '실험적으로(ad experimentum)' 출간되었으며 모든 개정이 가능하다는 점에 동의한다. — 다만, 그 개정에 대한 논증은 설득력이 있어야 한다. 〈네슬-알란트 26판〉 인쇄본이 간행된 이래로 수정 제안에 대한 자료들이 모아져 있다. 이 인쇄본에 대한 비평장치에는 — 한정된 공간임에도 불구하고 — 질적인 면에서 티쉔도르프와 폰 조덴의 인쇄본을 포함한 이전의 모든 인쇄본들을 뛰어넘는 자료가 제공되어 있다(왜냐하면 여기에는 최근에 작성한 필사본들에 대한 결과물들이 모두 고려되었기 때문이다). 그래서 이 비평장치에 책임을 맡은 편집자들조차도 매우 놀라운 통찰력을 갖게 되었다. 게다가 이 인쇄본의 부록에는 〈티쉔도르프〉 이래로 나온 인쇄본들(즉 20세기에 나온 소책자들을 포함하여)과 비교하여 나타나는 모든 차이점들을 수록하였다. 다시 말해서 이 새로운 본문에 기본이 되는 필사본들을 언제라도 검사해 볼 수 있도록 만들어 놓은 셈이다. 따라서 장차 새로운 본문을 계속 발전시키기 위한 모든 작업은 〈네슬-알란트 26판〉에서 시작해도 무방할 것이다. 어떤 결과를 이끌어 낼지에 관해서는 앞으로 더 두고 봐야 한다. 성급한 결정은 어떤 경우에도 허용되지 않는다. 어쩌면 많은 사람들은, 그렇게 성급히 결정을 해버린 후 숨이 차도록 오랜 시간을 들여 계속해서 향상시키고 싶은 강한 유혹에 빠질 수도 있다. 그러나 우리는 '전문가를 믿어라'(experto crede Ruperto) 하는 생각에 맞서야만 한다. 16-18세기의 우리의 조상들과 마찬가지로, 우리는 사실상 이 새 본문을 (경쟁 관계에 있는 다른 인쇄본들이 있는데도) 새로운 '텍스투스 레켑투스'(수용본문)로 다루는 것이라는 생각의 유혹을 받는다. 그러한 유혹은 거부되어야 한다. 이것은, 경쟁 관계의 인쇄본들이 있음에도 당시에 절대 우위에 있었던 <네슬> 구판의 경우에 있어서도 사실상 그러하다. 16-18세기의 본문과 〈네슬〉이 기본적으로 차이가 나는 것은, 당시에 선택의 폭이 좁은 (그리고 우연한) 본문 증거 자료(후대의 것이고 좋지 않은)가 기본 바탕이 되었다는 사실에서 비롯되는 것이 아니라, 원본문을 확인하는 데에 중요했던 모든 것에서 비롯되는 것이다. 즉, 그것이 2세기까지 소급되는 그리스어 증거 자료들이든, 번역본들이든, 여러 언어로 되어 있는 초기 교부들의 신약성서 인용구들이든 — 인용구 본문은 모두 원문을 따른 것이다 — 다 해당된다는 것이다. 또한 이러한 외적인 증거 자료를 다룰 때에는 이에 대해 추가로 적용해야 하는 기준들을 항상 새로이 검토해야 한다.

20세기 초 간행된 인쇄본들의 결정적인 약점 중의 하나는 비평장치에 수록된 내용들이 2차 자료에 의해(심지어는 3차 자료에 의한 것도 드물지 않다.) 완성되었다는 것이다. 그렇기 때문에 현재 〈그리스어 신약성서〉(GNT)를 다시 한 번 포괄적으로 개정한 개정 인쇄본이 준비 중에 있다. 이 개정 인쇄본 4판에서는 비평장치를 달아야 할 곳(몇 가지 확연한 변화가 생길 것이다)을 동시에 검사하면서, 모든 내용들을 원문 자료에 의거해서 수록할 것이다. 〈네슬-알란트 26판〉이 1979년 간행되기까지 이처럼 오랜 시간(편집자들이 이에 대해 가장 유감스럽게 생각했다.)이 걸린 것은, 〈그리스어 신약성서 3판〉(GNT)이 나오기까지 거의 14년이 걸렸던 작업을 한 번의 작업으로 이루어냈기 때문이다: 새로운 본문으로 내용을 옮겨 담아 구성을 바꾸고, 원문 자료에 근거하여 달아 놓은 비평장치의 모든 내용들을 논증하는 일 등이다. (4판의 간행까지는 약간의 시간이 더 소요될 것이다.) 그러나 이것도 '실험적'인 상황에 해당한다. 모든 것을 세심하게 살폈음에도, 다른 여러 인쇄 및 교정 작업에서도 생기는 것처럼, 오랜 기간의 작업을 수행하는 가운데 실수들이 생겼을 수도 있다. (1983년에 간행된 26판의 7차 인쇄본에서 그 당시까지 확인된 오타와 실수 등이 교정되었다.) 개별 자료들을 원문과 비교하는 일부터 그 자료들을 그룹별로 묶어 요약하는 일을 비롯해 마침내 비평장치를 가능한 짧게 만드는 일에 이르기까지의 작업을 가리킨다. 다음 개정판이 나올 때까지도 여전히 계속해서 검토 작업은 진행될 것이다. 현재 이러한 검토 작업은 파피루스에 대한 기록들과 마찬가지로 특히 교부들의 인용에 관한 기록들에 방향이 맞추어져 있다. 그러나 '꾸준한 증거 자료'로 뒷받침 될 새로운 소문자 사본들을 수용하고, 성구집을 더 철저하게 검증하거나 순전히 비잔틴 본문으로 수록된 대문자 사본에 대한 기록들을 삭제하는 일 등도 신중한 검토와 준비를 진행하고 있다. 이문들을 선택하는 일도 다시 한 번 검토되어야 할 것이다. 그러나 이문들과 연관된 작업이 방대하기 때문에 이러한 검토는 단계적으로만 이루어져야 할 것이다.

4. 주요 인쇄본들에 관한 비교 고찰: 〈웨스트코트/호트〉, 〈티쉔도르프〉, 〈폰 조덴〉, 〈네슬-알란트 26판〉, 〈그리스어 신약성서 3판〉(GNT)

본 책의 독자에게 이 부분은 일단 낯설고 읽기 힘들게 느껴질 수 있다. 왜냐하면 이 책의 독자는 〈네슬-알란트 26판〉이나 아니면 〈그리스어 신약성서 3판〉(GNT)을 갖고 있으며, 이들 중 하나 또는 두 가지 모두를 — 이 두 가지는 서로 보완적이기 때문에 — 신약성서 연구를 위한 기초 자료로 삼고 있을 것이기 때문이다. 그러나 이것들로는 충분하지 않다. 독자는 티쉔도르프와 폰 조덴의 인쇄본을 그저 개념으로서만 만족할 것이 아니라, 필요에 따라 이를 이용할 수 있어야 한다. 어떤 특정 본문이나 특정 단락의 전승에 대한 특별한 연구를 할 때, 독자는 이 두 가지 인쇄본을 참고하지 않을 것이다. 그렇지만(유감스럽게도 여전히) 이 인쇄본들에는 이문들이 가장 상세하게 수록되어 있거나 (《폰 조덴》) 이문들을 증명하는 가장 상세한 설명들이 담겨 있다. 〈티쉔도르프〉와 〈네슬-알란트 26판〉의 비평장치를 비교할 경우, 〈티쉔도르프〉가 제시하는(그리고 몇 가지 더) 모든 중요한 이문들이 〈네슬-알란트 26판〉에 수록되었다는 사실이 명백하게 드러난다. 그러나 이러한 모든 개선에도 불구하고 〈네슬-알란트 26판〉은 문고판 소책자에 지나지 않는다(본 책의 53쪽을 참고하라.).

대학생들은 자신에게 친숙한 티쉔도르프와 폰 조덴의 인쇄본 말고도 웨스트코트/호트의 인쇄본을 한 번쯤은 읽어 보고 내용을 파악해야 할 것이다. 〈그리스어 신약성서 3판〉(GNT)과 〈네슬-알란트 26판〉과 이에 해당되는 〈티쉔도르프〉, 〈폰 조덴〉, 〈웨스트코트/호트〉 등에서 같은 구절들을 나란히 함께 편집해 보면, 본 책의 64쪽에 접어서 제본한 자료에서 보는 것과 같이 된다. 이렇게 비교해 보는 까닭은 각각의 특별한 장치들이 더 두드러지게 드러나기 때문이다.

본 책 64쪽에 접어서 제본한 자료에 여러 인쇄본의 원본을 나란히 볼 수 있도록 했는데, 이때 병행 구절들이 잘 나타나도록 적절하게 본문을 찾는 것이 그리 쉽지는 않았다. 〈웨스트코트/호트〉는 물론이고, 〈네슬〉과 〈그리스어 신약성서〉(GNT)는 한 쪽에 비교적 많은 양의 본문을 수록했다. 반면에 티쉔도르프는 광범위한 비평장치로 인하여 모든 쪽에 적은 양의 행만을 수록하였고, 폰 조덴의 인쇄본은 많지도 적지도 않은 그 중간이다. 각 인쇄본에 본문과 함께 복사된 쪽의 수는 매우 특징적이다. 〈티쉔도르프〉는 729쪽, 〈웨스트코트/호트〉에는 185쪽, 〈폰 조덴〉에는 387쪽, 〈그리스어 신약성서〉(GNT)는 316쪽, 〈네슬〉은 244쪽으로 편집하고 있다(마지막 두 인쇄본의 차이는 〈그리스어 신약성서〉(GNT)의 더 큰 활자 크기 때문). 몇 가지 실험에 따르면, 접어 제본되어 있는 자료에 실은 부분을 선택한 것이 가장 목적에 잘 부합하는 것으로 나타났다. 이는 어떤 인쇄본이나 또는 어떤 본문비평가가 본문비평 연습의 표본을 만들고자 할 때 누가복음 24장을 두고 그 표본을 만들기 때문이다.

보충 설명할 것이 가장 적은 것은 **웨스트코트/호트의 인쇄본** 내용이다. 본문에 36절 일부와 40절이 괄호로 묶여 있는 것이 눈에 띈다. 이것이 이미 여러 차례 언급되었던 '서방 본문의 비-삽입문'의 두 가지 사례, 즉 웨스트코트/호트의 생각대로 추후 첨가된 본문이다. 36절의 경우, 이에 대한 증거가 되는 〈네슬〉의 비평장치에서 D 사본(D it)[44]의 생략 현상이 나타난다. 즉 베자 켄터브리지언 사본(D)과 고대 라틴어 역본들에서 일어나는 생략 현상이다. 40절에서는 그 생략에 대한 증거로서, 쿠레톤의 시리아어 역본과 더불어 시리아어 시내 사본들도 나타난다. 이것이 전부다. 다시 말해서, 모든 그리스어 전승들(3세기 초의 $\mathfrak{P}^{75}$에까지 소급), 다른 모든 번역본들, 교부들의 인용문 등 이러

44) [역자주] "it(= Itala)는 고대 라틴어 증거들의 모두 또는 다수를 총괄한다."(그리스어 신약성서 서문, 『네슬 알란트 그리스어 신약성서 한국어 서문판 28판』, 김창락 역[서울 : 대한성서공회, 2014], 34.)

한 본문들은 그 기원에 대한 어떤 의심의 여지도 없이 이 두 본문 모두를 제공한다. 〈웨스트코트/호트〉는 인쇄면의 난외에 일련의 '대안이 될 수 있는 독법들', 곧 '이차적 독법들'을 제공한다. 이 이문들은 모두 ⸂⸃(본문 32절, 37절에서 ⸂⸃ 표시된 부분의 대안으로 난외 독법을 참고할 수 있음) 또는 ^{T}(본문 32절, 42절에서 ^{T} 표시된 부분에 난외 독법을 첨가하여 읽을 수 있음)로 표시된다. 만약 난외에서 ⊣ ⊢ 표시에 들어가 있는 독법이 있다면(32, 42절), 〈웨스트코트/호트〉에서는, 이것들에 대해 낮은 등급에 해당하는 범주의 독법들이라고 지적하려 한 것이다. 흥미롭긴 하지만 거의 쓸모없는 것들이라는 것이다. 39절, 42절, 46절 난외에 있는 **Ap.**라는 기호는 일종의 지시사항으로서 부록에 상세한 논의가 있음을 가리킨다. 난외에 있는 독법들의 질을 판단하려면, 〈네슬〉의 비평장치를 참고할 수 있다(더 상세한 정보는 〈티쉔도르프〉와 〈폰 조덴〉에서 얻을 수 있음). 32절에 ⊣ ⊢로 포함된 독법 ἦν ἡμῶν κεκαλυμμένη는 베자 사본(D)과 몇몇 사히드 방언 필사본에 의해서만 입증된다. 42절에 대하여 동일한 방법으로 표시된 독법들은 Θ Ψ f^{1} f^{13} 대다수본문, 그리고 수많은 번역본들 및 교부들에 의해서도 입증된다. 그러나 이 둘에 대해 원문으로서의 진정성은 주장할 수 없다. 32절 난외에 ἐν ἡμῖν을 첨가한 것은 다시금 〈웨스트코트/호트〉 이래 변화된 본문 이해를 보여 준다: 〈네슬〉과 〈그리스어 신약성서〉(GNT)는 〈웨스트코트/호트〉 이래로 $\mathfrak{P}^{75}$를 통해 이 단어의 생략에 대한 증거가 확실하게 강화되었음에도 불구하고, 이 두 가지를 본문의 대괄호 안에 기록하고 있다. 37절에서 πτοηθέντες를 θροηθέντες로 대체한 것은 다시금 $\mathfrak{P}^{75}$에 의해 강화되지만(〈네슬〉 비평장치 참고), $\mathfrak{P}^{75}$ B와 1241은 증거로서 충분하지 않다(여백 비평장치에 대한 추가 정보는 웨스트코트/호트의 본문 인쇄본의 563-565쪽을 참고하고 동일한 곳에 주어진 소개 단락도 참고할 것).

티쉔도르프의 인쇄본은 정확히 대조적인 양상을 띠고 있다. 여기에서는 한 쪽에 거의 4/5를 차지하는 비평장치가 주된 역할을 담당한다. 이처럼 비평장치가 길어진 것은, 〈티쉔도르프〉가 비평장치에서 해당본문(Lemma)[45)] 중심 체제로 작업되었기 때문이다(먼저 해당본문 부분을 다시 적고, 이에 대한 이문들을 적어 둔다. 매번 해당본문 전체를 적음.). 그 밖에도 〈티쉔도르프〉에서는 교부들의 인용 구절을 종종 원문 그대로 반복해서 제시하였고, 이문들이 자주 언급되는 라틴어 본문을 연결하여 작업해 놓았

45) [역자주] 인쇄본에 실린 성서 본문 가운데, 비평장치의 내용을 설명할 때 그 해당본문을 가리킴.

다. 따라서 취급된 이문들의 수는 길게 보이는 비평장치에 비해서 그렇게 많지는 않다. 자료에 실린 〈티쉔도르프〉의 해당 쪽에는 이문의 수가 모두 17개 있고, 〈네슬〉에서는 동일한 구절에 12개의 이문을 제시한다. 이 때 우선 짚고 넘어가야 할 것이 있다. 〈네슬〉이 한 단위로 취급한 이문 27′을, 〈티쉔도르프〉는 네 부분으로 나누어 취급했기 때문에 그 차이는 훨씬 더 적다는 것이다. 그러므로 사실상 비율은 14:12이다. 그 외에 〈네슬〉은 〈티쉔도르프〉에서는 이해할 수 없는 또 하나의 이문을 보여 준다. 즉 $\mathfrak{P}^{75}$에는 εἰς τὴν δόξαν이 εἰς τὴν βασιλείαν으로 대치되었다.

〈티쉔도르프〉를 넘어 〈네슬〉까지 이문들에 기록한 것은 모두 필사본에는 맞지 않는 것으로 분류된다: 27절에 μωυσέως 대신 μώσεως를 사용한 것이나, 같은 구절의 τά περὶ ἑαυτοῦ에서 τά를 대문자 사본 L과 스크리브너(Scrivener)가 대조한 몇몇 소문자 사본들(y[scr] etc. sunt codd. a F. H. Scrivener conlati, 인쇄본 XXII 쪽 참고)을 근거하여 생략한 것들이 여기에 속한다. 필사본 중에서는 ἑαυτοῦ와 αὑτοῦ 사이에 교체가 일어난 것도 마찬가지다. 26절과 28절에서는 이와 같은 것이 없으며, 29절에는 παραβιάζομαι에 대한 시제의 변화가 M, P(둘 다 코이네 본문에 대한 소문자 사본으로서, 그리 중요한 것들은 아님)를 통해 나타나고, 소문자 사본 69에서 명령형 μεῖνον이 부정사 μεῖναι로 교체된 것이 기록되었다. 두 개의 이문(παραβιάζομαι와 μεῖναι)은 충분하지 못한 증거 때문에 본문에 있어서 그리 중요하지 않다.

〈티쉔도르프〉에서 사용한 기호와 축약어는 언제나 첫 눈에 파악되는 것이 아니기 때문에, 1권에는 IX–XVI쪽, 특히 XXI–XXII쪽, 2권에서는 III–IV쪽을 읽어야 한다. 그러나 필사본 표시 기호들이 여러 번 교체되었기 때문에 이마저도 충분하지 않은 경우가 많다. 이것은 대문자 사본의 경우에도 해당되는 것이며, 아라비아 숫자로 표시된 소문자 사본에서 더욱 두드러진다.

복음서에 있는 아라비아 숫자들은(처음부터 오늘날까지) 동일한 필사본을 나타내고 있지만, 사도행전부터 〈티쉔도르프〉에 적혀 있는 소문자 사본을 나타내는 숫자는 이용할 수 없다. 이는 그레고리(Gregory) 이래로 이 숫자가 근본적으로 바뀌었기 때문이다. (이는 역사적 발전과 관계가 있다. 이에 대해서는 본 책의 99쪽 이하를 참조하라.) 여기에서는 알란트가 〈간략하게 정리한 신약성서 사본 목록〉(K. Aland, *Kurzgefaßten Liste der griechischen Handschriften des Neuen Testament*, Bd. 1, 1963년 베를린) 321-333쪽에 그리스어 필사본의 기호 체계를 짧게 정리하여 제시한 것처럼, 기호에 대한 복음서 대조표를 참고할 필요가 있다. 그렇지 않으면, 티쉔도르프 인쇄본의 내용을 넘겨 받은 학자들이 그들의 저서에서 이러한 기본적인 규칙을 기억하지 않고 저지르는 오류처럼, 쉽게 오류에 빠지게 될 것이다. 그러나 대문자 사본에서도 주의가 따른다. 즉 복음서의 경우에 있어서도 주의해야 한다는 것이다. '대문자 알파벳-둥근 필사체(고대 그리스/로마 시대에 사용된 둥그스름한 필사 서체)'를 크게 표시한 것, 즉 A B C D 등과 같은 표시들은 변하지 않은 채로 남아 있다. 그럼에도 불구하고 여러 장애 요소들이 베트슈타인 세대부터 형성되었고 이것들은 그레고리 세대 때야 비로소 제거되었다. 만일 〈티쉔도르프〉에서 중복된 윗 첨자가 있는 대문자가 보인다면(특히 I, O, T, W, Θ) 세심한 주의를 기울여야 하며, 기호 표시를 받아들이기 전에 앞서 언급한 기호 목록표가 첨가된 것을 세심하게 주의해야 한다(히브리어 철자도 자동적으로 해당된다).

〈티쉔도르프〉의 비평장치에 있는 많은 것들은 단순히 그냥 지나칠 수 있다. 예를 들어, 그는 일반적으로 인쇄된 인쇄본들까지도 이문들에 적어 둔다. 27절에서 αὐτοῦ에 대한 독법으로 ς^{e} Gb Sz Ln Ti 등이 사용된다. 이는 엘제비어 인쇄본의 수용본문(ς^{e}), 1827년 그리스바흐의 인쇄본(Gb), 1830/1836년 숄츠(Scholz)의 인쇄본(Sz), 1842/1850년 라흐만의 인쇄본(Ln), 1859년 티쉔도르프 인쇄본(Ti) 등은 αὐτοῦ로 읽는다는 것을 의미한다. 이러한 표시법은 오늘날 시대에 뒤떨어지며 아무런 가치가 없다. 이러한 라틴어 역본의 이문들에 대해 〈티쉔도르프〉가 제공하는 정보 내용들은 일반적으로 오늘날까지도 여전히 통용된다(오늘날에는 그가 사용하던 많은 인쇄본들을 대신하여 새로운 다른 인쇄본들을 참고하긴 한다). 그와 달리 그가 중동지역 언어로 옮긴 번역본에 대해 제공하는 내용들은 일반적으로 가치가 없다. 새로 발견된 자료들과 인쇄본 그리고 새로운 통찰력 등으로 인해 뒤쳐져 버렸기 때문이다. 교부들의 인용문을 사용할 때에는 그 전에 〈티쉔도르프〉 이래로 새로운 비판적 인쇄본이 간행된 것이 있는지 항상 살펴봐야 한다. 만약 있다면 그 인쇄본 본문을 정확하게 살펴보고 사용할 필요가 있다.

이 모든 설명은 특히 초보자들에게 매우 부정적으로 들릴 것이다. 따라서 이 인쇄본이 얼마나 엄청난 성과를 의미하는지에 대하여 한 번 더 언급해야 할 것이다. 그러나 현재의 잣대가 아니라 당연히 100년 전의 입장에서 평가해야 한다. 당시 티쉔도르프의 모든 표시법은 그 시대의 최고였다. 그의 인쇄본이 100년이 지난 지금도 신약성서 학자에게 없어서는 안 될 필수적인 도구에 속한다는 사실이, 이미 그의 책에서 이룬 훌륭한 성과를 가장 확실하게 증명한다. 그리고 — 다른 인쇄본들이 따를 수 없는 정확도와 더불어 — 그가 이룬 모든 업적은 단 한 사람이 작업한 결과이다. 그가 이미 59세의 나이로 세상을 떠난 것은(58세에 뇌졸중이 왔고, 몇 가지 다른 질병이 이어졌음), 신약성서 본문 작업에 대한 그의 과중한 업무 때문이다. 시내 사본의 발견으로 그의 이름은 세계적으로 유명해졌지만, 수많은 중요한 필사본의 발견이 그 뒤를 이었다. 이미 25세의 나이에 처음으로 에프라임-시루스 재생 사본[46]을 해독할 수 있었고, 많은 학자들이 실패했던 재생 사본(Palimpsest, 쓰여 있는 글자를 지우고 다시 사용한 양피지 또는 파피루스 사본, 역자주)[47]의 해독을 성공해 낼 수 있었다. 티쉔도르프는 시내 사본뿐만 아니라 다른 재생 사본들을 해독할 때 화학 약품을 사용함으로써 사본에 많은 손상을 입히기도 했지만, 그가 시도한 기술은 자외선 촬영 기법이 아직 발견되지 않았던 그 시대에는 가장 발달된 기술이었다. 현재는, 약품의 사용으로 형태가 심각하게 손상되었음에도 불구하고, 자외선 촬영 기술로 필사본의 정체를 밝혀낼 수 있게 되었다. 원시적인 보조 도구를 이용하여 티쉔도르프가 이루어 낸 일들은 언제나 매우 경이롭게 여겨진다.

〈폰 조덴〉의 중요성과 한계에 관해서는 이미 언급하였다(본 책의 27쪽 이하 참고). 위의 접어서 제본한 지면에서 폰 조덴의 인쇄본을 처음 접해 본 사람은, 한 번은 세 부분으로 구분한 비평장치 때문에, 그다음으로는 (미리 알렸음에도 불구하고) 필사본을 표시하는 기호와 방식 때문에 어느 정도 놀라게 될 것이다. 비평장치를 세 부분으로 구분한 것은 장점과 단점을 동시에 가지고 있다. 각각의 절마다 세 곳에 나눠져 있는 모든 이문들을 함께 찾아봐야 하지만 (그리고 매번 다시 정리해야 하지만) 다른 한편 일반적으로는 처음 두 부분의 비평장치로 만족할 수 있기는 하다. 그러나 '일반적으로'라는 것은 무엇을 의미하는가? 어떤 특정한 성서 구절이나 단락을 연구한다면, 이에 대해 이

46) 이에 대해서는 본 책의 155쪽 이하를 참고하라.

47) 이에 대해서는 본 책의 157, 162, 13, 108쪽을 참고하라.

미 전승된 모든 이문들을 알고 싶어 할 것이다.

〈폰 조덴〉의 체계는 이 체계가 생성되는 과정 안에서만 또는 그 체계의 기본 원칙들 안에서만 설명할 수 있다. 이 체계를 정기적으로 사용하는 사람들조차도 이 체계를 실제로 사용하기 위해 지속적으로 참고할 수가 없다. (폰 조덴이 본문을 인쇄하면서 2권 서문에 인쇄본의 체제와 비평장치에 대해 말한 것이 너무나 불충분하기 때문이다. 그래도 이 인쇄본을 사용하길 원하는 사람은 누구나 서문에 적힌 이 내용을 읽어야 한다고 조덴은 간곡하게 권장한 바 있다. 이 인쇄본의 한계들은 여기서 서술하는 것보다 이 서문의 내용에서 더욱 명확하게 나타난다.) 이 책을 좀더 쉽게 사용할 수 있도록 하기 위해, 크뤼거(Krüger)는 1927년 〈폰 조덴의 신약성서에 대한 해설〉(*Schlüssel zu von Soden's Schriften des Neuen Testament*)이라는 제목의 서적을 간행하였다. 베네딕트 크라프트(Benedikt Kraft)는 〈그리스어 신약성서의 중요 필사본을 위한 기호〉(*Zeichen für die wichtigeren Handschriften des griechischen Neuen Testament*)라는 책자를 이미 그보다 1년 전(1926년)에 출간하였다. (아쉽게도 요즘 이 두 책은 서점에서 구입할 수 없다.) 이 두 권의 참고 서적은 모두 폰 조덴이 정리한 그룹들을 따라 필사본을 정리하고, 여기에 그레고리의 필사본들 기호를 첨가하였다. 그러나 이 두 권은 완전하지 못하여 언제나 위에 언급한 〈간략하게 정리한 신약성서 사본 목록〉(*Kurzgefaßten Liste der griechischen Handschriften des Neuen Testament*)의 334-349쪽에서 기호 색인 II(폰 조덴: 그레고리)를 이용해야 한다. 이 색인은 일련번호로도 되어 있기 때문에, 식별 기호마다 손쉽게 찾을 수 있다. 폰 조덴 기호 체계가 복잡한 것은 완벽함을 추구하려는 독일의 방식이라고 설명할 수 있다. 폰 조덴은 하나의 필사본을 표시하는 데 필사본의 내용, 연대, 본문 성격까지 동시에 기입하려 했던 것이다.

폰 조덴은 필사본의 번호 앞에 하나의 그리스어 알파벳을 기입함으로써 사본의 내용을 표시하였다. 신약성서 전체가 있는 필사본은 알파벳 δ(= διαθήκη), 사복음서가 있는 필사본은 ε(= εὐαγγέλιον), 그리고 신약성서의 나머지가 실린 필사본은 α(= ἀπόστολος)를 포함한다. 그래서 폰 조덴이 알고 있었던 필사본을 첨가했던 본문 필사본은 세 가지 종류로 생겨나게 되었다. 폰 조덴이 δ로 표시한 필사본에 종종 요한계시록이 누락된 것과, 신약성서의 두 번째 부분(= α)으로 표시한 필사본에 폰 조덴이 구분한 내용에 맞지 않게 여러 다른 필사본들이 분류되어 있었던 것은, 처음부터 유감스러운 일이었다. 그리고 단순히 사도행전과 공동서신을 더한 '사도들의 서신들'만을 포함하거나 아니면 바울서신만을 포함하는 필사본들이 더 추가되었다.

게다가 폰 조덴은 필사본의 연대를 기호에 포함시키려 했으며, 끝에서 세 번째 숫자가 이에 해당한다. 예를 들어, 11세기 필사본에는 δ 150, 12세기 필사본에는 δ 250, 13세기 필사본에는 δ 350, 10세기 필사본에는 δ 50(δ 99까지)과 같은 식이다. 이 방법은 재치 있는 아이디어이기는 하지만, 약점과 빈틈이 있었다. 10세기 이전 필사본들에는 해당 숫자를 이런 식으로 다 기록할 수 없었기 때문이다. (따라서 4-9세기의 필사본에 폰 조덴은 δ 1-49의 숫자를 부여했다.) 그뿐만 아니라 더 심각했던 것이 있다. 대부분의 소문자 필사본들의 연대에 관해 철저한 조사가 이루어지지 않아서 애초부터 의심스러웠던 숫자들이 많았다. 어떤 필사본의 연대가 새로이 정해졌다면, 어떤 일이 일어나게 됐을까? 시스템을 완전하게 유지하기 위해서는 식별 기호를 바꾸어야만 했을 것이다. (폰 조덴도 경우에 따라 그렇게 하였다.) 더욱이 δ-필사본에는 적용할 수 있었던 체계가 ε-필사본에는 더 이상 적용될 수 없게 되었다. 10세기 이전의 필사본이 이미 워낙 많아서 100까지로는 번호를 매길 수도 없었다: 폰 조덴은 ε 1-99에 상응하도록 ε 01-099를 이어서 붙였다. 10세기의 필사본에는 ε 1099까지 사용하기 위해 ε 1000을 넣었으며, 그 다음 11세기 필사본의 시작을 ε 100으로 환원하였다.

마지막으로, 폰 조덴이 주석 필사본들을 특별한 그룹으로 요약 정리하여, 알파벳 앞쪽의 철자를 이용하여 그 필사본들의 저자를 표시했다는 것은 한 번 더 언급되어야 할 것이다: A = 안디옥 주석서(마태복음과 요한복음은 크리소스토무스 주석[Chrysostomus], 마가복음 주석은 안디옥의 빅토르[Viktor von Antiochien], 누가복음은 보스트라의 디도[Titus von Bostra]), $A^{\pi\rho}$ = 사도들의 서신들에 대한 장로 안드레아스의 주석, 요한계시록에 관한 가이사랴의 안드레아스(Andreas von Cäsarea) 주석에는 Aν, 같은 책에 대한 아레타스(Arethas) 주석에는 Aρ 등이다. 주석-필사본의 숫자가 충분했을 때, δ, ε, α-필사본에 적용한 연대 체계로 계속하여 구분했으며, 예를 들어 테오필락트(Theophylakt)처럼 한 명의 저자가 성서의 여러 권에 대해 주석들을 저술했을 때, 이를 다음과 같이 구분하였다. Θ^{ε} = 복음서들에 대한 테오필락트의 주석, Θ^{π} = 바울서신 주석, Θδ = 바울에 대한 테오도레 주석 등이다. 독자를 위한 δ, ε, α-체계가 가져온 모든 난점들 — 그는 매우 빈번하게 4자리로 된 숫자들을 다뤄야만 했다 — 외에 폰 조덴은 특히 앞서 소개된 알파벳에 더욱 더 주의를 기울여야만 했었다. 그가 숫자를 혼동했을 때, 큰 혼란이 야기되었다.

이제 〈폰 조덴〉에 대해 다루는 것은, 접어서 편집한 쪽에 있는 폰 조덴의 첫 번째 비평장치를 현대 기호로 바꿔 보는 것으로 충분할 것이다.

누가복음 24:27에서는 우선 τί ἦν에 관한 증거 자료가 중요하다. K는 코이네 본문을, H는 이집트 본문(헤시키우스 본문)을 의미한다. Ta는 타티안이다. 코이네 본문과 타티안 본문은 τί ἦν을 제외하였고, H-본문(이집트 본문)에서는 생략되지 않았다. 여기에서 $H^{\delta 2}$ = ℵ이고, δ^{48f} = 33이고, L(019), bo = 보하이르 방언이다. H-그룹 증거들과 함께 예루살렘 본문에 대한 증거물들이 실렸으며, 이들은 하위 그룹인 $I^{\alpha 050}$ = Θ으로부터 온 것이다. 하위 그룹 $I^{\eta\alpha}$는 온전하게 다 갖춰져 있다. 즉, 1. 1582. 2193과 하위 그룹 $I^{\eta^{b}288}$ = 22로부터 온 것이다. 이 경우 1582와 2193에 대한 자료들은 정확하지 않으며, 이 때 주의해야 할 사항은, 단지 처음 쓰인 첫 번째 사본만이 두 경우에서 τί ἦν으로 읽고, 두 번째 것은 이를 삭제하거나 지워져 버렸다는 것이다. Pa는 팔레스타인 성구집 342이며(참고 서적을 이용하여 제2권 XVII쪽과 I-3권의 2178쪽에서 확인되듯이) bo는 보하이르 방언을 나타낸다. 따라서 폰 조덴이 첨가한 증거 자료를 교정하면 τι ην ℵ L Θ 1. 22. 33. 1582. 2193 bo로 정리된다. 〈네슬〉의 비평장치에서는 ℵ L Θ f^{1} 33. 892 pc bo로 적고, 소문자 사본들의 수는 f^{1}의 숫자를 통해 한 그룹으로 묶여 확대된다. 폰 조덴의 그 첨가 자료를 포함하지 않는 증거 자료가 압도적으로 많다는 것을 한눈에 알아차릴 수 있다. 그럼에도 불구하고 폰 조덴은, 괄호 안이긴 하지만 그래도 τί ἦν을 자신의 본문에 싣는다. 이와 달리, 접어서 제본한 지면에서 보듯이 다른 인쇄본들에서는 τί ἦν을 제공하지 않는다. 어떠한 이유로 폰 조덴이 [τί ἦν]을 τὰ περὶ ἑαυτοῦ 앞에 두었는지 명확하게 설명할 수 없다. 이는 폰 조덴이 인용한 어떠한 필사본도 그렇게 기록하지 않았기 때문이다. 모두 [τί ἦν]을 ἐν πάσαις ταῖς γραφαῖς 앞에 두었다. 이는 순전히 자의에 의한 것인가? 아니면 하나의 실수일 뿐인가? — 이것은 물론 심각한 것이긴 하다.

〈폰 조덴〉의 첫 번째 비평장치에 있는 두 번째 이문을 보기로 하자: 비평장치에 ἤδη의 첨가를 지지하는 증거들을 수록해 놓았고 이와 반대로 〈폰 조덴〉의 본문에서는 29절에(언급되지 않은 증거들) ἤδη가 생략되는 것으로 표시되어 있다. 이 생략이 폰 조덴에게는 다른 인쇄본들에 대한 반대를 결정하는 계기가 된다. 다른 모든 인쇄본의 본문들은 ἤδη를 수록하고 있다. 폰 조덴은 이를 대괄호 안에 넣었다. 이를 통해 하나의 본문을 만들 때 고집했던 그의 완고한 의지를 새롭게 엿볼 수 있다. 인쇄본의 내용을 개별적으로 보면 다음과 같다: H-그룹에서는 δ^1 = B, δ^2 = ℵ, δ^6 = Ψ, δ^{48f} = 33 + L(019), δ^{1002} = 0139. I-그룹에서 α 286[48] = 21, η^a는 다시 = 1. 1582. 2193, η^{b288} = 22, ι^{b1211} = 124, β^{a121} = 348, β^{b1349} = 1579(비평장치에서 그룹을 나타내는 기호로 b 대신 c로 기록했다면, 이는 인쇄상의 오류임). pa와 bo는 앞의 이문들에서 찾아야 하고, lat^{exc} c 1 = c와 1을 제외하고(exc = exceptus) 라틴어 증거들을 나타낸다. sy^p는 페쉬타이다. 이러한 것들은 폰 조덴에게서 생겨났고, 현대 기호들로 바뀌어 적용되었다. 즉, 다음과 같은 그리스어 증거들은 ℵ B L Ψ 0139. 1. 21. 22. 33. 124. 348. 1579. 1582. 2193으로 된다. 앞의 경우처럼 〈네슬〉의 비평장치와 비교하면(다음과 같다): 〈네슬〉에서는 ἤδη에 대한 생략의 증거로서 (〈폰 조덴〉에는 나타나지 않음) ADW Θ f^{13} 𝔐 c l $sy^{s.c.h}$를 들었고, 본문에 ἤδη가 들어 있는 증거로는 $\mathfrak{P}^{75}$ ℵ B L Ψ 0139 f^1 33 pc lat sy^p bo 등이 있다. 문고판 〈네슬〉은 비평장치의 상세함과 명쾌함에서 〈폰 조덴〉을 능가한다.

이러한 설명들은, 인용해 놓은 〈폰 조덴〉의 첫 번째 비평장치 가운데 단지 두 개의 이문들에 관한 것이다. 두 번째 비평장치보다 두 배 이상 더 많은 세 번째 비평장치의 이문들은 말할 것도 없고, 두 번째 비평장치에 있는 18개의 이문들을 유사한 방식으로 바꾸는 것조차 아마 포기할 수도 있을 것이다. 왜냐하면 다루어진 두 개의 예만으로도 이 책을 이용하는 독자들에게 책을 설명하기 위한 하나의 보조 자료로서 충분하기 때문이다. 충분하게 여겨지지 않는 독자는 폰 조덴이 적어 놓은 도움 자료를 참고하여, 폰 조덴이 사용한 명칭 체계들로부터 생기는 더 많은 이문들에 대한 증거들을 자력으로 현대 용어들로 바꾸는 작업을 해야 할 것이다. 그러면 이런 작업이 얼

48) 제대로 다 적어보면 I α 286이다. 이 그룹에서 α는, 필사본들의 기호를 표기한 곳(여기서 α는 사도행전과 공동서신, 즉 사도들의 서신들[apostolos]을 가리킨다.)을 제외하고 폰 조덴 체계에서 한 번 더 나온다. 혼동한다는 것은 원칙적으로 불가능하지만(복음서에 대한 비평장치에서 소문자 사본들은 하나의 ε- 또는 예외적으로 δ-기호를 갖는다. 여기에서는 필사본 ε 286에 대해 다루고 있다.) 그래도 주의해야 할 사항이다.

마나 어려운지를 분명하게 지각할 수 있을 것이다. — 비록 성공하더라도, 그 결과물이 맞을 것이라는 확신을 결코 가질 수 없을 것이다. 〈폰 조덴〉의 비평장치는 우리가 앞에서도 살펴 본 바와 같이, 일련의 잘못된 내용을 포함하고 있기 때문이다. 게다가 폰 조덴이 인용한 모든 소문자 인쇄본이 본문 역사에서 그다지 중요한 자리를 차지하는 것은 아니며, 상당한 정도의 많은 양이 오히려 '2류'에 속하는 실정이다.

앞에서 소개한 설명 가운데 상당한 부분이 본 책의 독자에게 꽤 복잡했다. 어쩌면 너무 지나치게 복잡했을 수도 있다. 독자가 이 책을 읽어가면서 이제까지 한 번도 듣지 못하거나 단 몇 번밖에 들어 본 적 없는 대상들에 대해 말하거나 그런 개념들로 작업하는 일이 계속 거듭되었기 때문이다. 그러나 이것은 지금까지 다루었던 세 가지 인쇄본을 소개하기 위해 필요한 일이었다. 이제부터 예외적인 경우에 한해서만 이 인쇄본들에 대해 말할 것이다. 독자에게 어렵거나 이해되지 않는 부분 때문에 일단은 더 이상 힘들어할 필요는 없다. 어쨌든 이러한 설명들은 첫 인상을 받고 첫 판단을 하기에 충분할 것이다. 나중에 본 책의 흐름을 완전히 파악하고 그리스어 신약성서를 다루면서 경험을 얻는다면, 이 부분을 다시 한 번 더 찾아보고 새롭게 읽어나가면 될 것이다. 〈네슬〉 또는 〈그리스어 신약성서〉(GNT)만 이용하는 독자들도 과거의 주요 인쇄본들에 대해 적어도 간단한 특징 정도는 알고 있어야 한다. 독자가 어떤 입장을 취하며 어떤 과제를 갖고 있느냐에 따라, 독자가 〈그리스어 신약성서〉(GNT)나 〈네슬〉 인쇄본을 이용하는 것으로 만족한다면, 그렇게 신약성서 인쇄본만을 사용하는 것도 큰 문제가 되지는 않는다. 〈네슬〉에서 제공하는 재료들은, 높은 수준을 요구하는 학문적인 수업과 일반적인 성서 주석 작업을 하는 데에도 충분하기 때문이다(당연히, 특별한 연구를 위해서는 합당하지 않을지라도).

〈네슬-알란트 **26판**〉과 〈그리스어 신약성서 **3판**〉**(GNT)**은 이 책의 다음 부분에서 거듭 언급될 것이다. 그럼에도 불구하고 본 책 64쪽에 접어서 제본한 자료에서 처음으로 두 인쇄본을 비교하며 소개하고 있다. 나중에 이러한 비교 소개는 할 수가 없다. 두 인쇄본은 두 쪽에 나란히 있어서 그들의 상이한 특성과 서로 다른 체제를 한 눈에 알아볼 수 있다. 인용된 쪽에서는 〈네슬〉이 32개의 이문을, 〈그리스어 신약성서〉(GNT)가 단지 한 개의(우연한 일이지만) 이문만을 보여 주지만, 〈그리스어 신약성서〉(GNT)

는 평균적으로 한 쪽당 2개 정도의 이문[49]을 제공한다. 두 인쇄본은 병행 구절의 기호를 나타낸다. 〈그리스어 신약성서〉(GNT)는 해당 쪽의 아래 가장자리에 가장 중요한 것으로만 제한하여 기록하였다(쉽게 설명될 수 있는 구조로). 〈네슬〉은 쪽의 바깥쪽을 선택하였고 많은 자료를 만들어 내었다. 만일 독자가 이 인쇄본을 잘 이용하려면 특정한 규칙에 각별히 주의해야 할 것이다(이에 대해서는 본 책의 383쪽 이하 참고). 〈네슬〉은 쪽의 안쪽 가장자리에 신약성서 필사본의 단락 구분과 유세비우스(Eusebian)의 정경 목록 숫자를 기입한다. (물론 인용된 쪽에는 나타나지 않는다. 이에 대해서는 382쪽 이하 참고.) 〈그리스어 신약성서〉(GNT)는 이 두 가지를 가지고 있지는 않지만, 그리스어 인쇄본은 물론이고 현대 언어로 된 중요 번역본에서도 나타나는 구두점의 차이에 관한 비평장치를 제공하고 있다. 이 구두점 비평장치에서는 구체적인 표시(마침표, 쌍반점, 쉼표 등)에 원칙적인 것을 만들어 내기보다는 다음과 같은 것들이 필요했다. '비교적 강한 구두점'(major), '비교적 약한 구두점'(minor), '구두점 없음'(none)이 그런 것들이다. 이는 예를 들어 번역자들이 수많은 신생 교회의 지역 언어(문장 성분의 구조가 우리의 것과는 종종 매우 다른)로 이 표시를 직접 적용할 수 있게 하기 위함이었다. 이 신약성서 본문의 구두점 비평장치의 많은 것들이 국제적으로 널리 사용되는 언어를 사용하는 사람들에게는 우선 신비하게 보일 수도 있다(이에 대해서는 본 책의 345쪽 이하 참고). 그러나 이들은 신약성서 본문의 구두점에 대해 적어 놓은 이 비평장치가 신약성서 본문 해석에 대해 적은 내용과 동일하다는 사실을 잊지는 않을 것이다. (4판에서는 기호 체계가 변경될 것이다.)

두 인쇄본의 가장 두드러지고 중요한 차이는 비평장치와 관련이 있다.

두 인쇄본의 비평장치는 — 이는 두 인쇄본의 본문의 정체성과 상응하는 것이다 — 32절에 ἐν ἡμῖν을 대괄호 안에 기록한다. 〈네슬〉은 비평장치에서 $\mathfrak{P}^{75}$ B D c e $sy^{s.c}$가

---

49) 〈네슬 26판〉에서는, 〈티쉔도르프〉에서 〈네슬-알란트 25판〉까지의 인쇄본에서 나타나는 본문상의 모든 차이점들을 표시해 줌으로써, 최근 100년간 신약성서의 본문으로 읽혀진 것들에 대한 모든 것을 개괄적으로 볼 수 있게 해 준다. 이러한 〈네슬 26판〉이 추가적으로 부록을 갖고 있다는 사실에 대해 여기서는 단지 참고 사항 정도로만 언급한다. — 이에 대해 자세한 것은 본 책의 391쪽을 참고하라. 왜냐하면 〈그리스어 신약성서〉(GNT)가 이루려는 전체적인 계획을 생각해 볼 때 〈그리스어 신약성서〉(GNT)에서는 이런 사항들을 기대할 수도 없고 요구할 수도 없기 때문이다.

두 단어를 생략하고 있다는 것을 간단하게 표시한다(ᄆ는 하나 이상의 단어 생략에 대한 표시이고, 본문에서 생략된 단어 끝 부분에 '⸌'가 표시되며, 이 기호는 비평장치에 반복해서 쓰지 않음). 즉, 3세기 초의 $\mathfrak{P}^{75}$, 4세기의 바티칸 사본(B), 5세기의 베자 켄터브리지언 사본(D), 고대 라틴어 필사본 c와 e 그리고 시리아어 시내 사본과 쿠레톤의 시리아역 사본도 단어 ἐν ἡμῖν을 생략한다. 이것들로 이 본문을 판단하는 데에 충분하다: 언급하지 않은 모든 다른 필사본은 〈네슬 26판〉에 반영되어 있는 본문을 갖고 있기 때문이다. 생략 현상을 나타내는 증거들이 의미 있는 것이긴 하지만 본문에서 ἐν ἡμῖν을 지워 버리기에는 그 권위가 불충분하다. 따라서 두 단어를 단순히 홑 대괄호 안에 넣은 것이다. 문헌학자들의 일반적인 사용에 따라, 이 대괄호로 괄호 안의 단어들의 진정성을 의심하곤 하지만, 그 의심을 그다지 강하게 표현하지는 않는다. 그래서 해당 단어들의 생략이 가능했을 것으로 보인다. 〈그리스어 신약성서〉(GNT)는 ἐν ἡμῖν이 있는 본문을 제공하는 증거들을 우선 매우 상세하게 재현한다. 그런 다음 이 본문을 전승하는 여러 다른 형태들에 대한 증거들을 보여 주는데, e c sy$^{s.c}$가 ἐν ἡμῖν뿐만 아니라 그 문맥에 해당하는 ἐν ἡμῖν ὡς ἐλάλει도 생략한다는 사실이, 시리아 증거와 더불어 고대 라틴어 증거들을 판단하는 데 대단히 중요하다는 것까지도(이 증거들의 비중이 줄어든다는 것) 확인시켜 준다.

결과를 요약하면 다음과 같다: 〈그리스어 신약성서〉(GNT)에서 제공하는 비평장치 가운데 하나를 보면, 그 상세함이 〈네슬〉을 앞선다. 그러나 32군데 가운데서 한 군데에서만 그러하다. 〈네슬〉에서도 간결하기는 하지만 전승 과정을 이해하기에 넉넉할 정도로 관련 내용을 제시해 준다.

〈그리스어 신약성서〉(GNT)의 매우 본질적인 특징 가운데 하나는, 이문들의 판단을 위한 지침이 이문들의 인용과 함께 결합된다는 것이다. (이것은 구두점 비평장치와 마찬가지로, 내부의 사정을 외부에 알리기 위해서 편집자들의 반대에도 불구하고 나이다에 의해 관철되었으며, 나중에 우리가 생각해 볼 때 이는 정당한 것이었다.) 각각의 이문은 A–D 가운데 하나로 표시되었다. 이에 대한 공식적인 정의는 다음과 같다. (〈그리스어 신약성서〉[GNT]의 XII/XIII 쪽 참고.)

"위원회는 각각의 본문에 대한 이문들 세트가 시작하는 곳에 A, B, C, D라는 문자를 사용하여 '중괄호' { } 안에 넣어 두어 상대적으로 확실한 정도를 나타내고자 애써 왔고, 외적인 증거뿐만 아니라 내적인 신중함에 있어서도 그 기반을 다져 놓았다. 문자 A는 본문이 사실상 거의 확실한 것을 가리키며, 반면 문자 B는 다소 의심스러운 것을 표시한다. 문자 C는 본문과 비평장치의 이문 중 어느 것이 더 훌륭한 것인지 상당히 주저한다는 표시이고, 문자 D는 본문으로 선택된 이문에 대해 가장 큰 의심을 표현하는 기호이다."

만일 〈그리스어 신약성서〉(GNT)에서 어떤 하나의 이문종합체가 A로 표시되면, 이는 위쪽 본문에 인쇄된 것이 본래의 단어들임을 뜻하며 비평장치에 인용된 이문들 가운데 어떤 것도 경쟁할 만한 것이 없다고 편집자들이 확신했다는 것을 의미한다. 처음에 B가 표시되면, 확실한 정도가 조금 더 약하다는 것을 의미한다. 그럼에도 불구하고 이것은 그 이문들이 아니라 본문에 인쇄된 것이 본래의 단어들이라는 편집자들의 생각을 반영한다. C는(접어서 제본된 자료에 있는 이문들의 경우처럼), 편집자들이 본문에 대해 그 비중도 대략 비슷하게 반대 및 찬성 둘 다에 대한 논증을 갖고 있었다는 것을 의미한다. 따라서 이 인용된 이문들은 단순하게 대괄호에 넣는다. 이와 반대로 D는, 편집자들이 오랜 토의를 거쳐서야 본문에 인쇄된 것이 우선권을 갖는다고 결정했다는 것을 뜻한다. 많은 사람들은 (처음에 〈그리스어 신약성서〉[GNT]의 편집자들도 우려했듯이), 비평장치에서 독법들을 이런 식으로 분류하는 것이 너무 지나쳐서 독자들의 판단보다 앞서 갈 것이라고, 즉 이런 분류가 독자들의 판단에 영향을 끼쳐서는 안 된다고 생각할 수도 있다. 그렇지만 이런 시스템이 〈그리스어 신약성서〉(GNT)를 사용하는 신생 교회들과 다른 곳의 번역위원회에(그 밖에 많은 신학생들에게도) 실질적인 도움을 준다는 것은 어느 누구도 부인할 수 없을 것이다. 그러나 단 한 가지 의문은, 편집자들이 여러 가지 카테고리를 기입하는 데 주의를 크게 기울이지 않아서, 종종 B 대신 A나, C 대신 B와 같이 잘못 기입하지 않았는가 하는 점이다. (〈그리스어 신약성서〉[GNT]의 4번째 판에서 이 점에 대한 검토와 해당 사항의 변경이 이루어졌다.)

〈네슬〉과 〈그리스어 신약성서〉(GNT) 사이의 차이를 많이 언급하였다. 그 차이는 중요한 점들에만 국한되는 것이 아니라 개별적인 것들에도 해당되었다. 본 책 64쪽의 접어서 제본된 자료에 나오는 〈그리스어 신약성서〉(GNT)는 하나의 단락(28절에서)으로 나타나 있고, 이와 달리 〈네슬〉에서는 세 부분(28절, 33절, 36절)으로 되어 있다. 이

제 두 쪽으로 된 그림은 판단하기에 충분하지 않기 때문에, 한 장 전체에 대한 두 인쇄본의 단락 구분을 한 번 나란히 표시해 보고자 한다. (한 단락이 몇 절부터 시작하는지도 함께 적어본다.)

〈그리스어 신약성서〉(GNT)	〈네슬〉
23:56b	24:1
	24:9
24:13	24:13
24:28	24:28
	24:33
24:36	24:36
24:44	24:44
24:50	24:50
	24:52

여기서 분명해지는 것은, 〈네슬-알란트 26판〉이 일반적인 단락 구분보다는 본문의 본래적인 구조들을 구분하려 하는 데 있어서 〈그리스어 신약성서〉(GNT)보다 훨씬 더 많은 노력을 기울인다는 것이다. 다른 곳에서는 이러한 경향이 더욱 분명하게 나타난다. 구두점에 있어서도 〈그리스어 신약성서〉(GNT)의 세 번째 개정판에 이르기까지 차이가 나타난다.

접어서 제본한 자료에는 직접화법의 내용에만 국한하고 있다. (영어식 관습에 의해) 〈그리스어 신약성서〉(GNT)에는 세 번이나(25절, 29절, 32절) 직접화법이 시작되기 전 콤마가 기입되고, 대문자로 시작된다(예를 들면 25절: εἶπεν πρὸς αὐτούς, Ὦ ἀνόητοι 등). 반면에 〈네슬-알란트 26판〉은 윗점을 기입하여 일반적인 문장으로 계속 이어간다(εἶπεν πρὸς αὐτούς· ὦ ἀνόητοι 등). 이 책에 수록된 쪽에 구두점에 대한 차이가 더 이상 없다는 것은 순전히 우연한 일이다. 원래는 구두점에 대한 수많은 차이가 있기 때문이다. 〈그리스어 신약성서〉(GNT)는 (제3개정판까지) 영어의 규칙을 따랐고, 〈네슬〉은 그리스어 규칙을 물려받으려는 시도를 한다(성공하기를

28 σεν⌉ αὐτοῖς ἐν πάσαις ταῖς γραφαῖς τὰ περὶ ἑαυτοῦ. Καὶ
ἤγγισαν εἰς τὴν κώμην οὗ ἐπορεύοντο, καὶ αὐτὸς προσε-
29 ποιήσατο πορρώτερον πορεύεσθαι. καὶ παρεβιάσαντο
αὐτὸν λέγοντες Μεῖνον μεθ' ἡμῶν, ὅτι πρὸς ἑσπέραν
ἐστὶν καὶ κέκλικεν ἤδη ἡ ἡμέρα. καὶ εἰσῆλθεν τοῦ μεῖναι
30 σὺν αὐτοῖς. Καὶ ἐγένετο ἐν τῷ κατακλιθῆναι αὐτὸν
μετ' αὐτῶν λαβὼν τὸν ἄρτον εὐλόγησεν καὶ κλάσας ἐπε-
31 δίδου αὐτοῖς· αὐτῶν δὲ διηνοίχθησαν οἱ ὀφθαλμοὶ καὶ
ἐπέγνωσαν αὐτόν· καὶ αὐτὸς ἄφαντος ἐγένετο ἀπ' αὐτῶν.
32 καὶ εἶπαν πρὸς ἀλλήλους Οὐχὶ ἡ καρδία ⌜ἡμῶν καιομέ- ⊣ἦν ἡμῶν κεκαλυμμένη⊢
νη ἦν ⊤⌉ ὡς ἐλάλει ἡμῖν ἐν τῇ ὁδῷ, ὡς διήνοιγεν ἡμῖν τὰς ἐν ἡμῖν
33 γραφάς; Καὶ ἀναστάντες αὐτῇ τῇ ὥρᾳ ὑπέ-
στρεψαν εἰς Ἰερουσαλήμ, καὶ εὗρον ἠθροισμένους τοὺς
34 ἕνδεκα καὶ τοὺς σὺν αὐτοῖς, λέγοντας ὅτι ὄντως ἠγέρθη
35 ὁ κύριος καὶ ὤφθη Σίμωνι. καὶ αὐτοὶ ἐξηγοῦντο τὰ ἐν
τῇ ὁδῷ καὶ ὡς ἐγνώσθη αὐτοῖς ἐν τῇ κλάσει τοῦ ἄρ-
36 του. Ταῦτα δὲ αὐτῶν λαλούντων αὐτὸς ἔστη ἐν
37 μέσῳ αὐτῶν ⟦καὶ λέγει αὐτοῖς Εἰρήνη ὑμῖν⟧. ⌜πτοηθέντες⌉ θροηθέντες
38 δὲ καὶ ἔμφοβοι γενόμενοι ἐδόκουν πνεῦμα θεωρεῖν. καὶ
εἶπεν αὐτοῖς Τί τεταραγμένοι ἐστέ, καὶ διὰ τί διαλο-
39 γισμοὶ ἀναβαίνουσιν ἐν τῇ καρδίᾳ ὑμῶν; ἴδετε τὰς χεῖράς
μου καὶ τοὺς πόδας μου ὅτι ἐγώ εἰμι αὐτός· ψηλαφήσατέ
με καὶ ἴδετε, ὅτι πνεῦμα σάρκα καὶ ὀστέα οὐκ ἔχει καθὼς *Ap.*
40 ἐμὲ θεωρεῖτε ἔχοντα. ⟦καὶ τοῦτο εἰπὼν ἔδειξεν αὐτοῖς τὰς
41 χεῖρας καὶ τοὺς πόδας.⟧ Ἔτι δὲ ἀπιστούντων αὐτῶν ἀπὸ
τῆς χαρᾶς καὶ θαυμαζόντων εἶπεν αὐτοῖς Ἔχετέ τι βρώ-
42 σιμον ἐνθάδε; οἱ δὲ ἐπέδωκαν αὐτῷ ἰχθύος ὀπτοῦ μέρος ⊤· ⊣καὶ ἀπὸ μελισσίου κηρίου⊢
43 44 καὶ λαβὼν ἐνώπιον αὐτῶν ἔφαγεν. Εἶπεν δὲ *Ap.*
πρὸς αὐτούς Οὗτοι οἱ λόγοι μου οὓς ἐλάλησα πρὸς ὑμᾶς
ἔτι ὢν σὺν ὑμῖν, ὅτι δεῖ πληρωθῆναι πάντα τὰ γεγραμμένα
ἐν τῷ νόμῳ Μωυσέως καὶ τοῖς προφήταις καὶ Ψαλμοῖς
45 περὶ ἐμοῦ. τότε διήνοιξεν αὐτῶν τὸν νοῦν τοῦ συνιέναι
46 τὰς γραφάς, καὶ εἶπεν αὐτοῖς ὅτι οὕτως γέγραπται πα- *Ap.*

〈웨스트코트/호트〉, 1881년

ταύτην ἡμέραν ἄγει ἀφ' οὗ ταῦτα ἐγένετο. 22 ἀλλὰ καὶ
γυναῖκές τινες ἐξ ἡμῶν ἐξέστησαν ἡμᾶς,[a] γενόμεναι ὀρ-
θριναὶ ἐπὶ τὸ μνημεῖον,[a] 23 καὶ μὴ εὑροῦσαι τὸ σῶμα
αὐτοῦ ἦλθον λέγουσαι καὶ ὀπτασίαν ἀγγέλων ἑωρακέναι,
οἳ λέγουσιν αὐτὸν ζῆν. 24 καὶ ἀπῆλθόν τινες τῶν σὺν
ἡμῖν ἐπὶ τὸ μνημεῖον καὶ εὗρον οὕτως καθὼς καὶ αἱ
γυναῖκες εἶπον, αὐτὸν δὲ οὐκ εἶδον. 25 καὶ αὐτὸς εἶπεν
πρὸς αὐτούς, Ὦ ἀνόητοι καὶ βραδεῖς τῇ καρδίᾳ τοῦ
πιστεύειν ἐπὶ πᾶσιν οἷς ἐλάλησαν οἱ προφῆται· 26 οὐχὶ
ταῦτα ἔδει παθεῖν τὸν Χριστὸν καὶ εἰσελθεῖν εἰς τὴν
δόξαν αὐτοῦ; 27 καὶ ἀρξάμενος ἀπὸ Μωϋσέως καὶ ἀπὸ
πάντων τῶν προφητῶν διερμήνευσεν αὐτοῖς ἐν πάσαις
ταῖς γραφαῖς τὰ περὶ ἑαυτοῦ.

28 Καὶ ἤγγισαν εἰς τὴν κώμην οὗ ἐπορεύοντο, καὶ
αὐτὸς προσεποιήσατο πορρώτερον πορεύεσθαι. 29 καὶ
παρεβιάσαντο αὐτὸν λέγοντες, Μεῖνον μεθ' ἡμῶν, ὅτι
πρὸς ἑσπέραν ἐστὶν καὶ κέκλικεν ἤδη ἡ ἡμέρα. καὶ
εἰσῆλθεν τοῦ μεῖναι σὺν αὐτοῖς. 30 καὶ ἐγένετο ἐν τῷ
κατακλιθῆναι αὐτὸν μετ' αὐτῶν λαβὼν τὸν ἄρτον εὐλό-
γησεν καὶ κλάσας ἐπεδίδου αὐτοῖς, 31 αὐτῶν δὲ διη-
νοίχθησαν οἱ ὀφθαλμοὶ καὶ ἐπέγνωσαν αὐτόν· καὶ αὐτὸς
ἄφαντος ἐγένετο ἀπ' αὐτῶν. 32 καὶ εἶπαν πρὸς ἀλλήλους,
Οὐχὶ ἡ καρδία ἡμῶν καιομένη ἦν [ἐν ἡμῖν] ὡς ἐλάλει
ἡμῖν[8] ἐν τῇ ὁδῷ, ὡς διήνοιγεν ἡμῖν τὰς γραφάς; 33 καὶ

---

[8] **32** {C} ἐν ἡμῖν ὡς ἐλάλει ἡμῖν ℵ (A ἐλάλησεν) (K ἐλάλῃ) L P W X Δ Θ Π Ψ 0196 f^1 f^{13} 28 33 565 700 892 1010[mg] 1071 1079 1195 1216 1230 1241 1242 1253 1344 1365 1546 1646 2148 2174 *Byz Lect* l^{185m} (l^{211m} ὑμῖν...ὑμῖν) it[f] syr[p, h, pal] cop[sa, bo] arm eth Diatessaron Origen[gr, lat] // ὡς ἐλάλει ἡμῖν 𝔭[75] B D it[d] geo Origen // ἐν ἡμῖν ὡς ἐλάλει it[aur] vg // ἐν ἡμῖν l^{60} it[a, b, ff2, l, r1] // *omit* it[c, e] syr[c, s]

[a a] **22** *a* minor, *a* minor: Bov BF² // *a* major, *a* none: RSV Zür Seg // *a* major, *a* minor: NEB Luth Jer // *a* minor, *a* none: WH // *a* minor, *a* major: TR AV RV ASV

22–23 Mt 28.1–8; Mk 16.1–8; Lk 24.1–11 **24** Jn 20.3–8 **25** πᾶσιν...προφῆται Lk 24.44 **26** ταῦτα...Χριστόν Mt 16.21; Mk 8.31; Lk 9.22; 17.25; Ac 17.3 εἰσελθεῖν...αὐτοῦ Jn 7.39; 12.16, 23; 13.31–32; 17.1, 5; Ac 3.13 **27** Dt 18.15; Ps 22.1–18; Is 53; Lk 24.44 **30** Lk 22.19

〈그리스어 신약성서 3a판〉(GNT), 1983년

εὗρον οὕτως ⸂καθὼς καὶ αἱ γυναῖκες εἶπον⸃, αὐτὸν δὲ οὐκ
9,45! G 3,1 εἶδον. **25** καὶ αὐτὸς εἶπεν πρὸς αὐτούς· ὦ ἀνόητοι καὶ
11! Mc 9,19; 16,14 J 20,27 · 46; 9,22! βραδεῖς τῇ καρδίᾳ ⸋τοῦ πιστεύειν⸌ ἐπὶ πᾶσιν οἷς ⸂ἐλά-
J 20,9 1P 1,11 Dt 18,15 Ps 22 Is 53 λησαν οἱ προφῆται⸃· **26** ⸀οὐχὶ ταῦτα ἔδει παθεῖν τὸν χρι-
Act 3,18.21-25; 8, 30-35 | 44 Act στὸν καὶ εἰσελθεῖν εἰς τὴν ⸁δόξαν αὐτοῦ; **27** καὶ ⸂ἀρξά-
26,22! μενος ἀπὸ Μωϋσέως καὶ ἀπὸ πάντων τῶν προφητῶν ⸀δι-
ερμήνευσεν⸃ αὐτοῖς ⸆ ἐν ⸰πάσαις ταῖς γραφαῖς τὰ περὶ
ἑαυτοῦ.
28 Καὶ ⸀ἤγγισαν εἰς ⸰τὴν κώμην οὗ ἐπορεύοντο, καὶ
αὐτὸς ⸁προσεποιήσατο ⸀¹πορρώτερον πορεύεσθαι. **29** καὶ
Act 16,15 παρεβιάσαντο αὐτὸν λέγοντες· μεῖνον μεθ' ἡμῶν, ὅτι πρὸς
Jdc 19,9 ἑσπέραν ⸂ἐστὶν καὶ κέκλικεν⸃ ⸰ἤδη ἡ ἡμέρα. καὶ εἰσῆλ-
θεν τοῦ μεῖναι σὺν αὐτοῖς. **30** καὶ ἐγένετο ἐν τῷ κατακλι-
22,19; 9,16 J 21,13 θῆναι αὐτὸν ⸋μετ' αὐτῶν⸌ λαβὼν ⸰τὸν ἄρτον εὐλόγη-
σεν καὶ ⸰¹κλάσας ⸀ἐπεδίδου αὐτοῖς, **31** ⸂αὐτῶν δὲ διηνοί-
16 2Rg 6,17 χθησαν οἱ ὀφθαλμοὶ⸃ καὶ ἐπέγνωσαν αὐτόν· καὶ αὐτὸς
2Mcc 3,34 | ἄφαντος ἐγένετο ἀπ' αὐτῶν. **32** καὶ εἶπαν πρὸς ἀλλήλους·
Ps 39,4 οὐχὶ ἡ καρδία ⸂ἡμῶν καιομένη ἦν⸃ ⸋[ἐν ἡμῖν]⸌ ὡς ἐλά-
45 Act 17,2s λει ἡμῖν ἐν τῇ ὁδῷ, ⸆ ὡς διήνοιγεν ἡμῖν τὰς γραφάς;
9 **33** Καὶ ἀναστάντες ⸆ αὐτῇ τῇ ὥρᾳ ὑπέστρεψαν εἰς Ἰε-
Mt 28,16! ρουσαλὴμ καὶ εὗρον ⸀ἠθροισμένους τοὺς ἕνδεκα καὶ τοὺς
1K 15,4s σὺν αὐτοῖς, **34** ⸀λέγοντας ὅτι ⸉ὄντως ἠγέρθη ὁ κύριος⸊
J 21,15-23 καὶ ὤφθη Σίμωνι. **35** καὶ αὐτοὶ ἐξηγοῦντο τὰ ἐν τῇ ὁδῷ
καὶ ⸀ὡς ἐγνώσθη αὐτοῖς ἐν τῇ κλάσει τοῦ ἄρτου.
36–43: J 20,19- **36** Ταῦτα δὲ αὐτῶν λαλούντων αὐτὸς ⸆ ἔστη ἐν μέσῳ 340 IX
23 cf Mc 16,14 · 1K 15,5 αὐτῶν ⸋καὶ λέγει αὐτοῖς· εἰρήνη ὑμῖν⸌⸆. **37** ⸀πτοηθέντες

24 ⸂ *1 3–5* 𝔓^{75} B ¦ ως ειπον αι γυν. D c e • **25** ⸋D | ⸂ελαλησεν προς υμας (*vl* -σα υμιν) Mcion • **26** ⸀οτι D | ⸁βασιλειαν 𝔓^{75*} • **27** ⸂ην αρξ. απο Μ. και παντ. τ. πρ. ερμηνευειν D it | ⸀-ευεν A Θ Ψ $f^{1.13}$ 𝔐 bo ¦ (+ και ℵ*) -ευειν ℵ* (D) W sa^{mss} ¦ *txt* 𝔓^{75} ℵ^{2} B L | ⸆τι ην ℵ L Θ f^{1} 33. 892 *pc* bo | ⸰ℵ D bo^{ms} • **28** ⸀-ικαν 𝔓^{75} B | ⸰𝔓^{75} | ⸁-εποιειτο W Θ Ψ f^{13} 𝔐 ¦ *txt* 𝔓^{75} ℵ A B D L f^{1} 565 *pc* bo | ⸀¹-τερω ℵ D L W Θ Ψ $f^{1.13}$ 𝔐 ¦ *txt* 𝔓^{75} A B *pc* • **29** ⸂ *3* D it ¦ ην sy$^{s.c}$ | ⸰A D W Θ f^{13} 𝔐 c l sy$^{s.c.h}$ ¦ *txt* 𝔓^{75} ℵ B L Ψ 0139 f^{1} 33 *pc* lat sy^{p} bo • **30** ⸋D e sy$^{s.c}$ | ⸰D sa | ⸰¹D | ⸀εδ- ℵ ¦ προσεδ- D • **31** ⸂λαβοντων δε αυτων τον αρτον απ αυτου ηνοιγησαν οι οφθ. αυτων D c e • **32** ⸂ην ημ. κεκαλυμμενη D sa^{mss} ¦ ... excaecatum c ¦ ... optusum l ¦ ... exterminatum e ¦ ... gravatum sy sa^{ms} | ⸋𝔓^{75} B D c e sy$^{s.c}$ ¦ *txt rell* | ⸆και A W Θ Ψ 0135 $f^{1.13}$ 𝔐 sy$^{p.h}$ ¦ *txt* 𝔓^{75} ℵ B D L 33 *pc* sy$^{s.c}$ • **33** ⸆λυπουμενοι D c e sa | ⸀συνηθρ- A L W Θ Ψ 0135 $f^{1.13}$ 𝔐 ¦ *txt* 𝔓^{75} ℵ B D 33 • **34** ⸀-οντες D | ⸉ *2–4 1* A W^{c} Θ 0135 f^{13} 𝔐 vg sy^{h} ¦ *txt* 𝔓^{75} ℵ B D L P Ψ f^{1} *pc* it co (W* *om.* οντ.) • **35** ⸀οτι D c e • **36** ⸆ο Ιησους A W Θ Ψ 0135 $f^{1.13}$ 𝔐 f sy$^{p.h}$ bo^{pt} ¦ *txt* 𝔓^{75} ℵ B D L 1241 it sy$^{s.c}$ sa bo^{mss} | ⸋† D it ¦ *txt* 𝔓^{75} *rell* | ⸆εγω ειμι, μη φοβεισθε P (⸉ W, 579). 1241 *pc* vg sy$^{p.h}$ bo^{pt} • **37** ⸀θροη- 𝔓^{75} B 1241 ¦ φοβη- ℵ W ¦ *txt* A (D) L Θ Ψ 0135 $f^{1.13}$ 𝔐

〈네슬 26판〉, 1979년(1981년 판)

24 **ζῆν. [24] καὶ ἀπῆλθόν τινες τῶν σὺν ἡμῖν ἐπὶ τὸ μνημεῖον καὶ εὗρον οὕτως, καθὼς**
25 **καὶ αἱ γυναῖκες εἶπον, αὐτὸν δὲ οὐκ εἶδον. [25] καὶ αὐτὸς εἶπεν πρὸς αὐτούς· ὦ**
ἀνόητοι καὶ βραδεῖς τῇ καρδίᾳ τοῦ πιστεύειν ἐπὶ πᾶσιν, οἷς ἐλάλησαν οἱ προφῆται,
26 27 **[26] οὐχὶ ταῦτα ἔδει παθεῖν τὸν Χριστὸν καὶ εἰσελθεῖν εἰς τὴν δόξαν αὐτοῦ; [27] καὶ**
ἀρξάμενος ἀπὸ Μωϋσέως καὶ ἀπὸ πάντων τῶν προφητῶν διερμήνευσεν αὐτοῖς ἐν
28 **πάσαις ταῖς γραφαῖς, [τί ἦν] τὰ περὶ ἑαυτοῦ. [28] Καὶ ἤγγισαν εἰς τὴν κώμην, οὗ**
29 **ἐπορεύοντο, καὶ αὐτὸς προσεποιήσατο πορρωτέρω πορεύεσθαι. [29] καὶ παρεβιάσαντο**
αὐτὸν λέγοντες· μεῖνον μεθ' ἡμῶν, ὅτι πρὸς ἑσπέραν ἐστὶν καὶ κέκλικεν [ἤδη] ἡ
30 **ἡμέρα. καὶ εἰσῆλθεν τοῦ μεῖναι σὺν αὐτοῖς. [30] καὶ ἐγένετο ἐν τῷ κατακλιθῆναι**
αὐτὸν μετ' αὐτῶν λαβὼν τὸν ἄρτον εὐλόγησεν καὶ κλάσας ἐπεδίδου αὐτοῖς.
31 **[31] αὐτῶν δὲ διηνοίχθησαν οἱ ὀφθαλμοὶ καὶ ἐπέγνωσαν αὐτόν. καὶ αὐτὸς ἄφαντος**
32 **ἐγένετο ἀπ' αὐτῶν. [32] καὶ εἶπον πρὸς ἀλλήλους· οὐχὶ ἡ καρδία ἡμῶν καιομένη**
33 **ἦν ἐν ἡμῖν, ὡς ἐλάλει ἡμῖν ἐν τῇ ὁδῷ, ὡς διήνοιγεν ἡμῖν τὰς γραφάς; [33] Καὶ ἀνα-**
στάντες αὐτῇ τῇ ὥρᾳ ὑπέστρεψαν εἰς Ἰερουσαλήμ, καὶ εὗρον ἠθροισμένους τοὺς

---

27 om **τι ην** Τα ***K*** gg ***H***$^{\delta 2\ \delta 48f}$ bo $I\alpha^{050}$ $\eta^{a\ b288}$ pa | **29** add **ηδη** (cf Mk 6 35 11 11 15 42 Jo 6 17 Ac 4 3) Τα ***H***$^{\delta 1\text{-}2\ \delta 6\ \delta 48f}$ 1002 bo $I\alpha^{286}$ $\eta^{a\ b288}$ ι^{b1211} $\beta^{a121\ c1349}$ pa lat^{exc} *c l* sy^{p} |

---

24 εξ υμων l των συν ημιν Τα sy, add εξ a των $I\alpha^{\delta 5}$ lat | om και^{3} Τα $H^{\delta 1}$ sa $I\alpha^{\delta 5}$ pa lat sy | **25** Ις l αυτος Τα sy pa, **ουτος** $I\iota^{c226}$, ο δε l και αυτος $I\alpha^{\delta 5}$ af *c* sa | **26** οτι l ουχι Τα $I\alpha^{\delta 5}$ Αδ | **27** add ην a αρξαμενος add και a **ερμηνευων** (Lk 3 23) Τα $I\alpha^{\delta 5}$ (om και—ευειν) af it (om και), add και a διερμηνευειν $H^{\delta 2*}$ | **Μωσε-** K^{x} K^{r} (1374) | δι**η**ρμ. ***K*** gg ***H***$^{exc\ 1016}$ $I\eta^{a\delta 254\ b346f}$ $\iota^{exc\ b1033}$ $\varphi^{b\ c1098\ r1094}$ β o^{90ff} σ^{207f} $\varkappa^{a\delta 4}$ $r^{77\ \delta 398\ \mid 33\ 70\ 178\ 1354\ 1386\text{-}1443}$ $K^{I161\ 179}$ K^{i87}, -μηνευ**εν** ***K*** gg ***H***$^{\delta 1\text{-}2c\ 56}$ $I\varphi^{r72}$ $o^{90\ \mid 1353}$, διερμηνευ**ειν** $H^{\delta 2*\ 014}$ (1008 1454) | αυτου l εαυ- $H^{014\ \delta 48f\ 376}$ $I\alpha^{\delta 5f\ 337}$ η $\iota^{a3017\ b\delta 505\ c226}$ $\varphi^{a1444\ r72}$ o^{129} $r^{\delta 398\ \mid 192\text{-}247\ 1386\text{-}1443\ 1493}$ Α^{3} $K^{I161\ 75}$ K^{i55} Α^{3} af | **28** προσεποι**ει**το ***K*** gg $H^{\delta 1\text{-}2\ 56\ 376}$ $I\alpha^{\delta 5\ 93}$ $\eta^{a\ b288}$ ι^{a3017} $\varkappa^{a\delta 4}$ lat (-ησαντο) | **29** om εστιν και Τα $I\alpha^{\delta 5}$ af it sy | **30** om εγενετο Τα sy^{sc} | om τον (Mk 14 22) Τα $I\alpha^{\delta 5\ \mid 1443}$ sa | **31** add ευθεως p δε Τα sy sa | **32** βεβαρημενη l καιομενη Τα af (*exterminatum*) sy sa, κεκαλυμμενη $I\alpha^{\delta 5}$ *c* sa^{b} | om εν ημιν $H^{\delta 1}$ $I\alpha^{\delta 5}$ af *c* sy^{c} Or | om ως ελαλει ημιν af it sy^{sc} Ωρ | add και a ως^{2} Τα ***K*** gg ***H***$^{\delta 1\text{-}2\ \delta 48f}$ sa bo $I\alpha^{\delta 5\ \mid 1386}$ af sy^{sc} | **33** **συν**ηθροισμ- (Ac 12 12) ***K*** gg $H^{\delta 1\text{-}2\ \delta 48}$ $I\alpha^{\delta 5}$ Ευσ (1451) |

24 απελθοντες l απηλθον .. και H^{76} | om επι το μνημ. I^{1386} | ως l καθως $I\alpha^{\delta 5}$ *a* | ~ ειπον a αι $I\alpha^{\delta 5}$ pa af *c* sy | ειδο**μεν** $I\alpha^{\delta 5}$ af, ευρον l ειδον vg | om αυτον δε ουκ ειδον (~) $I\alpha^{93}$ | **25** **εαυ**-τους $I\varkappa^{a\delta 4}$ | add μη a πιστευειν $I\eta^{b\delta 457}$, om του πιστ. $I\alpha^{\delta 5}$ | ελαλησα υμιν l ελαλησαν οι προφηται Μρ$^{\epsilon}$ Tert | **26** add ουτως p και vg | om αυτου sy^{c} | **27** add λεγειν αυτοις p αρξαμ. sy^{sc} om απο^{2} $I\alpha^{\delta 5\ 168}$ lat | om **παντων** $I\varkappa^{c1206}$ | om των H^{76} | αυτ**ους** $I\alpha^{337}$ σ^{1226}, αυτ**ην** I^{1353} | om πασαις $H^{\delta 2}$ $I\alpha^{\delta 5}$ | om τα H^{56} sa af *ac* | **28** ηγγικαν $H^{\delta 1}$ | ~ προσεποι. αυτος $I\iota^{c257}$ | πορρωτερ**ον** $H^{\delta 1\ 376}$ $I\varkappa^{a\delta 4}$ | **29** παρεβια**ζ**οντο $I\varphi^{r72}$ $o^{1222\ \mid 33}$, -**σ**ατο H^{56}, ηρξαντο αυτοι παραβιαζεσθαι l παρεβιασαντο sy^{sc} | om λεγοντες sy^{sc} | μειναι l μεινον (29^{b}) $I\iota^{b\delta 505\ c226}$ | εσπερα**ς** H^{014} om η H^{1002} | om του $I\alpha^{\delta 5}$, om του μειναι vg | μετ αυτων l συν αυτοις (29^{a} 30) $I\alpha^{\delta 5}$ | **30** **ανα**κλιθηναι H^{56}, κατακεισθαι (Mk 2 15) H^{014} | om μετ αυτων $I\alpha^{\delta 5}$ af sy^{sc} | add και a λαβων (22 19) $I\varphi^{a1444}$ | om λαβων τον αρτον H^{014} | **η**υλογ. $H^{\delta 2\ \delta 6}$ $I\alpha^{\delta 5}$ η^{a1131} ι^{c} o^{1279} $\varkappa^{a\delta 4}$ ua (1396) | om κλασας $I\alpha^{\delta 5}$ | **ε**διδου $H^{\delta 2}$, **προσ**εδιδου $I\alpha^{\delta 5}$ | **31** λαβοντων δε αυτων τον αρτον απ αυτου l δε $I\alpha^{\delta 5}$ af *c* Ωρ | διηνοι**γ**ησαν $H^{\delta 2}$, **η**νοι**γ**ησαν $I\alpha^{\delta 5}$, **η**νοιχθησαν Μρ$^{\epsilon}$ | ~ αυτων p οφθαλμοι $I\alpha^{\delta 5}$ lat | και^{1} ~^{2} $H^{\delta 2*}$ | om αυτος $I\varkappa^{b291}$ | αιρεθη l αφαντος εγεν. sy | απο των οφθαλμων l απ (Ac 1 9) vg | **32** οι δε l και (19) $I\alpha^{\delta 5}$ af *c* | εαυτους l αλληλους $I\alpha^{\delta 5}$ | ου**χ** $I\iota^{b\delta 505}$ ~ ην a ημων $I\alpha^{\delta 5}$ | ελαλ**ησεν** (6) $I\varkappa^{a\delta 4}$ | om ημιν^{2} vg | **η**νοιγεν $I\alpha^{\delta 5}$, διερμηνευεν l διηνοιγεν sy^{sc} | ημων τον νουν του συνιεναι l ημιν^{3} (45) I^{1386} | **33** om και^{1} I^{178} sa | add αυτοι p και^{1} $I\alpha^{133}$ | add λυπουμενοι p αναστ. (cf Mt 26 22) $I\alpha^{\delta 5}$ af *c* sa | add μαθητας p ενδεκα (Mt 28 16) af, add αποστολους (Ac 1 26) *f* |

〈폰 조덴〉, 1913년

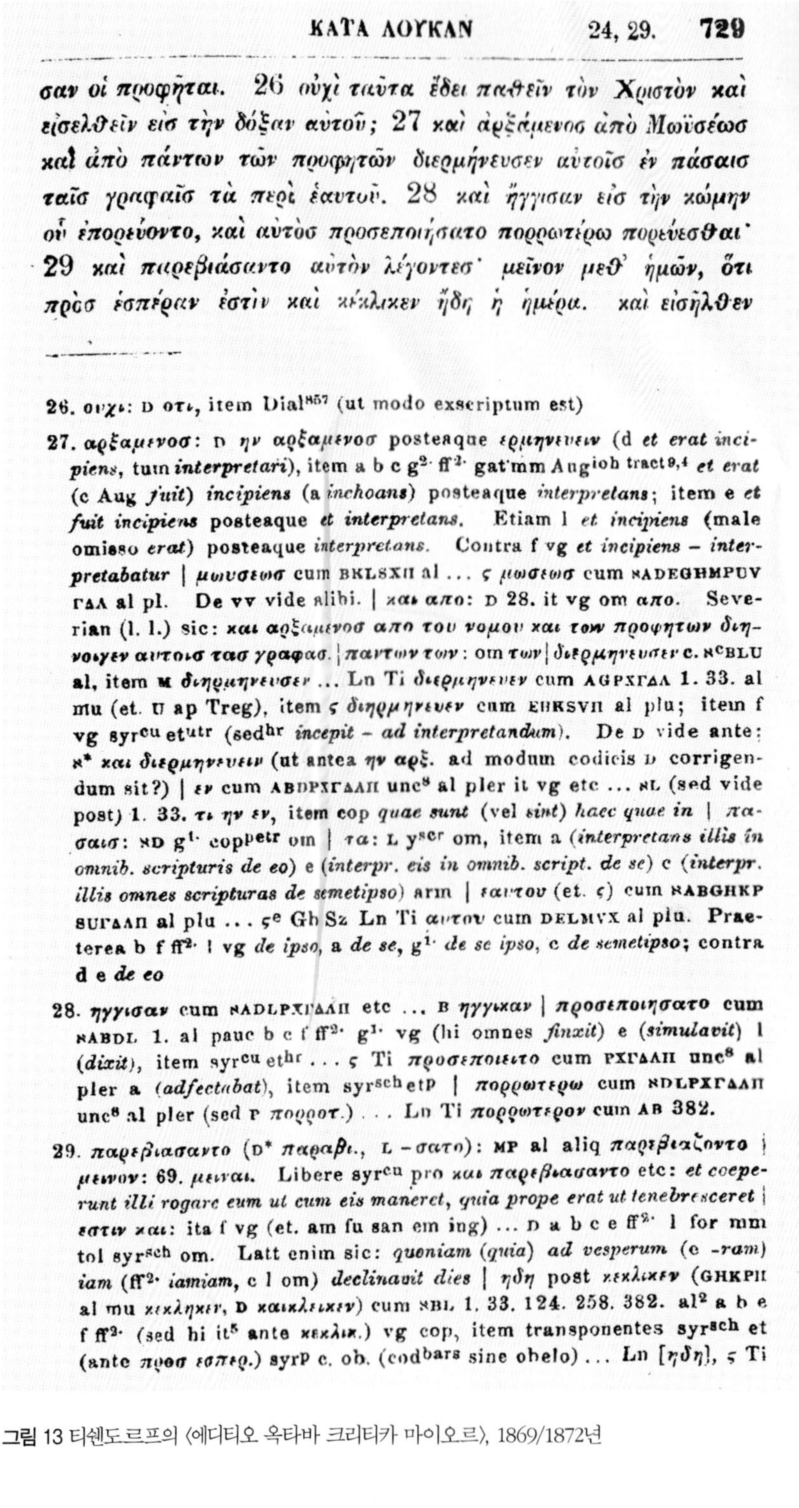

σαν οἱ προφῆται. 26 οὐχὶ ταῦτα ἔδει παθεῖν τὸν Χριστὸν καὶ
εἰσελθεῖν εἰσ τὴν δόξαν αὐτοῦ; 27 καὶ ἀρξάμενοσ ἀπὸ Μωϋσέωσ
καὶ ἀπὸ πάντων τῶν προφητῶν διερμήνευσεν αὐτοῖσ ἐν πάσαισ
ταῖσ γραφαῖσ τὰ περὶ ἑαυτοῦ. 28 καὶ ἤγγισαν εἰσ τὴν κώμην
οὗ ἐπορεύοντο, καὶ αὐτὸσ προσεποιήσατο πορρωτέρω πορεύεσθαι·
29 καὶ παρεβιάσαντο αὐτὸν λέγοντεσ· μεῖνον μεθ' ἡμῶν, ὅτι
πρὸσ ἑσπέραν ἐστὶν καὶ κέκλικεν ἤδη ἡ ἡμέρα. καὶ εἰσῆλθεν

26. ουχι: D οτι, item Dial[857] (ut modo exscriptum est)

27. αρξαμενοσ: D ην αρξαμενοσ posteaque ερμηνευειν (d *et erat incipiens*, tum *interpretari*), item a b c g[2] ff[2] gat mm Aug[ioh tract 9,4] *et erat* (c Aug *fuit*) *incipiens* (a *inchoans*) posteaque *interpretans*; item e *et fuit incipiens* posteaque *et interpretans*. Etiam l *et incipiens* (male omisso *erat*) posteaque *interpretans*. Contra f vg *et incipiens – interpretabatur* | μωυσεωσ cum BKLSXΠ al ... ς μωσεωσ cum ℵADEGHMPUV ΓΔΛ al pl. De vv vide alibi. | και απο: D 28. it vg om απο. Severian (l. l.) sic: και αρξαμενοσ απο του νομου και των προφητων διηνοιγεν αυτοισ τασ γραφασ. | παντων των: om των | διερμηνευσεν c. ℵ[c]BLU al, item M διηρμηνευσεν ... Ln Ti διερμηνευεν cum AGPXΓΔΛ 1. 33. al mu (et. U ap Treg), item ς διηρμηνευεν cum EHKSVΠ al plu; item f vg syr[cu] et[utr] (sed[hr] *incepit – ad interpretandum*). De D vide ante: ℵ* και διερμηνευειν (ut antea ην αρξ. ad modum codicis D corrigendum sit?) | εν cum ABDPXΓΔΛΠ unc[8] al pler it vg etc ... ℵL (sed vide post) 1. 33. τι ην εν, item cop *quae sunt* (vel *sint*) *haec quae in* | πασαισ: ℵD g[1] cop[petr] om | τα: L y[scr] om, item a (*interpretans illis in omnib. scripturis de eo*) e (*interpr. eis in omnib. script. de se*) c (*interpr. illis omnes scripturas de semetipso*) arm | εαυτου (et. ς) cum ℵABGHKP SUΓΔΛΠ al plu ... ς[e] Gb Sz Ln Ti αυτου cum DELMVX al plu. Praeterea b f ff[2] l vg *de ipso*, a *de se*, g[1] *de se ipso*, c *de semetipso*; contra d e *de eo*

28. ηγγισαν cum ℵADLPXΓΔΛΠ etc ... B ηγγικαν | προσεποιησατο cum ℵABDL 1. al pauc b c f ff[2] g[1] vg (hi omnes *finxit*) e (*simulavit*) l (*dixit*), item syr[cu] et[hr] ... ς Ti προσεποιειτο cum PXΓΔΛΠ unc[8] al pler a (*adfectabat*), item syr[sch] et[p] | πορρωτερω cum ℵDLPXΓΔΛΠ unc[8] al pler (sed P πορρωτ.) ... Ln Ti πορρωτερον cum AB 382.

29. παρεβιασαντο (D* παραβι., L -σατο): MP al aliq παρεβιαζοντο | μεινον: 69. μειναι. Libere syr[cu] pro και παρεβιασαντο etc: *et coeperunt illi rogare eum ut cum eis maneret, quia prope erat ut tenebresceret* | εστιν και: ita f vg (et. am fu san em ing) ... D a b c e ff[2] l for mm tol syr[sch] om. Latt enim sic: *quoniam* (*quia*) *ad vesperum* (c *-ram*) *iam* (ff[2] *iamiam*, c l om) *declinavit dies* | ηδη post κεκλικεν (GHKPΠ al mu κεκληκεν, D καικλεικεν) cum ℵBL 1. 33. 124. 258. 382. al[2] a b e f ff[2] (sed hi it[5] ante κεκλικ.) vg cop, item transponentes syr[sch] et (ante προσ εσπερ.) syr[p] c. ob. (cod[bars] sine obelo) ... Ln [ηδη], ς Ti

그림 13 티셴도르프의 〈에디티오 옥타바 크리티카 마이오르〉, 1869/1872년

바라면서). 다만, 그런 시도로 인해 현대 독자들이 이해하는 데 어려움이 생길 수 있는 경우에는 그리스어 규칙의 적용을 피한다.

방금 기술한 사항들은 제외하고, 이러한 차이점들은 〈그리스어 신약성서 3a판〉(GNT)이 〈네슬〉의 구두점 적용 방식을 넘겨받은 후 이제는 사라졌다. 구약성서 인용문을 밝히는 각각의 독특한 방법은 물론이고 철자법에 대한 차이는 특별히 대문자와 소문자의 사용에 그대로 남아 있다(〈그리스어 신약성서〉[GNT]는 구약성서 인용문을 굵은 글자로, 〈네슬-알란트〉는 이탤릭체로 제공하는데, 이것은 단지 하나의 외적 요소의 차이를 보여 주지만, 〈그리스어 신약성서〉[GNT]와 〈네슬〉의 차이점을 명확하게 인식하는 데에 도움을 준다.). 〈그리스어 신약성서〉(GNT)의 그리스어 본문은 단락 표제어(영어로 된)를 갖는 반면, 네슬-알란트의 그리스어 인쇄본은 표제어 사용을 포기한다. (두 개의 언어로 된 〈네슬〉 인쇄본에서는 이와 달리, 당연히 단락 표제어가 번역본 쪽에 해당 번역어로 제공된다.) 이러한 사실은, 이제껏 설명했던 모든 것들과 마찬가지로 인쇄본들의 여러 가지 다양한 목적을 다시 한 번 부각시키는 것이며, 이들은 상호보완적이다. 학문적인 문고판을 원하는 사람은 반드시 네슬-알란트의 인쇄본을 선택해야 한다. 신약성서를 현대어로 번역하거나 특별히 실용적인 목적을 추구하는 사람들은 〈그리스어 신약성서〉(GNT)를 선택해야 한다. 이 책의 저자들은 다행스럽게도 중립적인 자세를 취할 수 있는데, 이는 이 두 인쇄본을 신약성서본문연구소(Institut für neutestamentliche Textforschung)가 맡아 책임지기 때문이다.

부언: 엘리엇은 1987년 자신의 저서, 〈그리스어 신약성서 인쇄본에 사용된 필사본 개관〉(*A Survey of Manuscripts Used in Editions of the Greek New Testament*)에서, 본 책의 I장(I. 신약성서의 여러 인쇄본)에서 소개된 편성 자료들을 비롯해 개별적인 자료들까지 찾아보기를 원하는 사람들에게 매우 유용한 개략적인 정보를 제공해 주었다(*Novum Testamentum*에 실린 그의 논문들도 참고할 것: The Citation of Manuscripts in Recent Printed Editions of the Greek New Testament, 25, 1983, 97-132; Old Latin Manuscripts in Recent Printed Editions of the Greek New Testament, 26, 1984, 225-248). 본 책이 인쇄되고 있는 시기에 그는 신약성서 본문 연구를 위한 또 다른 중요한 참고 서적이 출간될 것

이라고 공지하였다: 〈그리스어 신약성서 필사본 목록〉(*A Bibliography of Greek New Testament Manuscripts*). 신약성서 필사본의 모든 인쇄본들(그리고 복사본들), 출간된 원문 대조서들과 이에 대한 광범위한 연구들이 여기에 언급될 것이다.

II. 그리스어 신약성서의 전승 과정

1. 신약성서 책들의 수집

신약성서 27권 각각은 본래 하나의 개별적인 단위였음을 보여 준다. 사도행전, 사도 바울의 여러 서신들, 신약성서의 다른 서신들, 요한계시록 등과 마찬가지로 복음서들은 개별적으로 생겨났다. 물론 복음서 저자들은 자신보다 앞서 기록한 저자들을 알고 이들의 작품을 이용하였다. 그러나 어느 하나의 공동체에서 한 권 이상의 복음서를 사용하기까지 오랜 시간이 소요되었다는 것은 분명하다. 180년쯤에야 비로소 '테트라유앙겔리온(τετραευαγγέλιον)' 즉 상호 동등한 자격을 부여하는 4개의 복음서로 구성된 하나의 집합체가 구원을 위한 증표로서 일반적으로 알려지고 인정받게 되었다. 이와 같은 사실은 우리가 이레네우스(Irenäus, 180년 리옹[Lyon]의 감독)의 진술과 이른바 무라토리 정경(그 책을 발견한 사람에 의해 그렇게 불렸고, 대략 190년쯤 로마에서 생겨난 것으로 추정됨)을 통해 아는 것과 일치한다. 사복음서의 본문을 기록하여 파피루스 책을 만드는 것이 당시에는 분명히 가능한 일이었다(이 부분에 해당되는 네슬의 인쇄면은 300쪽이 넘는다!). 3세기 초반에 기록된 $\mathfrak{P}^{45}$는 원래 두 겹의 종이 55장이다. 이것은 실제로는 110장이며 쪽수로는 220쪽이고, 사복음서는 물론이고 사도행전까지도 포함하고 있다.

아마도 바울서신이 최초로 수집되었을 것이다. 사도로부터 하나(또는 그 이상)의 서신을 받은 공동체마다 이 서신을 조심스럽게 보존하여 공동체의 모임에서 낭독하였다. 그뿐만 아니라 편지의 복사본을 이웃 공동체와 서로 교환하기도 하였다. 현재 우리에게 갈라디아서가 보전되어 있다는 것은 그렇게 설명할 수밖에 없다. 왜냐하면 갈라디아서가 전해졌던 공동체(또는 공동체들)는 그 후에 곧 사라졌기 때문이다. 골로새서 4:16에서 다음과 같이 말한다: "이 편지를 너희에게서 읽은 후에 라오디게아인의 교회에서도 읽게 하고 또 라오디게아로부터 오는 편지를 너희도 읽으라." 골로새서가 바울이 직접 쓴 편지이든, 그가 죽은 지 얼마 안 되어 곧 쓰인 편지이든, 이 구절은 바울(또는 바울이 죽은 뒤에 바울을 따르는 사람들의) 시대의 관례를 보여 주고 있다.

로마 교회가 기원후 95년 고린도 교회에 서신을 보냈는데(신약성서 외에 가장 오래된 교회 문서, 이른바 클레멘스1서[1. Klemensbrief]), 이 서신의 내용은 바울의 로마서와 관련되어 있을 뿐만 아니라(자명한 사실) 고린도전서와 히브리서도 분명하게 인용되었다. 분명한 것은 당시 로마에 바울서신의 수집록이 있었다는 사실이다. (그 수집록의 범위에 관해서는 정확하게 말할 수 없다. 왜냐하면 다른 바울서신의 인용구들과 바울서신을 암시하는 것들을 아주 확실하게 규정할 수 없기 때문이다.) 140년경 마르키온(Marcion)에게서 갈라디아서, 고린도전·후서, 로마서, 데살로니가전·후서, 에베소서(그가 라오디게아서신으로 인식한), 골로새서, 빌립보서, 빌레몬서 등의 확실한 인용문들을 볼 수 있다. 분명히 이것은 마르키온이 이용한 필사본 중 바울서신의 순서였다. 무라토리 정경은 190년 목회서신들을 추가로 언급한다. 히브리서는 두 정경 즉 〈마르키온〉과 〈무라토리〉에 나타나지 않는다. (〈마르키온〉에서는 히브리서가 구약성서와 매우 밀접한 관계를 갖기 때문에, 〈무라토리〉는 히브리서에서 두 번째 회심을 배제하기 때문에, 각각 히브리서를 포함하지 않았다[6:4 이하 참고].) 200년대의 $\mathfrak{P}^{46}$은 가장 오래된 바울서신 필사본으로, 히브리서를 포함한다(교회의 초기에는 히브리서를 당연히 바울의 것으로 여겼음.). 그러나 유감스럽게도, 데살로니가전서까지만 본문 상태가 보존되어 있기 때문에, 필사본이 원래 데살로니가후서, 빌레몬서, 목회서신을 포함했는지에 관해서는 어떠한 것도 이야기할 수 없다. 바울서신들은 — 복음서들과는 달리 — 확실히 처음부터 모음집의 형태로 있었다. 바울서신들은 우선 각 개별 교회에서 작은 모음집 형태로 생겨났다. 목회서신이 추가되어 14개의 바울서신이 갖추어진 규모로 모음집이 완성된 후, 마지막 2세기 중엽에 이르기까지 모음집은 교회들의 서신 교환을 통하여 점점 더 풍부하게 되었다. 이때부터 바울서신들은 정경의 지위에 부합하는 명성을 더해 갔다. (히브리서는 두 번째 회심을 배제하기 때문에 서방 교회는 히브리서에 대한 정경적 지위를 거부하여 히브리서는 예외로 두었다. 4세기에 이르러서야 서방 교회는 비로소 이 거부를 철회했다.)

2. 정경의 중요성과 본문의 역사를 위한 교회의 역사

사도행전과 요한계시록이 우선 개별적인 책으로 유포되었다는 사실은 이해할 만하다. 그러나 이는 공동서신 모두에 해당된다. 베드로전·후서는 전혀 다른 시대에 서로 다른 두 명의 저자에 의해 기록되었고, 많은 시간이 흐르고 난 뒤에야 비로소 교회가 이를 함께 수집하였다. 정경의 역사를 살펴보면, 7개의 공동서신 집합체는 4세기가 되어서야 완전하게 인정을 받았다는 것을 알 수 있다. 3세기에는 베드로전서와 요한1서만이 곳곳에서 인정받았고, 야고보서, 요한2서, 요한3서, 베드로후서 및 유다서는 인정하느냐를 두고 분쟁 가운데 있었다. 즉 경우에 따라 인정을 받기도 하였다. 가이사랴(Cäsarea)의 유세비우스가 보고한 바에 의하면 이는 4세기 초에도 마찬가지였다. 당시 동방 교회 곳곳에서 요한계시록을 거부했다는 사실도 이런 사정을 분명히 해 준다.

정경의 역사에서 얻은 사실은 본문의 역사와 관련하여 기본적이고 원칙적인 의미를 갖는다. 신약성서 본문비평은 지금까지 일반적으로 초대 교회의 역사에서 얻은 결과를 소홀히 대했으며, 이는 결국 본문비평에 해를 끼치기만 했다. 왜냐하면 신약성서의 전승사는 초대교회사를 통합하는 초대교회사의 한 부분이기 때문이다. 만일 요한계시록이 완전히 다른 본문 역사를 가지고 있고, 요한계시록의 본문 전승에 대한 평가가 완전히 다른 기준(과 필사본들)에 기초해야 한다면(이에 대해서는 본 책의 372쪽 이하 참고), 이는 다음과 같은 사실로 설명할 수 있다. 동방 교회가 이러한 평가와 기준을 문제 삼았거나 아니면 적어도 공식적으로는 알아차리지 못했다는 것이다. 만일 공동서신이 4세기까지 계속해서(시리아 교회의 대부분은 공동서신 중 짧은 것은 정경으로 절대 채택하지 않았다.) 상이한 평가를 받았다면, 다음과 같은 사실을 충분히 이해할 수 있다. 그것은 나중에 '사도들의 서신들(사도행전과 공동서신)'이라 말하는 이 서신 안에 여러 본문들의 성격이 매우 다양해질 수 있다는 사실이다. 유다서의 경우에는 특기할 만한 점이 있다. 유다서가 적힌 가장 오래된 3~4세기 필사본, $\mathfrak{P}^{72}$에서도 이미 유다서의 복잡한 전승사를 확인할 수 있다. 사도들의 서신들이 수록된 필사본에서는 사도행전 본문의 성격이 공동서신 본문의 성격과 다를 수 있을 뿐만 아니라, 필사본이 결국 어떤 원본에 의존하는지에 따라 공동서신도 본문 성격이 바뀔 수 있다. 아마 복음서는 이미 3세기부터, 심지어 바울서신은 더 이른 시기에, 각각 개별적인 상태가 아니라 한 묶음의 기록물로 전해졌을 가능성이 높다. 초기에 사도행전은 복음서로 간주되었을 것이다($\mathfrak{P}^{45}$

와 베자 켄터브리지언 사본도 참고). 4세기에 사도행전과 공동서신을 하나의 그룹으로 엮는 작업을 시작했을 때, 이 그룹은 하나하나의 개별 원본으로부터 엮은 것이었다. 또는 공동서신이 그 당시 이미 완성된 묶음으로 존재했다면, 이 공동서신들은 분명히 처음에 서로 다르게 유래된 필사본들로부터 하나의 형태로 묶였을 것이다.

다양한 문서의 그룹들이 하나의 큰 필사본으로 수집되거나 하나의 완전한 신약성서로 편성되자마자, 다양한 본문의 질을 보여 주는 문서 그룹이 여기에 함께 편입됐을 것이라는 개연성이 같이 생겨나게 된다. 이에 대해 가장 유명한 예는 바티칸 사본(B, 03)이다. 이전의 본문비평에서는 이 사본의 바울서신 본문의 가치가 복음서들 본문의 가치보다 더 낮다는 사실을 설명할 수가 없었다. 이러한 본문비평은 다음과 같은 전제들에서 출발했던 것으로 보인다. 초기 시대에 이미 본문에 대한 다양한 교정본들이 있었다고 생각한 것이다(〈폰 조덴〉의 예를 참고). 또는 4세기 초 알렉산드리아 및 그 밖의 다른 곳에서 가능한 한 좋은 질의 더 많은 필사본들을 얻어 이 필사본들에 문헌학적인 방법론들을 적용했으며, 이를 통해 통일된 하나의 새로운 본문이 만들어졌다고 생각한 것이다. (우리 조상들과 다수의 현대 비평가들도 그러했다.) 당시 답할 수 없었던 질문은 다음과 같다: 바티칸 사본의 경우 복음서들을 하나의 훌륭한 본문으로 편집할 수 있었다면, 왜 바울서신에는 그러한 능력이 발휘되지 않았을까? 이런 현상이 본문비평가들에게 경고가 되었어야 했지만 그렇지 못했다. 이와 동일한 문제가 알렉산드리아 사본(A)에서도 일어났다. A사본에 있는 복음서들의 본문은 질이 매우 좋지 않았다(아주 적은 부분만이 대다수본문과 구별됨). 이와 달리 사도행전부터는 본문이 눈에 띄게 달라진다. 여기에서 사도행전의 본문은 바티칸 사본(B), 시내 사본(א)에도 비길 만큼 질이 좋으며, 요한계시록은 א과 $\mathfrak{P}^{47}$보다도 우수하다. 만일 알렉산드리아 사본이 하나의 개정 작업을 통한 결과물이었다면, 어떻게 이러한 차이들을 설명할 수 있겠는가?

3. 본문 형태들의 생성

현대 본문비평은 이 질문에 대한 분명한 대답을 가지고 있다. 확실히 3세기 말, 4세기 초(이 시기에 대해 추측해 본다면 데키우스-발레리안[Decius/Valerian] 박해의 중단 이후 303년 로마 황제 디오클레티아누스[Diokletian]의 박해가 시작되기까지 40년간 평화의 시대를 가정할 수 있음) 신약성서 필사본에 대한 획기적인 작업 성과들이 있었다. 예를 들어, 당시 안디옥에서는 코이네 본문의 원형 표본이 생겨났고, 동방의 어느 곳에서는 베자 켄터브리지언 사본(D, 05, 5세기)이 유래된 필사본이 생겨났다. 그러나 이 두 경우 문헌학이 영향을 끼친 것이 아니라, 오히려 교회 또는 신학이 보이는 관심에 영향을 받아 편집되었다. 기초가 되는 필사본은(모든 신약성서의 필사본들 중에서 아마도 하나만 이용되었을 것이다) 원래의 본문을 다시 재현하거나 복원한다는 의지를 가지고 작업한 것이 아니라, '최고의' 본문을 만들어 내겠다는 편집자의 의도에 따라 편집된 것이다.

이런 편향된 의도 없이 작업한 곳에서는 본문 생성이 다르게 진행되었다: 갖고 있는 것 가운데 가장 올바른 본문이 수록된 필사본을 선택하여, 목적에 부합되는 관점 하에 수정되고 교정되었다(비평하지는 않았음). 이는 바티칸 사본의 복음서들에서 $\mathfrak{P}^{75}$유형(3세기 초)의 필사본을 필사할 때 일어났다. 바울서신의 경우 이러한 일은 없었으므로 2/3세기에 '초기 본문'($\mathfrak{P}^{45}$, $\mathfrak{P}^{46}$, $\mathfrak{P}^{66}$ 유형으로부터)이 실린 다른 파피루스 필사본을 기초로 하였고, 이 필사본을 상황에 맞게 교정하였다. 2세기, 3세기 초기 시대의 본문에는 '다듬어지지 않은 상태'를 보여 주는 몇몇 특징들($\mathfrak{P}^{75}$와 몇 개의 예외도 있음, 본 책의 83쪽 참고)이 있다. 즉 유대 서기관들은 구약의 히브리어 본문을 절대 건드릴 수 없었는데(이에 대해서 좀 더 언급될 것이다. 본 책의 95쪽 참고), 이 정도는 고사하고 신약성서 본문에는 아직 '정경(교회법에 있어 공인된)'으로 인정되지 않았던 2세기의 특수한 전제 조건 속에서 오히려 자유롭게 손질된 모습을 드러내는 특징들이 있었다. 베자 켄터브리지언 사본이 이른바 '서방 본문'의 대표 주자로서 누리는 명성은 다음의 사실에서 비롯된다. 이 사본(엄밀히 말하자면 그 조상격인 3/4세기의 사본)은 자신의 경향에 맞추어 만들어 내려고 초기 시대의 본문(이에 대해서는 본 책의 80쪽 이하 참고)이 담겨 있는 파피루스 필사본을 기본 본문으로 삼았다는 사실이다. 필사 원본의 수많은 구절들이 달라지지 않았다는 사실 때문에 D 사본은 명성을 얻게 된다. 이런 구절들이 있는 본문은 다른 훌륭한 대문자 사본들의 본문과 일치하는 것이다. 또한 이 사본 곧 '서방 본문'에 부여되는 권위는, 이 사본이 갖고 있는 본래적 특성(즉 이 사본이 따랐던 필사 원본이 갖고 있던 본래적 특성)이 확정하는 무언가로부터 오지 않는다. 다시 말하면, 수많은 첨가 구문, 구절의 위치나 어순 변경, 생략 등으로부터 오는 것이 아니라는 말이다. 의심할 여지도 없이 처음 이 작업을 했던 사람은 이 작업을 통해 하나의 의미 있는 업적을 완성했지만, 그가 갖고 있던 이전의 초기 본문을 수많은 곳에서 급격하게 변경한 편집자로서의 의미도 가지고 있다. 따라서 이처럼 변경된 것들이 원본문으로 간주되어야 한다는 주장은 할 수 없다. 이를 개별적인 사항으로 상세하게 알기를 원하는 사람에게는 여러 차례 간행된 핸첸(E. Haenchen)의 사도행전 주석을 추천한다(10-17판 1956-1977, Meyers Krit. exeg. Kommentar, Band III).

오늘날 '서방 본문'이라고 말할 때는, 이 본문을 적극 옹호하는 사람들조차도 반드시 따옴표를 붙인다. 베자 켄터브리지언 사본이 그리스어-라틴어 본문임에도 서방에서 기록되지 않고, 북아프리카나 이집트에서 기록되었다는 것이 고문헌학자의 연구에 의해 밝혀졌다. 베자 켄터브리지언 사본 D(05)가 의존하고 있는 필사 원본이 생겨난 곳은 당연히 아직 언급되지 않았다. 이미 지적했듯이, 여기에는 여러 본문비평가들이 — 전부 다 그런 것은 아니지만 — 등한시한 교회사(본 책의 69쪽 이하 참고)가 도움이 된다. (놀랍게도 상당수의 신약학자들은 자신들의 이론들을 뒷받침할 '삶의 자리'를 살펴보는 데 매우 소홀하다. 그들은 그 '삶의 자리'와 책상 앞에 있는 자신들의 자리를 거듭거듭 혼동하고 있는 것이 분명하다.)

4. 200년 이래 라틴어, 시리아어, 콥트어 역본을 통한 그리스어 필사본의 영향력 제한

신약성서를 이루고 있는 모든 부분들이 처음부터 그리스어로 기록되었다는 것은 의심의 여지가 없다. 기껏해야 아람어로 된 기독교 본문이, 우리가 보는 복음서보다 이른 시기에 있었을 뿐이다(문서가 아닌 구전으로만 이 전승이 이루어진 경우에). 이때 사용된 그리스어는 질적인 차이들을 보인다. 요한계시록의 '유대 그리스어'로부터 문학적 수준에 이르려 노력한 누가문서들을 비롯해, 비교적 출중한 히브리서에 이르기까지 차이를 보인다. 바울의 언어 구사력의 압도적 영향으로 전혀 새로운 문학 유형이 창조됐다는 것은 인정할지라도, 언어의 세련된 정도를 볼 때 신약성서의 어떤 문서도 동시대의 문학에 견줄 만하지는 못하다. 신약성서는 일상의 그리스어인 코이네 그리스어로 기록되었다. 모든 신약성서 문서들이 처음부터 그리스어로 기록되었다는 것은 다음과 같은 사실을 통해서 분명히 증명할 수 있다. 그것은 구약 인용문이 실린 신약성서가 히브리어 원본문이 아니라 구약성서를 그리스어로 번역한 70인역에서 출발했다는 사실이다. 이것은 랍비들의 교육을 받은 바울에게도 해당된다.

당시 그리스어는 세계적인 언어였으며, 서방에서뿐만 아니라 동방에서도 통용되고 이해되었다. 기원후 95년경 로마 교회가 고린도 교회에 편지할 때 당연히 그리스어로 썼으며(클레멘스1서), 150년경 헤르마스(Hermas)의 목자서 저자가 예수 재림의 지연에 관해 자신이 알고 있는 것을 로마의 다른 기독교인들에게 알리려 했을 때에도 마찬가지로 그리스어를 사용하였다. 그러나 곧 변화가 일어났다. 테르툴리아누스(Tertullian)는 인증된 그리스어 실력자였음에도 불구하고, 200년이 되기 전에 카르타고에서 현존하는 자신의 모든 문서를 라틴어로 기록하는 일에 착수하였다. 그리고 약 250년경 로마 교회와 카르타고 교회 사이의 서신 협의도 라틴어를 사용하였다. 로마의(반로마적인) 박식한 감독 히폴리투스(Hippolyt)가 235년경 사망하였다. 그가 그리스어로 기록한 문서들은 처음 4세기 동안의 로마 감독이 쓴 문서 가운데 가장 훌륭했던 것임에도, 곧바로 세상에서 완전히 잊혀지고 말았다. 그 이유는 당시 독자들이 그의 문서들을 더 이상 이해하지 못했기 때문인 것으로 보인다. — 이 문서들은 16세기쯤에 이르러서야 비로소 다시 인식하게 되었다. 2세기 말 교회의 자의식 형성에 기초가 된 이레네우스의 걸작 '이단 논박(Adversus haereses)'은, 약 180년경 갈리아(Gallien)에서 그리스어로 기록되었다. 동방의 작가들에게서 나오는 몇 개의 인용 문구를 제외하고는 이 작품의 그리스어 본문은 손실되었으며, 단지 라틴어 전승으로만 보전되었다.

대략 180년경 서방 교회에서는(서방 교회에서뿐만 아니라 시리아어와 콥트어 사용권에서도) 획기적인 변화가 싹트기 시작하였다. 즉 그 지역 언어를 교회에서 사용하거나 최소한 그 지역 언어를 사용할 권리를 요구하기 시작했던 것이다. 이것은 이 무렵 기독교인의 수가 현저하게 늘어난 것과 관계 있다. 처음부터 기독교 교회에는 교육을 많이 받지 못한 평범한 사람들의 비중이 컸으며, 이에 따라 그리스어를 이해하지 못하는 사람들도 점점 많아졌다. 그래서 복음은 그 지역 언어로 선포되어야만 했다. 서방 교회는(다른 지역도 마찬가지지만), 서방 교회로 남기 위해 신약성서 전체를 번역해야만 했으며, 이미 3세기 전반부에 예배 때 2개의 언어로(아마 그리스어 본문을 읽고 그 다음에 라틴어로 의역하거나 새롭게 만들어진 라틴어 필사본을 읽었을 것이다) 예배를 드리던 시기가 지나가고 있었을 것이며, 라틴어 사용이 지배적이었을 것이다. 서방 교회가 독자적인 그리스어 본문 형태를 제시해야 했을 때, 그 본문 교육을 위한 시간은 그리 많이 걸리지 않았다. 확실히 그리스어를 사용하는 거주 지역들과 식민지들이 있었다(특히 남부 이탈리아, 그러나 라벤나[Ravenna] 주변 북부 이탈리아도 해당됨). '로마의 관문(die Tore Romans)' 앞에 있는 11세기 건축물인 그로타페라타수도원에서는 오늘날까지도 그리스어 예배가 보전되고 있다. 그러나 갈리아 지역, 기타 서방의 다른 지역에서는 물론이고 이탈리아 지역의 교회에서도 3세기 중엽 또는 더 이른 시기부터 이미 라틴어를 사용하고 있었다.

5. 그리스어 필사본 생성의 중심 지역들

초기 시대에 교회 회중의 수와 위세에 따른 기독교 교회의 중심지가 어느 곳에 있었는지에 대하여 알고자 한다면, 그러한 모든 정보들은 오늘날에도 여전히 아돌프 폰 하르나크(Adolf v. Harnack)의 기본 저서로 꼽히는 *Die Mission und Ausbreitung des Christentums in der ersten drei Jahrhunderten*(1924년도 4판, 1965년 재인쇄)에서 찾을 수 있다. 이 책에 의하면 180년경 가장 많은 교인을 가진 교회는 소아시아의 교회와 그리스의 에게해를 바라보는 쪽에 있는 교회였다. 키프로스와 크레타 지역에서 우리가 알 수 있는 교회는 단지 몇 개의 개별 교회에 불과하다. 그럼에도 불구하고 이 지역에서도 기독교가 이미 확고한 기반을 형성하고 있었음을 추정할 수 있다. 북부 아프리카와(특히 누미디아[Numidien], 그러나 키레나이카[Cyrenaica]에서도) 남부 갈리아, 아마 스페인 남부에도, 이집트의 알렉산드리아 주변 지역, 시리아의 안디옥 주변 지역, 그리고 확실히 에데사(Edessa)와 그 주변 지역뿐 아니라 멜리테네(Melitene)와 그 주변 지역에도, 이미 대형 기독교 교회 연합체들이 있었다. 이탈리아에서는 무엇보다 로마 교회를 꼽을 수 있겠지만, 시칠리아(Sizilien)에 이르는 남부까지 개별적으로 흩어져 있는 교회들도 있었다. 이러한 지역에서는 신약성서의 본문이 그 본문의 특성들 안에서 발전되고 전파되어야 했다. 기독교의 중심이 동방에 있었다는 사실은 한눈에도 알 수 있을 정도로 명확하다. 서쪽으로 가면서 교회의 수는 점점 줄어든다. 서방의 넓은 지역에는 아직도 기독교의 손길이 아예 닿지 못한 곳이 여전히 존재하고 있었다. 기원후 325년경까지도 사실상 상황은 크게 달라지지 않은 상태에서, 여전히 소아시아가 교회의 심장부였다. 소아시아의 반대편에 위치한 트라키아(Thrazien) 해안 지역, 키프로스와 에데사 지역에서와 마찬가지로 소아시아에서도 인구의 거의 반 이상이 기독교인들이었고, 더 나아가 기독교는 소아시아에서부터 아르메니아(Armenien)에 이르기까지 거의 같은 수준으로 세력이 확장되었다. 기독교인과 교회의 수를 볼 때, 그 다음의 위치를 차지하는 지역은 시리아, 나일강 가의 지역들, 그리스 전체의 해안 지역들과 크레타, 북아프리카의 누미디아와 키레나이카(Cyrenaica), 스페인 남부와 남부 갈리아 방향의 서부 해안, 이탈리아의 로마와 나폴리 지역 및 아드리아 바다를 향해 있는 해안 지역이다. 이러한 상황에서 우리는 이 지역에서 거주민의 상당수 사람들이 기독교도가 되었다고 말할 수 있다.

이 지역들에서 신약성서 필사본과 이 필사본 본문의 다양성이 결정적으로 발전했음이 틀림없다.

6. 서방 교회는 자신만의 고유한 본문 형태를 발전시켰는가?

고대 교회에서 서방 교회와 로마 교회의 위상을 생각할 때, 그 위상을 후대 역사에 따라 규정해서는 안 된다. 그것이 일반적인 원칙이다. 신학적이고 학문적인 업적에 관한 한, 로마와 이탈리아는 초대교회사에서 부수적인 역할을 했으며, 이에 대해서는 우리가 관심을 가지고 있는 맥락 가운데서 질문해야 한다. 바울이 로마서를 썼을 때, 로마에는 분명히 교회가 있었다. 죄수의 몸인 사도 바울을 로마에 싣고 간 배가 최종적으로 푸테올리(Puteoli)에 정박했을 때, 그는 이미 그곳에 있던 교회를 발견하게 된다(행 28:13-14). 로마 교회는 2세기 말 또는 3세기 전반기 말까지 확실히 중요한 성과를 가져왔다. 그러나 이것은 주로 교회의 목회적인 영역, 기껏해야 실천신학의 영역에 해당되는 것이다: 즉 원시 형태의 신앙고백을 다듬고 정경의 확립을 거들었으며(이른바 무라토리 정경 참고), 교회의 참회 제도를 발전시켰고 교회의 직제도를 개선했다. 특기할 만한 사실은 217년 로마의 새로운 감독직에 목회자였던 칼리스투스(Kallist)가 선출되어, 당시 가장 저명한 신학자였던 히폴리투스가 그때까지 로마를 차지하지 못했다는 것이다. (이런 맥락에서 칼리스투스뿐만 아니라 감독직에 있던 그의 두 전임자의 조직신학적 역량에 대해 우리가 알게 된 내용은 어느 정도 부정적인 듯하다.) 얼마 지나지 않아 동일한 사건이 발생하였다: 251년 노바티아누스(Novatian)가 잠시 동안 교회의 지도자로 일했음에도 그가 감독으로 선택되지 못했고, 코르넬리우스(Cornelius)가 선출되었다. — 이는 신학자가 목회자에게 다시 한 번 뒤처졌음을 의미한다. 더욱이 히폴리투스는 분명히 로마인이 아니었지만 노바티아누스는 로마인이었다. 히폴리투스는 2세기 로마를 빛낸 대부분의 신학자와 마찬가지로 소아시아 출신이었다. 마르키온은 약

140년경 로마로 갔으나 당시 그는 흑해 지역 출신의 장성한 남자였으며 자신이 사용했던 신약성서 본문에 대한 확신을 가지고 그것을 흑해에서 가지고 왔다. 저스틴(Justin)은 약 150년경 로마에서 활동하였지만, 팔레스타인에서 출생하였으며, 소아시아에서 기독교로 개종하였다. 이러한 이유로 그는 그곳에서 자신이 사용하던 신약성서를 로마로 가져왔을 수도 있다. 다른 사람의 이름도 거론할 수 있다. 저스틴뿐만 아니라 모든 초기 기독교 변증가들은 동방 출신이며, 일반적으로 소아시아나 그리스 출신이었다. 2세기 말경 로마에서 활발한 신학 토론을 일으켰던 단일신론자들 모두 소아시아 출신이었다. 사도 교부들의 문서 중 클레멘스1서와 헤르마스의 목자서신만이 서방에서 저술되었으며, 어쩌면 클레멘스2서(2. Klemensbrief)라는 이름으로 유포되었던 설교집도 여기에 포함될 수도 있지만, 이것들은 모두 '아류작'에 불과하다. — 이것들이 그렇게 대단한 명성을 얻을 수 있었다는 사실은 특기할 만하다. 2세기 후반부에 서방 출신 가운데 유일하게 '인정받은 대가'는 바로 갈리아 출신인 이레네우스였다. 그러나 그는 육체적으로뿐만 아니라, 특히 정신적·신학적으로도 소아시아 출신이다. 2세기 전반부의 사도 교부들 가운데 대가였던 이그나티우스(Ignatius)는 안디옥 출신이다.

하나의 독창적인 '서방' 본문을 발전시키고 관철시킬 수 있었을 법한 신학자를 아무리 찾아보려 해도 서방에서는 발견하지 못할 것이다. (종종 주장하는 바와 같이 히브리서가 이탈리아에서 기록되었다면, 우리는 이에 대해 고려될 만한 어떤 사람도 실존 인물이었다고 여길 수 없을 것이다.) 초기 시대 서방 교회는, 동방 교회도 이미 갖고 있는 본문 외에 어떤 다른 본문을 갖지 못했다: 필사본에 따라서 특징들이 개별적으로 바뀌어 버리는 하나의 본문을 가지고 있었다는 것이다. 이는 2세기에 신약성서 본문이 아직 최종적으로 확정되지 않았기 때문이다. 저스틴이 처음으로 복음서를 인용했을 것이라고 어느 정도 우리가 생각할 수 있는 기원후 150년(이전에는 자의적으로 인용하는 일이 만연했다.)까지만 해도 이러한 인용들은 자유로웠다. 대략 180년(이레네우스에게서)이 되어서야 비로소 신약성서 본문을 확정하는 작업이 시작된다. 이러한 초기 본문이 서방 교회에서 특별한 특징들을 갖게 되었다는 것은 확실히 가능한 일이다('지역 본문'으로서). 웨스트코트/호트와 현대 그들의 후계자들은 하나의 '서방' 본문을 생각했다. 그러나 이러한 하나의 '서방' 본문을 발전시켰다는 믿음을 줄 수 있는 사람을, 우리는 시기와 장소를 불문하고 서방 교회에서 결코 찾지 못할 것이다. — 베자 켄터브리지언 사본의 본문이 이미 2세기에 생겨나 있었을 것이라는 생각은 완전히 배제된다. 다시 반복하자면, 오늘날 이른바 '서방 본문'을 언급할 때 인용 부호를 붙이지 않고 언급하는 사람이 하나도 없다는 사실은 특기할 만하다.

7. 신약성서 필사본의 전파와 본문 형태

'서방 본문'의 환상에 관해 충분하게 언급하였으니 이제는 전체 주제로 돌아가 보자: 신약성서 속의 책 한 권이 전파되고 이에 따라서 신약성서 필사본이 생겨나는 것을 어떻게 상상해 볼 수 있을까? 신약성서 속의 책 한 권의 전파는 그것이 생겨난 장소나 교구에서 시작된다. 즉 저자가 그것을 기록한 곳이나 편지를 받는 곳을 말한다. (그러나 서신은, 그 서신이 실제 서신인 경우에 한해서, 신약성서의 다른 문서들과 마찬가지로 서신을 받는 곳에서 전파되기 시작한다.) 이웃 교회가 그 문서를 낭독하는 데 사용하도록 원본의 복사본을 만들어 둔다. 우리는 문서가 동심원을 그리듯 전파되는 것을 생각해야 한다. 그것은 연못에 던져진 하나의 돌에 비유할 수 있다: 모든 방향으로 원 모양의 파문이 일며 퍼지는 모양과도 같다. 항상 문서가 새롭게 복사되어 교구나 대감독 관구에 보급되자마자, 교구 사이의 친밀한 관계로 인하여 그 책을 매우 신속하게 한 지역에서 또 다른 지역으로 전달하게 된다. 그때부터는 그 다른 지역에서, 설명했던 문서 전파 과정이 새로이 전개되기 시작한다. 70인역뿐만 아니라 성서를 소유하는 것이 기독교 교회가 존재하기 위한 전제가 될 때부터 신약성서 필사본의 숫자는 급증한다. 다시 말해서, 그때라 함은 예배 가운데 더 이상 구약만이 아니라 다른 성서도 낭독하고 풀이하는 그 순간부터를 가리킨다. (경우에 따라 다르기는 하다. 예를 들어, 바울에 의해 세워진 교회들의 경우를 보면 당연히 다른 양상을 보였기 때문이다. 그 교회들은 처음부터 바울의 서신들을 이미 갖고 있었으며, 더 나아가 그 서신들을 정기적으로 낭독하고 있었다.) 이것은 2세기 중엽부터의 상황이었을 것이다. 여기서 정경의 역사가 우리에게 결정적인 것을 알려 준다. 즉 새로 교회가 생긴다는 것은 곧 새로운 신약성서 필사본의 생성을 의미한다는 것이다. 만약 교회의 창립자가 본문을 가지고 오지 않았다면, 본문의 견본이나 연락 가능한 이웃 교회의 본문으로부터 본문을 (옮겨) 기록했을 것이다. 초기에는 개인적으로 옮긴 복사본들이 우세했다. 필사 작업실[1], 다시 말해

1) [역자주] 라틴어로는 Scriptorium. '필사하는 곳'을 뜻하는 말로, 수도원 필경사가 원고를 쓰고 복제하고 분명히 밝히는 중세 유럽의 수도원 방을 가리킨다. 15세기 후반 장 미엘(Jean Miélot)의 세밀

그림 14 두라/유로포스에서 단편으로 발견된 사본 **0212**, 그리스어 네복음서조화본[2](타티안의 디아테사론)으로서 마태복음 27:56과 그에 해당하는 다른 복음서의 병행 구절들이 들어 있음, 150쪽 및 183쪽 참고.

화 참고(https://upload.wikimedia.org/wikipedia/commons/0/00/Escribano.jpg).

2) [역자주] 네 복음서를 조화시켜 통일해서 하나의 복음서로 만든 종합 복음서를 가리킴.

서 필사를 할 수 있는 작업실은, 아무리 빨라도 기원후 200년이 되어서야 사용되기 시작하였다. 이와 같은 개인적인 본문 필사는 한동안 계속되었다. 그래서 우선 본문 가족(모체가 되는 필사본과 이것을 필사한 복사본)들을 나란히 엮어 놓은 것들이 대부분이었다. 시간이 경과하면서, 점차 교구들은 개별적으로 통일된(신약성서 본문의 통일성을 말할 수 있는 한) 유형들을 만들어 내었다. 교구가 더 느슨하게 조직될수록 또는 그 교구에 있는 교회 공동체들이 다양할수록, 여러 가지 본문 유형들이 함께 보존될 가능성이 점점 더 많아진다. — 이에 대하여 우리는 초기 이집트의 예를 연구해 볼 수 있다(이에 대해서는 본 책의 82쪽 이하 참고). 이미 4세기에 급속하게 영향력이 확장되어(이에 대해서는 본 책의 88쪽 이하 참고), 비잔틴 교회의 일반적인 본문이 되었던 비잔틴 본문이 보여 주듯이, 교구 내 조직이 일원화될수록 교구에서 하나의 본문 형태가 우위를 점하는 일이 점점 더 많아진다. 그러나 이때에도 여전히 차이점들은 남아 있었으며, 비잔틴 본문조차도 단일 구조로 이루어져 있는 형태는 아니었다. 다양함의 폭이 본문의 기본 특성을 해칠 만큼은 아니었다. 즉 단 한 번도 두 개의 그룹으로 나뉘진 적이 없었다. 그럼에도 비잔틴 본문은 오히려 다양한 모습으로 계속 발전해 나갔다. 다만 자신들의 고유한 오랜 전통을 보존하는 교회 또는 비잔틴 교회로부터 비교적 고립되어 살아가거나 그들과는 반대로 살아가는 교회 구역에서만 비잔틴 본문에 대항하여 자신들의 독자적인 본문 형태를 유지해 나갈 수 있었다. 그러나 그런 지역에서도 오랫동안 비잔틴 본문의 영향력을 완전히 배제할 수는 없었다. 그것은, 이집트 교회가 기독론 논쟁에서 비잔틴 교회와의 갈등이 점점 더 커져 갔고, 그리스 문화에 대한 민족적 저항이 점차로 거세어졌음을 느꼈기 때문에, 이미 5세기부터 독자적인 길을 걷기 시작한 이집트 교회의 예에서 분명하게 드러난다. 이집트 교회는 알렉산드리아 대감독들이 자신이 관리하는 교회 구역을 강하게 중앙집권 방식으로 다스렸기 때문에 4세기부터 분명하게 확정된 — 이른바 알렉산드리아 — 본문을 갖고 있었다. 그러나 시간이 흘러갈수록 이 본문조차도 코이네를 통해 다른 전통과 점점 더 많이 섞이게 되었다. (한 필사본이 늦게 생겨날수록 이 과정이 점점 더 많이 진척되었다.) 결국 알렉산드리아 본문으로부터 이집트 본문이 생겨났다. 게다가 이집트 본문의 영향권은 콥트어 역본의 확장으로 인하여 계속해서 더 많이 제한되었다. 그 외에 곳곳에서 — 비잔틴 본문의 영역에서조차 — 개별 본문들과 본문 형태들이 끈질기게 유지되었다. 이것은 신약성서 본문 역사의 특징, 곧 꺾이지 않는 완고함으로 이해할 수 있을 것이다: 한 번 생겨난 이문들이나 본문 형태들은 사라져 버리지 않고, — 몇 개의 필사본에만 해당되겠지만 — 몇 세기를 거치면서 확고하게 자리 잡게 된다. 신약성서 본문 전승의 가장 두드러진 특징 중 하나는 바로 본문의 끈질긴 형태 보존 현상이다(이에 대해서는 본 책의 449쪽 이하를 참고할 것).

8. 초기 시대의 본문

신약성서 본문 역사를 이해하기 위해서는 반드시 초기 필사본들에서 시작해야 한다. 이렇게 초기 필사본들이라 말할 수 있는 시기는 3/4세기 정도까지이다. 왜냐하면 4세기는 완전히 새로운 국면으로 발전하기 시작하는 시기이기 때문이다. 파피루스든 양피지든 관계없이, 초기 필사본들은 자동적으로 신약성서의 본문비평에 있어서 매우 중요한 의미를 갖는다. 이 시기 각각의 필사본은, 신약성서 본문이 여전히 발전하고 있음을 보여 주는 증거가 되기 때문이다. 이들 필사본들을 열거하는 데에는 그리 오래 걸리지 않는다.

2세기 초:	$\mathfrak{P}^{52}$
2세기:	$\mathfrak{P}^{90}$
200년경:	$\mathfrak{P}^{32}$, $\mathfrak{P}^{46}$, $\mathfrak{P}^{64+67}$, $\mathfrak{P}^{66}$
2/3세기:	$\mathfrak{P}^{77}$, 0189
3세기:	$\mathfrak{P}^{1}$, $\mathfrak{P}^{4}$, $\mathfrak{P}^{5}$, $\mathfrak{P}^{9}$, $\mathfrak{P}^{12}$, $\mathfrak{P}^{15}$, $\mathfrak{P}^{20}$, $\mathfrak{P}^{22}$, $\mathfrak{P}^{23}$, $\mathfrak{P}^{27}$, $\mathfrak{P}^{28}$, $\mathfrak{P}^{29}$, $\mathfrak{P}^{30}$, $\mathfrak{P}^{39}$, $\mathfrak{P}^{40}$, $\mathfrak{P}^{45}$, $\mathfrak{P}^{47}$, $\mathfrak{P}^{48}$, $\mathfrak{P}^{49}$, $\mathfrak{P}^{53}$, $\mathfrak{P}^{65}$, $\mathfrak{P}^{69}$, $\mathfrak{P}^{70}$, $\mathfrak{P}^{75}$, $\mathfrak{P}^{80}$, $\mathfrak{P}^{87}$, $\mathfrak{P}^{91}$, $\mathfrak{P}^{95}$, 0212, 0220
3/4세기:	$\mathfrak{P}^{13}$, $\mathfrak{P}^{16}$, $\mathfrak{P}^{18}$, $\mathfrak{P}^{37}$, $\mathfrak{P}^{38}$, $\mathfrak{P}^{72}$, $\mathfrak{P}^{78}$, $\mathfrak{P}^{92}$, 0162, 0171

이들은 모두 43개의 파피루스와 5개의 대문자 사본들이다. (엄밀히 말하면, 0212는 디아테사론 본문이어서 계산에 포함할 수 없기 때문에, 이에 해당되는 대문자 사본은 4개뿐이다. 본 책의 150쪽을 참고하라.) 이들 중 $\mathfrak{P}^{52}$(그림 23 참고)가 신약성서 본문에 대한 가장 초기의 증거로서 특별한 의미가 있다(125년경에 기록됨. 현재 맨체스터 존라일렌스도서관[John Rylands Library] 소장, 요 18:31-33, 37-38 등이 수록되어 있음.). 이른바 비티 성서 파피루스(Chester-Beatty-Papyri) 사본들과 보드머 파피루스(Bodmer-Papyri) 신약 사본[3]들은 연대뿐만 아니라 본문의 범위와

3) 두 이름은 취득한 사람을 따라 명명되었다. 비티 성서 파피루스는 더블린에, 보드머 파피루스 신약

그 성격에 있어서도 중요하다. $\mathfrak{P}^{45}$, $\mathfrak{P}^{46}$, $\mathfrak{P}^{47}$에서(1930년대에 주목을 끌었던 비티 성서 파피루스 사본들), $\mathfrak{P}^{45}$는 사복음서와 사도행전(다수의 누락된 부분, 마 20:24에서 시작하여 행 17:17로 종료)을, $\mathfrak{P}^{46}$은 바울서신(몇 군데 누락, 데살로니가후서, 빌레몬서, 목회서신 등은 전체 누락)을, $\mathfrak{P}^{47}$은 요한계시록(계 9:10-17:2 사이에 약간의 누락)을 포함한다. 1950년대에 알려진 보드머 파피루스 신약 사본들 중 $\mathfrak{P}^{66}$은 요한복음(1:1-14:30은 거의 누락 없이 수록되어 있고, 나머지는 단편들로 수록되어 있음)을, $\mathfrak{P}^{72}$는 유다서, 베드로전·후서를, $\mathfrak{P}^{75}$는 누가복음(3:10부터 수록, 약간의 누락 있음)과 요한복음(1:1-15:8까지 수록, 약간의 누락 있음)을 포함하고 있다. 보드머 파피루스 필사본들은 보존 상태의 정도와, 필사본과 연관되어 제공되는 본문의[4] 범위 및 그 본문의 의미에 있어서 비티 성서 파피루스를 능가한다. ($\mathfrak{P}^{66}$은 파피루스 책으로 제본할 때의 나머지 부분까지 거의 온전히 보존된 상태로 발견되었다. 이는 책의 형태로 된 최초의 그리스어 파피루스 책이다. $\mathfrak{P}^{75}$는 심지어 제본 겉표지의 나머지도 발견되었고 다른 파피루스들도, — 특히 $\mathfrak{P}^{72}$ — 파피루스 낱장들이 원래대로 거의 손상되지 않은 상태로 발견되었다.) 이 필사본들이 발견되기까지 $\mathfrak{P}^{45}$와 $\mathfrak{P}^{66}$을 근거로 2/3세기의 본문은 대체로 매우 불규칙하다는 견해가 있었으며, $\mathfrak{P}^{66}$은 이러한 주장을 확인시켜 주는 것처럼 보였다. 그러나 $\mathfrak{P}^{75}$는 이러한 판단이 잘못된 것임을 증명하였다. 이는 $\mathfrak{P}^{75}$의 본문이 바티칸 사본의 본문과 매우 유사하여 그것의 원본으로 생각할 수도 있었기 때문이다. $\mathfrak{P}^{75}$의 발견으로 우리는 마침내 초기 본문의 역사를 올바로 판단할 수 있게 되었다.

이 '위대한' 파피루스 필사본들은 첫 학기의 학생들에게도 소개해야 할 것이다. 왜냐하면 이 필사본들은 그리스-로마 시대의 훌륭한 신약성서 대문자 필사본들만큼이나 중요하기 때문이다. — 여러 가지 관점에서 더 중요한 부분도 있다. — 본 책의 131쪽 이하와 155쪽 이하에 설명된 다른 파피루스 필사본들과 대문자 필사본들은 위에 언급된 파피루스 필사본들보다는 덜 중요하다. 왜냐하면 그 필사본들의 특징을 살피기에

사본은 제네바 주의 콜로니(Cologny)에 있으며, 소유자의 개인 박물관에 소장되어 있다. $\mathfrak{P}^{72}$에 있는 베드로전·후서는 예외로서, 이 부분은 보드머 박사(Dr. Bodmer)에 의해 바티칸에 넘겨졌다. 개별 내용에 대해서는 본 책의 116쪽 이하와 그림 24-30을 참고하라.

4) 예를 들어 이때까지 그 누구도, 유다서와 베드로전·후서의 완벽한 본문이 3-4세기의 어느 파피루스 필사본에 전해져 내려올 수 있으리라고 생각하지 못했을 것이다.

는 필사본들이 온전치 못한 모습으로 남아 있는 경우가 자주 있기 때문이다. 그러나 이 모든 단편들이 하나의 완전한 필사본(최소한 그 단편의 근간이 되는 책의 필사본)을 대표한다는 사실을 잊어서는 안 된다. 그 단편에 하필 전승에 있어서 차이가 없는 본문이 포함돼 있는 것이 아니라면, 우리는 단편으로부터 그 필사본 전체의 본문 성격을 충분히 추론할 수 있다. (잼의 특성과 품질을 알아보기 위해서 잼 한 통을 다 먹을 필요 없이 한두 숟갈로도 충분한 것과 같은 이치이다.)

지금까지 본문비평은 단편들 본문의 성격을 규명하기 위한 방법과 기호를 도입했지만 문제를 해결하기보다는 오히려 복잡하게 만들었다. 한 가지 보기로, 메츠거의 〈신약의 본문〉(*Der Text des Neuen Testaments*) 부록 251-256쪽(파피루스 개관)을 들 수 있다. 거기서 $\mathfrak{P}^{32}$에 관해 다음과 같이 말한다. "ℵ과 일치하면, F, G와도 일치한다."(253쪽) 이것이 도대체 무슨 말인가? ℵ이 기원후 200년경($\mathfrak{P}^{32}$가 속하는)에 아직 존재하지 않았음이 확실하다. 4세기에 생겨났다. F와 G는 심지어 9세기에 생겨났다. $\mathfrak{P}^{47}$에 관해서는 이렇게 말한다. "A, C, ℵ과 일치한다." 다른 많은 경우와 마찬가지로 상호 의존 관계에 있어서도 그렇다. 상호 의존 관계가 있는 경우, 그 관계가 반대로 설명되었다. ($\mathfrak{P}^{47}$의 상호 관계는 확실히 다르다. $\mathfrak{P}^{47}$은 ℵ과는 일치하나, 다른 본문 유형에 속하는 A나 C와는 일치하지 않는다.) 이른 시기의 것이 더 후대의 것에 의존하고 있다고 말할 수는 없는 일이다. 반대의 경우에서야 그나마 확인할 수 있다는 말이다(아버지가 아들을 닮는 것이 아니라 아들이 아버지를 닮는 것). 이러한 설명을 '혼합 본문'이라는 개념으로, 즉 '부분적으로는 알렉산드리아 본문, 부분적으로는 서방 본문(이전-가이사랴 본문 [präcäsareensischer Text])'이라는 개념으로 또는 이와 유사한 개념으로 논증한다. — 아직 존재하지도 않는 것은 혼합할 수도 없으며 어떤 표본을 만들어 보일 수도 없는 일이다.

이러한 전문 용어가 아주 학술적으로 들릴지는 모르겠지만, 초점을 흐리게만 할 뿐이다. 우리가 잊어서는 안 될 것은 0212(두라/유로포스[Dura/Europos]에서 발견된)를 제외하고, 본 책의 80쪽에 언급된 초기 본문 증거들이 이집트에서 발견되었다는 것이다. 오로지 여기서만 수세기 동안 덥고 건조한 모래가 파피루스 필사본들을 보존해 주었던 것이다. (유대 사막에서도 파피루스를 발견할 수 있었던 것은 유사한 기후 조건 때문이었을 것이다.) 초기 기독교 교회의 핵심 지역에 남아 있는 파피루스는 하나도 없다. 이제 문제는 이집트의 상황을 일반화할 수 있는가, 또 그 일반화는 어디까지 가능한

가 하는 것이다. 우리가 판단할 수 있는 한, 이집트의 상황은 다른 교구들의 상황과 구별된다. 구별되는 이집트의 상황이라 함은, 이집트에서 우선 영지주의가 지배적인 역할을 했던 것으로 보인다는 점, 약 200년경이 되어서야 감독 데메트리우스(Demetrius)가 교회 조직 재정비에 성공하여 이를 통해 다른 교회들과 연락할 수 있게 되었다는 점들이다. 이미 이전에도 이집트에는 영지주의자들의 교회들뿐만 아니라 '대교회주의'자들의 교회들도 있었다. 그럼에도 불구하고 우리는 그 정도 시기가 되어서야 이집트 교회를 문서로써 파악할 수 있게 된다. 거의 동시에 알렉산드리아 교리문답 학교가 생겨났으며, 이 학교가 최초의 '기독교 대학'이 되었다.

감독 데메트리우스가 교리문답 학교와 연결되어 있는 필사 작업실(전해진 소식으로는 그 존재 유무를 보장할 수 없지만, 존재했을 가능성이 매우 높음)에서 자신이 새롭게 세운 교구들(교구마다 그가 세운 감독들이 가장 높은 자리를 차지하고 있었음)과 그 교구의 교회들을 위해 필사본을 제작하였다는 것은 당연히 있을 수 있는 일이다. 이 상황에서 데메트리우스는 특정 (대형 교회에서 입수한) 필사본들을 원본으로 선택하여 특수한 '알렉산드리아 본문'을 만들어냈을 것이다. 그러나 가능성 있는 이 가설은 3/4세기까지의 필사본들이 제공하는 증거와는 일치하지 않는다. 왜냐하면 $\mathfrak{P}^{45}$, $\mathfrak{P}^{46}$, $\mathfrak{P}^{66}$과 일련의 다른 파피루스 필사본들 전체는 '자유로운' 본문을, 다시 말해서 원래의 본문을 가지고 다양한 방식으로 비교적 자유롭게 변환한 본문을 제공하며, 이 본문은 감독 데메트리우스가 했던 그런 방식의 정상화 작업과는 어울리지 않기 때문이다. (혹시 이 필사본들도 외부에서 유입되었을까?) 어떤 이들은 더 나아가 이 '자유로운' 본문을 3/4세기까지의 본문에 해당하는 초기 본문의 특징으로 설명하기도 했다. 그러나 이것은 신약성서본문연구소가 초기 시대의 모든 필사본(이에 대한 정의에 대해서는 본 책의 71쪽을 참고)에 대해 원문 비교 대조 작업을 하여 보여 준 것과 같이 확실히 맞지 않는 설명이다. '자유로운' 본문은 다만 그 시기의 서술 방식들 중의 하나만을 나타낼 뿐이다. 이와 더불어 '일반 본문'을 대표하는 적지 않은 수의 필사본이 있다. 즉 각 세기의 신약성서 필사본들처럼 경우에 따라 원본에서는 벗어나지만 비교적 믿을 만한 전승을 대표하는 것들이다. $\mathfrak{P}^{75}$와 마찬가지로 원래의 본문을 충실하게 후세에 전달하며, 원본에서 이탈하는 경우가 드문 '고정 본문'(그림 15/16 참고)을 대표하는 필사본도 역시 적지 않다. 끝으로 우리는 풀어쓴 본문이 담긴 필사본들을 볼 수 있다. 이 필사본들의 수는 물론 매우 적지만, D 사본과 가까운 부류에 속하는 것들이다(그림 17/18 참고). 확

그림 15 3세기 사본 **0220**, 대표적인 '고정 본문'에 해당하는 로마서 4:23-5:3, 152쪽 및 184쪽 참고.

그림 16 4/5세기 사본 **057**, 사도행전 3:5-12, 범주 I에 해당하는 이 본문이 아직도 얼마나 정확히 전승되고 있는가를 보여 줌, 153쪽 참고.

그림 17/18 베자 켄터브리지언 사본 본문(D-Text)의 이전 형태(또는 다른 형태)일까?

왼쪽: 3세기 파피루스 사본 $\mathfrak{P}^{48}$, 사도행전 23:11-17, 140쪽 참고.

오른쪽: 가장 오래된(300년경) 대문자 사본들 가운데 하나인 사본 **0171**, 누가복음 22:44-50, 152쪽 및 181쪽 참고.

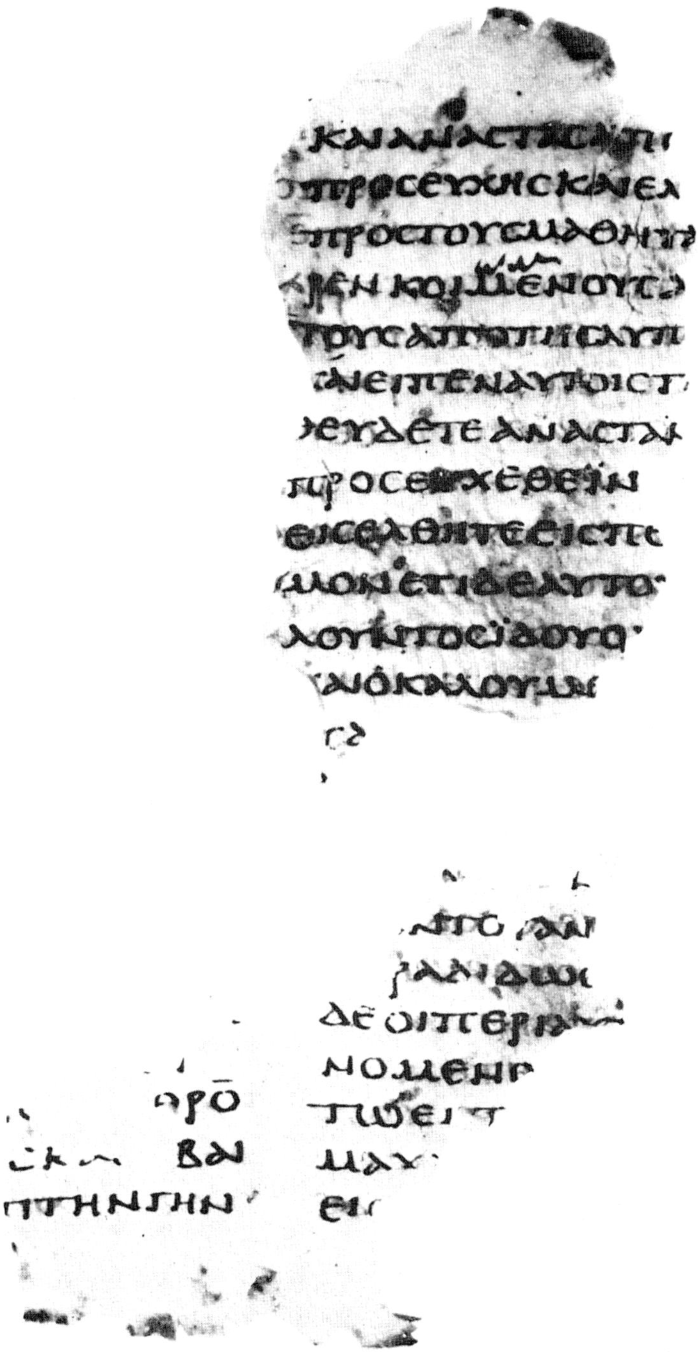

실히 이집트에서도 4세기 초가 돼서야 중앙에 의한 본문의 규범화가 일어났으며, 이것은 '견본 본문'의 수많은 복사본이 유포됨으로써 이루어졌다. (개별 사항에 관해서는 본 책의 131쪽 이하 파피루스 필사본 기호 목록을 참고. 여기에는 파피루스 필사본들이 이러한 범주들로 분류되어 있음.)

3/4세기 이전의 초기 본문들은 그 어떤 통제 아래에서 생겨난 것이 아니다. 교회 전체로 볼 때, 4세기 초까지는 그렇게 할 만한 기관이 없었기 때문이다. 초기 본문에 대한 최초의 대표자는 130-150년경의 폴리카프(Polykarp)와 저스틴이다(이전의 문서에서 신약성서의 인용은 지나치게 산발적이거나 — 복음서들처럼 — 지나치게 난해함). 당시 구약성서는 그때까지 '성서'로서 차지했던 위상에서 물러나기 시작했다(기독교 교회가 생겨날 때 구약성서는 현재 우리가 생각하는 신약성서와 같은 위상을 지녔음). 그러나 그 당시에도 여전히 신약성서의 본문은 어떤 교회 관할 기관으로부터도 통제받지 않았다. 180년경 사복음서 정경과 바울서신 정경이 마무리 되었지만, 몇몇의 공동서신과 마찬가지로 히브리서와 요한계시록에 대해서는 논쟁이 계속되었다. '자유로운 본문'과 가장 다양한 이문을 보유했던 '풀어쓴 본문' 외에도, 확실히 고유한 특성이 있지만, 원래 본문이 사용했던 원본에는 더 가까운 '일반 본문'이 있었다. 또한 특수한 방식으로 자신의 특성을 보유하고 있는 '고정 본문'도 있었다. 이렇듯 3/4세기까지 D 사본 본문의 이전 형태들에서 D 사본 본문의 다른 본문 형태들에 이르기까지 다양한 형태의 신약성서 본문들이 있었다. 4세기에 이르러서야 초기 시대 본문과 연결되는 통로가 열리기 시작했다. 그것은 디오클레티아누스 박해 이전 평화로웠던 수십 년의 기간 동안 만들어진 본문 형태들을 통해서 이루어졌다.

9. 콘스탄틴 시대의 전환

250/260년 데키우스-발레리안 박해 이후 303년 이전까지 약 40여 년 동안 교회는 — 전체적으로 봤을 때 — 평화로운 안식을 누렸지만, 곧 303년 디오클레티아누스 시대에 느닷없이 박해가 시작되었으며, 이교도들은 기독교에 맞서 결전을 치르고자 했다. 그 평화 기간에 신약성서 본문이 발전하는 결정적인 작업이 이루어졌다. 즉, 안디옥에서 초기 형태의 원본이 일단 문체상으로 매끄럽게 다듬어졌고, 교회와 관련된 이유로 변경되었으며, 신앙심을 고취시킬 수 있는 것들이 추가됨으로써 내용이 확장되었다

(본 책의 473쪽 이하 참고). 이렇게 해서 후일 비잔틴 본문이 되는 본문, 즉 이른바 코이네 본문이 생겨나게 되었다. 4세기 전승에서는 이를 두고 루키안(Lukian) 본문이라 칭했다. 같은 시기에 한 사람의 박식한 신학자가 다른 일, 즉 본문에 대해 훨씬 더 폭넓게 개입하는 작업(복음서들과 사도행전, 이 두 부분의 본문에 대해서는 그렇게 보임)에 착수했다. 그는 이 작업에서 이른 시기의 본문을 담고 있는 파피루스 사본을 기초로 삼았다. 그러나 4세기 루키안의 본문이 강한 지지를 받은 반면, 다른 본문(베자 켄터브리지언 사본의 선구자 격이 되는)은 공식적인 후원을 받지 못했다. 따라서 몇 개의 필사본들만이 남게 되었다. 즉 베자 켄터브리지언 사본 D^{ea}(05)와 몇 안 되는 매우 적은 수의 베자 사본 전신들과 베자 사본을 부분적으로 따르는 후속들이 그것이다. 그 본문에 대해 가장 대표성을 띄는 것을 따라서 — 적지 않은 곳에서 이미 그렇게 부르고 있는 것처럼 — 일반적으로 D 본문이라 명명하였다.

뛰어난 본문 형태들은, 디오클레티아누스 박해기와 그 뒤를 잇는 콘스탄틴 시대의 전환기에 일어난 일들을 바탕으로 그 토대를 설명할 수 있다. 그러나 이는 모순인 것처럼 들린다. 서방에서는 거의 10여 년간, 동방에서는 그보다 훨씬 더 오래 지속된 박해 기간 동안에 계획적으로 교회 건물들(과 교회 중심지들)이 파괴되었으며, 거기서 발견된 필사본들은 공개적으로 소각되었다. 게다가 교회 성직자들은 자신들이 소유하거나 보관하고 있던 거룩한 책들을 어쩔 수 없이 내주어야만 했다. 박해자들의 요구에 굴복한 성직자는 '배신자'이자 신앙의 이탈자로 여겨졌다. 그럼에도 불구하고 그 숫자는 결코 적지 않았다. 따라서 박해가 중단된 후에 신약성서 필사본의 부족 현상은 더욱 심화되었다. 왜냐하면 그때 기독교의 자유로운 선교 활동이 가능해진 상태에서, 이미 존재하고 있던 교회 공동체의 크기뿐만 아니라 새로운 교회의 수도 어마어마하게 늘어났기 때문이다. 또한 제국의 전 지역에서 한꺼번에 많은 수의 새로운 신약성서 필사본을 필요로 하게 됐다. 개인적으로 필사하는 것들로는 엄청난 수요를 충족시키기에 충분하지 않았으며, — 그것들도 중요한 역할을 해 주었지만 — 큰 규모를 갖춘 필사 작업 중심지들에서만 이를 해결할 수 있었다. 감독들은 자신들의 필사 작업실을 여는 데 더 이상 방해 받지 않았다. 필사 작업실에 기반을 둔 본문의 수많은 견본들이 교회들로 들어갈 때, 이 본문은 지배적인 위상을 차지했음이 틀림없다. 안디옥의 성서 해석 학교는 — 여기에 오리겐의 신학을 따르는 제자들과 아리안 사람들의 잘 조직된 중심지가 있었다 — 니코메디아(Nikomedia) 궁정 감독인 유세비우스의 도움을 받아 동방 전 지역의 수

많은 감독 자리를 차지했다. (여기에서 본문의 역사를 이해하기 위해서는 다시 교회사를 연구해야만 한다.) 이들 각각의 감독은 그들에게 익숙했던 본문인 루키안의 '올바른' 본문, 즉 코이네 본문을 자기들의 감독 관구에 도입하였고, 이 본문은 이미 4세기에 이러한 방법으로 여러 곳으로 매우 빠르고 광범위하게 퍼져나갔다. 알렉산드리아의 강력한 감독 아다나시우스(Athanasius)는 — 그의 영향력은 이미 328년에 이집트를 넘어 더 넓게 발휘되었다 — 자신의 교구를 엄격하게 중앙 집권제로 관리하였다. 그가 필사 원본으로 삼았던 필사본이 어느 것인지는 정확히 알 수 없지만, 그것은 바티칸 사본이나 $\mathfrak{P}^{75}$ 유형이었을 것이다. 물론 필사 원본으로 선택된 필사본의 오류들은 — 실제로 정말 오류인지 또는 오류처럼 보이기만 했었는지는 모르겠지만 — 교정되었다. 헤시키우스(Hesychius)라는 이름이 알렉산드리아에서 선택된 본문 형태와 관련되어 나타난다면, 몇몇 교정 작업은 헤시키우스에 의해 완성되었을 수도 있다는 것을 말해 준다. 즉, 박해가 일어나기 이전에 완성되었다는 것이다(전승에 의하면 헤시키우스와 루키안 둘 다 디오클레티아누스 박해기에 순교하였음).

불가타의 편찬자인 교부 제롬(히에로니무스라고도 불림)은 본문 전승과 관련되는 다른 사항들에도 큰 관심을 기울였다. 그는 4세기 말 다음과 같은 내용을 말했다. 알렉산드리아와 이집트에서는 그리스어 구약성서에 관한 한 헤시키우스를 70인역 필사본의 제작자로 인정했으며, 반면 콘스탄티노플과 그 아래로 안디옥까지 이르는 곳에서는 순교자 루키안의 필사본들이 구속력이 있는 것으로 간주되었다는 것이다. 이 두 곳 사이의 지역에서는 오리겐에 의해 작성되고 유세비우스와 팜필루스(Pamphilus)에 의해서 광범위하게 장려된 팔레스타인 필사본들을 읽었다(연대기 서문, 불가타 로마판 VII, 4). 제롬은 그리스어 구약성서와 관련하여 세 가지 주요 본문 형태들을 언급하였다. 그의 진술은 앞서 밝힌 견해를 확증해 준다. 이 주요한 본문 형태들이 생겨난 것은 우리의 선조들이 생각했던 것과 다르다는 것이다: 대규모 필사 작업실(알렉산드리아, 가이사랴, 그리고 안디옥에서 콘스탄티노플에 이르기까지 감독이 자리하고 있는 지역, 즉 안디옥 학파)에서 기초가 다져지고 그대로 유포되기만 했기 때문에 이 본문 형태들이 인정되었다는 것이 선조들의 생각이었다. 그러나 흥미롭게도 제롬은 다마수스(Damasus)에 바치는 헌사(워즈워스/화이트[Wordsworth/White] I, 2, 14)에서 헤시키우스/루키안/오리겐(팜필루스와 유세비우스)의 본문은 하나도 언급하지 않고, 비록 부정적으로 낮게 평가했지만 루키안과 헤시키우스의 본문만을 언급했다.

어쨌든 이러한 설명에서 두 가지 본문 형태의 존재가 확실하게 드러난다: 알렉산드리아 본문 형태(헤시키우스)와 나중에 비잔틴 본문으로 불리는 코이네 본문 형태(루키안)이다. 더욱이 신약성서 본문비평에서 계속해서 가이사랴 본문과 예루살렘 본문을 언급한다면, 원칙적으로는 이 본문들이 실제로 존재했을 수도 있다는 것을 말해야 할 것이다. 4세기 초 유세비우스가 감독으로 관할하던 가이사랴는, 의심할 것 없이 필사본 보급의 중요한 중심지였다. 콘스탄틴 황제가, 자신이 새롭게 세운 수도 콘스탄티노플에서 그곳의 여러 교회를 위해 필사본을 주문한 것은 특기할 만하다. 신약성서 분야에서 널리 알려져 있는 가이사랴 본문은 이제까지 먼저 그 본문의 가치가 전제되고 그 전제된 범위 안에서만 평가되어 왔다. 그러나 이 본문에 대해 더 강조해야 할 부분이 있다. 제롬에 의하면 가이사랴에는 그리스어 구약성서에 대해서만 하나의 확정된 본문 형태가 있는 것처럼 보인다(이에 관한 오리겐의 연구 결과물에 의하면). 가이사랴에서 신약성서에 대해서도 하나의 독자적인 본문이 갖춰졌더라면(오리겐에 의해서든 유세비우스에 의해서든), 한 사람이든 또는 다른 두 사람의 문서들 안에서든 독자적으로 형성된 본문 형태를 일관되게 찾아낼 수 있었을 것이다. 그러나 ― 적어도 지금까지의 연구조사로는 ― 이에 관해 언급할 수 없다. 실제로 가이사랴 본문에 대한 모든 주장은, 아무리 큰 확신을 가지고 진술할지라도 비판적인 검증이 반드시 필요하다.

이른바 예루살렘 본문 형태에 대해서도 똑같이 말할 수 있다. 폰 조덴의 견해들은 (본 책의 27쪽 이하 참고) 어차피 현실적이지 못한 생각이거나 자의적인 발상이다. 예루살렘은 ― 본문비평가들이 고대 교회사의 결과물에 대해 소홀하여 생기는 악영향이 여기서 다시 나타나게 된다 ― 초기 시대 이후 4세기가 되어서야 비로소 원래의 역할을 다시 감당했다. 유대 전쟁에서 예루살렘이 파괴되고, 132-135년 바르코흐바(Bar-Kochba) 폭동 이후, 그 지역의 기독교 공동체는 완전히 새롭게 다시 시작해야만 했다. 3세기에도 여전히 가이사랴는 문화와 교회의 중심지였다. 오리겐이 예루살렘으로 넘어가지 않고 231년에 이곳에 정착하여, 곧 동방 지역 전체에 영향력을 끼칠 신학교를 이곳에 세운 것은 우연한 일이 아니다. 이미 3세기 후반부에 예루살렘은 성지를 방문하고자 하는 순례자의 행렬이 점차 증가하긴 했지만, 콘스탄틴 시대의 전환기와 그 이후에야 예루살렘이 다시 문화와 종교 중심지로서의 역할을 하기 시작하였다. ― 이는 페르시아의 침략으로 614년에 점령당할 때까지 계속 유지된다. 동로마 제국은 627년 페르시아를 격퇴할 수 있었으나, 아랍인들의 침략 이후 638년 팔레스타인은 아랍의 영토가 되었다. — 페르시아와 아랍의 침략으로 예루살렘뿐만 아니라 가이사랴도 기독교 교회 전체의 그리스어 신약성서 본문에 실질적으로 더 이상 영향력을 끼칠 수 없게 된다. 예루살렘이 그리스어 신약성서 본문 발전에 영향을 끼쳤을 유일한 시기는 4-6세기 사이이다. 이러한 영향력에 대한 참고 사항들이 있기는 하지만, 개별적인 것들에 관해서는 보다 더 주의 깊은 연구가 필요하다. 초기 기독교의 중심지인 소아시아와 그리스가 신약성서 본문 발전에 결정적인 영향력을 행사한 것은 아니더라도 어떤 본질적인 영향을 끼친 것은 분명한 사실이다. 그러나 개별적인 상황을 놓고 보면, 이 지역의 기후 조건에서는 초기 시대의 모든 파피루스 필사본들이 파손되었기 때문에 이를 증명하는 일은 불가능하다.

10. 요약

또 다시 너무 앞선 내용을 다룬 듯하다. 계속 설명해 온 내용들 가운데 많은 부분이 신약성서를 다루는 초보자들에게는 익숙할 리 없기 때문이다. 이 내용들은 마치 동심원 구조처럼 이루어져 있는데, 초보자는 여기서 그 동심원의 중앙이 되는 원래의 대상에 점점 더 많이 집중해야 한다. 만일 처음에 그것이 지나치게 많은 것처럼 보이면, 알렉산드리아 본문, 코이네 본문, D 본문만이 확실히 보증될 만한 본문이라는 것을 기억하라. 그 밖에 진술되는 다른 모든 것들은 이론에 불과하며, 의심스러운 근거들 위에 만들어진 것이며, 때로는 완전히 허구에 지나지 않는다. 이른바 '서방' 본문과, 이른 바 가이사랴 본문과, 이른바 예루살렘 본문에 관한 한 특별히 그러하다. 따라서 만일 이런 본문그룹에 '이전'(prä-)이라는 말이 덧붙는다면, 예를들어 '이전-가이사랴 본문'(präcäsareenisischer Text)과 같이 말한다면, 이 본문들은 특히 주목할 필요가 있다. 이른바 '서방' 본문의 기원에 관한 한, 이 명칭을 통해 암시적으로 드러내고자 하는 것은 모두 사실과 다르다. 게다가 '서방 본문'이 신약성서의 전승에서 수적으로 차지하는 자리를 두고서 말한다면, 이 본문의 역할은 현대 본문비평 문헌에서 이 본문이 차지하는 정도와는 정반대로 보잘것없다. 우선은 이 정도의 설명으로 충분하다. 그 배경에 있는 사실들은 나중에 충분히 자주 다루어질 것이다. 지금까지 II장(II. 그리스어 신약성서의 전승 과정)에서 언급한 것들에 대해 개별적인 세부 사항들을 살펴보고자 하지 않고, 일반 정보에 관심 있는 학생들은 곧이어 나오는 요약 내용을 참고할 수 있다. 이 요약 내용은 복습으로서의 의미뿐만 아니라 새로운 진술을 시도한다는 의미도 있다.

1. 정경사 연구와 초기 기독교 교회사 연구 결과는 그 결과가 지속되려면 신약성서의 본문비평을 통하여 꾸준히 그리고 그 범위 전체에서 살펴보아야 한다.
2. 그 다음에는 2세기 후반이 특별히 중요하다. 왜냐하면 그때까지 개별적으로 유포되던 복음서들이 처음으로 사복음서 필사본으로 함께 모아지고, 기원이 1세기로 소급되는 바울서신 모음집에 목회서신이 추가되어 바울서신이 완성된 시기가 바로 이 무렵이기 때문이다. 그때 동방 교회는 여전히 히브리서를 바울서신의 목록에 포함시킨 데에 반해, 서방 교회(적어도 상당 부분의 서방 교회)는 히브리서를 제외시켰다. 사복음서 필사본들(개별 사항에 관해서는 사도행전이 포함된 $\mathfrak{P}^{45}$ 참고)은 당시 (다양한 본문의 성격을 지녔을) 아마도 개개의 필사본들로 구성되었을 것이다. 이러한 일은 당시 (또는 이미 1세기에) 바울서신에도 해당되었다. 4세기가 되어서야 비로소 완성되는 공동서신의 경우에도 전적으로 해당된다. 필사본 본문이 여러 시기와 여러 장소에서 다양한 방법으로 편찬되었다는 것을 고려할 때, 하나의 필사본 본문 안에서 성격상 일치하지 않는 부분이 생길 가능성은 처음부터 쉽게 예상할 수 있는 일이다. 즉 서신이 서신모음집으로 옮겨질 때에 해당된다. 이것은 특히 나중에 받아들여지게 된 서신들(베드로후서, 요한2·3서, 유다서, 야고보서)에 해당된다. 유다서의 본문 전승은 이를 분명하게 말해 준다.
3. 기원후 200년은 매우 중대한 구분을 하게 되는 시기이다. 이 무렵 그리스어 신약성서 필사본 전승과 함께 라틴어 필사본이 서방 교회 전 지역에 등장하였고, 이집트에서는 콥트어 필사본이, 시리아에서는(곧 순수하게 시리아어만 사용하는 에데사 주변 지역을 말한다. 로마의 관할 구역이었던 시리아는 둘째 자리를 차지한다.) 시리아어 필사본이 나타났다: 그리스어를 아예 이해하지 못하거나 충분히 이해하지 못하는 순박한 교인들의 수가 너무 많아져서 신약성서를 그 지역 언어로 반드시 번역해야만 하게 됐다. 기원후 250년경의 서방 교회는 라틴어 교회였다.
4. 늦어도 이때 서방 교회는 신약성서 그리스어 본문의 역사로부터 영향력을 잃게 된다. 예를 들어, 확실히 이탈리아에는 독자적인 본문을 계속 발전시켜서 중세까지 그 본문을 잘 보존한 그리스어 사용 지역이 있었다(이탈리아 남부에서 생성된 f^{1}, f^{13} 필사본 집단). 그러나 결정적인 그리스어 본문의 전승은 그리스어를 사용하는

동방 교회에서 이루어졌으며, 이 전승은 이집트 전체를 통합하는 이집트의 한 부분으로서의 의미를 지닌다. 이미 3/4세기 이집트 수도사들의 삶이 콥트어로 규정되어 있기는 했다. 그럼에도 공식적인 교회에서는 5세기까지 그리고 그 이후에도(예를 들어, 시내산에 있는 카타리나수도원에서는 지금까지도) 그리스어를 사용하고 있는 것으로 표시되어 있다.

5. 초기 몇 세기 동안 교회의 중심은 동방에 있었으며, 소아시아와 그 인접 지역은 그들의 중심지였다. 교회의 숫자 및 세력 판도에 있어서도 서방 교회는 동방에 훨씬 뒤처져 있었다. 우리는 후대의 서방 교회의 역할을 보고 초기 서방 교회의 역할을 판단하여 규정해서는 안 된다. 처음 2세기 동안 서방에서 명성을 얻은 신학자들은 모두(마르키온과 변증신학자들부터 이레네우스와 히폴리투스에 이르기까지 해당됨) 동방 출신이었다. 서방 출신으로는 기원후 약 250년의 노바티아누스가 처음이었으나, 그보다 앞선 히폴리투스와 마찬가지로 로마 교회는 그를 거의 받아들이지 않았다. 왜냐하면 당시 로마 교회의 관심은 신학이 아니라 교회의 '실제적인 부분'에 있었기 때문이었다. 이러한 '실제적인 부분'이라는 명목 아래 당시 로마 교회의 업적을 집약하기 위해서였다. 로마 교회는 실질적인 것은 완성하였으나(신앙고백과 신약성서 정경의 형식을 갖추는 일, 감독 직제를 발전시키는 일 등), 본래 의미에 있어서의 학문적인 관심은 어디에서도 찾아볼 수 없다. 서방에서 활동한 초기의 모든 주요 신학자들은 모두 자신들의 신앙적 고향인 동방 교회에서 자신들의 신약성서 본문을 서방으로 가지고 왔다.

6. 이러한 이유로 특별한 '서방' 본문에 대한 이론은 처음부터 거의 개연성이 없다. 가장 열렬한 옹호자조차도 '서방'이라는 단어를 인용 부호 안에서만 언급한다는 것은 특기할 만하다. 비범한 신학적 성과, 즉 베자 켄터브리지언 사본(D)의 전신이었던 필사본을 통해 복음서들과 사도행전 본문을 만들어 내는 것과 같은 일을 했다고 여길 수 있는 사람을, 서방 교회의 초기 시대에서는 어떤 곳에서도, 어떤 시기에도 찾아볼 수 없다. 서방 교회가 초기에 한 지역의 특별한 본문을 가지고 있었다는 것은 가능성이 있거나 거의 사실인 듯하다. 그러나 그 본문은 '일반 본문'에서 벗어난 정도가 다른 지역의 본문과 비교해서 그리 심하지는 않았다. 그러나 우리가 5세기 베자 켄터브리지언 사본(D)으로부터 보유하고 있는 본문은 — 이 본문의 원본에서 — 3/4세기에 한 뛰어난 동방 신학자의 업적을 나타내는 것이다. 당시 그 본

문을 잇는 후속 본문은, 제한된 조건 아래서 말할 수 있는 한 가지뿐이었으며; 따라서 이러한 본문으로부터 19/20세기에 뭔가를 만들어 낸 것은 믿을 수 없는 허상이다.

7. 신약성서 본문은 4세기 초까지 독자적으로 발전하였다. 문자(중동 전승에 상응하여)는 이미 성스러워져 있는 것이라는 이유로 2세기부터 엄격히 통제되었던 히브리어 구약성서 본문과는 달리, 신약성서 본문은(그리스어의 습관에 상응하여) '살아 있는 본문'이었다. 필사본으로 전승되는 마지막 순간까지 신약성서 본문은 여전히 '살아 있는 본문'으로 남아 있었다. 이것은 신약성서 본문을 비잔틴 교회에서 교회적으로 규범화되고 공식적으로 규정한 본문으로서 일종의 '강요된 고정 규칙'으로 몰아갈 때에도 마찬가지였다. 예를 들어 후대의 필사자가 복음서들을 필사할 때에 그는 복음서들 간의 평행 본문들을 자신의 시대의 것처럼 너무 친숙하게 여겨 한 복음서의 본문을 다른 복음서의 본문에 맞춰 바꿔 버리기도 했다. 그 밖에도 객관적으로나 문법적으로 또는 문체상으로 옳다고 판단될 경우, 이에 따라서 본문을 자유롭게 개정하기도 하였다. 이것은 초기 시대에 훨씬 더 많이 일어난다. 즉 본문들이 아직은 후대에 얻게 될 정경으로서의 자리에 있지 않았을 때를 말한다. 또한 기독교인이 자신은 성령의 임재 가운데 있다고 여겼던 때, 즉 기독교가 시작하는 때에 훨씬 더 많이 일어난다. 이렇듯 초기 시대의 본문은 여러 가지 모습을 보여주며, 각 필사본은 초기 파피루스 45, 46, 66 등이 보여 주듯 다양한 특색을 지녔다. 그러나 이러한 내용이 반드시 사실일 필요는 없다. 이것은, '고정 본문'을 대표하는 $\mathfrak{P}^{75}$와 더불어 '일반 본문'을 대표하는 기원후 125년경의 $\mathfrak{P}^{52}$를 우리가 알게 된 때부터 증명되고 있다. 그 필사본($\mathfrak{P}^{75}$)은 몇 개의 차이점은 있지만 본래 원본의 본문 형태를 비교적 충실하게 보존하고 있다. (또 이 필사본이 본래 원본의 본문에만 있는 것은 아님. 본 책의 81쪽 이하 참고.)

8. 기계적 단순 필사로 인한 필사 실수(또는 하나의 대본을 대량 복사할 때 받아쓰기 하면서 저지르게 되는 단순 듣기 실수)가 아니라고 한다면, 신약성서 본문의 이문들에서 생겨난 일들은, 신약성서 본문이 갖고 있는 '살아 있는 본문'으로서의 특징으로 설명할 수 있다. 최소한 3세기부터 확실히 필사자들은 원본으로부터 문자 그대로를 충실히 옮기려 노력한다. 그러나 그들은 본문을 필사할 때 — 게다가 그들은 본문을 완전히 또는 거의 암기하다시피 한다 — 생각도 함께 하게 된다. 그래서

이문들이 생겨난다. 다른 한편으로 끈질긴 형태 보존 현상은 신약성서 전승에 나타나는 특징이다. 즉 완고함이다. 이 완고함으로 신약성서 전승 안에서 기존의 독법들과 본문 형태들이 유지된다. 마가복음 16:9-20에 해당되는 이른바 마가복음의 '더 긴 결론'은 정경으로서의 유효성을 갖췄으며, 그 내용 또한 매우 대단한 관심을 끌었음에 틀림없다. 그럼에도, 예를 들어 몇몇 그리스어 필사본들은, 번역 필사본들과 마찬가지로 마가복음 16:8을 마가복음의 결론으로 고수했다. 이외에도 많은 예들이 있다(로마서의 결론, 간음한 여인에 대한 구절 등. 본 책의 449쪽 이하 참고). 실제로 이와 같은 신약성서 본문 형태의 다양성은 신약성서 본문 전승에 있어서의 끈질긴 형태 보존 현상에 의해서만 설명이 가능하다. 비잔틴 본문의 지배력이 점점 더 강해지고 있던 마지막 시기까지도, 약 10-20% 정도의 그리스어 필사본은 이들의 원본과 차이를 보이는 본문 형태를 충실히 보전하고 있었다. 이러한 이유에 의해서만 광범위한 증거를 통하여 신약성서의 원래 본문을 추적할 수 있는 것이다.

9. 모든 신약성서 문서들은 그것이 처음 기록된 장소에서 유포되기 시작했으며, 진정성이 인정되는 서신들만이 예외이다(이 서신들은 서신의 행선지로 정해진 곳에서 유포되기 시작했음). 연못에 던져진 조약돌 한 개가 점점 더 넓은 원을 만들 듯이, 복제물을 통하여 신약성서의 확산 폭은 점점 더 커져갔다(늘 새로운 복제물을 통하여). 그러므로 하나의 문서가 생겨나서 해당 교구 또는 교회 전체에 통용되기까지는 일정한 시간이 요구되었다. 이제 원본의 복사물들로부터 다시 생겨난 복사물들도 저마다 동일한 영향력을 행사할 수 있었다. 이는 연못에 던져진 또 다른 조약돌 하나가 일련의 새로운 물결의 파장을 만들어 내는 것과 같았다. 이러한 물결의 파장은 서로 겹칠 수도 있었다. 어느 한 지역의 두 필사본은(원본과의 거리에 따라 각기 본문 차이를 보임) 서로 영향을 받았기 때문에 본문이 혼합되었으며, 이제 이 혼합된 본문의 물결 파장이 일어났다. — (이것은) 꾸준히 이어지는 발전 과정이었다. 계속해서 비유로 말해 보자면, 결론적으로 연못은 겹치는 물결 파장들로 가득 차서, 물결 파장들이 생겨난 순서와 이들의 관계를 확정하는 것은 실제로 거의 불가능해 보인다. — 이것은 본문비평가가 신약성서 본문의 역사를 간파하려 할 때 발생되는 상황과 정확히 일치한다.

10. 초기에 모든 필사본은 개인적인 작업을 통해 사적으로 제작되었을 것이다. 직업

적인 필사자들이 생겨났다. 이들은 필사 작업실(사본을 읽어 주면 필사자들이 필사하는 방식으로 동시에 여러 개의 필사본을 제작함)을 통해서 필사본들을 생산해냈다. 그러나 기독교인들이 특히 위협당하거나 박해받는 시기에는 이런 일들이 금지되었다. 물론 필사 작업실에서 일했던 필사자들 가운데 기독교인이었던 이들이 그들의 집에서 필사본을 만드는 경우도 있었다. 가장 오래된 기독교 필사 작업실은 기원후 약 200년경 알렉산드리아에 있었을 것으로 추정한다. 그러나 이 필사 작업실은 이집트 교회 구역에만 의미가 있을 뿐이다. 이때까지 그리고 그 이후 즉 4세기 초까지도, 장소를 불문하고(이집트에서도 거의 마찬가지였을 것임) '적은 양'의 필사본을 생각할 수밖에 없다: 모체가 되는 필사본과 이것을 복사한 개별 복사본들은 또 다시 개별 복사본으로 복사하는 방식으로 반복되었기 때문에, 이렇게 생성된 필사본 본문 가족들은 숫자상으로 그리 큰 규모가 아니었다.

11. 디오클레티아누스의 박해는 교회의 역사뿐만 아니라 신약성서의 본문 역사에 있어서도 확실한 분기점으로서의 의미가 있다. 박해 기간 동안 무수히 파괴된 필사본들이 보충되어야 했으며, '콘스탄틴 시대의 전환기' 이후에 생겨난 수많은 교회들에 이러한 필사본들이 새로 공급되어야 했다. 감독이 있는 모든 곳에서, 최소한 모든 교구들에서 교회의 필사 작업실 건립을 위한 외적인 조건들을 갖출 수 있게 되었다. 이 필사 작업실에서 견본으로 삼았던 본문 형태 및 의심할 여지없이 그곳에서 대량 생산된 필사본들은, 이제 특정한 영향력을 갖게 되었다. 따라서 지금까지 가장 다양한 본문들이 유통되었던 이집트에서는 이른바 알렉산드리아 본문이 확고한 지위를 차지했으며, 수세기 동안(예를 들어 코이네 본문의 영향을 받아) 이집트의 본문으로 지속적인 발전을 이루어 나가게 되었다. 이렇게 제국의 여러 지역에 이른바 코이네 본문(이후 비잔틴 본문이 됨)이 급속도로 퍼져나갔다. 왜냐하면 그 당시 중요한 감독 자리를 많이 차지한 안디옥 성서 해석 학교 학생들은, 자신의 교구에서 새롭게 개설된 필사 작업실에서 처음부터 안디옥에서 발전한 본문을 필사 견본으로 삼았다. 또는 — 필사 작업실이 이미 있었던 경우 — 그때까지 사용하던 본문 대신 안디옥에서 발전한 본문을 필사의 견본으로 사용하였기 때문이다. 하나의 특정 본문 형태가 중앙의 지휘에 따라 전파될 때에도 그때까지 존재하는 본문 전승들은 당연히 보존되어 있다. — 여기서도 신약성서 전승의 끈질긴 형태 보존 현상이 나타난다. 각각의 개별 복사물의 수량이 제한적이긴

하지만, 해당 교구에서 이전에는 다른 본문 형태로 존재했던 것도 계속해서 복사되고 유포되었다. 중요한 것은 본문의 원래 형태에 관한 결정을 그때그때 경우에 따라 새롭게 내려야만 한다는 것이다. 왜냐하면 3세기 말과 4세기 초에 결정된 것은 — 이것이 알렉산드리아의 견해든 안디옥에서의 견해든 — 오늘날 우리에게 제한적으로만 유효할 수 있기 때문이다. 이것은 특별히 안디옥의 경우에 더욱 그러하다.

III. 그리스어 신약성서 필사본

1. 일반 사항: 그레고리까지의 필사본 수와 기호

그리스어 신약성서의 첫 인쇄본 곧 에라스무스의 인쇄본은 네 개(또는 다섯 개)의 필사본을 두고서 만들어졌다(본 책의 1쪽 이하 참고). 필사본 숫자는 다음 세대에 급격히 늘었다. 세부 사항들을 여기서 모두 말할 수는 없지만, 이에 대한 설명은 1751-1752년 베트슈타인(Wettstein)의 인쇄본을 말하는 것으로 충분할 것이다. 이 인쇄본을 기점으로 현대 인쇄본이 발전하기 시작했다. 베트슈타인은 200개 이상의 필사본들을 알고 있었고, 각각의 명칭을 표시해 두었으며, 이미 이 필사본들을 대문자 필사본, 소문자 필사본, 그리고 성구집 등으로 분류하였다(이에 대하여는 본 책의 9쪽 이하 참고). 오늘날에도 여전히 사용하고 있듯이, 그는 대문자 사본을 대문자로 표시했다: A = 알렉산드리아 사본, B = 바티칸 사본, C = 에프라임-시루스 재생 사본, D = 베자 켄터브리지언 사본 등등. 그는 소문자 사본들과 성구집은 아라비아 숫자로 표시하였다. 즉 네 개로 나눠는 신약성서의 문서군은 각 문서군마다 매번 새로운 일련번호가 매겨지는 셈이다. 대부분의 필사본에는 이 문서군들 가운데 하나만 들어 있었기 때문에 이런 식으로 한 것이다. 복음서들의 필사본들에 대해서, 대문자 사본은 대문자 O까지, 소문자 사본은 112까지, 그리고 성구집들은 24까지 표시하였다. 바울서신[1]의 경우 대문자 사본은 H까지, 소문자 사본은 60까지, 그리고 성구집은 3까지 표시하였다. 또 사도들의 서신들(Apostolos, 즉 사도행전과 공동서신)의 경우 대문자 사본은 H까지, 소문자 사본

1) 베트슈타인(Wettstein)의 신약성서는 다음과 같은 순서에 따라 구성되었다. 복음서들=1권; 바울서신(끝에 히브리서가 놓인다), 사도행전, 공동서신, 요한계시록=2권.

은 58까지, 성구집은 4까지 표시했으며, 요한계시록의 경우 대문자는 C, 소문자는 28까지 표시하였다.

이렇게 열거된 내용을 통해 베트슈타인의 체계에서 분명해지는 점이 있다: 여러 가지 상이한 필사본들임에도 불구하고, 그가 동일한 문자와 숫자를 붙였다는 것이다. 오늘날 소문자 사본들과 성구집들을 표시하기 위해 자유로운 방식으로 기호를 붙이기는 하지만(예외의 경우, 곧 소문자 사본 1, 2, 4, 7 등이 여전히 이중적 의미를 갖는 경우를 빼고), 대문자 사본에 대해서는 그렇지 않다. 다양한 필사본들에 동일한 대문자를 여러 번 사용해도 문제가 되지 않는 것은 사본 A와 사본 C의 경우뿐이었다. A와 C의 경우 이 필사본들에는 실제로 (빠진 부분이 있긴 하지만) 신약성서 전체가 포함되어 있어 문제가 되지 않았지만, 이와 달리 B의 경우에는 다음과 같은 불행한 결과들이 나타나게 되었다. 신약성서의 복음서들, 바울서신(히브리서 9:14에서 끊김), 그리고 사도들의 서신들(사도행전과 공동서신)에서 기호 B는 4세기의 매우 귀중한 필사본인 바티칸 사본을 의미한다. 반면 요한계시록에서 B는 후대의 아주 쓸모없는 대문자 사본을 나타낸다(10세기의 사본으로서 오늘날 046에 해당). L까지 이르는 필사본들의 기호와 P는 베트슈타인으로부터 물려받은 유산에 해당되며, 오늘날까지 이 기호들은 이중적인 의미를 담고 있다. 심지어 H의 경우에는 삼중의 의미를 갖는다. 이 대문자 기호들은, 이 기호들이 신약성서 문서군 가운데 어디에서 나타나느냐에 따라 의미가 달라진다. 이것이 계속해서 혼란을 야기하는 근원이다. 이를 해결할 수 있는 방법은 대문자 기호에 어깨글자를 써 넣는 방법뿐이다. 예를 들면, D^{ea} = 베자 켄터브리지언 사본, D^{p} = 클라로몬타나 사본 등으로 표시할 수 있다. 또는 그레고리(Gregory)의 숫자 체계를 사용하여 표시할 수도 있다(뒤에 나오는 내용 참고).

뒤이은 세대들이 베트슈타인의 체계를 따랐으며, 새로 알려지게 되는 필사본들은 그가 네 부분으로 나눠 놓은 체계 안에 분류되어 들어갔다. 그 사이에 티쉔도르프가 사본 기호를 새로 추가한 일이 있었는데, 그것이 베트슈타인의 체계에 어떤 문제가 되지는 않았다. 티쉔도르프가 시내 사본을 발견했을 때 그는 사본들의 기호 체계에서 이 시내 사본에 특별한 지위를 부여하려 했고 — 그가 이 사본을 얼마나 중요하게 생각했는지를 보여 주듯 — 결국은 이 사본에 א을 붙이게 되었다. 몹시 어려운 다른 문제가 생겨났다. 얼마 지나지 않아 대문자 사본의 수가 대량으로 늘어나서, 라틴어 문자 기호로는 이 사본들을 충분히 다 표시할 수 없게 된 것이다. 그래서 그리스어 문자를 사용하여 도움을 받았다. 그러나 그리스어 문자로도 곧 부족해졌고, 이를 해결하기 위해 결국 히브리어를 추가로 사용하게 되었다. 그뿐만 아니라 그리스어 문자와 히브리어 문자에 어깨 글자를 써 넣어 표기하기도 했다.

이미 1900년에 기호 Θ^{h}와 $ד^{14}$가 있었고, 라틴어 문자에서는 대문자 I, O, T, W 등의 사본들은 각각 9개, 11개, 9개, 14개의 하위 그룹들을 갖고 있었다. 소문자 사본들에서의 혼란은 훨씬 더 증가하였다. 즉 신약성서 어느 부분에서 표시되었는가에 따라서, 한 개의 숫자가 서로 다른 네 개의 필사본을 표시하기도 했다. (성구집까지 포함해서 다섯 개를 표시하는 경우도 드물지 않았다.) 베트슈타인 목록에 내용을 추가할 때 서로 다른 방식을 취하기도 했다. 따라서 하나의 번호로 6개 또는 7개의 서로 다른 필사본을 가리킬 수도 있었다. 이와는 반대로, 신약성서 전체를 포함하는 소문자 사본이 네 개의 상이한 번호로 표시되어 발견되기도 하였다. 예를 들어, 오늘날에도 여전히 같은 번호를 쓰는 필사본 69는 과거에 복음서에서만 이 번호로 표시되어 있었고, 그 밖에 사도행전에서는 429로, 바울서신에서는 421로, 요한계시록에서는 628로 표시되어 있었다.

2. 그레고리 체계와 필사본 수의 증가

폰 조덴의 새로운 분류 체계가 성공적이지 못했다는 내용에 관해서는 이미 언급한 바 있다(본 책의 55쪽 이하 참고). 미국인으로 태어나 자신의 선택으로 독일인이 된 카스파르 르네 그레고리(Caspar Reneé Gregory, 1846-1917, 독일군 지원병으로 제1차 세계대전 중에 전사하였으며 군에 지원했을 때 이미 나이가 68세였음)는 미국인의 실용주의적인 정신으로 1908년 새로운 필사본 목록(〈그리스어 신약성서 필사본〉[*Die griechischen Handschriften des Neuen Testaments*])을 작성함으로써 그때까지 이어져 왔던 혼란을 평정하고 일단락했다. — 혼란을 수습하는 이 작업은 지금까지 계속되고 있다. 그레고리 이후로 파피루스 사본들은 맨 앞에 𝔓에 써서($\mathfrak{P}^{1}$, $\mathfrak{P}^{2}$ 등) 표시했다. 또한 대문자 사본들은(045까지는 베트슈타인의 대문자 사용을 그대로 유지하고 그 이후부터는 붙여진 문자의 순서대로) 숫자 맨 앞에 0을 써서(א = 01, A = 02, B = 03, C = 04, D^{ea} = 05, D^{p} = 06 등) 표시했으며, 소문자 사본들은 아라비아 숫자로(1, 2, 3 등) 표시했다. 성구집들도 이와 같은 방법으로 표시하되, 앞에 *l*을 붙였다(*l* 1, *l* 2, *l* 3 등).

이렇게 정리한 것을 두고 억지 논리라고 주장하려 하는 사람은 아무도 없을 것이다. 그가 정리한 내용을 살펴보면, 먼저 필사본이 파피루스 양피지 종이 등 어떤 재료의 필사지에 필사되었는지에 따라 분류했으며, 두 번째는 글자체(대문자, 소문자)에 따라, 그리고 다음으로는 필사본의 내용(성구집들)에 따라 분류하였기 때문이다. 여기서 파피루스 필사본들은 모두 대문자로 기록되어 있었고, 기원후 1000년 전환기까지 성구집들의 경우도 마찬가지였다. 최초의 소문자 사본들은 9세기에서야 비로소 등장한다. 한편 그레고리는 이전의 분류 체계에서 보였던 결함, 곧 외형상 눈에 띄는 결함을 모두 제거하지는 않았다: 이미 말했듯이, 소문자 사본에 붙인 번호 1, 2, 4, 7 등은 여전히 두 가지 사본을 가리키는 상태로 남아 있다. (일종의 경외심 때문에 함부로 수정하지 못하고 그대로 두었다.) 대문자 사본들은 모두 새로운 개별 번호를 갖게 되었으나, P까지는 이중으로, 일부는 삼중으로 사용하였으며, 어깨 글자를 사용함으로써만 구별할 수 있었다. 그럼에도 이전에 있었던 복잡함이 사라져 훨씬 더 수월해졌다. 1908년 새로 고안된 그레고리의 필사본 목록은 (폰 조덴의 체계나 랄프스[Rahlfs]의 70인역 필사본 목록과 같이) 거의 완벽에 가까운 발전된 하나의 체계를 만들어내야 한다는 불필요한 강박 관념에서 벗어난 것이었다. 그 결과 1908년 이전에 나온 모든 인쇄본들에 대해서(본 책의 64쪽의 접어서 제본한 자료에서 티쉔도르프의 인쇄본 예시 부분을 보면 분명해짐) 비평장치에 수록된 자료들은 그레고리의 변환된 체계에 맞춰 조정될 필요가 있다.

만일 그레고리의 작업이 성공을 거둔 것이라면, 그 이유는 그의 체계가 실용적이었기 때문이다. 그뿐만 아니라 그의 지칠 줄 모르는 노력으로 신약성서 필사본의 수가 획기적으로 많이 늘어나게 된 점도 그 성공의 이유에 해당한다. 티쉔도르프의 시대까지는, 알려진 그리스어 신약성서 필사본들의 수가 가까스로 1,000개에 그쳤다. 이에 반해 티쉔도르프의 인쇄본 8판에 수록된 1892년 그레고리의 서문에서는 이미 3,060개의 필사본을 언급하고 있다! 그 후 1908년에 그가 〈그리스어 신약성서 필사본〉을 간행했을 때, 파피루스 필사본의 번호는 $\mathfrak{P}^{14}$까지, 대문자 사본은 0161까지, 소문자 사본은 2304까지, 그리고 성구집들은 *l* 1547까지 늘어나게 되었다. 1915년까지 그레고리는 필사본 목록 번호를 각각 $\mathfrak{P}^{19}$, 0169, 2326, *l* 1565까지 더 늘려갔다. 그의 후계자 에른스트 폰 돕쉬츠(Ernst von Dobschütz)에 이르러서는 1923년부터 1933년 사이에 필사본 목록 번호가 $\mathfrak{P}^{48}$, 0208, 2401(빠져 있는 부분의 범위가 크긴 했음), *l* 1609에까지 이르렀다. 물론 이것은 다른 곳에서 새로 발견한 것을 그가 전해들은 것만 기록한 것이다. 그는 그레고리가 했던 것처럼 계산하지 않았다. 즉 자신이 직접 발견한 것은 알려진 신약성서 필사본의 수로 포함시키지 않았다. 이러한 전통은 쿠르트 알란트에 의해 다시 받아들여졌다. 알란트에 의해 신약성서 필사본의 숫자는 파피루스 필사본의 경우 $\mathfrak{P}^{96}$까지, 대문자 사본의 경우는 0299, 소문자 사본들은 2812까지, 그리고 성구집들은 *l* 2281까지 증가했다. (알란트가 작업에 참가한 첫 인쇄본이 1953년 간행되었다.) 새롭게 수록된 필사본들 중에서 대략 1,000개는 뮌스터에 있는 신약성서본문연구소(das Institut für neutestamentliche Textforschung)의 필사본 연구 과정 가운데 발견되었다. 신약성서본문연구소에서 쿠르트 알란트가 공식적으로 작성한 필사본 목록의 집계에 따르면, 필사본 총수는 5,487이다. 이 숫자는 명목상 숫자이고, 오늘날 현존하는 신약성서 필사본의 실제 수는 5,000을 조금 넘어설 것이다. 한편, 우리 선조들이 받아들이지 말아야 했을 몇몇의 필사본들이 과거의 유산이라는 명목 하에 필사본 목록에 들어가 있기도 하다. 더 정밀한 확인 작업이 이루어졌는데, 지금까지 별도로 계산했던 대문자 사본의 단편들을 모아 하나의 새로운 필사본으로 재구성하는 작업이었다. 무엇보다도 이 작업이 필요한 이유는 19, 20세기의 전쟁과 그로 인해 생긴 결과들 및 자연적인 재난으로 인하여 상당수의 필사본들이 돌이킬 수 없을 정도로 유실되었기 때문이다. 그럼에도 19세기에는 특히 그레고리의 작업을 통해, 20세기에는 신약성서본문연구소의 작업을 통해 필사본의 수가 급격히 증가하였다. 앞으로 더는 이에 필적할 만한 필사본의 증가는 없을 듯하다. 물론 예외는 있다. 시내산 카타리나수도원에는 이전까지 접근할 수 없던 공간이 있었는데, 최근 개방됨으로써 그곳의 필사본들이 새롭게 발견되었다. 이런 경우가 생길 때 상황은 달라질 수 있다.

3. 필사지의 재료

초기 시대의 신약성서 본문은 — 4세기 초까지의 모든 문헌들처럼 — 파피루스에 기록되었다. 이 필사지 재료는 주로 이집트의 나일강 삼각주(Nildelta)에서 (또 이곳뿐만 아니라 다른 곳에서도) 무성하게 자라는 식물 파피루스로 만들었다. 정확히 말하면, 대량으로 생산되었다. 파피루스는 6m 높이까지 자라는 식물이다. (우리가 파피루스라는 이름으로 알고 있는 관상용 식물과는 완전히 다른 모습을 상상하게 한다.) 이 파피루스의 두꺼운 줄기를 조각들로 나누어 날카로운 도구를 이용하여 세로줄처럼 매우 가늘게 절단하였다. 이 조각들은 나란히 촘촘하게 정돈되어 심지의 결들이 평행하게 한 방향으로 배열되었다. 둘째 층은 첫째 층 위에 가로로 놓여 수직을 이뤘다. 그런 뒤 두 층으로 된 것을 물에 적셔 그 상태로 함께 압축하여 평평하게 다듬었다. 마지막으로 원하는 크기로 파피루스 필사지가 완성될 때까지, 삐져나온 끝부분을 다듬어 잘라 내었다. 완성된 파피루스 종이는, 우리에게 익숙한 박물관 진열장의 파피루스 견본들처럼 암갈색이나 갈색이 아니라, 오히려 밝은 회색에서 밝은 노란색 정도의 색으로 보였다. (색이 짙어진 것은 몇 세기에 걸쳐 이집트 사막의 창고에 보관되어 있었기 때문이다.) 이 파피루스 종이는 남아 있는 견본들에서 나타나는 것과는 달리 잘 부서지지도 않았다. 오히려 아주 유연해서 낱장의 파피루스들을 10m 길이의 두루마리 형태로 이어 붙여 그 위에 글을 쓰고, 수십 년 이상 그 상태로 도서관에 보관하여 사용할 수 있었다. 파피루스의 섬유 조직이 안쪽(기록되는 면)에는 수평으로, 두루마리의 바깥쪽(대개의 경우 아무것도 적지 않고 비워 둠)에는 수직으로 이루어지도록 파피루스 종이를 한 장씩 서로 이어 붙였다.

그 당시 모든 문헌은 두루마리에 기록되었다. (유대 문헌에서도 마찬가지였다. 거룩한 문서에는 가죽을 사용하곤 했다.) 그러나 — 분명히 처음부터 — 기독교인들은 문헌의 필사를 위해 두루마리를 사용하지 않았고, 오히려 코덱스 곧 하나의 완본된 책의 형태를 사용하였다(본 책의 146쪽 참고). 그들은 한 묶음의 파피루스 종이들을 구입하여 가운데를 접어 사용했다. 이때 여러 가지 단점들이 나타났다. 낱장마다 앞과 뒤, 양면으로 문자가 기록되었다. 즉 섬유 조직의 결이 가로로 배열되어 글쓰기가 수월했던 면뿐만 아니라 섬유 조직이 세로로 배열되어 글쓰기가 매우 힘들었던 면에도 문자를 기록하게 되었다. 게다가 본문을 쓰거나 본문을 단순히 베껴 쓸 때, 늦어도 중간 정도에 이를 때까지는 이 필사본들에 정확히 얼마나 많은 종이가 필요할지 가늠해야만 했다. 아마 처음에는 파피루스 잎들을 단순하게 서로 엮어 짜 맞추었을 것이다. (200년경의 𝔓^{46}이나 3세기 초의 𝔓^{75}에서 발견된 것처럼, 이로써 낱장 한 장의 파피루스가 생겨났다.) 그리고 나서 곧바로 낱장 묶음을 제작하는 단계로 넘어간 듯하다. 말하자면, 겹으로 묶은 파피루스를 각각 일정 수량씩 서로 엮어 짜 맞추는 것이다. 200년경에 기록된 𝔓^{66}의 경우 그 수가 불규칙했다. 이를테면, 겹으로 묶은 파피루스가 4개가 되기도 하고 5개가 되기도 했다. 마침내 4개짜리 겹 묶음 파피루스가 통용되어 16쪽에 본문을 쓸 수 있게 되었다. — 오늘날까지도 책은 보통 한 장에 16쪽이 나오는 전지[2]를 써서 만든다. 오늘날처럼 이 전지 파피루스 여러 장을 함께 꿰매 맞추어서 책으로 묶었다. ($\mathfrak{P}^{66}$은 책처럼 만들어진 형태의 일부가 남아 있으며, $\mathfrak{P}^{75}$는 가죽으로 제본한 일부가 남아 있다.)

그러나 코덱스 형태 곧 하나의 완본된 책의 형태만이 기독교 문헌을 구별하는 특징은 아니었다. (우리가 가지고 있는 가장 오래된 신약성서 파피루스 사본인 $\mathfrak{P}^{52}$는 125년경의 것으로, 이미 코덱스 형태로 기록됐다.) 또한 기독교인들은 이른바 '거룩한 신명(nomina sacra)', 곧 하나님, 예수를 가리키는 말을 대신할 약어를 도입하여 κύριος 대신 $\overline{\text{KC}}$로, θέος 대신 $\overline{\Theta\text{C}}$ 등으로 기록하였다. 구약성서의 그리스어 번역인 70인역 성서의 필사본은 '거룩한 신명'의 사용 여부에 따라, 그 필사본이 기독교에 속하는 것인지 또는 유대교에 속하는 것인지를 확실하게 분류할 수 있었다. 도서관이나 박물관의 필사본 진열 구간에서 지금까지 분류되지 않은 채로 있는 여러 그리스어 필사본들 가운데 원하는 필사본을 찾아 헤맬 때, 이 '거룩한 신명'으로써 그 필사본의 본문이 기독교 본문임을 구별해 낼 수 있다. 어떠한 이유로 초기 기독교인들이 코덱스 형태 및 '거룩한 신명'을 사용하기 시작했는지 다방면으로 논의되었으나, 지금까지 분명하게 밝혀지지 않고 있다. (코덱스 형태는 아마도 경제적 요인에 의한 것으로 설명할 수 있을 것이다.)

우리는 8세기까지의 신약성시 파피루스 사본을 보유하고 있지만(본 책의 111쪽 도표 참고) 4세기부터 양피지를 필사지의 재료로 사용하는 일이 점점 많아졌다. 이미 2/3세기의 것(0189)으로 알려진 양피지 사본이 있으며, 3세기의 것 두 개(0212, 0220)와 3/4세기 것 두 개(0162, 0171)가 전해져 있기는 하다. 그러나 4세기부터는 상황이 바뀐다: 파피루스에 쓰인 신약성서 필사본은 14개인 반면에, 양피지에 쓰인 신약성서 필사본도 14개(*l* 1604를 포함하면 15개)나 된다. 5세기 필사본의 경우 파피루스 필사본은 단지 2개뿐인데, 양피지 필사본은 36개나 된다(*l* 1043을 포함하면 37개이다. 본 책의 109쪽의 도표 참고). 기독교인들은 파피루스가 양피지로 바뀌어 가고 있는 그 시대의 관례를 따라갔다. 확실히 파피루스 필사본들은 오늘날 우리가 생각하는 것보다 내구성이 더 뛰어났지만, 양피지의 내구성과 겨룰 만한 상대가 되지 못했다. 이미 플리니우

2) [역자주] 8절지의 크기로 16쪽이 나오는 종이, 책의 16쪽 분량

스 1세(Plinius der Ältere, 1세기)는 다음과 같은 이야기를 전해 준다. 버가몬 왕 유메네스(Eumenes von Pergamon)가 그 당시 유명했던 알렉산드리아의 도서관에 필적할 만한 도서관을 건립하고자 했다. 그러나 이집트는 파피루스 수출을 금지하여 도서관 건립을 방해했다. 그로 인해 유메네스는 도서관에 비치할 필사본의 필사지 재료로 양피지를 택하였다는 것이다. 이 이야기는 어느 정도 근거가 있는 것으로, 단순히 잘 꾸며낸 이야기만은 아니다. 그럼에도 여기서 그 내용을 짧게 언급한 것은, 독일에서 두루 사용되는 학습서와 안내서 여기저기에 나오기 때문이다. 양피지는 이미 유메네스 이전에 사용되고 있었고, 필사지의 재료로 사용되기 시작한 것은 몇 세기가 지나서였다. (이 전설의 핵심은 아마도 소아시아의 버가몬에서 품질이 특별히 좋고 인기 있는 양피지가 생산되었다는 내용일 것이다.)

양피지는 동물 가죽이다. 동물의 몸에서 벗겨낸 가죽은 먼저 석회로 무두질 가공을 거쳐 털과 지방 부분을 제거한다. (이론상으로는 모든 동물의 가죽이 논의의 대상이지만 대개 양이나 염소 가죽이 사용된다.) 그 후 크기에 맞게 자르고 평평하게 만들어, 사용 목적에 맞게 분필 가루 같은 가루 및 돌로 된 공구로 매끄럽게 가공하여 준비해 둔다. 파피루스의 경우 섬유 조직의 결을 맞춘 것이 줄맞춰 글을 쓸 때 꼭 필요한 도움 요소가 되었지만, 양피지의 경우에는 줄을 그어야만 했다. 철필을 이용하여 줄을 그었고, 그 흔적을 오늘날에도 여전히 필사본들에서 자주 볼 수 있다. 즉 털이 있던 면을 긁어 줄을 내었기 때문에 거기에는 오늘날에도 여전히 홈이 패인 부분이 나타나고, 살이 있던 면에 돌출된 부위를 확인할 수 있다. (2단과 여러 단으로 된 세로 줄 형식의 필사본에서 유사하게 나타난다.) 털로 된 면과 살로 된 면으로 존재한다는 것이 양피지를 필사지의 재료로 사용하는 데 겪는 어려움 가운데 하나였다. 한쪽 면의 색이 더 어둡고 또 다른 면은 더 밝았기 때문이다. 4겹으로 된 파피루스 종이로 기록하는 체계가 오래 동안 발전해 왔던 것에 비해 양피지는 이에 견줄 만한 체계가 아무것도 없었다. 따라서 털로 된 면은 털로 된 면을, 살로 된 면은 살로 된 면을 서로 맞대게 배열할 뿐이었다.

양피지로 넘어가는 과정에서 제기된 또 다른 문제는 한 쪽의 크기에 대한 제한이었다. 한 마리의 양이나 염소로 만들 수 있는 분량은 단지 두 개의 이중 겹지에 불과했다. 즉 얻고자 하는 필사본의 4장 분량의 양피지만을 제공할 뿐이며, 동물의 크기에 따라 양피지의 크기가 제한되었다. 신약성서 문서군의 네 분류 가운데 하나를 기록하기 위해 평균적으로 양피지 약 200-250장(장당 약 25×19cm 크기)이 필요했고 이를 위해 최소한 50-60마리의 염소나 양의 가죽이 필요했다. 이 숫자는 상당히 큰 무리에 해당한다. 필사본들에는 한 개 이상의 신약성서 문서군이 기록되기 때문에(이에 관해 본 책의 112쪽 참고) 그 범위가 훨씬 더 커지는 경우가 자주 있었는데, 그럴수록 이를 위해 요구되는 동물 가죽의 수도 그만큼 더 많아지게 되었다. 이 사실만을 고려해도, 과거 수세기 동안 한 개의 신약성서 필사본에 얼마나 많은 비용을 지불했는가를 가늠하게 된다. 좀 더 크기가 큰 필사본(시내 사본은 원래 크기가 최소한 43×38cm였다!), 그리고 혹 특별히 좋은 품질의 양피지 필사본을 얻고자 할 때에는, 비용이 여러 배로 늘어났다. 그 당시 신약성서 필사본은 필사본 한 권만으로도 부유함을 의미했다. 양피지는 단지 원재료만을 의미할 뿐 그 이상의 비용이 엄청났기 때문이다. 일단 재료가 준비되면 다채로운 색으로 머리글자가 장식되고, 본문이 기록되어야 했으며, 흔히 화가가 그린 작은 삽화들도 첨가되어야만 했다. 양피지 필사본이 자주색으로 채색되고 은과 금으로 문자를 새긴 표제어로 장식되었다면(이미 6세기에 제작된 이러한 필사본들이 보존되어 있음), 애초부터 다음과 같은 점이 자명해진다. 즉 그러한 필사본들은 비용에 큰 영향을 받지 않았던 상류 계층이 주문했었을 것이라는 점이다. 이런 필사본들에 예외 없이 비잔틴 본문이 나타났다면, 그 필사본을 주문한 사람들이 널리 알려지길 원했던 본문이 어떤 것이었는지가 잘 드러난다.

양피지는 최근 100여 년 전의 기간까지도 필사지 재료로 계속 사용되었다. 그러나 12세기부터 양피지 외에 종이가 사용되었다. (종이에 기록된 가장 오래된 필사본은 9세기의 것이다.) 중국인들이 (모든 백과사전에서 확인할 수 있듯이) 기원후 1세기에 종이를 발명하였고, 아랍인들이 8세기부터 그들이 지배했던 지역 곳곳에 확실히 종이를 보급하였다. 그러나 유럽에서는 9세기나 되어서야 비로소 종이가 중요한 역할을 담당하였다. 우리가 보유하고 있는 약 5,400개의 신약성서 필사본들 중에서 약 1,300개만 종이에 기록된 것이다. (2개의 대문자 사본, 698개의 소문자 사본들과 587개의 성구집들이 이에 해당한다. 게다가 11개의 소문자 사본들과 5개의 성구집에서는 양피지와 종이가 나란히 함께 발견되었다.) 초기의 종이(봄비진 종이, Bombycin-Papier)[3)]가 양피지를 모방한 것은, 일반적으로 기술은 전통에서 진보하게 된다는 측면에서 볼 때 쉽게 이해할 수 있다. (가령 자동차가 처음 만들어졌을 때 말이 끌던 마차 바퀴와 비슷한 바

---

3) [역자주] '봄비진 종이(Bombycin-Papier, carta bombycina)'는 중동 지역에서 목화솜에 비단을 섞어 만들었으며, 중부 유럽에서는 중세 시대에 중동으로부터 수입해서 사용했다.

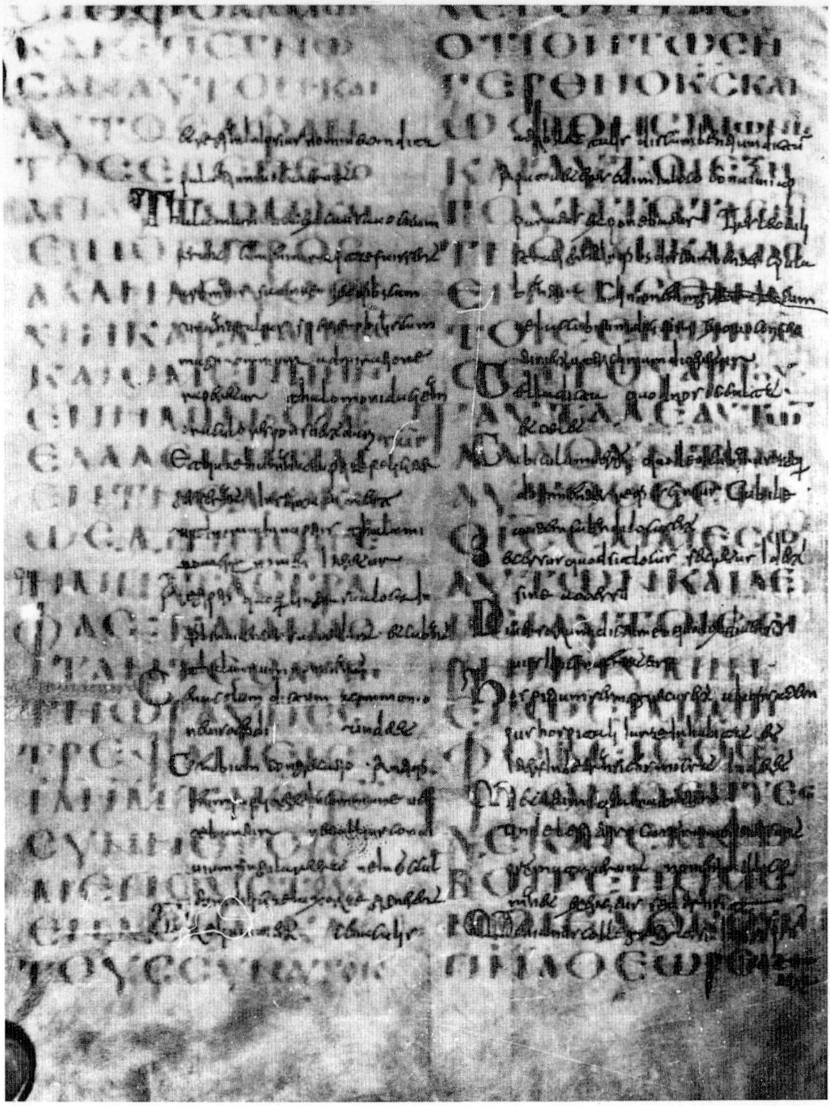

그림 **19** 재생 사본(에프라임–시루스 재생 사본 C **04**와 같은 형태이다. 본 책의 157쪽 참고): 누가복음 24:31-37이 기록되어 있었으며 6세기에 기록된 복음서들 필사본(P^e **024**, 본 책의 163쪽 참고)이다. 글자가 물기 때문에 씻겨 지워진 후 새로 기록되었다(세비야[Sevilla]의 이시도르[Isidor]의 라틴어 필사본).

퀴, 곧 살이 달린 바퀴를 자동차에 달았다는 사실과 그런 자동차가 마차를 대신하게 되었다는 사실은 우연이 아니다.)

4. 시대별 분포

여기서는 먼저 세기별 필사본 분포 개관을 목록 형식으로 제시한다(1988년 5월 현재).

생성 시기	파피루스	대문자 사본	소문자 사본	언셜 대문자	성구집 소문자
II	2	–	–	–	–
200년 경	4	–	–	–	–
II/III	1	1	–	–	–
III	28	2	–	–	–
III/IV	8	2	–	–	–
IV	14	14	–	1	–
IV/V	8	8	–	–	–
V	2	36	–	1	–
V/VI	4	10	–	–	–
VI	7	51	–	3	–
VI/VII	5	5	–	1	–
VII	8	28	–	4	–
VII/VIII	3	4	–	–	–
VIII	2	29	–	22	–
VIII/IX	–	4	–	5	–
IX	–	53	13	113	5
IX/X	–	1	4	–	1
X	–	17	124	108	38
X/XI	–	3	8	3	4

XI	–	1	429	15	227
XI/XII	–	–	33	–	13
XII	–	–	555	6	486
XII/XIII	–	–	26	–	17
XIII	–	–	547	4	394
XIII/XIV	–	–	28	–	17
XIV	–	–	511	–	308
XIV/XV	–	–	8	–	2
XV	–	–	241	–	171
XV/XVI	–	–	4	–	2
XVI	–	–	136	–	194

(* 로마 숫자는 세기를 뜻한다. 예: II='2세기', II/III='2세기 또는 3세기')

시각적인 설명을 선호하는 사람들을 위해, 먼저 본문 필사본들에 대해 위 목록과 동일한 분포 상황을 그래픽으로 보여 주는 도표가 추가되었다(본 책의 111쪽 위 참고).

여기서 (보존된) 필사본들 수가, 특히 11-14세기에 증가하는 것이 뚜렷하게 드러난다. 매 세기마다 실제로 얼마나 많은 수의 필사본들이 생성되었는가를 집계하는 것은 제한적일 수밖에 없다. 왜냐하면 필사본의 '손실률'은 세기마다 다를 수 있기 때문이다. 예를 들어, 디오클레티아누스(Diocletianus)의 박해 기간에는 그 이전의 어느 때보다 큰 피해를 입었을 것이다. 그리고 대략 15세기경 이슬람 세력들이 그리스어를 사용하는 기독교 지역에 침입하여 전쟁이 났을 때에도 마찬가지였을 것이다. 그럼에도 불구하고 이 도표는 아마도 인상적인 도표가 될 것이다. (위의 개관과 도표들 사이에 차이가 나타난다. 위 개관에서는 두 세기의 사이, 곧 중간세기가 별도로 계산되었다[예 II/III 등]. 그래픽 도표들에서는 앞의 세기에 포함되어 계산되었다.) 둘째 도표는 성구집 필사본들의 (세기별) 시기 구분을 나타낸다. 여기서도 11-14세기까지가 가장 높은 수치를 보여 준다.

세기별 본문 필사본

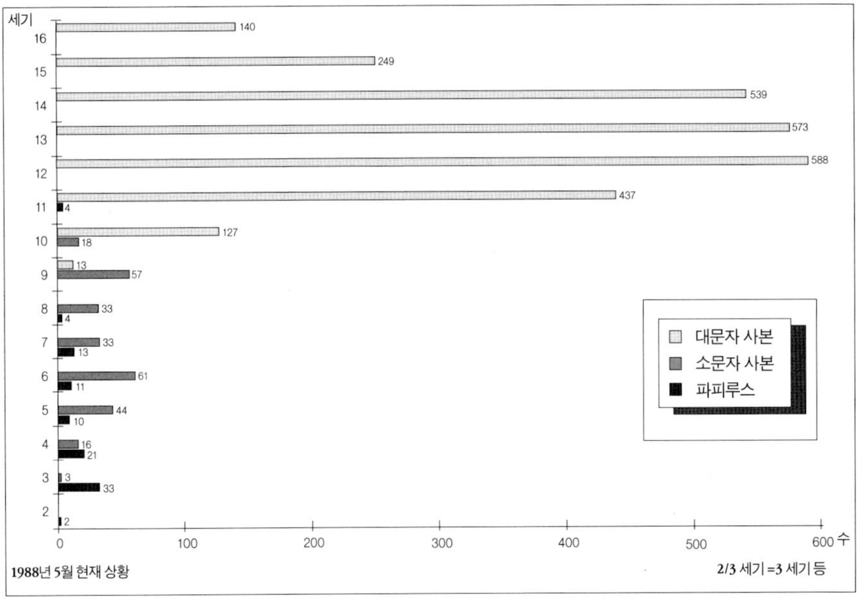

그림 20

세기별 성구집

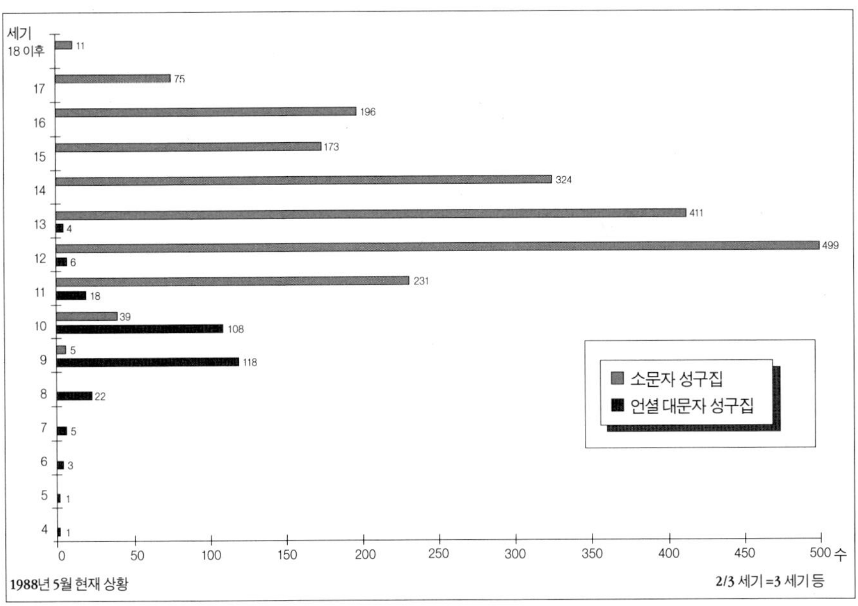

그림 21

5. 내용별 분류

신약성서 필사본들의 내용에 관해 여기서는 개략적으로만 언급할 것이다. 단지 3개의 대문자 사본들(א 01, A 02, C 04)과 56개의 소문자 사본들(205^{abs}가 따로 계산될 경우 57개)에서만 신약성서 전체가 나타난다. 2개의 대문자 사본들과 147개의 소문자 사본들에서 요한계시록은 빠져 있다. (정경화 과정의 역사에서 그 이유를 찾을 수 있다.) 그뿐만 아니라 신약성서 문서군은 다채로운 복합체로 발견된다. 1개의 대문자 사본과 75개의 소문자 사본에는 복음서들이 빠져 있는 신약성서가 들어 있고, 11개의 소문자 사본들에는 복음서들과 요한계시록이 함께 들어 있으며, 2개의 파피루스 사본과 1개의 대문자 사본 그리고 8개의 소문자 사본에는 복음서들, 사도행전 및 공동서신이 들어 있다. 또한 다른 2개의 소문자 사본에도 이 부분들이 들어 있지만 요한계시록도 함께 들어 있다. 6개의 소문자 사본에는 바울서신과 요한계시록이 들어 있고, 3개의 소문자 사본에는 사도행전과 공동서신 그리고 요한계시록이 포함되어 있다. 또 다른 5개의 소문자 사본에는 복음서들과 바울서신이 함께 들어 있다. 눈에 띄게 규모가 큰 필사본 그룹이 있다. 사도행전, 공동서신, 바울서신을 모두 함께 포함하는 필사본들인데, 8개의 대문자 사본, 265개의 소문자 사본이 이에 해당한다. 이 필사본들은 규모 면에서 볼 때, 신약성서 가운데 하나의 문서군만 들어 있는 필사본들을 능가한다. 18개의 파피루스 사본(그 중 12개는 단편들), 29개의 대문자 사본(그 중 27개는 단편들), 40개의 소문자 사본(그 중 5개는 단편들)에는 사도들의 서신들(즉 사도행전과 공동서신)만 들어 있다. 바울서신만 들어 있는 필사본의 수는 더 많다. 26개의 파피루스 사본들(그 중 18개는 단편), 58개의 대문자 사본들(그 중 46개는 단편들), 138개의 소문자 사본들(그 중 6개는 단편)이 있다. 짐작할 수 있듯이 요한계시록만 들어 있는 필사본들의 수는 현저히 줄어든다. 5개의 파피루스 사본들(그 중 4개는 단편), 7개의 대문자 사본들(그 중 3개는 단편)과 118개의 소문자 사본들(그 중 1개는 단편)이 있다. 그러나 사복음서 필사본들의 수가 이 모든 필사본들의 수를 넘어선다. 다시 말해서 한 문서군, 곧 사복음서만 들어 있는 필사본들의 수가 다른 각 문서군 또는 몇 개의 문서군이 들어 있는 모든 필사본들의 수를 넘어선다. 사복음서 필사본들에는 43개의 파피루스 사본들(그 중 31개는 단편), 184개의 대문자 사본들(그 중 110개는 단편), 1,896개의 소문자 사본들(그 중 57개는 단편)이 있다. 각 문서군 별로 보면, 각 문서군이 들어 있는 필사본들의 총수는 다음과 같다. 사복음서는 총 2,361개, 사도들의 서신들(사도행전과 공동서신)은 662개, 바울서신은 792개, 요한계시록은 287개의 그리스어 필사본으로 후대에 전해졌다. 본 책 114쪽의 도표는 이러한 상황을 명확하게 설명한다.

신약성서 문서들의 순서는 필사본들에서 다양하게 나타난다. 4개의 문서군의 순서뿐만 아니라 각 문서군 내에 있는 문서들의 순서가 다양하다. 필사본들에서 공통적으로 나타나는 점은, 복음서들은 처음에, 사도행전은 마지막에 위치한다는 점뿐이다. (문서군의 순서들에 대해 언급하는 어떤 내용이 나올 수도 있는 문서들, 곧 정경 목록들이나 교부 인용문들에서도 마찬가지다.) 그 밖에 다른 문서군들에 대한 순서를 보면 다음과 같다. 사도행전–바울서신–공동서신, 사도행전–공동서신–바울서신(사본 A, B, C와 대다수의 필사본들에서 이런 순서로 나타남), 바울서신–사도행전–공동서신(א사본과 일련의 소문자 사본 그룹), 바울서신–공동서신–사도행전 등의 순서로 나타난다. 각 순서의 이면에는 신학적인 평가나 역사적인 가설이 있는 듯하다. 이와 달리, 그 밖의 다른 전승들에서 나타나는 모습처럼 복음서들 및 바울서신의 순서가 다채롭게 나타나거나 때로는 그 순서가 임의로 바뀌어져 있다면, 이것은 신약성서가 정경화되어 가는 과정의 역사를 반영하고 있는 것이다: 복음서들은 원래 복음서 하나씩 따로 유포되었기 때문에, 사복음서가 하나의 형태(Tetraevangelium)로 합쳐질 때에는 다양한 모습이 나타나게 되었다. 바울서신 모음집(Corpus Paulinum)은 여러 개의 다양한 개별 모음집을 모아 재편성한 것이며, 제2바울서신의 양이 많아지게 되어 부차적인 문제가 생겼다. 현재 자리가 잡혀 있는 복음서들의 순서는 대부분의 필사본들과 번역본들에서 입증되었다. 그러나 그 순서 외에도 '서방' 본문 순서는 마태–요한–누가–마가의 차례로 나오기도 한다. 또는 요한복음으로 시작하는 필사본도 있다. (또한 이 필사본들에서는 마태복음으로 시작할 때와 마찬가지로 뒤에 이어지는 복음서들이 다양한 순서로 나타나기도 한다.) 바울서신 모음집의 경우 변화의 폭은 지금까지 생각했던 것보다 훨씬 크다. 우리가 가지고 있는 2세기의 세 가지 증거, 즉 마르키온, 무라토리 정경, $\mathfrak{P}^{46}$은 전체적으로 서로 차이가 나며, $\mathfrak{P}^{46}$의 경우(현재 보존되어 있는 상태로 볼 때) 이미 오늘날의 순서를 보여 준다(로마서와 고린도전서 사이에 히브리서가 나오고 갈라디아서 앞에 에베소서가 나오는 순서는 예외).

6. 주요 보관 장소

신약성서 필사본들을 보관하는 장소는 전 세계에 흩어져 있다. 일반적으로 이 장소들은 '인위적인' 장소들, 곧 필사본들을 한 곳에 모아 들여 만든 곳들이다. 다시 말해서 자연적으로 생겨나 발전된 곳이 아니라 지정된 어떤 곳에서 발전된 것이다. 자연적으로 생겨난 장소로서 가장 대표적인 곳은, 아토스(Athos)산의 수도원(큰 창고 하나에만 해도 254개의 필사본이 들어 있음)과 시내산의 카타리나수도원이다('이전 보유 현황'에

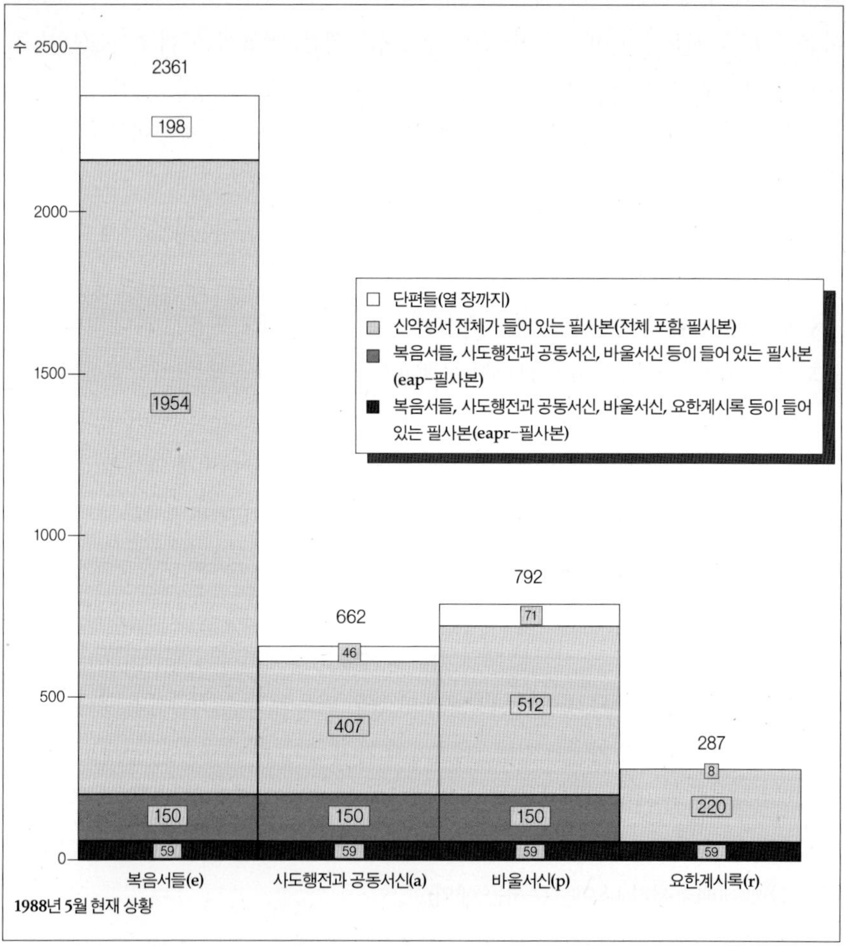

그림 22 신약성서 본문 필사본들의 내용별 분류

따르면 필사본 수가 230개에 달했지만, 새로 발견된 필사본들로 인해 그 수가 301개까지 증가하였음). 현재 보유 현황에 따르면 가장 광범위하게 신약성서 필사본 수집물들을 모아둔 곳은 다음과 같다.

50-100개의 필사본들:

a) 케임브리지(Cambridge) (66) b) 그로타페라타(Grottaferrata) (69)
c) 플로렌스(Florenz = 피렌체) (79) d) 파트모스(Patmos) (81)
e) 모스크바(Moskau) (96)

100-200개의 필사본들: 예루살렘(Jerusalem) (146), 옥스퍼드(Oxford) (158)

200-500개의 필사본들:

a) 레닌그라드(Leningrad) (233) b) 런던(London) (271)
c) 시내산(Sinai) (301) d) 로마(Rom) (367)
e) 파리(Paris) (373) f) 아테네(Athen) (419)

500개 이상: 아토스산의 수도원들(die Athos-Klöster) (900)

여기에 문화사의 한 단면이 반영되어 있다. 그러나 아주 넓은 의미에서 보면 식민지 역사의 한 단면도 반영되어 있다. 영국과 프랑스에 수집되어 있는 필사본들은 식민지 시대에 생겨난 것이다. — 그러나 세계 여러 나라를 누비며 여행했던 두 나라 시민들의 개척 정신에 의해 비롯된 것이기도 하다. 서방 기독교의 중심지 로마처럼, 신기하게도 모스크바('제3의 로마'로서 동로마 제국이 멸망한 1453년 이후로도 유일하게 존재했던 '동방 정교회'의 중심지였으며, 총대감독이 있던 곳이었음)와 레닌그라드(황제의 거주지이며 국가의 학문적 중심지)에도 많은 필사본들이 증여되었다. 게다가 동·서방 교회 모두 더 많은 필사본을 보유하기 위하여 치밀한 정책을 펼쳤다(예를 들면, 모스크바에서는 17세기에 수도원장 수하노브[Suchanow]로 하여금 최소한 25개의 신약성서 필사본을 아토스산에서 모스크바로 가져오도록 했다. 로마의 경우 하이델베르크의 팔라티나[Palatina] 도서관을 '얻게' 되었다.): 동·서방 교회 모두 신앙심이나 애국심 외에 다른 요인들이 나름의 역할을 담당했던 것도 분명한 사실이다. — 바티칸도서관이 설립된 배경이나 레닌그라드에 신약성서 필사본들이 모이게 된 유래를 한 번만 살펴본다면, 그런 사실을 생생하게 연상해 볼 수 있을 것이다. 그래도 아테네는 본래 자연적으로 필사본이 모여 이 장소가 '생기고 발전한' 곳이라고 전제하고 싶은 장소이다. 그러나 아테네조차도 그런 장소라고 말할 수 없다. 대부분의 필사본이 보관되어 있는 그리스국립도서관은 19세기가 되어서야 설립되었다. 나머지 다른 필사본들은 공공 전시관의 소유이거나 개인의 소유로 되어 있으며, 이 필사본들이 수집되기 시작한 시기가 19세기 이전도 아니다. 앞서 설명한 필사본 보관 장소의 분류에서 독일뿐만 아니라 (독일에는 — 서베를린 포함 — 총 100개의 필사본이 있으며, 신약성서본문연구소에만 그 가운데 21개가 있다!) 미국조차도 (보유하고 있는 신약성서 필사본의 수가 1912년 45개에서 1964년에 291개로 늘었음에도) 보관 장소로 언급할 수 없었다. 이에 대해 설명하자면, 역사가 짧은 미국에서는 필사본이 수많은 단편 모음집들로 나누어져 있기 때문이고, 독일의 경우에는 근시안적 문화 정책 때문이다. 뮌스터에 있는 신약성서본문연구소를 제외하고, 독일의 박물관들과 도서관들은 지난 수십 년간 단 하나의 그리스어 신약성서 필사본도 손에 넣지 못했다.

7. 파피루스 사본들

20세기가 되어서야 비로소 신약성서 파피루스 사본들은 현재와 같이 널리 알려져 특별한 명성을 얻게 된다. 그레고리가 이 파피루스 사본들을 하나의 독립된 그룹으로 분류하게 된 것은 거의 우연한 일이었다(본 책의 101쪽 이하 참고). 이 특별한 분류는 19세기에 부수적인 역할을 수행할 뿐이었다. 세기의 전환기, 곧 20세기에 들어서기 전까지 단지 9개의 파피루스 사본만이 알려지거나 편집되었고, 이들 중 단 한 개($\mathfrak{P}^{11}$)만이 인쇄본의 비평장치에 (티쉔도르프에 의해 부분적으로) 수용되었다. 잘 알려진 파피루스 사본들의 수는 1930년대에 40개 이상으로 증가했다. 그러나 이것은 당시 비티 성서 파피루스(Chester-Beatty-Papyri) $\mathfrak{P}^{45}$, $\mathfrak{P}^{46}$, $\mathfrak{P}^{47}$ 등이 알려지기 전까지의 수이다. 많은 사본들이 매우 오래된 것이었음에도 불구하고, 이 사본들 가운데 어느 것도 세간의 특별한 관심을 끌지 못했다. 그러나 이 파피루스 필사본들 때문에 일어난 관심은 1935년에 로버츠(C. H. Roberts)가 기원후 약 125년의 사본인 $\mathfrak{P}^{52}$를 출간했을 때에도 끝나지 않았다. 오히려 이 파피루스 사본들에 의해 제기된 문제들이 완전히 해결되기 전인 1956년부터 1961년까지 보드머 파피루스 신약 사본(Bodmer-Papyri) $\mathfrak{P}^{66}$, $\mathfrak{P}^{72}$, $\mathfrak{P}^{75}$, $\mathfrak{P}^{74}$의 출간이 그 뒤를 이었다.

그때부터 일반 대중뿐만 아니라 신약성서 학자들은 '파피루스'라는 단어에 대해 마냥 신비로움을 가지게 되었다. 그러나 이것은 확실히 너무 부당한 일이었다. 파피루스는 다른 것들과 마찬가지로 필사지 재료 중 하나일 뿐이다(본 책의 103쪽 참고). 그럼에도 3/4세기까지, 즉 주요 본문 형태들이 형성되는 시기가 오기 전까지 파피루스에 자동적으로 특별한 의미가 부여됐던 것이다. (본 책의 80쪽에서 그 이유를 확인할 수 있다.) 그 이후로는 어떤 재료에 필사되었더라도 동일하게 취급되었으며, 본문의 우수함만이 필사본의 중요성을 판단하는 데 결정적인 역할을 했다. 예를 들어, 사도행전과 공동서신을 수록한 7세기(본 책의 그림 24 참고) 필사본 $\mathfrak{P}^{74}$는 본문이 파피루스에 쓰였기 때문에 중요한 것이 아니라, 우수한 본문을 보유하고 있기 때문에 중요한 것이다. 오늘날 96개의 번호가 붙여진 신약성서 파피루스 필사본의 공식 목록을 보면, 본래 이 목록에 속하지 않을 법한 사본들이 많이 있다: 탤리즈먼(Talisman)($\mathfrak{P}^{50}$, $\mathfrak{P}^{78}$), 성구집들($\mathfrak{P}^{2}$, $\mathfrak{P}^{3}$, $\mathfrak{P}^{44}$), 발췌문들($\mathfrak{P}^{43}$, $\mathfrak{P}^{62}$), 누가복음 1장 찬가 필사본($\mathfrak{P}^{42}$), 주석 딸린 필사본($\mathfrak{P}^{55}$, $\mathfrak{P}^{59}$, $\mathfrak{P}^{60}$, $\mathfrak{P}^{63}$, $\mathfrak{P}^{80}$)과 심지어 필사 연습($\mathfrak{P}^{10}$), 성서 구절에 대한 메모($\mathfrak{P}^{12}$)가 있다. 성구집들이 받아들여진 것은 필사본 전체 체계 내의 구조적인 결함에 기인한

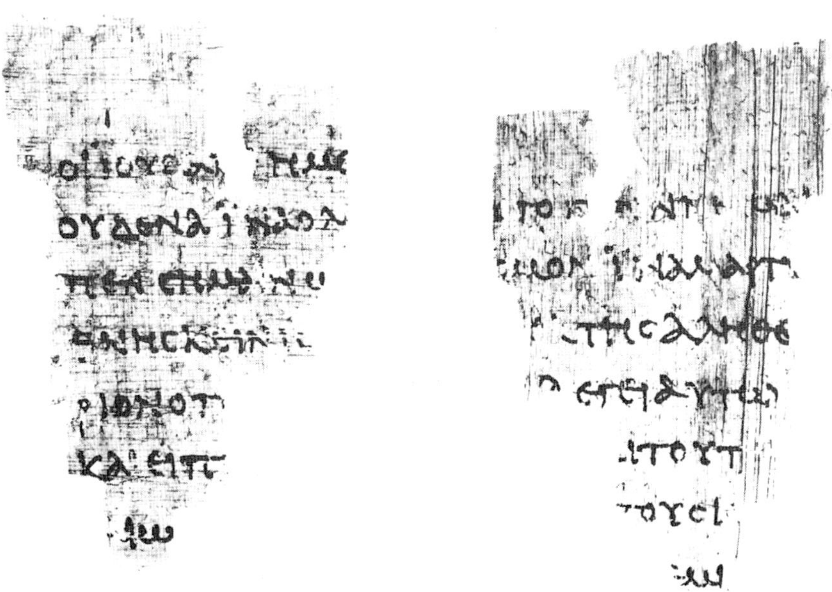

그림 23 가장 오래된 신약성서 필사본, 약 125년경 $\mathfrak{P}^{52}$, 요한복음 18:31-33과 18:37-38이 들어 있는 앞면과 뒷면(본 책의 140쪽 참고).

것으로 설명된다. 주석이 딸린 필사본은 이 본문 형태의 성격이 아직 확실하게 밝혀지지 않은 채로 있기 때문에 일단 받아들여졌다. (아마도 요한복음 아래쪽 난외주에 신탁과 함께 '격언' 형태로 제공된 필사본일 것이다. 메츠거, 클린 기념 논문집[Festschrift Klijn, 1988 참고]) 그 밖의 다른 것들은, 초기에 필사본 목록의 작성을 책임졌던 사람들이 때때로 무비판적인 태도를 취했기 때문에 받아들여진 것이다. 하지만 이런 특이한 사본들은 필사본 수집 목록 전체와 비교해 볼 때 사소한 부분에 해당한다. 신약성서 27권 각 권에 대한 파피루스 필사본의 분포는 다음과 같다:

마태복음	18 (7개는 초기 시대 사본)	파피루스 사본
마가복음	3 (1개는 초기 시대 사본)	파피루스 사본
누가복음	8 (4개는 초기 시대 사본)	파피루스 사본
요한복음	22 (11개는 초기 시대 사본)	파피루스 사본
사도행전	13 (6개는 초기 시대 사본)	파피루스 사본
로마서	8 (3개는 초기 시대 사본)	파피루스 사본
고린도전서	7 (2개는 초기 시대 사본)	파피루스 사본
고린도후서	2 (1개는 초기 시대 사본)	파피루스 사본
갈라디아서	2 (1개는 초기 시대 사본)	파피루스 사본
에베소서	3 (3개는 초기 시대 사본)	파피루스 사본
빌립보서	3 (2개는 초기 시대 사본)	파피루스 사본
골로새서	2 (1개는 초기 시대 사본)	파피루스 사본
데살로니가전서	4 (3개는 초기 시대 사본)	파피루스 사본
데살로니가후서	2 (2개는 초기 시대 사본)	파피루스 사본
디모데전서	- 초기 시대 사본(없음)	파피루스 사본
디모데후서	- 초기 시대 사본(없음)	파피루스 사본
디도서	2 (1개는 초기 시대 사본)	파피루스 사본
빌레몬서	2 (1개는 초기 시대 사본)	파피루스 사본
히브리서	6 (3개는 초기 시대 사본)	파피루스 사본
야고보서	4 (2개는 초기 시대 사본)	파피루스 사본
베드로전서	3 (1개는 초기 시대 사본)	파피루스 사본

베드로후서	2 (1개는 초기 시대 사본)	파피루스 사본
요한1서	2 (1개는 초기 시대 사본)	파피루스 사본
요한2서	1 (초기 시대 사본 없음)	파피루스 사본
요한3서	1 (초기 시대 사본 없음)	파피루스 사본
유다서	3 (2개는 초기 시대 사본)	파피루스 사본
요한계시록	5 (2개는 초기 시대 사본)	파피루스 사본

물론 여기 표시된 파피루스 숫자들을 파피루스의 총 개수로 계산할 수 있는 절대적 수치들로 생각해서는 안 된다. 하나의 파피루스가 다른 수치에 포함될 수도 있다. 곧 성경 각 권과 관련된 파피루스의 수를 표시한 것뿐이다. 이 숫자들을 모두 더했다면 틀림없이 잘못된 생각을 하게 될 것이다. 신약성서 각 권별로 볼 때 하나 이상 여러 권의 책들이 들어 있는 파피루스들($\mathfrak{P}^{30}$, $\mathfrak{P}^{34}$, $\mathfrak{P}^{44}$, $\mathfrak{P}^{45}$, $\mathfrak{P}^{46}$, $\mathfrak{P}^{53}$, $\mathfrak{P}^{61}$, $\mathfrak{P}^{72}$, $\mathfrak{P}^{74}$, $\mathfrak{P}^{75}$, $\mathfrak{P}^{84}$, 본책의 도표 147쪽 참고)은 각 책마다 번호를 새로 부여받게 되기 때문이다. 이는 '초기 시대'의 파피루스, 곧 3/4세기까지 이르는 시대의 파피루스 필사본의 경우에도 해당된다. 이 필사본은 지금까지 알려진 파피루스 필사본들 가운데 거의 절반에 해당하는 총 43개에 이르고 있다! 필사지의 재료로서 양피지는 4세기가 되어서야 비로소 신약성서에 사용되었으며, 사용되기 전까지는 파피루스가 지배적으로 사용되었다(5개는 예외, 본책의 109쪽 개관 참고).

끝으로 파피루스 필사본에 대한 전체 개관을 정리하고자 한다. 그러나 그 전에 몇 가지 소견을 밝히고자 한다. 참으로 세간의 주목을 끌었던 일로서, 최근의 필사본의 발견에 관한 것이다. $\mathfrak{P}^{52}$는 요한복음 18장의 내용이 담긴 단 하나의 단편만을 제공한다. 그러나 선도적인 역할을 맡았던 파피루스 학자들에 따르면, 이 사본의 생성 연대는 '약 125년'으로 결정된 바 있다. '약 125년'이라 할 때에는 전후 25년간의 여유를 허용한다. 그러나 최근, 125년이 마지막 한계선을 나타내는 것이라는 데에 확실한 합의가 이루어진 것으로 보인다. 따라서 $\mathfrak{P}^{52}$의 생성 시기는, 요한복음의 생성 연대로 개연성이 있어 보이는 대략 기원후 90-95년과 매우 가깝다. (최근에 $\mathfrak{P}^{90}$과 더불어 2세기의 것으로 추정되는 요한복음의 또 다른 단편이 알려지게 되었다.) 또한 이 사실은 전승된 신약성서 본문의 질을 결정적으로 확증해 주는 것이 되기도 한다. 이 확증은 다음과 같은 사실을 통해서 더 분명해진다. $\mathfrak{P}^{52}$에 절대적인 '일반 본문'이 들어 있다는 사실이다. 다시

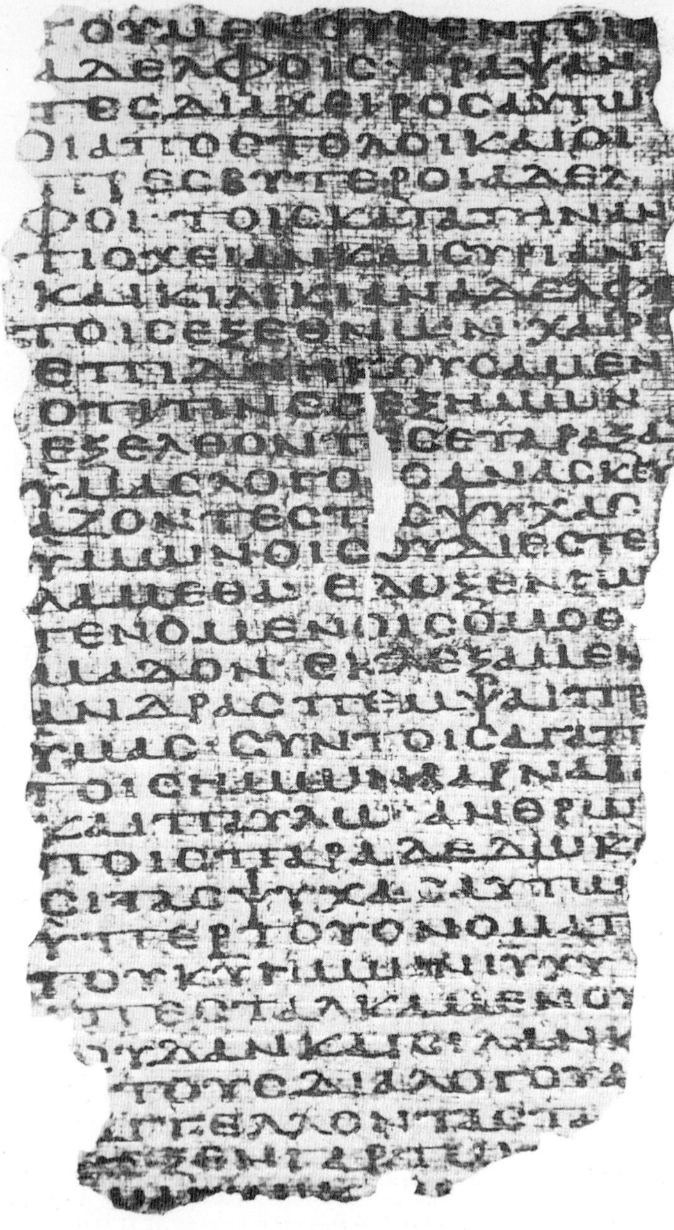

그림 24 $\mathfrak{P}^{74}$ ([보드머 파피루스 신약 사본 XVII], 7세기, 단편(f.) 51^{r} 사도행전 15:23-28 수록(본 책의 144쪽 참고).

말해서 이 필사본에 의해 오늘날 우리의 본문(〈네슬-알란트 26판〉 및 〈그리스어 신약성서[*Greek New Testament*, 이하 GNT] 3판〉)이 인증된다. 비티 성서 파피루스 사본이 알려지기 전에도 사람들은 이미 확실히 3세기의 파피루스 사본들을 알고 있었다. 그러나 3세기의 파피루스 사본들 가운데 바울서신이 들어 있으며, 생성 시기가 '약 200년'(200년보다 조금 더 빠르거나 조금 더 늦을 수 있음)으로 추정되는 $\mathfrak{P}^{46}$보다 더 이른 시기의 사본은 없었다. 무엇보다도 그때까지 알려진 모든 초기 시대 파피루스 사본들은 신약성서 본문 중 단지 몇 구절만 들어 있는 단편들이었다. 오로지 3세기의 $\mathfrak{P}^{15}$만이 단편이 아닌 — 거의 — 온전한 한 장의 파피루스 형태를 갖추고 있을 뿐이었다. 그러나 이제 갑자기 초기 시대 신약성서 문서 전체가 우리 앞에 나타나 있다. 보드머 파피루스 신약 사본 $\mathfrak{P}^{66}$, $\mathfrak{P}^{72}$, $\mathfrak{P}^{75}$가 알려진 것이다. 그럼으로써 신약성서 전체를 담고 있던 본문은 더 골머리를 썩이게 될 연구거리가 되었다.

외적인 면에서 볼 때에도, 가장 먼저 간행된 보드머 파피루스 신약 사본 $\mathfrak{P}^{66}$은 지금까지 없었던 다른 모습을 보여 준다. 즉 이전에는 불가능하다고 여겼던 것을 보여 주고 있다. 왜냐하면 $\mathfrak{P}^{66}$에는 가장자리 주변의 작은 파손을 제외하고는, 정말 책으로 된 요한복음이 들어 있었기 때문이다. 즉 책 제목이 있는 1장부터 시작해서(본 책의 그림 26 참고) 52장(요한복음 14장까지=파피루스 26장의 이중 겹지)이 빠짐없이 보존되어 있었다. (나머지는 적게든 많게든 단편으로 남아 있었다.) 심지어 옛날 방식의 제본과 거기에 사용된 파피루스 끈의 잔재 등을 알아볼 수 있었다. 하나의 파피루스 필사본이 1,750년 이상이나 — 그 파피루스 필사본의 생성 연대는 200년경으로 추정된다 — 이러한 상태로 보존될 수 있었을 것이라고는 그때까지 어느 누구도 생각하지 못했을 것이다. (비티 성서 파피루스 사본들 중에서 $\mathfrak{P}^{45}$는 단편으로 된 파피루스들만 남아 있고[본 책의 그림 30 참고], $\mathfrak{P}^{46}$은 더 좋은 상태로 보존되었지만, 손상되어 있다. — 대체로 아래 가장자리에 2-7줄의 본문이 누락되었다[본 책의 그림 25 참고]. 가장 양호한 상태로 보존된 $\mathfrak{P}^{47}$조차도 위의 가장자리 부분에 1-4줄의 본문이 누락되어 있다. 그 밖에 아래 바깥쪽과 위의 안쪽 모서리에 본문이 누락되는 손상을 입었다[본 책의 그림 27 참고].) 일단 겉보기에 필사본의 상태가 훌륭하면, 그 필사본의 본문 상태도 함께 따라간다. $\mathfrak{P}^{66}$(보드머 파피루스 신약 사본 II)은 — 올바른 분석을 통해서 — 비티 성서 파피루스 필사본들뿐만 아니라 2세기 후반의 신약성서 본문도 온전히 이해할 수 있게 하는 단서를 제공하였다.

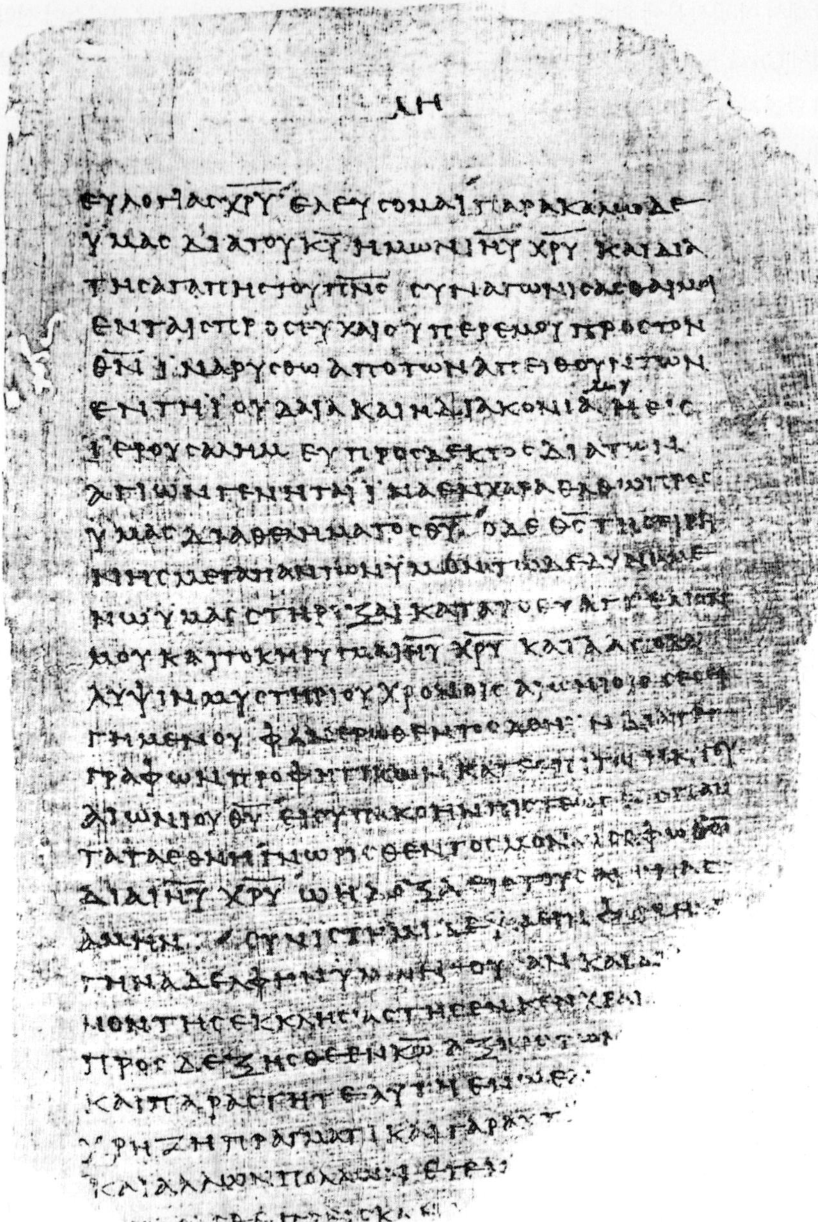

그림 25 $\mathfrak{P}^{46}$(비티 성서 파피루스 II), 약 200년, 단편(f.) 20^{r}, 로마서 15:29-33; 16:25-27, 1-3 수록(본책의 139쪽 참고).

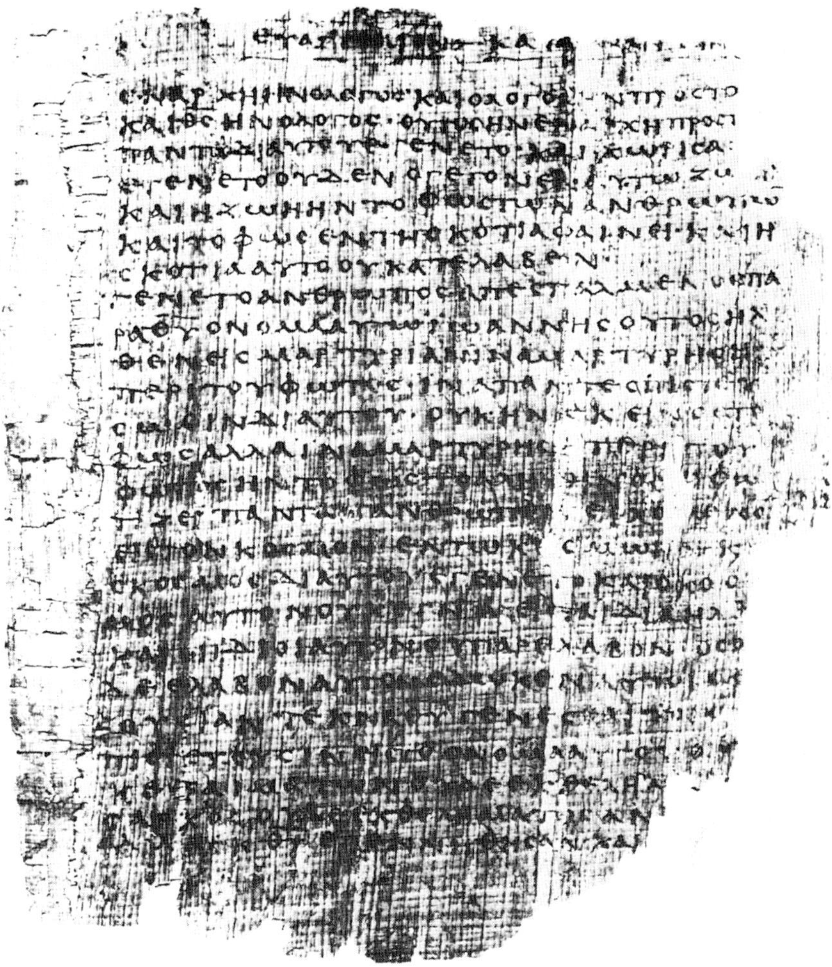

그림 **26** $\mathfrak{P}^{66}$(보드머 II), 약 200년, 단편(f.) 1^{v}, 요한복음의 시작 부분 수록(본 책의 142쪽 참고).

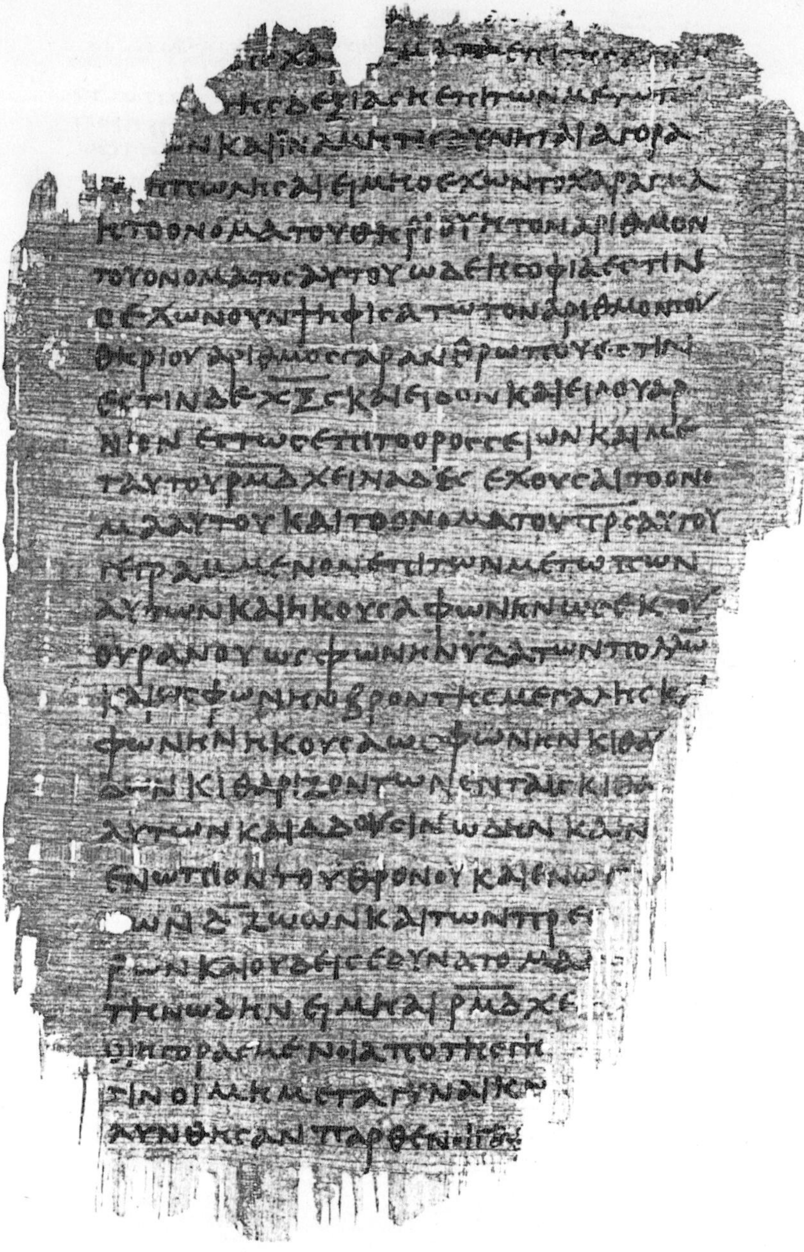

그림 27 $\mathfrak{P}^{47}$(비티 성서 파피루스 III), 3세기, 단편(f.) 7ʳ, 요한계시록 13:16-14:4 수록(본 책의 139쪽 참고).

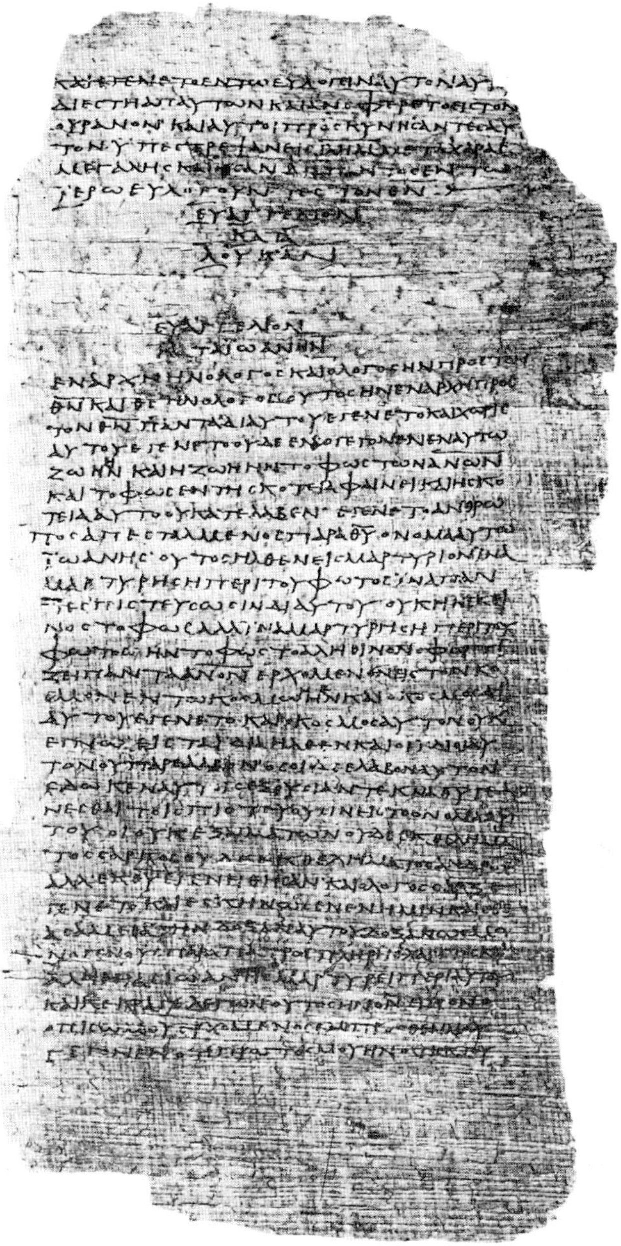

그림 28 $\mathfrak{P}^{75}$(보드머 XIV, XV), 3세기 초, 단편(f.) 44^{r}, 누가복음 결론과 요한복음 시작 부분 수록(본 책의 144쪽 이하 참고).

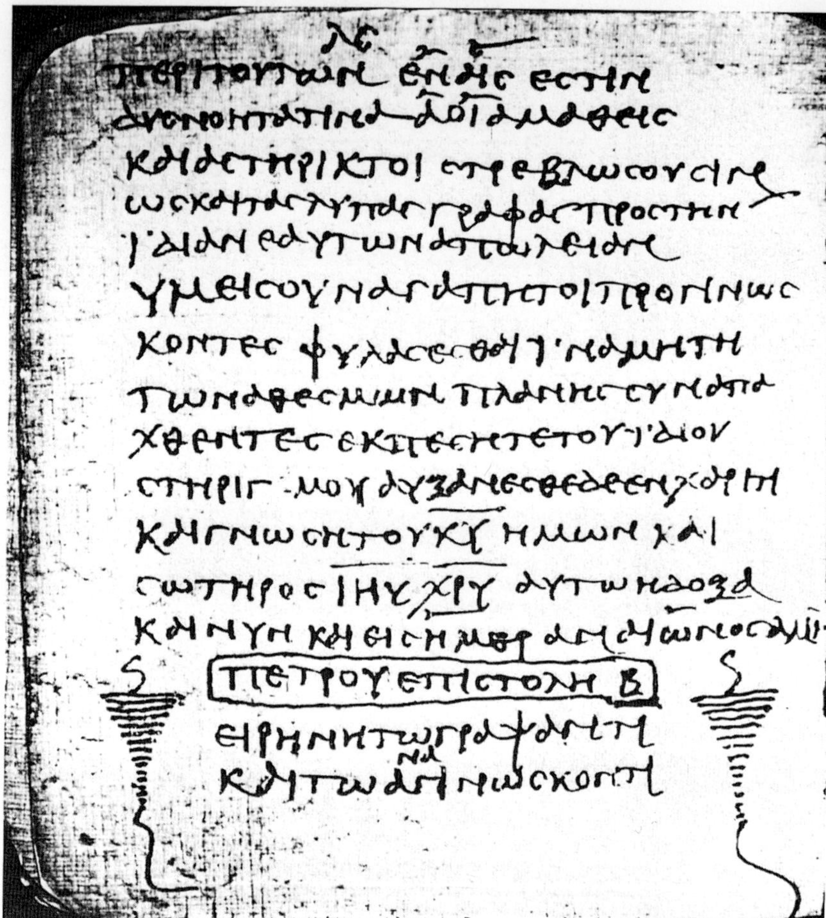

그림 29 $\mathfrak{P}^{72}$(보드머 VII, VIII), 3/4세기, p. 36, 베드로후서 결론과 연이어 기록자 자신과 독자를 위한 평화의 기원 수록(본 책의 143쪽 참고).

보드머 파피루스 신약 사본 XIV/XV에 해당하며 누가복음 및 요한복음이 들어 있는 필사본 $\mathfrak{P}^{75}$는 영향력이 더욱 확장되었다. 이 필사본은 다소 늦은 시기 곧 3세기 초에 기록되었으나, 27장이나 되는 파피루스 종이가 빠짐없이 좋은 상태로 보존되어 있으며(본 책의 그림 28 참고) 제본한 겉표지 일부가 남아 있다. 이 파피루스 사본은 신약성서 본문의 발전사에 대한 우리의 생각에 다시 한 번 획기적인 변화를 주었다:

이 파피루스 사본의 본문은 바티칸 사본의 본문과 매우 유사하다. 이 사실은 기존 이론을 뒤집는 반증이 되었다. 즉, 4세기에 신약성서 본문에 대한 개정, 곧 전면적인 교정 작업이 이루어졌다는 이론은 더 이상 유지될 수 없음이 입증되었다(본 책의 70쪽 참고). 이로써 그때까지 유지되었던 신약성서 본문비평의 이론적 토대 가운데 하나가 허물어지게 되었다.

세 번째 보드머 파피루스 신약 사본(보드머도서관의 기호로는 VII/VIII)은 가장 강한 인상을 주었다. 3/4세기에 기록된 이 필사본 $\mathfrak{P}^{72}$에는(본 책의 그림 29 참고) 베드로전·후서 및 유다서가 들어 있으며, 이 세 권이 하나의 모음집 형태로 되어 있어 매우 깊은 인상을 남겼다. 정경의 역사 및 유다서와 베드로후서(본 책의 69, 93쪽 참고)의 생성시기를 기억하는 사람은 이 초기 파피루스 필사본에 처음부터 높은 지위를 인정했음에 틀림없다. $\mathfrak{P}^{72}$의 외형이 좋은 보존 상태를 보였듯이, 본문 상태도 기대에 부응하였다. 공동서신의 경우 $\mathfrak{P}^{72}$가 가장 중요한 본문 증거는 아닐지라도, 가장 중요한 본문 증거들 가운데 하나이다. 참고로, 이 필사본은 직업적인 필사자에 의해 필사된 것이 아님이 분명하다(그림 29의 글자체 참고).

$\mathfrak{P}^{66}$이 비티 성서 파피루스 필사본 목록에 덧붙여진 이후, 초기 시대의 본문에 관해 밝혀진 모습은 기본적으로 다음과 같았다. 초기 시대의 전승이 아주 나중의 후세대의 신약성서 본문 전승까지도 특징지었다. (히브리어 구약성서의 본문 전승 및 그 밖의 다른 중동 지역 문헌들의 본문 전승과는 대조적이었다. 예를 들면 코란의 본문 전승을 보면, 문자 자체에 거의 절대적인 신뢰를 갖고 있었다.) 이처럼 초기 시대에는, 여러 이문들이 포함되어 있긴 했지만 원본문을 전승해 주었던 '일반 본문'이 있었다. 이 외에도 '자유로운' 본문(예를 들면 $\mathfrak{P}^{45}$, $\mathfrak{P}^{46}$, $\mathfrak{P}^{66}$)이 있었는데, 이 본문에는 '일반 본문'보다 더 많은 이문들이 들어 있었다. 또 '고정' 본문(예를 들면 $\mathfrak{P}^{75}$)이 있었다. 이 본문은 원본문의 대본을 정확히 따르기 때문에(각 본문의 특징을 드러낼 만큼 자유롭기는 했음) '일반 본문'보다는 이문들의 수가 더 적었다. 한편 그 중간에 $\mathfrak{P}^{38}$, $\mathfrak{P}^{48}$, $\mathfrak{P}^{69}$에까지 이르는 과도

기 형태들이 있다. 이 세 가지 파피루스 사본들은 D-본문의 선행 형태이거나 D-본문에서 파생된 것으로 볼 수 있다. 본 책의 뒤쪽을 넘겨 보면, 파피루스 필사본들을 빠짐없이 일목요연하게 볼 수 있다. (상세한 내용은 147쪽 도표 참고. 그 외에도 알란트[K. Aland]의 〈요약 목록〉[*Kurzgefaßte Liste*]과 특히 〈그리스어 기독교 파피루스 사본 목록 I〉[*Repertorium der griechischen christlichen Papyri I*, Berlin, 1976]을 보라.) 때때로 필사본 안에 들어 있는 내용의 범위가 넓을 때에는, 약간 요약하여 표시해 두었다. 이 파피루스 필사본 목록에 대한 후속판을 찍어낼 때에는 여러 곳에 흩어져 있는 인쇄본들의 증거에 기초해야만 했다. (또한 이 증거들을 사용할 때 어느 정도는 번거로운 수집 작업이 필요했다.) 〈파피루스 신약성서〉(*Das Neue Testament auf Papyrus*)가 출간되고 나서야(공동서신이 포함된 1권은 1986년 출간, 로마서부터 고린도후서까지의 2권은 인쇄 중, 1988년 5월 기준) 그 문제는 해결되었다.

본문 성격에 관한 정보는 적어도 인쇄본들의 증거에 바탕을 둔 파피루스 목록만큼이나 중요하다. 이 사항은 해당 파피루스들의 정보 끝부분에 각각 덧붙였다. (3/4세기까지는 본문에 대한 직접적인 평가, 후대의 본문에 대해서는 범주별 분류가 추가되었다. 본 책의 194쪽 이하 참고.) 이때 특히 중요한 것은 초기 시대의 파피루스 필사본들, 즉 3/4세기까지의 파피루스 필사본들이다.

이미 말했듯이, 이 초기 시대 파피루스 사본들은 신약성서 본문 연구에 있어서 '자동적으로' 중요한 의미를 지니게 된다. 이 사본들은 우리에게 그 사본들의 특별했던 상황을 보여 주기 때문이다. 곧 4세기의 주요 본문 유형들을 통해, 4세기 이후와 초기 시대가 연결되기 이전의 상황을 보여 준다는 것이다. 초기 시대의 파피루스 필사본들에 대한 우리의 고찰은, 한편으로는 초기 시대 본문에 대한 놀라움으로, 다른 한편으로는 이 본문에 대한 지금까지의 생각에 변화를 주는 것으로 끝을 맺는다. 우리는 그 본문이 '자유로운 본문' 이었다는 견해를 우리 선조들로부터 이어 받았으며, 비티 성서 파피루스 사본의 발견은 이 견해를 강하게 뒷받침해 주었다. 또한 $\mathfrak{P}^{45}$, $\mathfrak{P}^{46}$에, 이 사본들과 동일한 전승 유형으로 $\mathfrak{P}^{66}$이 추가되었을 때, 이 견해는 결정적으로 확증된 것처럼 보였다. 이와는 달리 '고정 본문'이 들어 있는 $\mathfrak{P}^{75}$는 이른바 바티칸 사본을 예감하게 하면서 독자적인 모습의 사본으로 나타났다.

그러는 동안 초기 시대의 다른 증거들을 찾아 살펴보는 일에 신경을 쓰지 못했다. 이 다른 증거들을 원문과 비교하여 대조 작업한 결과, 상황은 완전히 반전됐다. $\mathfrak{P}^{45}$, $\mathfrak{P}^{46}$,

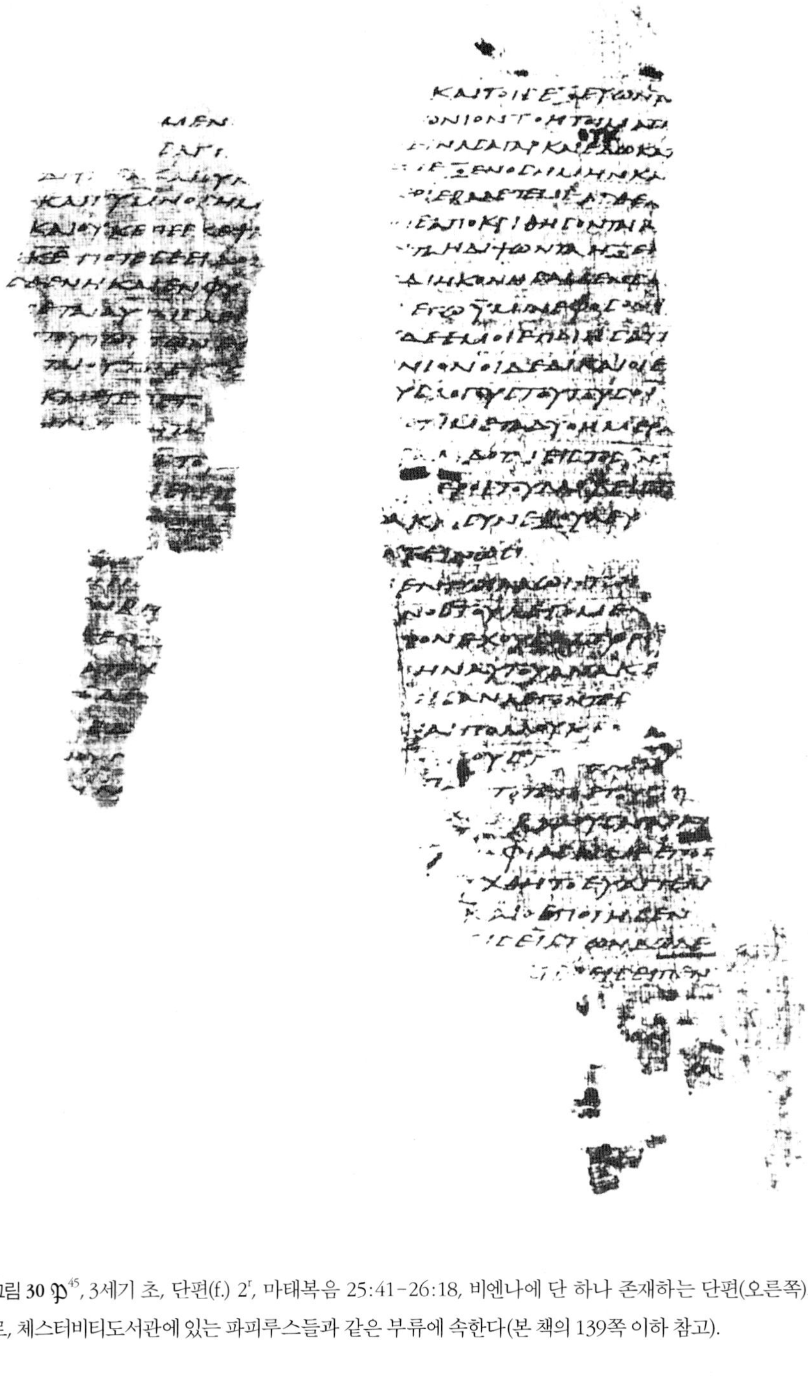

그림 30 $\mathfrak{P}^{45}$, 3세기 초, 단편(f.) 2r, 마태복음 25:41-26:18, 비엔나에 단 하나 존재하는 단편(오른쪽)으로, 체스터비티도서관에 있는 파피루스들과 같은 부류에 속한다(본 책의 139쪽 이하 참고).

$\mathfrak{P}^{66}$에 단지 $\mathfrak{P}^{9}$(?), $\mathfrak{P}^{13}$(?), $\mathfrak{P}^{29}$, $\mathfrak{P}^{37}$, $\mathfrak{P}^{40}$, $\mathfrak{P}^{69}$, $\mathfrak{P}^{72}$(유다서), $\mathfrak{P}^{78}$만이 $\mathfrak{P}^{45}$, $\mathfrak{P}^{46}$, $\mathfrak{P}^{66}$과 같은 그룹, 즉 '자유로운 본문' 형태에 속하는 것으로 밝혀졌다. 또한 이런 '자유로운 본문'과 대비되는(때때로 이 결정이 아직도 확실한 것은 아니라는 생각이 든다.) 총 11개의 파피루스 사본이 있다. 이 사본들은 '고정 본문'에 해당하는 것들로, $\mathfrak{P}^{75}$를 포함하여 '고정 본문' 에 해당하는 총 9개의 파피루스 필사본 $\mathfrak{P}^{1}$, $\mathfrak{P}^{23}$, $\mathfrak{P}^{27}$, $\mathfrak{P}^{35}$, $\mathfrak{P}^{39}$, $\mathfrak{P}^{64+67}$, $\mathfrak{P}^{65}$(?), $\mathfrak{P}^{70}$이 있다. 그뿐만 아니라 다음의 11개 파피루스 사본들은 '일반 본문'들이다: $\mathfrak{P}^{4}$, $\mathfrak{P}^{5}$, $\mathfrak{P}^{12}$(?), $\mathfrak{P}^{16}$, $\mathfrak{P}^{18}$, $\mathfrak{P}^{20}$, $\mathfrak{P}^{28}$, $\mathfrak{P}^{47}$, $\mathfrak{P}^{52}$, $\mathfrak{P}^{72}$(베드로전·후서), $\mathfrak{P}^{87}$. 그리고 '일반 본문'과 '고정 본문' 사이에 7개의 파피루스 사본들이 더 존재한다. (이 필사본들의 특징은 '최소한의 의미로서 일반 본문'에 해당하며, 많든 적든 '고정 본문'을 따르는 경향을 보인다.) 'D-본문'과 가까운 3개의 파피루스 사본들 $\mathfrak{P}^{38}$, $\mathfrak{P}^{48}$, $\mathfrak{P}^{69}$ 등은 이미 언급한 바 있다. $\mathfrak{P}^{80}$은 실려 있는 본문의 범위가 너무 작아서 어떤 본문으로 분류되는지 결정할 수가 없다. 이런 파피루스 필사본 외에 초기 시대 본문이 들어 있는 4개의 대문자 필사본들 0162, 0171, 0189, 0220이 더 있다. (0212는 디아테사론 본문이 들어 있기 때문에 여기서 제외된다.) 이들 중 0220은 '고정 본문'에 속하며, 다른 것들은 '고정 본문'과 '일반 본문' 사이에 있다. 여기서 '풀어쓴 본문'에 속하는 0171은 제외한다.[4]

아마 이제 각 필사본들의 저자 및 생성 배경 등에 관한 많은 논쟁이 일어날 수도 있을 것이다. 그러나 다음과 같은 점에 대해서는 논쟁할 수 없을 것이다. 그것은, 중요한 본문 유형들이 나타나기 전까지 본문 상황에 대해 이전에 가졌던 견해들은 철저하게 또 근본적으로 재검토해야 할 필요가 있다는 점이다('범주 I, II 등'의 표시. 본 책의 153쪽 이하와 233쪽 그리고 부록 520쪽 이하를 보라). 3/4세기까지의 모든 파피루스 사본들은 이미 이 사본들의 생성 연대 때문에 가장 높은 범주에 위치하고 있다. 이 사본들 가운데 '자유로운 본문'이 들어 있어서 원문과는 멀어지는 사본이라 할지라도 마찬가지다. 이러한 경우들에서조차도 파피루스 사본들은 원문을 규명하고자 할 때 반드시 각각의 경우마다 잘 살펴봐야 한다. $\mathfrak{P}^{38}$과 $\mathfrak{P}^{48}$, $\mathfrak{P}^{69}$가 범주 IV에 편입된다면, 이는

---

4) 개별적인 사항에 대해서는 메츠거(Bruce M. Metzger) 기념 논문집, 〈신약성서 본문비평, 주석을 위한 의미〉(*New Testament Textual Criticism, its Significance for Exegesis*)에 수록된 알란트(K. Aland)의 논문, "초기 파피루스 사본들 및 대문자 사본들과의 관계에서 본 새로운 '규범본문'"(Der neue »Standard-Text« in seinem Verhältnis zu den frühen Papyri und Majuskeln, Oxford 1981, 257-275).

D-본문과의 유사성 때문이다(본 책의 157쪽 이하 참고). 그러나 $\mathfrak{P}^{74}$가 7세기의 것임에도 뒤에 소개되는 개관에서 볼 때 범주 I에 포함된다면, 그것은 본문의 질 때문이다. 본 책의 153쪽 이하, 233쪽 및 부록을 보면 본문 범주 체계에 대해 개별적인 설명이 상세하게 나와 있다. 이 체계에 따르면, $\mathfrak{P}^{74}$의 사도행전 본문에 대한 평가는 다음과 같은 수치로 나타난다: 3(1), 25(1/2), 60(2), 8(S), 즉 $\mathfrak{P}^{74}$는 이 사본의 분석 평가를 위한 토대가 되는 테스트 구절로 살펴볼 때, 이 사본에 들어 있는 사도행전 가운데 세 곳에서만 비잔틴 본문과 일치한다. 8개 구절에서 특수 이문이 나타나며, 반면에 85개 구절에서 원본문을 제공한다. (이 가운데 25개 구절의 증거 능력이 제한된 범위에서만 유효한 이유는, 이 구절에서 원본문과 대다수본문이 일치하기 때문이다.) 공동서신에서 $\mathfrak{P}^{74}$의 본문에 대한 평가는 다음과 같은 수치로 나타난다: 0(1), 1(1/2), 7(2), 2(S). 이러한 범주 체계를 비롯하여 이 체계를 토대로 하는 숫자 체계 및 원문 비교 대조 체계는, 파피루스 사본을 지나서 대문자 사본을 다루는 곳에 가서야 설명된다(본 책의 153쪽 등 참고). 본래 이 두 부류의 사본들 모두를 다뤄야 초기 시대 필사본을 빠짐없이 다루게 되는 것이기 때문이다. 그래도 규모가 더 큰 파피루스 사본들의 분석 평가를 통해 나타나는 수치들은 몇 가지 더 언급할 수 있을 것이다: $\mathfrak{P}^{75}$의 누가복음에서는 2(1), 1(1/2), 26(2), 5(S), $\mathfrak{P}^{46}$의 바울서신에서는 16(1), 22(1/2), 105(2), 43(S)이며, $\mathfrak{P}^{72}$의 공동서신의 경우 3(1), 2(1/2), 24(2), 9(S)이다.

파피루스 필사본들에 관한 정보[5)]

$\mathfrak{P}^{1}$ 마태복음 1:1-9, 12, 14-20, III, 필라델피아, 대학박물관(University Museum), E 2746; 그렌펠(Grenfell)/헌트(Hunt), 옥시린쿠스 파피루스(Oxyrhynchus Papyri) I, 런던 1898, 4-7(= P. Oxy. 2); 베셀리(Wessely), 〈가장 오래된 기독교 기념물들〉(*Les plus anciens monuments du christianisme*), 중동 교부학(Patrologia Orientalis) IV, 2, 1907, 142-144; 쇼필드(Schofield), 〈그리스어 신약성서 단편집〉(*The Papyrus Fragments of the Greek New Testament*), Diss. 루이빌(Louisville) 1936, 86-91 (*고정 본문, 범주 I*).

$\mathfrak{P}^{2}$ 요한복음 12:12-15 그리스어, 누가복음 7:22-26, 50 콥트어, VI, 플로렌스,

5) [역자주] 도서관 또는 박물관 뒤에 이어지는 내용은 보관소 명칭 및 위치 또는 식별 기호 등을 가리킨다.

고고학박물관(Museo Archeologico), 목록 7134번; 피스텔리(Pistelli), 복음서 파피루스들(Papiri evangelici), 종교 연구(Rivista di Studi Religiosi) 6, 2, 1906, 129-140; 쇼필드, 92-95 (*범주 III*).

$\mathfrak{P}^{3}$ 누가복음 7:36-45; 10:38-42; VI/VII, 비엔나, 오스트리아국립도서관(Österr. Nationalbibliothek), 비엔나 파피루스(P. Vindob.)[6]. G. 2323; 베셀리, 파피루스 복음서-단편들(Evangelien-Fragmente auf Papyrus), 비엔나 연구(Wiener Studien) 4, 1882, 198-214; 베셀리, 파피루스 복음서-단편들, 비엔나 연구 7, 1885, 69, 70; 쇼필드, 96-99 (*범주 III*).

$\mathfrak{P}^{4}$ 누가복음 1:58-59; 1:62-2:1, 6-7; 3:8-4:2, 29-32, 34-35; 5:3-8; 5:30-6:16, III, 파리, 국립도서관(Bibliothèque Nationale), Suppl. Gr. 1120; 쉐일(Scheil), 고고학, 보도문, 성서 저널(Revue Biblique) 1, 1892, 113-115; 쉐일, 카이로에서 프랑스 고고학 사절단 구성원들에 의해 간행된 연구 보고(Mémoires publiés par les membres de la Mission archéologique française au Caire) 9, 2, 파리 1893, 215; 쇼필드, 100-106; 메렐(Merell), 파피루스의 새로운 단편들(Nouveaux fragments du papyrus) IV, 성서 저널 47, 1938, 5-22(*일반 본문, 범주 I*).

$\mathfrak{P}^{5}$ 요한복음 1:23-31, 33-40; 16:14-30; 20:11-17, 19-20, 22-25, III, 런던, 영국도서관(British Library), 목록 782번, 2484번; 그렌펠/헌트, 옥시린쿠스 파피루스 II, 런던 1899, 1-8(= P. Oxy. 208); 베셀리, PO IV, 2, 1907, 145-148; 그렌펠/헌트, 옥시린쿠스 파피루스 XV, 런던 1922, 8-12(= P. Oxy. 1781); 쇼필드, 107-117(*일반 본문, 범주 I*).

$\mathfrak{P}^{6}$ 요한복음 10:1-2, 4-7, 9-10; 11:1-8, 45-52 그리스어, 요한복음 10:1-12:20; 13:1-2, 11-12; 야고보서 1:13-5:20 콥트어, IV, 스트라스부르, 국립대학도서관(Bibliothèque Nationale et Universitaire), P. Copt. 379, 381, 382, 384; 뢰쉬(Rösch), 스트라스부르의 대학과 주립도서관의 아힘 파피루스에 따른 클레멘스1서의 단편들(Bruchstücke des ersten Clemensbriefes nach dem achmimischen Papyrus der Straßburger Universitäts- und Landes-

6) [역자주] 'Vindob.'은 'Vindobonensis'의 줄임말이다. 고대 로마 시대의 도시명이며 현재 비엔나를 가리킨다.

bibliothek), 스트라스부르, 1910, 119-122, 131-134, 143-148(그리스어); 쇼필드, 118-125 (*범주 II*).

$\mathfrak{P}^{7}$ 누가복음 4:1-2 (교부들과 관련되었을 것으로 추정), IV/VI(?), 키에프(Kiew), 우크라이나국립도서관(Ukrainische Nationalbibliothek), 페트로프(Petrov) 553(유실됨); 알란트(K. Aland), 새로운 신약성서 파피루스 사본들(Neue neutestamentliche Papyri), 신약성서 연구(New Testament Studies) 3, 1957, 261-265.

$\mathfrak{P}^{8}$ 사도행전 4:31-37; 5:2-9; 6:1-6, 8-15, IV, 베를린, 국립박물관(Staatliche Museen), 목록 8683번; 그레고리, 신약성서 본문비평(Textkritik des Neuen Testaments) III, 라이프치히(Leipzig) 1909, 1087-1090; 살로니우스(Salonius), 베를린국립박물관에 보관된 신약성서 그리스어 필사본 단편들(Die griechischen Handschriftenfragmente des Neuen Testaments in den Staatlichen Museen zu Berlin), 신약성서 연구 간행물(Zeitschr. für die Neutestamentliche Wissenschaft) 26, 1927, 97-119; 쇼필드, 128-133 (*범주II*).

$\mathfrak{P}^{9}$ 요한1서 4:11-12, 14-17, III, 케임브리지/매사추세츠, 휴톤도서관(Houghton Library), 하버드대학, SM목록 3736번; 그렌펠/헌트, 옥시린쿠스 파피루스 III, 런던 1903, 2-3(= P. Oxy. 402); 쇼필드, 134-136 (*확실한 판단을 하기에는 매우 적은 본문, 다소 부주의하게 기록됨, 자유로운 본문? 범주 I*).

$\mathfrak{P}^{10}$ 로마서 1:1-7, IV, 케임브리지/매사추세츠, 휴톤도서관, 하버드대학, SM목록 2218번; 그렌펠/헌트, 옥시린쿠스 파피루스 II, 런던 1899, 8-9(= P. Oxy. 209); 베셀리, PO IV, 2, 1907, 148-150; 쇼필드, 137-140 (*범주 I*).

$\mathfrak{P}^{11}$ 고린도전서 1:17-22; 2:9-12, 14; 3:1-3, 5-6; 4:3-5:5, 7-8; 6:5-9, 11-18; 7:3-6, 10-14, VII, 레닌그라드, 공공도서관(Öffentliche Bibliothek), Gr. 258A; 알란트(K. Aland), 새로운 신약성서 파피루스 사본들, 신약성서 연구 3, 1957, 267-278, 286; 쇼필드, 141-151 (*범주 II*).

$\mathfrak{P}^{12}$ 히브리서 1:1, III, 뉴욕, 피어폰트모건도서관(Pierpont Morgan Library), Pap. G. 3; 그렌펠/헌트, 암허스트 파피루스(Amherst Papyri) I, 런던 1900, 28-31(= P. Amherst 3b); 쇼필드, 152-154 (*확실한 판단을 하기에는 너무 적은*

본문, 일반 본문? 범주 I).

$\mathfrak{P}^{13}$ 히브리서 2:14-5:5; 10:8-22; 10:29-11:13; 11:28-12:17, III/IV, 런던, 영국도서관(British Library), 목록 1532번 v; 플로렌스, 라우렌치아나도서관(Biblioteca Laurenziana); 그렌펠/헌트, 옥시린쿠스 파피루스 IV, 런던 1904, 36-48(= P. Oxy. 657); 쇼필드, 155-167; 바르톨레티(Bartoletti)/노르사(Norsa), 이탈리아 학회의 그리스어와 라틴어 파피루스(Papiri greci e latini della Società Italiana) XII, 1951, 209-210(= PSI 1292) (*일련의 특수 이문들, 자주 $\mathfrak{P}^{46}$과 함께, 자유로운 본문?, 범주 I*).

$\mathfrak{P}^{14}$ 고린도전서 1:25-27; 2:6-8; 3:8-10, 20, V, 시내산 해리스(Sinai Harris) 14; 해리스, 시내산 성서 단편(Biblical Fragments from Mount Sinai), 런던 1890, 54-56; 쇼필드, 168-170 (*범주 II*).

$\mathfrak{P}^{15}$ 고린도전서 7:18-8:4; III, 카이로, 이집트박물관(Ägyptisches Museum), JE 47423; 그렌펠/헌트, 옥시린쿠스 파피루스 VII, 런던 1910, 4-8(= P. Oxy. 1008), 쇼필드, 171-174 (*최소한 일반 본문, 범주 I*).

$\mathfrak{P}^{16}$ 빌립보서 3:10-17; 4:2-8, III/IV, 카이로, 이집트박물관(Ägyptische Museum), JE 47424; 그렌펠/헌트, 옥시린쿠스 파피루스 VII, 런던 1910, 8-11(= P. Oxy. 1009); 쇼필드, 175-178 (*일반 본문, 범주 I*).

$\mathfrak{P}^{17}$ 히브리서 9:12-19, IV, 케임브리지, 대학도서관(University Library), Add. 5893; 그렌펠/헌트, 옥시린쿠스 파피루스 VIII, 런던 1911, 11-13(= P. Oxy. 1078); 쇼필드, 179-181 (*범주 II*).

$\mathfrak{P}^{18}$ 요한계시록 1:4-7, III/IV, 런던, 영국도서관(British Library), 목록 2053번 v; 그렌펠/헌트, 옥시린쿠스 파피루스 VIII, 런던 1911, 13-14(= P. Oxy. 1079); 쇼필드, 182-185 (*일반 본문, 범주 I*).

$\mathfrak{P}^{19}$ 마태복음 10:32-11:5, IV/V, 옥스퍼드, 보들레이안도서관(Bodleian Library), Gr. bibl. d. 6(P); 그렌펠/헌트, 옥시린쿠스 파피루스 IX, 런던 1912, 7-9(= P. Oxy. 1170); 쇼필드, 186-189 (*범주 II*).

$\mathfrak{P}^{20}$ 야고보서 2:19-3:9, III, 프린스턴, 대학도서관(University Library), AM 4117; 그렌펠/헌트, 옥시린쿠스 파피루스 IX, 런던 1912, 9-11(= P. Oxy. 1171); 쇼필드, 190-193(*일반 본문, 범주 I*).

$\mathfrak{P}^{21}$ 마태복음 12:24-26, 32-33, IV/V, 앨런타운(Allentown), 뮬런버그대학(Muhlenberg College), Theol. Pap. 3; 그렌펠/헌트, 옥시린쿠스 파피루스 X, 런던 1914, 12-14(= P. Oxy. 1227); 쇼필드, 194 이하 (*범주 III*).

$\mathfrak{P}^{22}$ 요한복음 15:25-16:2, 21-32, III, 글래스고(Glasgow), 대학도서관, MS Gen 1026; 그렌펠/헌트, 옥시린쿠스 파피루스 X, 런던 1914, 14-16(= P. Oxy. 1228); 쇼필드, 196-199(*최소한 일반 본문, 범주 I*).

$\mathfrak{P}^{23}$ 야고보서 1:10-12, 15-18, III, 어배너(Urbana), 일리노이대학(University of Illinois), G. P. 1229; 그렌펠/헌트, 옥시린쿠스 파피루스 X, 런던 1914, 16-18(= P. Oxy. 1229); 쇼필드, 200-202(*고정 본문, 범주 I*).

$\mathfrak{P}^{24}$ 요한계시록 5:5-8; 6:5-8, IV, 뉴턴센터(Newton Centre), 앤도버신학교(Andover Theological School), 프랭클린트래스크도서관(Franklin Trask Library), O. P. 1230; 그렌펠/헌트, 옥시린쿠스 파피루스 X, 런던 1914, 18-19(= P. Oxy. 1230); 쇼필드, 203-205(*범주 I*).

$\mathfrak{P}^{25}$ 마태복음 18:32-34; 19:1-3, 5-7, 9-10, IV, 베를린, 국립박물관(Staatliche Museen), 목록 16388번; 슈테그뮐러(Stegmüller), 그리스어 디아테사론 단편(Ein Bruchstück aus dem griechischen Diatessaron), ZNW 37, 1938, 223-229(*본문의 성격으로 인하여 분류 불가능*).

$\mathfrak{P}^{26}$ 로마서 1:1-16, 약 600년경, 댈러스(Dallas), 브리드웰도서관(Bridwell Library), 퍼킨스신학교(Perkins School of Theology), 남감리교대학(Southern Methodist University); 그렌펠/헌트, 옥시린쿠스 파피루스 XI, 런던 1915, 6-9(= P. Oxy. 1354); 쇼필드, 215-218 (*범주 I*).

$\mathfrak{P}^{27}$ 로마서 8:12-22, 24-27; 8:33-9:3, 5-9, III, 케임브리지, 대학도서관(University Library), Add. 7211; 그렌펠/헌트, 옥시린쿠스 파피루스 XI, 런던 1915, 9-12(= P. Oxy. 1335); 쇼필드, 219-222(*고정 본문, 범주 I*).

$\mathfrak{P}^{28}$ 요한복음 6:8-12, 17-22, III, 버클리(Berkeley), 태평양종교학교(Pacific School of Religion), 팔레스타인협회박물관(Palestine Institute Museum), Pap. 2; 그렌펠/헌트, 옥시린쿠스 파피루스 XIII, 런던 1919, 8-10(= P. Oxy. 1596); 쇼필드, 223-225(*일반 본문, 범주 I*).

$\mathfrak{P}^{29}$ 사도행전 26:7-8, 20, III, 옥스퍼드, 보들레이안도서관, Gr. bibl. g. 4(P); 그

렌펠/헌트, 옥시린쿠스 파피루스 XIII, 런던 1919, 10-12(= P. Oxy. 1597); 쇼필드, 226-228; 알란트(B. Aland), 루벤 정기간행물(Eph. Theol. Lovaniens-es) 62, 1986, 42 이하 (*자유로운 본문, 범주 I*).

$\mathfrak{P}^{30}$ 데살로니가전서 4:12-5:18, 25-28; 데살로니가후서 1:1-2, III, 겐트(Gent), 흐로닝언대학교(Rijksuniversiteit Groningen), 대학도서관(Universiteits-bibliotheek), 목록 61번; 그렌펠/헌트, 옥시린쿠스 파피루스 XIII, 런던 1919, 12-14(= P. Oxy. 1598); 쇼필드, 229-233(*최소한 일반 본문, 범주 I*).

$\mathfrak{P}^{31}$ 로마서 12:3-8(뒷면은 기록되지 않음, 탤리즈먼(Talisman), VII, 맨체스터(Manchester), 존라일렌스도서관, Gr. P. 4; 헌트, 존라일렌스도서관 보관 그리스어 파피루스 사본 목록(Catalogue of the Greek Papyri in the John Rylands Library) I, 문학적 본문(Literary texts), 맨체스터 1911, 9(= P. Ryl. 4); 쇼필드, 234-237(*범주 II*).

$\mathfrak{P}^{32}$ 디도서 1:11-15, 2:3-8, 약 200년경, 맨체스터, 존라일렌스도서관, Gr. P. 5; 헌트, 존라일렌스도서관 보관 그리스어 파피루스 사본 목록 I, 맨체스터 1911, 10쪽 이하(= P. Ryl. 5); 쇼필드, 238-241(*최소한 일반 본문, 범주 I*).

$\mathfrak{P}^{33+58}$ 사도행전 7:6–10, 13–18; 15:21–24, 26–32, VI, 비엔나, 오스트리아국립도서관(Österr. Nationalbibliothek), 비엔나 파피루스 G. 17973, 26133, 35831, 39783; 베셀리, 고문헌학과 파피루스학 연구(Studien zur Paläographie und Papyruskunde) XII, 라이프치히 1912, 245; 잔츠(Sanz), 기독교 내용을 담은 그리스어 문학적 파피루스(Griechische literarische Papyri christlichen Inhaltes) I, 비엔나국립도서관의 파피루스 수집록 보고(Mitteilungen aus der Papyrussammlung der Nationalbibliothek in Wien) IV, 바덴(Baden) 1946, 67–68; 쇼필드 242–245 (*범주 II*).

$\mathfrak{P}^{34}$ 고린도전서 16:4-7, 10; 고린도후서 5:18-21; 10:13-14; 11:2, 4, 6-7, VII, 비엔나, 오스트리아국립도서관, 비엔나 파피루스 G. 39784; 베셀리, 고문헌학과 파피루스학 연구(Studien zur Paläographie und Papyruskunde) XII, 라이프치히 1912, 246; 쇼필드, 246-252 (*범주 II*).

$\mathfrak{P}^{35}$ 마태복음 25:12-15, 20-23, IV(?), 플로렌스, 라우렌치아나도서관(Biblioteca Laurenziana); 피스텔리, 이탈리아 학회의 그리스어와 라틴어 파피루스(Papiri greci e latini della Società Italiana) I, 플로렌스 1912, 1-2(= PSI 1); 쇼필드, 253-255 (*고정 본문, 범주 I*).

$\mathfrak{P}^{36}$ 요한복음 3:14-18, 31-32, 34-35, VI, 플로렌스, 라우렌치아나도서관(Biblioteca Laurenziana); 피스텔리, 이탈리아 학회의 그리스어와 라틴어 파피루스 I, 플로렌스 1912, 5-6(= PSI 3); 쇼필드, 256-258; 카를리니(Carlini), 요한복음에 관한 플로렌스(= 피렌체) 두 단편 재고(Riesame di due frammenti fiorentini del vangelo di Giovanni), 파피루스 연구 자료보관소(Archiv für Papyrusforschung) 22/23, 1974, 219-222; 카를리니, 파피루스 그리스어 문서(Papiri letterari greci), 피사(Pisa) 1978, 193-199 (*범주 III*).

$\mathfrak{P}^{37}$ 마태복음 26:19-52, III/IV, 안느 아르보어(Ann Arbor), 미시간대학교(University of Michigan), 목록 1570번; 샌더스(Sanders), 미시간 수집록 중 마태복음 초기 파피루스 단편(An Early Papyrus Fragment of the Gospel of Matthew in the Michigan Collection), 하버드 신학 저널(Harvard Theological Review) 19, 1926, 215-226; 빈터(Winter) 등, 미시간 파피루스(Michigan Papyri) III, 안느 아르보어 1936, 9-14(= P. Mich. 137); 쇼필드, 259-265(*자유로운 본문, 종종* $\mathfrak{P}^{45}$*와 함께, 범주 I*).

$\mathfrak{P}^{38}$ 사도행전 18:27-19:6, 12-16, 약 300년경, 안느 아르보어, 미시간대학교, 목록 1571번; 샌더스, 미시간 수집록 중 사도행전 파피루스 단편(A Papyrus Fragment of Acts in the Michigan Collection), 하버드 신학 저널 20, 1927, 1-19; 새로운 미시간 파피루스 단편(New, The Michigan Papyrus Fragment) 1571, 기독교의 시작(Beginnings of Christianity) V, 런던 1933, 262-268; 빈터 등, 미시간 파피루스 III, 안느 아르보어 1936, 14-19(= P. Mich. 138); 쇼필드, 266-272; 알란트(B. Aland), 12-32 (*풀어쓴 본문, D 계통, 범주 IV*).

$\mathfrak{P}^{39}$ 요한복음 8:14-22, III, 로체스터(Rochester), 앰브로즈스와세이도서관(Ambrose Swasey Library), 목록 8864번; 그렌펠/헌트, 옥시린쿠스 파피루스 XV, 런던 1922, 7-8(= P. Oxy. 1780); 쇼필드, 273-277 (*고정 본문, 범주 I*).

$\mathfrak{P}^{40}$ 로마서 1:24-27; 1:31-2:3; 3:21-4:8; 6:4-5, 16; 9:16-17, 27, III, 하이델베르크(Heidelberg), 대학 파피루스 모음집(Papyrussammlung der

Universität), 목록 45번; 빌라벨(Bilabel), 로마서 단편, 바덴 파피루스 수집록 IV 중에서 출간(Veröffentlichungen aus den Badischen Papyrussammlungen), 하이델베르크, 1924, 28-31, 124-127(= P. Baden 57); 쇼필드, 278-284(*자유롭고 부주의하게 기록된 본문, 생성 시기 때문에 범주 I*).

𝔓[41] 사도행전 17:28-18:2, 17-18, 22-25, 27; 19:1-4, 6-8, 13-16, 18-19; 20:9-13, 15-16, 22-24, 26-38; 21:1-3, 4, 26-27; 22:11-14, 16-17 그리스어, 사도행전 17:30-18:2, 25, 27-28; 19:2-8, 15, 17-19; 20:11-16, 24-28; 20:36-21:3; 22:12-14, 16-17 콥트어 VIII, 비엔나, 오스트리아국립도서관(Österr. Nationalbibliothek), 비엔나 파피루스 K. 7377, 7384, 7396, 7426, 7541-7548, 7731, 7912, 7914; 베셀리, 고문헌학과 파피루스학 연구(Studien zur Paläographie und Papyruskunde) XV, 라이프치히 1914, 107-118; 쇼필드, 285-291; 슈미츠(Schmitz), 𝔓[41]에 관한 새로운 단편들(Neue Fragmente zum 𝔓[41]), 신약성서 본문 연구 진흥을 위한 헤르만 예술-재단의 연례 보고(Bericht der Hermann Kunst-Stiftung zur Förderung der neutestamentlichen Textforschung für die Jahre 1985-1987), 뮌스터 1988, 78-97(*범주 III*).

𝔓[42] 누가복음 1:54-55; 2:29-32 그리스어, 1:46-51 콥트어, VII/VIII, 비엔나, 오스트리아국립도서관(Österr. Nationalbibliothek), 비엔나 파피루스 K. 8706; 잔츠/틸(Till), 그리스어-콥트어 찬송가 필사본, 성서와 교회 기념집(Monumenta Biblica et Ecclesiastica) 5, 1939, 9-112(*범주 II*).

𝔓[43] 요한계시록 2:12-13; 15:8-16:2 VI/VII, 런던, 영국도서관(British Library), 목록 2241번, 크럼(Crum)/벨(Bell), 와디 사르가(Wadi Sarga): 콥트어와 그리스어 본문(Coptic and Greek Texts), 하우니에(Hauniae) 1922, 43-45; 쇼필드, 292-295 (*범주 II*).

𝔓[44] 마태복음 17:1-3, 6-7; 18:15-17, 19; 25:8-10; 요한복음 9:3-4; 10:8-14; 12:16-18, VI/VII, 뉴욕, 메트로폴리탄예술박물관(Metropolitan Museum of Art), 목록 14번, 1번, 527번; 크럼/화이트(White), 메트로폴리탄예술박물관/이집트 탐험, 테베의 에피파니우스수도원(The Metropolitan Museum of Art/Egyptian Expedition, The Monastery of Epiphanius at Thebes) II, 뉴

욕 1926, 120 이하, 301; 쇼필드, 296-301(*범주 II*).

$\mathfrak{P}^{45}$ 마태복음 20:24-32; 21:13-19; 25:41-26:39; 마가복음 4:36-9:31+; 11:27-12:28+; 누가복음 6:31-7:7+; 9:26-14:33+; 요한복음 10:7-25; 10:30-11:10, 18-36, 42-57; 사도행전 4:27-17:17+, III, 더블린, 비티 성서 파피루스 I; 비엔나, 오스트리아국립박물관(Österr. Nationalbibliothek), 비엔나 파피루스 G. 31974; 케년(Kenyon), 비티 성서 파피루스 II, 1: 복음서들과 사도행전, 본문, 런던 1933; II, 2: 복음서들과 사도행전, 플레이트(Plates), 런던 1934: 게어스팅어(Gerstinger), 비엔나국립도서관 파피루스 수집록의 체스터 비티-복음서 코덱스 단편(Ein Fragment des Chester Beatty-Evangelienkodex in der Papyrussammlung der Nationalbibliothek in Wien), 이집트 13, 1933, 67-72; 메르크(Merk), 체스터 비티 수집록 중 복음서들과 사도행전 코덱스(Codex Evangeliorum et Actuum ex collectione P Chester Beatty), 성서 잡지(Miscellanea Biblica) II, 로마 1934, 375-406; 전츠(Zuntz), 체스터 비티 파피루스 복음서들과 사도행전 한 장 재구성(Reconstruction of one Leaf of the Chester Beatty Papyrus of the Gospels and Acts) (마 25:41-26:39), 이집트 편년지(Chronique d'Egypte) 26, 1951, 191-211 (*자유로운 본문, 범주 I*); 129쪽 그림.

$\mathfrak{P}^{46}$ 로마서 5:17-6:14+, 8:15-15:9+; 15:11-16:27; 고린도전서 1:1-16:22+; 고린도후서 1:1-13:13+; 갈라디아서 1:1-6:18+; 에베소서 1:1-6:24+; 빌립보서 1:1-4:23+; 골로새서 1:1-4:18+; 데살로니가전서 1:1; 1:9-2:3; 5:5-9, 23-28; 히브리서 1:1-13:25+; 약 200년경, 더블린, 비티 성서 파피루스 II; 안느 아르보르, 미시간대학, 목록 6238번; 밀리건(Milligan), 신약성서와 전승(The New Testament and its Transmission), 런던 1932, 191쪽 이하; 케년, 비티 성서 파피루스 III, 1: 바울서신과 요한계시록, 본문, 런던 1934; III, 3(부록): 바울서신, 본문, 런던 1936; III, 4: 바울서신, 플레이트, 런던 1937: 샌더스, 바울서신의 3세기 파피루스 코덱스(A Third Century Papyrus Codex of the Epistles of Paul), 안느 아르보르 1935 (*자유로운 본문, 범주 I*); 122쪽 그림.

$\mathfrak{P}^{47}$ 요한계시록 9:10-17:2+, III, 더블린, 비티 성서 파피루스 III; 케년, 비티 성서

파피루스 III, 1: 바울서신과 요한계시록, 본문, 런던 1934; III, 2: 요한계시록, 플레이트, 런던 1936 (*일반 본문, 범주 I*); 124쪽 그림.

$\mathfrak{P}^{48}$ 사도행전 23:11-17, 23-29, III, 플로렌스, 라우렌치아나도서관; 비텔리(Vitelli)/메르카티(Mercati), 이탈리아 학회의 그리스어와 라틴어 파피루스 X, 플로렌스 1932, 112-118(= PSI 1165); 쇼필드, 326-329; 알란트(B. Aland), 34-40 (*풀어쓴 본문, D 계통, 범주 IV*); 86쪽 그림.

$\mathfrak{P}^{49}$ 에베소서 4:16-29; 4:31-5:13, III, 뉴헤이븐(New Haven), 예일대학교대학도서관(Yale University Library), 예일 파피루스(P. Yale) 415+531; 해치(Hatch)/웰스(Welles), 지금까지 미간행 된 에베소서 단편(A Hitherto Unpublished Fragment of the Epistle to the Ephesians), HThR 51, 1958, 33-37 (*최소한 일반 본문, 범주 I*).

$\mathfrak{P}^{50}$ 사도행전 8:26-32; 10:26-31, IV/V, 뉴헤이븐, 예일대학교도서관, 예일 파피루스 1543; 크랠링(Kraeling), $\mathfrak{P}^{50}$, 사도행전 중 두 개 선택문, 소구절 모두, 레이크에게 헌정하는 연구물(Two Selections from Acts, Quantulacumque, Studies presented to K. Lake), 런던 1937, 163-172 (*철자법의 차이와 교정, 범주 III*).

$\mathfrak{P}^{51}$ 갈라디아서 1:2-10, 13, 16-20, 약 400년경, 옥스퍼드, 애쉬몰리안박물관(Ashmolean Museum); 로벨(Lobel)/로버츠(Roberts)/베게너(Wegener), 옥시린쿠스 파피루스 XVIII, 런던 1941, 1-3(= P. Oxy. 2157) (*범주 II*).

$\mathfrak{P}^{52}$ 요한복음 18:31-33, 37-38, 약 125년경, 맨체스터, 존라일렌스도서관, Gr. P. 457; 로버츠, 존라일렌스도서관 보관 요한복음의 미간행 단편(An Unpublished Fragment of the Fourth Gospel in the John Rylands Library), 맨체스터 1935; 쇼필드, 330-334(*일반 본문, 생성 시기 때문에 범주 I*); 117쪽 그림.

$\mathfrak{P}^{53}$ 마태복음 26:29-40; 사도행전 9:33-10:1, III, 안느 아르보르, 미시간대학, 목록 6652번; 샌더스, 마태복음과 사도행전의 3세기 파피루스, 소구절 모두, 레이크에게 헌정하는 연구물(A Third Century Papyrus of Matthew and Acts, Quantulacumque, Studies presented to K. Lake) 런던 1937, 151-161 (*최소한 일반 본문, 범주 I*).

$\mathfrak{P}^{54}$ 야고보서 2:16-18, 22-26; 3:2-4, V/VI, 프린스턴, 대학도서관(University

Library), 프린스턴 파피루스(P. Princeton) 15(이전에는: Garrett Deposit 7742); 카세(Kase jun.), 프린스턴대학 수집록 중 파피루스(Papyri in the Princeton University Collections) II, 프린스턴 1936, 1-3; 쇼필드, 206-214 (*범주 III, 범주 II의 가능성도 있음*).

$\mathfrak{P}^{55}$ 요한복음 1:31-33, 35-38, VI/VII, 비엔나, 오스트리아국립도서관(Österr. Nationalbibliothek), 비엔나 파피루스. G. 26214; 잔츠, 기독교 내용을 담은 그리스어 문학적 파피루스(Griechische literarische Papyri christlichen Inhaltes) I, 비엔나국립도서관의 파피루스 수집록 보고(Mitteilungen aus der Papyrussammlung der Nationalbibliothek in Wien) IV, 바덴 1946, 58-59 (*범주 II*).

$\mathfrak{P}^{56}$ 사도행전 1:1, 4-5, 7, 10-11, V/VI, 비엔나, 오스트리아국립도서관(Österr. Nationalbibliothek), 비엔나 파피루스 G. 19918; 잔츠($\mathfrak{P}^{55}$의 정보 참고), 65-66(*범주 II*).

$\mathfrak{P}^{57}$ 사도행전 4:36-5:2, 8-10, IV/VI, 비엔나, 오스트리아국립도서관(Österr. Nationalbibliothek), 비엔나 파피루스 G. 26020; 잔츠($\mathfrak{P}^{55}$의 정보 참고), 66-67(*범주 II*).

$\mathfrak{P}^{58}$ $\mathfrak{P}^{33}$을 보라.

$\mathfrak{P}^{59}$ 요한복음 1:26, 28, 48, 51; 2:15-16; 11:40-52; 12:25, 29, 31, 35; 17:24-26; 18:1-2, 16-17, 22; 21:7, 12-13, 15, 17-20, 23, VII, 뉴욕, 피어폰트모건도서관; 카슨(Casson)/헤티히(Hettich), 네사나에서 발굴(Excavations at Nessana) II, 문학적 파피루스(Literary Papyri), 프린스턴 1950, 79-93(= P. Colt 3) (*범주 III*).

$\mathfrak{P}^{60}$ 요한복음 16:29-19:26+, 약 700년경, 뉴욕, 피어폰트모건도서관; 카슨/헤티히($\mathfrak{P}^{59}$의 정보 참고), 94-111(= P. Colt 4) (*범주 III*).

$\mathfrak{P}^{61}$ 로마서 16:23-27, 고린도전서 1:1-2, 4-6; 5:1-3, 5-6, 9-13; 빌립보서 3:5-9, 12-16; 골로새서 1:3-7, 9-13; 4:15; 데살로니가전서 1:2-3; 디도서 3:1-5, 8-11, 14-15; 빌레몬서 1:4-7, 약 700년경, 뉴욕, 피어폰트모건도서관; 카슨/헤티히 ($\mathfrak{P}^{59}$의 정보 참고), 112-122(= P. Colt 5) (*범주 II*).

$\mathfrak{P}^{62}$ 마태복음 11:25-30, IV, 오슬로(Oslo), 대학도서관(Universitätsbibliothek),

오슬로 파피루스(P. Osloensis) 1661; 아문센(Amundsen), 오슬로 수집록 중 기독교 파피루스(Christian Papyri from the Oslo Collection), 오슬로의 상징(Symbolae Osloenses) 24, 1945, 121-147 (*범주 II*).

𝔓[63] 요한복음 3:14-18; 4:9-10, 약 500년경, 베를린, 국립박물관(Staatliche Museen), 목록 11914번; 슈테그뮐러, 베자 사본의 성서 신탁에 대하여(Zu den Bibelorakeln im Codex Bezae), 성서(Biblica) 34, 1953, 13-22 (*범주 III. 범주 V의 영향을 받음*).

𝔓[64+67] 마태복음 3:9, 15; 5:20-22, 25-28; 26:7-8, 10, 14-15, 22-23, 31-33, 약 200년경, 바르셀로나, 복음서 기자 성 누가의 기초(Fundació Sant Lluc Evangelista), 목록 1번; 옥스퍼드, 막달렌대학(Magdalen College), Gr. 18; 로까-푸익(Roca–Puig), 바르셀로나 파피루스(P. Barc.) 목록 1번, 아리스띠데 깔데리니와 로베르또 파리베니 기념 연구(Studi in onore di Aristide Calderini e Roberto Paribeni) II, 밀라노의 바레세(Mailand-Varese) 1957, 87-96; 로까-푸익, 바르셀로나 파피루스 1번의 새로운 출판(Nueva publicación del papiro número uno de Barcelona), 해석(Helmantica) 37, 1961, 5-20; 로버츠, 첫 번째 복음서의 초기 파피루스(An Early Papyrus of the First Gospel), HThR. 46, 1953, 233-237(*고정 본문, 범주 I*).

𝔓[65] 데살로니가전서 1:3-2:1, 6-13, III, 플로렌스, 파피루스고문서학연구소(Instituto Papirologico), 비텔리; 바르톨레티, 이탈리아 학회의 그리스어와 라틴어 파피루스 XIV, 플로렌스 1957, 5-7(= PSI 1373)(*고정 본문?, 확실한 판단을 하기에는 너무 적은 본문, 범주 I*).

𝔓[66] 요한복음 1:1-6:11; 6:35-14:26, 29-30; 15:2-26; 16:2-4, 6-7; 16:10-20:20, 22-23; 20:25-21:9, 약 200년경, 콜로니(Cologny), 보드머도서관(Bibliotheca Bodmeriana), 보드머 파피루스 신약 사본 II; 더블린, 비티 성서 파피루스; 쾰른, 고고학연구소(Institut für Altertumskunde), 목록 4274/4298번; 마틴(Martin), 보드머 파피루스 신약 사본 II, 요한복음(Evangile de Jean), 1-14장, 콜로니/제네바(Genève) 1956; 보드머 파피루스 신약 사본 II, 부록, 요한복음(Evangile de Jean), 14-21, 콜로니/제네바 1958; 마틴/바른스(Barns), 보드머 파피루스 신약 사본 II, 부록, 요한복음, 14-21장, 콜로니/제

네바 ²1962; 알란트(K. Aland), 새로운 신약성서 파피루스 사본들 III, 신약성서 연구 20, 1974, 357-381(지금까지 미확인 단편들) (*자유로운 본문, 범주 I*); 123쪽 그림.

$\mathfrak{P}^{67}$ $\mathfrak{P}^{64}$를 보라.

$\mathfrak{P}^{68}$ 고린도전서 4:12-17; 4:19-5:3, VII(?), 레닌그라드, 공공도서관(Öffentliche Bibliothek), Gr. 258B; 알란트(K. Aland), 새로운 신약성서 파피루스 사본들 III, 신약성서 연구 3, 1957, 265-267 (*범주 III*).

$\mathfrak{P}^{69}$ 누가복음 22:41, 45-48, 58-61, III, 옥스퍼드, 애슈몰린박물관; 로벨/로버츠/터너(Turner)/바른스, 옥시린쿠스 파피루스 XXIV, 런던 1957, 1-4(= P. Oxy. 2383); 알란트(K. Aland), 로까-푸익 기념 논문집(Festschr. Roca-Puig), 1987, 57-60(*매우 자유로운 본문, 풀어쓴 본문, 성격상 D-본문의 전 단계에 속하기 때문에 범주 IV*).

$\mathfrak{P}^{70}$ 마태복음 2:13-16; 2:22-3:1; 11:26-27; 12:4-5; 24:3-6, 12-15, III, 옥스퍼드, 애슈몰린박물관; 플로렌스, 파피루스고문서학연구소 G. 비텔리, CNR 419, 420; 로벨/로버츠/터너/바른스, 옥시린쿠스 파피루스 XXIV, 런던 1957, 4-5(= P. Oxy. 2384); 날디니(Naldini), 마태복음서의 새로운 단편(Nuovi frammenti del vangelo di Matteo), 프로메테우스(Prometheus) I, 1975, 195-200(*고정 본문, 다소 부주의하게 기록, 범주 I*).

$\mathfrak{P}^{71}$ 마태복음 19:10-11, 17-18 IV, 옥스퍼드, 애슈몰린박물관, 로벨/로버츠/터너/바른스, 옥시린쿠스 파피루스 XXIV, 런던 1957, 5-6(= P. Oxy. 2385) (*범주 II*).

$\mathfrak{P}^{72}$ 베드로전서 1:1-5:14; 베드로후서 1:1-3:18; 유다서 1:1-25, III/IV, 콜로니, 보드머도서관, 보드머 파피루스 신약 사본 VII-VIII(현 바티칸도서관에 보관된 베드로전·후서), 테스투츠(Testuz), 보드머 파피루스 신약 사본 VII-IX, 유다서, 베드로의 두 서신, 시편 33과 34(L'Epître de Jude, Les deux Epîtres de Pierre, Les Psaumes 33 et 34), 콜로니/제네바 1959; 마르티니(Martini), 축복받은 베드로 사도의 서신(Beati Petri Apostoli Epistulae), 보드머 파피루스 신약 사본 중에서(Ex Papyro Bodmeriana) VIII, 밀라노 1968 (*일반 본문인 베드로전·후서, 자유로운 본문인 유다서, 모두 개별 증거 보유, 범주 I*); 126쪽 그림.

𝔓[73] 마태복음 25:43, 26:2-3 VII, 콜로니, 보드머도서관; 아직 미간행(*확실한 판단을 하기에는 너무 적은 본문*).

𝔓[74] 사도행전 1:2-28:31+; 야고보서 1:1-5:20+; 베드로전서 1:1-2, 7-8, 13, 19-20, 25; 2:6-7, 11-12, 18, 24; 3:4-5; 베드로후서 2:21; 3:4, 11, 16; 요한1서 1:1, 6; 2:1-2, 7, 13-14, 18-19, 25-26; 3:1-2, 8, 14, 19-20; 4:1, 6-7, 12, 18-19; 5:3-4, 9-10, 17; 요한2서 1:1, 6-7, 13; 요한3서 1:6, 12; 유다서 1:3, 7, 11-12, 16, 24, VII, 콜로니, 보드머도서관, 보드머 파피루스 신약 사본 XVII; 카서(Kasser), 보드머 파피루스 신약 사본 XVII: 사도행전(Actes des Apôtres), 야고보, 베드로, 요한, 유다의 서신들(Epîtres de Jacques, Pierre, Jean et Jude), 콜로니/제네바 1961 (*이집트 본문, 본문의 품질로 인해 범주 I*); 120쪽 그림.

𝔓[75] 누가복음 3:18-4:2+; 4:34-5:10; 5:37-18:18+; 22:4-24:53; 요한복음 1:1-11:45, 48-57; 12:3-13:10; 14:8-15:10, A III, 콜로니, 보드머도서관, 보드머 파피루스 신약 사본 XIV-XV; 카서/마틴, 보드머 파피루스 신약 사본 XIV-XV, 콜로니/제네바 1961, I 누가복음, 3-24장, II 요한복음, 1-15장; 알란트(K, Aland), 새로운 신약성서 파피루스 사본들 III, 신약성서 연구 22, 1976, 375-396(지금까지 확인되지 않은 단편) (*자유로운 본문, 범주 I*); 125쪽 그림.

𝔓[76] 요한복음 4:9, 12, VI, 비엔나, 오스트리아국립도서관, 비엔나 파피루스 G. 36102; 훙어(Hunger), 두 개의 알려지지 않은 오스트리아국립도서관 보관 신약 파피루스 단편(Zwei unbekannte neutestamentliche Papyrusfragmente der Österreichischen Nationalbibliothek), 성서(Biblos) 8, 1959, 7-12; 훙어, 두 개의 오스트리아국립도서관 보관 신약 파피루스 단편에 대한 보충(Ergänzungen zu zwei neutestamentliche Papyrusfragmente der Österreichischen Nationalbibliothek), 성서(Biblos) 19, 2, 1970, 71-75 (*범주 III*).

𝔓[77] 마태복음 23:30-39, II/III, 옥스퍼드, 애슈몰린박물관; 잉그램스(Ingrams)/킹스턴(Kingston)/파슨(Parson)/레아(Rea), 옥시린쿠스 파피루스 XXXIV, 런던 1968, 1-3(= P. Oxy. 2683) (*최소한 일반 본문, 부주의한 기록자가 기록, 범주 I*).

𝔓78 유다서 1:4-5, 7-8, III/IV, 옥스퍼드, 애슈몰린박물관; 잉그램스/킹스턴/파슨/레아, 옥시린쿠스 파피루스 XXXIV, 런던 1968, 4-6(= P. Oxy. 2684) (*자유로운 본문, 범주 I*).

𝔓79 히브리서 10:10-12, 28-30, VII, 베를린, 국립박물관(Staatliche Museen), 목록 6774번; 트로이(Treu), 베를린 파피루스 모음집의 새로운 신약성서 단편(Neue neutestamentliche Fragmente der Berliner Papyrussammlung), 파피루스 연구 자료보관소 18, 1966, 37-48 (*범주 II*).

𝔓80 요한복음 3:34, III, 바르셀로나, 복음서 기자 성 누가의 기초, 목록 83번; 로까-푸익, '해석'을 포함한 복음서 기자 성 요한의 파피루스(Papiro del evangelio de San Juan con »Hermeneia«), 제11회 파피루스 고문서학 국제 회의(Atti dell' XI Congresso Internazionale di Papirologia), 밀라노 1966, 225-236 (*본문 범위가 너무 작아 판단 불가, 생성 시기로 인해 범주 I*).

𝔓81 베드로전서 2:20-3:1, 4-12, IV, 트리에스트(Triest), 다리스(S. Daris) 소유, 목록 20번; 다리스, 베드로전서의 새로운 단편(Un nuovo frammento della prima lettera di Pietro), 카스트록타비아나 파피루스 고문서학(Papyrologica Castroctaviana), 연구와 본문(Studia et textus) 2, 바르셀로나 1967, 11-37 (*범주 II*).

𝔓82 누가복음 7:32-34, 37-38, IV/V, 스트라스부르, 국립대학도서관(Bibliothèque Nationale et Universitaire), P. Gr. 2677; 슈바르츠(Schwartz), 파피루스에 기록한 복음서 단편(Fragment d'évangile sur papyrus), 파피루스 고문서학과 제명학 정기간행물(Zeitschrift für Papyrologie und Epigraphik) 3, 1968, 157-158 (*범주 II*).

𝔓83 마태복음 20:23-25, 30-31; 23:39-24:1, 6, VI, 루뱅, 대학도서관(Bibliothèque de l'Université), P. A. M. Khirbet Mird[7] 16, 29; 미간행 (*범주 III*).

𝔓84 마가복음 2:2-5, 8-9; 6:30-31, 33-34, 36-37, 39-41; 요한복음 5:5;

7) [역자주] 'P. A. M. Khirbet Mird'는 루뱅 대학도서관 내의 고문서관 보관 장소로 팔레스타인 고고학 박물관(the Palestine Archaeological Museum)의 품목명을 가리킬 때 붙이는 기호이다. 아랍어 'Khirbet Mird'는 '유대 사막'에 있던 고대 요새이자 도시였던 '히르카니아'(Hyrcania)를 가리킨다.

17:3, 7-8, VI, 루뱅, 대학도서관(Bibliothèque de l'Université), P. A. M. Khirbet Mird 4, 11, 26, 27; 미간행 (*범주 III. 범주 V의 영향을 받음*).

$\mathfrak{P}^{85}$ 요한계시록 9:19-10:2, 5-9, IV/V, 스트라스부르, 국립대학도서관(Bibliothèque Nationale et Universitaire), P. Gr. 1028; 슈바르츠, 파피루스와 기록 전통(Papyrus et tradition manuscrite), 파피루스 고문서학과 제명학 정기간행물 4, 1969, 178-182 (*범주 II*).

$\mathfrak{P}^{86}$ 마태복음 5:13-16, 22-25, IV, 쾰른, 고고학연구소(Institut für Altertumskunde), P. Col. theol. 5516; 카랄람바키스(Charalambakis)/하게도른(Hagedorn)/카이마키스(Kaimakis)/튕엔(Thüngen), 쾰른 수집록 중 4개의 문학적인 파피루스(Vier literarische Papyri der Kölner Sammlung), ZPE 14, 1974, 37-40 (*범주 II*).

$\mathfrak{P}^{87}$ 빌레몬서 1:13-15, 24-25, III, 쾰른, 고고학연구소(Institut für Altertumskunde), P. Col. theol. 12; 뢰머(C. Römer), 쾰른 파피루스(Kölner Papyri) 4, 콜로니엔시아 파피루스 고문서학(Papyrologica Coloniensia) 7, 1982, 28-31 (*일반 본문, 범주 I*).

$\mathfrak{P}^{88}$ 마가복음 2:1-26, IV, 밀라노, 가톨릭대학(Università Cattolica), P. Med. 목록 69번, 24번; 다리스, 밀라노가톨릭대학의 파피루스 문학(Papiri letterari dell'Università Cattolica di Milano), 이집트 52, 1972, 80-88 (*범주 III*).

$\mathfrak{P}^{89}$-$\mathfrak{P}^{96}$에 대해서는 본 책의 490쪽을 보라.

위 목록에 실린 모든 파피루스 사본들은, $\mathfrak{P}^{12}$, $\mathfrak{P}^{13}$, $\mathfrak{P}^{18}$과 $\mathfrak{P}^{22}$(이에 대해 아래 내용도 참고)는 예외로 하고, 두루마리가 아닌 코덱스이다. 유대 문헌이나 비기독교 문헌은 두루마리에 기록된(어떤 경우에는 파피루스에, 그렇지 않은 경우에는 가죽에) 것과는 다르게 기독교 문헌은 아예 처음부터 외견상 책의 형태를 갖추고 있었다. 이러한 사실을 알게 되는 데 놀라울 정도로 오랜 시간이 걸린 것은, 처음 발견된 신약성서 파피루스 필사본들부터 모두 코덱스 형태였기 때문이다. (총 96개 중 두루마리 형태는 $\mathfrak{P}^{12}$, $\mathfrak{P}^{13}$, $\mathfrak{P}^{18}$, $\mathfrak{P}^{22}$ 4개이며, 이들은 앞뒤 양면에 기록한 것[오피스토그래프, Opistograph]이거나 한 번 쓴 것을 재생하여 쓴 것이다.) 기존의 두루마리 형태에서 기독교인들이 책의 형태로 바꿔 사용하기 시작한 이유(경제적인 이유였을까?)는 아직도 분명하게 설명할 수

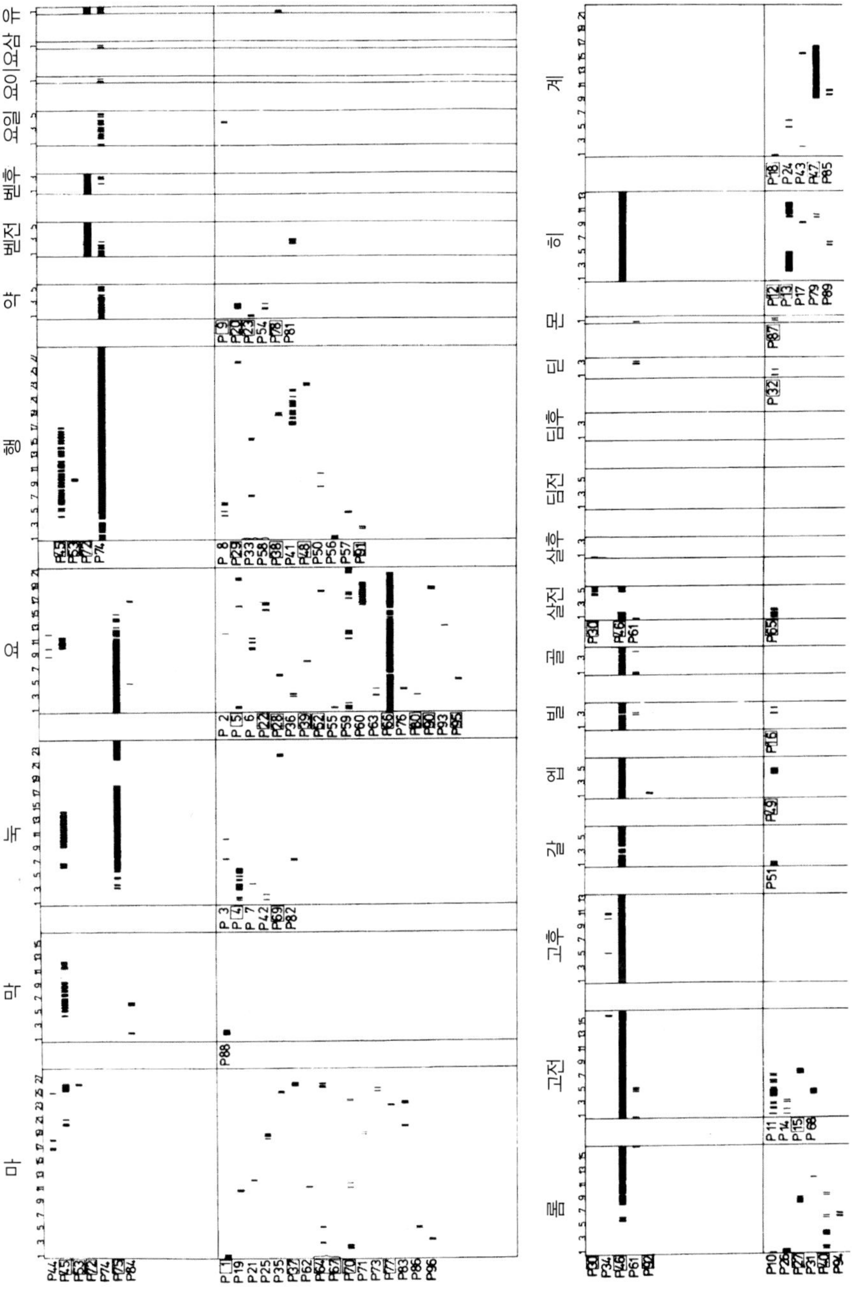

그림 31 신약성서 파피루스 사본

없다.

이러한 변화는 특히 거룩한 신명을 도입한 것과 관련 있어 보인다(본 책의 105쪽 참고). (즉 특정 단어의 축약이 초기에는 유동적이었으나, 곧 고정된 형태를 받아들였다.)

모든 신약성서 연구에 있어서, 연구자가 자신이 다루고 있는 본문이 어느 파피루스 필사본(그리고 어느 대문자 사본, 이에 대해 본 책의 186쪽 이하 참고)에 보존되어 있는가를 아는 것은 중요한 일이다. 그러나 이런 정보를 문헌에서 확인하기까지는 엄청난 수고와 경비가 필요하다. (대문자 사본의 경우에는 일일이 알아내는 것이 거의 불가능하다.) 앞의 도표(본 책의 147쪽)를 참고한다면(대문자 사본에 대해서는 본 책의 186쪽 이하 참고), 이런 검색 작업은 한결 수월해지거나 아예 필요 없게 될 것이다. 이 도표에서는 어떤 파피루스 필사본에 어떤 구절이 들어 있는지를 한눈에 보여 준다. 왜 도표를 두 부분으로 나눴는지 쉽게 이해할 수 있다: 신약성서 27권 중 한 권 이상을 보유한 파피루스 필사본들은 위쪽에, 한 권을 온전히 갖추지 못하고 일부 단편만을 보유하고 있는 필사본들은(필사본마다 원래 얼마나 많은 분량이 기록되어 있었는지에 대해서는 무관하게) 아랫부분에 제시된다. 처음 살펴보자마자 3/4세기 파피루스 사본에 곧바로 주목하도록(파피루스 자체로도 매우 중요함, 이에 대해 본 책의 80쪽 참고) 해당 파피루스 번호를 네모 테두리 표시로 강조해 두었다.

8. 대문자 필사본들

대문자 사본들은 20세기 말까지 지배적인 역할을 하였다. 그 중 세 개(א 01[시내 사본]; B 03[바티칸 사본]; D^{ea} 05[베자 켄터브리지언 사본])의 사본이 그 중심에 있었다. א은 티쉔도르프 인쇄본에서, B는 웨스트코트/호트의 인쇄본에서 본문 작성의 기본 방향을 이끌어 주는 주요 지침이 되었다(이에 대해 본 책의 15쪽 참고). 19세기의 이 Bא-본문은, 네슬이 그의 〈그리스어 신약성서〉(*Novum Testamentum Graece*, 이하 NTG)를 위해 티쉔도르프 인쇄본과 웨스트코트/호트 인쇄본 외에도 바이스(Weiß)의 인쇄본(바이스도 B를 선호했다. 본 책의 21쪽 이하 참고)을 사용함으로써 널리 알려지게 되었다. 그러나 '서방' 본문을 대표하는 사본 D가 2세기까지 가장 중요한 필사본이라고 여긴 학자들은 이와 반대 입장을 표명하였다. 20세기에는 파피루스 필사본들 때문에 대문자 사본들은 지배적 위치에서 점점 밀려났으며, 현재 알려지고 있는 소문자 사본들을 통해서도 계속 그렇게 될 것이다. 사실 상당수의 대문자 사본들(특히 후기의 것들)은 통째로 또는 대체로 비잔틴 대다수본문이 들어 있는 사본들에 지나지 않는다(예를 들어, E^{e} 07, F^{e} 09, G^{e} 011, H^{e} 013, H^{a} 014, K^{e} 017, K^{ap} 018, L^{ap} 020, M 021, N 022, O 023 등; 본 책의 155쪽 이하의 대문자 필사본 설명 목록과 233쪽 이하에 나오는 범주 분류 목록에서 범주 V 참고). 따라서 이들 대문자 사본들은 무수한 소문자 필사본들과 같은 범주에 속한다.

그 밖에도 조심스럽게 언급할 것은, 오늘날까지 등록된 299개의 대문자 사본들 중 104개만이 낱장 단위로 세 장 이상으로 되어 있고, 046 및 그 이후의 대문자 사본들 중에서는 59개만 세 장 이상으로 되어 있으며, 낱장으로 30장이 넘는 것은 단지 18개 사본뿐이라는 것이다(047, 8세기, 복음서들 일부, 152장; 049, 9세기, 사도들의 서신들[사도행전 및 공동서신]/바울서신 일부, 149장; 051, 10세기, 요한계시록-공동서신, 92장; 055, 11세기, 복음서들-공동서신, 303장; 056, 10세기, 사도들의 서신들/바울서신-공동서신, 381장; 070, 6세기, 복음서들 일부, 44장; 075, 10세기, 바울서신-공동서신, 333장; 0141, 10세기, 요한복음-공동서신, 349장; 0142, 10세기, 사도들의 서신들/바울서신-공동서신, 381장; 0150, 9세기, 바울서신-공동서신, 150장; 0151, 9세기, 바울서신-공동서신, 192장; 0211, 7세기, 복음서들, 258장; 0233, 8세기, 복음서들, 93장; 0248, 9세기, 마태복음, 70장; 0250, 8세기, 복음서들 일부, 33장; 0257, 9세기, 복음서들 일부, 47장; 0278, 9세기, 바울서신 일부, 120장; 0281, 7/8세기, 마태복음, 48장).

이것은 (분량으로 볼 때) '주요' 필사본들이 필사 작업 초기에 이미 널리 알려져 있었다는 것을 보여 준다. 티쉔도르프는 다시 한 번 더 큰 성과물, 즉 많은 사본 자료를 입수하게 되었으나, 훗날 밝혀진 그의 수많은 자료들을 보면 그렇게 많은 분량이 담긴 필사본들의 발견은 예외적인 경우에만 나타난다.

그러나 얼마나 많은 분량을 담고 있느냐가 그 대문자 사본의 가치를 말해 주는 것은 아니다. 매우 가치 있는 본문이 들어 있는 단편 사본이 오히려, 많은 분량이 담겨 있고 새로 발견되었지만 비잔틴 본문이 들어 있는 사본보다 더 중요할 때도 있다. 046부터 218개의 대문자 사본 중에서, 99개 이상의 대문자 사본이 6세기까지의 시대에 속한다는 것을 고려할 때(046 이전에 해당하는 사본들 가운데서는 이 시기에 해당하는 것이 20개뿐임), 비로소 가치에 따른 사본들의 올바른 관계가 밝혀진다. 4세기부터 6세기까지 해당되는 사본들 가운데 다음의 사본들이 보존되어 있다.

4세기: 01, 03, 058, 0169, 0185, 0188, 0206, 0207, 0221, 0228, 0230, 0231, 0242, 0258.

4/5세기: 057, 059, 0160, 0176, 0181, 0214, 0219, 0270.

5세기: 02, 04, 05, 016, 026, 029, 032, 048, 061, 062, 068, 069, 077, 0163, 0165, 0166, 0172, 0173, 0174, 0175, 0182, 0201, 0216, 0217, 0218, 0226, 0227, 0236, 0240, 0244, 0252, 0254, 0261, 0264, 0267, 0274.

5/6세기: 071, 072, 076, 088, 0158, 0170, 0186, 0213, 0232, 0247.

6세기: 06, 08, 015, 022, 023, 024, 027, 035, 040, 042, 043, 060, 064, 065, 066, 067, 070, 073, 078, 079, 080, 081, 082, 085, 086, 087, 089, 091, 093, 094, 0143, 0147, 0159, 0184, 0187, 0198, 0208, 0222, 0223, 0225, 0237, 0241, 0245, 0246, 0251, 0253, 0260, 0263, 0265, 0266, 0296.

그러나 덧붙여 말해야 할 것은, 얼마나 많은 분량을 담고 있느냐 하는 것과 마찬가지로 필사본의 작성 시기도 그 사본 본문의 가치를 정하는 데 우선되지 않는다는 사실이다. 예를 들어 아주 화려하게 장식된 몇 개의 6세기 필사본(자주색 양피지, 은색 본문 글씨, 금색 잉크 장식)이 있지만, — 유명한 로사넨시스 사본(Codex Rossanensis, 그림 37 참고)조차 — 이 사본들은 비잔틴 본문만을 제공하므로 본문비평 작업에서는 이 사본들을 참고하지 않는다. 본문비평 작업에서 자동적으로 중요한 의미가 부여되는 사본들은 — 시기로 볼 때 — 주요 본문 형태들이 형성되기 이전 시기의 필사본, 즉 3/4세기나 그 이전의 것으로 추정되는 대문자 사본들뿐이다(이에 대해 본 책의 80쪽 참고). 그러나 안타깝게도 이에 해당하는 사본들은 5개에 불과하다.

0189 2/3세기(이전에는 4세기로 추정했음), 사도행전 5:3-21 보유(1장, 1단, 32행, 18×11cm, 베를린, 국립박물관([Staatl. Mus.] P. 11765); 151쪽 그림 참고.

0212 3세기, 두라(Dura)에서 발견된 유명한 디아테사론(1장, 1단, [15]행, [10.5×9.5cm], 뉴헤이븐, 예일대학, 두라 양피지[P. Dura] 10); 78쪽 그림 참고.

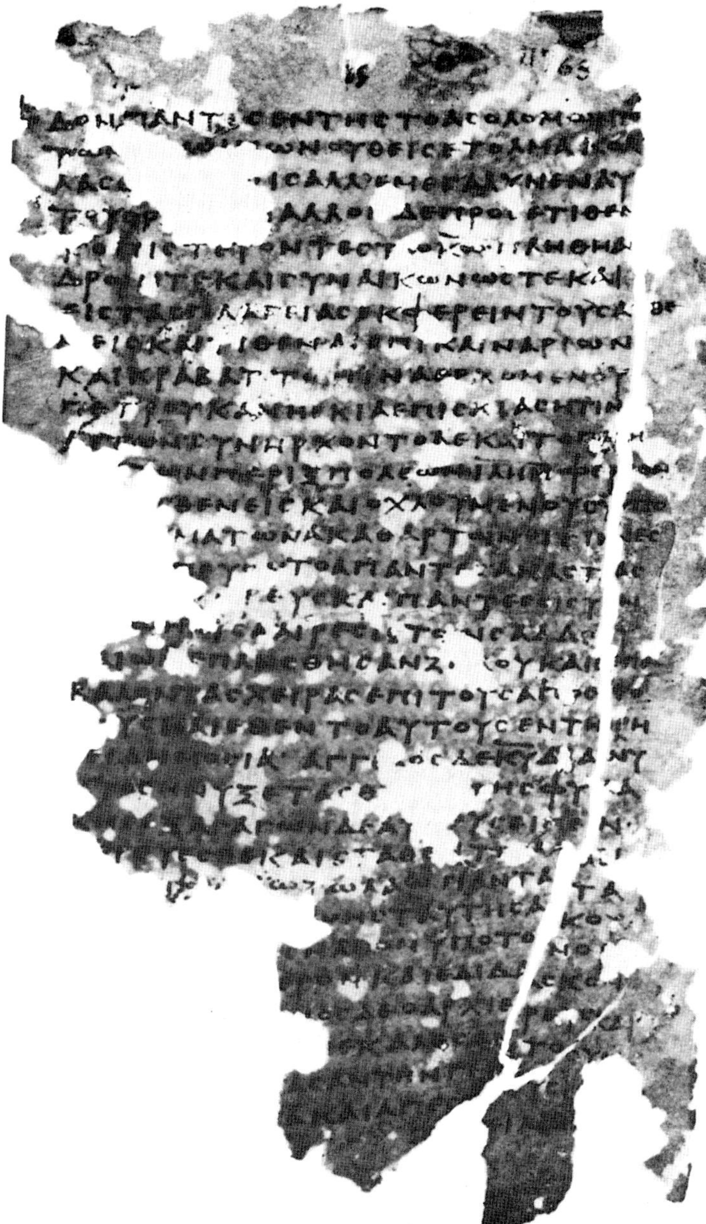

그림 32 0189, 가장 오래된 2/3세기 신약성서 양피지 필사본, 그림에 나온 것은 양피지 뒷면이며 사도행전 5:12-21(본 책의 151쪽 참고).

0220 3세기, 로마서 4:23-5:3, 8-13 보유(단편, 1단, 약 24행, 약 15×13cm, 이전에는 보스턴/매사추세츠, 릴런드 와이먼[Leland C. Wyman]이 소장, 1988에는 쿼리치[Quaritch]가 소장); 84쪽 그림 참고.

0162 3/4세기(이전에는 4세기로 추정했음), 요한복음 2:11-22 보유 (1장, 1단, 19행, 16×15cm, 뉴욕, 메트로폴리탄미술관[Metrop. Mus.] of Art 09.182.43; P. Oxy. 847).

0171 약 300년(이전에는 4세기로 추정했음), 마태복음 10:17-23, 25-32 및 누가복음 22:44-56, 61-64 보유(2장, 2단, 24행, 약 15×11cm, 플로렌스, 라우렌치아나도서관[Bibl. Laur.] PSI 2.124; 베를린, 국립박물관[Staatl. Mus.] P. 11863, 1이하); 알란트(K. Aland), 로까-푸익 기념 논문집, 1987, 45-56; 87쪽 그림 참고.

현재 총 299개의 대문자 사본이 알려져 있지만 이는 단지 명목상의 수치에 불과하다. (실제로 301개, 092와 0121은 번호는 같지만 각각 다른 사본들이 또 있다.) 실제 사본의 숫자는 계속 점점 더 줄어들 것이다. 신약성서본문연구소에서 작업을 통해 지금까지 따로 떨어져 있던 단편들의 정체를 확인해 나가고 있기 때문이다. 현재 상황에 따르면, 독립된 것으로 간주된 30개 이상의 필사본들이 다른 사본들과 관련되어 있다. (정확히 말하면 대체로 목록 가운데 번호가 아주 늦은 사본들에 해당된다.) 다음 필사본들이 해당된다(본 책의 155쪽 이하 해설 목록 참고): 074, 084, 090, 092a, 092b, 0110, 0112, 0113, 0117, 0119, 0123, 0124, 0125, 0137, 0138, 0139, 0149, 0178, 0179, 0180, 0190, 0191, 0193, 0194, 0202, 0215, 0224, 0235, 0285, 0293. 게다가 이때 다음 8개 번호에 해당하는 대문자 사본들, 곧 055, 0100, 0129, 0152, 0153, 0192, 0195, 0203 등은 삭제되기 때문에(이에 대한 이유는 다음에 나오는 개관에 나옴), 대문자 사본의 총 수는 현재 263개로 줄어든다. (이 수에는 지금까지 검토된 것들, 곧 시내산에서 발견한 사본들이 포함되었다.) 다소 망설인 끝에 이 책에는 다음 목록에 그 사본들 모두를 (간략하게라도) 빠짐없이 넣기로 결정했다. 다음과 같이 해보려는 생각이 들기도 했다. 본문비평 작업에 관련 있는 대문자 사본들로만 목록을 제한하는 것이다. 또한 단편으로 된 많은 수의 사본들뿐만 아니라, 비잔틴 대다수본문으로만 기록되어 있거나 대부분 그렇게 기록되어 있는 사본들은 제외시키는 것이다. 두 부류 모두 본문비평을 공부하는 학생에게는 거의 의미가 없기 때문이다. 그러나 반론이 있었다. 학생이 – 주요 인쇄본들에서든 그 밖의 문헌에서든 – 어떤 대문자 사본을 발견했을 때 어디에서 조언을 구해야 하는지가 문제였다. 쿠르트 알란트의 필사본 목록조차도 (1963년 출간되었으므로) 0250에서 종료되었기 때문이다. (그 이후의 사본들부터 0299까지의 대문자 사본들은 나머지 흩어져 있는 사본들에서 찾아 살펴봐야 했다.) 더욱이 이 책은 대학생들도 이용하겠지만, 일목요연하게 볼 수 있는 전체 목록을 더더욱 절실하게 필요로 하는 사람들, 즉 본문비평에 숙련된 사람들도 이용할 것이다. 거의 빠짐없는 신약성서 필사본 목록이 반드시 필요한 곳에서 그 목록을 찾지 못하는 경우에, 사람들은 이런 전체 목록을 참고할 것이다.

어쨌든 이 책에서는 대문자 사본들을 설명할 때, 어떤 내용이 들어 있는지, 몇 세기에 기록되었는지, 몇 장으로 보존되어 있는지 등의 단순한 정보 제공에만 그치지는 않았다. (모든 사본들이 양피지에 기록되었기 때문에 필사지의 재료는 표시하지 않았다.) 어떤 필사본이든 가능한 한 본문에 대한 평가를 덧붙여 두는 것이 필요할 것으로 보았기 때문이다. 그래야만 비로소 학생들이 그 필사본을 실제로 참고할 수 있었고 – 이는 본문비평에 숙련된 사람에게도 매우 자주 해당되는 경우였는데 – 수많은 대문자 사본들이 지금까지도 여전히 그 본문 형태에 대해서는 연구되어 있지 않았기 때문이다. 본문에 대한 평가에 따라 5개의 범주로 사본들을 분류하는 것이 가장 적절할 것이다.

범주 I: 아주 특별한 양질의 필사본들이다. 원래의 본문을 규명하는 데 항상 고려해야 할 필사본들이다. (예를 들어 알렉산드리아 본문이 여기에 속한다.) 그리고 (거의 자동적으로) 3/4세기까지의 파피루스와 대문자 사본들도 이 범주에 속한다. 이 사본들은 초기 시대의 본문을 대표하기 때문이다. (설득력이 약할 경우 본문 범주 기호는 괄호 안에 표시된다.)

범주 II: 특별한 양질의 필사본들이다. 외부(특히 비잔틴 본문)의 영향으로 인해 범주 I의 필사본들과 구분되나, 원본문을 규명하기 위해 중요하다. (예를 들어 이집트 본문이 여기에 속한다.)

범주 III: 독립적인 본문이 들어 있으며 독자적 성격을 띠는 필사본들이다. 대부분 원본문을 규명하는 데 중요하며, 특히 본문 역사에 있어서 중요하다(예를 들어 f^1, f^{13}).

범주 IV: D-본문이 들어 있는 필사본들이다.

범주 V: 통째로 또는 대체로 비잔틴 본문이 들어 있는 필사본들이다.

모든 학생들은 범주 I과 II까지, 또 가능하다면 범주 III까지도 알아야 할 것이다. 초보적인 학생들이 미리 제시된 좀 헷갈리는 범주에 대한 통계 숫자들을 발견한다면, 그것들을 이해해야 한다는 부담을 지나치게 가질 필요가 없다. 그 숫자들은 평가 내용에 대한 이론적인 근거를 파악할 수 있는 사람, 곧 본문비평에 숙련된 사람들을 위한 것이다. 여기에서는 테스트 구절들을 원문과 비교·대조한 결과에 대해(이에 대해서는 본 책의 193쪽 참고) 간략하게 언급하고자 한다.

1: 비잔틴 본문

1/2: 비잔틴 본문에 해당하는 구절이지만 원본문과도 동일한 구절들

2: 원본문

S: 특수 독법

덧붙여 다음 내용을 참고할 수 있다. '복음서들'에 관한 사항은 항상 공관복음서로 국한된다. 이는 테스트 구절 검토 시스템(Teststellensystem)이 요한복음을 기준으로 작성되었기 때문이다. (이 검토 시스템에서 추가적으로 다음의 작업이 시도된다. 주요 필사본들의 특수 이문들을 근거 삼아, 그 이문들이 다른 필사본에 특별히 의존하고 있는지 또 그 의존하고 있는 필사본은 어떤 것인지를 밝혀내는 작업이다.) '바울서신'은 항상 히브리서를 포함한다. 사도행전과 공동서신은 각각 분리되어 표기되었다. (요한계시록은 슈미트[J. Schmid]가 작업해 놓은 방대한 연구들을 고려하여 원문 비교 대조 작업을 하지 않았다.) 물론 이러한 검토 시스템을 거친 자료들은 충분히 많은 테스트 검토 구절들이 들어 있는 필사본의 경우에만 만들어질 수 있다. 따라서 단편으로만 보존된 필사본들의 경우 이러한 내용들이 아예 빠져 있다. 그럼에도 이런 단편 필사본들 가운데 어느 한 부류로 묶여 특정 범주로 분류되는 필사본들이 있다면, 이는 신약성서본문연구소에서 행한 대문자 사본 단편들의 철저한 원문 비교 대조 작업을 통해 분류된 것이다(6개의 필사본들은 분량이 너무 적어서 분류할 수 없었음). (일곱 개의 단편들은 그 사진조차 구할 수 없었기 때문에 검토 조사를 할 수 없었다. 그 중 다섯 개는 다마스쿠스에 있고, 나머지 두 개는 미확인 소유자의 손에 있거나 분실된 것으로 여겨진다.) 물론 본문에 대한 이러한 평가에는 불가피하게 주관적인 요소가 동반된다. (예를 들어 지금까지 일반적으로만 표기된 '특수 독법'의 경우, 하나하나 개별적으로 살펴볼 때 '특수 독

법'일 것이라는 판단이 달라질 수 있으나, 생성 시기에 관한 것은 지금까지 이에 해당된 적이 없다.) 그럼에도 우리는 여러 범주로 분류해 놓은 내용들이 — 처음에는 서로 나눠서 따로 작업한 뒤, 이어서 공동으로 작업했음 — 그대로 유지되기를 바란다.

대문자 필사본들의 해설 목록[8)]

ℵ 01 시내 사본(Codex Sinaiticus), eapr[9)], 4세기, 148장, 4단, 48행, 43×38cm, 런던, 영국도서관(Brit. Libr.) Add. 43725. 바나바서신과 헤르마스의 목자서(Hirte des Hermas)를 포함한 성경 전체(구약성서 일부 유실, 모세오경에 해당하는 열한 개의 사본 낱장들과 헤르마스의 목자서에 해당하는 사본 낱장 하나가 1975년 카타리나수도원에서 새로 발견됨), 유일하게 네 개의 단으로 구성된 신약성서 필사본. 티쉔도르프는 이 사본을 발견하게 된 낭만적인 이야기를 직접 서술한다. (그는 1844년에 먼저 구약성서에 해당하는 43개의 사본 낱장들을 발견하였고, 1853년에는 아무 성과를 거두지 못했으며, 1859년에서야 사본의 나머지 부분을 접할 수 있었다. 이 나머지 부분은 결국 복잡한 과정을 거쳐 러시아 황제에게 '선물'로 증여된 것이었다. 그 후 1933년 소련이 영국에 약 10만 파운드[당시 2백만 마르크]에 매각하였다.) 레이크(K. Lake)는 이 사본을 팩시밀리 복사본으로 작성해 두었다(옥스퍼드, 1911). 티쉔도르프는 상당수의 독특한 이문들(과 부주의하게 기록된 이문들)이 들어 있는 본문을 지나치게 과대평가했다. 분명히 이 본문은 가치로 볼 때 바티칸 사본(B) 본문보다는 못하다. 이 사본의 본문은 바티칸 사본 본문(그리고 𝔓[75])과 함께 알렉산드리아 본문을 대표한다. (복음서들: 23(1), 80(1/2), 170(2), 95(S); 사도행전: 11(1), 24(1/2), 68(2), 18(S); 바울서신: 74(1), 43(1/2), 172(2), 53(S); 공동서신; 23(1), 6(1/2), 63(2), 16(S); *범주 I*); 14쪽 그림

***A* 02** 알렉산드리아 사본(Codex Alexandrinus), eapr+, 5세기, 144장, 2단, 49+행, 32×26cm, 런던, 영국국립도서관(Brit. Libr.) Royal 1 D. VIII. 11세기부터 알렉산드리아의 감독도서관에서 확인할 수 있었던 이 필사본은, 1628년 감독 키릴 루카리스

---

8) [역자주] 도서관 또는 박물관, 기관명 뒤에 이어지는 내용은 보관소 명칭 및 위치 또는 식별 기호 등을 가리킨다.

9) e=복음서들, a=사도들의 서신들(사도행전과 공동서신), p=바울서신, r=요한계시록, +=필사본에 빠져 있는 부분이 있음, 예를 들어 알렉산드리아 사본에는 마태복음 1:1-25:6; 요한복음 6:50-8:52; 고린도후서 4:13-12:6 등이 빠져 있다. 그 밖의 다른 기호에 관해서는 본 책의 194쪽 참고.

(Kyrill Lukaris)를 통해 영국 왕 칼 1세(Karl I.)에게 선물로 보내졌다. 성경 전체가 들어 있지만, 신약성서에서 낱장 단위로 처음 스물여섯 장(마 25:6까지), 이어서 두 장(요 6:50-8:52)과 세 장(고후 4:13-12:6)이 각각 누락되어 있다. 클레멘스1서와 2서(12:4까지)가 들어 있지만 나머지 부분은 빠져 있으며, 솔로몬의 시편에 해당하는 부분도 빠져 있다. 케년은 이 사본을 팩시밀리 복사본으로 작성해 두었다(런던 1909, 사본 크기는 축소되었음), 그 이전에 톰슨(E. M. Thompson)에 의한 팩시밀리 복사판 간행, 런던 1879/1883. 본문의 가치는 어느 부분이냐에 따라 (상이한 여러 본문 그룹에서 다양한 종류의 대본이 사용되었기 때문에) 다양하게 평가된다. 복음서들의 경우 가치가 낮게 평가되고, 그 밖에 신약성서의 나머지 부분은 높이 평가되며, 가장 높게 평가되는 본문은 요한계시록(이 부분에 있어서는 에프라임-시루스 재생 사본[C]의 본문과 함께 $\mathfrak{P}^{47}$ 및 ℵ의 본문보다 확연히 우수함)이다. (복음서들: 151(1), 84(1/2), 18(2), 15(S); 사도행전: 10(1), 22(1/2), 64(2), 13(S); 바울서신: 19(1), 32(1/2), 157(2), 39(S); 공동서신: 18(1), 6(1/2), 62(2), 13(S), *복음서들 본문의 범주 III(원래는 범주 V였음), 그 외에는 범주 I*); 7쪽 그림

***B* 03** 바티칸 사본(Codex Vaticanus), eap+[10], 4세기, 142장, 3단, 42행, 27×27cm, 로마, 바티칸도서관(Bibl. Vaticana) Gr. 1209. 성경 전체가 들어 있는 사본에 해당한다(누락된 부분 있음). 낱장 단위로 앞쪽 서른한 장(창 46:28까지)이 빠져 있고, 중간에 다시 스무 장이 (시 105:27-137:6과 함께) 빠져 있으며, 신약성서는 히브리서 9:14부터 빠져 있다. (그리고 ℵ와 A에 교부 인용문들이 일부 들어 있는 것과 마찬가지로 B에도 일부 들어 있던 것으로 추정되는 교부 인용문도 빠져 있다. 이 필사본은 15세기에 한 번 — p. 1519-1536에 해당하는 부분 — 보완되었다. 소문자 사본 1957이 이에 해당한다.) B의 기원과 생성 역사는 정확히 알 수 없지만, 이 사본은 이미 1475년에 바티칸 목록에 들어가 있었다. 추기경 마이(Mai)가 이미 자신만의 인쇄본을 준비하고 있었으므로(1857년 간행, 1859년 개정) 티셴도르프는 이 사본에 매우 제한적으로만 접근할 수밖에 없었다. 그뿐만 아니라 접근하려 할 때에는 이미 시기가 너무 늦어 버렸다.[11] 웨스트코트와 호트는 1868/1872년에 간행된 팩시밀리 복사본을 더 많이 이용하였다.

10) B에는 데살로니가후서 뒤에 히브리서가 수록되어 있으며, (최소한) 디모데전서 1:1-빌레몬서, 요한계시록을 비롯하여 히브리서 뒤의 나머지 부분이 누락되었다.

11) [역자주] 이 둘의 관계에 대해서는 15쪽을 참고하라.

1904년의 팩시밀리 복사본은 컬러판으로 간행되어 더 나아졌으며, 1968년에는 마르티니(C. M. Martini)의 서문과 함께 로마에서 간행되었다. 바티칸 사본(B)은 대문자 사본들 가운데 대단히 중요한 사본이다. [복음서들: 9(1), 54(1/2), 196(2), 72(S); 사도행전: 2(1), 22(1/2), 72(2), 11(S); 바울서신: 9(1), 32(1/2), 141(2), 28(S); 공동서신: 1(1), 9(1/2), 80(2), 10(S); *범주 I*]; 17쪽 그림

C 04 에프라임-시루스 재생 사본(Codex Ephraemi Syri rescriptus, 12세기 시리아의 에프라임 교부가 필사된 본문을 지워서 재생한 양피지 위에 다시 그리스어로 번역한 글 38개를 새로 기록하였기에 재생 사본이라고 부름), 신약성서 중 가장 유명한 양피지 재생 사본(263개 대문자 사본 중 63개나 되는 재생 사본이 있음)이다. eapr+, 5세기, 145장, 1단, 40+행, 33×27cm, 파리, 국립도서관(Bibl. Nat.), Gr. 9. 이 필사본들은 이미 1834년 플레크(Fleck)에 의해, 또 1840/1841년에는 티쉔도르프에 의해 화학 약품(본 책의 12쪽 참고)을 이용하여 판독되었다. 티쉔도르프의 1843년판 인쇄본은 즉시 개정될 필요가 있다. (라이언[R. Lyon]의 1956년 박사 학위 논문[St. Andrews, 1956]을 살펴보거나 현재 신약성서본문연구소에 보관되어 있는 자외선 사진들을 보면 그 개정을 위한 전제 조건이 무엇인지 알 수 있다.) 원래 사본 C는 성경 전체가 들어 있는 사본에 해당하지만, 오늘날 상당한 부분이 누락되어 있다.[12] 누락된 부분은 특별히 구약성서에서 꽤 많이 발견되지만, 신약성서에도 있다. [복음서들: 87(1), 66(1/2), 66(2), 50(S); 사도행전: 13(1), 13(1/2), 38(2), 11(S); 바울서신: 29(1), 26(1/2), 104(2), 17(S); 공동서신: 16(1), 3(1/2), 41(2), 14(S), *특히 복음서들 가운데 상당수 독자적인 특징들이 나타난다; 범주 II*]; 13쪽 그림

***D*^{ea} 05** 베자 켄터브리지언 사본(Codex Bezae Cantabrigiensis), ea+,[13] 5세기, 415장, 1단, 33행, 26×21.5cm, 케임브리지, 대학도서관(Univ. Libr.) 번호 II 41. 그리스어-라틴어 대조 성서로(그리스어는 본문 왼쪽에), 주제별 단락을 (예배 때 낭독의 편의를 위해) 구분하여 기록되었으며, 가장 의견이 분분한 신약성서 대문자 사본이다. 라틴어를 모국어로 하는 필사자에 의해 기록된 것으로 보이며, 이집트 아니면 북아프리카에서 기록되었음에도, 이른바 '서방' 본문의 주요 증거가 된다. 이 사본의 라틴어 본문

12) 정확히 어떤 부분이 빠졌는지에 대해서는 〈네슬-알란트 26판〉 689쪽을 보라.

13) 정확히 어떤 부분이 빠졌는지 또한 어떤 구절이 후대에 보완되었는지에 대해서는 〈네슬-알란트 26판〉 689쪽을 보라.

은 병기된 그리스어 본문에 의존하고 있으며, 고대 라틴어 전승의 주류에서 따로 떨어져 나온 라틴어 본문으로서, 하나의 2차적인 산물임을 드러내는 듯하다. 사본 D의 그리스어 원 대본이 언제 그리고 누구를 통해 생겨났는지는 알려지지 않았지만(3/4세기의 $\mathfrak{P}^{38}$, $\mathfrak{P}^{48}$, $\mathfrak{P}^{69}$와 **0171**은 사본 D의 이전 형태 또는 이 사본과 비슷한 형태를 보임), 어느 중요한 신학자가 추가, 생략하거나 표현을 새롭게 하여 (특히 누가복음과 사도행전에서) 본문을 변형시킨 것으로 보인다. 그 신학자의 이러한 작업은 초기 본문 중 우수한 필사본을 근거로 이루어졌으며, 이러한 요소가 D-본문의 권위의 토대가 되었다. D-본문을 따르는 필사본(예를 들어, 614와 이의 자매 필사본 2412)은 거의 없으나, D-본문을 추가 생략 변경한 본문도 거의 나타나지 않는다. D-본문을 그대로 옮긴 필사본들의 본문만 D-본문으로 분류해야 할 것이다. 이러한 방식으로 제한을 두어야만 D-본문과 관련하여, 마치 바벨탑 사건과 같은 일, 즉 언어 때문에 일어나는 혼란스러움이 더 이상 일어나지 않을 것이다. D-본문이 옛 전승의 본문과 일치할 경우, 그 D-본문이 들어 있는 필사본은 실제로 중요한 의미가 있다. 그러나 D-본문이 옛 전승의 본문과 다르게 나타날 경우, 그 D-본문이 들어 있는 필사본은 (그 필사본 이전 및 이후의 필사본을 포함하여) 좀 더 세심하게 검토될 필요가 있다. (복음서들: 65(1), 48(1/2), 77(2), 134(S); 사도행전: 21(1), 7(1/2), 15(2), 33(S); *범주 IV*); 18쪽 그림

***D^p* 06** 클라로몬타나 사본(Codex Claromontanus), p+,[14] 6세기, 533장, 1단, 21행, 24.5×19.5cm, 파리, 국립도서관(Bibl. Nat.) Gr. 107, 107 AB. 의미를 갖춘 문장 단위를 끊어 구분하여(사본 D **05**에서 나눈 것보다 더 짧게 나눔) 기록하였으며, 그리스어-라틴어 대조 성경이다. 사본 D **05**처럼 원래는 베자의 소유였으며, 나중에는 고치지 않은 채 그대로 두 번 필사되었다(D^{abs1}, 9세기, 레닌그라드, 에베소서가 수록된 D^{abs2}, 10세기, 멩어링하우젠[Mengeringhausen]). 이 필사본이나 다른 2개 언어 대조 필사본에서, 사본 D **05**에서 볼 수 있는 것과 비슷한 확장이나 축소가 있었는지를 확인하려는 시도는 실패한 것으로 보인다.

D^p* 06 51(1), 12(1/2), 111(2), 74(S); *범주 II*; ***D^p* 06*^c*** (139(1), 30(1/2), 44(2), 35(S); *범주 III*); 19쪽 그림

---

14) D^p에는 로마서 1:1-7이 누락되어 있다. 로마서 1:27-30과 고린도전서 14:13-22은 후대에 보완되었다.

E^{e} **07** 바젤 사본(Codex Basilensis), e+,[15] 8세기, 318장, 1단, 23+행, 23×16.5cm, 바젤, 대학도서관(Univ. Bibl.), AN III 12. 1431년 바젤 공의회를 계기로 유럽에 인도되었다. 이미 18세기부터 이용됨. (209(1), 107(1/2), 1(2), 9(S); *비잔틴 본문, 범주 V*).

E^{a} **08** 라우드 사본(Codex Laudianus, 일찍이 대감독 라우드가 소유한 것에서 명명됨.), 사도행전+, 6세기, 227장, 2단, 24+행, 27×22cm, 옥스퍼드, 보들레이안도서관(Bodl. Libr.), 라우드(Laud). Gr. 35, 라틴어-그리스어 대조, 왼쪽에 라틴어 본문이 있으며, 매우 짧게 의미 단위로 끊어 기록. (사도행전: 36(1), 21(1/2), 22(2), 22(S); *범주 II*).

F^{e} **09** 보렐리안 사본(Codex Boreelianus), e+, 9세기, 204장, 2단, 19+행, 28.5×22cm, 위트레흐트, 대학도서관(Univ. Bibl.). Ms 1 (156(1), 78(1/2), 0(2), 11(S), *비잔틴 본문, 범주 V*).

F^{p} **010** 아우기엔 사본(Codex Augiensis), p+, 9세기, 136장, 2단, 28행, 23×19cm, 케임브리지, 트리니티대학(Trinity College) B. XVII. 1. 원래 라이헤나우수도원(Kloster Reichenau) 소재, 그리스어-라틴어 대조, 히브리서만 라틴어(불가타) (43(1), 11(1/2), 89(2), 70(S); *범주 II*).

G^{e} **011** 사이델리아 사본 I(Codex Seidelianus I), e+, 9세기, 252장(1장은 케임브리지에 보관), 2단, 21+행, 25.7×21.5cm, 런던, 국립도서관(Brit. Libr.), Harley 5684, 케임브리지, 트리니티대학(Trinity College) B. XVII. 20. (176(1), 87(1/2), 4(2), 21(S): *비잔틴 본문, 범주 V*).

G^{p} **012** 뵈너리아 사본(Codex Boernerianus), p+, 9세기, 99장, 1단, 20+행, 25×19cm, 드레스덴, 작센주립도서관(Sächs. Landesbibliothek) A 145b. 2개 언어 대조 사본, 그리스어 본문의 행간 사이에 성 갈렌(St. Gallen)에게서 유래한 라틴어 본문이 기록됨, 학문연구용. 히브리서 누락, 빌레몬서 뒤에 라오디게아서 표제어가 있으나 본문은 없다. (44(1), 13(1/2), 88(2), 66(S); *범주 III*); 160쪽 그림.

H^{e} **013** 사이델리아 사본 II(Codex Seidelianus II), e+, 9세기, 194장(1장은 케임브리지에 보관), 1단, 23행, 22×18cm. 함부르크, 대학도서관(Univ. Bibl.), Cod. 91 in

---

15) 여기서부터는 간략한 내용으로만 소개(〈네슬-알란트 26판〉 690쪽 이하에 나오는 누락 목록과 내용 목록 참고). 누락 목록 다음에 이어지는 정확한 내용 목록은 단편으로 된 사본들에 대해서만 수록되었다.

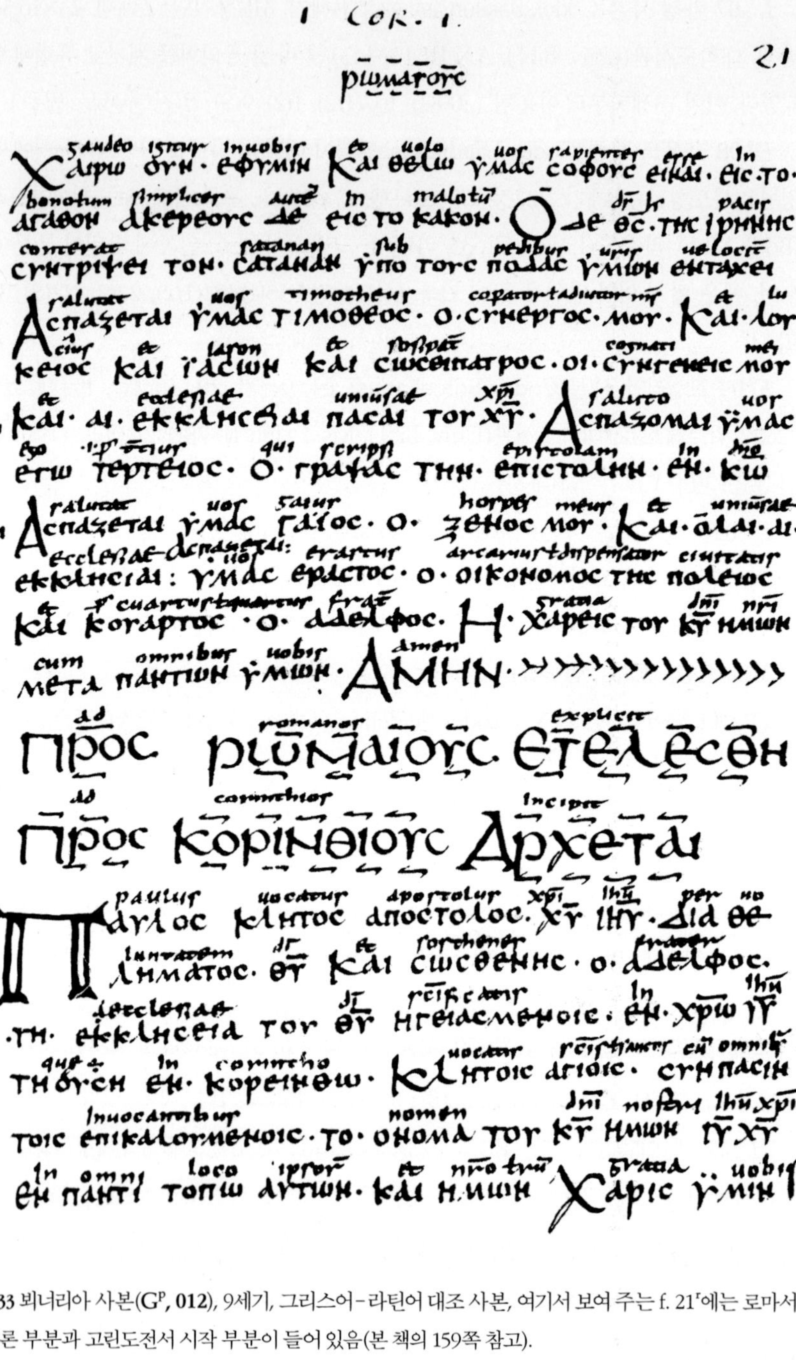

그림 33 뵈너리아 사본(G^p, 012), 9세기, 그리스어-라틴어 대조 사본, 여기서 보여 주는 f. 21^r에는 로마서의 결론 부분과 고린도전서 시작 부분이 들어 있음(본 책의 159쪽 참고).

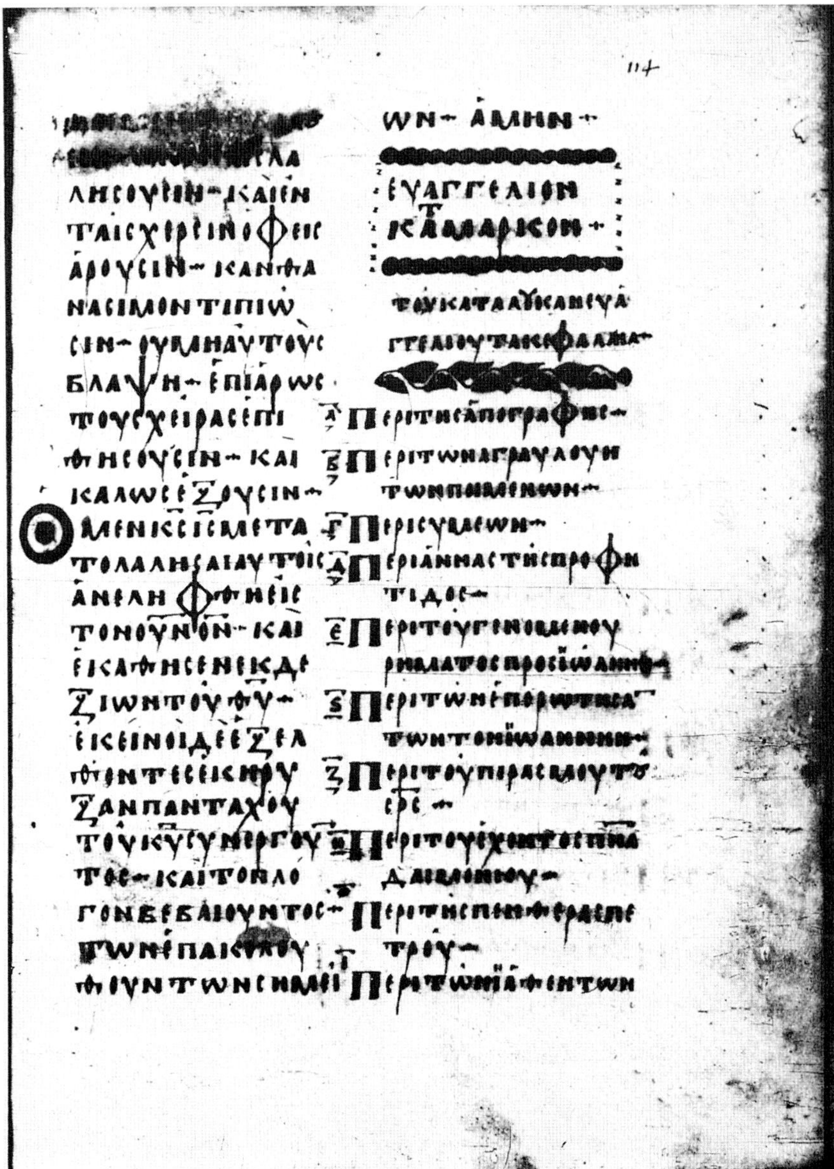

그림 **34** 레기우스 사본(Codex Regius: **L^{e}, 019**), 8세기, 여기서 보여 주는 f. 114^{r}에는 마가복음 결론 부분과 누가복음 시작 부분(케팔라이아)이 들어 있음(본 책의 162쪽, 382쪽 참고).

Scrin; 케임브리지, 트리니티대학(Trinity College) B XVII. 20,21. (174(1), 82(1/2), 3(2), 7(S); *비잔틴 본문, 범주 V*).

***H*ᵃ 014** 무티넨 사본(Codex Mutinensis), 사도행전+, 9세기, 43장, 1단, 30행, 33×23cm. 모데나, 에스텐스도서관(Bibl. Estens). G. 196(II. G. 3): 9-51쪽. (48(1), 22(1/2), 2(2), 1(S); *비잔틴 본문, 범주 V*).

***H*ᵖ 015** 코이슬리니아누스 사본(Codex Coislinianus), pP, 6세기, 41장, 하나의 단, 16행, 약 30×25cm, 흩어져 있음: 아토스의 대라브라수도원(die Große Lavra)에 8장 있음. 키에프, 레닌그라드, 모스크바에 각각 3장, 파리에 22장, 튜린(Turin)에 2장, 고린도전·후서, 갈라디아서, 골로새서, 데살로니가전서, 히브리서, 디모데전·후서, 디도서 등 각각의 일부분 포함. (7(1), 0(1/2), 12(2), 3(S); *범주 III*).

***I* 016** 프리어 사본(Codex Freerianus), 고린도전서-빌레몬서 히브리서+, 5세기, 84장, 1단, 30행, 약 25×20cm, 워싱턴/D.C., 스미스소니언협회(Smithsonian Inst.), 프리어미술관(Freer. Gall.), of Art 06.275. (1(1), 5(1/2), 22(2), 6(S); *이집트본문, 범주 II*).

***K*ᵉ 017** 시프리우스 사본(Codex Cyprius), e, 9세기, 267장, 1단, 16-31행, 26×19cm, 파리, 국립도서관(Bibl. Nat.). Gr. 63. (197(1), 107(1/2), 8(2), 15(S); *비잔틴 본문, 범주 V*).

***K*ᵃᵖ 018** 모스크바 사본(Codex Mosquensis), apK+, 9세기, 288장, 2단, 27행, 33.8×24.2cm 모스크바, 국립역사박물관(Hist. Mus.) V. 93, S. 97. 주석이 포함된 필사본. (바울서신: 154(1), 33(1/2), 8(2), 8(S); 공동서신: 80(1), 11(1/2), 4(2), 4(S); *비잔틴 본문, 범주 V*).

***L*ᵉ 019** 레기우스 사본, e+, 8세기, 257장, 2단, 25행, 23.5×17cm, 파리, 국립도서관(Bibl. Nat.). Gr. 62. (52(1), 75(1/2), 125(2), 64(S); *이집트 본문, 이중으로 된 마가복음 결론. 범주 II*); 161쪽 그림.

***L*ᵃᵖ 020** 안젤리카 사본(Codex Angelicus), ap+, 9세기, 189장, 2단, 26행, 27×21.5cm, 로마, 안젤리카도서관(Bibl. Angelica) 39. (사도행전: 52(1), 25(1/2), 1(2), 2(S); 바울서신: 161(1), 45(1/2), 4(2), 5(S); 공동서신: 81(1), 9(1/2), 5(2), 3(S); *비잔틴 본문, 범주 V*).

***M* 021** 캄피안 사본(Codex Campianus), e, 9세기, 257장, 2단, 24행, 22×16.3cm, 파리, 국립도서관(Bibl. Nat.) Gr. 48. (202(1), 106(1/2), 7(2), 12(S); *비잔틴 본문, 범주*

V).

***N* 022** 자색 페트로폴리탄 사본(Codex Petropolitanus Purpureus), e+, 자주색 양피지, 6세기, 231장, 2단, 16행, 약 32×27cm, 레닌그라드, 공립도서관(Öffentl. Bibl.) Gr. 537, 182장: 파트모스 요한(Patmos Joannu) 33장, 런던, 아테네, 레르마(Lerma), 뉴욕, 로마, 비엔나에 1장씩 보관. (89(1), 48(1/2), 8(2), 15(S); *비잔틴 본문, 범주 V*).

***O* 023** 시노펜 사본(Codex Sinopensis), 마태복음+, 6세기, 44장, 1단, 15+행, 30×25cm, 파리, 국립도서관(Bibl. Nat.) 보충 Gr. 1286, 43장, 사본 N과 같이, 은으로 기록된 본문과 금장식이 있는 자주색 양피지. (9(1), 4(1/2), 0(2), 3(S); *비잔틴 본문, 범주 V*).

***P*^{e} 024** 길퍼비탄 사본 A(Codex Guelferbytanus A), eP, 6세기, 44장, 2단, 24행, 26.5×21.5cm, 볼펜뷔텔(Wolfenbüttel), 아우구스트공작도서관(Herz. Aug. Bibl.) 바이센부르크(Weißenburg) 64(분리된 상태). 재생 사본 위에 쓴 라틴어 본문은 세비야의 이시도르(Isidor von Sevilla)의 편지와 '오리진'(Origines)을 포함. (24(1), 16(1/2), 3(2), 0(S); *비잔틴 본문, 범주 V*). 108쪽 그림.

***P*^{apr} 025** 포르피리안 사본(Codex Porfirianus), apr+ 9세기, 327장, 1단, 24행, 16×13cm, 레닌그라드, 공립도서관(Öffentl. Bibl.) Gr. 225. 재생 사본(Palimpsest), 재생한 기록물에는 1301년에 기록한 것이라고 적혀 있으며 소문자 사본 1834(유탈리우스[Euthalius])가 들어 있음. (사도행전: 69(1), 29(1/2), 1(2), 1(S); 바울서신: 82(1), 36(1/2), 87(2), 31(S); 공동서신: 48(1), 7(1/2), 26(2), 9(S); *사도행전과 요한계시록은 범주 V, 그 밖의 것들은 범주 III*).

***Q* 026** 길퍼비탄 사본 B(Codex Guelferbytanus B), 누가복음-요한복음+, 5세기, 13장, 2단, 28행, 26.5×21.5cm, 볼펜뷔텔, 아우구스트공작도서관(Herz. Aug. Bibl.) 바이센부르크 64(분리되어 보존). 재생 사본(Palimpsest), (지워진 본문) 위에 다시 기록된 본문은 **024**와 같이 세비야의 이시도르의 글이 적혀 있음. (5(1), 5(1/2), 0)2), 2(S); 비잔틴 본문, 범주 V).

***R* 027** 니트리안 사본(Codex Nitriensis), 누가복음+, 6세기, 48장, 2단, 25행, 29.5×23.5cm, 런던, 영국도서관(Brit. Libr.) Add. 17211(이전에는 니트리안[Nitria]사막의 어느 수도원에서 보관). 덧입혀진 본문: 요하네스 그라마티쿠스(Johannes Grammaticus)에 맞서는 안디옥의 세베루스(Severus) 글, 시리아어. (11(1), 4(1/2), 0(2), 5(S); *비*

잔틴 본문, 범주 V*).

***S* 028** 바티칸 사본 354(Codex Vaticanus 354), e, 949년, 235장, 2단, 27행, 36×24cm, 로마, 바티칸도서관(Bibl. Vat.) Gr. 354. (206(1), 105(1/2), 4(2), 12(S); *비잔틴 본문, 범주 V*).

***T* 029** 보르기아 사본(Codex Borgianus), 누가복음-요한복음+, 5세기, 23장, 2단, 26-33행, 26×21cm, 로마, 바티칸도서관(Bibl. Vatic) Borg. Copt. 109(8장), T 109(13장), 뉴욕, 피어폰트모건도서관(2장), 이집트어 사히딕 방언-그리스어 대조(사히딕 방언은 왼쪽), **0113, 0125, 0139**와 함께 한 필사본에 속함(모두 파리, 국립도서관[Bibl. Nat.] 보관, 3장, 단편, 5장). (이집트 본문, 범주 II).

***U* 030** 나니안 사본(Codex Nanianus), e, 9세기, 291장, 2단, 21행, 22.5×16.7cm, 베니스, 성마가도서관(Bibl. S. Marco) 1397(I, 8). (105(1), 38(1/2), 1(2), 11(S); *비잔틴 본문, 범주 V*).

***V* 031** 모스크바 사본(Codex Mosquensis), e+, 9세기, 220장, 1단, 28행, 15.7×11.5cm, 모스크바, 국립역사박물관(Hist. Mus.) V. 9. (192(1), 101(1/2), 8(2), 17(S); *비잔틴 본문, 범주 V*).

***W* 032** 프리어 사본(Codex Freerianus), e+, 5세기, 187장, 1단, 30행, 21×14.3cm, 워싱턴, 스미스소니언협회, 프리어미술관 of Art 06.274. (통일성 없는 본문, 마가복음 16:14에 이른바 '프리어-로기온'[Freer-Logion] 첨가). (118(1), 70(1/2), 54(2), 88(S); *범주 III*); 168쪽 그림.

***X* 033** 모나켄시스 사본(Codex Monacensis), eK+, 10세기, 160장, 2단, 45행, 37.5×25.5cm 뮌헨, 대학도서관(Univ. Bibl.) 30쪽. (118(1), 53(1/2), 6(2), 14(S); *비잔틴 본문, 범주 V*).

***Y* 034** 마케도니아 사본(Codex Macedoniensis), e+ 9세기, 309장, 1단, 16+행, 18×13cm, 케임브리지, 대학도서관(Univ. Libr.) Add. 6594. (192(1), 95(1/2), 4(2), 6(S); *비잔틴 본문, 범주 V*).

***Z* 035** 더블린 사본(Codex Dublinensis), 마태복음+, 6세기, 32장, 1단, 21+행, 약 27×20cm, 더블린, 트리니티대학(Trinity College) MS 32 재생 사본(Palimpsest, 지워진 본문) 위에 교부들의 본문. (3(1), 5(1/2), 11(2), 2(S); *범주 III*).

Γ 036 티쉔도르프 사본(Codex Tischendorfianus), e+, 10세기, 257장, 1단, 24+행,

30×23cm, 레닌그라드, 공립도서관(Öffentl. Bibl.) Gr. 33, 99 fol., 옥스퍼드, 보들레이안도서관 Auct. T. infr. 2.2, 158쪽 (182(1), 91(1/2), 1(2), 12(S) ; *비잔틴 본문, 범주 V*).

Δ 037 성 갈렌 사본(Codex Sangallensis), e+, 9세기, 198장, 1단, 17+행, 23×18.5cm, 성 갈렌, 자선도서관(Stiftsbibl.) 48, 그리스어-라틴어 대조, 라틴어 본문은 **012**에서처럼 그리스어 행간 사이에 기록. (120(1), 88(1/2), 69(2), 47(S); 범주 III).

Θ 038 코리데티아 사본(Codex Coridethianus), e+, 9세기, 249장, 2단, 25+행, 29×24cm, 트빌리시(Tbilisi), 필사본연구소(Inst. f. Handschriften) Gr. 28. 카우카수스(Kaukasus)에서 발견, 본문이 통일되어 있지 않으며, 그리스어에 능통하지 못한 사람이 서툴게 기록한 것으로 보임. 많은 사람들이 565, 700 등과 함께 '가이사랴 본문'을 대표하는 중요한 사본으로 여긴다: 89(1), 59(1/2), 75(2), 95(S); 범주 II); 169쪽 그림.

Λ 039 티쉔도르프 사본 III(Codex Tischendorfianus III), 누가복음-요한복음, 9세기, 157장, 2단, 23행, 21×16.5cm, 옥스퍼드, 보들레이안도서관 Auct. T. infr. 1.1. (41(1), 10(1/2), 0(2), 2(S) ; *비잔틴 본문, 범주 V*).

Ξ 040 자킨티우스 사본(Codex Zakynthius), 누가복음 1-11장+, 6세기, 89장, 36×29cm, 런던, 영국성서공회(Brit. and For. Bibl. Soc.) 24, 난외주가 달려 있는 주석 필사본, 재생 사본(Palimpsest), (지워진 본문) 위에 문서 *l* 299, 그린리(J. H. Greenlee) 출판 1957. (2(1), 2(1/2), 8(2), 3(S); *범주 III*).

Π 041 페트로폴리탄 사본(Codex Petropolitanus), e+, 9세기, 350장, 1단, 21행, 14.5×10.5cm, 레닌그라드, 공립도서관(Öffentl. Bibl.) Gr. 34. (190(1), 104(1/2), 11(2), 18(S) ; *비잔틴 본문, 범주 V*).

Σ 042 로사넨시스 사본(Codex Rossanensis), 마태복음-마가복음, 6세기, 장식으로 유명한 자주색 양피지, 188장, 2단, 20행, 31×26cm. 로사노, 대감독관구(Erzbischofspalast) o. Nr. (140(1), 83(1/2), 15(2), 25(S); *비잔틴 본문, 범주 V*); 174쪽 그림.

Φ 043 베라틴 사본(Codex Beratinus), 마태복음-마가복음+, 6세기, 자주색 양피지, 190장, 2단, 17행, 31×27cm, 티라나, 국립문서보관소(Staatsarchiv) Nr. 1. (131(1), 83(1/2), 11(2), 18(S) ; *비잔틴 본문, 범주 V*).

Ψ 044 라우렌의 아토스 사본(Codex Athous Laurensis), eap+, 8/9세기, 261장, 1단, 31행, 21×15.3cm, 아토스, 라브라 B'52. (복음서들 : 40(1), 21(1/2), 52(2), 19(S) ; 사

도행전: 42(1), 25(1/2), 23(2), 15(S); 바울서신: 127(1), 45(1/2), 40(2), 34(S); 공동서신: 21(1), 8(1/2), 54(2), 14(S); *공동서신에서는 범주 II, 그 밖에는 범주 III*).

Ω **045** e, 9세기, 259장, 2단, 19+행, 22×16cm, 아토스, 디오니시우(Dionysiu) (10)55. (208(1), 104(1/2), 3(2), 10(S); *비잔틴 본문, 범주 V*).

046 r, 10세기, 20장, 1단, 35행, 27.5×19cm, 로마, 바티칸도서관(Bibl. Vatic.) Gr. 2066. (*범주 V*).

047 e+, 8세기, 152장, 십자가 형태로 본문 기록, 37행, 20.5×15.2cm, 프린스턴/뉴저지, 대학도서관(Univ. Libr.) Med. and Ren. Mss. Garrett 1. (175(1), 96(1/2), 6(2), 21(S); *비잔틴 본문, 범주 V*); 175쪽 그림.

048 apP, 5세기, 21장, 3단, 40+행, 약 30×27cm, 로마, 바티칸도서관(Bibl. Vatic.) Gr. 2061, (지워진 본문) 위에 두 번 다시 기록한 재생 사본(Palimpsest). (바울서신: 3(1), 7(1/2), 30(2), 4(S); *범주 II*).

049 ap+, 9세기, 149장, 1단, 30행, 27.5×18.5cm, 아토스, 라브라(Lavra) A' 88. (사도행전: 70(1), 29(1/2), 3(2), 3(S); 바울서신: 109(1), 37(1/2), 0(2), 3(S); 공동서신: 86(1), 9(1/2), 1(2), 3(S); *비잔틴 본문, 범주 V*).

050 요한복음+, 9세기, 19장, 약 32.5×24cm, 아테네(2장), 아토스, 디오니시우(7장), 모스크바(7장), 옥스퍼드(3장), 난외주가 달린 주석 필사본 (*범주 III*).

051 요한계시록 11-22장+, 10세기, 92장, 1단, 22행, 23×18cm, 아토스, 판토크라토로스(Pantokratoros) 44, 주석 필사본 (*범주 III*).

052 요한계시록 7:16-8:12, 10세기, 4장, 2단, 27행, 29.5×23cm, 아토스, 판텔레이모노스(Panteleimonos) 99,2, 주석 필사본 (*비잔틴 본문, 범주 V*).

053 누가복음 1:1-2:40, 9세기, 14장, 3단, 42행, 27.5×23cm, 뮌헨, 바이에른국립도서관(Bayer. Staatsbibl.) Gr. 208: 235-248쪽, 주석 필사본, 본문과 난외주가 번갈아 기록됨 (*범주 V?*).

054 요한복음 16:3-19:41, 8세기, 6장, 1단, 36행, 29×18.5cm, 로마, 바티칸도서관(Bibl. Vatic.) Barb. Gr. 521 (*범주 V?*).

055 eK, 11세기, 303장, 1단, 37행, 26×19.5cm, 파리, 국립도서관(Bibl. Nat.) Gr. 201 (온전한 본문이 들어 있지 않은 채 주석만 달린 사본은 본래 대문자 사본 목록에 들어가지 않음.).

056 apK, 10세기, 381장, 1단, 40행, 29.8×23.3cm, 파리, 국립도서관(Bibl. Nat.) Coislin Gr. 26. (사도행전: 75(1), 27(1/2), 0(2), 3(S); 바울서신: 189(1), 46(1/2), 5(2), 8(S); 공동서신: 80(1), 6(1/2), 3(2), 8(S); *비잔틴 본문, 범주 V*).

057 사도행전 3:5-6, 10-12, 4/5세기, 2단, 약 27행, (9×13cm), 베를린, 국립박물관(Staatl. Mus.) P. 9808 (*범주 I*); 85쪽 그림.

058 마태복음 18:18-29, 4세기, 2단, 약 26행, 약 19×13cm, 비엔나, 오스트리아국립도서관(Österr. Nat. Bibl.) Pap. G. 39782 (*범주 III?*)

059 마가복음 15:29-38, 4/5세기, 1단, 약 19행, 약 15×11cm, 비엔나, 오스트리아 국립도서관(Österr. Nat. Bibl.) Pap. G. 39779. **0215**(마가복음 15:20-21, 26-27; 비엔나, Pap. G. 36112)와 같은 필사본에 속함 (*범주 III*).

060 요한복음 14장+, 6세기, 2단, 약 24행, 약 14×12cm, 베를린, 국립박물관(Staatl. Mus.) P 5877 (*범주 III*).

061 디모데전서 3:15-16; 4:1-3; 6:2-8, 5세기, 2장, 1단, 약 19행, 약 14×12cm, 파리, 루브르박물관 E 7332 (*범주 V, 특수 이문*).

062 갈라디아서 4:15-5:14, 5세기, 1장, 2단, 33행, 22×18.5cm(이전에는 다마스쿠스, 쿠베트 엘 샤츠네[Kubbet el Chazne]) 재생 사본(Palimpsest), (지워진 본문) 위의 문서는 아랍어; (*범주 III*).

063 누가복음 16장-요한복음 6장+, 9세기, 20장, 2단, 29행, 약 26×19cm, 아토스, 바토페디우(Vatopediu) 1219(14장), 모스크바, 국립역사박물관(Hist. Mus.), V. 137.181(6장) **0117**(누가복음 20장+, 2단, 파리, 국립도서관 Suppl. Gr. 1155, II)과 같은 필사본에 속함. (**063**: 15(1), 3(1/2), 0(2), 0(S); *비잔틴 본문, 범주 V*).

064 마태복음 27:7-30. 6세기, 2장, 2단, 25행, 약 28×21cm, 키예프, 우크라이나 국립도서관(Ukr. Nat. Bibl.) 페트로프 17, **074** (마태복음 25장; 26장; 28장+, 마가복음 1장; 2장; 5장+, 시내산 해리스 10, 10장)와 **090** (마태복음 26:59-70; 27:44-56; 마가복음 1:34-2:12, 레닌그라드, 공립도서관[Öffentl. Bibl.] Gr. 276, 4장)은 한 필사본에 속함. 재생 사본(Palimpsest), **064**와 **074**에는 예배를 위한 본문이 시리아어로 (지워진 본문) 위에 기록되었으며, **090**의 경우 본문이 씻겨 지워졌고 그 위에 덧쓰인 기록이 없다. (*비잔틴 본문, 범주 V*).

065 요한복음 11-12장; 15-16장; 19장+. 6세기. 3장, 2단, 29행, 약 29×23cm, 레

그림 **35** 프리어 사본(**W, 032**), 5세기, 그림에 나온 부분은 마가복음 결론과 이른바 '프리어-로기온'(본책의 164쪽 참고).

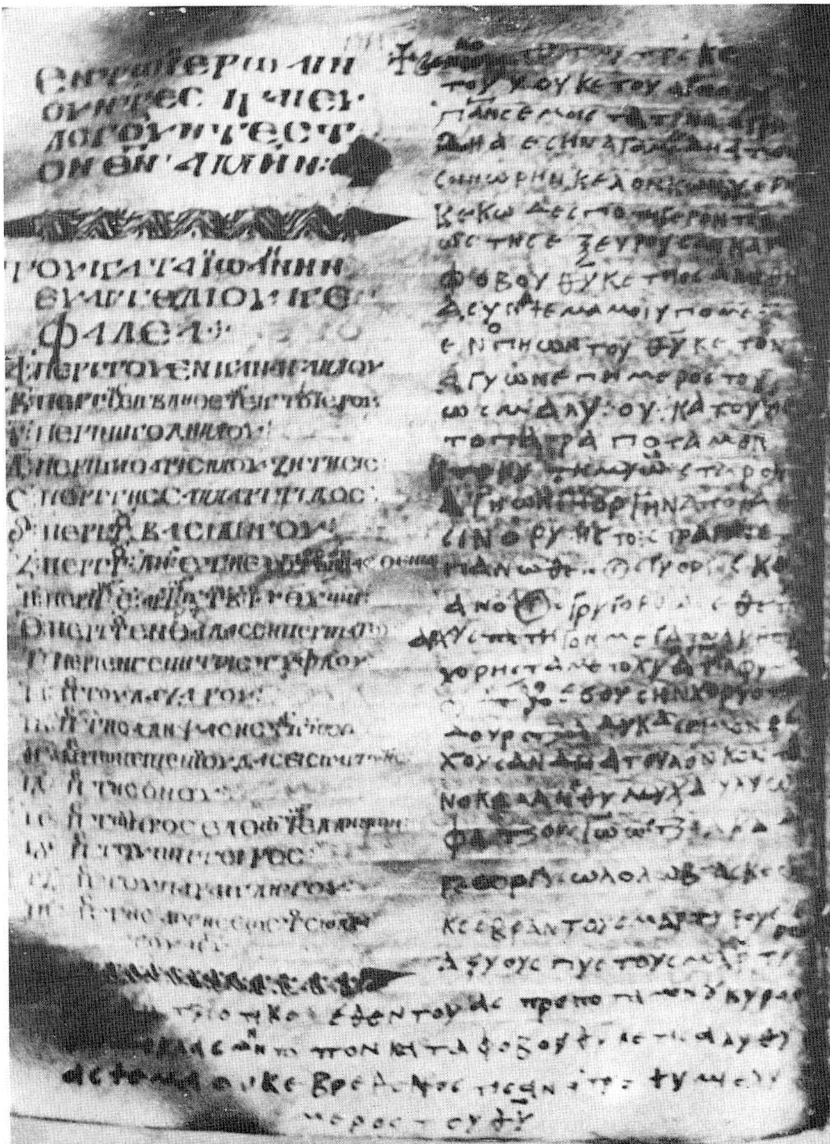

그림 **36** 코리데티아 사본(**θ, 038**) 9세기, 그림에 나온 부분은 누가복음 결론과 요한복음 시작 부분(케팔라이아) (본 책의 165쪽과 382쪽 참고).

닌그라드, 공립도서관(Öffentl. Bibl.) Gr. 6 I, 재생 사본(Palimpsest), (지워진 본문) 위에 그레고리안 달력이 기록되었음. (*범주 V*).

066 사도행전 28:8-17, 6세기, 1장, 2단, 25행, 약 25×20cm, 레닌그라드, 공립도서관(Öffentl. Bibl.) Gr. 6 II: 4쪽 재생 사본(Palimpsest), (지워진 본문) 위에 그레고리안 달력이 기록되었음. (*범주 III*).

067 마태복음 14장; 24-26장+; 마가복음 9장; 14장+, 6세기, 6장, 2단, 22+행, (20×15.5cm), 레닌그라드, 공립도서관(Öffentl. Bibl.) Gr. 6 III, 재생 사본(Palimpsest), (지워진 본문) 위에 조지아어(또는 그루지야어, Georgisch)로 문서가 기록되었음(10세기). (*범주 III, 범주 V의 영향을 받음*).

068 요한복음 13:16-27; 16:7-19, 5세기, 2장, 2단. 약 18+행, 약 26×24cm, 런던, 영국도서관(Brit. Libr.) Add. 17136, 재생 사본(Palimpsest), (지워진 본문) 위에 시리아어로 두 번 기록되었음. (*범주 III*).

069 마가복음 10:50-51; 11:11-12, 5세기, 1단, 약 25행, (8×4.5cm), 시카고/III., 대학도서관(Univ. Libr.), 동양연구소(Orient. Inst.) 2057 (*범주 III*).

070 누가복음-요한복음+, 6세기, 44장, 2단, 35행, 37×28cm, 그리스어-콥트어 대조, 누가복음 9:9-17; 10:40-11:6; 12:15-13:32; 요한복음 5:31-42; 8:33-42; 12:27-36, 옥스퍼드, 클라렌돈출판사(Clarendon Press) b. 2, 파리, 국립도서관(Bibl. Nat.) Copte 132,2: 75쪽, 133쪽, 1쪽, 120쪽, 파리, 루브르박물관 10014. 10092k, 13장, **0110** 포함 (요한복음 8:13-22, 런던, 영국도서관[Brit. Libr.] Add. 34274, 1장), **0124** (누가복음 3:19-30; 10:21-30; 11:24-42; 22:54-65; 23:4-24:26; 요한복음 5:22-31; 8:42-9:39; 11:48-56; 12:46-13:4, 파리, 국립도서관[Bibl. Nat.] Copte 129,7: 14쪽, 72쪽, 87쪽, 89-90쪽, 119-124쪽, 139쪽, 147-154쪽, 156쪽, 22장), **0178** (누가복음 16:4-12, 비엔나, 오스트리아국립도서관[Österr. Nat. Bibl.], 1장), **0179** (누가복음 21:30-22:2, 같은 장소, 1장), **0180** (요한복음 7:3-12, 같은 장소, 1장), **0190** (누가복음 10:30-39, 같은 장소, 1장), **0191** (누가복음 12:5-14, 같은 장소, 1장), **0193** (요한복음 3:23-32, 파리, 국립도서관[Bibl. Nat.], Copte 132,2: 92쪽, 1장), **0194 = 0124**와 **0202** (누가복음 8:13-19, 55-9:9, 런던, 영국도서관[Brit. Libr.] Or. 3579 B(29): 46쪽, 47쪽, 2장)는 한 필사본에 속함(콥트어 본문은 그리스어 본문과 반드시 일치하지는 않음). (*범주 III*).

071 마태복음 1:21-24, 25-2:2, 5/6세기, (1단), (13행), (7×9.5cm), 케임브리지/매사추세츠, 하버드대학교 셈어박물관(Harvard Univ. Sem. Mus.) 3735 (*범주 II*).

072 마가복음 2:23-3:5, 5/6세기, 1장, 2단, 22행, 20×15cm, 이전에는 다마스쿠스, 쿠베트 엘 샤츠네, 재생 사본(Palimpsest), (지워진 본문) 위에 아랍어 문서가 기록됨. (*범주 III*).

073 마태복음 14:28-31, 6세기, 2단, 약 34행, 약 28×23cm, 시내산 해리스 7, **084**(마태복음 14:19-15:8, 레닌그라드, 공립도서관[Öffentl. Bibl.] Gr. 277, 1장)와 한 필사본에 속함. (*범주 II*).

074 064를 보라.

075 pK+, 10세기, 333장, 1단, 31행, 27×19cm, 아테네, 국립도서관(Nat. Bibl.) Gr. 100. (85(1), 19(1/2), 17(2), 16(S); *범주 III*).

076 사도행전 2:11-22, 5/6세기, 1장, 2단, 23행, 17×15cm, 뉴욕, 피어폰트모건도서관 Pap. G. 8 (*범주 II*).

077 사도행전 13:28-29, 5세기, 시내산 해리스 App. 5 (*범주 II*).

078 마태복음 17-18장, 19장+ 누가복음 18:14-25; 요한복음 4:52-5:8; 20:17-26, 6세기, 6장, 2단, 22행, 27×20cm, 레닌그라드, 공립도서관(Öffentl. Bibl.) Gr. 13: 1-7쪽, 재생 사본(Palimpsest), (지워진 본문) 위에 조지아어로 기록되었음. (*범주 III, 범주 V의 영향을 받음.*)

079 누가복음 7:39-49; 24:10-19, 6세기, 2장, 2단, 23행, 약 31×25cm, 레닌그라드, 공립도서관(Öffentl. Bibl.) Gr. 13: 8-10쪽, 재생 사본(Palimpsest), (지워진 본문) 위에 조지아어 문서. (*범주 III*).

080 마가복음 9-10장+, 6세기, 자주색 양피지, 2장, 2단, 약 18행, 레닌그라드, 공립도서관(Öffentl. Bibl.) Gr. 275(3), 알렉산드리아, 총감독관구 496 (적은 분량 때문에 범주를 분류할 수 없음).

081 고린도후서 1:20-2:12, 6세기, 2장, 2단, 18행, 약 28×23cm, 레닌그라드, 공립도서관(Öffentl. Bibl.) Gr. 9 (*범주 II*).

082 에베소서 4:2-18, 6세기, 1장, 2단, 약 25행, 모스크바, 국립역사박물관(Hist. Mus.) V. 108. 여러 줄로 된 작은 조각들이 튼튼하게 이어 붙여져 한 장을 이룸. (*범주 III*).

083 요한복음 1:25-41; 2:9-4:14, 34-49, 6/7세기, 6장, 2단, 25행, 약 28×26cm, 레닌그라드, 공립도서관(Öffentl. Bibl.) Gr. 10, **0112**(마가복음 14:29-45; 15:27-16:8; 마가복음의 짧은 결론, 16:9-10; 시내산 해리스 12, 4장) 및 **0235**(마가복음 13장+, 레닌그라드, 공립도서관[Öffentl. Bibl.], 단편)와 한 필사본에 속함. (*범주 II*).

084 073을 보라.

085 마태복음 20:3-32; 22:3-16, 6세기, 3장, 2단, 27+행, 24×21cm, 레닌그라드, 공립도서관(Öffentl. Bibl.) Gr. 714 (*범주 II*).

086 요한복음 1장+; 3장; 4장+, 6세기, 13장, 2단, 20+행, 약 27×23cm, 런던, 영국도서관(Brit. Libr.) Or. 5707, 그리스어-콥트어 대조 재생 사본(Palimpsest), (지워진 본문) 위에 콥트어 도표와 짧은 문구들이 기록되었음. (*범주 III*).

087 마태복음 1:23-2:2; 19:3-8; 21:19-24; 요한복음 18:29-35, 6세기, 3장, 1단, 18행, 34×26cm, 레닌그라드, 공립도서관(Öffentl. Bibl.) Gr. 12.278, 시내산 Gr. 218, **092b**(마가복음 12:32-37, 시내산 해리스 11, 1장)와 같은 필사본에 속함. (*범주 II*).

088 고린도전서 15:53-16:9; 디도서 1:1-13, 5/6세기, 2장, 2단, 24행, 23.5×20cm, 레닌그라드, 공립도서관(Öffentl. Bibl.) Gr. 6, II: 5-6쪽, 재생 사본(Palimpsest), 10세기에 (지워진 본문) 위에 조지아어로 기록되었음. (*범주 II*).

089 마태복음 26:2-4, 7-9, 6세기, 1단, 약 17행, 약 36×28cm, 레닌그라드, 공립도서관(Öffentl. Bibl.) Gr. 280, **092a**(마태복음 26:4-7, 10-12, 시내산 해리스 11, 1장) 및 **0293**(시내산, 카타리나수도원)과 한 필사본에 속함. (*범주 II*).

090 064를 보라.

091 요한복음 6:13-14, 22-24, 6세기, 2단, 23행, 약 32×28cm, 레닌그라드, 공립도서관(Öffentl. Bibl.) Gr. 279 (*범주 II*).

092a 089를 보라.

092b 087을 보라.

093 사도행전 24:22-25:5; 베드로전서 2:22-3:7, 6세기, 2장, 2단, 24행, 25×18cm, 케임브리지, 대학도서관(Univ. Libr.), 테일러-쉐흐터 모음집(Taylor-Schechter Coll.) 12, 189. 208, 재생 사본(Palimpsest), (지워진 본문) 위에 히브리어(!)로 기록되었음. (*사도행전은 범주 V, 베드로전서는 범주 II?*).

094 마태복음 24:9-21, 6세기, 1장, 2단, 20행, 30×24cm, 아테네, 국립도서관

(Nat. Bibl.) Gr. 2106. 재생 사본(Palimpsest), (지워진 본문) 위에 교회력을 따라 그리스어로 기록된 예배용 자료(메내움, Menäum)가 기록되었음. (*범주 II*).

095 사도행전 2:45-3:8, 8세기, 1장, 1단, 21행, 약 28×19cm, 레닌그라드, 공립도서관(Öffentl. Bibl.) Gr. 17, **0123**(사도행전 2:22, 26-28, 45-3:2+, 레닌그라드, 공립도서관[Öffentl. Bibl.] Gr. 49:1-2 단편)과 한 필사본에 속함. (*범주 III*).

096 사도행전 2:6-17, 26:7-18, 7세기, 2장, 1단, 26행, 약 29×22cm, 레닌그라드, 공립도서관(Öffentl. Bibl.) Gr. 19, 재생 사본(Palimpsest), (지워진 본문) 위에 10세기에 조지아어로 기록되었음. (*범주 III*).

097 사도행전 13:39-46, 7세기, 1장, 2단, 18행, 약 26×21cm, 레닌그라드, 공립도서관(Öffentl. Bibl.) Gr. 18, 재생 사본(Palimpsest), (지워진 본문) 위에 10세기에 조지아어로 기록되었음. (*범주 III, 범주 V의 영향을 받음*).

098 고린도후서 11:9-19, 7세기, 1장, 1단, 24행, 22.2×16cm, 그로타페라타(Grottaferrata), 델라바디아도서관(Bibl. della Badia) Z' α' 24, 재생 사본(Palimpsest), (지워진 본문) 위에 일리아스(Ilias!)가 기록되었음. (*범주 I*).

099 마가복음 16:6-8, 짧은 결론, 16:9-18, 7세기, 1장, 2단, 32행, 32×26cm, 파리, 국립도서관(Bibl. Nat.) Copt. 129, 8 (*범주 III*).

0100 요한복음 20:26-27, 30-31, 7세기, 2단, 약 33행, 약 37×28cm, 파리, 국립도서관(Bibl. Nat.) Copt. 129, 10, 그리스어-콥트어 대조, **0195**와 일치, *l* 963의 일부가 나타나므로 대문자 사본 목록이 아니라 성구집에 속함.

0101 요한복음 1:29-32, 8세기, 1단, 약 14행, 약 11×9cm, 비엔나, 오스트리아국립도서관(Österr. Nat. Bibl.) Pap. G. 39780 (*범주 II*).

0102 누가복음 3:23-4:2 (아토스, 바토페디우 1219); 4:3-29(파리, 국립도서관[Bibl. Nat.] Suppl. Gr. 1155. I); 4:30-43; 21:4-18(아토스, 같은 장소), 7세기, 5장, 2단, 24행, 약 30×23cm, **0138**(마태복음 21:24-24:15, 아토스, 프로타투[Protatu] 56, 8장)과 한 필사본에 속하는 것으로 추정. (*범주 II*).

0103 마가복음 13:34-14:25, 7세기, 2장, 2단, 30행, 22.5×16.5cm, 파리, 국립도서관(Bibl. Nat.) Suppl. Gr. 726: 6-7쪽, 재생 사본(Palimpsest), (지워진 본문) 위에 히브리서에 대한 설교문이 기록되었음. (*범주 V*).

0104 마태복음 23장+, 마가복음 1장+; 13-14장, 7세기, 4장, 2단, 36행, 약 32×

그림 **37** 로사넨시스 사본(**Σ**, **042** 본 책의 165쪽 참고), 6세기, 자주색 양피지, 사본의 일부 가운데 한 쪽 전체가(그 당시 특별하게 장식된 모든 필사본들과 마찬가지로) 그림으로 장식된 것으로 유명하나, 본문에는 특별한 가치가 없다. 여기서 그림은 빌라도 앞에 계신 그리스도(마 27:2), 또한 유다의 후회와 죽음임(마 27:3-5).

그림 **38** 특별한 것으로, 8세기 복음서들의 필사본 **047**(본 책의 166쪽 참고)이다. 본문(비잔틴 본문)이 십자가 형태로 제공되며 여기 그림에서 보여 주는 본문은 요한복음의 시작 부분임.

22cm, 파리, 국립도서관(Bibl. Nat.) Suppl. Gr. 726: 1-5쪽, 8-10쪽, 재생 사본(Palimpsest), (지워진 본문) 위에 히브리서에 대한 설교문이 기록되었음. (*범주 V*).

0105 요한복음 6:71-7:46, 10세기, 4장, 2단, 24행, 32×24cm, 비엔나, 오스트리아 국립도서관(Österr. Nat. Bibl.) Suppl. Gr. 121 (*범주 III, 범주 V의 영향을 받음*).

0106 마태복음 12-15장+, 7세기, 5장, 1단, 20행, 약 30×22cm 레닌그라드, 공립도서관(Öffentl. Bibl.) Gr. 1,6, 1장; 라이프치히, 대학도서관(Univ. Bibl.) Cod. Gr. 7, 4장, 버밍햄(Birmingham), 셀리오크단과대학(Selly Oak Coll.) Mingana chr. arab. 93, 단편. 사본 **0119**(마태복음 13-15장+, 4장, 시내산 해리스 8)와 같은 필사본에 속함. (*범주 III*).

0107 마태복음 22-23장+, 마가복음 4-5장+, 7세기, 6장, 2단, 23행, 약 27×21cm, 레닌그라드, 공립도서관(Öffentl. Bibl.) Gr. 11 (범주 *III*).

0108 누가복음 11:37-45, 7세기, 2단, 23/24행, 약 30×24cm, 레닌그라드, 공립도서관(Öffentl. Bibl.) Gr. 22 (*범주 II*).

0109 요한복음 16:30-17:9; 18:31-40, 7세기, 2장, 1단, 22행, 17×15cm, 베를린, 국립박물관(Staatl. Mus.) P. 5010 (*범주 III*).

0110 070을 보라.

0111 데살로니가후서 1:1-2:2, 7세기, 1장, 2단, 24행, 약 16×14cm, 베를린, 국립박물관(Staatl. Mus.) P. 5013 (범주 *II*).

0112 083을 보라.

0113 029를 보라.

0114 요한복음 20:4-10, 8세기, 2단, 32행, 약 39×30cm, 파리, 국립도서관(Bibl. Nat.) Copt. 129, 10: 198쪽, 그리스어-콥트어 대조. (*범주 II*).

0115 누가복음 9:35-47; 10:12-22, 9/10세기, 2장, 2단, 23행, 25×18cm, 파리, 국립도서관(Bibl. Nat.) Gr. 314: 179쪽, 180쪽 (*범주 III*).

0116 마태복음 19-21장; 26:52-27:1; 마가복음 13:21-14:67; 누가복음 3:1-4:20, 8세기, 14장, 2단, 25행, 26×20cm, 나폴리(Neapel), 국립고고학박물관(Bibl. Naz.) II C 15, 재생 사본(Palimpsest), (지워진 본문) 위에 티피콘(Typicum)이라는 예배 의식 자료가 기록되었음. (*범주 V*).

0117 063을 보라.

0118 마태복음 11:27-28, 8세기, 단편(11×10cm), 시내산 해리스 6. (너무 적은 분량 때문에 본문 범주를 분류할 수 없음.)

0119 0106을 보라.

0120 사도행전 16:30-17:17, 27-29, 31-34; 18:8-26, 9세기, 6장, 1단, 21행, 27×19cm, 로마, 바티칸도서관(Bibl. Vatic.) Gr. 2302, 재생 사본(Palimpsest), (지워진 본문) 위에 교회력을 따라 그리스어로 기록된 예배용 자료(메내움)가 기록됨. (*범주 V*).

0121a 고린도전서 15:52-고린도후서 1:15; 10:13-12:5, 10세기, 2장, 2단, 38행, 26×21cm, 런던, 영국도서관(Brit. Libr.) Harley 5613 (*범주 III*).

0121b 히브리서 1:1-4:3; 12:20-13:25, 10세기, 2장, 2단, 45행, 26×21cm, 함부르크, 대학도서관(Univ. Bibl.) Cod. 50 in scrin. (*범주 III*).

0122 갈라디아서 5:12-6:4; 히브리서 5:8-6:10, 9세기, 2장, 2단, 28행, 약 25×20cm, 레닌그라드, 공립도서관(Öffentl. Bibl.) Gr. 32 (*범주 III*).

0123 095를 보라.

0124 070을 보라.

0125 029를 보라.

0126 마가복음 5:34-6:2, 8세기, 1장, 2단, 약 24행, 약 30×22cm, 이전에는 다마스쿠스, 쿠베트 엘 샤츠네에서 보관(*범주 III*).

0127 요한복음 2:2-11, 8세기, 1장, 2단, 22행, 26.5×21.2cm, 파리, 국립도서관(Bibl. Nat.) Copt. 129, 10: 207쪽 (*범주 III*).

0128 마태복음 25:32-45, 9세기, 1장, 2단, 약 33행, 약 35×25.5cm, 파리, 국립도서관(Bibl. Nat.) Copt. 129, 10: 208쪽(*범주 III*).

0129 파리, 국립도서관(Bibl. Nat.) Copt. 129, 11, 그리스어-콥트어 대조, **0203**(런던, 영국도서관[Brit. Libr.]) 및 *l* 1575(비엔나, 국립도서관[Österr. Nat. Bibl.])와 한 필사본에 속함. 따라서 대문자 사본 목록이 아니라 성구집 목록에 속함(0129의 본문 분석 결과에 따르면 *l* 1575를 자세히 연구할 만함).

0130 마가복음 1:31-2:16; 누가복음 1:20-31, 64-79; 2:24-48, 9세기, 7장, 2단, 22행, 29.5×21.3cm, 성 갈렌, 자선도서관(Stiftsbibl.) 18, p. 143-46; 45, p. 1, 2; 취리히, 중앙도서관(Zentralbibl.) C 57: 5쪽, 74쪽, 93쪽, 135쪽, 재생 사본(Palimpsest), (지워진 본문) 위에 불가타 본문(*범주 III, 범주 V의 강한 영향을 받음*).

0131 마가복음 7:3, 6-8, 30-8:16; 9:2, 7-9, 9세기, 4장, 1단, 24행, 약 24.5×18.5cm, 케임브리지, 트리니티대학(Trinity Coll.) B VIII. 5 (*범주III*).

0132 마가복음 5:16-40, 9세기, 1장, 2단, 약 33행, 약 25×17cm, 옥스퍼드, 그리스도교회대학(Christ Church Coll.) Wake 37: 237쪽, 재생 사본(Palimpsest), (지워진 본문) 위에 소문자 사본 639가 기록되었음(*범주 III, 범주 V의 영향을 받음*).

0133 마태복음 1장; 5장; 23-27장+, 마가복음 1-6장+; 10-11장+, 9세기, 29장, 2단, 20행, 33×26cm, 런던, 영국도서관(Brit. Libr.) Add. 31919, 재생 사본(Palimpsest), (지워진 본문) 위에 교회력을 따라 그리스어로 기록된 예배용 자료(메내움)가 기록됨 (*범주 V*).

0134 마가복음 3:15-32; 5:16-31, 8세기, 2장, 1단, 26행, 17×14cm, 옥스퍼드, 보들레이안도서관(Bodl. Libr.) Seld. sup. 2: 177쪽, 178쪽 (*범주 V*).

0135 마태복음 25-27장+, 마가복음 1-3장+, 누가복음 1-2장; 4장; 6장; 8장; 9장; 17장; 18장; 22-24장+, 9세기, 16장, 1단, 22+행, 약 14.3×12.5cm, 밀라노, 암브로시아나도서관(Bibl. Ambros.) Q. 6. sup., 재생 사본(Palimpsest), (지워진 본문) 위에 마누엘 모쇼풀로스(Manuel Moschopulos)의 작품 '에로테마타'(Erotemata)가 기록되었음 (*범주 V*).

0136 마태복음 14:6-13; 25:9-16, 41-26:1, 9세기, 3장, 2단, 16+행, 33×27cm, 레닌그라드, 공립도서관[Öffentl. Bibl.] Gr. 281)은, **0137** (마태복음 13:46-52, 1장, 시내산 해리스 9)과 한 필사본이다. 그리스어-아랍어 대조 (*범주 V?*)

0138 **0102**를 보라.

0139 **029**를 보라.

0140 사도행전 5:34-38, 10세기, 1장, 18+행, 14.5×12cm, 시내산 해리스 App. 41 (*범주 III*).

0141 요한복음+, 10세기, 349장, 1단, 31행, 28×20cm, 파리, 국립도서관(Bibl. Nat.) Gr. 209, 주석 필사본 (*범주 III*).

0142 apK, 10세기, 381장, 1단, 40행, 32×24.5cm, 뮌헨, 바이에른국립도서관(Bayer. Staatsbibl.) Gr. 375 (사도행전: 74(1), 27(1/2), 0(2), 4(S); 바울서신: 192(1), 44(1/2), 4(2) 7(S); 공동서신: 77(1), 6(1/2), 3(2), 8(S); *비잔틴 본문, 범주 V*).

0143 마가복음 8:17-18, 27-28, 6세기, 2단, 약 24행, (14.5×6cm), 옥스퍼드, 보들

레이안도서관 Gr. bibl. e. 5(P) (*범주 III*).

0144 마가복음 6:47-7:14, 7세기, 2장, 2단, 28행, 약 29×21cm, 이전에는 다마스쿠스, 쿠베트 엘 샤츠네에서 보관, 현재 국립박물관(Nationalmuseum)에 보관? (접근 불가능).

0145 요한복음 6:26-31, 7세기, 1장, 1단, 18행, 24×19cm, 이전에는 다마스쿠스, 쿠베트 엘 샤츠네에서 보관, 해석 필사본 (*범주 III*).

0146 마가복음 10:37-45, 8세기, 1장, 2단, 20행, 약 27×21cm, 이전에는 다마스쿠스, 쿠베트 엘 샤츠네에서 보관. (*범주 III*).

0147 누가복음 6:23-35, 6세기, 2단, 약 24행, 약 32×24cm, 이전에는 다마스쿠스, 쿠베트 엘 샤츠네에서 보관. (*범주 III*).

0148 마태복음 28:5-19, 8세기, 1장, 2단, 24행, 21.5×16.5cm, 비엔나, 오스트리아 국립도서관(Österr. Nat. Bibl.) Suppl. Gr. 106 (*범주 III*).

0149 = 0187

0150 pK+, 9세기, 150장, 1단, 34행, 26×17.5cm, 파트모스 요한 61 (101(1), 34(1/2), 65(2), 23(S); *범주 III*).

0151 pK+, 9세기, 192장, 2단, 33행, 34×25cm, 파트모스 요한 62 (174(1), 44(1/2), 9(2), 7(S); *비잔틴 본문, 범주 V*).

0152 = 탤리즈먼 (목록에서 삭제).

0153 = 오스트라콘(Ostrakon)[16] (목록에서 삭제).

0154 마가복음 10:35-46; 11:17-28, 9세기, 2장, 2단, 22행, 27×21cm, 이전에는 다마스쿠스, 쿠베트 엘 샤츠네에서 보관. (보관 확인 불가능).

0155 누가복음 3:1-2, 5, 7-11, 6:24-31, 9세기, 2장, 2단, 약 22행, 약 27×20cm, 이전에는 다마스쿠스, 쿠베트 엘 샤츠네에서 보관. (*범주 II*).

0156 베드로후서 3:2-10, 8세기, 1장, 1단, 21행, 12×8cm, 이전에는 다마스쿠스, 쿠베트 엘 샤츠네에서 보관. (*범주 II*).

0157 요한1서 2:7-13, 7/8세기, 1장, 2단, 21행, (21.5)×28.4cm, 이전에는 다마스쿠스, 쿠베트 엘 샤츠네에서 보관. (보관 확인 불가능).

16) [역자주] 토기의 파편이나 조개껍데기 조각에 글자를 새겨 넣은 것.

0158 갈라디아서 1:1-13, 5/6세기, 2단, 약 25행, 약 30×22cm, 이전에는 다마스쿠스, 쿠베트 엘 샤츠네에서 보관, 재생 사본(Palimpsest), (지워진 본문) 위에 아랍어로 기록되었음. (보관 확인 불가능).

0159 에베소서 4:21-24; 5:1-3, 6세기, 1장, 2단, 25행, 24×17cm, 이전에는 다마스쿠스, 쿠베트 엘 샤츠네에서 보관, 재생 사본(Palimpsest), (지워진 본문) 위에 아랍어로 기록된 누가복음. (*범주 III*).

0160 마태복음 26:25-26, 34-36, 4/5세기, 2단, 약 24행, (9.1×6.5cm), 베를린, 국립박물관(Staatl. Mus.) P. 9961 (*범주 III*).

0161 마태복음 22:7-46, 8세기, 1장, 2단, 37행, 22×16cm, 아테네, 국립도서관(Nat. Bibl.) 139: 245-246쪽, 재생 사본(Palimpsest), (지워진 본문) 위에 그리스어 메모, 소문자 사본 **1419**와 함께 묶여 있음. (*범주 III, 범주 V의 영향을 받음*).

0162 위 152쪽을 보라. (*최소한 일반 본문*[17]*, 생성 시기 때문에 범주 I*).

0163 요한계시록 16:17-20, 5세기, 1단, 약 17행, 약 12×8.5cm, 시카고, 대학도서관(Univ. Libr.), 동양연구소(Orient. Inst.) 9351(P. Oxy. 848) (*범주 III*).

0164 마태복음 13:20-21, 6/7세기, 2단, (8행), (8×13cm), 베를린, 국립박물관(Staatl. Mus.) P. 9108, 그리스어-콥트어 대조 (*범주 III*).

0165 사도행전 3:24-4:13, 17-20, 5세기, 1장, 2단, 32행, 19×16.5cm, 베를린, 국립박물관(Staatl. Mus.) P. 13271. (*부분적으로 사본 D와 같은 독법이 나타나지만 특수 이문은 나타나지 않음, 범주 III?*).

0166 사도행전 28:30-31; 야고보서 1:11, 5세기, 2단, 약 28행, (5×7.4cm), 하이델베르크, 대학도서관(Univ. Bibl.) Pap. 1357 (*범주 III*).

0167 마가복음 4:24-29, 37-41; 6:9-11, 13-14, 37-39, 41, 45, 7세기, 6장, 2단, 약 12행, 28×25cm, 아토스, 라브라 Δ 61; 루뱅, 대학도서관(Bibl. de l'Univ.) Sect. des mss., 단편 8번 (*범주 III*).

0168 복음서들(?) 일부, 8세기, 재생 사본(Palimpsest), 분실로 인하여 더 이상의 설명 불가능(마지막으로 베리아[Verria]에서 멜리사 형제 재단[Bruderschaft Melissa]이 소장).

---

17) 이에 대하여 83쪽 참고.

0169 요한계시록 3:19-4:3, 4세기, 1장, 1단, 14행, 9.3×7.7cm, 프린스톤/뉴저지, 신학과 스피어도서관(Theol. Sem., Speer Libr.), Pap. 5(P. Oxy. 1080) (*범주 III*).

0170 마태복음 6:5-6, 8-10, 13-15, 17, 5/6세기, 2단, 약 27행, 약 25×20cm, 프린스톤/뉴저지, 신학과 스피어도서관 Pap. 11(P. Oxy. 1169) (*범주 III*).

0171 152쪽을 보라. 약 300년경(*풀어쓴 본문, 범주 IV*) ; 87쪽 그림.

0172 로마서 1:27-30, 32-2:2, 5세기, 1단, 약 19행, 약 14×11cm, 플로렌스, 라우렌치아나도서관 PSI 4 (*범주 II*).

0173 야고보서 1:25-27, 5세기, 1장, 1단, 9행, 약 8×6.5cm, 플로렌스, 라우렌치아나도서관 PSI 5 (*범주 II*).

0174 갈라디아서 2:5-6, 5세기, 1단, 6행, (6×2.3cm), 이전에는 플로렌스, 라우렌치아나도서관 PSI 118, 단편의 뒷면은 기록되지 않음 (*너무 적은 분량 때문에 범주를 분류할 수 없음*).

0175 사도행전 6:7-15, 5세기, 1장, 1단, 20행, 약 17×12cm, 플로렌스, 라우렌치아나도서관 PSI 125 (*범주 II*).

0176 갈라디아서 3:16-25, 4/5세기, 1장, 1단, 22행, 약 12×7cm, 플로렌스, 라우렌치아나도서관 PSI 251 (*범주 III*).

0177 누가복음 1:73-2:7, 10세기, 1장, 2단, 36행, 36×27.5cm, 비엔나, 오스트리아국립도서관(Österr. Nat. Bibl.) Pap. K. 2698, 그리스어-콥트어 대조 (*필사자의 독자적인 특징들이 비교적 많이 나타남, 범주 II*).

0178 070을 보라.

0179 070을 보라.

0180 070을 보라.

0181 누가복음 9:59-10:14, 4/5세기, 1장, 1단, 26행, 15×14cm, 비엔나, 오스트리아국립도서관(Österr. Nat. Bibl.) Pap. G. 39778 (*범주 II*).

0182 누가복음 19:18-20, 22-24, 5세기, 1단, 21행, 약 15×9cm, 비엔나, 오스트리아국립도서관(Österr. Nat. Bibl.) Pap. G. 39781 (*범주 III*).

0183 데살로니가전서 3:6-9; 4:1-5, 7세기, 1단, 약 28행, 약 26×16cm, 비엔나, 오스트리아국립도서관(Österr. Nat. Bibl.) Pap. G. 39785 (*사사로이 생략한 부분이 많은 일반 본문, 범주 III*).

0184 마가복음 15:36–37, 40–41, 6세기, 2단, 약 23행, 약 29×23cm, 비엔나, 오스트리아국립도서관(Österr. Nat. Bibl.) Pap. K. 8662, 그리스어–콥트어 대조 (*범주 II*).

0185 고린도전서 2:5–6, 9, 13; 3:2–3, 4세기, 2단, 약 24행, 약 19×15cm, 비엔나, 오스트리아국립도서관(Österr. Nat. Bibl.) Pap. G. 39787 (*범주 II*).

0186 고린도후서 4:5–8, 10, 13, 5/6세기, 2단, 약 17행, 약 18×15cm, 비엔나, 오스트리아국립도서관(Österr. Nat. Bibl.) Pap. G. 39788, **0224**(고린도후서 4:5, 12–13, 단편, 같은 곳 Pap. G. 3075)와 한 필사본에 속함 (*범주 III*).

0187 마가복음 6:30–41, 6세기, 2단, 26행, 약 24×18cm, 하이델베르크, 대학도서관(Univ. Bibl.) Pap. 1354 (*범주 III*).

0188 마가복음 11:11–17, 4세기, 1장, 2단, 21행, 13×11cm, 베를린, 국립박물관(Staatl. Mus.) P. 13416 (*독특한 이문들이 많음, 범주 III*).

0189 150쪽을 보라. (*최소한 일반 본문, 생성 시기 때문에 범주 I*); 151쪽 그림.

0190 070을 보라.

0191 070을 보라.

0192 = 성구집 *l* **1604**, 대문자 사본 목록에서 제외.

0193 070을 보라.

0194 070을 보라.

0195 = 0100.

0196 마태복음 5:1–11; 누가복음 24:26–33, 9세기, 2장, 1단, 19행, 18.5×14cm, 다마스쿠스, 국립박물관(Nat. Mus.), 재생 사본(Codex rescriptus), 재생되기 이전의 기록은 시리아어 (보관 확인 불가능).

0197 마태복음 20:22–23, 25–27; 22:30–32, 34–37, 9세기, 2장, 1단, 12행, 약 27×24.5cm, 뷰론베네딕트수도원(Erzabtei Beuron), 재생 사본(Palimpsest), (지워진 본문) 위에 티피콘이라는 예배 의식 자료가 기록 (*비잔틴 본문, 범주 V*).

0198 골로새서 3:15–16, 20–21, 6세기, 1단, (7행), (11×7.5cm), 런던, 영국도서관(Brit. Libr.) Pap. 459 (*범주 III*).

0199 고린도전서 11:17–19, 22–24, 6/7세기, 1단, (13행), (8.5×5cm), 런던, 영국도서관(Brit. Libr.) Pap. 2077 B (*범주 III*).

0200 마태복음 11:20–21, 7세기, (2단), (17행), (16.5×7cm), 런던, 영국도서관(Brit.

Libr.) Pap. 2077 C, 그리스어-콥트어 대조 (*범주 III*).

0201 고린도전서 12:2-3, 6-13; 14:20-29, 5세기, 2장, 2단, 약 19행, 약 15×15cm, 런던, 영국도서관(Brit. Libr.) Pap. 2240 (*범주 II*).

0202 **070**을 보라.

0203 런던, 영국도서관(Brit. Libr.) Or. 3579 B(59), 그리스어-콥트어 대조, **0219**와 함께 성구집 *l* **1575**에 속함. 따라서 대문자 사본 목록에서 제외됨.

0204 마태복음 24:39-42, 44-48, 7세기, 2단, 약 26행, 약 25×21cm, 런던, 영국도서관, Or. 4923(2), 그리스어-콥트어 대조 (*범주 II*).

0205 디도서 2:15-3:7, 8세기, 2장, 2단, 약 35행, 케임브리지, 대학도서관(Univ. Libr.) Or. 1699, 그리스어-콥트어 대조 (*범주 II*).

0206 베드로전서 5:5-13, 4세기, 1장, 1단, 8행, 14×10cm, 데이튼/오하이오, 연합신학대학원(United Theol. Sem.) (P. Oxy. 1353) (*범주 III*).

0207 요한계시록 9:2-15, 4세기, 1장, 2단, 29행, 19×15cm, 플로렌스, 라우렌치아나도서관 PSI 1166 (*범주 III*).

0208 골로새서 1:29-2:10, 13-14; 데살로니가전서 2:4-7, 12-17, 6세기, 2장, 2단, 31행, (23×16cm), 뮌헨, 바이에른국립도서관(Bayer. Staats-Bibl.) 29022 e, 재생 사본(Palimpsest), (지워진 본문) 위에 프로스퍼 아퀴타누스(Prosper Aquitanus)의 기록, 연대기 (*범주 III*).

0209 로마서 14:9-23; 16:25-27; 15:1-2, 고린도후서 1:1-15; 4:4-13; 6:11-7:2; 9:2-10:17; 베드로후서 1:1-2:3, 7세기, 8장, 2단, 32행, (27×19cm), 앤 아버/미시간, 미시간대학(Univ. of Michigan) Ms 8: 96쪽, 106-112쪽, 재생 사본(Palimpsest), (지워진 본문) 위에 그리스어로 기록된 예배용 책 (*범주 III, 범주 V에 강한 영향을 받음*).

0210 요한복음 5:44; 6:1-2, 41-42, 7세기, 2장, 1단, 8+행, 약 10×7cm, 베를린, 국립박물관(Staatl. Mus.) P. 3607, 3623 (*범주 III*).

0211 e, 7세기, 258장, 2단, 24+행, 27×19.5cm, 트빌리시, 필사본연구소 Gr. 27 (189(1), 101(1/2), 10(2,) 23(S); *비잔틴 본문, 범주 V*].

0212 본 책의 150쪽을 보라. (*디아테사론 본문이므로 성서 내용 목록으로 분류할 수 없음, 범주 III*); 78쪽 그림.

0213 마가복음 3:2-3, 5, 5/6세기, 2단, 약 23행, 약 33×23cm, 비엔나, 오스트리아국립도서관(Österr. Nat. Bibl.) Pap. G. 1384 (*범주 III*).

0214 마가복음 8:33-37, 4/5세기, 2단, 약 24행, 약 20×18cm, 비엔나, 오스트리아국립도서관(Österr. Nat. Bibl.) Pap. G. 29300 (*범주 III*).

0215 059를 보라.

0216 요한복음 8:51-53; 9:5-8, 5세기, 1장, 2단, 약 27행, 19×12cm, 비엔나, 오스트리아국립도서관(Österr. Nat. Bibl.) Pap. G. 3081 (*범주 III*).

0217 요한복음 11:57-12:7, 5세기, 1단, 19행, 약 13×9cm, 비엔나, 오스트리아국립도서관(Österr. Nat. Bibl.) Pap. G. 39212 (*범주 III*).

0218 요한복음 12:2-6, 9-11, 14-16, 5세기, 2단, 약 27행, 약 18×16cm, 비엔나, 오스트리아국립도서관(Österr. Nat. Bibl.) Pap. G. 19892 B (*범주 III*).

0219 로마서 2:21-23; 3:8-9, 23-25, 27-30, 4/5세기, 2장, 2단, 약 26행, 약 20×14cm, 비엔나, 오스트리아국립도서관(Österr. Nat. Bibl.) Pap. G. 36113. 26083 (*범주 III*).

0220 152쪽을 보라. (*'고정 본문', 범주 I*); 84쪽 그림.

0221 로마서 5:16-17, 19, 21-6:3, 4세기, 2단, 약 20행, 약 18×16cm, 비엔나, 오스트리아국립도서관(Österr. Nat. Bibl.) Pap. G. 19890 (*범주 III*).

0222 고린도전서 9:5-7, 10, 12-13, 6세기, 2단, 20행, 약 15×12cm, 비엔나, 오스트리아국립도서관(Österr. Nat. Bibl.) Pap. G. 29299 (*범주 III*).

0223 고린도후서 1:17-2:2, 6세기, 1장, 2단, 17행, 약 12×8.5cm, 비엔나, 오스트리아국립도서관(Österr. Nat. Bibl.) Pap. G. 3073 (*범주 II*).

0224 0186을 보라.

0225 고린도후서 5:1-2, 8-9, 14-16, 19-6:1, 3-5; 8:16-24, 6세기, 3장, 1단, 21-27행, 약 25×18cm, 비엔나, 오스트리아국립도서관(Österr. Nat. Bibl.) Pap. G. 19802, 재생 사본(Palimpsest), (기록된 내용을 지우지 않고) 양피지를 하나의 두루마리에 덧붙였음. 덧붙여진 양피지에 팔라비어 본문(Pehlevi-Text)이 기록됨 (*범주 II*).

0226 데살로니가전서 4:16-5:5, 5세기, 2단, 약 25행, 약 17×12cm, 비엔나, 오스트리아국립도서관(Österr. Nat. Bibl.) Pap. G. 31489 (*범주 III*).

0227 히브리서 11:18-19, 29, 5세기, 2단, 약 23행, 약 21×17cm, 비엔나, 오스트리아

아국립도서관(Österr. Nat. Bibl.) Pap. G. 26055 (*범주 III*).

0228 히브리서 12:19-21, 23-25, 4세기, 1단, 약 17행, 약 15×12cm, 비엔나, 오스트리아국립도서관(Österr. Nat. Bibl.) Pap. G. 19888 (*범주 III*).

0229 요한계시록 18:16-17; 19:4-6, 8세기, 2장, 1단, (16행), (11×23cm), 이전에는 플로렌스, 라우렌치아나도서관에서 보관, PSI 1296b, 재생 사본(Codex rescriptus), 재생되기 전에는 콥트어 기록물이 적혀 있음 (*범주 III*).

0230 에베소서 6:11-12, 4세기, 2단, (4행), 약 34×27cm, 이전에는 플로렌스, 라우렌치아나도서관에서 보관, PSI 1306, 그리스어-라틴어 대조(분량이 너무 적어 범주를 분류할 수 없음).

0231 마태복음 26:75-27:1, 3-4, 4세기, 2단, 15행, 약 15×11.5cm, 옥스퍼드, 보들레이안도서관 P. Ant. 11. (*범주 III*).

0232 요한2서 1:1-9, 5/6세기, 1장, 1단, 20행, 약 10×9cm, 옥스퍼드, 보들레이안도서관 P. Ant. 12 (*범주 II*).

0233 e+, 8세기, 93장, 2단, 23-27행, 27×21cm, 뮌스터/베스트팔렌 Ms 1, 재생 사본(Palimpsest), (지워진 본문) 위에 성구집 *l 1684가 기록되었음. (47(1), 23(1/2), 3(2) 5(S); 범주 III*].

0234 마태복음 28:11-15; 요한복음 1:4-8, 20-24 (마태복음 다음에 요한복음이 바로 이어짐), 8세기, 2장, 2단, 약 30행, 24×21cm, 이전에는 다마스쿠스, 쿠베트 엘 샤츠네에서 보관 (*범주 II*).

0235 083을 보라.

0236 사도행전 3:12-13, 15-16, 5세기, 2단, 약 26행, 약 22×18cm, 모스크바, 푸쉬킨박물관(Puschkin Mus.) 골레니슈트슈(Golenischtschew) Copt 55, 그리스어-콥트어 대조 (*범주 III*).

0237 마태복음 15:12-15, 17-19, 6세기, 2단, 약 23행, 약 23×18cm, 비엔나, 오스트리아국립도서관(Österr. Nat. Bibl.) Pap. K. 8023 bis, 그리스어-콥트어 대조 (*범주 III*).

0238 요한복음 7:10-12, 8세기, 1단, (10행), (9.5×7cm), 비엔나, 오스트리아국립도서관(Österr. Nat. Bibl.) Pap. K. 8668, 그리스어-콥트어 대조 (*범주 III*).

0239 누가복음 2:27-30, 34, 7세기, 2단, 약 25행, 약 26×21cm, 런던, 영국도서관

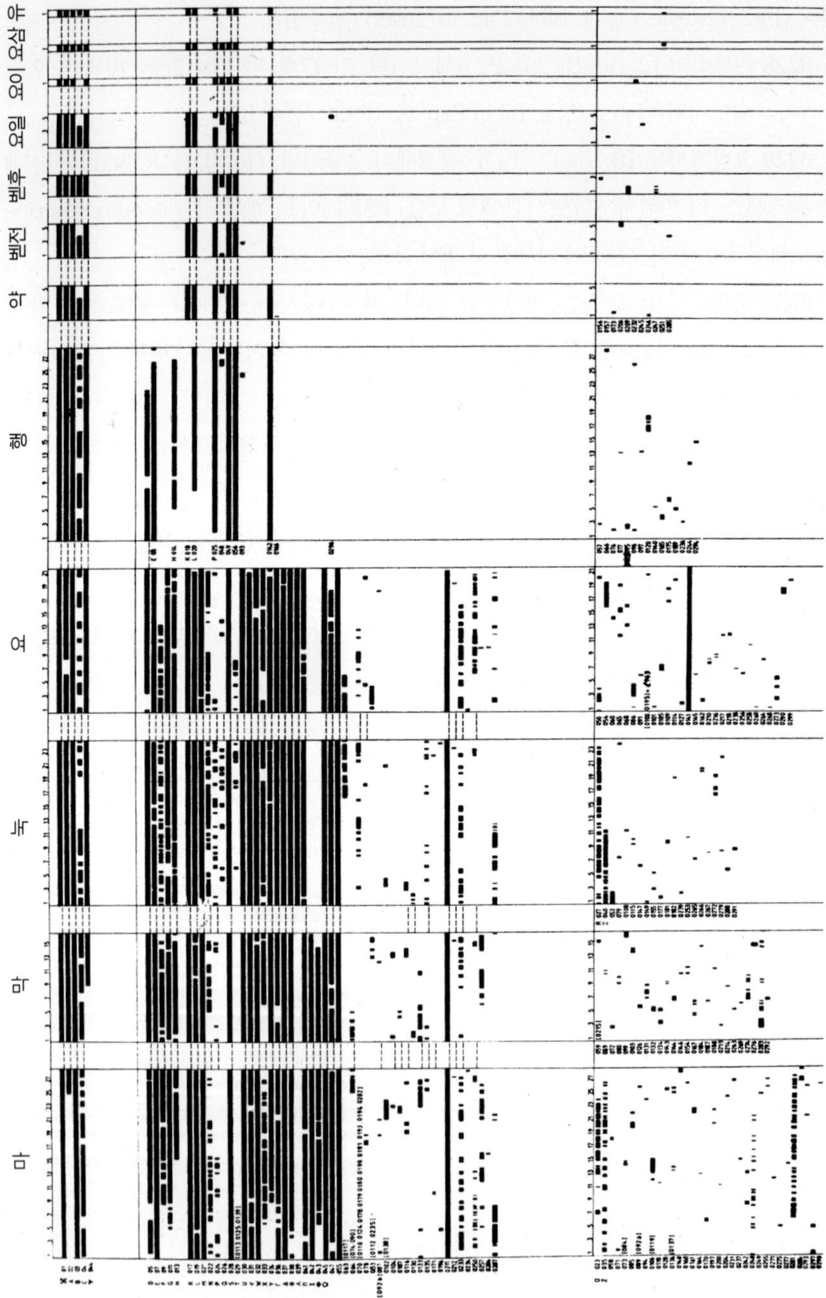

그림 39

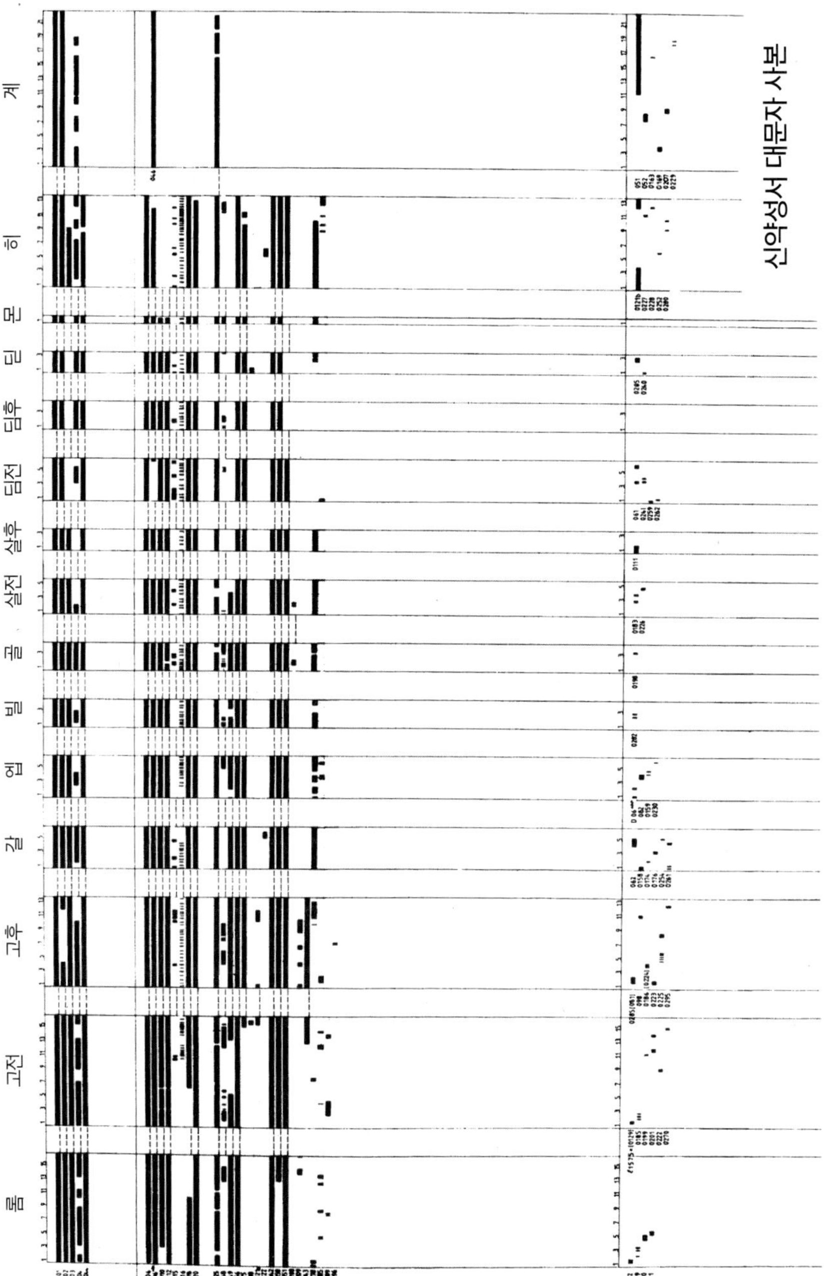
신약성서 대문자 사본
계
히
몬
딛
딤후
딤전
살후
살전
골
빌
엡
갈
고후
고전
롬

(Brit. Libr.) Or. 4717(16), 그리스어-콥트어 대조 (*범주 III*).

0240 디도서 1:4-8, 5세기, 1장, 2(?)단, 약 23행, 약 26×22cm, 트빌리시, 필사본연구소(Inst. f. Handschriften), 2123: 191쪽, 198쪽, 재생 사본(Palimpsest), (지워진 본문) 위에 조지아어 메노로기움(Menologium)[18] (*범주 II*).

0241 디모데전서 3:16-4:3, 8-11, 6세기, 1(?)단, (12행), 콜로니, 보드머도서관 (*범주 III*).

0242 마태복음 8:25-9:2; 13:32-38, 40-46, 4세기, 2장, 2단, 약 25행, 약 23×20cm, 카이로, 고대박물관(Mus. of Antiquities) no. 71942 (*범주 III*).

0243 고린도전서 13:4-고린도후서 13:13, 10세기, 7장, 2단, 48행, 32.5×24cm, 베니스, 성마가도서관(Bibl. S. Marco) 983(II, 181) (7(1), 8(1/2), 21(2), 5(S); *범주 II?*)

0244 사도행전 11:29-12:5, 5세기, 1장, 1단, 18+행, 18×14cm, 루뱅, 대학도서관(Bibl. de l'Univ.) P. A. M. Khirbet Mird 8 (*범주 II*).

0245 요한1서 3:23-4:1, 3-6, 6세기, 1단, 약 23행, 약 27×20cm, 버밍햄, 셀리오크대학 Mingana Georg., 7, 재생 사본(Palimpsest), (지워진 본문) 위에 조지아어로 적힌 기록물이 있음 (*범주 II*).

0246 야고보서 1:12-14, 19-21, 6세기, 1 단, 약 27행, 29×20cm, 케임브리지, 웨스트민스터대학, 문자가 지워졌으나 위에 덧쓰지 않았음 (*범주 V*).

0247 베드로전서 5:13-14; 베드로후서 1:5-8, 14-16; 2:1, 5/6세기, 2단, 약 36행, 약 29×23cm, 맨체스터, 릴런드도서관 P. Copt. 20, 재생 사본(Palimpsest), (지워진 본문) 위에 콥트어 기도서가 기록되었음 (*범주 II*).

0248 마태복음+, 9세기, 약 70장, 2단, 24+행, 21×15.5cm, 옥스퍼드, 보들레이안도서관 Auct. T 4. 21: 47-57쪽, 91-145쪽, 328-331쪽, 재생 사본(Palimpsest), 사용된 양피지 위에 이중으로 기록 (*비잔틴 본문, 범주 V*).

0249 마태복음 25:1-9, 10세기, 2장, 2(?)단, 15+행, 21×15cm, 옥스퍼드, 보들레이안도서관 Auct. T 4. 21: 326쪽, 327쪽, 재생 사본(Palimpsest), (지워진 본문) 위에 그리스어 시편-주석이 기록되었음 (*범주 III, 범주 V의 영향을 받음*).

0250 클리마쿠스 재생 사본(Codex Climaci rescriptus), eP, 8세기, 33장, 2단, 31+

18) 역자주: 메노로기움(Menologium)은 동방 교회 예전서 중 하나로, 매달 고정 축제일에 기념되는 성인들의 목록이다.

행, 23×15.5cm, 케임브리지, 웨스트민스터대학, 재생 사본(Palimpsest), (지워진 본문) 위에 요하네스 클리마쿠스(Johannes Climacus)의 글이 (시리아어로) 기록되었음 (*범주 III*).

0251 요한3서 1:12-15; 유다서 1:3-5, 6세기, 1단, 약 22+행, 약 24×20cm, 파리, 루브르 S. N. 121 (*범주 III*).

0252 히브리서 6:2-4, 6-7, 5세기, 2(?)단, 약 25행, 약 20×17cm, 바르셀로나, 복음서 기자 성 누가 재단(Fundació Sant Lluc Evangelista) 바르셀로나 파피루스(P. Barc.) 6 (*범주 III*).

0253 누가복음 10:19-22, 6세기, 1장, 1단, 14행, 약 31×25cm, 이전에는 다마스쿠스, 쿠베트 엘 샤츠네에서 보관 (*비잔틴 본문, 범주 V*).

0254 갈라디아서 5:13-17, 5세기, 2장, 1단, 20행, 약 18×12cm, 이전에는 다마스쿠스, 쿠베트 엘 샤츠네에서 보관, 재생 사본(Palimpsest), (지워진 본문) 위에 아랍어 기록이 있음. (*범주 I*).

0255 마태복음 26:2-9; 27:9-16, 9세기, 2장, 1단, 약 24행, 약 15×10cm, 이전에는 다마스쿠스, 쿠베트 엘 샤츠네에서 보관. (*비잔틴 본문, 범주 V*).

0256 요한복음 6:32-33, 35-37, 8세기, 1단, (4.6행), (4×4cm), 비엔나, 오스트리아국립도서관(Österr. Nat. Bibl.) Pap. G. 26084, 해석 문서 (*범주 III*).

0257 마태복음 5-26장+, 마가복음 6-16장+, 9세기, 47장, 2단, 23행, 29.5×22cm, 자보르다(Zavorda), 니카노로스(Nikanoros) 2, f. 1-16; 289-319, 재생 사본(Palimpsest), (지워진 본문) 위에 성구집 *l* 2094이 기록되었음 (*범주 V*).

0258 요한복음 10:25, 26, 4세기, 1(?)단, 5행, (4.7×4cm), 보관 장소 알 수 없음 (보관 확인 불가능).

0259 디모데전서 1:4-7, 7세기, 2장, 1단, 약 11행, 약 12×10cm, 베를린, 국립박물관(Staatl. Mus.) P. 3605, 둘째 장은 비어 있음 (*범주 III*).

0260 요한복음 1:30-32, 6세기, 2(?)단, 16행, 약 21×17cm, 베를린, 국립박물관(Staatl. Mus.) P. 5542, 그리스어-파이윰어(Faiyum) 대조 (*범주 III*).

0261 갈라디아서 1:9-12, 19-22; 4:25-31, 5세기, 2장, 2단, 약 25행, 약 20×15cm, 베를린, 국립박물관(Staatl. Mus.) P. 6791, 6792, 14043 (*범주 III*).

0262 디모데전서 1:15-16, 7세기, 1장, 2(?)단, 약 6행, 약 9.5×13(?)cm, 베를린, 국

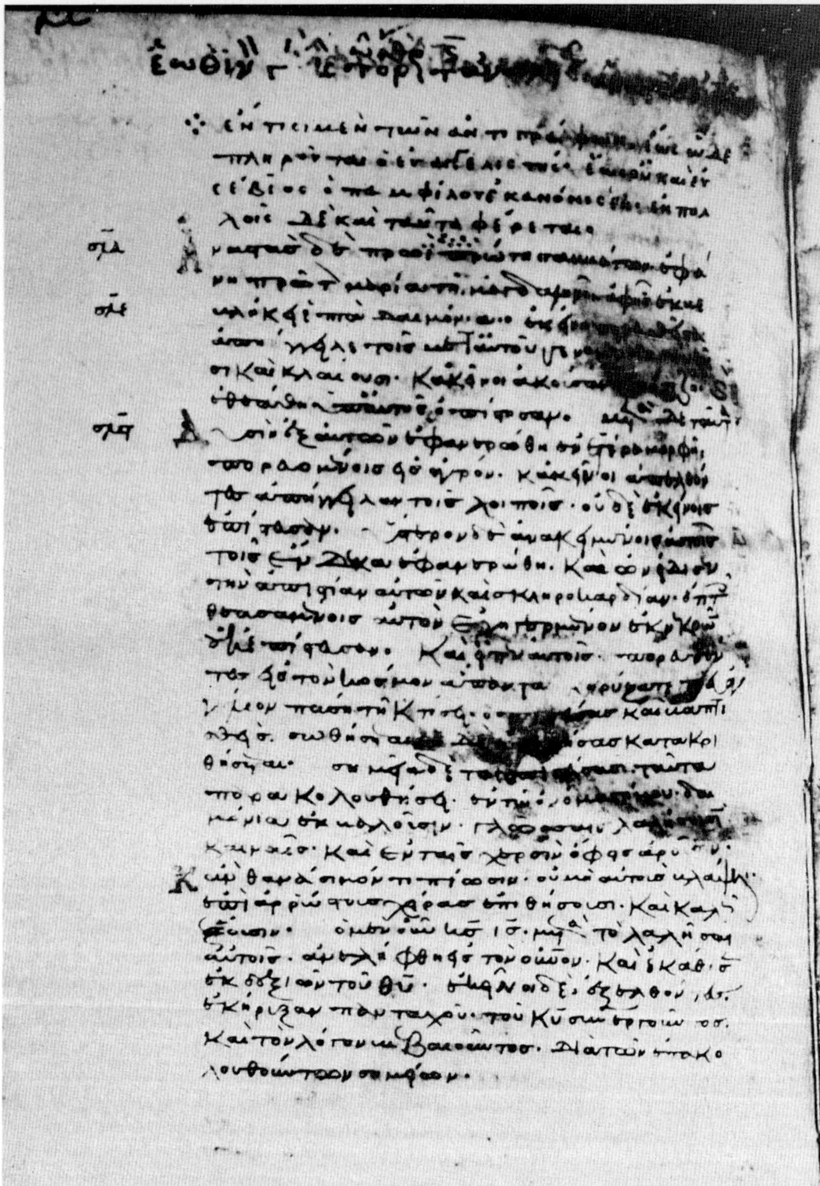

그림 40/41 12세기 소문자 사본 1(왼쪽, 194쪽 참고)과 13세기 소문자 사본 13(오른쪽, 195쪽 참고), 유명한 본문 그룹의 두 대표: f^{1}(레이크 그룹)과 f^{13}(페라[Ferrar] 그룹), 두 그림 모두 마가복음의 결론 부분.

립박물관(Staatl. Mus.) P. 13977 (*범주 III*).

0263 마가복음 5:26–27, 31, 6세기, 1단, 약 17행, 약 28×22cm, 베를린, 국립박물관(Staatl. Mus.) P. 14045 (*본문이 너무 짧아 범주를 분류할 수 없음*).

0264 요한복음 8:19–20, 23–24, 5세기, 1단, 약 18행, 약 15×12cm, 베를린, 국립박물관(Staatl. Mus.) P. 14049 (*본문이 너무 짧아 범주를 분류할 수 없음*).

0265 누가복음 7:20–21, 34–35, 6세기, 2(?)단, 약 25행, 약 27×22cm, 베를린, 국립박물관(Staatl. Mus.) P. 16994 (*범주 V?*)

0266 누가복음 20:19–25, 30–39, 6세기, 1장, 1단, 약 33행, 약 28×22cm, 베를린, 국립박물관(Staatl. Mus.) P. 17034 (*범주 III*).

0267 누가복음 8:25–27, 5세기, (1단), (10행), (7.4×9.5cm), 바르셀로나, 복음서 기자 성 누가 재단(Fundació, Sant Lluc Evangelista) 바르셀로나 파피루스(P. Barc.) 16 (*본문이 너무 짧아 범주를 분류할 수 없음*).

0268 요한복음 1:30–33, 7세기, 1장, 1단, 약 10행, 약 11×8cm, 베를린, 국립박물관(Staatl. Mus.) P. 6790 (*본문이 너무 짧아 범주를 분류할 수 없음*).

0269 마가복음 6:14–20, 9세기, 1장, 2(?)단, 25행, 약 33×25cm, 런던, 영국도서관(Brit. Libr.) Add. 31919: 23쪽, 재생 사본 (*범주 III, 범주 V의 영향을 받음*).

0270 고린도전서 15:10–15, 19–25, 4/5세기, 1단, 약 26행, 약 15.5×10.5cm, 암스테르담, 대학도서관(Univ. Bibl.) GX 200 (*범주 II*).

0271 마태복음 12:27–39, 9세기, 1장, 2단, 26행, 33×26cm, 런던, 영국도서관(Brit. Libr.) Add. 31919: 22쪽, 재생 사본(Palimpsest), (지워진 본문) 위에 교회력을 따라 그리스어로 기록된 예배용 자료(메내움)가 기록됨(이전에는 **0133**의 일부였음) (*범주 II*).

0272 누가복음 16–17장+; 19장+, 9세기, 3장, 2단, 28행, 33×26cm, 런던, 영국도서관(Brit. Libr.) Add. 31919: 21쪽, 98쪽, 101쪽(이전에는 **0133**의 일부였음) (*범주 V*).

0273 요한복음 2:17–3:5; 4:23–37; 5:35–6:2, 9세기, 3장, 2단, 25행, 33×26cm, 런던, 영국도서관(Brit. Libr.) Add. 31919: 29쪽, 99쪽, 100쪽(이전에는 **0133**의 일부였음) (*범주 V?*)

0274 마가복음 6–10장+, 5세기, 4장, 2단, 30행, 28×33cm, 카이로, 콥트박물관(Copt. Mus.) 6569/6571(*범주 II*).

148쪽에서 예고하고 설명했듯이, 여기서도 대문자 사본들의 내용 목록에 대한 전체적인 개관을 파악할 수 있다(본 책의 186/187쪽). 성경 각 권의 장까지 파악할 수 있는 이 개관을 통해, 살펴보고자 하는 본문이 어떤 대문자 사본에 들어 있는지를 알 수 있게 해 준다. 만약 이러한 보조 자료의 도움이 없다면, 수많은 대문자 사본들에 어떤 내용이 들어 있는지 전혀 파악할 수 없을 것이다.

0275 - 0299는 491쪽을 보라.

9. 소문자 필사본들

신약성서의 소문자 필사본은 9세기에 시작되었다(본 책의 109쪽 참고). 가장 오래된 것으로 추정되는 소문자 필사본은 복음서들이 기록된 835년의 소문자 필사본인 461이다(레닌그라드, 공립도서관[Öffentl. Bibl.] 도서관 Gr. 219, 그림 46 참고). 소문자 필사본은 본문 연구에서 언제나 일정 부분의 역할을 감당해 왔으며, 초기 인쇄본들에서는 심지어 독보적인 역할을 맡기도 했다. (에라스무스는 바젤에서 대문자 사본 E 07을 사용할 수 있었음에도 이 사본의 사용을 포기한 것으로 보인다. 또한 베자는 자신의 인쇄본을 간행할 때, 자신의 소유로 되어 있던 대문자 사본 D^{ea} 05와 D^{p} 06을 사용하지 않았다. 본 책의 3쪽 참고.) 확실히 일련의 소문자 사본들도 오랫동안 본문의 가치를 인정받아 왔다. (특히 소문자 사본 33은 오랫동안 최고의 소문자 사본으로서의 지위를 차지해 왔다. 그림 42 참고.) 그러나 그럼에도 수많은 소문자 사본들이 지금까지 그 본문의 가치에 관하여 제대로 연구되지 않았다. (소문자 사본들 가운데 최소한 50% 정도는 확실히 너무 낮게 평가되고 있다.) 이유는 단순하다. 2,812개의 소문자 사본 각각에 대해 개별적인 연구를 할 수 있는 여력이 미치지 못하기 때문이며, 하나의 소문자 사본 그룹에 대해서조차도 어떤 시스템이 이미 개발되어 있는 경우에만 연구가 가능하기 때문이다. 그 시스템이란 문장들마다 일일이 살펴보지 않아도 확실한 결과를 낼 수 있는 시스템을 말한다. 알란트(K. Aland)에 의해 이러한 테스트 구절 검토 시스템이 구축되었다. 이것은 필사본의 본문 성격에 대해 신뢰할 만한 판단을 내릴 수 있게 하는 시스템이었다. 그 이후 여러 해에 걸친 원문 비교·대조 작업이 이루어졌고, 이제 공동서신의 필사본들에 관한 연구 결과를 내게 되었다(이에 대해 본 책의 500쪽 이하 참고). 그러나 공관복음 및 바울서신과 사도행전에 대해서도 조사 작업이 이루어졌다. 그 결과, 신약성서 필사본들의 80% 이상에서 오로지 대다수본문에 해당하는 본문만 들어 있다는 사실이 밝혀졌다. (대다수본문은 비잔틴 본문, 코이네 본문이라 부르기도 하는 본문이다. 또는 그 본문에 대한 표현과 평가에 대한 뉘앙스에 따라 다양하게 명명하기도 한다.) 그러나 소문자 필사본들의 대략 10% 정도는 대문자 필사본과도 견줄 수 있는 가치 있고 오래된 본문을 제공한다. 심지어 가장 뛰어나고 대표적인 대문자 사본들과도 견줄 만하다. 최고의 자리를 차지해 왔던 이 소문자 사본(사본 33) 외에도 이에 견줄 만한 여러 사본들이 나타났다. 이런 사본들 가운데에는 소문자 사본 33보다 더 가치 있는 사본들도 많이 있다.

곧이어 중요한 소문자 필사본들이 소개된다. 소개되는 설명 목록들은 현재까지 알려져 있는 정보에 따른 것이다. 그 정보들은 다음의 약어들로 소개된다. 필사본 번호 다음에 내용에 관한 정보가 뒤따른다. (e = 복음서들, a = 사도들의 서신들, 즉 사도행전과 공동서신, p = 바울서신(히브리서 포함!), r = 요한계시록, K = 주석, P = 부분적 보유, + = 필사본이 완전하지 않음, Pg = 양피지, PuPg = 자주색 양피지, PaP = 종이) 또 생성 시기, 필사지 재료, 도서관용 식별 기호 등이 차례로 표시된다. 그런 뒤, 이미 대문자 사본에 적용했던 시스템(본 책의 152쪽 이하 참고)에 따라 수행한 원문 비교·대조 작업의 결과가 괄호 안에 나타난다. 또한 각 사본의 본문에 대해 분류한 본문 범주가 덧붙여 표시된다. 소개되는 정보들의 차이점들을 보면, 그 상황이 얼마나 복잡한지 또 지금까지의 견해들에 대해 얼마나 많은 부분에서 검토할 필요가 있는지를 알게 된다. 19세기에는 대문자 사본이 긍정적 영향을 끼쳤다. 20세기에 들어서는 대략 75년간 파피루스의 영향 아래 있었다. 그러나 그 이후 25년간은 수많은 일련의 소문자 사본들이 대문자 사본과 파피루스 사본과 나란히 서게 될 것이다. 즉, 그 사본들과 대등한 자리를 차지하게 될 것이다. 이러한 과정은 〈네슬-알란트 26판〉과 〈그리스어 신약성서 3판〉(GNT)에서 이미 시작되었고, 이는 단지 시작에 불과하다.

소문자 필사본 설명 목록[19)]

1 eap, 12세기, Pg, 바젤, 대학도서관(Univ. Bibl.) A. N. IV. 사본 2, 118, 131, 209, 1582 등과 함께 사본 **1**은 유명한 소문자 사본가족 1(f^1)을 구성한다 (복음서들:

19) [역자주] 도서관 또는 박물관, 기관명 뒤에 이어지는 내용은 보관소 명칭 및 위치 또는 식별 기호 등을 가리킨다.

119(1), 80(1/2), 60(2), 69(S); 사도행전: 74(1), 29(1/2), 2(2), 0(S); 공동서신: 83(1), 11(1/2), 2(2), 2(S); 바울서신: 194(1), 47(1/2), 2(2), 4(S), *복음서들은 범주 III, 그 밖에는 범주 V*); 190쪽 그림.

5 eap+, 14세기, Pg, 파리, 국립도서관(Bibl. Nat.) Gr. 106 (복음서들: 201(1), 103(1/2), 7(2), 12(S); 사도행전: 56(1), 26(1/2), 14(2), 9(S); 공동서신: 47(1), 7(1/2), 31(2), 13(S); 바울서신: 165(1), 45(1/2), 24(2), 12(S). *사도행전과 공동서신 및 바울서신은 범주 III, 복음서들은 범주 V?*).

6 eap+, 13세기, Pg, 파리, 국립도서관(Bibl. Nat.) Gr. 112 (복음서들: 209(1), 99(1/2), 4(2), 11(S); 사도행전: 62(1), 26(1/2), 6(2), 11(S); 공동서신: 57(1), 7(1/2), 25(2), 9(S); 바울서신: 110(1), 44(1/2), 60(2), 25(S), *공동서신과 바울서신은 범주 III, 복음서들과 사도행전은 범주 V*).

13 e+, 13세기, Pg, 파리, 국립도서관(Bibl. Nat.) Gr. 50, 사본 69, 124, 174, 230, 346, 543, 788, 826, 828, 983, 1689, 1709 등과 함께 페라 그룹으로 소문자 사본가족 13(f^{13})에 속함 (150(1), 71(1/2), 31(2), 54(S), *범주 III*); 191쪽 그림.

28 e+, 11세기, Pg, 파리, 국립도서관(Bibl. Nat.) Gr. 379 (154(1), 70(1/2), 31(2), 58(S), *범주 III, 그러나 본래는 마가복음에만 해당; 나머지는 독법 1과 독법 2의 비율로 볼 때 본래 범주 V에 해당함*).

33 eap+, 9세기, Pg, 파리, 국립도서관(Bibl. Nat.) Gr. 14 (복음서들: 93(1), 72(1/2), 57(2), 39(S); 사도행전: 21(1), 20(1/2), 34(2), 12(S); 공동서신: 20(1), 4(1/2), 44(2), 15(S); 바울서신: 50(1), 56(1/2), 113(2), 54(S), *복음서들은 범주 II, 그 밖에는 범주 I*); 198쪽 그림.

36 aK, 12세기, Pg, 옥스퍼드, 뉴대학(New College) 58 (사도행전: 34(1), 21(1/2), 32(2), 19(S); 공동서신: 61(1), 8(1/2), 16(2), 13(S), *사도행전은 범주 II, 공동서신은 범주 III*); 199쪽 그림.

61 eapr, 16세기, Pap, 더블린, 트리니티대학 MS 30 (복음서들: 192(1), 98(1/2), 10(2), 29(S); 사도행전: 62(1), 26(1/2), 8(2), 6(S); 공동서신: 60(1), 7(1/2), 17(2), 13(S); 바울서신: 165(1), 41(1/2), 35(2), 27(S), *범주 III, 복음서들과 사도행전은 범주 V*).

69 eapr+, 15세기, Pg/Pap, 라이세스터(Leicester), 타운박물관(Town Mus.) Cod.

6 D 32/1 (복음서들: 134(1), 63(1/2), 22(2), 50(S); 사도행전: 63(1), 19(1/2), 5(2), 8(S); 공동서신: 64(1), 11(1/2), 9(2), 5(S); 바울서신: 154(1), 42(1/2), 35(2), 17(S), 바울서신은 *범주 III, 그 밖에는 범주V*).

81 ap+, 1044, Pg, 런던, 영국도서관(Brit. Libr.) Add. 20003: 57쪽, 알렉산드리아, 그리스 총감독관구(Griech. Patriarch.) 59: 225쪽 (사도행전: 7(1), 20(1/2), 40(2), 5(S); 공동서신: 31(1), 6(1/2), 44(2), 17(S); 바울서신: 44(1), 32(1/2), 131(2), 39(S), *최소한 범주 II*].

88 apr, 12세기, Pg, 나폴리, 국립고고학박물관(Bibl. Naz.) II.A.7 (사도행전: 51(1), 25(1/2), 14(2), 15(S); 공동서신: 64(1), 7(1/2), 17(2), 10(S); 바울서신: 157(1), 43(1/2), 28(2), 23(S), *범주 III*).

94 aprK, r: 12세기, ap: 13세기, Pg, 파리, 국립도서관(Bibl. Nat.) Coislin Gr. 202 bis (사도행전: 45(1), 21(1/2), 23(2), 16(S); 공동서신: 67(1), 7(1/2), 12(2), 12(S); 바울서신: 172(1), 47(1/2), 12(2), 14(S), *범주 III, 그러나 바울서신과 요한계시록은 분명히 더 낮은 등급의 범주*).

103 apK, 11세기, Pg, 모스크바, 국립역사박물관(Hist. Mus.) V. 96, S. 347 (사도행전: 65(1), 25(1/2), 6(2), 9(S); 공동서신: 82(1), 7(1/2), 2(2), 7(S); 바울서신: 172(1), 43(1/2), 11(2), 19(S), *범주 V*).

104 apr, 1087, Pg, 런던, 영국도서관(Brit. Libr.) Harley 5537 (사도행전: 61(1), 26(1/2), 9(2), 8(S); 공동서신: 61(1), 5(1/2), 15(2), 13(S); 바울서신: 124(1), 41(1/2), 56(2), 31(S), *범주 III, 사도행전과 요한계시록은 범주 V*).

157 e, 12세기, Pg, 로마, 바티칸도서관(Bibl. Vatic.) Urbin. Gr 2(소문자 사본 20, 164, 215, 262, 300, 376, 428, 565, 686, 718, 1071 등 및 대문자 사본 Λ **039**와 마찬가지로 '예루살렘-간행 요목[Jerusalem-Kolophon]'에 들어간다.) (180(1), 94(1/2), 21(2), 23(S), *범주 III*).

180 eapr, e: 12세기, apr: 1273, Pg, 로마, 바티칸도서관(Bibl. Vatic.) Borg. Gr. 18 (복음서들: 204(1), 102(1/2), 4(2), 12(S); 사도행전: 44(1), 21(1/2), 24(2), 19(S); 공동서신: 82(1), 9(1/2), 2(2), 9(S); 바울서신: 192(1), 47(1/2), 2(2), 5(S), *사도행전은 범주 III, 공동서신과 바울서신은 확실히 범주 V*).

181 apr+, ap: 11세기, r: 15세기, Pg, 로마, 바티칸도서관(Bibl. Vatic.) Reg. Gr. 179

(사도행전: 34(1), 22(1/2), 33(2), 17(S); 공동서신: 70(1), 11(1/2), 13(2), 4(S); 바울서신: 160(1), 46(1/2), 31(2), 13(S), *범주 III, 요한계시록은 범주 V*).

189 eap+, e: 14세기, ap: 12세기, Pg, 플로렌스, 라우렌치아나도서관 VI. 27 (복음서들: 202(1), 101(1/2), 2(2), 9(S); 사도행전: 70(1), 24(1/2), 1(2), 10(S); 공동서신: 84(1), 8(1/2), 3(2), 3(S); 바울서신: 192(1), 48(1/2), 2(2), 4(S), *범주 V*).

205 (구약성서와) eapr, 15세기, Pg, 베네치아, 성마가도서관(Bibl. S. Marco) 420, (Fondo ant. 5) 신약성서: 362-441쪽 (복음서들: 134(1), 79(1/2), 47(2), 62(S); 사도행전: 72(1), 26(1/2), 2(2), 5(S); 공동서신: 83(1), 10(1/2), 2(2), 3(S); 바울서신: 191(1), 47(1/2), 2(2), 7(S), *복음서들과 요한계시록은 범주 III, 그 밖에는 범주 V*).

206 ap+, 13세기, Pap, 런던, 램버스(Lambeth) 1182 (사도행전: 61(1), 25(1/2), 7(2), 11(S); 공동서신: 60(1), 7(1/2), 20(2), 12(S); 바울서신: 183(1), 46(1/2), 9(2), 9(S), *공동서신은 범주 III, 그 밖에는 범주 V*).

209 eapr, eap: 14세기, r: 15세기, Pg, 베네치아, 성마가도서관(Bibl. S. Marco) 394 (Fondo ant. 10) (복음서들: 136(1), 80(1/2), 46(2), 60(S); 사도행전: 72(1), 27(1/2), 3(2), 8(S); 공동서신: 83(1), 10(1/2), 3(2), 5(S); 바울서신: 193(1), 47(1/2), 5(2), 7(S), *복음서들과 요한계시록은 범주 III, 그 밖에는 범주 V*).

218 (구약성서와) eapr+, 13세기, Pg, 비엔나, 오스트리아국립도서관(Österr. Nat. Bibl.) Theol. Gr. 23(신약성서 = 486-623쪽 이하) (복음서들: 207(1), 101(1/2), 5(2), 7(S); 사도행전 65(1), 29(1/2), 10(2), 1(S); 공동서신: 62(1), 10(1/2), 18(2) 7(S); 바울서신: 144(1), 43(1/2), 35(2), 16(S), *공동서신과 바울서신은 범주 III, 그 밖에는 범주 V, 요한계시록에서 안드레아스[Andreas] 주석의 축약된 형태가 나옴*).

254 aprK, 14세기, Pap, 아테네, 국립도서관(Nat. Bibl.) 490 (사도행전: 73(1), 28(1/2), 1(2), 2(S); 공동서신: 64(1), 5(1/2), 18(2), 12(S); 바울서신: 182(1), 44(1/2), 9(2), 17(S), *공동서신은 범주 III, 그 밖에는 범주 V*).

256 apr(g-arm)+, 11/12세기, Pg, 파리, 국립도서관(Bibl. Nat.) Armen. 9 (사도행전: 54(1), 24(1/2), 1(2), 2(S); 공동서신: 84(1), 9(1/2), 1(2), 5(S); 바울서신: 101(1), 38(1/2), 76(2), 34(S), *바울서신은 범주 II, 그 밖에는 범주 V*).

263 eap, 13세기, Pg, 파리, 국립도서관(Bibl. Nat.) Gr. 61 (복음서들: 213(1), 100(1/2), 1(2), 9(S); 사도행전: 73(1), 28(1/2), 2(2), 2(S); 공동서신: 86(1), 8(1/2), 1(2),

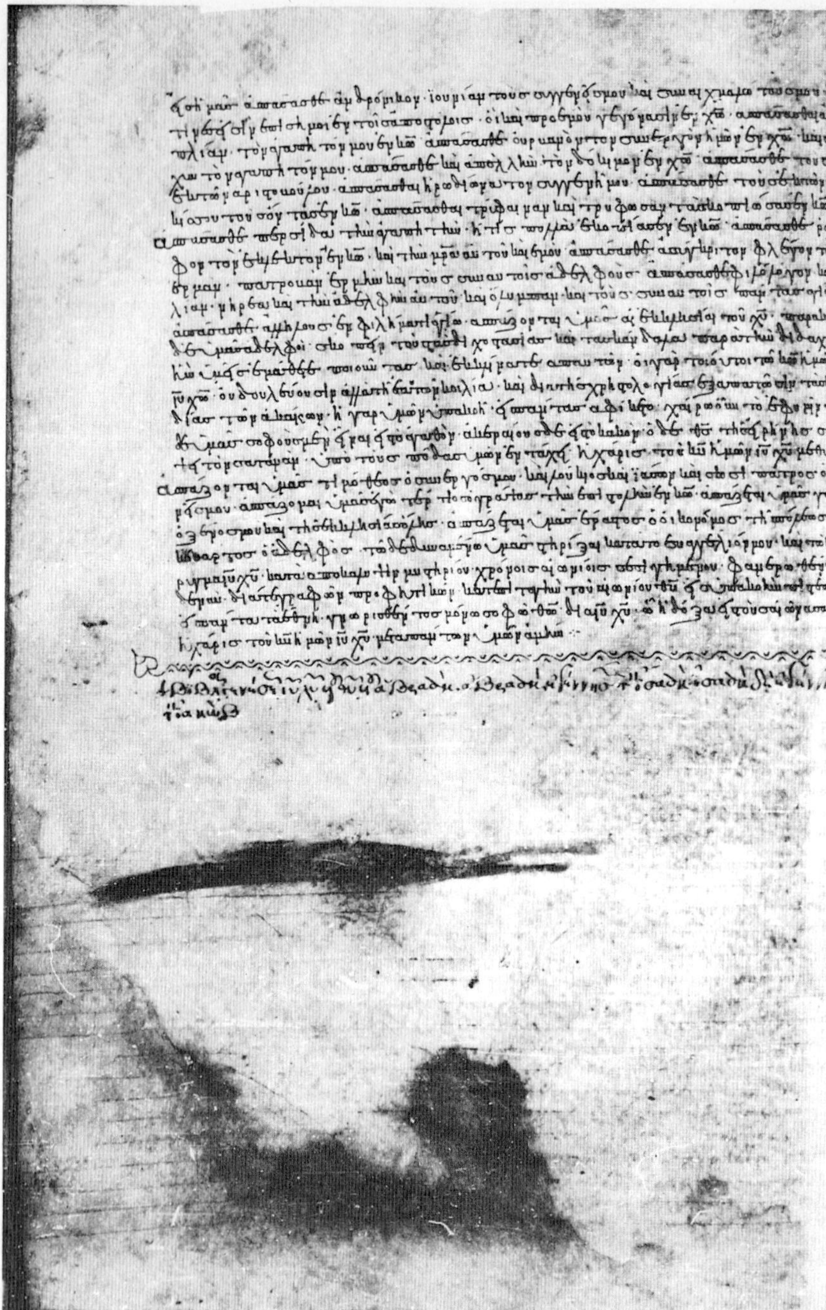

그림 42/43 왼쪽은 소문자 사본 33(지금까지 '소문자 사본들의 여왕'으로 명명됨), 9세기, 그림에는 로마서 결론 부분 수록 f. 100v(본 책의 193쪽 이하 참고), 위는 소문자 사본 36, 12세기, 교부들의 성서 해석집 필사본의 예로 일컬어졌다. 이 사본에서는 교부들의 해석을 인용한 구절들을 성서 본문 옆에 연결 고리 모양으로 표시해 두었기 때문이다(f. 213r, 베드로후서 1:1-2). 여기서 그 인용 구절들은 액자 내지 난외 주석 형태로 나온다. 그러나 본문과 해석은 이어서 기록될 수도 있다. 이 경우, 다른 글자 모양을 씀으로써, 또는 난외에 다른 색조의 글씨로 적거나 지시 사항을 적어 둠으로써, 본문과 해석을 구별할 수 있도록 했다(본 책의 195쪽 참고).

4(S); 바울서신: 114(1), 39(1/2), 58(2), 36(S), *바울서신은 범주 III, 그 밖에는 범주 V*).

307 aK, 10세기, Pg, 파리, 국립도서관(Bibl. Nat.) Coislin Gr. 25 (사도행전: 35(1), 20(1/2), 32(2), 19(S); 공동서신: 62(1), 8(1/2), 17(2), 15(S), *범주 III*).

322 ap, 15세기, Pap, 런던, 영국도서관(Brit. Libr.) Harley 5620 (사도행전: 51(1), 23(1/2), 20(2), 11(S); 공동서신: 27(1), 7(1/2), 49(2), 15(S); 바울서신: 184(1), 47(1/2), 9(2), 6(S), *공동서신은 범주 II, 그 밖에는 범주 III*); 204쪽 그림.

323 ap+, 11세기, Pg, 제네바, 공립대학도서관(Bibl. Publ. et Univ.) Gr. 20 (사도행전: 51(1), 23(1/2), 20(2), 11(S); 공동서신: 27(1), 7(1/2), 49(2), 15(S); 바울서신: 185(1), 47(1/2), 8(2), 6(S), *자매 관계로 보이는 사본 322와 동일한 범주*); 204쪽 그림.

326 ap+, 12세기, Pg, 옥스퍼드, 링컨대학(Lincoln College) Gr. 82 (사도행전: 63(1), 27(1/2), 8(2), 7(S); 공동서신: 61(1), 10(1/2), 18(2), 6(S); 바울서신: 155(1), 39(1/2), 30(2), 22(S), *범주 III*).

330 eap+, 12세기, Pg, 레닌그라드, 공립도서관(Öffentl. Bibl.) Gr. 101 (복음서들: 206(1), 101(1/2), 6(2), 10(S); 사도행전: 74(1), 29(1/2), 2(2), 0(S); 공동서신: 81(1), 9(1/2), 2(2), 6(S); 바울서신: 152(1), 42(1/2), 32(2), 23(S), *바울서신은 범주 III, 그 밖에는 범주 V*).

346 e+, 12세기, Pg. 밀라노, 암브로시아나도서관 S. 23 sup. (172(1), 82(1/2), 24(2), 53(S), *범주 III*).

365 eap, 13세기, Pg, 플로렌스, 라우렌치아나도서관 VI. 36 (복음서들: 208(1), 101(1/2), 4(2), 11(S); 사도행전: 48(1), 21(1/2), 1(2), 4(S); 공동서신: 60(1), 6(1/2), 3(2), 6(S); 바울서신: 108(1), 38(1/2), 63(2), 31(S), *바울서신은 범주 III, 그 밖에는 범주 V*).

378 ap, 12 세기, Pg, 옥스퍼드, 보들레이안도서관(Bodl. Libr.) E. D. Clarke 4 (사도행전: 71(1), 25(1/2), 4(2), 1(S); 공동서신: 61(1), 7(1/2), 17(2), 17(S); 바울서신: 194(1), 48(1/2), 2(2), 3(S), *공동서신은 범주 III, 그 밖에는 범주 V*).

398 ap+, 11세기, Pg, 케임브리지, 대학도서관(Univ. Libr.) Kk. VI. 4 (사도행전: 75(1), 28(1/2), 0(2), 1(S); 공동서신: 62(1), 7(1/2), 16(2), 13(S); 바울서신: 158(1), 48(1/2), 3(2), 0(S), *공동서신은 범주 III, 그 밖에는 범주 V*).

424 apr, 11세기, Pg, 비엔나, 오스트리아국립도서관(Österr. Nat. Bibl.) Theol. Gr.

302; 205쪽 그림.

424* (사도행전: 72(1), 29(1/2), 3(2), 0(S); 공동서신: 86(1), 10(1/2), 0(2), 1(S); 바울서신: 193(1), 46(1/2), 5(2), 3(S)).

424[c] (사도행전: 71(1), 26(1/2), 4(2), 4(S); 공동서신: 62(1), 8(1/2), 21(2), 9(S); 바울서신: 117(1), 41(1/2), 65(2), 24(S), *범주 III, 원래 범주 V에 속하는 필사본이었으나, 초기 시대의 본문이 들어 있는 필사본을 따라 교정함으로써 수정되었음. 특히 공동서신과 바울서신에 2개의 독법 증가 참고*).

429 apr, ap: 14세기, r: 15세기, Pap, 볼펜뷔텔, 헤어초크-아우구스트-도서관(Herzog-August-Bibl.) 16.7 Aug. 4^0 (사도행전: 51(1), 23(1/2), 13(2), 18(S); 공동서신: 60(1), 6(1/2), 22(2), 14(S); 바울서신: 183(1), 45(1/2), 9(2), 10 (S), *범주 III, 바울서신과 요한계시록은 범주 V*).

431 eap, 11세기, Pg, 스트라스부르, Priester-Sem. 1 (복음서들: 211(1), 99(1/2), 2(2), 9(S); 사도행전: 42(1), 24(1/2), 25(2), 13(S); 공동서신: 70(1), 8(1/2), 11(2), 9(S); 바울서신: 193(1), 48(1/2), 3(2), 4(S), *사도행전과 공동서신은 범주 III, 그 밖에는 범주 V*).

436 ap, 11세기, Pg, 로마, 바티칸도서관(Bibl. Vatic.) Gr. 367 (사도행전: 60(1), 24(1/2), 14(2), 8(S); 공동서신: 42(1), 7(1/2), 41(2), 9(S); 바울서신: 131(1), 37(1/2), 50(2), 29(S), *범주 III*).

441 apPK, 13세기, Pg, 웁살라(Uppsala), 대학도서관(Univ. Bibl.) Gr. 1, p. 3-182 (사도행전: 34(1), 23(1/2), 14(2), 8(S); 바울서신: 47(1), 23(1/2), 20(2), 11(S), *범주 III*).

442 apPK, 13세기, Pg, 웁살라, 대학도서관(Univ. Bibl.) Gr. 1: 183-440쪽 (공동서신: 42(1), 7(1/2), 35(2), 15(S); 바울서신: 68(1), 22(1/2), 45(2), 21(S), *범주 II*).

451 ap, 11세기, Pg, 로마, 바티칸도서관(Bibl. Vatic.) Urbin. Gr. 3 (사도행전: 75(1), 27(1/2), 2(2), 1(S); 공동서신: 81(1), 9(1/2), 2(2), 6(S); 바울서신: 142(1), 40(1/2), 39(2), 27(S); *바울서신은 범주 III, 그 밖에는 범주 V*).

453 aK, 14세기, Pg, 로마, 바티칸도서관(Bibl. Vatic.) Gr. 582 (사도행전: 36(1), 20(1/2), 34(2), 15(S); 공동서신: 61(1), 7(1/2), 15(2), 15(S), *범주 III*).

459 apr, 1092, Pg, 플로렌스, 라우렌치아나도서관 IV. 32 (사도행전: 63(1),

27(1/2), 8(2), 6(S); 공동서신: 71(1), 7(1/2), 9(2), 11(S); 바울서신: 126(1), 40(1/2), 53(2), 27(S), *바울서신은 범주 III, 그 밖에는 범주 V*).

461 e, 835, Pg, 레닌그라드, 공립도서관(Öffentl. Bibl.) Gr. 219 (213(1), 101(1/2), 3(2), 5(S), 범주 V), 가장 오래된 소문자 필사본이기 때문에 이 목록에 들어갔음; 206쪽 그림.

467 apr, 15세기, Pap, 파리, 국립도서관(Bibl. Nat.) Gr. 59 (사도행전: 56(1), 23(1/2), 14(2), 12(S); 공동서신: 73(1), 7(1/2), 13(2), 9(S); 바울서신: 134(1), 41(1/2), 44(2), 31(S), *바울서신은 범주 III, 그 밖에는 범주 III보다 낮은 등급의 범주*).

522 eapr, 1515, pap, 옥스퍼드, 보들레이안도서관 Canon. Gr. 34 (복음서들: 206(1), 100(1/2), 4(2), 10(S); 사도행전: 52(1), 23(1/2), 10(2), 18(S); 공동서신: 52(1), 6(1/2), 24(2), 15(S); 바울서신: 191(1), 48(1/2), 4(2), 4(S), *사도행전과 공동서신은 범주 III, 그 밖에는 범주 V*).

543 e+, 12세기, Pg, 앤아버(Ann Arbor), 미시간대학교(Univ. of Michigan) Ms 15 (140(1), 80(1/2), 30(2), 53(S) *범주 III*).

565 e+, 9세기, PuPg, 레닌그라드, 공립도서관(Öffentl. Bibl.) Gr. 53 (135(1), 67(1/2), 48(2), 75(S), *범주 III, 마가복음 본문으로 인하여 높은 등급의 범주로 분류되었으나, 마태복음과 누가복음은 이보다 훨씬 아래 등급의 범주에 속함*); 207쪽 그림.

579 e+, 13세기, Pg, 파리, 국립도서관(Bibl. Nat.) Gr. 97 (117(1), 85(1/2), 68(2), 45(S), *마가복음과 누가복음은 범주 II*).

597 e, 13세기, Pg, 베네치아, 성마가도서관(Bibl. S. Marco) 1277(I. 59) (208(1), 103(1/2), 5(2), 7(S), *범주 V에 가까울 것으로 추정*).

610 aKP+, 12세기, Pg, 파리, 국립도서관(Bibl. Nat.) Gr. 221 (사도행전: 31(1), 20(1/2), 28(2), 18(S); 공동서신: 51(1), 6(1/2), 2(2), 2(S), *사도행전은 범주 II, 공동서신은 범주 V*).

614 ap, 13세기, Pg, 밀라노, 암브로시아나도서관(Bibl. Ambrosiana) E. 97 sup. (사도행전: 60(1), 19(1/2), 9(2), 18(S); 공동서신: 44(1), 4(1/2), 26(2), 15(S); 바울서신: 192(1), 48(1/2), 2(2), 5(S), 본문의 특수성(*D-본문에 가까운?*)으로 인해 *범주 III, 사본* ***2412****의 자매 필사본*); 208쪽 그림.

621 apP(K), 14세기, Pg, 로마, 바티칸도서관(Bibl. Vatic.) Gr. 1270 (사도행전:

53(1), 26(1/2), 17(2), 9(S); 공동서신: 45(1), 7(1/2), 29(2), 15(S); 바울서신: 51(1), 22(1/2), 21(2), 9(S), *범주 III*).

623 apK+, 1037, Pg, 로마, 바티칸도서관(Bibl. Vatic.) Gr. 1650 (사도행전: 45(1), 24(1/2), 18(2), 10(S); 공동서신: 47(1), 7(1/2), 35(2), 14(S); 바울서신: 171(1), 44(1/2), 28(2), 10(S), *범주 III*).

629 ap(g-1), 14세기, Pg, 로마, 바티칸도서관(Bibl. Vatic.) Ottob. Gr. 298 (사도행전: 47(1), 22(1/2), 26(2), 16(S); 공동서신: 54(1), 7(1/2), 22(2), 21(S); 바울서신: 142(1), 36(1/2), 39(2), 32(S), *범주 III*).

630 ap, 14세기, Pap, 로마, 바티칸도서관(Bibl. Vatic.) Ottob. Gr. 325 (사도행전: 40(1), 24(1/2), 25(2), 13(S); 공동서신: 46(1), 6(1/2), 33(2), 13(S); 바울서신: 136(1), 42(1/2), 49(2), 17(S), *범주 III*).

642 ap+, 15세기, Pap, 런던, 램버스궁전(Lambeth Pal.) 1185 (사도행전: 60(1), 23(1/2), 4(2), 1(S); 공동서신: 63(1), 9(1/2), 19(2), 7(S); 바울서신: 163(1), 43(1/2), 5(2), 5(S), *공동서신은 범주 III, 그 밖에는 범주 V*).

700 e, 11세기, Pg, 런던, 영국도서관(Brit. Libr.) Egerton 2610 (153(1), 81(1/2), 35(2), 58(S) *범주 III*).

720 eapPK+, 13세기, Pap, 비엔나, 오스트리아국립도서관(Österr. Nat. Bibl.) Theol. Gr. 79.80 (복음서들: 208(1), 101(1/2), 5(2), 13(S); 공동서신: 72(1), 10(1/2), 14(2), 9(S); 바울서신: 182(1), 48(1/2), 7(2), 15(S), *본래는 범주 III보다 낮은 등급의 범주*).

788 e, 11세기, Pg, 아테네, 국립도서관(Nat. Bibl.) 74 (144(1), 78(1/2), 38(2), 63(S), *범주 III*).

826 e, 12세기, Pg, 그로타페라타, 델라바디아도서관 *A'α'3 (157(1), 77(1/2), 27(2), 60(S), 범주 III*).

828 e, 12세기, Pg, 그로타페라타, 델라바디아도서관 *A'α'5 (148(1), 77(1/2), 27(2), 64(S), 범주 III*).

849 ePK: J, 17세기, Pap, 로마, 바티칸도서관(Bibl. Vatic.) Barb. Gr. 495 (*범주 III*).

886 eaprPK, 1454, Pap, 로마, 바티칸도서관(Bibl. Vatic.) Reg. Gr. 6 (복음서들:

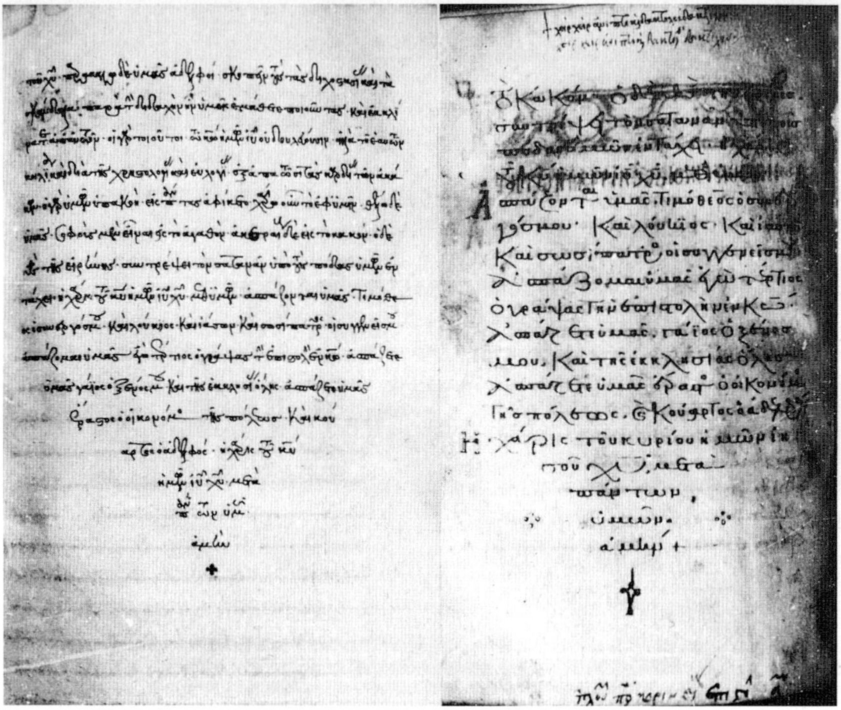

그림 44 자매 필사본인 15세기의 사본 322(f. 72^{r})와 11세기의 사본 323, 두 그림에는 모두 로마서 결론 부분이 나옴(본 책의 200쪽 참고).

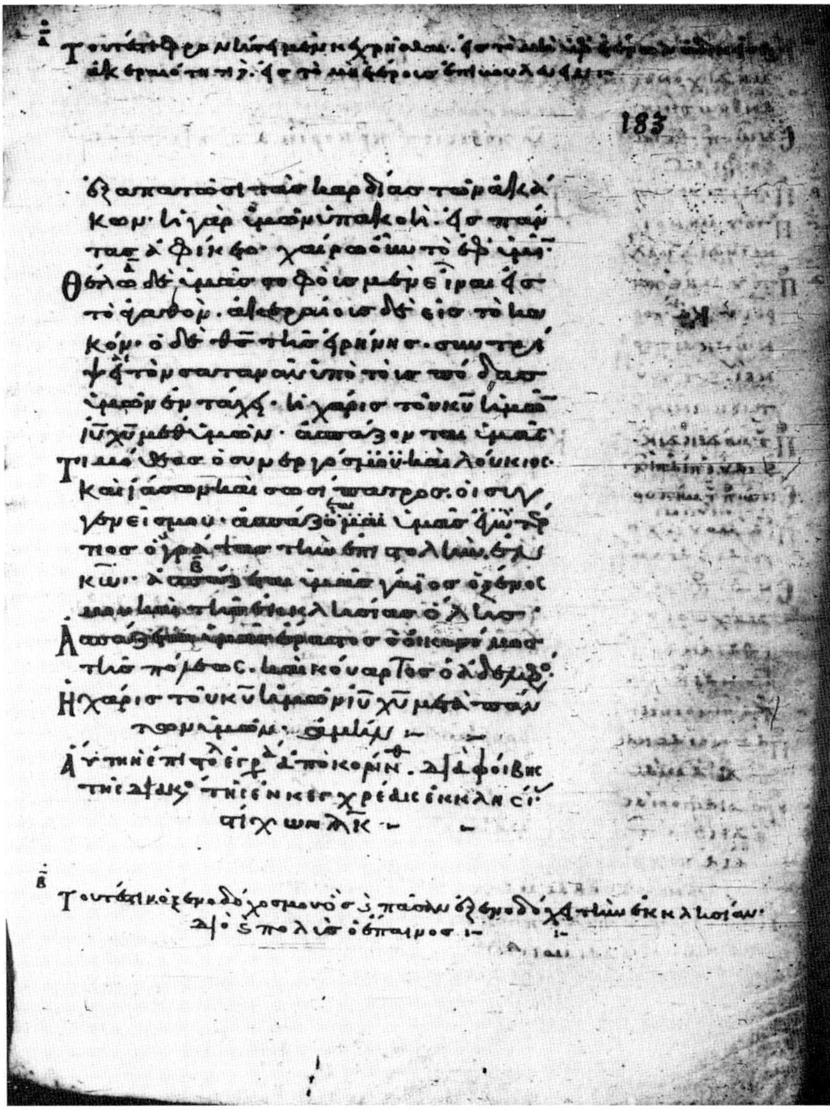

그림 45 11세기의 소문자 사본 424, 필사본을 교정함으로써 교훈적인 부분들이 엄청나게 많아짐. 이 그림도 마찬가지로 로마서 결론 부분(f. 183ʳ, 본 책의 200쪽 참고).

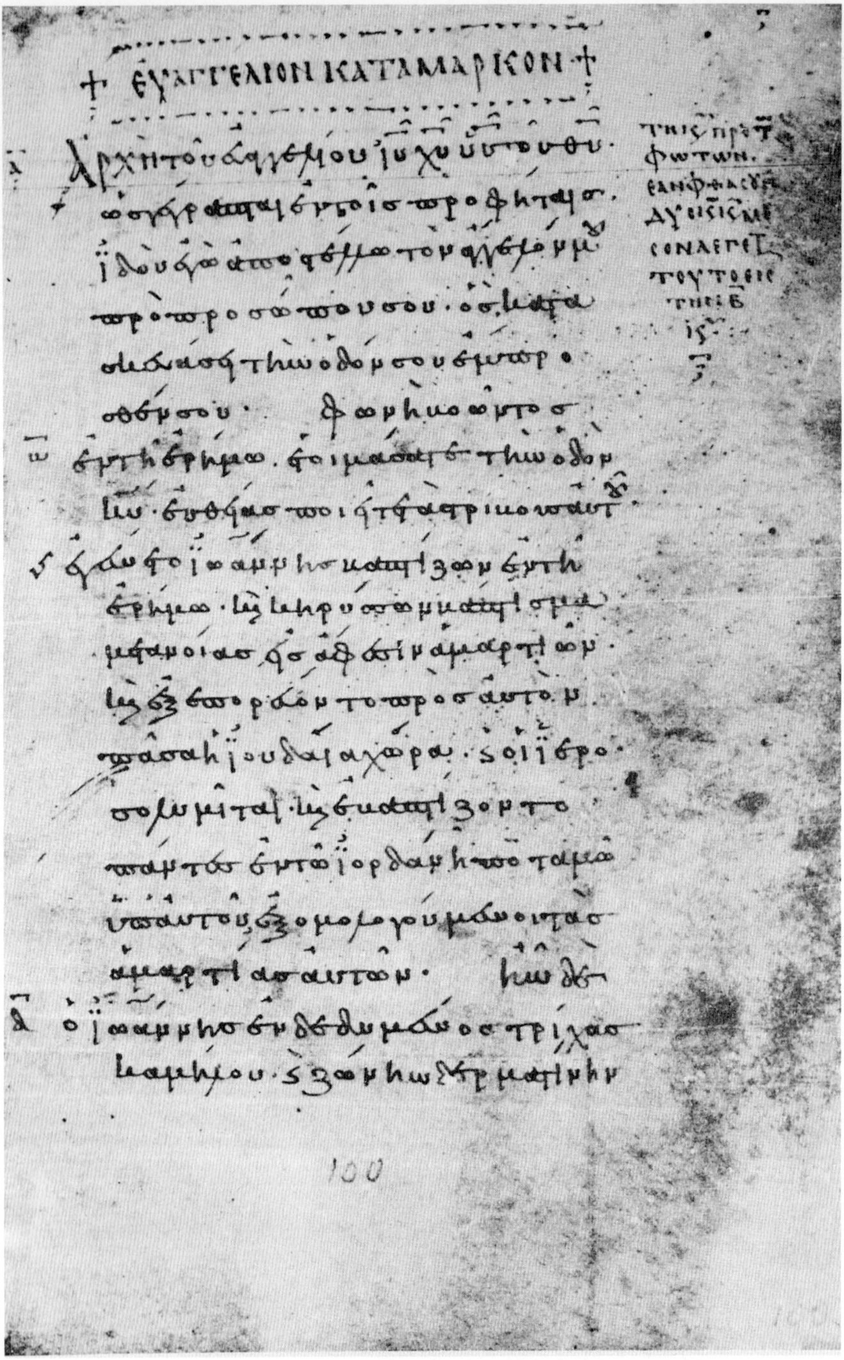
ΕΥΑΓΓΕΛΙΟΝ ΚΑΤΑ ΜΑΡΚΟΝ

Ἀρχὴ τοῦ εὐαγγελίου ἰυ χυ υἱοῦ τοῦ θυ·
ὡς γέγραπται ἐν τοῖς προφήταις·
ἰδοὺ ἐγὼ ἀποστέλλω τὸν ἄγγελόν μου
πρὸ προσώπου σου· ὃς κατα-
σκευάσει τὴν ὁδόν σου ἔμπρο-
σθέν σου· φωνὴ βοῶντος
ἐν τῇ ἐρήμῳ· ἑτοιμάσατε τὴν ὁδὸν
κυ· εὐθείας ποιεῖτε τὰς τρίβους αὐτοῦ·
ἐγένετο ἰωάννης βαπτίζων ἐν τῇ
ἐρήμῳ· καὶ κηρύσσων βάπτισμα
μετανοίας εἰς ἄφεσιν ἁμαρτιῶν·
καὶ ἐξεπορεύετο πρὸς αὐτὸν
πᾶσα ἡ ἰουδαία χώρα· καὶ οἱ ἱερο-
σολυμῖται· καὶ ἐβαπτίζοντο
πάντες ἐν τῷ ἰορδάνῃ ποταμῷ
ὑπ' αὐτοῦ, ἐξομολογούμενοι τὰς
ἁμαρτίας αὐτῶν· ἦν δὲ
ὁ ἰωάννης ἐνδεδυμένος τρίχας
καμήλου· καὶ ζώνην δερματίνην

100

그림 46/47 왼쪽의 소문자 사본 461 그림에는 마가복음 시작 부분이 들어 있는 이 사본의 f. 100^{r}이 그대로 옮겨졌음. 본문(비잔틴 대다수본문)의 가치 때문이 아니라 생성 시기(가장 오래된 소문자 필사본, 간행 요목[Kolophon] 835에 따라 기록됨) 때문에 소문자 사본 목록에 들어가 있음(본 책의 202쪽 참고), 위는 소문자 사본 565, 자주색 양피지에 기록, 9세기, f. 330^{r}에 요한복음 시작 부분이 수록, 대문자 사본 Θ **(038)** 및 소문자 사본 700과 함께 가이사랴 본문의 주요 증거로 여겨짐(본 책의 202쪽 참고).

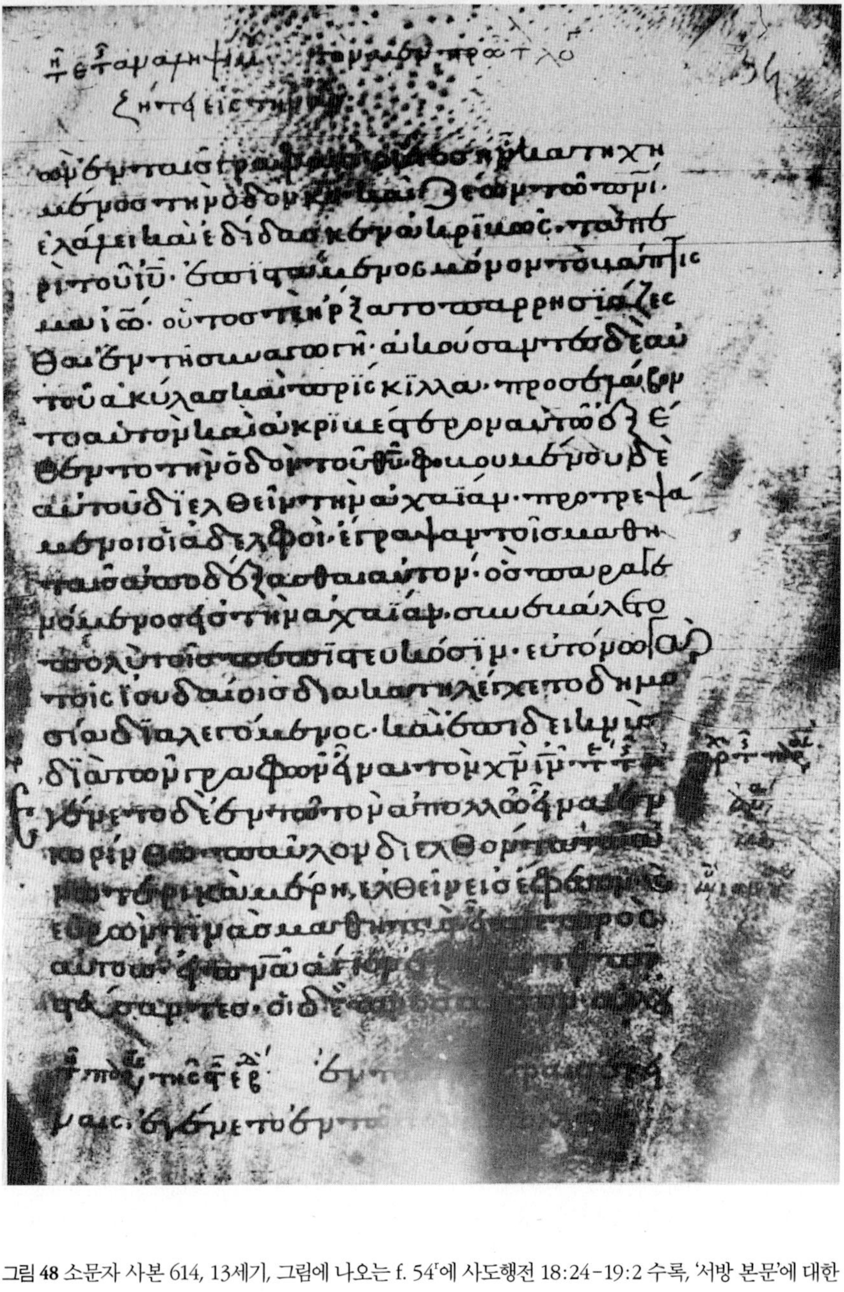

그림 **48** 소문자 사본 614, 13세기, 그림에 나오는 f. 54ʳ에 사도행전 18:24-19:2 수록, '서방 본문'에 대한 논의를 위해 이 사본과 베자 켄터브리지언 사본과의 유사성을 알아보는 데 중요(본 책의 202쪽 참고).

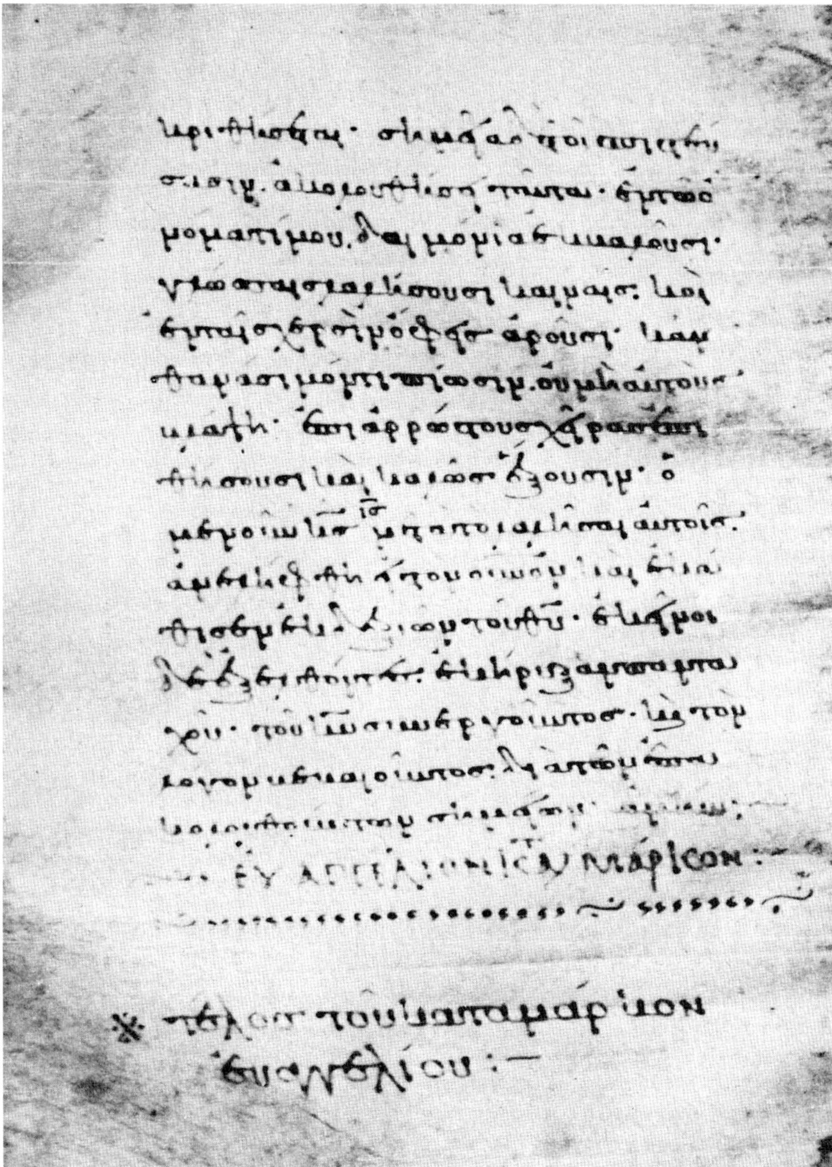

그림 **49** 9세기 소문자 사본 892, 그림에는 마가복음 결론 수록(f. 171[v], 본 책의 210쪽 참고), 복음서들에 있어서 중요한 본문 가치를 지님.

209(1), 99(1/2), 2(2), 14(S); 사도행전: 15(1), 3(1/2), 3(2), 4(S); 바울서신: 171(1), 43(1/2), 9(2), 23(S), *범주 V*).

892 e+, 9세기, Pg, 런던, 영국도서관(Brit. Libr.) Add. 33277 (94(1), 80(1/2), 111(2), 53(S), *범주 II*); 209쪽 그림.

911 aprKP+, 12세기, Pg, 런던, 영국도서관(Brit. Libr.) Add. 39599.39601 (사도행전: 73(1), 29(1/2), 2(2), 1(S); 공동서신: 45(1), 5(1/2), 1(2), 1(S); 바울서신:196(1), 48(1/2), 3(2), 0(S), *범주 V*).

915 ap+, 13세기, Pg, 에스코리알(Escorial)도서관, T III 12 (사도행전: 56(1), 25(1/2), 11(2), 13(S); 공동서신: 62(1), 8(1/2), 18(2), 10(S); 바울서신: 152(1), 41(1/2), 37(2), 20(S), *범주 III*).

917 ap, 12세기, Pg, 에스코리알도서관, X III 10 (사도행전: 69(1), 28(1/2), 6(2), 2(S); 공동서신: 80(1), 9(1/2), 3(2), 6(S); 바울서신: 161(1), 47(1/2), 27(2), 11(S), *바울서신은 범주 III, 그 밖에는 V*).

918 apP+, 16세기, Pap, 에스코리알도서관, Σ I 5 (공동서신: 63(1), 7(1/2), 15(2), 15(S); 바울서신: 165(1), 44(1/2), 1(2), 6(S), *공동서신은 범주 III 가운데서도 낮은 등급에 속하며 바울서신은 범주 V*).

945 eap, 11세기, Pg, 아토스, 디오니시우 124(37) (복음서들: 212(1), 98(1/2), 5(2), 9(S); 사도행전: 37(1), 22(1/2), 27(2), 20(S); 공동서신: 41(1), 6(1/2), 41(2), 10(S); 바울서신: 195(1), 45(1/2), 4(2), 4(S), *사도행전과 공동서신은 범주 II, 그 밖에는 범주 V,* f^{1424}*에 속함?*).

983 e+, 12세기, Pg, 아토스, 에스피그메누(Esphigmenu) 29 (157(1), 76(1/2), 29(2), 62(S), *범주 III*).

1006 er, 11세기, Pg, 아토스, 이비론(Iviron) (56) 728 (202(1), 97(1/2), 7(2), 18(S), *범주 V, 요한계시록은 범주 II*).

1010 e+, 12세기, Pg, 아토스, 이비론(66) 738 (211(1), 100(1/2), 2(2), 10(S), *범주 V,* f^{1424}*에 속함?*).

1067 apP, 14세기, Pg, 아토스, 쿠틀루무시우(Kutlumusiu) 57 (사도행전: 3(1), 0(1/2), 0(2), 0(S); 공동서신: 40(1), 7(1/2), 40(2), 11(S); 바울서신: 31(1), 15(1/2), 2(2), 1(S), *공동서신은 범주 II, 그 밖에는 범주 V*).

1071 e, 12세기, Pg, 아토스, 라브라 A'104 (180(1), 90(1/2), 21(2), 33(S), *범주 III*).

1175 ap+, 11세기, Pg, 파트모스 요한 16 (사도행전: 18(1), 22(1/2), 51(2), 14(S); 공동서신: 49(1), 8(1/2), 28(2), 14(S); 바울서신: 84(1), 40(1/2), 91(2), 20(S), *범주 I*); 215쪽 그림.

1241 eap+, 12세기, Pg, 시내산, 카타리나수도원 260 (복음서들: 139(1), 80(1/2), 46(2), 41(S); 사도행전: 74(1), 29(1/2), 0(2), 1(S); 공동서신: 17(1), 4(1/2), 51(2), 19(S); 바울서신: 144(1), 42(1/2), 42(2), 19(S), *공동서신은 범주 I, 사도행전은 범주 V, 그 밖에는 범주 III*); 216쪽 그림.

1243 eap, 11세기, Pg, 시내산, 카타리나수도원 262 (복음서들: 192(1), 101(1/2), 12(2), 18(S); 사도행전: 66(1), 27(1/2), 7(2), 5(S); 공동서신: 22(1), 6(1/2), 53(2), 17(S); 바울서신: 166(1), 44(1/2), 12(2), 16(S), *공동서신은 범주 I, 그 밖에는 범주 III*).

1251 eap+, 13세기, Pap, 시내산, 카타리나수도원 270 (복음서들: 211(1), 105(1/2), 4(2), 4(S); 사도행전: 69(1), 26(1/2), 4(2), 6(S); 공동서신: 82(1), 9(1/2), 2(2), 4(S); 바울서신: 184(1), 42(1/2), 10(2), 10(S), *범주 V?*).

1292 eap, 13세기, Pg, 파리, 국립도서관(Bibl. Nat.) Suppl. Gr. 1224 (복음서들: 202(1), 102(1/2), 4(2), 6(S); 사도행전: 61(1), 22(1/2), 7(2), 15(S); 공동서신: 46(1), 6(1/2), 29(2), 17(S); 바울서신: 193(1), 47(1/2), 3(2), 5(S), *공동서신은 범주 II, 그 밖에는 범주 V*).

1319 eap+, 12세기, Pg, 예루살렘, 타푸(Taphu) 47 (복음서들: 199(1), 101(1/2), 7(2), 17(S); 사도행전: 62(1), 27(1/2), 8(2), 9(S); 공동서신: 81(1), 8(1/2), 2(2), 6(S); 바울서신: 119(1), 41(1/2), 53(2), 32(S), *바울서신은 범주 III, 그 밖에는 범주 V*).

1342 e+, 13/14세기, Pg, 예루살렘, 사바(Saba) 411 (122(1), 76(1/2), 71(2), 43(S), *마가복음은 범주 II*).

1359 eap, 12세기, Pg, 파리, 국립도서관(Bibl. Nat.) Suppl. Gr. 1335 (복음서들: 212(1), 101(1/2), 3(2), 7(S); 사도행전: 66(1), 28(1/2), 9(2), 2(S); 공동서신: 60(1), 10(1/2), 21(2), 6(S); 바울서신: 181(1), 46(1/2), 11(2), 8(S), *공동서신은 범주 III, 그 밖에는 범주 V*).

1398 eap+, 13세기, Pg, 아토스, 판토크라토로스 56 (복음서들: 188(1), 92(1/2),

3(2), 14(S); 사도행전: 74(1), 29(1/2), 1(2), 1(S); 공동서신: 81(1), 10(1/2), 3(2), 3(S); 바울서신: 144(1), 44(1/2), 41(2), 23(S), *바울서신은 범주 III, 그 밖에는 범주 V*).

1409 eap+, 14세기, Pap, 아토스, 크세로포타무(Xiropotamu) 244 (복음서들: 207(1), 100(1/2), 3(2), 8(S); 사도행전: 37(1), 24(1/2), 23(2), 17(S); 공동서신: 45(1), 7(1/2), 36(2), 10(S); 바울서신: 194(1), 47(1/2), 3(2), 4(S), *바울서신과 공동서신은 범주 II, 복음서들과 바울서신의 경우 범주 V*).

1424 eKapr, 9/10세기, Pg, 시카고/III, 예수회-크라우스-매코믹도서관(Jesuit-Krauss-McCormick Libr.) Gruber Ms. 152, 다음과 같은 수많은 다른 소문자 필사본들과 함께 하나의 사본가족에 속하는 것으로 보임: 7, 27, 71, 115, 160, 179, 185, 267, 349, 517, 659, 692, 827, 945, 954, 990, 1010, 1082, 1188, 1194, 1207, 1223, 1293, 1391, 1402, 1606, 1675, 2191 등. 대문자 사본 M 021도 여기에 속함 (복음서들: 152(1), 85(1/2), 33(2), 51(S); 사도행전: 75(1), 29(1/2), 0(2), 1(S); 공동서신: 85(1), 9(1/2), 1(2), 4(S); 바울서신: 192(1), 46(1/2), 5(2), 5(S), 마가복음만: 88(1), 63(1/2), 23(2), 35(S). *마가복음만 범주 III에 속함 (마태복음과 누가복음에는 본문 유형 2에 해당하는 독법이 마태복음에는 9개, 누가복음에는 2개가 들어 있음.), 다른 모든 필사본은 범주 V에 속하는 것으로 보이고, 사본가족* ***1424****의 본문 가치에 대해서 지금까지 행했던 것보다 더 정확한 조사 연구가 필요한 듯함*).

1448 eap, 11세기, Pg, 아토스, 라브라 A' 13 (복음서들: 209(1), 102(1/2), 5(2), 8(S); 사도행전: 71(1), 27(1/2), 2(2), 6(S); 공동서신: 68(1), 7(1/2), 23(2), 9(S); 바울서신: 192(1), 49(1/2), 6(2), 1(S), *공동서신은 범주 III, 그 밖에는 범주 V*).

1505 eap, 1084, Pg, 아토스, 라브라 B' 26 (복음서들: 211(1), 99(1/2), 3(2), 9(S); 사도행전: 55(1), 26(1/2), 15(2), 9(S); 공동서신: 35(1), 4(1/2), 41(2), 18(S); 바울서신: 147(1), 46(1/2), 25(2), 29(S), *범주 III, 그러나 복음서들과 관련해서는 범주 V*).

1506 e(pP)K, 1320, Pg, 아토스, 라브라 B' 89 (복음서들: 188(1), 92(1/2), 5(2), 29(S); 바울서신: 12(1), 12(1/2), 16(2), 5(S), *바울서신은 범주 II, 복음서들만 범주 V*).

1523 apPK: 1J-R2K-G, 14세기, Pg, 비엔나, 오스트리아국립도서관(Österr. Nat. Bibl.) Theol. Gr. 141 (공동서신: 24(1), 4(1/2), 13(2), 4(S); 바울서신: 80(1), 26(1/2), 2(2), 10(S), *범주 III, 바울서신은 범주 V*).

1524 apK, 14세기, Pap, 비엔나, 오스트리아국립도서관(Österr. Nat. Bibl.) Theol.

Gr. 150 (사도행전: 73(1), 27(1/2), 2(2), 3(S); 공동서신: 62(1), 6(1/2), 18(2), 12(S); 바울서신: 175(1), 44(1/2), 8(2), 21(S), *공동서신은 범주 III, 그 밖에는 범주 V?*).

1542b eP: MkL+, 12세기, Pg, 아토스, 바토페디우 897: 75쪽, 76쪽, 100-120쪽 (마가복음: 38(1), 12(1/2), 8(2), 15(S), *마가복음은 범주 III, 누가복음은 V에 속하는 것으로 보임*).

1563 eapP+, 13세기, Pg, 아토스, 바토페디우 929 (복음서들: 203(1), 96(1/2), 6(2), 19(S); 사도행전: 67(1), 28(1/2), 6(2), 4(S); 공동서신: 61(1), 10(1/2), 19(2), 7(S); 바울서신: 117(1), 40(1/2), 11(2), 6(S), *범주 III보다는 낮은 등급의 범주*).

1573 eap, 12/13세기, Pg, 아토스, 바토페디우 939 (복음서들: 199(1), 94(1/2), 9(2), 19(S); 사도행전: 72(1), 28(1/2), 2(2), 3(S); 공동서신: 85(1), 9(1/2), 1(2), 3(S); 바울서신: 118(1), 39(1/2), 62(2), 31(S), *바울서신만 범주 III에 속하고, 나머지는 범주 V에 속하는 것으로 나타남*).

1582 e, 949, Pg, 아토스, 바토페디우 949 (138(1), 81(1/2), 62(2), 71(S), 범주 III, *엄청나게 많은 특수 독법들에 대한 연구를 통해 범주 II로 조정될 것*); 217쪽 그림.

1611 apr+, 12세기, Pg, 아테네, 국립도서관(Nat. Bibl.) 94 (사도행전: 57(1), 24(1/2), 9(2), 15(S); 공동서신: 44(1), 5(1/2), 34(2), 17(S); 바울서신: 153(1), 44(1/2), 27(2), 27(S), *범주 III, 요한계시록은 범주 II*).

1642 eap, 1278, Pap, Pg, 아토스, 라브라 Λ' 128 (복음서들: 213(1), 102(1/2), 3(2), 5(S); 사도행전: 46(1), 21(1/2), 24(2), 20(S); 공동서신: 83(1), 10(1/2), 1(2), 5(S); 바울서신: 184(1), 48(1/2), 5(2), 10(S), *사도행전은 범주 III, 그 밖에는 범주 V*).

1678 eaprK, 14세기, Pap, 아토스, 판텔레이모노스 770 (복음서들: 206(1), 99(1/2), 6(2), 15(S); 사도행전: 37(1), 19(1/2), 31(2), 18(S); 공동서신: 58(1), 7(1/2), 16(2), 14(S); 바울서신: 181(1), 45(1/2), 14(2), 15(S), *범주 III?*).

1704 eapr, 1541, Pap, 아토스, 쿠틀루무시우 356 (복음서들: 201(1), 98(1/2), 10(2), 16(S); 사도행전: 41(1), 22(1/2), 27(2), 18(S); 공동서신: 81(1), 11(1/2), 1(2), 1(S); 바울서신: 186(1), 47(1/2), 2(2), 3(S), *사도행전은 범주 III, 그 밖에는 범주 V*).

1718 ap, 12세기, Pg, 아토스, 바토페디우 851 (사도행전: 62(1), 29(1/2), 11(2), 3(S); 공동서신: 59(1), 10(1/2), 21(2), 7(S); 바울서신: 178(1), 43(1/2), 15(2), 10(S), 주저가 되긴 하나 *범주 III*).

1735 ap+, 11/12세기, Pg, 아토스, 라브라 B' 42 (사도행전: 59(1), 26(1/2), 10(2), 8(S); 공동서신: 35(1), 7(1/2), 43(2), 13(S); 바울서신: 173(1), 43(1/2), 14(2), 16(S), *공동서신은 범주 II, 그 밖에는 범주 III*).

1739 ap, 10세기, Pg, 아토스, 라브라 B' 64 (사도행전: 32(1), 22(1/2), 35(2), 16(S); 공동서신: 15(1), 7(1/2), 67(2), 14(S); 바울서신: 40(1), 38(1/2), 146(2), 38(S), *공동서신과 바울서신은 범주 I, 사도행전은 범주 II*); 218쪽 그림.

1751 ap, 1479, Pap, 아토스, 라브라 K' 190 (사도행전: 46(1), 23(1/2), 20(2), 14(S); 공동서신: 70(1), 11(1/2), 8(2), 9(S); 바울서신: 166(1), 44(1/2), 17(2), 20(S), *범주 III, 원래는 사도행전에만 아무 조건 없이 해당*).

1836 apP: 요한1서-디모데후서, Hb, 10세기, Pg, 그로타페라타, 델라바디아도서관 A' ß' 1 (공동서신: 21(1), 4(1/2), 9(2), 0(S); 바울서신: 152(1), 44(1/2), 29(2), 13(S), *범주 III*).

1838 apP+, 11세기, Pg, 그로타페라타, 델라바디아도서관 A' ß' 6 (사도행전: 55(1), 24(1/2), 8(2), 12(S); 공동서신: 60(1), 5(1/2), 12(2), 17(S); 바울서신: 109(1), 32(1/2), 30(2), 23(S), 바울서신만 주저 없이 *범주 III*).

1841 apr+, 9/10세기, Pg, 레스보스(Lesbos), 리모노스(Limonos) 55 (사도행전: 69(1), 29(1/2), 2(2), 2(S); 공동서신: 85(1), 10(1/2), 1(2), 2(S); 바울서신: 197(1), 48(1/2), 0(2), 0(S), *요한계시록은 범주 II, 그 밖에는 범주 V*).

1842 aK, 14세기, Pap, 로마, 바티칸도서관(Bibl. Vatic.) Gr. 652 (사도행전: 59(1), 26(1/2), 16(2), 14(S); 공동서신: 68(1), 9(1/2), 11(2), 10(S); *숙고하여 범주 III*).

1844 aPK: 요한1서-유다서, 15세기, Pap, 로마, 바티칸도서관(Bibl. Vatic.) Gr. 1227 (공동서신: 26(1), 3(1/2), 13(2), 4(S), *범주 III*).

1845 ap, 10세기, Pg, 로마, 바티칸도서관(Bibl. Vatic.) Gr. 1971 (사도행전: 73(1), 27(1/2), 2(2), 4(S); 공동서신: 60(1), 10(1/2), 23(2), 9(S); 바울서신: 184(1), 48(1/2), 10(2), 7(S), *숙고하여 범주 III*).

1846 apP+, 11세기, Pg, 로마, 바티칸도서관(Bibl. Vatic.) Gr. 2099 (사도행전: 15(1), 7(1/2), 1(2), 2(S); 공동서신: 9(1), 4(1/2), 16(2), 7(S); 바울서신: 131(1), 41(1/2), 5(2), 6(S), *사도행전은 범주 V, 그 밖에는 범주 III, 바울서신은 숙고하여 결정*).

1852 apr+, 13세기, Pg, 웁살라, 대학도서관(Univ. Bibl.) Ms. Gr. 11 (사도행전:

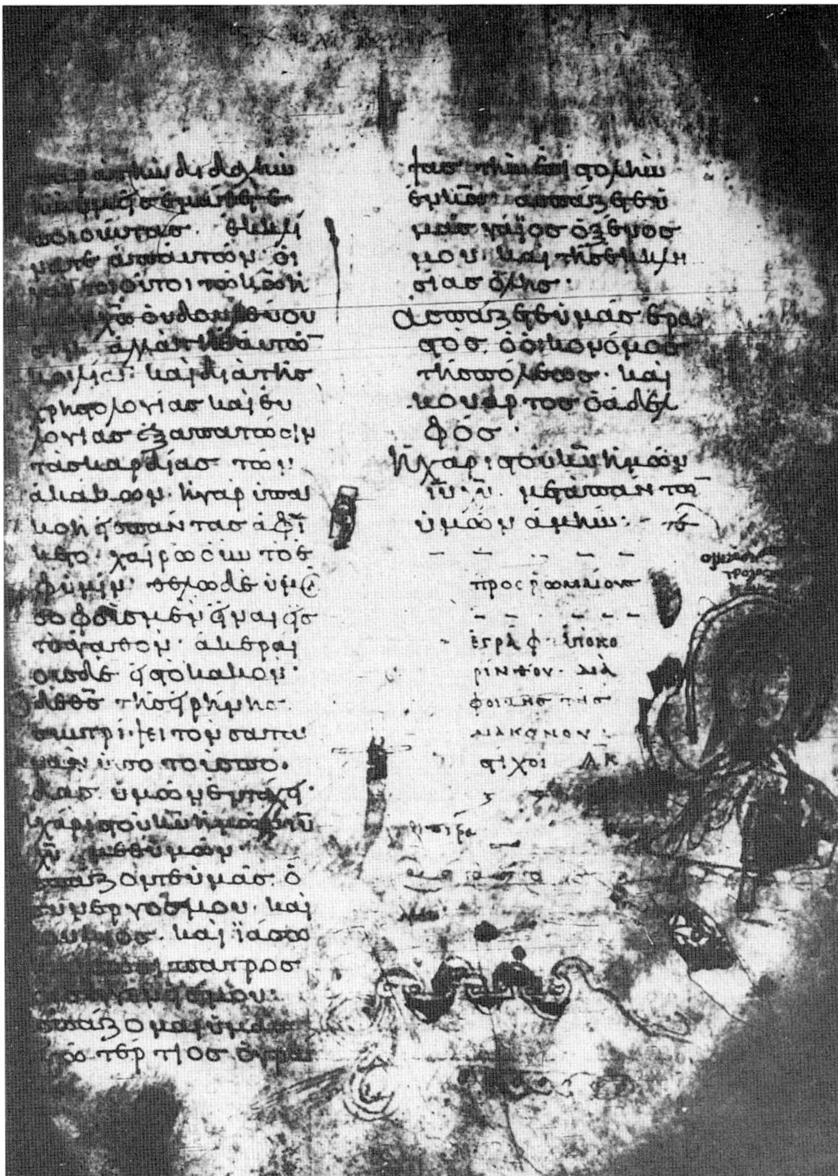

그림 50 11세기 소문자 사본 1175, 그림(f. 118r)에는 로마서 결론 부분 수록(211쪽 참고).

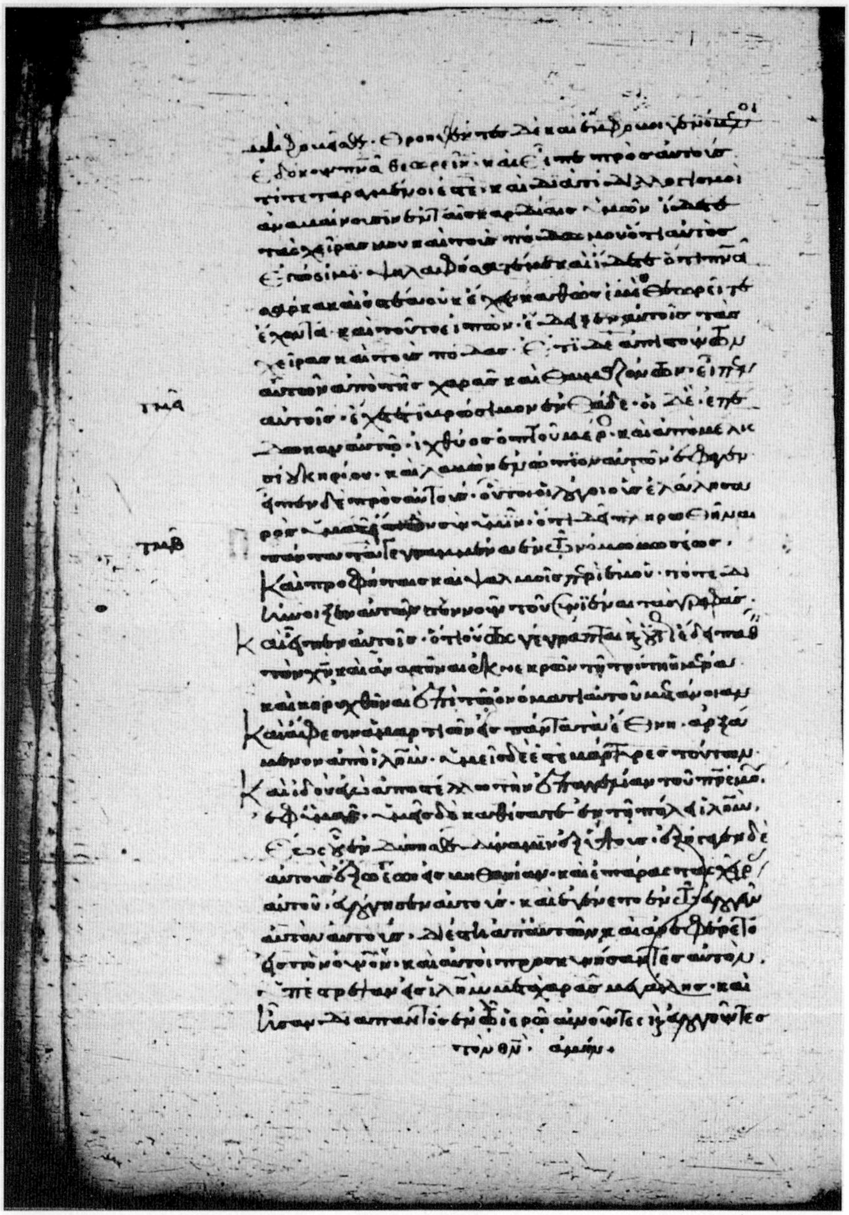

그림 51 12세기 소문자 사본 1241, 그림(f. 90v)에는 누가복음 결론 부분 수록, 두 사본(1175 및 1241) 모두 본문 역사에서 상당히 중요함(211쪽 참고).

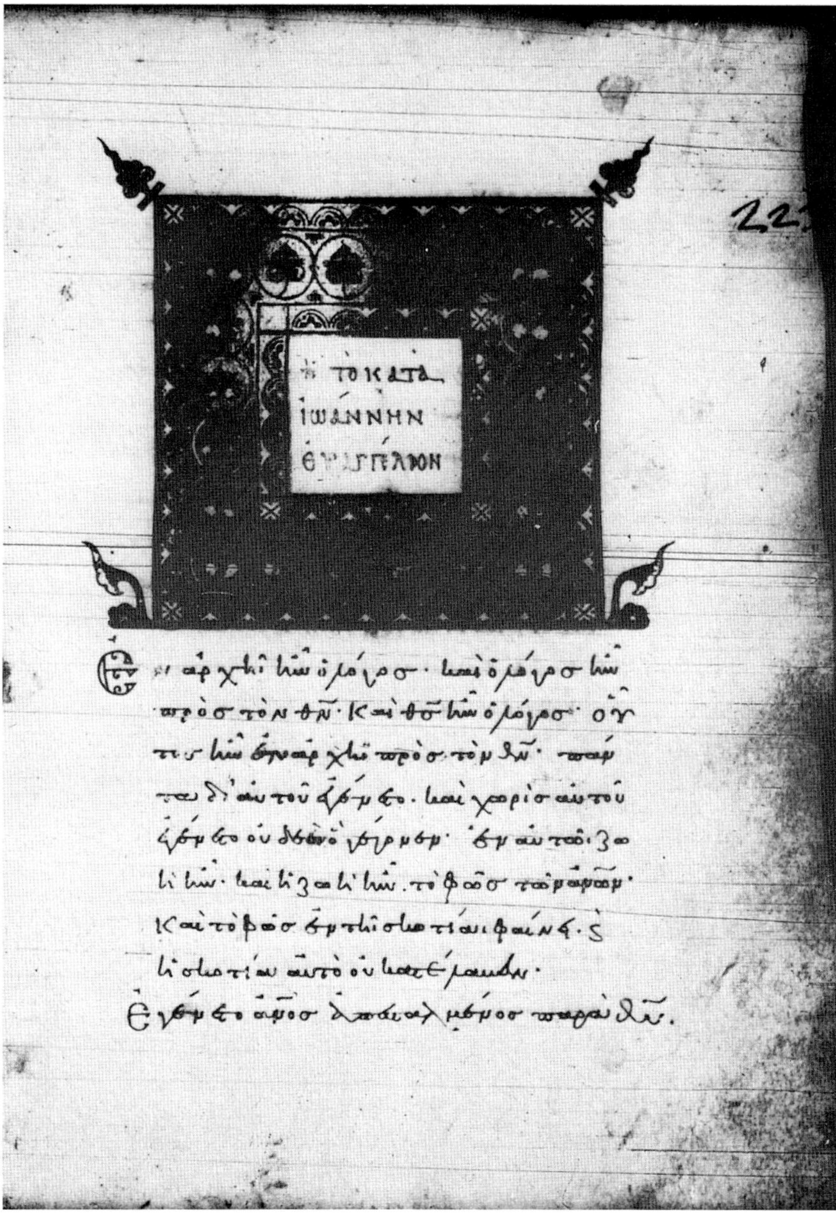

그림 52 949년 소문자 사본 1582(213쪽 참고), 요한복음 시작 부분 수록(f. 223r).

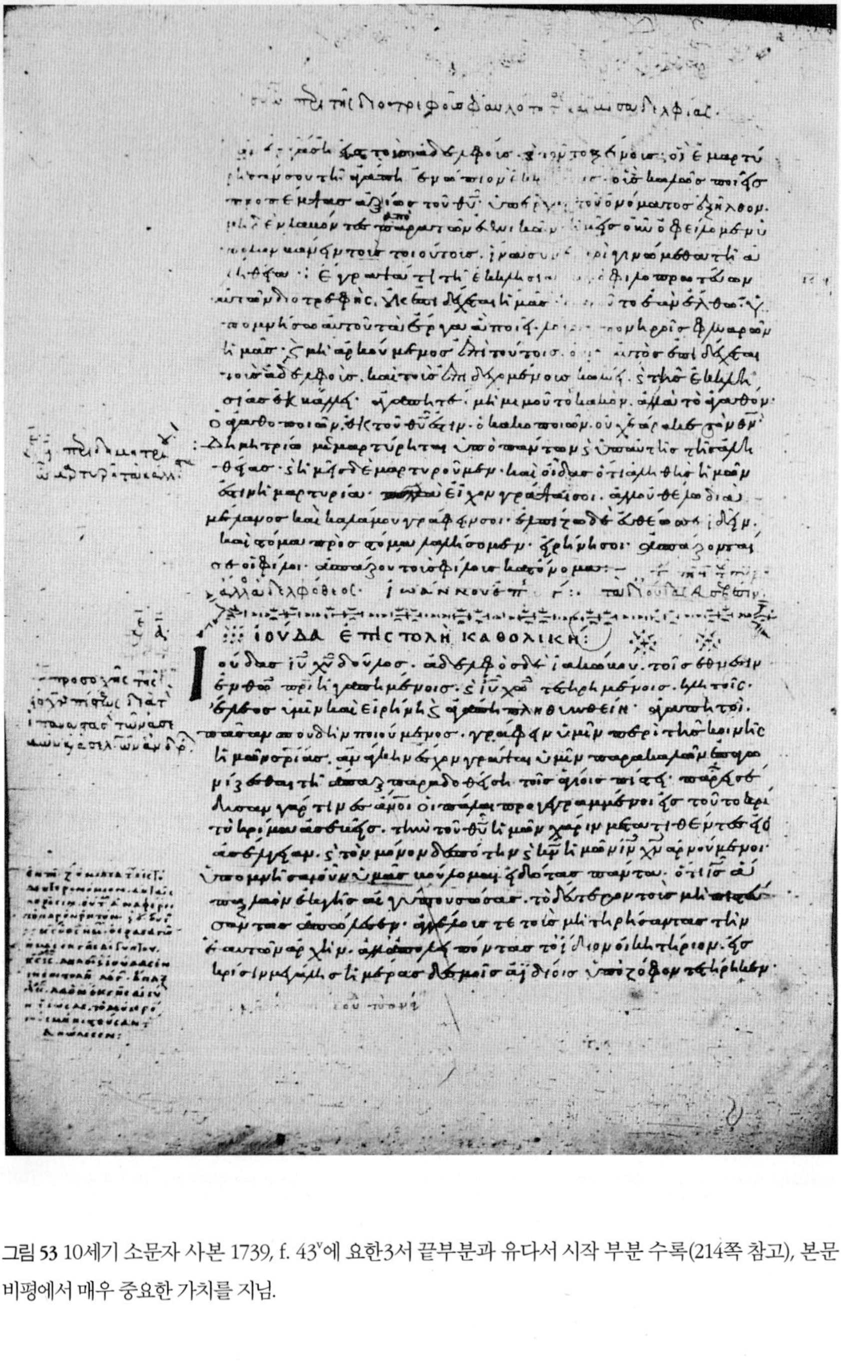

그림 53 10세기 소문자 사본 1739, f. 43v에 요한3서 끝부분과 유다서 시작 부분 수록(214쪽 참고), 본문 비평에서 매우 중요한 가치를 지님.

39(1), 22(1/2), 9(2), 4(S); 공동서신: 18(1), 6(1/2), 56(2), 16(S); 바울서신: 159(1), 45(1/2), 27(2), 13(S), *공동서신은 범주 II, 요한계시록은 범주 V, 그 밖에는 범주 III*).

1854 apr, 11세기, Pg, 아토스, 이비론(25) 231 (사도행전: 74(1), 28(1/2), 2(2), 3(S); 공동서신: 85(1), 9(1/2), 1(2), 3(S); 바울서신: 193(1), 48(1/2), 3(2), 3(S), *범주 V, 요한계시록은 범주 II*).

1874 ap, 10세기, Pg, 시내산, 카타리나수도원 Gr. 273 (사도행전: 67(1), 29(1/2), 6(2), 3(S); 공동서신: 79(1), 9(1/2), 4(2), 6(S); 바울서신: 161(1), 47(1/2), 34(2), 22(S), *바울서신은 범주 III, 그 밖에는 범주 V*).

1875 apP+, 10세기, Pg, 아테네, 국립도서관(Nat. Bibl.) 149 (사도행전: 34(1), 20(1/2), 23(2), 14(S); 공동서신: 66(1), 11(1/2), 12(2), 3(S); 바울서신: 151(1), 45(1/2), 28(2), 15(S), *범주 III*).

1877 ap, 14세기, Pap, 시내산, 카타리나수도원 280 (사도행전: 68(1), 28(1/2), 5(2), 7(S); 공동서신: 82(1), 10(1/2), 2(2), 6(S); 바울서신: 149(1), 43(1/2), 32(2), 23(S), *바울서신은 범주 III, 그 밖에는 범주 V*).

1881 apP: 베드로전서-히브리서, 14세기, Pap, 시내산, 카타리나수도원 300 (공동서신: 16(1), 3(1/2), 42(2), 12(S); 바울서신: 74(1), 41(1/2), 102(2), 32(S), *범주 II*); 219쪽 그림.

1884 aP+: 사도행전, 14세기, Pap, 고타(Gotha), 주립도서관(Landesbibl.) Chart. B. 1767 (35(1), 20(1/2), 22(2), 22(S), *범주 III*).

1891 ap, 10세기, Pg, 예루살렘, 사바 107: 233쪽, 레닌그라드, 공립도서관(Öffentl. Bibl.) Gr. 317: 2쪽 (사도행전: 34(1), 22(1/2), 34(2), 16(S); 공동서신: 85(1), 7(1/2), 0(2), 5(S); 바울서신: 193(1), 44(1/2), 4(2), 4(S), *사도행전은 범주 II, 그 밖에는 범주 V*).

1908 pK, 11세기, Pg, 옥스퍼드, 보들레이안도서관 Roe 16 (149(1), 48(1/2), 37(2), 20(S), *범주 III*).

1910 pPK: 갈라디아서-히브리서, 11/12세기, Pg, 파리, 국립도서관(Bibl. Nat.) Coislin Gr. 204 (57(1), 12(1/2), 26(2), 15(S), *범주 III*).

1912 pP+, 10세기, Pg, 나폴리, 국립고고학박물관(Bibl. Naz.) Cod. Vien. 8 (125(1), 40(1/2), 49(2), 27(S), *범주 III*).

1942 pPK+, 12세기, Pg, 밀라노, 암브로시아도서관 A 51b sup. (89(1), 34(1/2), 37(2), 19(S), *범주 III*).

1959 p, 15세기, Pap, 라이덴(Leiden), 대학도서관(Univ. Bibl.) B. P. Gr. 66 (131(1), 42(1/2), 45(2), 31(S), *범주 III*).

1962 pPK+, 11세기, Pg, 비엔나, 오스트리아국립도서관(Österr. Nat. Bibl.) Theol. Gr. 157 (99(1), 38(1/2), 72(2), 31(S), *범주 II*).

2005 apP+: 사도행전, 고린도후서-히브리서, 14세기, Pap, 에스코리알도서관, Ψ III. 2 (바울서신: 73(1), 18(1/2), 21(2), 21(S), *범주 III*).

2030 r+, 12세기, Pg, 모스크바, 대학교(Univ.) 2 (*범주 III*).

[2040]=911의 일부.

2050 r+, 1107, Pg, 에스코리알도서관 X. III. 6 (*범주 II*).

2053 rK, 13세기, Pg, 메시나(Messina), 대학도서관(Bibl. Univ.) 99 (대문자 사본 A(02)와 C(04)와 함께 요한계시록의 본문은 매우 높은 가치 있음, *범주 I*); 224쪽 그림.

2062 rK+, 13세기, Pg, 로마, 바티칸도서관(Bibl. Vatic.) Gr. 1426 (*사본 **2053**과 본문 가치가 동일, 범주 I*).

2110 pK, 10세기, Pg, 파리, 국립도서관(Bibl. Nat.) Gr. 702 (143(1), 44(1/2), 43(2), 18(S), *범주 III*).

2127 eapP, 12세기, Pg, 팔레르모(Palermo), 국립도서관(Bibl. Naz.) Dep. Mus. 4; 필라델피아, 자유도서관(Free Libr.) 루이스 모음집(Lewis Collection) [복음서들: 201(1), 94(1/2), 7(2), 14(S); 사도행전: 68(1), 28(1/2), 3(2), 6(S); 공동서신: 79(1), 8(1/2), 2(2), 7(S); 바울서신: 95(1), 41(1/2), 72(2), 33(S), *바울서신은 범주 II, 그 밖에는 범주 V*].

2138 apr+, **1072**, Pg, 모스크바, 대학교(Univ.) 2 (사도행전: 49(1), 25(1/2), 12(2), 15(S); 공동서신: 36(1), 3(1/2), 35(2), 16(S); 바울서신: 163(1), 45(1/2), 15(2), 17(S), *범주 III, 요한계시록은 범주 V*).

2147 eap+, 11세기, Pg, 레닌그라드, 공립도서관(Öffentl. Bibl.) Gr. 224 (복음서들: 184(1), 84(1/2), 4(2), 13(S); 사도행전: 68(1), 19(1/2), 4(2), 14(S); 공동서신: 56(1), 6(1/2), 18(2), 18(S); 바울서신: 186(1), 44(1/2), 3(2), 5(S), *범주 V, 이와 달리 공동서신은 범주 III*).

2193 e, 10세기, Pg, 아토스, 이비론 247 (192(1), 98(1/2), 36(2), 67(S), *범주 III*).

2197 apPK, 14세기, Pg, 아토스, 바토페디우 245 (공동서신: 61(1), 8(1/2), 17(2), 14(S); 바울서신: 170(1), 43(1/2), 10(2), 22(S), *대략 범주 III보다는 낮은 등급의 범주*).

2200 eapr, 14세기, Pap, 엘라손(Elasson), 올림피오티쎄스(Olympiotisses) 79 (복음서들: 163(1), 83(1/2), 8(2), 20(S); 사도행전: 39(1), 22(1/2), 25(2), 14(S); 공동서신: 46(1), 6(1/2), 32(2), 14(S); 바울서신: 134(1), 44(1/2), 49(2), 16(S), *범주 III(복음서들과 요한계시록은 범주 V)*.

2298 ap, 11세기, Pg, 파리, 국립도서관(Bibl. Nat.) Gr. 102 (사도행전: 49(1), 21(1/2), 17(2), 18(S); 공동서신: 35(1), 8(1/2), 43(2), 12(S); 바울서신: 192(1), 46(1/2), 3(2), 7(S), 범주 *III, 공동서신은 범주 II, 바울서신은 범주 V*).

2329 r, 10세기, Pg, 메테오라(Meteora), 메타모르포시스(Metamorphosis) 573: 210–245r쪽 (*범주 II*).

2344 apr+, 11세기, Pg, 파리, 국립도서관(Bibl. Nat.) Coislin Gr. 18 (사도행전: 34(1), 25(1/2), 32(2), 13(S); 공동서신: 27(1), 5(1/2), 50(2), 13(S); 바울서신: 164(1), 43(1/2), 18(2), 14(S), *공동서신은 범주 I, 그 밖에는 범주 III, 요한계시록의 본문은 대문자 사본 A(02), C(04)의 요한계시록 본문과 함께 매우 높은 가치가 있음, 범주 I*); 225쪽 그림.

2351 rK+, 10세기, Pg, 메테오라, 메타모르포시스 573: 245v°–290쪽 (*범주 III*).

2374 eap, 13세기, Pg, 볼티모어(Baltimore), 월터스미술관(Walters Art Gall.) Ms. 525 (복음서들: 211(1), 101(1/2), 1(2), 10(S); 사도행전: 58(1), 27(1/2), 13(2), 7(S); 공동서신: 56(1), 8(1/2), 25(2), 8(S); 바울서신: 190(1), 48(1/2), 5(2), 3(S), *공동서신은 범주 III, 그 밖에는 범주 III보다는 낮은 등급의 범주*).

2377 r+, 14세기, Pap, 아테네, 비잔틴박물관(Byzant. Mus.) 117 (*범주 III*).

2400 eap+, 13세기, Pg, 시카고, 대학도서관(Univ. Libr.) Ms. 965 (복음서들: 198(1), 101(1/2), 5(2), 14(S); 사도행전: 66(1), 26(1/2), 3(2), 1(S); 공동서신: 84(1), 10(1/2), 2(2), 1(S); 바울서신: 149(1), 41(1/2), 37(2), 27(S), *범주 V인 것으로 보임*).

2412 ap+, 12세기, Pg, 시카고, 대학도서관(Univ. Libr.) Ms. 922 (사도행전: 60(1), 19(1/2), 8(2), 18(S); 공동서신: 46(1), 4(1/2), 29(2), 19(S); 바울서신: 194(1), 47(1/2),

3(2), 3(S), *범주 III, 사본* **614***의 자매 사본*).

2427 eP: 마가복음, 14세기, Pg, 시카고, 대학도서관(Univ. Libr.) Ms. 972 (12(1), 44(1/2), 102(2), 44(S), *범주 I*); 226쪽 그림.

2464 apP+, 9세기, Pg, 파트모스 요한 742 (사도행전: 10(1), 7(1/2), 14(2), 5(S); 공동서신: 30(1), 6(1/2), 34(2), 12(S); 바울서신: 80(1), 28(1/2), 56(2), 20(S), *범주 II*).

2492 eap, 13세기, Pap, 시내산, 카타리나수도원 1342 (복음서들: 201(1), 99(1/2), 2(2), 19(S); 사도행전: 71(1), 29(1/2), 1(2), 4(S); 공동서신: 58(1), 8(1/2), 17(2), 10(S); 바울서신: 137(1), 41(1/2), 44(2), 25(S), *바울서신은 분명히 범주 III, 공동서신은 숙고하여 범주 III, 그 밖에는 범주 V?*).

2495 eapr+, 14/15세기, Pap, 시내산, 카타리나수도원 1992 (복음서들: 191(1), 92(1/2), 3(2), 8(S); 사도행전: 55(1), 24(1/2), 14(2), 12(S); 공동서신: 37(1), 4(1/2), 38(2), 18(S); 바울서신: 160(1), 46(1/2), 18(2), 22(S), *숙고하여 범주 III, 공동서신은 범주 III보다 높은 등급의 범주*).

2516 eap+, 13세기, Pg, 디미트사네(Dimitsane), 시립도서관(Stadt-Bibl.) 27 (복음서들: 198(1), 102(1/2), 10(2), 7(S); 사도행전: 69(1), 27(1/2), 4(2), 4(S); 공동서신: 87(1), 8(1/2), 0(2), 3(S); 바울서신: 125(1), 40(1/2), 26(2), 17(S), *바울서신은 확실히 범주 III, 그 밖에는 범주 V*).

2523 eap, 1453년, Pg/Pap, 아테네, 국립도서관(Nat. Bibl.) 2720 (복음서들: 208(1), 101(1/2), 2(2), 13(S); 사도행전: 75(1), 27(1/2), 0(2), 4(S); 공동서신: 78(1), 9(1/2), 5(2), 6(S); 바울서신: 153(1), 45(1/2), 32(2), 19(S), *바울서신은 범주 III, 그 밖에는 범주 V*).

2541 ap, 12세기, Pg, 레닌그라드, 공립도서관(Öffentl. Bibl.) Gr. 693 (사도행전: 71(1), 27(1/2), 4(2), 3(S); 공동서신: 51(1), 7(1/2), 31(2), 8(S); 바울서신: 194(1), 48(1/2), 2(2), 3(S), *공동서신은 범주 III, 그 밖에는 범주 V*).

2542 eP: 마태복음, 마가복음, 누가복음+, 13세기, Pg, 레닌그라드, 공립도서관(Öffentl. Bibl.) Gr. 694 (129(1), 66(1/2), 33(2), 59(S), *범주 III*).

2544 ap, 16/17세기, Pap, 레닌그라드, 공립도서관(Öffentl. Bibl.) Kir. Belozersk 120/125 (사도행전: 68(1), 26(1/2), 2(2), 11(S); 공동서신: 73(1), 10(1/2), 10(2), 11(S); 바울서신: 163(1), 43(1/2), 24(2), 26(S), *바울서신은 범주 III, 그 밖에는 범주 V*).

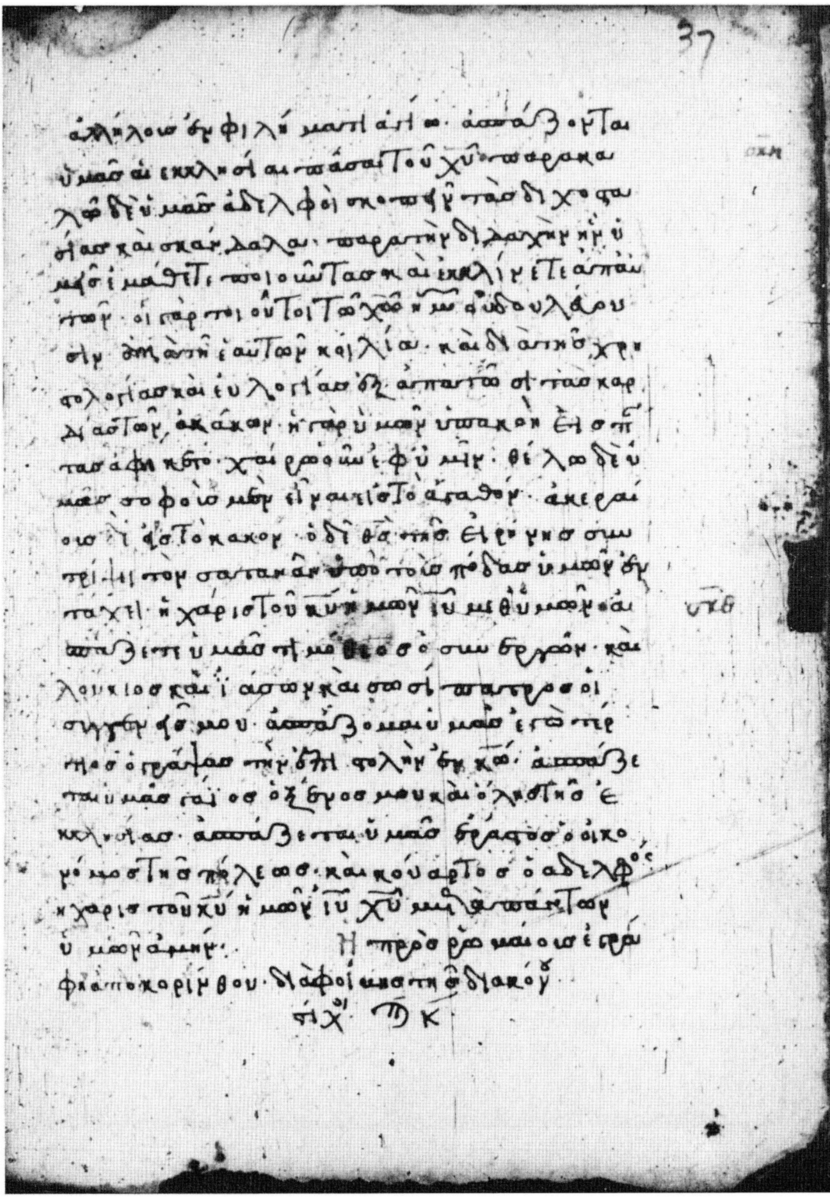

그림 54 14세기 소문자 사본 1881(본 책의 219쪽 참고), 로마서 결론 수록(f. 37r).

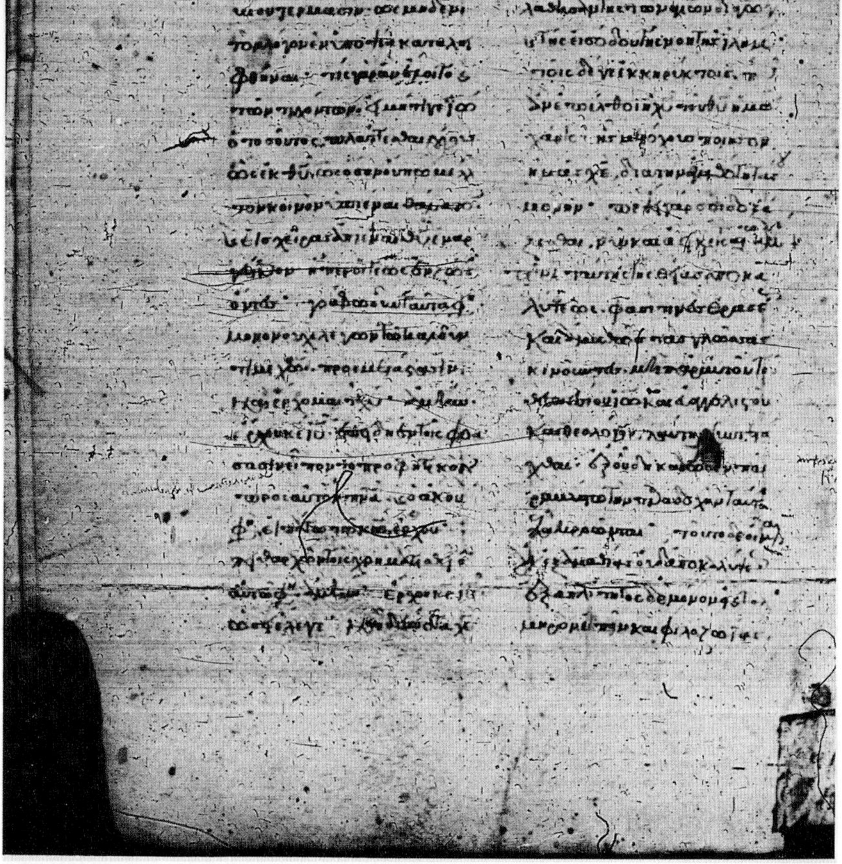

그림 55 13세기 소문자 사본 2053, 그림에는 요한계시록 결론 부분 수록. 요한계시록 본문에 대한 중요 증거임(본 책의 220쪽 참고).

그림 56 11세기 소문자 사본 2344(본 책의 221쪽 참고). 로마서 결론 부분 수록(f. 200r).

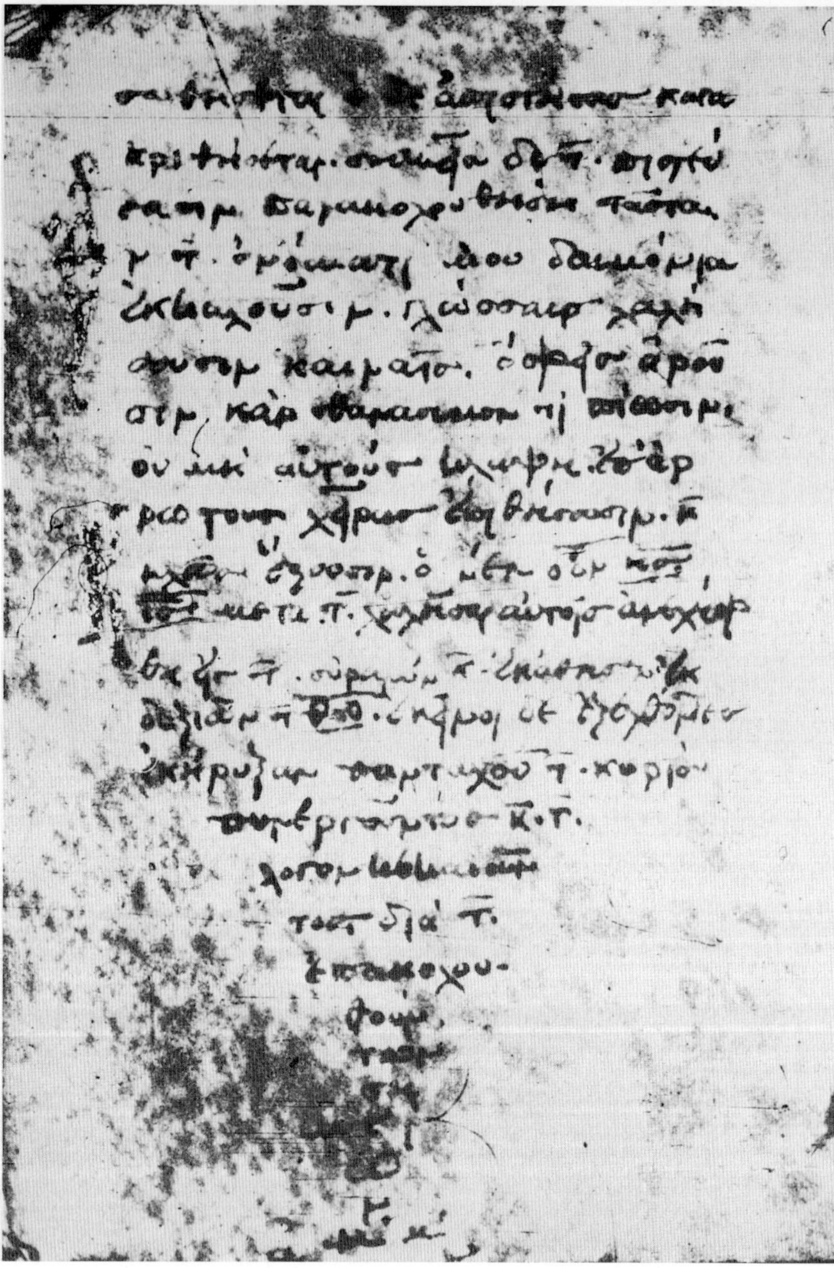

그림 57 14세기 소문자 사본 2427(본 책의 222쪽 참고). 마가복음 결론 부분 수록(f. 43r). 두 사본 모두 본문비평에서 매우 중요한 가치가 있음. 2344는 특별히 요한계시록에서 중요함.

2596 pPK+, 11세기, Pg, 베네치아(Venezia = Venedig), 성마가도서관(Bibl. S. Marco) 1051(II 178) (9(1), 2(1/2), 3(2), 1(S), *범주 III?*)

2652 ap, 15세기, Pap, 아테네, 국립도서관(Nat. Bibl.) 103 (사도행전: 61(1), 17(1/2), 5(2), 12(S); 공동서신: 56(1), 5(1/2), 18(2), 18(S); 바울서신: 194(1), 49(1/2), 1(2), 3(S), *공동서신은 범주 III, 그 밖에는 범주 V?*)

2718 eap, 13세기, Pg, 린도스(Lindos)/로도스(Rhodos), 파나기아스(Panagias) 4 [복음서들: 201(1), 95(1/2), 7(2), 18(S); 사도행전: 37(1), 22(1/2), 16(2), 3(S); 공동서신: 67(1), 8(1/2), 14(2), 9(S); 바울서신: 185(1), 47(1/2), 8(2), 7(S), *범주 III?*].

2744 eP: 마가복음, 12세기, Pg, 고슬라(Goslar), C. W. Adam, Inv. Nr. 2550 (*범주 III*).

2786-2812는 494쪽을 보라.

앞의 목록에서 대략 150개 이상의 소문자 사본들이 파악된다. (이 목록에는 〈네슬-알란트〉가 분류한 '상용 증거들'의 일 등급 목록과 이 등급 목록에 해당되는 사본들이 모두 들어 있다. 또한 이 사본들 가운데는 〈네슬-알란트〉에서 '자주 사용되는 증거들'로 지칭되는 사본들도 들어 있다.) 대문자 사본들의 목록과 달리 여기에서는 범주 V에 해당하는 사본들이 훨씬 적게 나타난다. 비잔틴 본문만 들어 있는 필사본들은 이 목록에서 아예 처음부터 뺐기 때문이다. (사본 461과 같이 생성 시기가 빠르거나 다른 어떤 이유가 있는 경우에는 포함시켰다.) 다음 600개 이상의 소문자 필사본들이 그 빠진 필사본들에 해당한다.

2ap, 18, 34, 57, 82, 105, 108, 110, 127, 128, 129, 132, 133, 134, 135, 139, 140, 141, 142, 143, 144, 146, 147, 148, 150, 151, 155, 167, 170, 171, 177, 183, 186, 190, 192, 193, 194, 196, 198, 200, 201, 203, 204, 208, 210, 212, 214, 223, 226, 240, 244, 246, 247, 250, 261, 269, 272, 275, 276, 277, 278a, 281, 300, 302, 306, 308, 309, 314, 319, 325, 328, 329, 334, 335, 343, 347, 350, 351, 355, 356, 358, 359, 360, 361, 364, 367, 368, 369, 373, 374, 375, 376, 379, 384, 386, 388, 394, 396, 399, 402, 404, 405, 407, 408, 410, 411, 412, 413, 414, 415, 419, 425, 432, 450, 452, 454, 457, 458, 465, 466, 469, 476, 480, 491, 498, 506, 528, 529, 531, 532, 533, 535, 540, 541,

547, 549, 550, 568, 570, 571, 574, 575, 583, 584, 586, 592, 594, 600, 601, 602, 603, 604, 605, 607, 616, 618, 620, 622, 624, 625, 626, 627, 628, 632, 634, 637, 638, 639, 640, 644, 651, 655, 656, 660, 664, 672, 673, 680, 688, 692, 699, 707, 708, 746, 748, 750, 754, 756, 757, 794, 801, 824, 825, 831, 839, 843, 844, 845, 852, 857, 862, 864, 867, 877, 880, 887, 890, 896, 901, 910, 911, 912, 914, 916, 919, 920, 921, 922, 928, 936, 937, 938, 942, 943, 944, 950, 951, 959, 962, 970, 980, 991, 993, 1013, 1023, 1030, 1045, 1069, 1070, 1072, 1073, 1074, 1075, 1076, 1077, 1078, 1080, 1094, 1099, 1100, 1101, 1103, 1104, 1105, 1107, 1110, 1112, 1121, 1129, 1149, 1161, 1185, 1186, 1189, 1190, 1191, 1193, 1196, 1198, 1199, 1201, 1202, 1203, 1206, 1207, 1208, 1209, 1211, 1212, 1213, 1215, 1218, 1221, 1222, 1224, 1225, 1227, 1231, 1232, 1233, 1234, 1235, 1236, 1238, 1240, 1244, 1247, 1248, 1249, 1250, 1277, 1283, 1285, 1300, 1309, 1310, 1312, 1314, 1316, 1320, 1323, 1324, 1328, 1330, 1331, 1334, 1339, 1340, 1341, 1343, 1345, 1347, 1350a, 1350b, 1351, 1352a, 1356, 1360, 1370, 1374, 1392, 1395, 1400, 1417, 1438, 1444, 1445, 1447, 1449, 1452, 1470, 1476, 1482, 1483, 1492, 1503, 1508, 1513, 1514, 1517, 1520, 1521, 1539, 1540, 1543, 1545, 1547, 1548, 1556, 1566, 1570, 1572, 1577, 1583, 1594, 1597, 1604, 1605, 1607, 1614, 1617, 1618, 1619, 1622, 1626, 1628, 1636, 1637, 1649, 1656, 1662, 1668, 1672, 1673, 1693, 1714, 1717, 1720, 1723, 1725, 1726, 1727, 1728, 1730, 1731, 1732, 1733, 1734, 1736, 1737, 1738, 1740, 1741, 1742, 1745, 1746, 1747, 1748, 1749, 1750, 1752, 1755a, 1755b, 1756, 1757, 1763, 1767, 1768, 1770, 1771, 1772, 1800, 1826, 1828, 1829, 1835, 1847, 1849, 1851, 1855, 1856, 1858, 1859, 1862, 1869, 1870, 1872, 1876, 1878, 1879, 1880, 1882, 1888, 1889, 1897, 1899, 1902, 1905, 1906, 1907, 1911, 1914, 1915, 1916, 1917, 1918, 1919, 1920, 1921, 1922, 1923, 1924, 1926, 1927, 1928, 1929, 1930, 1931, 1932, 1933, 1934, 1936, 1937, 1938, 1941, 1946, 1948, 1951, 1952, 1954, 1955, 1956, 1957, 1958, 1964, 1970, 1971, 1972, 1974, 1975, 1978, 1979, 1980, 1981, 1982, 1986, 1988, 1992, 1997, 1998, 2001, 2003, 2007, 2009, 2013, 2096, 2098, 2119, 2125, 2126, 2132, 2133, 2135, 2139, 2140, 2141, 2142, 2144, 2160, 2172, 2173, 2175, 2176, 2177, 2178, 2181, 2183, 2189, 2191, 2199, 2218, 2221, 2236, 2261, 2266, 2273, 2275, 2277, 2281, 2289, 2295, 2303,

2306, 2307 2310, 2311, 2352, 2353, 2355, 2356, 2373, 2376, 2378, 2381, 2382, 2386, 2390, 2409, 2423, 2424, 2425, 2431, 2441, 2466, 2468, 2475, 2479, 2483, 2484, 2490, 2491, 2496, 2499, 2500, 2501, 2502, 2503 2532, 2534, 2536, 2540, 2545, 2547, 2549, 2552, 2554, 2558, 2568, 2572, 2573, 2579, 2584, 2587, 2619, 2626, 2627, 2629, 2639, 2657, 2666, 2668, 2671, 2675, 2690, 2691, 2696, 2698, 2699, 2700, 2704, 2712, 2716, 2723, 2746, 2784, 2785.

494쪽에 계속

소문자 필사본의 수는 신약성서본문연구소의 작업이 진전됨에 따라 계속 늘어나고 있다. 현재(1988년 5월)를 기준으로 작성된 보충 목록을 참조하라(본 책의 494쪽). 보충 목록에 추가된 필사본들은 앞서 열거된 목록뿐만 아니라 범주별 구분 목록에도(이에 대한 이유는 본 책의 231쪽 참고) 포함되어 있지 않기 때문에, 다음 목록에서 최소한 사본들의 생성 시기가 어떻게 구분되는지 간략한 개관을 실어 두었다. (사본 632, 1227, 2306 등은 생성 시기가 상이한 여러 본문들이 들어 있어서 정확하게 분류할 수 없었다.)

9세기	1080, 1862, 2142, 2500
9/10세기	399
10세기	34, 82, 135, 144, 151, 364, 405, 411, 450, 454, 457, 568, 584, 602, 605, 626, 627, 920, 1076, 1077, 1078, 1203, 1225, 1347, 1351, 1392, 1417, 1452, 1662, 1720, 1756, 1829, 1851, 1880, 1905, 1920, 1927, 1954, 1997, 1998, 2125, 2373, 2424, 2545
10/11세기	1073
11세기	108, 127, 133, 142, 143, 148, 150, 177, 186, 194, 200, 208, 210, 212, 250, 272, 276, 277, 278a, 300, 302, 314, 325, 343, 350, 360, 375, 376, 458, 465, 466, 476, 491, 506, 528, 532, 547, 549, 583, 607, 624, 625, 638, 639, 640, 651, 672, 699, 707, 708, 746, 754, 756, 831, 887, 901, 910, 919, 937, 942, 943, 944, 991, 1045, 1074, 1110, 1207, 1209,

	1211, 1212, 1221, 1222, 1244, 1277, 1300, 1312, 1314, 1320, 1324, 1340, 1343, 1438, 1444, 1449, 1470, 1483, 1513, 1514, 1517, 1520, 1521, 1545, 1556, 1570, 1607, 1668, 1672, 1693, 1730, 1734, 1738, 1770, 1828, 1835, 1847, 1849, 1870, 1878, 1879, 1888, 1906, 1907, 1916, 1919, 1921, 1923, 1924, 1932, 1933, 1934, 1946, 1955, 1980, 1981, 1982, 2001, 2007, 2098, 2132, 2133, 2144, 2172, 2176, 2181, 2183, 2199, 2275, 2277, 2281, 2295, 2307, 2381, 2386, 2468, 2475, 2547, 2587, 2723, 2746, 2306(이 사본에는 11-14세기의 상이한 부분들이 섞여 들어 있음.)
11/12세기	655, 660, 1013, 1191, 1309, 1540, 1566, 2784
12세기	2ap, 57, 105, 110, 129, 132, 134, 139, 140, 146, 183, 193, 196, 203, 226, 240, 244, 247, 261, 269, 275, 281, 306, 319, 329, 334, 347, 351, 355, 356, 374, 396, 407, 408, 419, 452, 529, 531, 535, 550, 570, 571, 618, 620, 622, 637, 673, 688, 692, 748, 750, 843, 857, 862, 877, 896, 911, 916, 922, 936, 950, 980, 993, 1112, 1186, 1190, 1193, 1198, 1199, 1218, 1224, 1231, 1240, 1316, 1323, 1350a, 1360, 1539, 1583, 1673, 1714, 1737, 1752, 1755a, 1755b, 1800, 1826, 1872, 1889, 1914, 1915, 1917, 1926, 1951, 1970, 1971, 1974, 1986, 1988, 2013, 2096, 2126, 2135, 2139, 2173, 2177, 2189, 2191, 2289, 2382, 2490, 2491, 2536, 2549, 2552, 2639, 2657, 2671, 2700, 2712, 2785, 632와 1227(이 두 사본에는 12-14세기의 상이한 부분들이 섞여 들어 있음.)
12/13세기	1310, 1341, 1897, 2311
13세기	128, 141, 147, 167, 170, 192, 198, 204, 309, 328, 359, 361, 384, 388, 410, 469, 533, 574, 592, 601, 757, 825, 912, 914, 970, 1069, 1070, 1072, 1094, 1103, 1107, 1129, 1149, 1161, 1201, 1206, 1208, 1213, 1215, 1238, 1285, 1339, 1352a, 1400, 1594, 1597, 1604, 1622, 1717, 1727, 1728, 1731, 1736, 1740, 1742, 1772, 1855, 1858, 1922, 1938, 1941, 1956, 1972, 1992, 2119, 2140, 2141, 2236, 2353, 2376, 2380, 2390, 2409, 2423, 2425, 2479, 2483, 2502, 2534, 2540, 2558, 2568,

	2584, 2627, 2696, 2699
13/14세기	656, 1334, 2499
14세기	18, 155, 171, 190, 201, 214, 223, 246, 308, 358, 367, 369, 386, 394, 402, 404, 412, 413, 414, 415, 425, 480, 498, 540, 586, 594, 600, 603, 604, 628, 634, 644, 680, 794, 824, 839, 845, 852, 864, 867, 890, 921, 928, 938, 951, 959, 1023, 1075, 1099, 1100, 1121, 1185, 1189, 1196, 1234, 1235, 1236, 1248, 1249, 1283, 1328, 1330, 1331, 1345, 1350b, 1356, 1395, 1445, 1447, 1476, 1492, 1503, 1543, 1547, 1548, 1572, 1577, 1605, 1614, 1619, 1637, 1723, 1725, 1726, 1732, 1733, 1741, 1746, 1747, 1771, 1856, 1859, 1899, 1902, 1918, 1928, 1929, 1952, 1975, 2160, 2261, 2266, 2273, 2303, 2310, 2355, 2356, 2431, 2441, 2466, 2484, 2503, 2626, 2629, 2666, 2668, 2698, 2716
15세기	368, 373, 379, 432, 541, 575, 616, 664, 801, 844, 880, 962, 1105, 1202, 1232, 1233, 1247, 1250, 1482, 1508, 1617, 1626, 1628, 1636, 1649, 1656, 1745, 1750, 1757, 1763, 1767, 1876, 1882, 1948, 1957, 1958, 1964, 1978, 2003, 2175, 2178, 2221, 2352, 2554, 2675, 2691, 2704
16세기	335, 1030, 1370, 1374, 1618, 1749, 1768, 1911, 1930, 1931, 1936, 1937, 1979, 2009, 2218, 2378, 2496, 2501, 2532, 2572, 2573, 2579, 2690
17세기와 그 이후	1101, 1104, 1748, 1869, 2619

497쪽에 계속

이 소문자 사본들은 모두, 통째로 또는 대부분 비잔틴 본문으로 되어 있다. 이는 소문자 사본들에만 해당되는 것이 아니라, 적지 않은 수의 대문자 사본들에도 해당된다(본 책의 155쪽 이하 개관 참고). 적어도 본문비평에서 지향하는 바가 원본문 및 원본문의 초기 시대 발전상을 확인하는 것이라면, 이런 사본들은 모두 본문비평에서 고려되지 않는다. 비잔틴 본문은 결코 단독적으로 완결된 본문을 갖춘 형태로 나타나지 않으며, 이 본문이 들어 있는 필사본들에서도 마찬가지로 다양하게 변형된 본문 형태로 나타난다. 이런 변형된 본문 형태들은 그리스어 신약성서의 모든 전승에 나타나는 것이기도 하다(이에 대해 본 책의 95쪽 이하 참고). 아직 이런 비잔틴 본문 역사에 대한 연구가 결코 충분하지 않다. 그러나 이 연구는 미래 세대에, 또는 이 부분에 특별히 관심을 갖고 있는 오늘날의 전문가들에게 맡겨 둬도 된다. 설사 기본적인 부분에만 해당하는 것일지라도, 우리 세대에서 비잔틴 본문이 아닌 본문이 들어 있는 필사본들에 대한 역사를 파악할 수 있다면 다행스러운 일이 될 것이다. 신약성서 본문 역사에서 일찍이 비잔틴 본문이 널리 퍼져 있던 것은, 이미 4세기부터 그 본문이 다른 본문 형태에 영향을 끼치기 시작했기 때문이다. 지금까지 '대다수본문'은 실용적인 부분을 다룰 때에만 언급해왔으며, 〈네슬〉의 비평장치에서 이 '대다수본문'에 대한 기호로 𝔐를 도입하여 작업을 단순화했다. 신약성서 본문 역사에서 볼 때, 여러 시대에서 이 '대다수본문'에 대한 의미를 찾을 수도 있을 것이다. 그러나 자료 처리를 통하여 현재 작업 중인 〈네슬 26판〉의 비평장치를 정리하고 여기서 정리된 자료들을 컴퓨터 작업을 통해 생각할 수 있는 모든 경우를 따져 확인할 수 있을 때에야, 비로소 '대다수본문'을 체계적으로 자세히 검토할 수 있을 것이다. 그때까지는 이제껏 써왔던 '대다수본문' 이라는 용어와 기호 𝔐를 그대로 사용해야 한다.

10. 본문 범주에 따른 필사본 분류에 관한 간략한 개관

(520쪽 이하도 참고)

파피루스 사본들(본 책의 131쪽 이하), 대문자 사본들(본 책의 155쪽 이하), 소문자 사본들(본 책의 194쪽 이하)에 대한 앞의 설명 목록들에서 500개 이상의 필사본들을 하나하나 설명하였고, 원칙적으로 본 책의 153쪽에서 규정된 5개의 범주로 분류하였다. 이 책의 독자 중 지금 이 모든 내용을 기억하고 있는 사람은 거의 없을 것이다. 따라서 그 내용들을 한눈에 보기 좋게 요약한다면, 그 내용을 파악하는 데 유용하게 쓰일 것이다. 또한 모든 경우마다 다시 찾아 확인해야 하는 불필요한 수고를 피하기 위해, 본 책의 153쪽 이하에서 설명한 5개 본문 범주에 대한 정의를 여기서 한 번 더 반복한다.

범주 I: 아주 특별한 양질의 필사본들이다. 원래의 본문을 규명하는 데 항상 고려해야 할 필사본들이다. (예를 들어 알렉산드리아 본문이 여기에 속한다.) 그리고 (거의 자동적으로) 3/4세기까지의 파피루스와 대문자 사본들도 이 범주에 속한다. 이 사본들은 초기 시대의 본문을 대표하기 때문이다. (설득력이 약할 경우 본문 범주 기호는 괄호 안에 표시된다.)

범주 II: 특별한 양질의 필사본들이다. 외부(특히 비잔틴 본문)의 영향으로 인해 범주 I의 필사본들과 구분되나, 원본문을 규명하기 위해 중요하다. (예를 들어 이집트 본문이 여기에 속한다.)

범주 III: 독립적인 본문이 들어 있으며 독자적 성격을 띠는 필사본들이다. 대부분 원본문을 규명하는 데 중요하며, 특히 본문 역사에 있어서 중요하다 (예를 들어 f^{1}, f^{13}).

범주 IV: D-본문이 들어 있는 필사본들이다.

범주 V: 통째로 또는 대부분 비잔틴 본문이 들어 있는 필사본들이다.

	범주 I	범주 II	범주 III	범주 IV	범주 V
2세기	$\mathfrak{P}^{52}$, $\mathfrak{P}^{90}$				
2/3세기	$\mathfrak{P}^{32}$, P^{46}, P^{64+67}, P^{66}, $\mathfrak{P}^{77}$, 0189				
3세기	$\mathfrak{P}^{1}$, $\mathfrak{P}^{4}$, $\mathfrak{P}^{5}$, ($\mathfrak{P}^{9}$), ($\mathfrak{P}^{12}$), $\mathfrak{P}^{15}$, $\mathfrak{P}^{20}$, $\mathfrak{P}^{22}$, $\mathfrak{P}^{23}$, $\mathfrak{P}^{27}$, $\mathfrak{P}^{28}$, $\mathfrak{P}^{29}$, $\mathfrak{P}^{30}$, $\mathfrak{P}^{39}$, $\mathfrak{P}^{40}$, P^{45}, P^{47}, $\mathfrak{P}^{49}$, $\mathfrak{P}^{53}$, $\mathfrak{P}^{65}$, $\mathfrak{P}^{70}$, P^{75}, ($\mathfrak{P}^{80}$), $\mathfrak{P}^{87}$, 0220		(0212)	$\mathfrak{P}^{48}$, $\mathfrak{P}^{69}$	
3/4세기	P^{13}, $\mathfrak{P}^{16}$, $\mathfrak{P}^{18}$, $\mathfrak{P}^{37}$, P^{72}, $\mathfrak{P}^{78}$, 0162			$\mathfrak{P}^{38}$, 0171	
4세기	$\mathfrak{P}^{10}$, $\mathfrak{P}^{24}$, $\mathfrak{P}^{35}$, ℵ(01), B(03)	$\mathfrak{P}^{6}$, $\mathfrak{P}^{8}$, $\mathfrak{P}^{17}$, $\mathfrak{P}^{62}$, $\mathfrak{P}^{71}$, $\mathfrak{P}^{81}$,	$\mathfrak{P}^{88}$, 058?, 0169, 0188, 0206, 0207, 0221, 0228, 0231,		

	범주 I	범주 II	범주 III	범주 IV	범주 V
		$\mathfrak{P}^{86}$, 0185	0242		
4/5세기	057	$\mathfrak{P}^{19}$, $\mathfrak{P}^{51}$, $\mathfrak{P}^{57}$, $\mathfrak{P}^{82}$, $\mathfrak{P}^{85}$, 0181, 0270	$\mathfrak{P}^{21}$, $\mathfrak{P}^{50}$, 059, 0160, 0176, 0214, 0219		
5세기	*A*(02, 복음서들 제외), 0254	$\mathfrak{P}^{14}$, *C* (04), *I* (016), *T* (029), *048*, 077, 0172, 0173, 0175, 0201, 0240, 0244, 0274	*A*(02, 복음서들), *W* (032), 062, 068, 069, 0163, 0165?, 0166, 0182, 0216, 0217, 0218, 0226, 0227, 0236, 0252, 0261	D^{ea}(05)	*Q*(026), 061
5/6세기		$\mathfrak{P}^{56}$, 071, 076, 088, 0232, 0247	$\mathfrak{P}^{54}$, $\mathfrak{P}^{63}$, 072, 0170, 0186, 0213		
6세기		$\mathfrak{P}^{33+58}$, D^{p}(06), E^{a}(08), 073, 081, 085, 087, 089, 091, 093? (사도행전	$\mathfrak{P}^{2}$, $\mathfrak{P}^{36}$, $\mathfrak{P}^{76}$, $\mathfrak{P}^{83}$, $\mathfrak{P}^{84}$, D^{p}(06^{c}), H^{p} (015), *Z*(035), *Ξ* (040), 060, 066, 067, *070*, 078, 079, 082, *086*, 0143, 0147, 0159, 0187, 0198, 0208, 0222, 0237,		*N*(022), *O*(023), P^{e}(024), *R*(027), *Σ*(042), *Φ*(043), *064*, 065, 093 (사도행전), 0246, 0253, 0265?

	범주 I	범주 II	범주 III	범주 IV	범주 V
		제외), 094, 0184, 0223, 0225, 0245	0241, 0251, 0260, 0266		
6/7세기	$\mathfrak{P}^{26}$	$\mathfrak{P}^{43}$, $\mathfrak{P}^{44}$, $\mathfrak{P}^{55}$, *083*	$\mathfrak{P}^{3}$, 0164, 0199		
7세기	P^{74}, 098	P^{11}, $\mathfrak{P}^{31}$, $\mathfrak{P}^{34}$, $\mathfrak{P}^{79}$ *0102*, 0108, 0111, 0204	P^{59}, $\mathfrak{P}^{68}$, 096, 097, 099, *0106*, 0107, 0109, 0145, 0167, 0183, 0200, 0209, 0210, 0239, 0259, 0262		0103, 0104, *0211*
7/8세기		$\mathfrak{P}^{42}$, $\mathfrak{P}^{61}$	P^{60}		
8세기		L^{e}(019), 0101, 0114, 0156, 0205, 0234	P^{41}, 095, 0126, 0127, 0146, 0148, 0161, 0229, *0233*, 0238, *0250*, 0256		E^{e}(07), *047*, 054?, *0116*, 0134
8/9세기		Ψ(044, 공동서신)	Ψ(044, 공동서신 제외)		
9세기	*33*(사도행전-바울서신)	F^{p}(010), Θ(038), 0155, 0271, *33* (복음서들), *892*, *2464*	G^{p}(012), P^{apr}(025, 행, 계 제외), Δ(037), *050*, 0122, 0128, 0130, 0131, 0132, *0150*, 0269, *565*		F^{e}(09), G^{e}(011) H^{e}(013), H^{a}(014), K^{e}(017), K^{ap}(018), L^{ap}(020), M(021), P^{apr}(025, 행, 계), U(030), V

	범주 I	범주 II	범주 III	범주 IV	범주 V
					(031), *Y*(034), *Λ* (039), *Π*(041), *Ω* (045), *049, 053?, 063,* 0120, *0133, 0135,* 0136?, *0151,* 0197, *0248,* 0255, *0257,* 0272, 0273?, *461*
9/10세기		*1841* (요한계시록)	0115, *1424*(마가복음)		*1424*(마가복음 제외), *1841*(요한계시록 제외)
10세기	*1739*(사도행전 제외)	0177, 0243?, *1739* (사도행전), *1891* (사도행전), *2329*	*051, 075,* 0105, 0121a, 0121b, 0140, *0141,* 0249, *307, 1582, 1836, 1845, 1874*(바울서신), *1875, 1912, 2110, 2193, 2351*		*S*(028), *X*(033), *Γ*(036), *046,* 052, *056, 0142, 1874*(바울서신 제외), *1891*(사도행전 제외)
11세기	*1175, 1243*(공동서신), *2344*(공동서신, 요한계시록)	*81, 323*(공동서신), *945*(사도행전, 공동서신), *1006* (요한계시록), *1854* (요한계시록), *1962, 2298* (공동서신)	*28, 104*(사도행전, 요한계시록 제외), *181*(요한계시록 제외), *323*(공동서신 제외), *398*(공동서신), *424, 431*(사도행전, 공동서신), *436, 451* (바울서신), *459*(바울서신), *623, 700, 788, 1243* (공동서신 제외), *1448* (공동서신), *1505*(복음서들 제외), *1838, 1846* (사도행전 제외), *1908,*		*103, 104* (사도행전, 요한계시록), 181(요한계시록), *398*(공동 서신 제외), 431(복음서들, 바울서신), *451*(바울서신 제외), *459*(바울서신 제외), *945*(복음서들, 바울서신), *1006*(복음서들), *1448* (공동서신 제외), *1505* (복음서들), *1846*(사도행전), *1854*(요한계시록 제외), *2138*(요한계시록), *2147*

	범주 I	범주 II	범주 III	범주 IV	범주 V
			2138(요한계시록 제외), 2147(공동서신), 2298 (공동서신, 바울서신 제외), 2344(공동서신, 요한계시록 제외), 2596?		(공동서신 제외), 2298 (바울서신)
11/12세기		256(바울서신), 1735(공동서신)	1735(공동서신 제외), 1910		256(바울서신 제외)
12세기	1241(공동서신)	36(사도행전), 610 (사도행전), 1611 (요한계시록), 2050, 2127 (바울서신)	1(복음서들), 36(공동서신), 88, 94?(요한계시록), 157, 326, 330(바울서신), 346 378(공동서신), 543, 826, 828, 917(바울서신), 983, 1071, 1241 (사도행전, 공동서신 제외), 1319(바울서신), 1359 (공동서신), 1542b(마가복음), 1611(요한계시록 제외), 1718, 1942, 2030, 2412, 2541(공동서신), 2744		1(사도행전-바울서신), 180 (복음서들), 189(사도행전-바울서신), 330(바울서신 제외), 378(공동서신 제외), 610(공동서신), 911, 917(바울서신 제외), 1010, 1241 (사도행전), 1319(바울서신 제외), 1359(공동서신 제외), 1542b? (누가복음), 2127(바울서신 제외), 2541(공동서신 제외)
12/13세기			1573(바울서신)		1573(바울서신 제외)
13세기	2053, 2062	442, 579 (마가복음, 누가복음), 1292 (공동서신), 1852	6(공동서신, 바울서신), 13, 94(바울서신, 요한계시록 제외), 180(사도행전), 206(공동서신), 218 (공동서신, 바울서신), 263 (바울서신), 365(바울서신), 441, 614, 720		6(복음서들, 사도행전), 94? (바울서신), 180(공동서신, 바울서신, 요한계시록), 206 (사도행전, 바울서신), 218 (복음서들, 사도행전), 263 (바울서신 제외), 365 (바울서신 제외), 597,

	범주 I	범주 II	범주 III	범주 IV	범주 V
		(공동서신)	(공동서신), 915, 1398 (바울서신), 1563, 1642 (사도행전), 1852(공동서신, 요한계시록 제외), 2374 (공동서신), 2492(공동서신, 바울서신), 2516 (바울서신), 2542, 2718?		720(공동서신 제외), 1251?, 1292(공동서신 제외), 1398(바울서신 제외), 1642(사도행전 제외), 1852(요한계시록), 2374(공동서신 제외), 2400, 2492?(공동서신, 바울서신 제외), 2516 (바울서신 제외)
13/14세기		1342(마가복음)			
14세기	2427	1067 (공동서신), 1409 (사도행전, 공동서신), 1506 (바울서신), 1881	5(사도행전-바울서신), 209 (복음서들), 254(공동서신), 429(바울서신, 요한계시록 제외), 453, 621, 629, 630, 1523(바울서신 제외), 1524(공동서신), 1678?, 1842, 1877(바울서신), 2005, 2197, 2200(복음서들, 요한계시록 제외), 2377		5?(복음서들), 189(복음서들), 209(복음서들, 요한계시록 제외), 254(공동서신 제외), 429(바울서신), 1067(공동서신 제외), 1409(복음서들, 바울서신), 1506(복음서들), 1523(바울서신), 1524 (공동서신 제외), 1877 (바울서신 제외), 2200 (복음서들, 요한계시록)
14/15세기			2495		
15세기		322 (공동서신)	69(바울서신), 205(복음서들, 요한계시록), 209(요한계시록), 322(공동서신 제외), 467(바울서신), 642(공동서신),		69(바울서신 제외), 181(요한계시록), 205(사도행전-바울서신), 429(요한계시록), 467? (바울서신 제외), 642 (사도행전, 바울서신),

	범주 I	범주 II	범주 III	범주 IV	범주 V
			1751, 1844, 1959, 2523(바울서신), *2652*(공동서신)		*886, 2523* (바울서신 제외), *2652?* (사도행전, 바울서신)
16세기			*61*(공동서신, 바울서신, 요한계시록), *522*(사도행전, 공동서신), *918*(공동서신), *1704*(사도행전), *1884*		*61*(복음서들, 사도행전), *522*(사도행전, 공동서신 제외), *918*(바울서신), *1704* (사도행전 제외)
16/17세기와 그 이후			*849, 2544*(바울서신)		*2544*(바울서신 제외)

앞의 개관에 대해 더 자세히 알아야 될 사항이 있다. 낱장 단위로 열 장 이상으로 이루어진 필사본들은 좀 더 쉽게 눈에 띄거나 기억되도록 이탤릭체로 나타냈다. 예를 들어, 당연히 범주 I의 모든 파피루스 단편들은 원칙적으로 열 장 또는 그 이상의 분량으로 이루어진 파피루스 사본들만큼 중요하다. 그러나 열 장 이상의 사본들은 범주 I에서도 — 예를 들어 3세기 본문에 대한 수많은 정보 내용을 고려할 때 — 특히 더 기억에 남도록 부각되어야 한다. 범주 II에서는 마찬가지로 5-6세기의 대문자 사본들이 그렇게 부각되어야 된다. 범주 III과 범주 V에 대해서는 더 이상 설명할 필요가 없다. 대략 60개의 대문자 사본들이 범주 V에 속해 있다. 이 대문자 사본들 가운데 이탤릭체로 되어 있는 40여개 필사본들은 모두 통째로 또는 대부분 대다수본문을 제공하는 필사본들이다. 그럼에도 불구하고 〈그리스어 신약성서〉(GNT)와 마찬가지로 〈네슬-알란트 26판〉에서는 거의 모든 필사본이 비평장치에 인용되어 있다. 이는 지금까지 두 인쇄본에 적용된 원칙을 따른 것이다. 그 원칙이라 함은, 모든 파피루스 사본들의 독법 외에 모든 대문자 사본들의 독법도 인용되어야 한다는 것이다. 〈사복음서 대조서 13판〉(*Synopsis Quattuor Evangeliorum*)의 경우 이 원칙이 이미 변경되었으며, 다음에 작업되는 〈네슬-알란트〉 개정판의 본문도 변경된 원칙을 따르게 될 것이다. 두 인쇄본에 적용되었던 그 원칙을 고수해야 하는 것인지에 대해서 진지하게 숙고할 필요가 있다. 이는 독자에게 — 무의식적으로 모든 대문자 사본들의 가치를 동일한 수준으로 평가하게 되는 — 불필요한 혼란을 야기하기 때문이다. 게다가 비평장치의 정보들이 지나치게

비대해지기도 한다. 대다수본문 𝔐 (《네슬-알란트》에서는 이 기호로 표시) 또는 비잔틴 본문(《그리스어 신약성서》[GNT]에서는 'Byz'로 표시)이, 상당한 부분에서 대문자 사본의 독법을 대표하고 있기 때문이다. 앞의 목록에서 범주 V에 해당하는 대문자 사본들을 개별적으로 열거해 놓은 것은 이런 상황을 반영한 것뿐이다. 본 책의 227쪽 이하에 열거된 600여 개의 소문자 사본들과 494쪽 이하의 보충 목록에 있는 550여 개의 소문자 사본들, 즉 비잔틴 본문이 들어 있는 이 모든 사본들의 수를 더했다면, 여기 소개된 범주별 목록 개관에는 엄청나게 많은 수의 소문자 사본들이 늘어날 수 있었을 것이다. 그런 모든 사본들을 추가하여 넣지 않은 것은, 목록 개관에서는 본문비평에 중요한 필사본들을 알려 줘야 하기 때문이다. 어쨌든 이탤릭체로 표기된 파피루스 사본, 대문자 사본 및 소문자 사본이 범주 I이나 범주 II에 속할 경우, 그리스어 신약성서를 이용하는 사람은 최소한 이런 사본들을 기억해 두어야 한다. 기억해야 할 필사본들의 범위를 범주 III까지 넓힐 수 있다면 더 좋을 것이다. 범주 III까지는 기억이 나지 않는다면, 그때마다 233쪽 이하에 있는 목록 개관에서 곧바로 찾아 확인할 수 있다. 그럼으로써 본문비평 작업을 손쉽게 할 수 있고, 작업에 도움을 얻을 수 있을 것이다.

11. 예배 성구집

지금까지의 설명에서는 — 신약성서 27권 중 최소한 한 권에서 — 본문이 순서대로 되어 있는 본문 필사본들만 언급되었다. 여기에 모든 파피루스·대문자·소문자 사본들이 포함된다(단, 몇 개는 예외). 약 3,200개 이상의 본문 필사본들과 함께 대략 2,280개 이상의 성구집, 즉 다음과 같은 필사본들이 더 존재한다. 이 필사본들은 신약성서 각 권들의 본문을 개별 단락들로 구분하고, 교회의 성서 일과표에 따른 순서로 배열되어 있다. 이 성구집들은 여러 그룹으로 나뉜다. 즉, 주로 토요일/주일 예배를 위한 성구집들과 요일과 상관없는 예배를 위한 성구집들이 있다. 후자는 매일 예배하는 수도원을 위해, 전자는 교회에서 사용하기 위해 만들어진 것으로 보인다. 그밖에, 복음서들의 본문만을 포함하는 성구집과, 사도들의 서신들(사도행전과 공동서신) 본문만을 포함한 (즉 비잔틴 성구집의 체계에서는 읽히지 않은, 요한계시록을 제외한 신약성서의 나머지 부분) 다른 성구집들도 있다. 또한 복음서들과 사도행전만을 포함하는 성구집들도 있다. 따라서 신약성서 필사본 목록에 들어 있는 성구집들은 여러 본문 유형들이 다양하게 혼합된 채로 표시되어 있는 셈이다. 대략 200개의 필사본들은 여기서 제외된다. 이 필사본들은 일반적인 예배 자료와 같은 특징을 보이며, 신약성서의 일부가 간헐적으로만 들어 있어서 결코 신약성서 필사본 목록에 넣어서는 안 되는 것이다. (이러한 과거의 유산을 제거하는 데에는 별도의 수고를 들여야 할 것이다.)

비잔틴 전통에서 읽어온 예배 성구집들은 다시 두 부분, 즉 시낙사르(Synaxar)와 메노로기온(Menologion, 라틴어로는 Menologium)으로 구분된다. 시낙사르에서는 본문이 부활절로 시작하여, 교회력(매년 바뀌는 부활절 시기 때문에 교회력에 따른 한 해의 길이가 들쑥날쑥 달라지므로, 여기서는 한 해가 57주로 되어 있다.)의 모든 '정규' 예배를 포함한다. 9월 1일(당시의 달력에 따르면 이때 한 해가 시작됨.)을 기준으로 시작하는 메노로기온에는 달력에 따라 확정된 기념일, 곧 예수와 마리아의 생애와 관련된 기념일을 위한 본문들이 들어 있다. 또한 위대한 사도들과 교회의 스승들, 교회의 성자들과 순교자들을 위한 본문들도 들어 있다. 그뿐만 아니라 (결론 부분에) 공적이든 사적이든 교회 생활에서 특별히 필요로 하는 부분을 위한 본문들(예를 들어 세례, 입교, 장례 등의 특별한 일을 위한 예배들을 위한 본문)도 들어 있다. 맨 처음부터 시낙사르의 본문이 메노로기온의 본문보다 더 견고한 형태로 되어 있었음이 분명하다. 메노로기온의 경우, 예를 들어 다른 곳에서는 개최되지 않는 특정 교구 행사에서 그 지역 성자들을 추앙하기 위해 만들어진 본문이 들어 있기 때문이다. 따라서 다른 지역의 메노로기온 필사본에서는 이런 행사들에 대한 본문이 전혀 들어 있지 않기도 했다.

시낙사르에는 세심하게 숙고하여 만든 체계에 따라 작성된 '연속 강독 본문'(Bahnlesungen)[20]이 들어 있다. 이것은 신약성서를 기반으로 작성되었다. 복음서들에 관한 성서 구절은 요한복음을 토대로 작성 되었으며, 이 구절들은 교회력의 첫 기간, 즉 부활절부터 오순절까지의 기간 동안 토요일 및 주일 예배를 위한 것이었다. (이 기간에는 매일 예배를 드렸기 때문에 성구집들에는 주중에 드리는 예배용 본문도 포함되어 있으며, 이 본문도 요한복음에서 따온 것이다). 오순절 다음 첫 월요일부터 9월 중순까지 16주 동안, 토요일 및 주일 예배에 복음서 낭독 구절에 해당하는 부분은 마태복음에서 발췌했다.

처음 11주 동안은 주중 예배 때 마태복음을 읽지만, 12주째부터는 마가복음을 읽

20) [역자주] 토라와 예언서를 연이어 읽는 회당 예배 전통을 이어받아 신약의 복음서와 서신들을 연이어 읽는 기독교 예배 전통이었다.

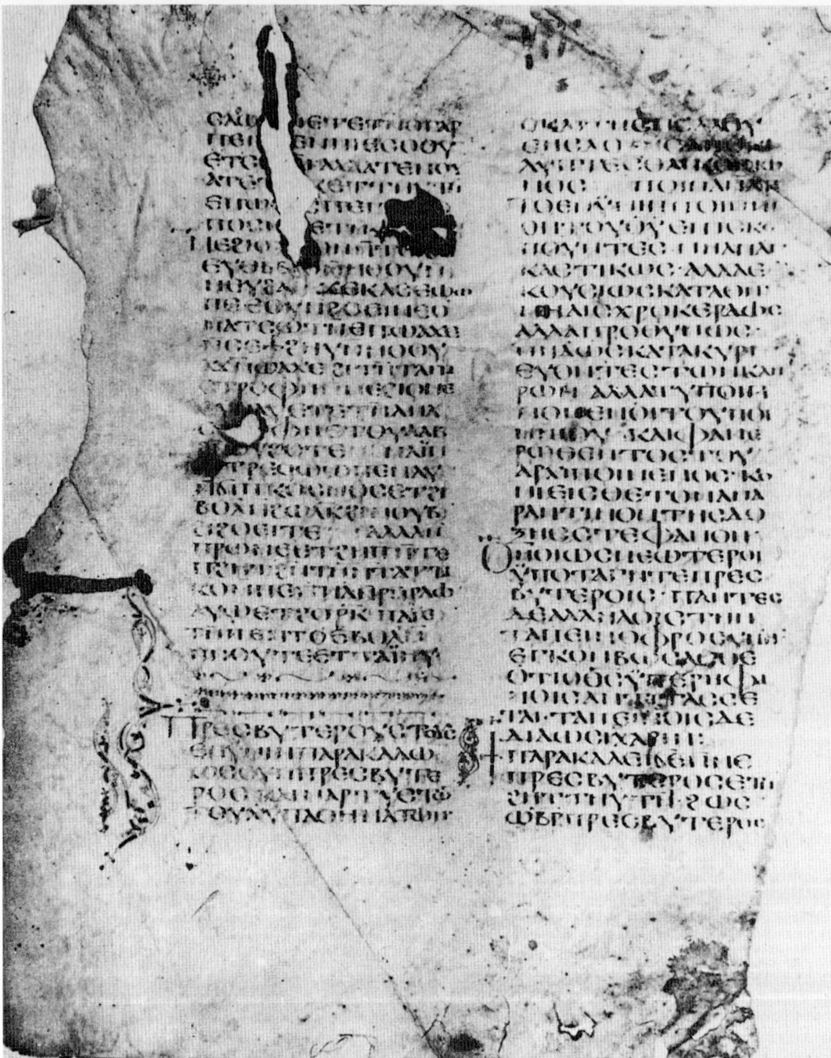

그림 **58** 대문자 성구집 *l 1575*, 9세기(대문자 사본 **0129**와 **0203**보다도 더 오래된 것으로 여겨진다.), 그리스어-콥트어 대조, 그림에는 콥트어로 된 베드로전서 2:24-3:4 및 그리스어로 된 5:1-5가 수록됨. 그리스어 본문은 놀랄 정도로 높은 가치를 지니는 것으로 보인다.

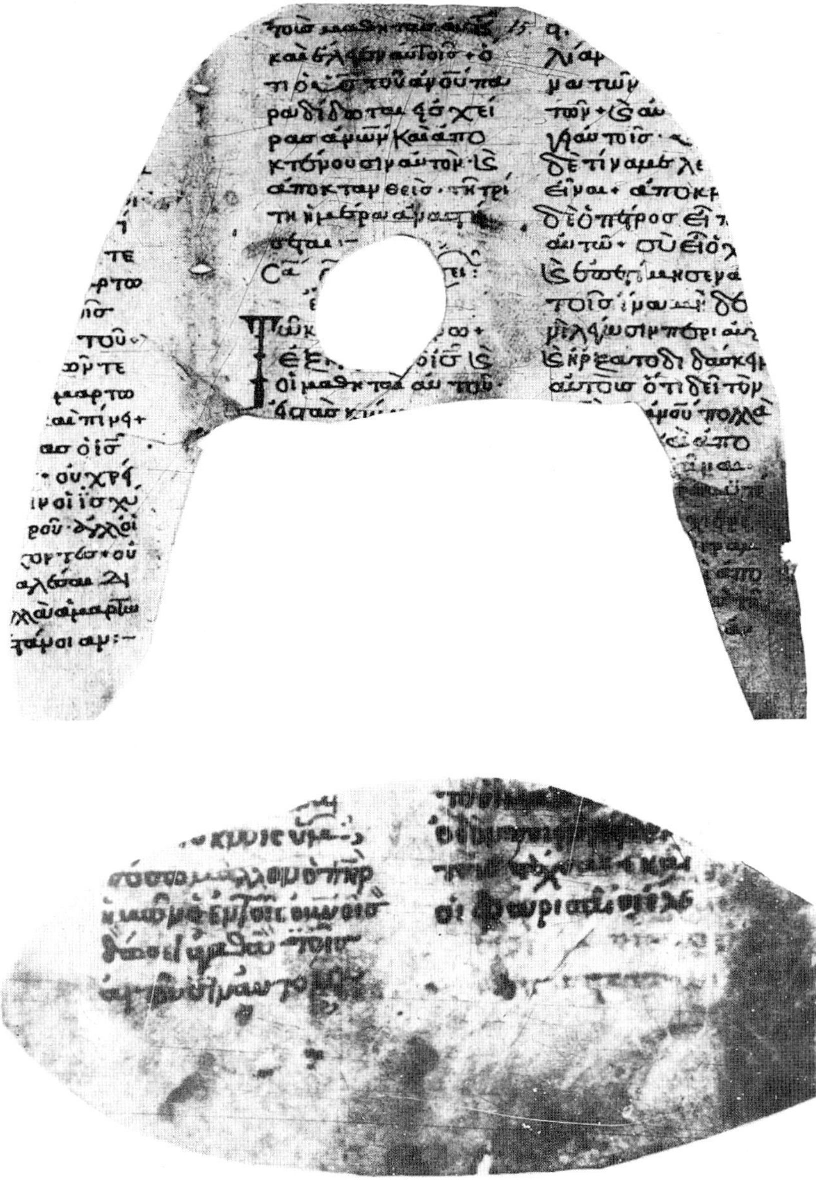

그림 59 진기한 물건, 소문자 성구집 *l 974,* 13세기, 어떤 수도사가 이 성구집 일부를 신발 모양으로 잘라 놓음. 그림에 수록된 부분은 각각 마가복음과 누가복음에서 따온 본문임(금식 기간을 위한 본문).

었다. 9월 중순부터(성십자가 현양축일[21]부터) 사순절 기간까지 토요일/주일 예배를 위해 누가복음이 채택되었고, 주중 예배에도 일반적으로 처음 12주 동안에는 누가복음에서 뽑은 본문이 나타난다. 그 후 17주째 마지막 날까지 마가복음의 후반부가 낭독되었다. 종려주일까지 6번의 토요일/주일 예배에 마가복음이 10번, 요한복음이 2번 나타난다. 끝으로 부활절 한 주 전 고난주간에는 사복음서에 나오는 수난 보도가 상세하게 읽혀졌다. 복음서들에 관해서는 이 정도로 하고, 사도들의 서신들(사도행전 및 공동서신)에 관한 본문 편성에 대해서는 설명을 생략하기로 한다.

이제 문제는 그리스어 성구집의 체계, 곧 상당히 일관된 모습을 유지해 온(몇 가지 중요한 예외가 있긴 함) 이 체계가 얼마나 오래됐는가 하는 것이다. 그 체계가 도입된 시점을 알면, '견본'에 근거하고 있을 법한 본문의 특성에 대해 자동적으로 추론할 수 있기 때문이다. 만일 그 시기가 기원후 300년 이전이라면 초기 시대의 본문일 것이고, 만일 4세기의 것이라면 그 본문이 어떤 지역의 교회에서 작성된 것이냐에 따라 다시 여러 가지 가능성이 생긴다. 시기가 약간 늦거나 또는 아예 아주 많이 늦다면, 비잔틴 본문을 사용했을 가능성이 매우 클 것이라고 생각할 수 있다. 그레고리의 견해에 따르면, 주일 예배를 위한 성구집이 생긴 것은 '아마도' 2세기 초반이고, 그 외 나머지 성구집은 '대략 2세기 말'까지 거슬러 올라간다. (물론 그레고리는 자신의 이 견해가 어디까지나 '이론'이라고 조심스럽게 언급함으로써 그 견해가 반박당할 위험 부담을 줄이기는 했다.) 그레고리도, 주중 예배를 위한 성구집 체계는 콘스탄틴 시대에 이르러서야 비로소 완성될 수 있었을 것이라고 생각은 한다. 그러나 이 시기는 그가 생각할 수 있는 가장 늦은 시기에 해당한다. 우리는 여기서, 본문비평가가 교회 역사와 정경의 역사에 소홀할 때 어떤 치명적인 결과들이 생겨나게 되는지를 적나라하게 볼 수 있다. (1972년에 메츠거는 다음과 같은 입장을 밝힌 바 있다: "이러한 생성 시기들이 너무 이른 것이 아닌가 하는 문제는 현재의 저자가 판단할 수 있는 것이 아니다." 그러나 메츠거 역시 다음과 같은 의견을 제시하기도 했다. "오늘날 동방 정교회에서 통용되는 성구집 체계는 4세기에 시작되었다."[ANTF 5, 483, 495f] 대다수 성구집 연구가들은 이러한 견해에 동의하며, 그 가운데 메츠거가 주도적인 위치를 차지한다.)

이제 본문비평가는 특별히 다음과 같은 사실에 깊은 인상을 받게 될 것이다. 그것은

---

21) [역자주] 성십자가 현양축일(聖十字架 顯揚祝日), 9월 14일, 페르시아인에게 빼앗겼던 예수의 십자가를 동로마 황제 헤라클레이토스가 628년에 되찾아 온 일을 기념하는 날.

본문 안에서든 본문 밖 난외주에서든 상관없이, 수없이 많은 필사본들에서 ἀρχ(ή)와 τέλ(ος)라는 표시를 보게 된다는 사실이다. 또한 필사본의 처음에서든 마지막에서든, 어떤 단락에 그런 표시가 있는지를 정리해 둔 것도 보게 된다는 사실이다. 그뿐만 아니라, 성구집 필사본들의 생성 연대에 대한 표(본 책의 111쪽 그림 참고)를 보면, 생성 시기가 4세기까지 거슬러 올라가는 것을 확인하게 된다. 그러나 이 표에서 실제로 8세기 이전에 기록된 것으로 표시되는 모든 성구집들은, 우리가 일반적으로 생각하는 그리스어 성구집 단락 체계와 맞지는 않는다. (이 표의 주된 내용과 더불어 부수적으로 알게 되는 것은, 이 목록에 표시된 생성 시기가 정확하지 않은 경우가 적지 않다는 것이다.) 성구집의 ἀρχή/τέλος 표시는 8세기의 것이 가장 오래된 것이며, 이보다 더 이른 시기의 기록은 어디에서도 찾아볼 수 없다.

성구집에 대한 그레고리의 견해가 교회사에 토대를 두지 않은 상상의 영역에서 나온 것이었다는 점은 명백하다. 기원후 150년경에서야 저스틴(Justin)의 글에서 복음서들을 인용한 구절들이 대략 알아볼 수 있는 형태를 갖추었고(본 책의 76쪽 참고), 2세기 말에 이르러서야 비로소 사복음서 묶음집이 그 형태를 갖추게 되었다. 온전한 형태를 갖춘 바울서신이 널리 인정받은 시기는 확실히 다른 신약성서 문서들보다 이르다. 이와 달리 현재와 같이 전체 내용을 담은 공동서신이 확실히 인정받은 것은 4세기에 이르러서였다. 신약성서 본문 전체 내용을 반영하는 (단지 요한계시록 및 대단치 않은 몇몇 부분만이 빠져 있는) 성구집 체계가 '대략 2세기 말쯤'에 생겨났다는 것은 생각할 수도 없는 일이다. 그 시기가 4세기라 해도 문제가 된다. 4세기에 이르러서야 대부분의 공동서신이 ─ 여러 면에서 볼 때 어려운 점들이 있긴 했지만(본 책의 69쪽 참고) ─ 교회에서 널리 인정받기 때문이다. 그러한 공동서신이 이미 공인된 다른 모든 신약성서들과 동일한 지위를 부여받을 만큼의 단락 체계를 온전히 갖출 때까지는, 많은 세대의 수고를 거쳐야만 했을 것이다. 교회의 모든 역사적 경험으로 미루어 볼 때, 그렇게 짐작된다. 이런 점에서 볼 때, 4세기에 성구집 체계가 생겨나게 됐다는 것도 의심스럽다.

반대 입장으로, 성구집 필사본들이 실제로 4세기에 존재했었을 것이라고 하는 주장은 잘못된 전제에서 출발한 것이다. 초기 시대의 이 필사본들은 비잔틴 성구집 체계와는 다른 체계로 이루어져 있기 때문이다. 암묵적으로는 비잔틴 성구집 체계가 늘 성구집 체계 그 자체를 가리키는 것처럼 여겨진다. 이러한 상황은 2,000개 이상의 필사본이 비잔틴 성구집 체계에 기초하고 있는 것을 볼 때 이해할 만한 일이긴 하지만, 정당한 것은 아니다. 파피루스 사본들과 성구집 본문들을 통해 입증되듯이, 이집트 교회의 성구집은 비잔틴 성구집과는 다른 체계로 이루어져 있었다. 예루살렘 교회의 성구집도 고유의 체계를 갖추고 있었으며(최근 시내산의 카타리나수도원에서 발견된 다소 후대의 그리스어 증거물들이 이를 뒷받침함), 안디옥의 성구집 체계 또한 비잔틴 성구집 체계와는 달랐던 것으로 보인다. 다만, 이집트 교회의 경우와 달리 예루살렘과 안디옥 교회의 경우에는 우리에게 전해지는 그리스어 본문들이 남아 있지 않을 뿐이다. 지금까지 성구집 연구에 대한 검토가 너무 부실했으며, 그런 채로 연구가 진행되어 왔다. 또다시 언급하지만 본문비평가들이 자신들이 다룬 문서들과 필사본들에 관한 역사적이고 일반적인 전제들을 등한시했기 때문이다. 성구집들은 단순하게 신약성서 본문 전승 영역에만 속하는 것이 아니라, 실제로 예배 예전 역사에 훨씬 더 많이 관련되어 있다. 성구집은 예배 예전에 필요했기에 생겨나게 된 것이며, 예배 예전의 필요성은 줄곧 성구집 형성에 영향을 끼쳐왔다(예를 들어 메노로기온의 경우를 참고). 그러므로 성구집 연구는 처음부터 예배 예전 연구 결과를 고려해야만 했다. 이로써 성구집 연구와 관련하여 다음과 같은 예배 예전 연구 결과를 확인하게 되었다. 7세기 중반과 8세기 전반기 사이에 비잔틴 달력이 생겨나기 시작했다. 또한 성구집 연구의 대가 에르하르트(A. Ehrhard)는 1937년 '거룩한 삶과 말씀 예전에 대한 전승과 내용'에 관해 기록한 자신의 주요 저작에서 다음과 같은 견해를 이미 밝힌 바 있다. "이러한 새로운 변화는 … 구약성서 및 신약성서의 낭독으로 확장되었는데, 이 낭독은 해마다 달라지는 교회력 날짜에 따라 대 축제일과 주일마다 진행되었다."

확실히 성구집의 배열 순서는 아무런 배경 없이 생겨난 것이 아니다. 이미 교회에서는 일찍이 특정 축제에 특정 낭독 본문이 지정되어 있었음이 분명하다(예를 들어 파피루스 사본에 있는 초기 증거 참고). 예수의 탄생에서 승천에 이르기까지의 기념일들과 마찬가지로 사순절 부활절 오순절의 경우에도 해당하는 낭독 본문들이 거의 자동적으로 생겨났지만, 그 본문들이 언제 그리고 어떻게 전체 교회에 고정된 성구집 체계로 발전되었는가 하는 것은 여전히 분명하지 않다. 훌륭한 설교집들을 남긴 크리소스토무스(Chrysostomus, 407년 사망)를 이에 대한 증인으로 자주 내세워 왔지만, 그런 정도로는 내세우지 말았어야 했다. 그는 신약성서 전체를 차례대로 해석했는데, 이는 오히려 이미 4세기에 고정된 성구집 틀이 마련되어 있었다기보다는 신약성서를 연이어 해석해 나가는 관습이 있었다는 주장의 논거가 되기 때문이다. 크리소스토무스가 한 절 한 절 다루지 않고 어떤 본문들은 건너뛴 까닭을 이해하기는 그리 어렵지 않다. 그는 특별히 '설교하기 좋은' 본문에 국한했던 것이다. 마찬가지로 그의 설교 본문 시작 부분이 비잔틴 성구집 체계의 본문과 자주 일치한다는 사실도 논쟁거리가 되지 않는다. 독자적으로 신약성서의 어느 한 책을 의미를 따라 여러 단락으로 나누어 보더라도, 필연적으로 같은 결과에 이르는 수가 많기 때문이다. 그러나 이 때문에 다음과 같은 내용들이 반박되어서는 안 된다. 비잔틴 교회 시대에 — 좀 더 정확히 말하자면 이미 4세기에 해당할 것이다. — 특정 예배를 위한 특정 본문이 있었으며, 아마도 이미 많게든 적게든 발전된 형식을 갖춘 낭독 본문들도 있었다는 것이다. 그러나 신약성서의 '일반적' 성구집들이 기초로 삼은 비잔틴 성구집 체계는 7/8세기에 이르러서야 갖춰진 것으로 보인다. 1970년 신약성서본문연구소 세미나에서 유나크(K. Junack)는 성구집 생성 시기에 대해 주장한 바 있는데(ANTF 5, 498-591에 게재), 우리 견해에 따르면 그가 주장하는 생성 시기는 여타 성구집 연구 문헌들에서 주장하는 시기보다 타당성이 있다.

성구집들의 본문 상태를 살펴보면 그 생성 시기가 이 시기와 정확하게 일치한다. (유나크는 자신의 논문에서 많은 수의 필사본들을 분석하여 평가하였는데, 이 필사본들의 수는 그가 시카고에서 성구집 연구를 위해 여러 권의 연구집 전체에서 다뤘던 것보다도 많은 수였다.) 메츠거조차도 "기본적으로 그리스어 성구집 본문은 비잔틴 본문 유형을 드러낸다"는 점을 인정한다(ANTF 5, 495). 실제로 우리가 그리스어 성구집들에서 보는 본문은 거의 예외 없이 비잔틴 본문과 일치한다. 미국 학자들이 내놓은 연구 결과는 — 특히 시카고는 성구집 연구의 중심지로 자리 잡았다 — 다음과 같은 이유 때문에 대체로 증거 능력이 떨어진다. 우리가 생각했던 것처럼, 수용본문(1873년 옥스퍼드 인쇄본)을 근거하여 원문 비교·대조 작업을 했기 때문이다. 흔히 성구집에서 여러 차이를 보이는 경우, 그 성구집에는 그 성구집 이전의 오래된 본문의 흔적이 있는 것으로 여겨졌다. 그러나 인쇄된 수용본문이 단지 비잔틴 본문과 차이를 보이는 것임을 매우 자주 확인하게 되었다. 수용본문은 일관된 본문 성격을 드러내긴 하지만, 두 개의 전승으로 나뉘게 되는 경우도 적지 않다. 두 전승으로 나뉘지 않는 경우일지라도, 수용본문 역시 어떤 형태로든 변형될 수 있는 '살아 있는 본문'(본 책의 95쪽 참고), 즉 고정되어 있지 않은 본문이다.

성구집 본문도 마찬가지로 살아 있는 전승에 해당한다. 성구집 단락 체계가 아무리 그렇게 확실히 자리 잡혀 있었을지라도, 성구집 필사본을 그대로 옮긴 사람은 병행 본문들(예를 들어 복음서들)을 정확하게 기억하고 있었을 것이다. 그러므로 95쪽에서 신약성서 본문 필사자에 대해 언급했던 내용은 성구집 필사자에게도 똑같이 적용된다. 그러나 성구집 필사자가 본문을 필사할 때 기초로 삼은 대본이 하나의 성구집이었을 것이라는 생각은, 본문비평적 고찰로부터 생기는 모든 고민들을 결정적으로 줄여 준다. 다음과 같은 일은 거의 가능성 없는 일이다. 즉 성구집 필사자가 성구집 필사 작업을 하려고 할 때, 하나 또는 여러 개의 신약성서 본문 필사본들을 두고 직접 성구집 구절 목록을 따온 뒤에 새로이 성구집 본문을 작성했을 리는 없다는 것이다. 그럴 경우 너무나 많은 수고를 필요로 했을 것이다. 다만 성구집 체계가 만들어지기 시작했을 무렵에는 그런 식의 작업이 이루어졌을 것이라 생각할 수 있다. 신약성서 본문 필사본들의 경우에는 필사자가 필사본의 대본을 변경하는 일이 가능하다는 것을 전제할 수 있다. 즉 대본에 따라, 필사하는 본문 유형이 다른 본문 유형으로 변경될 수 있다는 뜻이다. 그러나 성구집 필사본들의 경우에 그러한 일은 거의 일어날 수 없었을 것이다(어쩔 수 없이 일어날 수밖에 없었던 예외적인 경우들은 제외). 성구집 필사본의 대본이 너무나 복잡했던 바로 그 까닭에, 성구집 필사자는 (신약성서 본문을 고치지 않고 그대로 옮겨야 할 경우 적용되는 일반적인 전제들을 제외하고는) 그 필사 대본을 정확하게 따르게 되었다.

성구집 필사본에 대한 이러한 고찰들을 요약하면 다음과 같은 결과를 얻게 될 뿐이다. 거의 2,300개에 이르는 모든 성구집 필사본들은 신약성서 본문비평에 있어서 특별히 예외적인 경우에만 영향을 끼칠 수 있다. 신약성서 본문비평에서는 신약성서 원본문 및 초기 시대의 본문 역사에 관심을 갖기 때문이다. 이와 달리 좀 더 늦은 시기의 신약성서 본문 역사에 대해서는 성구집 필사본들이 중요할 수도 있다. 그러므로 〈네슬〉의 신판 부록 I에도 수백여 개의 본문 필사본들과 함께 성구집은 단지 다섯 개만을 소개해 두었다. 물론 이러한 상황은 달라질 수도 있다. 왜냐하면 시내산에서 발견한 사본들 가운데 독자적인 본문이 들어 있는 성구집 필사본들을 찾았을 뿐만 아니라 이 성구집 필사본들을 〈그리스어 신약성서 4판〉(GNT)에 싣고자 준비하고 있기 때문이다. 간과되어서는 안 되는 사실이 있다. 그 사실을 언급함으로써 성구집 필사본에 대한 고찰을 마무리하고자 한다. 성구집이 신약성서 본문 필사본에 영향을 주게 된 것은 '일반'-성구집들에서 비롯됐다. 수도사가 신약성서 필사본을 작성할 경우 그에게는 특별히 이 '일반'-성구집 본문이 있었으며, 그는 예배 때마다 이 본문을 계속해서 거듭 읽음으로써 최소한 비슷하게 본문을 기억하고 있었다는 것이다. 이것은 특히 성경 단락의 시작 부분 즉 성구집의 시작 부분에 해당된다. 예배 가운데 성경 본문을 읽을 때, 그 본문 시작 부분에서 본문을 다르게 읽어야 하는 경우가 적지 않았다. 계속 이어지는 본문의 문맥에 따라 추가해야 할 부분이 생겨났기 때문이다. 이를테면 본문 안에서 누가 누구에게 말하고 있는지에 맞게 본문을 부분적으로 바꿔 읽어야 했으며, 때로는 본문에 나오는 장소와 시간도 그렇게 맞춰 읽어야 했다. 또한 이 외에도 더 많은 것들을 부분적으로 적절하게 바꿔야 했다. 가장 흔한 문구로는, εἶπεν ὁ κύριος 등과 비슷한 문구들과 τῷ καιρῷ ἐκείνῳ, ἐν ταῖς ἡμέραις ἐκείναις 등이 있다. 신약성서 본문 필사본에서 이런 문구들이 이문들로 나타나게 된다면, 그 이문들은 부차적인 성격을 띤다는 것뿐만 아니라 그 이문이 어디서 유래한 것인지는 명백해진다. 그 이문들이 성구집의 시작 부분과 관련되어 있는 한 그러하다는 것이다. 첫 문장은 문체상의 이유들로 인하여 변경되는 일이 자주 있었으며, 마지막 문장은 다른 이유들로 영향을 더 많이 받아 변경되거나 추가되곤 했다. 이런 점에서, 본문비평 작업을 할 때에는 성구집들을 항상 같이 살펴봐야 한다. 성구집들에 자주 나타나는 특징들에 대한 지식은 이문들의 성격을 규명할 때 도움이 되는 경우가 적지 않기 때문이다.

새롭게 알려진 성구집들 목록은 499쪽을 보라.

12. 교부들의 인용문

신약성서 번역본들과 마찬가지로 교부들의 신약성서 인용문에도 똑같이 자주 일어나는 일이 있다. 번역본들 및 인용문들이 잘못 평가되고 그로 인해 잘못 사용되는 일이다. 현대 인쇄본에 실어 놓은 교부의 저작물을 보고, 그 교부가 당시 읽었던 신약성서 본문을 다시 찾아내는 작업은 오래 걸리고 어려운 경우가 많다. 먼저 현대의 비평적인 인쇄본에는 본문비평에 중요한 모든 교부들의 저작이 실려 있지 않으므로, 수시로 미뉴(Migne)의 저작[22] 또는 그것과 유사한 것들을 참고해야만 한다. 설령 모든 교부들의 저작을 실어 둔 현대의 비평적 인쇄본이 존재할지라도, 교부들의 신약성서 인용문들이 원문에 있는 형태대로 정확하게 보존되었는지는 결코 확신할 수 없다.

---

22) [역자주] J.-P. Migne, *Dictionnaire des apocryphes,* Collection de tous les livres apocryphes relatifs à l'Ancien et au Nouveau Testament, vol. 1 (1855) and vol. 2 (1858).

신약 27권 중 한 권에 대한 교부 주석 가운데 가장 많은 수의 인용문을 제시할 수 있는 가장 이상적인 경우를 생각해 보자. 이 경우에 본격적으로 주석할 때 자신이 쓰는 성서에서 본문을 지속적으로 인용할 뿐만 아니라 주석의 단락마다 맨 앞에 해당본문(Lemma)을 완전한 본문의 형태로 제시하는 것이 보통이기 때문이다. 이렇게 제시되는 해당본문은 전승 초기부터 위험한 상태에 있었다. 그 길이를 제한해야 했으므로 필사자는, 이 본문을 자신에게 익숙한 형태의 본문으로 대체하려는 유혹에 항상 노출되어 있었기 때문이다. 따라서 교부들의 주석서 안에 전승된 인용문들에 비추어 세심하게 지속적으로 검토해야 한다. 먼저 제시되는 해당본문이 주석할 때 인용하는 본문과 일치하는 긍정적인 경우에만, 그 진정성을 인정할 수 있다. 여기서 전제되어야 할 것은 편집자가 단락 첫머리에 제시하는 해당본문을 정확하게 편집해야 한다는 점이다. 또한 다소간 잘못된 전승을 따르지도, 필사 전승에 어긋나게도, 자신에게 익숙한 형태의 본문에 맞추어 인용하지도 말아야 한다는 전제도 있다. 교부 키프리안(Cyprian)의 저작물을 실은 인쇄본(CSEL[23])이라는 권위 있는 문서 시리즈에 들어 있음)에서 다음과 같이 언급된 내용은 매우 유감스러운 일이다. "… 키프리안의 성서 인용문 개정작업에서 제대로 할 줄 아는 사람이 없어서 잘못된 증거 그룹을 따랐다는 것은 오늘날 널리 인정되는 바이다. 아프리카 감독 키프리안의 성서에서 언급하듯, … 본문으로 간행된 것에서 인용해서는 안 되고, 오히려 그 본문의 비평장치에서 하나하나 모아야만 한다." 그러나 이것도 아직 최악의 경우는 아니다. 어느 편집자가 신약성서 인용문들을 신약성서 본문으로 재구성하는 일을 제대로 하지 못하고(문헌학자가 자신의 문제점들을 충분히 인식하지 못했거나 본래 그 문제들에 대해 아무런 관심이 없었던 까닭에), 게다가 전승된 여러 이문을 비평장치에 아예 반영하지 않거나 충분히 반영하지 못하는 경우에 최악의 결과가 나온다. 오늘날에는 그런 일이 일어나지 않을 것이 확실한데, 19세기에 알렉산드리아의 키릴의 인용문에 대한 인쇄본이 나올 때 편집자는 필사본들에 들어 있는 해당본문들의 대조 작업을 전혀 하지 않았다. 각 해당본문의 처음과 마지막 부분만 적어 넣고서는 자신이 가진 인쇄본 성서에서 본문을 채워 넣어 출판한 것이다. 오늘날에도 신약성서 인용문들을 다룰 때 우리가 생각하는 것보다 훨씬 더 많은 어려움에 맞닥뜨린다. 심지어 저명한 편집자가 그 작업을 하더라도 마찬가지다.

---

23) [역자주] Corpus Scriptorum Ecclesiasticorum Latinorum이라는 기독교 라틴어 고문서 서적 시리즈를 가리킨다.

설령 어느 교부의 인용문이 아주 믿을 만하게 편집되었다는 점을 인정할 수 있다 해도, 어려운 문제들은 거기서 끝나지 않는다. 오히려 새로운 문제들이 생기는 경우가 많다. 그때그때마다 교부 인용문이 신약성서 본문을 바로 인용한 것인지(신약성서의 어떤 부분에서 인용했는지, 복음서들의 병행 본문일 경우 어떤 복음서의 본문인지를 찾아내기 매우 어려운 때가 많거나, 때로는 심지어 아예 찾아낼 수 없음) 또는 단지 부분적으로만 인용하여 성서 구절을 암시한 것인지를 결정해야 한다. (주석에서는 이 일이 매우 쉬운 문제이겠지만, 교부 인용문에서는 모순된 부분을 만들어 내기도 한다.) 만일 그것이 신약성서 본문에서 인용한 것이라면, 다음과 같은 점들을 결정해야 한다. 그 인용문을 쓴 사람이 인용문에서 의식적으로 형태를 바꾸었는지 또는 자신의 기억을 가지고 인용했는지에 대한 결정이다. 또는 그 사람이 자기 수중에 있는 신약성서를 그대로 베껴 썼다고 생각할 수 있는지를 결정해야 한다. 이런 점들에 대한 결정이 내려지고 나서야 그 교부 인용문은 비로소 증거로서 충분한 가치를 지니게 된다. 물론 이 말은 교부 인용문을 그런 인용문만으로 국한하여 수집할 수 있다는 뜻은 아니다. 오히려 처음부터 암시적으로만 인용된 모든 인용문들도 수집되어야 한다. 신약성서의 해당 구절들이 여러 번 나올 수 있기 때문이다. 암시적으로만 인용된 구절들이 여러 번 나올 경우, 그 인용문들은, 인용문에 대한 판단을 내릴 때 하나의 근거로 더해질 수 있다. 당연히 이때는 편집자가 인쇄본의 내용 색인에서 명시해 둔 구절들만으로 국한해서는 안 되며, 본문을 (여러 번) 연이어 읽어야 한다. 또한 신약성서 본문을 잘 알고 있을지라도, 신약성서 용어 색인을 옆에 두고 읽어야 한다. 용어 색인을 부지런히 사용할 때, 이전에는 미처 생각하지 못했을 법한 구절들을 발견하게 될 것이다. 여기에 올바른 방법론이 더해진다면, 중요한 결과들을 기대할 수 있을 것이다. 특히 과거 세대로부터 넘겨받은 일련의 연구물들, 곧 몇몇 교부들의 신약성서 인용문에 대한 연구물들이 있기는 하다. 그러나 새로이 연구해야 할 만큼 실익이 있는 연구물들은 실제로 하나도 없다. 이러한 연구물은 마르키온에 대한 연구에서 시작되어 저스틴과 이레네우스(Irenäus)에 대한 연구로 이어진다. (여전히 마르키온에 대한 하르나크[Harnack]의 연구 모음집은 마르키온 연구를 위한 토대가 된다. 그러나 그의 연구집은 개선되고 보충될 수도 있을 것이다. ㅡ 예를 들어 그의 연구집에서 해당본문에 대한 마르키온의 본문 증거가 나타나지 않는다는 이유만으로, 다른 많은 현대의 본문비평장치에서 마르키온을 본문 구절의 생략을 지지하는 증거로 삼는다면, 당황스러운 일이 될 것이다.) 이레네우스의 대표작 '이

단 논박'(Adversus haereses)은 거의 예외 없이 후대의 라틴어 역본에만 나타난다. 그러나 이 번역본은 너무 딱딱하게 문자적으로만 번역한 것이어서, 이 번역본으로부터 이레네우스가 사용했던 신약성서 본문을 재구성해야만 했다. 우리는 특히 이레네우스의 경우를 통해, 교부 인용문 연구에 기준이 되는 예시를 얻게 될 것이다. 예시는 두 가지 관점에서 볼 때 중요하다. 첫째는 초기 시대 본문을 보유한 훌륭한 파피루스 사본들에 대한 중요 사례가 된다는 점이며, 둘째는 2세기 '서방 본문'이 발전된 양상을 알게 하는 데 중요하다는 점이다. 게다가 테르툴리아누스(Tertullian)와 이레네우스가 사용한 신약성서 본문은 라틴어 역본의 초기 역사를 확인하는 데 결정적인 의미를 지닌다. 그러나 여기서 이 사실은 단지 부수적인 정보로만 언급하고자 한다(고대 번역본들의 언어로 된 교부 인용문들에 대해서는 본 책의 319쪽 참고). 오리겐(Origenes)의 인용문을 통해 그가 사용했던 신약성서 본문을 찾아내는 것은 수수께끼를 푸는 것과 같은 엄청난 일이었다. 그것을 찾아내려는 시도가 여러 번 있었지만, 근거가 되는 본문 범위가 너무 좁고 본문에 대한 전제들이 충분하지 않았다. 만약 '가이사랴 본문'의 존재와 성격을 묻는 질문에 대해 하나하나 설득력 있게 답해야 된다면, 그 답변은 오리겐의 인용문들을 근거로 이루어져야만 한다고 할 수 있다. 그러나 오늘날까지도 다음과 같은 사실에 대해서는 설명되지 않고 있다. 오리겐의 글들에서 서로 견줄 만한 이문들이 나타날 경우, 문제가 되는 대부분의 독법을 오리겐 글의 증거로 지지하고 있는 것이 일반적이라는 사실이다. 자신의 필사 작업실을 갖고 있었을 뿐만 아니라 자신이 맡은 자리에서의 영향력을 지녔던 가이사랴의 유세비우스(Eusebius)는 일찍이 가이사랴 본문의 창시자요 배포자로 간주된다. 그럼에도 불구하고 오늘날까지도 여전히 그의 글에서 '가이사랴 본문'을 입증해 낼 수 있는 사람은 아무도 없다.

이런 상황 가운데 우리는 연구를 계속 이어 나갈 수 있을 것이다. 교부들이 사용한 신약성서 본문을 확인하는 것은 신약성서 본문비평과 신약성서 본문 역사에 결정적인 의미를 지닌다. 그 확인 작업을 통해서 그 본문이 특정 시기 및 특정 장소에서는 어떤 형태로 기록되어 있었는지를 알게 되기 때문이다. 또한 이것은 우리가 다른 어떤 곳에서도 얻을 수 없는 정보이기 때문이기도 하다. 그리스어 필사본에서 그 필사본의 대본이 얼마나 오래되었는지 우리는 알지 못한다. (예외적으로) 필사본의 유래를 규명할 수 있다 하더라도, 그 필사본의 유래보다 훨씬 더 중요한 그 필사 대본의 유래에 대해서 알 수 있는 것은 아무것도 없다. 다만 300년 이전의 파피루스 사본들에서만 근거가 확실한 정보를 얻을 수 있을 뿐이다. 그러나 그것도 그 본문이 이집트에서 어떻게 발전했는지에 대한 정보만을 알려 줄 뿐이다. 게다가 이집트는 300년 이전까지는 결코 교회를 선도하는 지역이라고 할 수가 없었다. 당시 교회의 중심이 되었던 지역들에서 본문이 어떻게 발전했는지를 알려 주는 확실한 정보는 전혀 없다(본 책의 74쪽 참고). 이렇듯 이를 위해 해야 할 아주 중요한 일들이 많이 남아 있다. 교부들이 사용한 신약성서 본문에 관해 우리가 충분히 학습한다면, 우리는 본문 역사에 대한 확고한 지침을 갖게 될 것이다. 여기 수많은 박사 학위 논문 및 학문적 연구 논문을 쓸 수 있도록 자료가 준비되어 있다. 그러나 누가 이 일을 할 것인가?

그리스 교부 및 문헌 설명 목록

끝으로 실제적인 도움을 줄 수 있는 자료 하나 더 제시한다. 〈그리스어 신약성서〉(GNT)(XXXVII-XL쪽)와 〈네슬-알란트〉(26*쪽 이하)에는, 각 인쇄본의 본문비평장치에 나타나는(〈네슬-알란트〉의 경우 약어로 표시됨) 교부들의 명단이 따로 수록되어 있다. 또한 교부들에 대한 정보를 제공함으로써 독자들이 교부들에 대한 대략적인 이미지를 떠올려 볼 수 있게 하려 했다. 그러나 우리는 그런 것들로도 충분하지 않을 것 같다는 염려가 된다. 특히 〈그리스어 신약성서〉(GNT)에 수록된 영어식 이름 표기는 라틴어식 이름 표기에 익숙한 사람들에게 때때로 어려움을 주기 때문이다. 게다가 비교적 잘 알려지지 않은 교부들의 이름이 적지 않게 나오기 때문이다. 따라서 곧이어 소개되는 목록에는 두 인쇄본에 모두 나오는 그리스 교부들에 대한 정보가 실려 있으며, 각 인용문들마다 적어도 가장 중요한 정보들은 제공하고자 했다. (〈네슬-알란트〉에서는 약어로 표기했고, 〈그리스어 신약성서〉[GNT]에서는 대체로 교부들의 이름 전부를 그대로 옮겼다.) 이것은 일정 형식을 갖춘 정보들을 통하여 독자에게 한 교부의 삶에 대한 관심을 불러일으키기 위함이다. 또한 〈그리스어 신약성서〉(GNT)에서는 확실히 너무 많은 교부들을 인용했다는 점도 알아둘 필요가 있다. (교부들의 수에 비례하여 그만큼의 질적인 가치가 동반되지 않는 경우가 종종 있다.) 〈그리스어 신약성서 4판〉(GNT)에서는 이 부분에 대해 다시 신중히 생각해 보게 되었다. 그러나 교부들이 일단 언급되기 때문에, 교부들에 대한 간략한 소개 부분에서 각 교부에 대한 대략의 정보를 제공해야 하는 필요성이 저절로 생겨나게 됐다. 또한 간략하게 하려고 모든 노력을 다 하였는데도 전체 목록에 대한 개관은 너무 길어졌고, 소개 목록 부분의 비중이 원래 생각했던 것보다 훨씬 더 많은 부분을 차지하게 되었다. 교부들에 대한 정보들을 부득이하게 매우 간략하게 소개해 두었기 때문에, 교부들 각각에 대하여 더 많은 정보를 알고자 하는 사람들은 각 교부의 정보 끝부분에 수록된 괄호 안의 문헌들, 곧 잘 알려진 개론서들 및 사전들을 참고할 수 있다. 그곳에 사용된 참고 문헌들의 약어는 다음과 같다. (참고 문헌들이 목적에 잘 부합하도록 고대 번역본들의 해당 언어권 출신 교부들도 포함시켰다.)[24)]

Altaner: B. Altaner–A. Stuiber, Patrologie. Leben, Schriften und Lehre der Kirchenväter(교부학. 교부들의 생애, 문서, 가르침). Freiburg/Basel ^{9}1980.

Aßfalg–Krüger: J. Aßfalg–P. Krüger, Kleines Wörterbuch des Christlichen Orients(동방 기독교 소사전). Wiesbaden 1975.

Bardenh: O. Bardenhewer, Geschichte der Altkirchlichen Literatur(고대 교회 문헌 역사). Bd. 1–5 Freiburg 1913/32. Neudr. Darmstadt 1962.

Baumstark: A. Baumstark, Geschichte der syrischen Literatur(시리아 문헌 역사). Bonn 1922. Neudr. Berlin 1968.

Beck, Kirche: H.–G. Beck, Kirche und theologische Literatur im Byzantinischen Reich(비잔틴 교회와 신학 문헌) (Handbuch der Altertumswissenschaft[고고학 안내서] XII/2,1) München 1959. Neudr. München ^{2}1977.

BHG: F. Halkin, Bibliotheca hagiographica graeca(그리스 성인들의 도서). Bd. I–III (Subsidia hagiographica 8a) Brüssel 1957.

BHL: Bibliotheca hagiographica latina(라틴 성인들의 도서). Bd. I–II (Subsidia hagiographica 6) Brüssel 1898–1901.

BHO: P. Peeters, Bibliotheca hagiographica orientalis(동방 교회 성인들의 도서). (Subsidia hagiographica 10) Brüssel 1910.

CPG: M. Geerard, Clavis Patrum Graecorum(그리스 교부들 전집). Bd. I Turnhout 1983, Bd. II Turnhout 1974, Bd. III Turnhout 1979, Bd. IV Turnhout 1 1980, Bd. V Turnhout 1987 (번호대로 인용).

---

24) [역자주] 다음 서적들은 참고용이라 한글로 번역하지 않고 원문 그대로 가져왔으며 괄호 안에 책명만 한글로 번역하였다.

CPL: E. Dekkers, Clavis Patrum Latinorum(라틴 교부들 전집). (Sacris Erudiri III) Steenbrügge ²1961 (번호대로 인용).

Ehrhard: A. Ehrhard, Theologie(신학), in: K. Krumbacher, Geschichte der byzantinischen Literatur von Justinian bis zum Ende des oströmischen Reiches(저스틴의 시대부터 동로마제국의 멸망까지 비잔틴 문헌 역사) (527-1453) (Handbuch der klassischen Altertumswissenschaft [고전 고고학 안내서] IX/1) München ²1897.

Vetus Latina, Sigelverzeichnis: B. Fischer, Vetus Latina(고대 라틴어). Die Reste der altlateinischen Bibel(고대 라틴어 성경의 나머지 문서들). 1/1 Verzeichnis der Sigel für Kirchenschriftsteller(교회 저술가들의 기호 목록). Freiburg 1963; H. J. Frede, Kirchenschriftsteller. Verzeichnis und Sigel(목록과 기호). Freiburg 1981 (Ergänzungshefte 1981, 1982, 1985; Aktualisierungshefte 1984, 1988).

Hunger, Lit: H. Hunger, Die hochsprachliche profane Literatur der Byzantiner(표준어로 기록된 비잔틴 세속 문헌). 2 Bde. (Handbuch der Altertumswissenschaft[고전 고고학 안내서] XII/5,1) München 1978.

Krumbacher: K. Krumbacher, Geschichte der byzantinischen Literatur von Justinian bis zum Ende des oströmischen Reiches(저스틴의 시대부터 동로마제국의 멸망까지 비잔틴 문헌 역사) (527-1453) (Handbuch der klassischen Altertumswissenschaft[고전 고고학 안내서] IX/1) München ²1897.

Manitius: M. Manitius, Geschichte der lateinischen Literatur des Mittelalters(중세 라틴 문헌의 역사) I (1911), II (1923), III (1931) (Handbuch der Altertumswissenschaft[고전 고고학 안내서] IX/2,1-3) München.

Oritiz de Urbina: J. Ortiz de Urbina, Patrologia Syriaca(시리아 교부학). Rom ²1965.

Quasten: J. Quasten, Patrology(교부학). Bd. 1-3. Utrecht 1950/1960.

Spicq: C. Spicq, Esquisse d'une histoire de l'exégèse latine au moyen-âge latin(중세 라틴 시기에 라틴 주석 역사 개요). Paris 1944.

Stegmüller: F. Stegmüller, Repertorium Biblicum Medii Aevi(중세 성경 목록)

Bd. 1-7. Madrid 1950-1961 (번호대로 인용).

〈네슬-알란트 26판〉과 (특히) 〈그리스어 신약성서〉(GNT)에는 다음과 같은 그리스 교부들이 비평장치에 인용된다.

겐나디우스 1세, 콘스탄티노플(Gennadius I. v. Konstatinopel), 458-471년에 콘스탄티노플의 대감독. 그의 광범위한 저작은 단편으로만 남아 있으며, 신약성서 주석서들 중 고린도전서, 고린도후서, 갈라디아서, 히브리서와 특별히 로마서가 보존. (Altaner 335 이하; Quasten III 525 이하; Bardenh. IV 208-211; CPG 5970-5986.)

겔라시우스, 키지쿠스(Gelasius v. Cyzicus), 5세기. 키지쿠스 출신의 한 장로의 아들, 이후 비티니아(Bithynien)에서 교회사 집필(약 475년). (Altaner 227 이하; Bardenh. IV 145-148; CPG 6034.)

그레고리, 기적행사자(Gregor d. Wundertäter)(Gregory-Thaumaturgus), 약 213-약 270년. 고대 폰투스 왕국의 신-가이사랴(현재 터키의 닉사르[Niksar])의 이교도 가문 출신. 오리겐의 제자로서 기독교인이 되고, 얼마 지나지 않아 신-가이사랴의 감독이 됨. (Altaner 211 이하; Quasten II 123-128; Bardenh. II 315-332.)

그레고리, 나지안즈(Gregor v. Nazianz), 약 329년-약 390년. 기독교 가문 출신(아버지가 나지안즈의 감독이었음)으로 362년에 사제가 되었으며, 나지안즈 감독 직위의 임시 공동 행정가로 있었고 감독에게 반기를 들며 일했음. 379년부터 콘스탄티노플에 있는 니케아 교회의 감독. 저명한 연설가로 니사의 그레고리와 가이사랴의 대 바실리우스와 함께 '카파도키아의 세 대제' 중 하나. (Altaner 298-303; Quasten III 236-254; Bardenh. III 162-188; CPG 3010-3125.)

그레고리, 니사(Gregor v. Nyssa)(GrNy), 약 335-394년. 가이사랴 출신 바실리우스의 동생. 수사학자로 교육 받음. 371년 바실리우스에 의해 니사의 감독으로 임명됨; 후에 소아르메니아(Kleinarmenien)에 있는 세바스테(Sebaste)의 대감독. 중요한 사변적 신학자. (Altaner 303-308; Quasten III 254-296; Bardenh. III 188-220; CPG 3135-3226.)

네스토리우스(Nestorius), 약 381년-451년 이후. 페르시아 출신, 안디옥에서 신학 교육을 받고, 그곳에서 사제와 수도사로서 설교를 통해 큰 명성을 얻음. 428년에 콘스탄티노플의 대감독으로 부름 받았다. 431년 에베소 공의회에서 면직, 이집트로 추방되어 그곳에서 사망. (Altaner 336–338; Quasten III 514–519; Bardenh. IV 74-78; CPG 5665–5766.)

논누스, 파노폴리스(Nonnus v. Panopolis)(Non), 5세기. 서사시 '디오니소스의 이야기'(Dionysiaca)를 쓴 시인으로, 요한복음을 운율 있는 문체로 풀어썼다. (Altaner 283; Quasten III 114–116; Bardenh. IV 122–124; CPG 5641–5642.)

닐루스, 앙카라(Nilus v. Ancyra)(Nil) 약 430년 사망. 앙카라수도원 원장(이전에는 시내산의 닐루스[N. Sinaita]로 잘못 전해짐.). (Altaner 334; Quasten III 496–504; Bardenh. IV 161–178; CPG 6043- 6084.)

디다스칼리아(Didascalia), 3세기. 관습과 법에 대한 지침의 모음집으로서 그리스어 원문으로는 남아 있는 것이 거의 없음. 시리아나 팔레스타인에서 비유대인 출신 기독교인들을 위해 집필되었을 것으로 추정. 시리아 역본으로는 빠짐없이 남아 있으며, 라틴어 역본으로는 부분적으로 보존. (Altaner 84 이하; Quasten II 147–152; Bardenh. II 304–312.)

디다케(Didache), 2세기 초. 시리아 또는 팔레스타인에서 집필되었을 교회 직제. 〈12사도의 가르침〉으로도 불림. (Altaner 79–82; Quasten I 29–39; Bardenh. I 90–103.)

디도, 보스트라(Titus v. Bostra)(Tit), 378년 이전 사망. 보스트라의 감독. 설교 형식의 누가복음 주석이 단편으로 남아 있다. 마찬가지로 마니교도들에게 반대하는 저서들 가운데 제4권이 그리스어 단편들로만 남아 있으나, 시리아어로는 빠짐없이 보존되었음. 그는 이 책에서 신약성서 본문을 변조하려는 대적자들에게 맞선다. (Altaner 311; Bardenh. III 269–273; CPG 3575–3581.)

디디무스, 알렉산드리아(Didymus v. Alexandria)(Did), 약 313–398년. 알렉산드리아에서 출생. 어려서부터 앞을 볼 수 없었기에 '시각 장애인'이라는 별칭이 따름. 수십 년간 교리문답 학교의 교장이었음. 그의 광범위한 저서들은 성경 각 책들 및 신약성서에 대한 주석서들을 포함(최근에 발견된 투라[Tura] 파피루스들을 통해 더 풍성해짐.). (Altaner 280; Quasten III 85–100; Bardenh. III 104–115; CPG 2544–2572.)

디아도쿠스, 포티케(Diadochus v. Photike), 5세기 중반. 에피루스(Epirus) 지역 포티케(Photike)의 감독. 수도 생활에 관한 금욕주의적인 저서와 그리스도의 승천에 대한 설교문이 있음. (Altaner 334 이하; Quasten III 509–513; Bardenh. IV 186–188; CPG 6106–6111.)

디오그네트(Diognet), 2세기 말. 수신인은 알 수 없지만(수신인에 대한 수많은 견해들이 있었음) 편지 형태로 되어 있는 기독교 변증 저서, 스트라스부르에 13/14세기 것으로 추정되는 필사본으로만 남아 있음. 이 필사본은 1870년 불에 타 없어진 필사 원본에 대한 여러 복사 형태 가운데 하나로 알려져 있음. (Altaner 77 이하; Quasten I 248–253; Bardenh. I 316–325.)

디오니시우스, 알렉산드리아(Dionysius v. Alexandria)(Dion, Dionysius the Great of Alexandria), 2세기 말–264/265년. 재산이 많은 이교도 가문 출신. 기독교인 이전에는 고위 공직들을 맡음. 오리겐의 제자로서 231/232년 알렉산드리아 교리문답 학교의 지도 책임을 맡음. 사제가 된 후 247/248년에 알렉산드리아의 감독. 그의 저서들은 단편으로만 보존. (Altaner 210 이하; Quasten II 101–109; Bardenh. II 203–227.)

위-디오니시우스, 아레오바고(Dionysius Areopagita, Pseudo–), 5세기. 바울이 개종시켰다는 아레오바고(Areopagita)의 재판관 디오니시우스의 이름으로 전해진 문서집. (Altaner 501–505; Bardenh. IV 282–299; CPG 6600–6635.)

디오도레, 다소(Diodor v. Tarsus), 394년 이전 사망. 안디옥의 저명한 가문 출신으로 여러 해 동안 안디옥에 있는 한 수도원의 지도자. 378년 다소의 감독. 그의 광범위한 문학 활동은 신약성서 대부분의 주석들과 관계되어 있음. (Altaner 318 이하; Quasten III 397–401; Bardenh. III 304–311; CPG 3815–3822.)

레온티우스, 비잔틴(Leontius v. Byzanz), 6세기. 콘스탄티노플 출생으로 추정. 후에 팔레스타인의 수도사. 레온티우스의 이름을 쓴 다른 사람의 문서들은 진위 여부가 밝혀진 문서들을 분석함으로써 해결해 왔지만, 아직 다 해결되지는 않았다. (Beck, Kirche 373 이하; Altaner 509 이하; Bardenh. V 9–13; CPG 6813–6820.)

마르쿠스 에레미타(또는 은둔자 마르쿠스, Marcus Eremita)(Marc), 430년 이후 사망. 처음에는 앙카라의 어느 수도원 원장이었으며, 이후에 은둔자. 수많은 문서들의 저자. (Altaner 334; Quasten III 504–509; Bardenh. IV 178–186; CPG

6090-6102.)

마르키온(Marcion)(Mcion), 2세기. 흑해 주변 시노페(Sinope) 출신 감독의 아들. 그의 아버지와 함께 144년 로마교회에 의해 파문당함. 누가복음과 10개의 바울서신(두 가지 모두 개정되고 축소되었음)을 근거로, 기독교 교회에 맞서는 강력한 반대 세력을 구축함. (Altaner 106 이하; Quasten I 268-272, II 274 이하; Bardenh. I 371-374.)

마카리우스 마그네스(Macarius Magnes), 4/5세기. '마그네스'는 자신이 감독이었던 마그네시아(Magnesia)라는 그 지역의 도시 이름에 따라 붙여진 별명으로 추정. 그는 5권으로 된 자신의 변증서(Apokritikos)에서 주로 복음서들과 바울서신을 변증 대상으로 삼았다(이 저술은 포르피리우스[Porphyrius]의 논증에 대한 답변으로 추정). (Altaner 332 이하; Quasten III 486-488; Bardenh. IV 189-195; CPG 6115-6118.)

막시무스, 고백자(Maximus d. Bekenner), 580-662. 단성론(Monophysitismus)과 단의론(Monotheletismus)에 대항한 투쟁으로 '고백자'(라틴어: Confessor, 그리스어: Homologetes)라는 별칭을 얻게 됨. 콘스탄티노플의 귀족 가문 출신, 크리소폴리스(Chrysopolis)에 있는 수도원에 들어가기 위해 황제 헤라클리우스(Heraclius)의 비서직을 그만두었고, 후에 키지코스(Kyzikos)수도원에 들어감. 기독론 논쟁과 관련하여 653년 로마에 억류되었다. 콘스탄티노플에서 정치 소송 이후 655년 트라케로 추방. 나중에 불구가 되었고 라지카(Lazika)로 추방되어 그곳에서 사망함. (Beck, Kirche 436-442; Altaner 521-524; Bardenh. V 28-35; CPG 7688-7721.)

메토디우스, 올림푸스(Methodius v. Olympus)(Meth), 3세기 후반. 리키아(Lykien)의 올림푸스(Olympus) 감독, 티루스(Tyrus)와 파타라(Patara) 등 여러 다른 감독 직위도 그가 맡은 것으로 여긴다. 히에로니무스, 키루스(Cyrus)의 테오도레트(Theodoret) 등이 그가 순교하였음을 전한다. 그의 저작들은 거의 전체가 소실되었으나, 슬라브어 역본들에 의해서 부분적으로 알려지고 있다. (Altaner 215 이하; Quasten II 129-137; Bardenh. II 334-351.)

멜리티우스(Melitius), 381년 사망. 처음에는 세바스테의 감독, 이후에는 안디옥의 감독. 그의 재직 기간은 몇 번에 걸친 추방으로 중단되었다. 콘스탄티노플 공의회 기간 중 사망. (Altaner 260; Bardenh. III 238; CPG 3415-3425.)

바실리우스, 가이사랴(Basilius v. Cäsarea)(Bas, Basil the Great), 대략 330-379년. 이미 그의 생애 동안 '바실리우스 대제'로 불림. 부유하며 유서 깊은 기독교 가문 출신. 콘스탄티노플과 아테네에서 수학하였으나 폰투스에서 은둔 생활. 약 364년 이래 장로이며, (소아시아) 가이사랴의 감독 유세비우스의 조언자. 370년 가이사랴의 감독. 니사(Nyssa)의 그레고리와 형제이며 나지안즈(Nazianz)의 그레고리의 친구(바실리우스는 이 둘과 더불어 카파도키아의 세 대제로 불림). (Altaner 290-298; Quasten III 204-236; Bardenh. III 130-162; CPG 2835-3005.)

발렌티누스(Valentinus), 2세기. 이집트 출신의 영지주의자. 약 135-160년에 로마 거주. 알렉산드리아의 클레멘스, 히폴리투스 등이 그의 저서에 관해 언급한다. (Altaner 101; Quasten I 260 이하; Bardenh. I 358-364.)

베드로, 라오디게아(Petrus v. Laodicea) 7세기. 마태복음에 관한 성서 주해집의 저자로 여겨짐. (Beck, Kirche 468 이하; Altaner 518; Bardenh. V 107-110)

베드로, 알렉산드리아(Petrus v. Alexandria) 311년 사망. 약 300년부터 알렉산드리아의 감독. 순교하였음. (Altaner 212 이하; Quasten II 113-117; Bardenh. II 239-247)

부활절 연대기(Chronicon Paschale, Paschal Chronicle), 7세기. 콘스탄티노플에서 생겨난 것으로 추정되며 익명의 저자가 기록한 부활절 연대기. (Hunger, Lit. I 328-330; Krumbacher 337-339; Altaner 235; Bardenh. V 122-124.)

빅토르, 안디옥(Victor v. Antiochia), 500년경. 마가복음 주석서의 저자(편찬자?). (Beck, Kirche 421; Altaner 515; Bardenh. IV 255-257; CPG 6529-6534; Stegmüller 8286.)

빌라도행전(Pilatusakten)(Acts of Pilate), 5세기 초. 니고데모-복음서의 일부, 2개의 그리스어로 보존되며 다수의 번역본들도 있음. (Altaner 127; Quasten I 115-118; Bardenh. I 543-547.)

사도 교훈집(Apostolische Konstitutionen), 약 380년. 고대의 최대 교회법-예전 모음집, 시리아(안디옥)에서 한 사람에 의해 기록된 것으로 추정. (Beck, Kirche 143; Altaner 255 이하; Quasten II 183-185; Bardenh. IV 262-275.)

사도 규범집(Apostolische Kanones), 4세기 말. 85개 규범이 〈사도 교훈집〉(Apostolische Konstitutionen) 8권 마지막 장에 수록. 성직자의 선거, 서품 및 의무를 다루었고, 이 중 50개는 6세기 디오니시우스 엑시구스(Dionysius Exiguus)가 자신의 규범집 모음을 위해 라틴어로 번역하였음. (Beck, Kirche 143; Altaner 256; Bardenh. IV 266 이하.)

세라피온, 트무이스(Serapion v. Thmuis), 약 362년경 사망. 처음에 수도원 원장, 이어 339년부터 이집트 저지대에 위치한 트무이스의 감독. 특히 예전 기도문 모음집(Euchologion)의 저자. (Altaner 257, 280; Quasten III 80–85; Bardenh. III 98–102; CPG 2485–2504.)

세베루스, 안디옥(Severus v. Antiochia), 538년 사망. 피시디아(Pisidien) 지역의 소조폴리스(Sozopolis) 출신. 512년에 안디옥의 대감독. 단성론자였기에 518년 이집트로 피신. 536년 콘스탄티노플 공의회에서 파문당함. 그의 그리스어 저서는 단편들만 남아 있고 나머지는 분실. 시리아어 역본은 다수 보존되어 있다. (Beck, Kirche 387–390; Altaner 505; Bardenh. V 3–5; CPG 7022–7081.)

세베리안, 가발라(Severian v. Gabala), 408년 이후 사망. 시리아의 가발라 감독. 바울서신들에 대한 주석은 부분적으로 성서 주해집에 보존. (Altaner 332; Quasten III 484–486; Bardenh. III 363–365; CPG 4185–4295.)

소조메누스(Sozomenus), 5세기. 가자 출신. 그가 적어 놓은 몇몇 정보에 따르면 콘스탄티노플에서 변호사로 일했고, 324–425년 기간에 관한 교회사를 집필했다. (Altaner 227; Quasten III 534–536; Bardenh. IV 141–144; CPG 6030.)

소크라테스(Socrates), 약 380–약 439년. 콘스탄티노플 태생. 성직자는 아니었음. 유세비우스의 교회사 후속편으로 여겨졌던 교회사 저서 기록. (Altaner 226 이하; Quasten III 532–534; Bardenh. IV 137–141; CPG 6028.)

시네시우스, 키레네(Synesius v. Cyrene), 약 370/375년–약 413/414년. 키레네(Cyrene)의 이교도 귀족 가문 출신. 결혼했을 뿐만 아니라 기독교에 대해 계속 냉담했음에도 410년경 프톨레마이스(Ptolemais)의 감독과 펜타폴리스(Pentapolis)의 수석 감독으로 선출되었다. (Altaner 282 이하; Quasten III 106–114; Bardenh. IV 110–122; CPG 5630–5640.)

아나스타시우스, 시내산(Anastasius Sinaita)(Anast S, Anast Abbot), 700년 직후 사망. 시내산의 수도사이며 수도원장. 논쟁을 위해 이집트와 시리아로 여행. 알렉산드리아 전통에 입각한 성경 주석들 외에 〈질문과 답변 대화록〉(eroteseis kai apokriseis) 저술. (Beck, Kirche 442-446; Altaner 524 이하; Bardenh. V 41-46; CPG 7745-7758.)

아나스타시우스 1세, 안디옥(Anastasius I. v. Antiochia), 599년 사망. 팔레스타인 출신. 처음에는 수도사, 그 후 안디옥에서 알렉산드리아 대감독들의 파견 대표였으며 559년 이후 안디옥의 대감독이 됨. 그러나 570년 감독의 자리에서 쫓겨나고 20여년 이상 추방된 후, 593년 다시 대감독으로 복귀. 그의 교리 문서와 설교집 가운데 일부가 라틴어로만 전해짐. (Beck, Kirche 380 이하; Altaner 512; Bardenh. V 146-149; CPG 6944-6969.)

아다나시우스, 알렉산드리아(Athanasius v. Alexandria)(Ath), 295-373년. 알렉산드리아에서 출생. 325년 니케아 공회 시 그의 전임자 알렉산더의 비서이자 부제. 328년부터 사망할 때까지 알렉산드리아의 대감독. 광범위한 저술 활동과 여러 주석 문서들 중 단지 단편들만 전해짐. (Altaner 271-279; Quasten III 20-79; Bardenh. III 44-79; CPG 2090-2309.)

위-아다나시우스(Athanasius, Pseudo-), 실제 아다나시우스의 저서로 보기에는 진정성이 의심되는 문서 저술. 이 문서 일부의 저작 연대는 8세기까지 거슬러 올라갈 수 있다. 그 중에 〈공관복음 대조서〉(Synopsis Scripturae sacrae)가 있다. (Altaner 274 이하; Quasten III 29-34, 39, 65 이하; Bardenh. III 46 이하.)

아다만티우스(Adamantius)(Ad), 시리아 또는 소아시아에서 유래한 대화집 〈하나님을 바르게 믿는 믿음에 관하여〉(De recta in deum fide)라는 책을 저술했음. 오리겐이라는 이름으로도 전해진다. 그러나 알렉산드리아의 오리겐을 반대하는 입장을 취하기도 했으며, 이때 아다만티우스라는 이름으로 자신의 입장을 밝혔다. 이 책은 325년 이후에 기록되었다. 후일 루피누스(Rufinus)에 의해 라틴어로 번역되었다. (Altaner 216; Quasten II, 146 이하; Bardenh. III 553 이하.)

아레타스(Arethas), 약 850-944년 이후. 펠로폰네소스(Peloponnesos) 지역의 파트라이(Patrai)에서 출생. 콘스탄티노플의 성직자. 902년경 카파도키아의 가이사랴 감독(변증가들의 저작이 담긴 필사본들 가운데 기본적으로 중요한 필사본은 아레타스에게로 소급된다.). 그의 요한계시록 주석은 가이사랴 안드레아스의 주석에 대한 일종의 개정판이다. (Beck, Kirche 591-594; Altaner 517 이하; Quasten

I 188.)

아리스티데스(Aristides), 2세기. 아테네 출신. 하드리안(Hadrian) 또는 안토니누스 피우스(Antoninus Pius)에게 보낸 변증서 작성. 이 변증서는 먼저 유세비우스를 통해서만 알려졌으며, 그리스어(두 개의 파피루스 사본, 곧 발람과 여호사밧에 대한 소설), 시리아어, 아르메니아어 비평본으로 전해짐. (Altaner 64 이하; Quasten I 191-195; Bardenh. I 187-202.)

아리우스(Arius), 대략 260-336년. 리비아(Libya=Libyen) 출신. 알렉산드리아의 장로. 안디옥 루키안(Lukian von Antiochia)의 제자임. 아리우스의 〈탈레이아〉(Θάλεια)는 단편으로만 보존되어 있다. (Altaner 269 이하; Quasten III 7-13; Bardenh. III 41 이하; CPG 2025-2042.)

아스테리우스(Asterius), 341년 이후 사망. 수사학자이며 소피스트. 안디옥 루키안의 제자로 기독교인으로 개종. 후일 아마시아(폰투스, Pontus)의 감독. 복음서들 본문 및 로마서에 관한 설교문도 작성한 것으로 추정. 이 설교문의 존재는 위-크리소스토무스의 문서들(Pseudo-Chrysostomica) 가운데 나타나는 것으로 추정. (Altaner 270; Quasten III 194-197; Bardenh. III 122 이하; CPG 2815-2819.)

아카시우스, 가이사랴(Acacius v. Cäsarea)(Acac), 365/366년 사망. 가이사랴의 감독으로 유세비우스의 제자이며 후계자. (Altaner 224; Bardenh. III 262; CPG 3510-3315.)

아테나고라스(Athenagoras), 2세기. 아테네 출신의 기독교 변증가. 약 177년경 마르쿠스 아우렐리우스(Marc. Aurel.) 황제와 그의 아들 코모두스(Commodus)에게 기독교인을 위한 청원서 작성. 그 외에 부활에 관한 저술도 있음. (Altaner 74 이하; Quasten I 229-236; Bardenh. I 289-302.)

아폴리나리스, 라오디게아(Apollinaris von Laodicea), 약 310-390년. 361년부터 시리아의 라오디게아 감독. 구약성서에 들어 있는 여러 책들에 대한 주석 및 신약성서 주석들이 분실되었다가 히에로니무스에 의해 이 주석들의 존재가 증언되었는데, 제롬이 374년경 안디옥에 있을 당시 아폴리나리스가 그의 스승이었음. (Altaner 313-315; Quasten III 377-383; Bardenh. III 285-291; CPG 3645-3700.)

아프리카누스(Africanus), 2세기 중반에서 3세기 중반까지. 섹스투스 율리우스 아프리카누스(Sextus Julius Africanus)라는 이름으로도 전해짐. 예루살렘 출생. 오리겐의 친구. 알렉산더 세베루스(Alexander Severus) 황제를 위해 로마의 판테온(Pantheon)에 공립도서관 설립. 최초의 기독교 세계 연대기와 이른바 〈케스토이〉(Kestoi)라 불리는 백과사전 저술. (Altaner 209 이하; Quasten II 137-140; Bardenh. II 263-271.)

아헬라우스(Archelaus), 4세기 전반. 감독. 헤게모니우스(Hegemonius)에 의해 꾸며 작성된 논쟁이야기 〈아헬라우스의 행적(Acta Archelai)〉에서 마니(Mani)와 그의 제자 터보(Turbo)에 맞서 논쟁을 승리로 이끎. (Altaner 310 이하; Quasten III 357 이하; Bardenh. III 265-269; Hegemonius도 참고하라.)

안드레아스, 가이사랴(Andreas v. Cäsarea), 6/7세기. 카파도키아에 있는 가이사랴의 대감독. 요한계시록에 대한 주석 저술. (Beck, Kirche 418 이하; Altaner 517; Bardenh. V 102-105; CPG 7478-7479.)

안드레아스, 크레타(Andreas v. Kreta)(Andr), 약 660-740. 다마스쿠스 출신. 678년 예루살렘의 성묘수도원의 수도사이자 성직자. 685년 콘스탄티노플(Konstantinopel)의 부제. 692년 크레타(Kreta)의 대감독. (Beck, Kirche 500-502; Altaner 534; Bardenh. V 152-157; CPG 8170-8228.)

안토니우스(Antonius), 11/12세기. 자신의 저서명에 따라 '멜리사'(Melissa)로도 불림. 윤리적이고 종교적인 강독 모음집 저술. 이 모음집은 다마스쿠스(Damaskus) 요한의 성서 구절(Sacra Parallela)과 막시무스의(Maximus, 8세기) '발췌문'(Eklogai)의 셋째 책을 손질한 것이다. (Beck, Kirche 643.)

안티오쿠스(Antiochus), 7세기. 앙카라(Ancyra)에서 출생. 사바스수도원(Sabaskloster)의 수도사. 자신의 주요 저서명에 따라 '판덱테스'(Pandektes), 곧 '법전 편찬자'라는 별명을 얻음. 그 저서의 130개 단락에 수도 생활을 위한 수많은 성경 구절 및 교부들의 인용 구절(이 중 헤르마스의 목자서와 다른 사도 교부들이 포함됨)이 기재되었다. 안티오쿠스 스트라테기우스(Antiochus Strategius)와 혼동하지 말 것. (Beck, Kirche 449; Altaner 519; Bardenh. V 77-79; CPG 7842-7844.)

알렉산더, 알렉산드리아(Alexander v. Alexandria), 312/313-328년에 알렉산드리아의 감독. 그의 주도하에 아리우스(Arius) 논쟁 발생. 그의 저작들은 단편들로만 남아 있고, 그리스어로 기록되어 있음. (Altaner 269; Quasten III 13-19; Bardenh. III 34-41; CPG 2000-2021.)

암모니우스(Ammonius), 3세기. 이집트 저지대에 위치한 트무이스(Thmuis)의 감독. 유세비우스에 의해 오리겐과 같은 시대의 알렉산드리아인으로 소개되며, 유세비우스가 지지하는 공관복음 대조서(마태복음을 기준으로 다른 복음서들의 병행 본문들을 배열함)를 집필한 사람과 동일 인물로 추정. (Altaner 210; Bardenh. II 198-202.)

암모니우스, 알렉산드리아(Ammonius v. Alexandria), 5세기나 6세기. 장로. 단편으로 된 다니엘서, 요한복음, 사도행전에 관한 주석들이 교부들의 성서 해석집에 보존. (Altaner 516 이하; Bardenh. IV 83-86; CPG 5500-5509.)

암필로키우스, 이코니온(Amphilochius v. Iconium), 340/345-394년 이후. 카파도키아(Kappadokia) 3대 교부들의 친구, 리바니우스(Libanius)의 제자, 가이사랴의 대 바실리우스(Basilius v. Cäsarea)의 재촉으로 373년에 이코니온의 감독이 됨. (Altaner 308 이하; Quasten III 296-300; Bardenh. III 220-228; CPG 3230-3254.)

에피파니우스, 살라미스(Epiphanius v. Salamis)(Epiph), 약 315-403년. 유대 지방에서 출생. 수도원을 건립하고 30년간 수도원장을 맡음. 376년부터 키프로스의 살라미스(Salamis=콘스탄티아[Constantia])의 감독. 그의 신약성서 본문은 코이네 본문 형태의 초기 단계를 대표하며, 그의 작품 〈도량형〉(De mensuris et ponderibus)은 그가 성경 사전의 선구자임을 나타낸다. (Altaner 315-318; Quasten III 384-396; Bardenh. III 293-302; CPG 3744-3807.)

오르시에시우스(Orsiesius), 약 380년 사망. 호르시에시(Horsiesi)라고도 불림. 수도원장이고, 파코미우스(Pachomius)의 제자이며 후계자. 곧 그의 저작 〈수도원 규범〉(Doctrina de institutione monachorum)은 신앙적 유산이 되었으며, 후일 제롬에 의해 번역되었다. (Altaner 263 이하; Quasten III 159 이하; Bardenh. III 85-87; CPG 2363-2371.)

오리겐(Origenes)(Or), 약 185-253/254년. 기독교 가문 출신(아버지는 순교자 레오니다스[Leonidas]). 이미 17세에 문법 교사, 곧이어 알렉산드리아 교리문답학교의 교장이 됨. 230/231년에 면직되고 파문당하여 팔레스타인 지역의 가이사랴로 이주. 그럼으로써 가이사랴는 당시 신학 연구의 국제 중심지가 된다. 로마 황제 데키우스의 박해 시기에 받은 고문 때문에 죽은 것으로 추정. 초기 교회에서 (자신의 헥사플라[Hexapla]를 통해) 가장 중요하고 광범위하게 영향을 끼친 그리스 신학자. 그는 그리스어 구약성서의 본문에 지대한 영향을 미쳤다. 이와 비슷하게 신약성서 본문에도 그의 그런 영향력이 미쳤는지, 또는 어느 정도로 영향력이 미쳤는지는 매우 불확실하며, 실제로는 그럴 가능성이 거의 없어 보인다. (Altaner 197–209; Quasten II 37–101; Bardenh. II 96–194.)

오리겐(Origenes)(Or^{lat}), 일부는 익명으로, 일부는 루피누스(Rufinus)에 의해 라틴어로 번역되어 보존되는 오리겐의 주석서들. (Altaner 201–203; Quasten II 45–48; Bardenh. II 124 이하; Fischer, Vetus Latina, Sigelverzeichnis 387, 445–449.)

외쿠메니우스(Oecumenius), 6세기. 이전에는 트리카(Trikka)의 감독과 동일 인물로 여기는 잘못이 있었음. 철학자이며 수사학자. 그는 황제에게 속한 고위 관리로서 안디옥의 세베루스에게 서신을 쓴 바 있다. 주요 저서로는 요한계시록 주석이 있다. (Beck, Kirche 417 이하; Altaner 517; Bardenh. V 99–102; CPG 7470.)

위-외쿠메니우스(Oecumenius, Pseudo-), 외쿠메니우스의 것으로 잘못 알려진 신약성서 주석들(사도행전, 바울서신, 공동서신)이 있다. (Beck, Kirche 417 이하; Altaner 517; Bardenh. V 100 이하; CPG 7471–7475.)

요한, 다마스쿠스(Johannes v. Damaskus)(John-Damascus), 약 650년–8세기 중반. 다마스쿠스의 기독교 가문에서 출생. 그의 아버지는 칼리프 아래에서 일하는 고위 재무 관리였고 요한도 이 일에 발을 들여 놓았다. 700년이 되기 전 예루살렘 근처 세바스수도원(Sebaskloster)에 들어가 그곳에서 장로가 됨. 그의 광범위한 저서들 가운데에는 바울서신에 대한 다른 주석 자료(크리소스토무스, 테오도르, 알렉산드리아의 키릴의 저작 등)를 모아 재편성해 만든 주석도 있다. (Beck, Kirche 476–486; Altaner 526–532; Bardenh. V 51–65; CPG 8040–8127.)

유세비우스, 가이사랴(Euseb v. Cäsarea)(Eus), 약 263–339년. 장로 팜필루스(Pamphilus)의 제자, 약 313년에 가이사랴 감독을 맡음. '교회사의 아버지'로 불리며, 그의 광범위한 저서들에 사용된 신약성서 인용문들에 대해 폭넓은 연구가 긴급히 필요함. 그의 정경 목록표에 관해서는 본 책의 382쪽 참고. (Altaner 217–224; Quasten III 309–345; Bardenh. III 240–262; CPG 3465–3507.)

유스타티우스, 안디옥(Eustathius v. Antiochia), 337년 이전 사망. 팜필리아 지역(Pamphylien)의 시데(Side) 출신, 베뢰아(Berrhoia) 지역의 알레포(Aleppo) 공동

체의 대표였다가 약 323/324년 안디옥 감독으로 선출. 콘스탄틴 대제에 의해 326년 또는 330년 트라케(Thrakien)로 추방되어 그 곳에서 사망. (Altaner 309 이하; Quasten III 302-306; Bardenh. III 230-237; CPG 3350-3398.)

유탈리우스(Euthalius), 4세기. 기독교 문법학자. 부제를 거쳐 감독도 되었던 것으로 추정. 사도들의 서신들(사도행전과 공동서신)을 편찬하였으며, 그리스 수사학의 원칙을 따라 의미 단위로 본문을 구분. (Bardenh. II 292, III 283-285; CPG 3640-3642; LThK s. v. [Kraft].)

유테리우스(Eutherius), 5세기 전반기. 카파도키아 티아나(Tyana)의 감독. 기독론 논쟁에 휘말려 431년 에베소 회의에서 파문당하고 434년에 추방. (Altaner 338; Quasten III 519-521; Bardenh. IV 200-202; CPG 6147-6153.)

유티미우스 지가베누스(Euthymius Zigabenus), 12세기. 콘스탄티노플의 수도사. 광범위한 이단론 총서 〈충만하게 무장된 신앙〉(Panoplia dogmatike) 외에 복음서들 및 바울서신의 주석서들 집필. (Beck, Kirche 614-616; Bardenh. IV 202.)

율로기우스(Eulogius), 6/7세기. 먼저 안디옥에서 수도원장과 장로였고, 580-607년 알렉산드리아의 감독을 맡음. (Altaner 512 이하; Bardenh. V 19 이하; CPG 6971-6979.)

이그나티우스(Ignatius), 110년 사망. 안디옥의 감독, 로마에서 트라얀(Trajan) 황제 치하에서 순교. 그의 순교지가 된 로마로 가는 도중 소아시아의 여러 교회와 로마 교회에 보내는 일곱 편지 집필. (Altaner 47-50; Quasten I 63-76; Bardenh. I 131-158.)

위-이그나티우스(Ignatius, Pseudo-), 4/5세기. 작성된 이그나티우스 편지를 그 이후에 다시 다듬고 증보한 것. (Altaner 48, 256; Quasten I 74; Bardenh. I 140 이하, 150-155.)

이레네우스(Irenäus), 2세기. 소아시아 출신. 황제 마르쿠스 아우렐리우스 시대에 리옹(Lyon)에서 장로. 177/178년 이래 감독. 그의 여러 저작은 역본들로만 남아 있고, 그리스어 원본은 소수의 단편들로만 보존. (Altaner 110-117; Quasten I 287-313; Bardenh. I 399-430.)

이레네우스(Irenäus)(Ir^{arm}), 리옹의 이레네우스가 저술한 '사도적 선포에 대한 입증'(Demonstratio apostolicae praedicationis)을 가리킴. 4/5세기의 아르메니아어 번역본으로 20세기 초에 다시 발견되었다. (Altaner 112; Quasten I 292 이하; Bardenh. I 409–411.)

이레네우스(Irenäus)(Ir^{lat}), 이레네우스의 〈이단 논박〉을 가리킴. 원래 그리스어로 집필되었으며, 라틴어 역본만 전해진다. 기록 연대는 200년부터 396년까지 사이로 정확하지 않다. (Altaner 111 이하; Quasten I 290 이하; Bardenh. I 402–408; Fischer, Vetus Latina, Sigelverzeichnis 335.)

이시도르, 펠루시움(Isidor v. Pelusium), 약 360년–약 435년. 알렉산드리아 출신으로 나일강 주변 펠루시움(Pelusium)의 수도사이고 장로였다. 그의 방대한 서신집은 대부분 주석에 관련된 것이다. (Altaner 267 이하; Quasten III 180–185; Bardenh. IV 100–107; CPG 5557–5558.)

저스틴(Justin), 약 165년 사망. '철학자이며 순교자', 가장 유명한 기독교 변증가. 팔레스타인에 있는 나블루스(Nablus, 사마리아의 옛 도시 플라비아 네오폴리스[Flavia Neapolis]가 이곳에 있었음)의 이교도 가문 출신. 개종하기까지 가장 다양한 사조의 철학 경향들 연구. 선교 활동 이후 로마에서 참수됨. (Altaner 65–71; Quasten I 196–219; Bardenh. I 206–262.)

위-저스틴(Justinus, Pseudo-) 저스틴의 것으로 잘못 추정된 문서들. 대부분 4/5세기의 것. (Altaner 68; Quasten I 205–207, III 548; Bardenh. I 237–246.)

카르포크라테스(Carpocrates), 2세기 알렉산드리아에서 출생. 영지주의자. (Altaner 101; Quasten I 266 이하; Bardenh. I 358.)

캐사리우스, 나지안즈(Caesarius v. Nazianz), 4세기. 나지안즈의 그레고리와 형제. 캐사리우스라는 이름으로 저술된 대화록 〈질문과 답변〉(Dialogorum libri Quattuor[Erotapokriseis])이 있음. 그러나 이 문서는 6세기 저작으로 추정됨. (Beck, Kirche 388 이하; Altaner 301.)

코스마스 인디코플레우스테스(Cosmas Indicopleustes), 6세기. 이집트 출신(알렉산드리아?). 그의 생애는 그의 저작 〈크리스티아니캐 토포그라피아〉(χριστιανικὴ τοπογραφία) 안에 나와 있는 증거들만 가지고 추정할 수 있을 뿐이다. 이 기독교 지리 안내서는 근본적으로 주석서이다. (Hunger, Lit. I 528–530; Altaner 517; Bardenh. V 95–98; CPG 7468.)

크리소스토무스(Chrysostomus)(Chr, Chrysostom), 약 344–407년. 요하네스 크리

소스토무스(Johannes Chrysostomus), 부유한 부모의 아들로 안디옥에서 출생. 수사학자인 리바니우스(Libanius) 밑에서 수학. 도피하여 감독 선출을 거절. 결국 곧 설교를 통해 유명해진(6세기부터 그에게 '황금의 입'[Goldmund]이라는 수식어 따름) 안디옥에서 부제 및 사제가 됨. 본인 의지와 달리 콘스탄티노플의 대감독으로 선출됨. 비잔틴 왕궁에서 꾸민 음모로 추방이 되었고, 그러한 고난 때문에 결국 사망. 동방 교회의 저술가로서 가장 많은 신학 저술을 남김. 그의 주된 저술들은 설교집임. (Altaner 322-331; Quasten III 424-482; Bardenh. III 324-361; CPG 4305-4495.)

위-크리소스토무스(Chrysostomus, Pseudo-), 요하네스 크리소스토무스라는 이름을 빌려 쓴 문서로서, 가장 잘 알려진 두 저작은(수많은 설교들 외에) 〈크리소스토무스 예전〉(Chrisostomus-Liturgie, 오늘날까지 동방 정교의 예전으로 쓰임.)과 〈신·구약성서 대조서〉(Synopsis Veteris et Novi Testamenti)이다. (Beck, Kirche 242 이하, 245 이하; Altaner 328; Quasten III 472 이하; Bardenh. III 350-352; CPG 4500-5197.)

클레멘스, 로마(Clemens v. Rom)(Cl R), 95년경 로마교회의 이름으로 고린도교회에 보낸 편지. 필사본으로 전해지는 클레멘스의 두 번째 편지는 이 클레멘스와 무관한 것이고, 그의 이름으로 회람되는 다른 저서들도 마찬가지다. (Altaner 45-47; Quasten I 42-53; Bardenh. I 116-131.)

클레멘스, 로마, 위-클레멘스서(Clemens v. Rom, Pseudoclementinen)(Cl^{hom}, Ps-Clement), 로마의 클레멘스 생애를 소설 같은 이야기 형태로 서술한 외경 문서. 현재 라틴어로만 보존되어 있는 〈레코그니치오네스〉(Recognitiones)는 4세기의 것으로 추정. (Altaner 134이하; Quasten I 59-63; Bardenh. II 615-626; I 130 이하.)

클레멘스, 알렉산드리아(Clemens v. Alexandria)(Cl), 2세기 중반-215년 이전. 티투스 플라비우스 클레멘스(Titus Flavius Clemens)는 아테네에서 이교도 부모의 아들로 출생한 것으로 추정. 약 180년부터 알렉산드리아에서 기독교 교사로 활동하고, 후일 문답교리학교 교장이 됨. 셉티미우스 세베루스(Septimius Severus) 치하에 일어났던 202/203년 알렉산드리아의 기독교인 박해 당시 알렉산드리아를 떠남. 215년 이전 소아시아에서 사망. (Altaner 190-197; Quasten II 5-36;

Bardenh. II 40-95.)

클레멘스, 알렉산드리아(Clemens v. Alexandria)(Cl^{lat}), 540년경 알렉산드리아 클레멘스는 〈휘포튀포세이스〉(ὑποτυπώσεις)를 카시오도루스(Cassiodorus)를 위해 라틴어로 번역하였다. 이 중에서 그리스어 원본 베드로전서, 유다서, 요한1서, 요한2서 해설은 분실되었다. (Altaner 194; Quasten II 16 이하; Bardenh. II 72-76, V 277.)

키릴, 알렉산드리아(Cyrill v. Alexandria)(Cyr), 444년 사망. 명문 가족 출신으로 알렉산드리아에서 출생. 412년부터 알렉산드리아 대감독. 기독론 논쟁에서 결정적인 인물 중 하나. 주석서들 저술이 그의 문서 활동의 대부분을 차지한다. (Altaner 283-288; Quasten III 116-142; Bardenh. IV 23-74; CPG 5200-5438.)

키릴, 예루살렘(Cyrill v. Jerusalem)(Cyr J), 약 315-386/7년. 예루살렘 출생으로 335년에 부제, 345년에 장로. 348-350년 사이 예루살렘의 감독; 세 번 추방됨. 24개항 교리문답으로 가장 잘 알려짐. (Altaner 312 이하; Quasten III 362 이하; Bardenh. III 273- 281; CPG 3585-3618.)

타티안(Tatian), 2세기. '앗시리아' 출신. 로마 저스틴의 제자. 기독교 변증을 위한 하나의 저서 기록. 172년 동방 지역으로 귀환. 그의 〈디아테사론〉(Diatessaron)에 대해서는 본 책의 287쪽 참고. (Altaner 71-74; Quasten I 220-228; Bardenh. I 262-284; Oritz de Urbina 35-37.)

테오도레트, 키루스(Theodoret v. Cyrus)(Thret), 약 393년-약 466년. 안디옥 태생, 고향 근처 수도원의 수도사. 그 후 423년 자신의 의지와는 반대로 키루스시의 감독이 됨. 449년 에베소의 '강도 공의회'에서 면직, 추방당했으며, 451년 칼케돈 공의회에서 복직. 그의 광범위한 문서 중 14개 바울서신에 대한 주석서들이 있음. (Altaner 339-341; Quasten III 536-554; Bardenh. IV 219-247; CPG 6200-6288.)

테오도루스 스튜디타(Theodorus Studita), 759-826년. 콘스탄티노플 출신의 비잔틴 신학자. 비티니아(Bithynien) 지역의 사쿠디온(Sakkudion)에 그의 삼촌인 플라톤(Platon)과 공동으로 수도원을 설립하고 곧 수도원이 번창함. 794년 그 수도원 원장이 됨. 798년 콘스탄티노플의 스투디오스(Studios) 수도원으로 수도원 공동체를 옮겼다. 교회정치적 논쟁에 연루되어 수차례 투옥되고 추방되었으며, 프렌스섬(Prinzeninseln, 현재 터키 이스탄불 지역에 있는 섬)에서 사망. (Beck, Kirche

491–495; Krumbacher 712–715; Ehrhard bei Krumbacher I 147–151.)

테오도르, 몹수에스티아(Theodor v. Mopsuestia), 약 352–428년. 안디옥 태생, 리바니우스(Libanius) 밑에서 수사학과 문학을 공부. 392년 몹수에스티아(Mopsuestia)의 감독. 그의 저서들은(많은 신구약성서 주석을 포함) 553년 콘스탄티노플 공의회에서 그가 유죄 판결을 받음으로써 대부분 폐기되었다. (Altaner 319–322; Quasten III 401–423; Bardenh. III 312–322; CPG 3827–3873.)

테오도르, 헤라클레아(Theodor v. Heraclea), 355년 사망. 약 335–355년 트라키아(Thrakien)에 있는 헤라클레아의 감독. 제롬의 말에 따르면 신약성서 여러 책들에 대한 주석서 집필. (Bardenh. III 265; CPG 3561–3567.)

테오도트(Theodot), 2세기. 영지주의자. 발렌티누스의 제자. (Altaner 101; Quasten I 265 이하; Bardenh. I 362–364.)

테오도트, 앙카라(Theodot v. Ancyra), 5세기 초. 앙카라의 감독. 성서 주해 설교와 설교문 및 〈니케아 신조 주해서〉(expositio symboli Nicaeni)의 저자. (Bardenh. IV 197–200; CPG 6124–6141.)

위-테오둘루스(Theodulus, Pseudo–), 6/7세기(?). 장로 테오둘루스(5세기)의 이름으로 몇 개의 거의 소실된 문서들이 유포되어 있으며, 이는 겐나디우스와 에베드예수(Ebedjesu)에 의해 언급된다. (Bardenh. IV 262; CPG 6540–6544.)

테오테크누스(Theotecnus), 3세기. 가이사랴의 감독. 자신들이 작성한 신조에 지지 서명을 하도록 사모사타(Samosata)의 바울에게 편지를 쓴 여섯 감독들 중 한 사람. 그러나 진위 여부는 의심스럽다. (Bardenh. II 277 이하.)

테오필락트(Theophylact), 11세기. 에비아(Euboia) 출신. 콘스탄티노플에서 미카엘 프셀로스(Michael Psellos)의 제자였음. 부제 및 수사학 교사. 약 1090년부터 오크리드(Ochrid)에서 불가리아의 대감독 직무를 봄. 구약성서뿐만 아니라 신약성서에 대해서도 주석하였다. 그 중 마태복음과 바울서신에 대한 주석서가 중요하다. (Beck, Kirche 649–651; Ehrhard bei Krumbacher 133–135.)

테오필루스(Theophilus), 2세기. 유프라테스강과 티그리스강 부근 태생. 유세비우스에 따르면 안디옥의 6대 감독. 아우토리쿠스(Autolycus)에게 헌정한 세 권의 책을 제외하고 그의 저작들은 소실되었다. (Altaner 75–77; Quasten I 236–242; Bardenh. I 302–315.)

파피아스(Papias), 2세기. 피르기아(Phrygien)에 있는 히에라폴리스(Hierapolis) 감독. 이레네우스의 증언에 따르면, 파피아스는 '장로' 요한('Presbyter' Johannes)의 경청자였으며 폴리카프(Polykarp)의 친구였음. 예수와 그의 제자들의 말씀과 사역에 관한 전체 보도를 5권으로 집필(단지 몇 개의 단편으로만 보존). (Altaner 52 이하; Quasten I 82–85; Bardenh. I 445–454.)

팔라디우스(Palladius), 363/364–431년 이전. 유아그리우스 폰티쿠스(Euagrius Ponticus)의 제자. 약 400년부터 헬레노폴리스(Hellenopolis)의 감독. 406년 요한 크리소스토무스의 추종자로 추방당함. 그 후 412/413년 아스포나(Aspona)의 감독. 그의 주요 저서는 〈라우시아카의 역사〉(Historia Lausiaca). (Altaner 238–240; Quasten III 176–180; Bardenh. IV 148–155; CPG 6036–6038.)

팜필루스(Pamphilius), 309/310년 사망. 페니키아 지역의 베리투스(Berytus, 오늘날 베이루트) 출신, 장로이며 후에 오리겐에 의해 설립된 가이사랴 학교의 교장; 순교하였음. 감옥에서 오리겐을 위한 변호문 작성. (Altaner 213; Quasten II 144–146; Bardenh. II 287–292.)

포르피리우스(Porphyrius)(Porphyry), 233–약 301/304년. 어느 논쟁 문서에서 기독교를 공격한 티로스(Tyros) 출신의 신플라톤주의자. 그의 저작들이 단편들로 보존. (Schmidt–Stählin II 852–861.)

포티우스(Photius), 약 820년–886년 이후. 비잔틴 신학자이며 교회 정치가. 858–867년과 877–886년 2회에 걸친 콘스탄티노플의 대감독. 그는 키릴루스(Cyrillus)와 메토디우스(Methodius)를 선교사로 메렌(Mähren, 오늘날 모라비아[Moravia] 지역)에 파송했음. 이른바 〈암필로키아〉(Amphilochia)와 〈비블리오테케〉(Bibliotheke)로 불리는 그의 저작을 보면, 그가 학문적이고 비평적으로 성경을 해석하고자 했음을 알 수 있음. (Beck, Kirche 520–528; Ehrhard bei Krumbacher I 73–78.)

폴리카프(Polycarp), 156년 순교. 서머나(Smyrna)의 감독. 이레네우스가 증언한 서신들 가운데 빌립보 교회에 보내는 편지만 보존되어 있다. (Altaner 50–52; Quasten I 76–82; Bardenh. I 160–170.)

프로콥, 가자(Procop v. Gaza), 약 465–528년(475–538?). 가자지구 기독교 소피스트학교 대표. 구약성서에 관한 여러 성서 주해집의 저자. (Beck, Kirche 414–416;

Altaner 516; Bardenh. V 86-91; CPG 7430-7448.)

프로클루스(Proclus), 446년 사망. 434-446년 콘스탄티노플의 대감독. 수많은 설교집(일부는 위조된 것으로 규명됨). 대부분 주의 기념일들, 곧 예수의 탄생부터 승천까지의 기념일들에 관한 언급. (Altaner 338 이하; Bardenh. IV 202-208; CPG 5800-5915.)

프톨레매우스(Ptolemäus), 2세기. 영지주의자, 발렌티누스의 제자. 에피파니우스가 보존하고 있던 편지, 곧 플로라(Flora)에게 보내는 편지의 저자. 이레네우스가 인용한 요한복음-서문 해설서를 저술. (Altaner 101; Quasten I 261 이하; Bardenh. I 360 이하.)

피스티스 소피아(Pistis Sophia)(Pist S), 3세기. 원래 그리스어 영지주의 문서의 콥트어 역본. 5세기 또는 6세기의 양피지 필사본으로 보존. (Altaner 131 이하; Bardenh. I 354-358.)

피에리우스(Pierius), 309년 이후 사망. 알렉산드리아의 장로, 교리문답학교의 교장. 주석가, 포티우스에 의하면 12권의 〈말씀집〉(Logoi)을 저술했다. (Altaner 212; Quasten II 111-113; Bardenh. II 234-239.)

필로, 카르파시아(Philo v. Carpasia) 약 400년. 키프로스(Cyprus=Zypern) 지역 카르파시아의 감독. 구약성서 아가서에 대한 주석 집필. (Quasten III 394 이하; Bardenh. III 303; CPG 3810)

헤게모니우스(Hegemonius), 4세기. 〈아헬라우스의 행적〉(Acta Archelai)의 저자로 추정되며 라틴어로 된 부분만 빠짐없이 보관되어 있음. 이는 시리아에서 생겨난 마니교도들(Manichäer)에 대한 논쟁 문서로 추정. (Altaner 310 이하; Quasten III 357 이하; Bardenh. III 265-269; CPG 3570-3571.)

헤게시푸스(Hegesipp), 2세기. 동방 교회 출신. 로마 여행에 관하여 5권의 〈기억 노트〉(Hypomnemata) 집필. (Altaner 109 이하; Quasten I 284-287; Bardenh. I 385-392.)

헤라클레온(Heracleon), 2세기. 영지주의자 발렌티누스(Valentinus)의 제자, 요한복음 주석서 저자. (Altaner 101; Quasten I 262; Bardenh. I 360-361.)

헤시키우스(Hesychius), 5세기 전반. 수도사에 이어서 약 412년경부터 예루살렘의 장로. 성서 전권에 대한 주석가로 추정. (Altaner 333 이하; Quasten III 488-496;

Bardenh. IV 257-261; CPG 6550-6596.)

헤시키우스, 살로나(Hesychius-Salonitan), 405-426년. 달마티아 지역(Dalmatien) 살로나(Salona)의 감독. 요한 크리소스토무스와 편지 왕래. (Dictionnaire d'hist. et géogr. eccl. XV 1094-96.)

히에라카스(Hieracas), 약 300년. 금욕주의자로서 이집트 레온토폴리스(Leontopolis)의 금욕 공동체 교회의 대표. 수많은 성경 주석서(분실됨)의 저자. (Bardenh. II 251-253.)

히폴리투스(Hippolyt), 235년 사망. 중동 지역(소아시아?) 출생으로 추정. 로마의 장로였으며 감독의 반대파였음. 추방된 후 사르디니아(Sardinien)에서 사망. (Altaner 82-84, 164-169; Quasten II 163-207; Bardenh. II 550-610.)

위-히폴리투스(Hippolytus, Pseudo-.), 히폴리투스의 이름을 빌려 쓴 문서들. (Altaner 77, 168; Bardenh. I 319 이하, II 570, 577, 610-612.)

IV. 신약성서의 고대 번역본들

1. 기본 사항

72쪽 이하에서 언급한 바와 같이, 고대 번역본들은 기원후 180년경에 나타나기 시작한다. 라틴어, 시리아어, 콥트어의 경우가 이에 해당된다. 다른 번역본들은 — 예를 들어 고트어와 고대 교회의 슬라브어 — 그 언어를 쓰는 민족들이 곳곳에서 기독교화되면서 잇따라 나타난다. 아니면 아르메니아어와 조지아어(또는 그루지야어) 번역본에서처럼, 교회가 새로 생겨날 때 선교사들이 쓰는 언어를(대체로 그리스어로, 간혹 시리아어로도) 그 교회의 언어로 먼저 정한 이후, 어느 정도의 시간 간격을 두고 번역본들이 생겨난다. 일반적으로 역본들은 그 언어로 된 최초의 문학적 기념물이 된다. 때때로 번역본을 기록하기 위하여 심지어 알파벳을 새롭게 만들어야 하는 일도 생겨났다(예를 들어 고트어 역본들에서).

고대 번역본들은 다음의 경우에만 신약성서 본문비평을 위한 자료나 보조 도구로 쓰인다. 그리스어 원문에서 직접 번역된 경우이거나, 그리스어 본문을 기준으로 적극적으로 수정되어 그 밖의 다른 번역본을 토대로 번역한 경우이다. 직접 그리스어를 토대로 만들어진 경우에도 증거로서의 역본의 가치는 다음 내용에 따라 정해진다. (그리스어의 영향이 상당함에도, 아르메니아어 조지아어 에티오피아어를 제외하고는 다음에 소개되는 모든 역본들이 이에 해당한다.) 역본들이 생성되기 시작할 때 원래의 번역본이 존재하는지, 즉 다른 많은 번역본들이 의존하던 원래의 번역본이 있는지의 여부이다. 또는 곳곳에서 동시에 생겨난 요구 즉 그 지역 언어로 된 성서 본문을 만들고자 하는 요구 때문에 여러 병행 번역본들이 만들어지게 됐는지 하는 것이다. (나중에는 이런 병행 번역본들 때문에 번역본들에 대한 하나 또는 여러 전승들의 갈래가 생겨났다.) 고트어와 고대 교회 슬라브어 역본의 경우처럼 원래의 번역본이 명백히 규정되는 경우는 매우 드물다. 그 외 대부분의 경우는 논쟁 중이다. 원래의 번역본이 분명한 경우, 그 다음 번역본이 그리스어 원본문에 대해 갖는 증거로서의 의미는 축소된다. 또한 그 원래 번역본의 전승과 관련된 (그 원래 번역본 본문의 모든 이문들을 포함하는) 모든 필사본들은 그 번역본들 사이에서만 의미가 있게 된다. 결국 이런 필사본들에서는 원래 번역본에서 기초했던 그리스어 본문(들)만을 추적할 수 있을 뿐이다. 다만, 후대 번역본들 가운데 본문을 수정하기 위해 그리스어 필사본들을 참고한 경우는 제외한다.

여러 장소나 지역에서 동시에 번역이 시작됐지만 서로 독립적으로 이루어진 경우 상황은 다르게 나타난다. 실제로 라틴어 역본들의 경우 그런 상황을 쉽게 생각해 볼 수 있게 된다.

그리스어 원문의 규명과 그 본문 역사의 중요성에 있어서 신약성서의 고대 번역본들이 지금까지 자주 잘못 이용되었다는 점, 즉 전체적으로 과대평가되었다는 점은 힘주어 말할 필요가 있다. 번역 언어들의 구조가 그리스어와는 다름에도, 번역 언어들의 구조에 대한 지식이 충분하지 않아서 신약성서 비평장치에 달기에는 적합하지 않은 수많은 번역본들이 인용되곤 했기 때문이다. 〈네슬-알란트 26판〉에서, 번역본들을 통해 그리스어 대본의 본문을 분명하게 인식할 수 있을 때에만 비평장치에 번역본들을 인용하는 것으로 제한한 것은, 타당한 이유가 있다. 그뿐만 아니라, 번역본들 사이의 발전 과정을 살펴보다가, 그 번역본들이 대본으로 삼았던 그리스어 본문에 대해 너무 많은 추론들이 광범위하게 생겨나게 되었다. 또한 중심이 되는 원 번역본에 대한 전제가 맞다면, 거기서 파생되는 모든 번역본들은 어차피 의미 없게 된다. 번역본들에 대한 과대평가는 불행한 결과를 가져올 수도 있다. 웨스트코트/호트가 베자 켄터브리지언 사본(Codex Bezae Cantabrigiensis)을 근거로 고대 라틴어 및 고대 시리아어 역본의 도움을 받아 2세기 본문을 밝혀내고자 했던 것은 이해할 만한 일이다. 그러한 고대 번역본들을 통해 증거되는 그리스어 본문들은 4세기 이전까지는 이르지 못했기 때문이다. 2세기 본문에 대한 수많은 그리스어 증거들을 가지고 있는 오늘날의 상황에서 그들의 이론을 따르는 것은 타당하지 않다. 특히 웨스트코트/호트가 전제로 삼았던 내용들은 고대 시리아어 역본(Vetus Syra, 본 책의 288쪽 참고) 및 고대 라틴어 역본(Vetus Latina, 본 책의 282쪽 참고)과 관련해서 볼 때, 더 이상 받아들일 수 없는 것으로 입증되었기 때문이다.

그럼에도 번역본들은 큰 의미를 지닌다. 번역본들은 그것들이 생겨난 지역이나 지방의 본문을 규명하는 데 중대한 가치가 있기 때문이다. (예를 들어 콥트어 역본들은 — 본 책의 298쪽 이하 참고 — 이집트어 본문을 규명하는 데 중요하다.) 물론 번역본들과 더불어 번역본들의 언어로 쓰인 신약성서 교부 인용문들도 원문을 밝히는 중요 검토 도구로 참고해야 할 것이며, 이전보다 훨씬 더 엄격한 기준을 두고 참고해야 할 것이다.

안내서들

K. Aland(Hrsg.): Die alten Übersetzungen des Neuen Testaments, die Kirchenväterzitate und Lektionare, Arbeiten zur neutestamentlichen Textforschung 5, Berlin 1972 (개별 주제에 대한 전문성 있는 학자들의 13가지 연구); B. M. Metzger, The Early Versions of the New Testament, Their Origin, Transmission, and Limitations, Oxford 1977(그 '한계들'[Limitations]과 관련해서 전문가들의 논문들이 실려 있음. 그 밖에 광범위한 참고 문헌 목록들과 연구 현황에 대한 조사가 수록됨). 성서번역본 전체에 대해서는 den Artikel Bibelübersetzungen(성서번역본들) I, TRE VI, 161-215를 참고.

2. 라틴어 역본들

고대 라틴어 역본

가장 오래된 라틴어 본문들은 테르툴리아누스(Tertullianus=Tertullian)의 수많은 신약성서 인용문에서 발견된다. 그가 언제 저술을 시작했는지 정확하게 말할 수는 없지만, 대략 195년경으로 추정한다. 그러나 이 인용문들은 라틴어 성경 번역 역사를 살피고자 할 때 도움이 되지 못한다. 테르툴리아누스가 그의 성경 인용들을 (마르키온[Marcion]에게서 인용한 구절들조차) 그리스어에서 직접 번역한 것이 확실하기 때문이다. 그는 그리스어에 능통했고 라틴어로 된 어떤 신약성서 필사본도 사용하지 않았다. 그러한 내용은 기원후 250년경 키프리안(Cyprian)에게서 비로소 분명히 확인할 수 있다.

가장 초기의 라틴어 신약성서 필사본은 4세기 것이다. 그러나 필사본 k(4/5세기)는 키프리안 이전 시대의 본문을 필사 대본으로 삼았다. 심지어 여기서 번역되고 있는 그리스어 본문은 2세기까지 소급할 수 있는 것으로 간주되기도 한다. 한편, 남아 있는 필사본의 개수는 라틴어 역본에 대한 잘못된 인상을 심어주곤 한다. 고대 라틴어 신약성서 번역본은 〈네슬-알란트 26판〉 712-716쪽에 모두 50개 이상의 필사본 목록(단편들로 된 필사본도 포함)에 수록되어 있다. 그러나 이 수량들은 원래 라틴어 역본들의 전체 수량에 비하면 아주 적은 일부에 불과하다. 어거스틴은 그의 저서 〈기독교 교리〉(De Doctrina Christiana)에서 다음과 같이 하소연한 바 있다(그 인용 부분은 이미 396/397년에 기록된 것으로 보임). 그리스어 신약성서 필사본을 수중에 넣어 그것을 라틴어로 번역하려는 사람마다 두 언어에 대한 지식이 너무나 부족했다는 것이다(II, 16). 히에로니무스의 하소연도 이에 잘 어울린다. 그는 당시(약 347-419/420년)의 수많은 라틴어 필사본들의 본문에 대해 다음과 같은 소견을 밝힌다. "전체 필사본의 수와 거의 같은 수의 번역 필사본이 있다."(tot sunt [exemplaria] paene quot codices.) 즉 번역 필사본이 모두 제각각이란 뜻이다. 이것은 확실히 과장된 표현(히에로니무스의 많은 진술처럼)이기는 하나, 4세기 말까지 얼마나 다양하고 많은 라틴어 전승이 있었는지를 대략 보여 준다.

가장 후기의 고대 라틴어 필사본이 13세기 것이라는 사실은 이러한 초기 라틴어 본문이 어느 정도의 지속성과 생명력을 지녔는지를 시사한다. 물론 이 부분에서 알아 두어야 할 것이 있다. 히에로니무스의 불가타가 등장하자마자, 초기 신약성서 라틴어 본문은 그의 불가타에 기록된 라틴어 본문의 영향을 받기 시작했다는 것이다. (이에 해당하는 것들로 특히 f, c, ff^1, g^1, l, aur, q를 들 수 있다.) 또한 반대로 불가타의 필사본들은 고대 라틴어 필사본의 영향 아래 있었다는 것이다. 그렇기 때문에 라틴어 역본들은 매우 다양한 혼합 형태로 나타나게 되었다. 이에 대해 눈여겨볼 만한 점은, 13세기의 라틴어 번역 필사본은 사도행전과 요한계시록에서만 고대 라틴어의 특성을 보이고 있으며, 그 외에는 불가타를 따른다는 것이다. 또한 가장 후기의 이 필사본은 외형적 특징들 때문에 가장 주목할 만한 증거들 가운데 하나로 꼽힌다. 이 시기 필사본을 가리켜 '코덱스 기가스'(Codex gigas, 거인 사본)라고 부르는 데에는 이유가 있다. 왜냐하면 각 쪽의 크기가 49×89.5cm나 되기 때문이다! (이런저런 일들을 거친 후 지금은 스톡홀름 국립도서관에 보관되어 있다.)

이 필사본은 인쇄본의 비평장치에 기호 'gig'로 소문자로 표시된다. 고대 라틴어 필사본들은 여러 세대 동안 라틴어 소문자로 표시되었기 때문이다(〈네슬-알란트 26판〉 712-716쪽 참고). 이 거인 사본들 가운데 어떤 것에도 신약성서 전체가 들어 있지는 않았다. 그래서 같은 문자가 신약의 다른 부분에서 다른 의미를 갖게 되었다. 이것은 그레고리의 기호 체계(본 책 101쪽)가 적용되기 이전에 그리스어 필사본들을 가리켰던 경우와 같은 것이었다. 따라서 피셔(B. Fischer)는 기호 체계를 재구성하고, 필사본들에 아라비아 숫자를 추가했다.(〈네슬-알란트 26판〉 부록 I, 712쪽 이하 참고, 라틴어 소문자 표기와 함께 수록된 내용들도 추가로 참고). 그러나 이 체계는 지금까지 전문 학자들만 사용하는 것이었기 때문에 〈그리스어 신약성서〉(GNT)와 〈네슬-알란트 26판〉의 비평장치에는 옛 표기 방식이 그대로 남아 있다.

〈네슬-알란트 26판〉 712-716쪽에 나오는 고대 라틴어 필사본의 목록(필사본마다 정확히 어떤 내용이 들어 있는지 수록되어 있음)을 고려하여, 여기서는 가장 중요한 내용을 간략하게만 다룰 것이다.

우리는 이미 사본 k(보비엔시스 사본)를 언급하였다(277쪽 참고). 모든 면에서 매우 주목할 만한 이 필사본은(예를 들어 이른바 '더 짧은 결론'만으로 끝나는 마가복음이 들어 있는 필사본으로는 신약성서 전승 전체에서 유일함) 사본 e(5세기의 팔라티누스 사본[Codex Palatinus], 이 필사본은 자주색 양피지 위에 은색 잉크로 기록되었고 금색으로 장식되었으며 본문은 이미 유럽의 영향을 받았음)와 함께 아프리카 유형, 이른바 '아프라'(Afra) 유형에 속한다. 이 유형 표시는 율리허(A. Jülicher)가 인쇄본 본문의 특별한 행간에 표기해 둔 것이다. 이 '아프리카' 본문 형태는 '유럽' 본문 형태(a, b, c 등)와 대조되는 형태로 여겨지곤 했다. 확실히 맞는 내용이다. 그러나 최근 연구에서는 이전에 일반적으로 생각했던 것보다 더 광범위한 의미로 '아프라'라는 용어를 파악하고 있다. 즉 아프라의 본문 형태를 아프리카라는 지역적 특징에만 국한시켜 파악하는 것이 아니라, 주로 그 문체 및 어휘와의 관계성에 비중을 두고 파악하려 한다. 이른바 '유럽' 필사본들 중에 가장 중요한 필사본들은 다음과 같다: 4세기의 베르셀렌시스 사본(a, Codex Vercellensis, 서방 본문에서 사용했던 순서대로, 복음서들을 마태복음, 요한복음, 누가복음, 마가복음 순으로 배열), 5세기의 베로넨시스 사본(b, Codex Veronensis, 은색 잉크와 금색 장식으로 자주색 양피지에 기록. a와 같은 순서로 배열된 복음서들), 12/13세기 콜베르티누스 사본(c, Codex Colbertinus, 이전에는 아프리카 본문으로 간주했다. 복음서들은 일반적인 순서로 배열됨), 5세기 코르베이엔시스

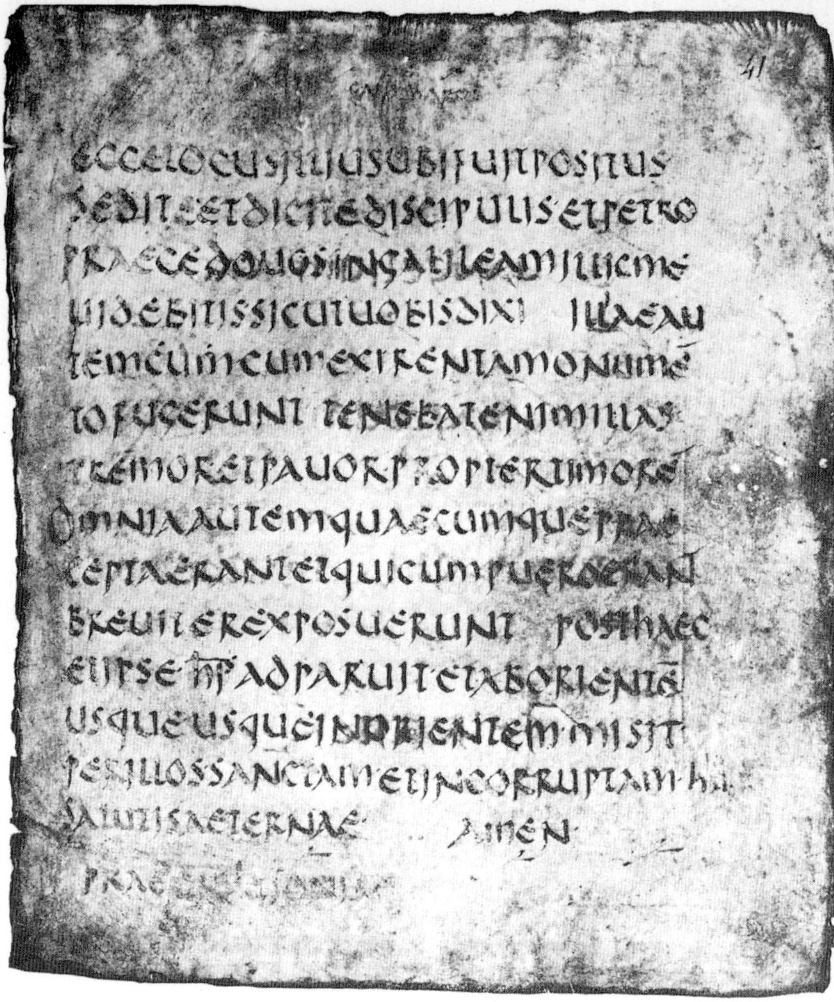

그림 60 보비엔시스 사본(k, Codex Bobiensis), 4/5세기, 이 그림은 이 필사본의 f.41[r]에 해당하는 부분으로서 마가복음 끝 부분이다. 마가복음 16:8에 이어 곧바로 '짧은 결론'[1]이 이어져 있는 필사본으로서는 지금까지 알려진 유일한 필사본이다(277쪽 참고).

1) [역자주] 현재 한글성경에는 나타나지 않지만, 〈네슬-알란트〉 등에서 볼 수 있듯이 마태복음 16장 8절과 9절 사이에 들어가 있는 구절을 가리킨다.

사본 II(ff², Codex Corbeiensis II, 각 복음서 앞에 요약문, 곧 각 '장'에 대한 짧은 내용 정리가 달려 있는 가장 오래된 라틴어 필사본), 5세기 빈도보넨시스 사본(i, Codex Vindobonensis, 마가복음과 누가복음의 단편들만 들어 있음) 등이 있다.

베자 켄터브리지언 사본의 오른쪽 면에 기록된 부분 d, 즉 라틴어 본문은 특별한 설명이 필요하다. 이에 대해 본문비평의 교과서와 같은 메츠거의 저서(《신약의 본문》[*Der Text des Neuen Testaments*], Stuttgart 1966)에는 일찍이 널리 퍼져 있던 견해가 서술되어 있다(74쪽):

> "(베자 켄터브리지언 사본의 라틴어 본문 d는) 사본에 그 본문과 나란히 기록된 그리스어 본문에 따라 여기저기 교정되긴 했지만, 그럼에도 고대 라틴어 본문의 옛 형태를 보존하고 있다. 다른 모든 본문 증거들이 서로 다르게 나타나는 곳에서 라틴어 본문 d의 독법은 사본 k 및 사본 a의 독법과 때때로 일치하기 때문에, 라틴어 본문 d는 어떤 한 본문의 증거가 된다. 즉 그 본문이 3세기 초반보다 더 이른 시기에 이미 유포되어 있던 것은 아니라 할지라도, 3세기 초반보다 더 늦은 시기의 본문은 아닐 것이다."

피셔(ANTF 5, 42)는 이 견해에 격렬하게 반대한다.

> "라틴어 본문이, 옆에 함께 실려 있는 그리스어 본문에 거의 완전히 의존하고 있다는 것은 오늘날 아주 보편적으로 인정되고 있는 사실이다. 이를 토대로 사람들은, 라틴어 역본이 그리스어 본문에 지나치게 동화되어 그 밖의 다른 라틴어 역본을 증명할 때만 라틴어 증거로서의 가치가 인정될 수 있을 것이라고 표현하기도 한다. 또는 라틴어 본문이 그리스어 본문을 맹목적으로 그대로 옮겨 놓은 것이라고 말하기도 한다. 또는 앞선 필사자가 그리스어 본문을 번역할 때 라틴어 본문을 보조 도구로 사용하려고 했거나, 라틴어 본문에서 단어 선택을 하려다가 라틴어 본문들에 영향을 받아 결국 2개 언어로 나타나게 된 것이라고 말하기도 한다. 그러나 어쨌든 베자 켄터브리지언 사본의 라틴어 본문 d(5)는 그 밖의 다른 라틴어 성경의 영역에서 벗어난다."

그 사이에 메츠거는 다시 피셔의 견해에 동의한다는 입장을 밝혔다(*The Early Versions of the New Testament, Their Origin, Transmission, and Limitations*, Oxford 1977, 318). 베자 켄터브리지언 사본 D의 라틴어 본문을 살펴봤을 때, 웨스트코트/호트 및 그들의 추종자들이 주장하듯 그 본문이 초기 시대 본문이라는 결론에 도달할 수 없음을 확인하는 것이 중요하다.

인쇄본들:

복음서들: Itala. Das Neuen Testament in altlateinischer Überlieferung. Nach den Handschriften hrsg. von A. Jülicher, durchgesehen und zum Druck besorgt von W. Matzkow† und K. Aland (Bd. I Matthäus-Evangelium ²1972, Bd. II Marcus-Evangelium ²1970, Bd. III Lukas-Evangelium ²1976, Bd. IV Johannes-Evangelium 1963), 바울서신: 엡-골 Bd. 24/1-2 der Vetus Latina, hrsg. von H. J. Frede, 1962-1971, 살전-히 Bd. 25 der Vetus Latina, hrsg. von H. J. Frede, 1975-1989, 공동서신: Bd. 26/1 der Vetus Latina, hrsg. von W. Thiele 1956-1969.

결국 고대 라틴어 역본들은 지금까지 복음서들, 바울서신 일부와 공동서신만 비평적 인쇄본들로 존재한다. 따라서 신약성서의 나머지 부분들에 해당하는 고대 라틴어 전승의 경우, 〈네슬-알란트 26판〉에 나오는 내용들은 필사본들과 직접 원문을 비교·대조하는 작업을 거쳐 얻어낸 결과물이다. 좀 더 이른 시기에 나온 인쇄본들로는 작업하기에 충분하지 않은 경우가 적지 않다. 특히 벨스하임(Belsheim)의 인쇄본들을 사용할 때는 주의를 기울여야 한다. 전문 용어에 관해서는 다음 내용을 알아 두어야 한다. 율리허의 제안으로 고대 라틴어 전승을 'Itala'로 표기하는 것은 전통을 따른 것이고, 이는 어거스틴까지 거슬러 올라간다. 그러나 어거스틴이 'Itala'를 언급하면서 무엇을 말하고자 했던 것인지는 아직도 불확실하며 논쟁 중이다. 따라서 고대 라틴어 전승을 'Itala'보다는 — 고대 시리아 전승을 'Vetus Syra'(고대 시리아어 역본)라고 표기하는 것과 마찬가지로(본 책의 288쪽 이하 참고) — 'Vetus Latina'(고대 라틴어 역본)라고 표기하는 것이 더 낫다. 그럼에도 〈네슬-알란트〉에 기호 'it'가 유지되었다면, 이는 전통에 대한 고려 및 실용성의 측면과 관련된다. 같은 이유로 〈네슬〉에서는 여전히 라틴어 소문자를 사용하여 개개의 필사본들을 표시한다. 이때 'vl' 때문에 헷갈리는 일이 생기곤 했을 것이다(그 밖의 다른 증거들을 뜻하는 'vel'과 다른 독법[varia lectio]을 뜻하는 'v.l.' 사이에서). 피셔가 라틴어 필사본의 기호 체계를 도입했을 때도 마찬가지 경우였다. 그는 라틴어 필사본마다 아라비아 숫자를 붙여 표기했지만, 같은 방식으로 표기된 그리스어 소문자 사본의 숫자와 헷갈리곤 했다.

불가타

7세기 이래로 라틴어를 사용하던 교회에 '널리 유포된(=vulgata)' 라틴어 본문 형태를 가리켜 '불가타'(Vulgata)로 표기한다. 불가타는 1590년 로마에서 교황 식스투스(Sixtus) 5세의 인쇄본에서 처음으로, 그 후 1592년 교황 클레멘스 8세(Clemens VIII)의 인쇄본에서 가톨릭 교회의 공식적인 권위를 인정받았다. 그 권위는, 그 후 교황 바울 6세(Paul VI.)의 주도하에 '새-불가타'(Neo-Vulgata)가 착수될 때까지(1979년 4월 25일 교황 요한 바울 2세[Johannes Paul II.]의 사도적 법령[Apostolische Konstitution]으로 반포) 이어졌다. 이 새로운 작업에서는, 전해 받은 본문 가운데 무수히 많은 구절들의 언어들이 개정되었다. 그뿐만 아니라, 무엇보다도 라틴어 본문을 그리스어 본문에 맞추고자 했다. 새로운 작업은 긴급한 필요에 의한 것이었다. 1590년의 인쇄본이나 1592년의 인쇄본도 그 인쇄본들을 바탕으로 해내야 할 일에는 적합하지 않았기 때문이다. (로마 교회가 처벌자들을 대대적으로 파문시키는 사건이 일어났을 때, 1590년 인쇄본에 대한 본문 변경을 엄격히 금지했다. 그럼에도 1592년의 인쇄본 본문에서는 대략 5,000군데가 수정되었다.) 히에로니무스가 사용했던 원본문을 올바르게 재현해 내는 일이든(이에 대한 더 많은 정보는 아래의 문헌 참고), 필사 대본으로 쓰였던 그리스어 본문을 제대로 밝혀 내는 일이든, 불가타 본문으로는 적합하지 않았다. 지금 '새-불가타'(*Nova Vulgata*. Bibliorum sacrorum editio, Rom 1979, 2. Ausgabe 1986, Taschenausgabe Nestle-Aland, *Novum Testamentum latine*, 1984, auch graece et latine, 3. Druck 1987)가 그 둘째 과제에 해당되는 일을 맡고 있다. 불가타의 원래 본문을 복원하는 일은 서로 다른 세 지역에서 동시에 착수되었다. 1907년 이래 로마에 있는 상지로라모(San Girolamo=제롬) 베네딕트수도원의 수도사들이 계속 연구하고 있으나, 기초적인 저작에 해당하는 많은 저서들은 지금까지 구약성서에 한정되고 있다. 워즈워스(J. Wordsworth), 화이트(H. J. White), 스파크스(H. F. D. Sparks) 등에 의해 옥스퍼드에서 세 권으로 된 〈성 제롬의 우리 주 예수 그리스도의 신약성서 두 번째 라틴어 인쇄본〉(*Novum Testamentum Domini nostri Iesu Christi latine secundum editionem Sancti Hieronymi*)의 첫 권이 1889년에, 마지막 권이 1954년에 출판되었다. 그 후 1969년에 출판된 두 권으로 된 〈슈투트가르트 불가타〉(Stuttgarter Vulgata), 즉 'Blblia sacra iuxta Vulgatam versionem'은 피셔, 프레데(H. J. Frede), 그리보몽(J. Gribomont), 스파크스, 틸레(W. Thiele) 등과 함께 베버(R. Weber, 1984년에 제 3판)가 편집하였다.

불가타는 일반적으로 제롬의 번역으로 이루어진 성서로 여겨진다. 그러나 신약성서 부분에는 이 사실이 딱 들어맞지는 않는다. 그의 불가타를 보면, 신약성서는 단지 복음서들 부분의 고대 라틴어 본문만을 개정했기 때문이다(383년에 완성). 그의 중점적인 작업은 구약성서를 히브리어 본문에서 새롭게 번역하는 것이었다. 거기에서도 오리겐(Origenes)의 그리스어 헥사플라(Hexapla)를 따라 개정한 시편과 그가 전혀 번역하지 않았던 지혜서와 집회서와 마카베오기는 제외된다. 신약성서의 나머지 부분이 언제 또는 누구에 의해서 개정되었는지는 확실하지 않다. 어쨌든 불가타 본문의 신약성서 부분은 5세기 초에 펠라기우스(Pelagius)와 그의 추종자들에게서 처음 발견된다. 이 신약성서 부분의 개정 작업은, 제롬이 복음서들을 개정했을 때보다 더 주의 깊고 더 일관성 있게 이루어져 있었다. 어떤 그리스어 본문을 대본으로 삼았는지에 대한 문제는 계속 논쟁 중이다. 초기에는 그것이 א BL 유형의 필사본이었을 것으로 생각되었으나, 오늘날에는 제롬이 초기 코이네 본문 유형의 동시대 필사본을 사용했다는 견해가 지배적이다.

현존하는 불가타 필사본의 수는 거의 가늠할 수 없지만, 8,000개 이상일 것으로 추정한다. 먼저 쉽게 이해할 수 있듯이 불가타가 유포된 중심지는 이탈리아였다. 그러나 중세 교회사의 흐름에 따라 스페인, 갈리아(Gallien), 아일랜드 등에서 고유한 본문 유형들이 형성되었다. 칼 대제(Karl der Große)의 시대에는 독자적인 비평본들이 생겨나게 되었으며, 중세의 절정기까지 계속 발전된 알쿠인(Alkuin)의 비평본은 특별한 영향력을 끼쳤다. 13세기 소르본대학(Sorbonne)의 파리 성경 복사본들 중 하나가 훗날 최초의 인쇄본 성경의 인쇄 대본이 되었고, 이 최초의 인쇄본 성경에 따라 그 이후 식스토-클레멘티나 시대(Sixto-Clementina)까지 성경이 인쇄되었다. (슈투트가르트 불가타 본문 형성에 주된 기초가 되는) 가장 중요한 불가타 필사본들은 다음과 같다.

A 아미아티누스 사본(Codex Amiatinus). 8세기 초. 성경 전체가 들어 있는 라틴어 필사본 가운데 가장 오래된 필사본. 노섬브리아(Northumbria)에서 기록. 오늘날 플로렌스(Florenz = 피렌체)의 메디치 가문의 라우렌치아나도서관(Biblioteca Medicea Laurenziana)에 보관.

F 풀다 사본(Codex Fuldensis)(신약성서). 547년 카푸아(Capua)의 감독 빅토르(Victor)를 위해 기록(그가 교정함). 오늘날 풀다(Fulda)의 주립도서관(Landesbibliothek)에 보관(그림 61 참고).

G 상거마넨시스 사본(Codex Sangermanensis)(신약성서). 9세기 초 파리에서 기록. 오늘날 파리의 국립도서관(Nationalbibliothek)에 보관.

M 메디올라넨시스 사본(Codex Mediolanensis)(복음서들). 6세기 후반에 북이탈리아에서 기록. 오늘날 밀라노 암브로시아나도서관(Biblioteca Ambrosiana)에 보관.

N (복음서들). 5세기 이탈리아에서 기록(재생사본[Palimpset]). 오늘날 오툉시립도서관(Stadtbibliothek Autun)과 파리의 국립도서관(Nationalbibliothek Paris)에 보관.

R 레기넨시스 사본(Codex Reginensis)(바울서신). 8세기 라벤나(Ravenna) 인근에서 기록됨. 오늘날 바티칸도서관(Vatikanbibliothek)에 보관.

S 상갈렌시스 사본(Codex Sangallensis)(복음서들). 5세기 초 이탈리아에서 기록. 오늘날 성갈렌재단도서관(Stiftsbibliothek St. Gallen)과 스위스의 다른 장소에 보관(오스트리아 케른텐[Kärnten]주에도 보관).

Z 할레이아누스 사본(Codex Harleianus)(복음서들). 6세기 이탈리아에서 기록. 오늘날 런던 영국도서관(British Library)에 보관.

3. 시리아어 역본들

신약성서의 시리아어 역본들에 대한 연구는 특별히 어려움을 겪고 있다. 시리아어 역본들은 다른 번역본들과는 달리 처음부터 빠짐없이 수록된 사복음서 묶음집(Tetraevangelium)을 번역한 것이 아니라, 타티안의 디아테사론(Diatessaron)을 두고 번역하기 시작했기 때문이다. 디아테사론은 이른바 에데사(Edessen) 정통 신앙 교인들의 '복

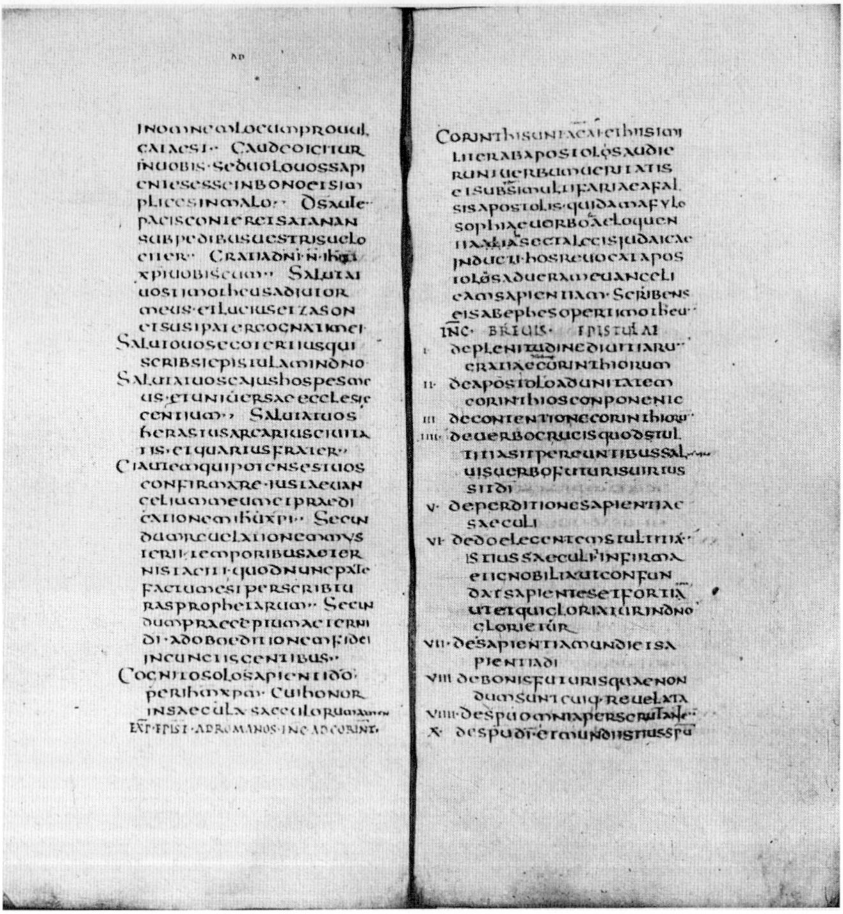

그림 61 547년 기록된 불가타 풀다 사본(Codex Fuldensis, F). 그림은 로마서 결론 부분과 고린도전서 시작 부분(285쪽 참고).

음서'로 (2세기 말경에) 자리잡았으며, 이에 대해 점점 더 많은 논쟁이 일어났다 할지라도 5세기까지 그 지위는 유지되었다. 이러한 이유로 이 번역본들에 대해 역사적이면서도 본문비평과 관련된 여러 가지 다양한 문제들이 생겨난다. 시리아어로 바르게 번역하기 위해 이미 엄청난 어려움을 극복해야만 했고, 그뿐만 아니라 디아테사론을 통해 전해 받은 내용들도 제대로 파악해야만 했기 때문이다. — 시리아어로 번역된 신약성서들은 역사의 흐름 속에서 끊임없이 진행된 개정 작업을 통해 생성되고 발전되어 왔다. 따라서 그것들은 일정한 조건하에서만 다음과 같이 세세하게 구분할 수 있다: 디아테사론과 함께, 이른바 고대 시리아어 역본과 페쉬타 역본(Peschitta)과 필록세니아 역본(Philoxeniana)과 하르켈 시리아어 역본(Harklensis)이 있으며, 덧붙여 팔레스타인-시리아어 역본도 있다.

디아테사론

타티안(Tatianus)의 '네복음서조화본'(Evangelienharmonis)은 이른바 디아테사론으로 알려져 있다. 현존하는 증거들로는 디아테사론이 원래 그리스어로 편찬되었는지 시리아어로 편찬되었는지를 확실하게 결정할 수 없다. 어느 정도 믿을 만한 언급은 디아테사론의 영향사에 관해서만, 즉 에프라임(Ephraem) 때(약 310-373년)부터만 가능하다. 에프라임은 에데사의 정통 신앙 기독교인들을 위한 복음서 본문으로 디아테사론을 사용하였고 주석하였다. — 현재 거의 빠짐없이 발견된 그의 시리아어 주석서 원문에 나오는 성서 인용문들은, 디아테사론의 시리아어 본문 내용을 어느 정도 연결 지어 파악할 수 있게끔 하는 본문으로서는 유일하게 남아 있는 본문이다. 그러나 확실히 에프라임의 인용이 항상 정확하지는 않았다는 점에는 주의를 기울여야 한다. 따라서 에프라임 주석서에 나오는 아르메니아어 번역은 다른 본문을 교정할 때 참고하는 수단으로서만 의미가 있다. 분명히 디아테사론은 라틴어, 고대 고지 독일어, 고대 네덜란드어, 페르시아어, 아랍어 등을 포함한 수많은 언어로 번역되었다. 그러나 각기 조금씩 변형된 여러 형태의 번역본이 있는 이 모든 번역본들은 에프라임의 주석서에 있는 증거보다는 본문 가치가 낮다.

판본들

L. Leloir, Saint Ephrem, Commentaire de l'Evangile concordant, texte syriaque (Manuscrit Chester Beatty 709), édité et traduit, Dublin 1963; L. Leloir, Le Commentaire d'Ephrem sur le Diatessaron. Quarante et un folios retrouvés, in: Revue biblique 94, 1987, 481-518; L. Leloir, in: Studia Ephemeridis »Augustinianum« 27, 1988, 361-391도 참고; P. Oritz Valdivieso, in: Studia Papyrologica 5, 1966, 7-17; L. Leloir, L'Evangile d'Ephrem d'après les oeuvres éditées, CSCO 180, Louvain 1958; L. Leloir, Saint Ephrem, Commentaire de l'Evangile concordant, version arménienne, CSCO 137, Louvain 1953; Lateinische Übersetzung CSCO 145, Louvain 1954; I. Ortiz de Urbina, Vetus Evangelium Syrorum et exinde excerptum Diatessaron Tatiani, Biblia Polyglotta Matritensia, Series VI, Madrid 1967.

고대 시리아어 역본

이 명칭은 신약성서의 가장 오래된 시리아어 역본을 말한다. 이 중에는 사복음서가 들어 있는 두 개의 (불완전한) 필사본이 남아 있다. 쿠레톤의 시리아어 역본은 발견자인 쿠레톤(W. Cureton)(sy^c, 본 책의 그림 63 참고)의 이름을 따라 쿠레톤의 시리아어 역본이라고 부른다. 시리아어 시내 사본(Sinaiticus)(sy^s, 본 책의 그림 62 참고)은 스미스 루이스(A. Smith Lewis)와 던롭 깁슨(M. Dunlop Gibson)에 의해 시내산에서 발견되었다. 이 두 역본이 완벽하게 일치된 본문을 제공하지는 않는다. 그러나 둘의 번역 유형을 보면 일종의 기본 본문이 되는 디아테사론과 밀접한 관계를 보이며, 본문의 성격(단어의 첨가, 생략, 구절의 위치나 어순 변경, 풀어쓰기 등)이 서로 비슷하다. 따라서 이 두 번역본은 후기의 번역본들과는 별도로, 즉 각각 하나의 독립된 번역본으로 언급할 수 있다. 그러나 이 각각의 번역본은 계속해서 개정되었으므로, 고정된 '승인 본문'이 되지는 못하였다. 아마 sy^c는 더 오래된 sy^s의 어느 한 개정본일 것이다. 이러한 번역본들에 속하는 여러 다양한 개별 번역본들의 차이들 때문에 시리아어 문헌에 나타나는 인용문이 어떤 역본에서 나온 것인지를 정확하게 규명하는 것은 매우 어려운 일이다. 그리스어를 시리아어로 옮긴 초기 번역 문헌(보스트라[Bostra]의 디도[Titus], 유세비우스[Eusebius])을 보면, 어떻든 거기에 나오는 신약성서 인용문들은 새로 번역한 것이

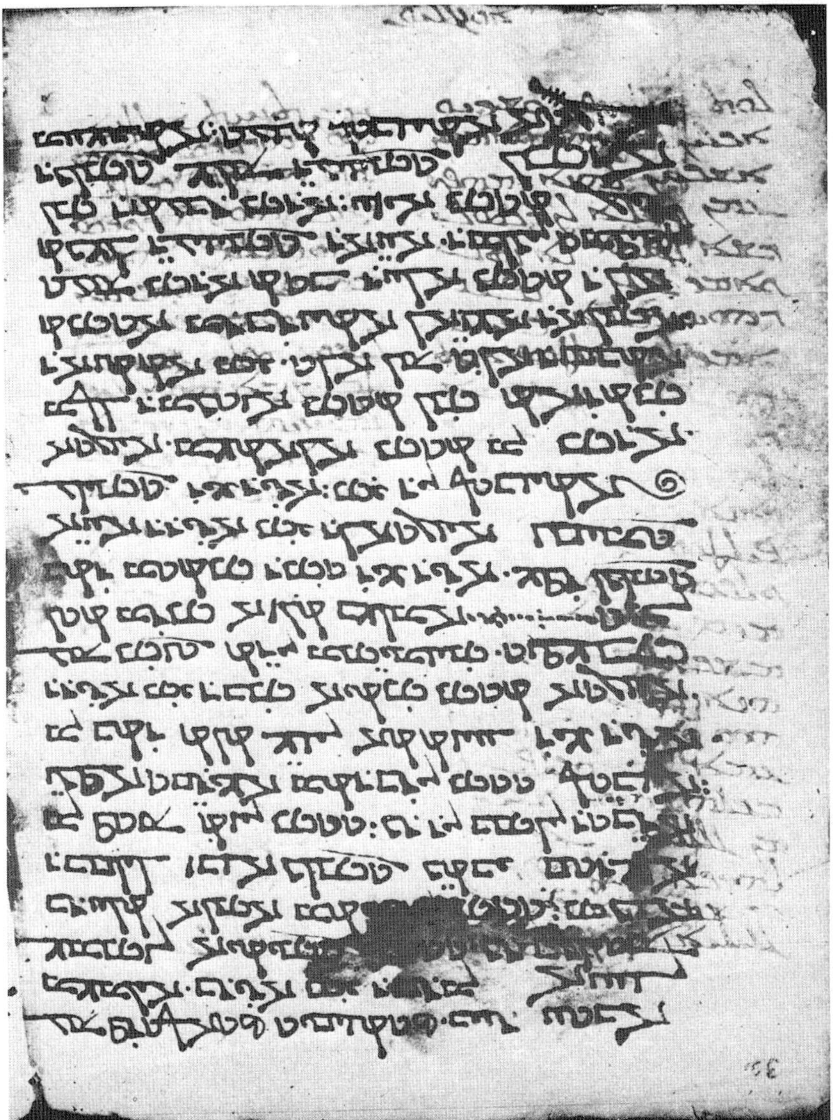

그림 62 재생사본(Palimpsest): 그림에서 재생 이전의 기록은 시리아어 시내 사본(sy^s)으로 누가복음 23:1-8, 5세기 초 또는 4세기 말, 재생하여 기록한 문서(위아래가 뒤바뀌어 있음): 비텐(Viten)의 거룩한 여인들(288쪽 참고).

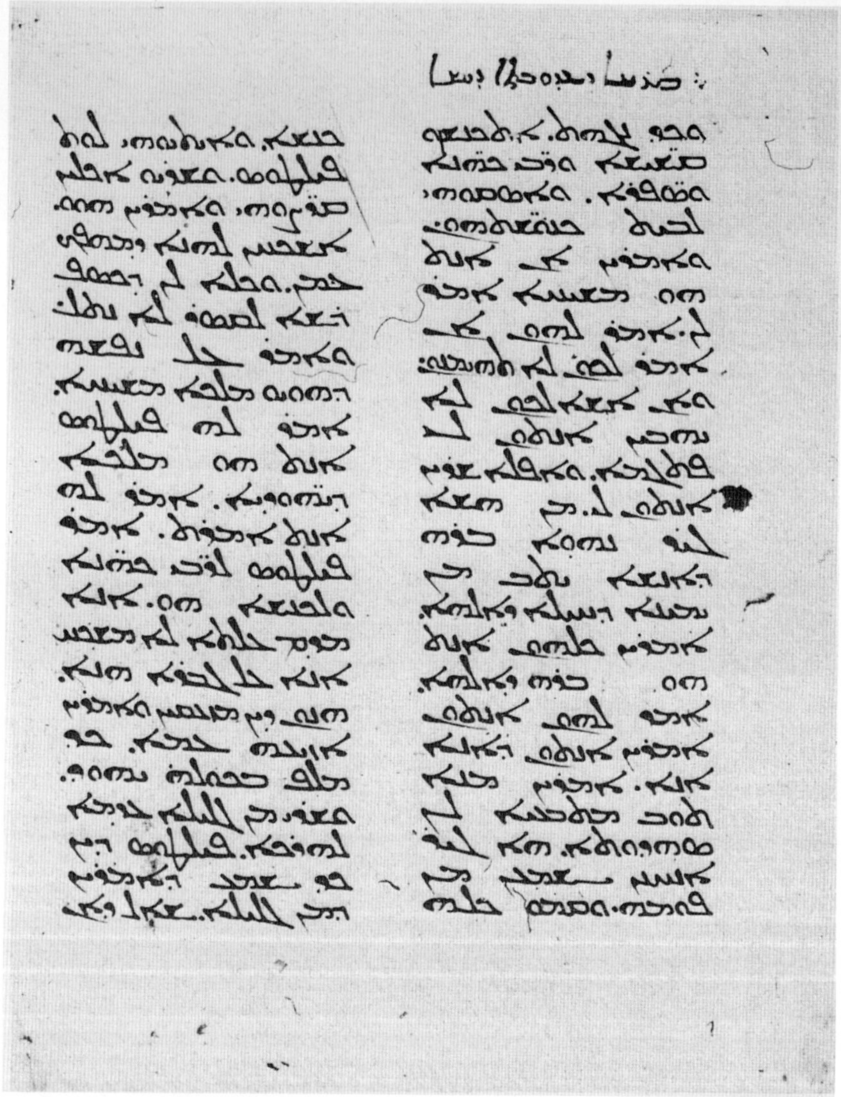

그림 63 쿠레톤의 시리아어 역본(Cureton-Syrer, sy^{c})의 누가복음 22:66-23:6 본문. 5세기(288쪽 참고).

아니라 이미 존재하는 시리아어 역본을 참고한 것임을 알 수 있다. 그 성서 인용문들이 디아테사론이었을 리 없다는 것은, 실제 상황을 생각해 보면 그 이유가 드러난다. 그리스어를 사용하던 저자들이 수록한 모든 인용문들을 포함하는 본문이 디아테사론에 들어 있지는 않았을 것이기 때문이다. 성서 인용문 수록을 위해 사용된 그 번역본은 에프라임이 사용한 사복음서 묶음집뿐만 아니라 디아테사론과도 그 번역 유형이 같기는 하다. 그러나 성서 인용문 수록을 위해 사용된 그 번역본은 sy^s, sy^c 둘 다 아니다.

역사적인 근거들로 볼 때, 사복음서의 경우 시리아어로 번역되기 시작한 때는 너무 늦지 않은 시기(약 300년경, 또는 그보다 앞선 시기일 수도 있음)였을 것으로 생각해 볼 수 있다. sy^s와 sy^c의 생성과 관련하여 그 필사본들의 생성 최종 시점(Terminus ad quem) 곧 아무리 늦어도 이때쯤 생겨났을 것이라고 추정될 만한 연대가 하나 나왔다. (5세기, 심지어 sy^s는 4세기 말까지 거슬러 올라갈 수도 있다.) sy^s와 sy^c의 필사 대본의 경우, 주요 그리스어 본문 유형들이 생성된 시기 이후, 즉 확실히 4세기의 어느 시점까지 거슬러 올라갈 수도 있다. (이전에는 흔히 2세기까지 거슬러 올라가는 것으로 봤지만, 어떻든 일반적으로 이러한 견해는 더 이상 주장되지 않는다.) 본문에 나타나는 디아테사론적인 요소 및 고유한 특징들은 본문이 작성된 시기보다 더 이른 시기에 사전 작업이 있었음을 알려 준다.

지금까지 언급한 모든 내용들은 복음서들에 관한 것이었다. 그러나 고대 시리아어 역본은 사도행전과 14개 바울서신의 번역본도 포함하고 있다. 이를 증명해 줄 필사본은 남아 있지 않다. 따라서 이에 해당하는 본문은 당대 교부들의 인용문에서만 단편적으로 재구성될 수 있다.

참고문헌

F. C. Burkitt, Evangelion da-mepharreshê. The Curetonian Version of the Four Gospels, with the readings of the Sinai Palimpsest … Vol. I. Text, Vol. II Introduction and Notes, Cambridge 1904; A. Smith Lewis, The Old Syriac Gospels, or Evangelion da-mepharreshê; being the text of the Sinai or Syro-Antiochene Palimpsest, including the latest additions and emendations, with the variants of the Curetonian text …, London 1910; J. Kerschensteiner, Der altsyrische Paulustext, CSCO 315, Louvain 1970; A. Vööbus, Die Entdeckung von Überresten der altsyrischen Apostelgeschichte, Oriens Christianus 64, 1980, 32–35; ders., Studies in the History of the Gospel Text in Syriac, Louvain 1951/1987; ders., Early Versions of the NT, Stockholm 1954.

페쉬타

페쉬타라는 신약성서 번역본의 명칭은 903년 모세 바 케파(Moses bar Kepha)에 의해 처음으로 사용되었다. 보조 장치가 달려 있는 하르켈 시리아어 역본과는 다르게 주로 '단순한 것'이란 뜻으로 해석된다. 페쉬타는 신약성서 시리아어 역본 중에서 증거가 가장 광범위하며, 전승된 본문이 매우 일관성이 있다. 페쉬타는 그 형태 그대로 오늘날까지 시리아 교회에 전승되고 있으며 그 위상 또한 매우 높다.

페쉬타는 22권의 신약성서를 포함하고 있으며 '작은' 공동서신(요한 2-3서, 베드로후서, 유다서)과 요한계시록이(그 밖에 간음한 여인에 관한 단락, 즉 요한복음 7:53-8:11, 누가복음 22:17 이하도) 빠져 있다. 이미 20세기 초에 300개 이상의 필사본이 알려져 있었으며(몇몇 예외적인 경우에는 신약성서 본문 전체가 들어 있음), 그 이후로 그 수가 꾸준히 증가하고 있다. 도서관들 및 동방 교회들에 대한 체계적인 조사가 가능하다면, 그 수는 분명 훨씬 더 증가할 것이다. 가장 오래된 것으로 알려진 필사본은 5세기와 6세기의 것들이다.

런던 인쇄본은 퍼지(Pusey)와 그윌리엄(Gwilliam)의 페쉬타 인쇄 대본에 따라 인쇄되었다. 이 런던 인쇄본의 본문은 비교적 후기 형태, 즉 일반적으로 승인된 본문으로 보인다. 이 본문에서는 페쉬타의 초기 생성 단계에 대한 어떠한 진술도 나와 있지 않다. 이 초기 생성 단계에 대해서는 의견이 분분하다. 전체 내용을 아우르는 하나의 광범위한 비평적 인쇄본, 즉 시리아 교부 인용문들에 대한 출처 자료를 빠짐없이 포함하는 인쇄본이 나올 때에야 비로소 그에 대한 최종적인 결론을 내릴 수 있다. 현재 알란트(B. Aland)는 공동서신 부분에 대해 광범위한 비평적 인쇄본 작업을 시작했다. (로마서-고린도전서 부분은 준비 중에 있다.)

둘로 분리된 시리아 교회, 즉 단성론자들과 네스토리우스파 모두 페쉬타를 사용했기 때문에, 페쉬타는 시리아 교회가 최종적으로 분리되기 이전에 생성되었으며 그 분리되는 상황에 어느 정도 영향을 끼쳤던 것이 틀림없다. 즉, 늦어도 5세기 중엽에 생성되었을 것이다. 전승에 따르면 에데사의 감독 라불라(Rabbula, 411-435년 재임)가 페쉬타를 편찬하였다. 그러나 그때 편찬한 페쉬타 본문이 오늘날 존재하는 페쉬타 본문이 아니라는 것은 확실하다. 고대 시리아어의 독법에서 차지하는 비중을 통해 입증되듯이, 페쉬타는 결코 새로운 번역이 아니다. (주로) 코이네-필사본을 대본으로 삼아 기록된 고대 시리아어 역본들을 한 번 또는 여러 번 다듬고 손질하여 편찬한 것이다. 따라서 페쉬타는 점차적인 발전 과정을 거쳐 표준화된 형태를 이루게 되었다는 점을 염두에 두어야 한다. 특히 5세기 초에 크게 발전했으며, 그 가운데서도 의심할 여지없이 라불라가 가장 큰 발전을 이루어냈다. 표준화되기 '이전의 페쉬타 형태'(Prä-Peschitta)를 취하고 있는 각 본문들의 성격은 당연히 표준화된 형태의 페쉬타 본문과 구별된다.

참고문헌

Ph. E. Pusey, G. H. Gwilliam, Tetraevangelium sanctum iuxta simplicem Syrorum versionem …, Oxford 1901; The New Testament in Syriac, London, The British and Foreign Bible Society, Erstausgabe 1905-20 mit mehreren Neudrucken; J. J. Overbeck, S. Ephraemi Syri, Rabulae …, Balaei aliorumque opera selecta, Oxford 1865.

필록세니아 역본

이른바 필록세니아 역본은, 특정 번역자가 신약성서를 시리아어로 옮긴 것들 가운데 최초의 역본으로 간주될 수 있다. 그 번역자는 코레피스코푸스 폴리카프(Chorepiskopus Polykarp)이며, 유명한 단성론자이자 감독인 마북(Mabbug)의 필록세누스(Philoxenus)에게 위탁을 받아 작업하였다. 정확한 생성 시기는 507/508년으로 볼 수 있다. 게다가 우리는 이 번역본 작성자의 의도를 알고 있다. 그는 무엇보다도 신학적-교리적인 이유로 그리스어로부터 정확하게 옮긴 새로운 번역본을 만들고자 했다.

불행하게도 필록세니아 역본은 보존되어 있지 않다. 이를 재구성하려는 작업은 아직 결론을 내리지 못한 채로, 이미 여러 세대에 걸쳐 계속되고 있다.

참고문헌

J. Gwynn, Remnants of the Later Syriac Versions of the Bible, I New Testament: The Four Minor Catholic Epistles in the original Philoxenian version ⋯, London 1909; J. Gwynn, The Apocalypse of St. John in a Syriac version hitherto unknown ⋯, Dublin 1897; Philoxenos v. Mabbug, Comm. du prologue johannique, ed. A. de Halleux, 1977 (CSCO 380).

하르켈 시리아어 역본

616년 알렉산드리아 근처에 있는 에나톤(Enaton)수도원에서 하르켈의 토마스(Thomas von Harqel, 수도사, 마북의 두 번째 감독)가 필록세니아 역본을 개정하였다. 그의 개정은 몇몇 그리스어 필사본 원문을 비교·대조한 결과물에 근거한 것이었다. (복음서들에 대해서는 세 개의 그리스어 필사본을, 바울서신에 대해서는 두 개의 그리스어 필사본을, 사도행전과 공동서신에 대해서는 하나의 필사본을 각각 비교·대조 하였다.) 이 개정본을 두고 논쟁이 계속되었다. 이 개정본이 필록세니아 본문을 개정한 것이 맞는 것인지, 또 그 본문에 얼마나 깊이 손을 대어 다듬은 것인지에 관한 논쟁이었다. 이런 오랜 논쟁 후에 이제는 토마스가 필록세니아 본문에 적극적으로 개입하여 개정하였다는 것이 분명해졌다. 그의 본문은 전적으로 그리스어에 맞춰 옮겨졌다. 이에 따라 그리스어 어순을 그대로 따랐으며 더 나아가 그리스어 단어를 고스란히 받아들여 시리아어 음역으로 옮기기까지 하였다. 그로 인해 시리아어의 좋은 문체뿐만 아니라 심지어 표현의 명확성에도 좋지 않은 결과를 낳게 되었다. 이런 방식은 본문비평가들에게 환영받을 수 있는 방식이기는 하다. 다른 모든 시리아어 역본들과는 달리 이 방식이 쓰인 역본에서는, 번역자가 대본으로 삼은 그리스어 본문을 세부 사항들까지 정확하게 재구성해 낼 수 있기 때문이다. 그러나 유감스럽게도 그 결과 하르켈 시리아어 역본의 본문은 (전적으로는 아니지만) 대부분 코이네 본문의 성격을 지닌 것으로 드러났다. (공동서신에서는 그렇지 않은 것으로 나타났다.) 토마스가 자신의 번역본에 첨가한 보조 비평장치는 본문비평적인 관심으로부터 나온 것이다. 특히 사도행전에 그런 관심을 보였다. 사도행전에서 이른바 '서방' 본문 유형의 필사본을 대본으로 사용했기 때문이다. (또는 대본으로 삼았던 본문이 단지 그가 더 낫다고 여겼던 다른 본문과 어떤 차이가 있는지를 드러내기 위해서 그렇게 했던 것일까?) 그가 번역문에서 사용한 비평기호들, 즉 나누기 표시(Obeli: ÷)와 작은 별 표시(Asterisci: ※)의 기능이 무엇이었는지는 오늘날까지도 여전히 불확실하다. 전승 과정 중 이 표시들에 관한 많은 부분이 뒤죽박죽되어 버렸으며, 몇몇 필사본들에서는 이 표시들이 아예 전해지지도 않는다(이에 관해 바바라 알란트[B. Aland], 111쪽 이하 참고).

참고문헌

J. White, Sacrorum Evangeliorum versio Syriaca Philoxeniana (vol. I), Actuum Apostolorum et Epistolarum tam Catholicarum quam Paulinarum versio Syriaca Philoxeniana (vol. II), Oxford 1778 und 1799–1803; R. L. Bensly, The Harklean Version of the Epistle to the Hebrews, Chapter XI, 28–XIII, 25, Cambridge 1889; G. H. Bernstein, Das heilige Evangelium des Johannes, Syrisch in harklensischer Uebersetzung … nach einer vaticanischen Handschrift, Leipzig 1853; A. Vööbus, The Apocalypse in the Harklean Version, A facsimile Edition of Ms. Mardin Orth. 35, fol. 143r–159v, with an Introduction, CSCO 400, Louvain 1978; B. Aland (in Verbindung mit A. Juckel), Das Neue Testament in syrischer Überlierferung. I Die Großen Katholischen Briefe, ANTF 7, Berlin 1986.

팔레스타인-시리아어 역본

이 번역본은 대개 시리아어 역본들과 함께 언급되긴 하지만, 간접적으로만 관련되어 있다.

왜냐하면, 팔레스타인-시리아어는 아람어의 방언으로, 초기 기독교 몇 세기 동안 팔레스타인에서 사용된 언어이며, 고전 시리아어보다는 유대-팔레스타인 아람어에 더 가깝기 때문이다. '팔레스타인-시리아어'라는 형태의 명칭으로 두 단어가 결합된 것은 이 팔레스타인 문서가 — '시리아어'로 기록된 시리아 문서 곧 에스트랑겔

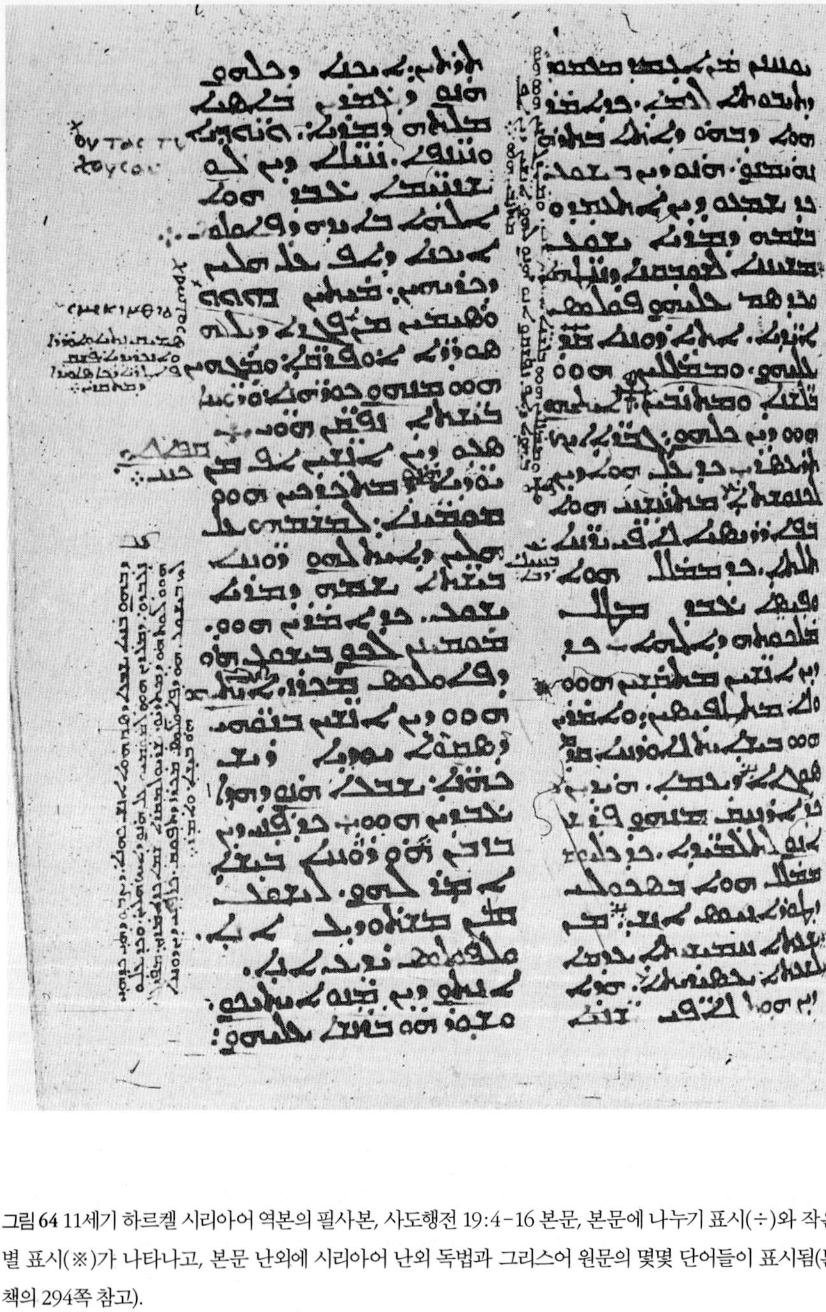

그림 64 11세기 하르켈 시리아어 역본의 필사본, 사도행전 19:4-16 본문, 본문에 나누기 표시(÷)와 작은 별 표시(※)가 나타나고, 본문 난외에 시리아어 난외 독법과 그리스어 원문의 몇몇 단어들이 표시됨(본 책의 294쪽 참고).

로(Estrangelo)[1]문서가 — 광범위하게 사용되었다는 데에 그 주된 이유가 있다. 이 언어는 '멜히텐'(Melchiten)이라 불리는 사람들이 사용하였다. 그 명칭을 통해 그들은 '황제를 따르는 사람들', 즉 칼케돈 공의회의 추종자들이었다는 것이 입증된다. 비문에 새겨진 자료로 증명되듯이, 그들은 팔레스타인 지역을 넘어 국경 지역(제라시 [Jerash])에 널리 퍼져 있었고, 이집트에도 적지 않은 공동체들이 있었다.

언제 신약성서가 팔레스타인-시리아어로 번역되었는지는 여전히 논쟁 중이다. 5세기에 문서로 확정되기에 앞서 4세기에 구전 전승으로 번역이 이루어졌을 가능성도 있다. 몇 안 되는 필사본 전승 가운데 가장 초기의 증거가 되는 것은 6세기의 것으로 추정된다. 본문의 성격에 관해 살펴보면, 일반적인 코이네 본문이 광범위하게 나타나며, 곳곳에 알렉산드리아 본문의 독법도 나타나고, 무엇보다도 바티칸 사본 B와 일치하는 모습을 보이기도 한다. 때때로 이른바 '가이사랴' 본문 형태와 유사성을 보이기도 하지만, 실제로 가이사랴 본문과 유사한 본문인지는 의심스러워 보인다. 다음 사항을 여러 번 확인하는 일이 더 중요하다. 즉, 팔레스타인-시리아어 역본이 페쉬타 또는 표준화되기 '이전 페쉬타 형태'(Prä-Peschitta)에 나타나는 고대 시리아어 독법과는 어떤 관계가 있는가 하는 것이다. 이 확인 작업을 통해 팔레스타인-시리아어 역본의 생성에 관한 추론들을 이끌어 낼 수 있기 때문이다.

참고문헌

A. Smith Lewis, M. Dunlop Gibson, The Palestinian Syriac Lectionary of the Gospels, re-edited from two Sinai Mss. and from P. de Lagarde's Edition of the 'Evangeliarium Hierosolymitanum', London 1899; C. Perrot, Un fragment christo-palestinien découvert à Khirbet Mird, Rev. Bibl. 70, 1963, 506-555 (1963년까지 해당되는 기독교 팔레스타인어 본문들의 모든 간행본 목록이 들어 있음).

1) [역자주] 가장 오래되고 고전적인 시리아 문서 형태

4. 콥트어 역본들

신약성서 콥트어 역본들을 볼 때, 시리아어 역본의 경우와는 또 다른 종류의 어려움들이 있다. 그러나 이 어려움들은 어느 정도 중요한 사항들에 해당한다. 기독교 초기 시대 이집트의 상황은 우리에게 잘 알려져 있지 않기 때문이다.

마가가 이집트에 기독교 공동체를 세웠다든지 또는 베자 켄터브리지언 사본에서 전하듯 아볼로가 이미 자신의 고향인 이집트에서 기독교 교육을 받았다든지 하는 내용에 관한 모든 보도들은 전설에 해당하는 이야기들이다. 그리스어를 사용하던 교회도 대략 기원후 180/190년이 되어서야 비로소 나타났으며, 그것도 상당히 인상적인 방식으로 나타났다. 먼저, 그리스어를 사용하는 교회는 알렉산드리아의 데메트리우스(Demetrius) 감독 및 알렉산드리아의 교리문답학교를 지도하던 클레멘스(Klemens)를 통해 모습을 드러냈고, 곧이어 오리겐을 통해 나타났다. 이런 식으로 이집트 기독교가 매우 오래되었다는 것은 신약성서 파피루스를 통해 입증된다. 예를 들어 $\mathfrak{P}^{52}$가 기원후 약 125년경에 기록되어 있었다면, 당시 이집트에 기독교인들이 있었음에 틀림없다. 180년까지 이집트 교회에 대하여 어떤 언급도 없었던 것은, 이집트 교회가 영지주의 성격이 압도적이었다는 사실로 그 이유를 설명할 수 있다. 그 사실 때문에 당시 기독교 공교회는 이집트 교회를 인정하지 않았다는 것이다. 그리스어를 사용하는 이집트 교회의 기원에 대해 아는 바가 전혀 없다면, 이집트 교회에서 콥트어가 사용된 기원에 대해서 아는 바는 더더욱 줄어들게 된다. 적어도 이집트 교회들의 공식적인 대표자들과 관련하여 생각해 본다면, 이집트 교회가 그리스어를 사용했던 교회라고 볼 수 있는 시기는 6세기까지 소급될 수 있으며, 심지어 그 이전까지 거슬러 올라갈 수도 있다. 신학자들과 감독들이 쓴 거의 모든 기록들은 그리스어로 남겨져 있다. 따라서 알렉산드리아 감독 아다나시우스(Athanasius, 295-373년)의 부활절 서신들에 콥트어 단편들이 남아 있다는 사실은 그에 대한 확실한 예외의 경우가 된다. 콥트어 알파벳은 그리스어 알파벳을 받아들인 것이며, 콥트어 알파벳 체계에 특별히 더 보완해야 할 부분은 알파벳 몇 개만을 추가한 것이다. 이러한 사실을 볼 때, 콥트어와 그리스어는 긴밀히 연결되어 있었음을 알게 된다.

다른 한편, 3세기 말이나 늦어도 4세기 초에는 상당히 광범위하고도 확실한 콥트어 신약성서 전승이 있었음에 틀림없다(구약에서는 적어도 시편 전승이 우리에게 전해짐). 은둔자 안토니우스(Antonius)가 — 기원후 300년 이전 어느 시기에 — 광야로 갔을 때, 중요 성서 구절들을 암송하며 하루하루를 보냈다. 그는 그리스어 지식이 부족했기 때문에 콥트어로만 암송할 수 있었을 것이다. 또한 320년경 파코미우스(Pachomius)가 자신의 수도원 건립을 시작했을 때, 정규적으로 했던 성서 강독은 파코미우스가 수도사들에게 내렸던 규칙이었다. 이 성서 강독들 또한 콥트어 필사본으로 이루어졌다. 이 수도원의 몇 안 되는 수도사들만이 그리스어를 충분히 이해할 수 있었기 때문이다. 그러나 그것은 여러 문제들 가운데 일부일 뿐이다. 교부들은 단지 세 개의 콥트어 방언만을 구별하였다: 사히드 방언(Sahidisch), 보하이르 방언(Bohairisch), 파이윰 방언(Faijumisch). 오늘날에는 여기에 아크밈 방언(Achmimisch), 곁가지 아크밈 방언(Subachmimisch), 중부 이집트 방언(Mittelägyptisch), 원 보하이르 방언(Protobohairisch)이 추가된다. 그뿐만 아니라, 여러 지역에 걸쳐 있는 이들 일곱 개 방언에 대해 어떻게 서로 경계를 나눌 수 있는지, 그리고 콥트어의 역사가 어떻게 진행되었는지는 그 분야 학자들 사이에 매우 큰 견해 차이가 있으며 결코 그 논쟁이 끝날 것 같지 않다. 이는 언어 문제에만 관련되어 있는 것이 아니라, 콥트어 성경 번역사에 대한 근본적인 문제들과도 관련되어 있다.

한편, 우리는 호너(Horner)가 편찬한 두 개의 광범위한 콥트어 신약성서 인쇄본(각각 네 권과 일곱 권으로 되어 있음)을 보유하고 있으며, 이 인쇄본들에는 중요한 방언들인 보하이르 방언과 사히드 방언이 사용되었다.

The Coptic Version of the New Testament in the Northern Dialect, otherwise called Memphitic and Bohairic, Oxford, 4 Bde, 1898–1905, Nachdruck Osnabrück 1969.

The Coptic Version of the New Testament in the Southern Dialect, otherwise called Sahidic and Thebaic, 7 Bde, Oxford 1911–1924, Nachdruck Osnabrück 1969.

그러나 당시에 대단한 성과로 평가되었던 이 두 인쇄본은 오늘날에는 뒤처진 것이 되

그림 65 콥트어 코덱스 PPalau Rib. 182에 들어 있는 마가복음 결론 부분, 5세기(본 책의 298쪽 이하 참고).

그림 66 그리스어-콥트어 성구집(*l* 1602), 8세기, 그림은 f. 4[r]에 들어 있는 마가복음 16:19-20(그리스어)와 마가복음 16:2-6(사히드 방언)(본 책의 298쪽 이하 참고).

어 버렸다. 왜냐하면 20세기에 들어와서 콥트어 신약성서 필사본이 그 양뿐만 아니라 질에 있어서도 폭발적으로 확대되었기 때문이다. 게다가 수많은 도서관에 퍼져 있던 콥트어 필사본 단편들이 합쳐져 원래 내용을 담고 있던 모습으로 하나의 형태를 이루게 되었다(슈미츠[F. J. Schmitz]와 밍크[G. Mink]에 의해). 호너는 따로 떨어져 있던 단편들을 모아 사히드 방언 신약성서 인쇄본의 본문에 짜깁기했다. 따라서 그의 본문에는 상당량의 누락된 부분들이 남아 있게 되었다. 현재 콥트어 필사본은 뉴욕에 있는 피어폰트모건도서관(Pierpont Morgan Library)에만, 한 개의 사복음서 필사본(M 569), 두 개의 바울서신 필사본(M 570, 571), 한 개의 공동서신 필사본이 있다(M 572). 이 필사본들은 모두 9세기의 것이다. 또한 이 필사본들 외에도 카이로에 있는 하물리 필사본(Hamuli H, 9세기)을 꼽을 수 있으며, 요한복음(3회), 바울서신, 사도행전이 포함되어 있는 비티 성서 파피루스 A(Chester-Beatty A, 약 600년), B(7세기)도 언급할 수 있다. 톰슨(Thompson)이 간행한 보드머 파피루스 신약 사본(Papyrus Bodmer) 필사본 일부가 있으며, 그 외에도 루돌프 카서(Rudolf Kasser)가 간행한 부분으로 마태복음 14-28장(과 로마서 1장)에 해당하며 4/5세기의 것으로 추정되는 보드머 파피루스 신약 사본 XIV이 있다. 한스 크벡케(Hans Quecke)는 5세기의 것으로 추정되는 바르셀로나의 요한복음 필사본 및 마가복음과 누가복음 필사본을 간행하였다.

프리츠 힌체(Fritz Hintze)와 한스 마틴 쉥케(Hans Martin Schenke)가 4세기의 사도행전이 들어 있는 베를린 필사본(Berliner Handschrift)을 간행하였다. 이에 덧붙여, 난해하고 쓸데없는 비밀들이 둘러싸고 있는 '미시시피 사본'(Mississipi Codex, 아마 약 400년경)도 있다. 호너는 보하이르 방언 신약성서 인쇄본에서 하나의 필사본을 기초로 삼아 그에 해당하는 각각의 본문을 재현했고, 그가 잘 알고 있었던 다른 필사본의 여러 독법들을 비평장치에 수록하였다. 오늘날 이러한 자료는 광범위해졌다. 즉 신약성서 각 권에 대해 온전한 형태를 갖춘 수많은 필사본들이 알려져 있어서, 이 필사본들에 기초하여 보하이르 방언 전승에 관한 비평적 인쇄본을 간행하는 것이 가능할 뿐만 아니라 실제로 반드시 해야만 하는 일이 되어버렸다.

오늘날 콥트어 신약성서를 연구하려는 사람은 호너의 인쇄본들 외에도 다음 자료를 이용해야만 한다.

아크밈 방언(Achmimische):

Bruchstücke des ersten Clemensbriefes nach dem achmimischen Papyrus der Straßburger Universitäts- und Landesbibliothek mit biblischen Texten derselben Handschrift, hrsg. v. Fr. Rösch, Straßburg 1910 (Joh, Jak, 4. Jhdt),

곁가지 아크밈 방언(Subachmimische):

The Gospel of St. John According to the Earliest Coptic Manuscript, hrsg. v. H. Thompson, London 1924 (Joh, 4. Jhdt),

중부 이집트 방언(Mittelägyptische):

Das Matthäusevangelium im mittelägyptischen Dialekt des Koptischen (Codex Scheide), hrsg. von H.-M. Schenke, Berlin 1981 (Matth, 4./5. (?) Jhdt); G 67, Glazier Collection, Pierpont Morgan Library, New York (Apg, 5. Jhdt),

중부 이집트-파이윰 방언(Mittelägyptische-Faijumische):

The Gospel of John in Fayumic Coptic (P. Mich. Inv. 3521), hrsg. v. E. Husselmann, Ann Arbor 1962 (Joh, 4./5. (?) Jhdt),

원 보하이르 방언(Protobohairische):

Papyrus Bodmer III, Evangile de Jean et Genèse I-IV, 2 en bohairique, hrsg. v. R. Kasser, CSCO 177, Louvain 1958 (Joh, 4./5. (?) Jhdt),

사히드 방언(Sahidische):

Die Berliner Handschrift der sahidischen Apostelgeschichte (P. 15926), hrsg. von F. Hintze und H.-M. Schenke, Berlin 1970 (TU 109, 4. Jhdt); Papyrus Bodmer XIX. Evangile de Matthieu XIV, 28-XXVIII, 20; Epître aux Romains I, 1-II, 3 en sahidique, hrsg. v. R. Kasser, Genf 1962 (4./5. Jhdt); Das Markusevangelium saïdisch. Text der Handschrift P. Palau Rib. Inv. Nr. 182 mit den Varianten der Handschrift M 569, hrsg. von H. Quecke, Barcelona 1972 (5. Jhdt); Das Lukasevangelium saïdisch. Text der Handschrift P. Palau Rib. Inv. Nr. 181 mit den Varianten der Handschrift M 569, hrsg. v. H. Quecke, Barcelona 1977 (5. Jhdt); Das Johannesevangelium saïdisch. Text der Handschrift P. Palau Rib. Inv. Nr. 183 mit den Varianten der Handschriften 813 und 814 der Chester Beatty Library und der Handschrift M 569, hrsg. von

H. Quecke, Rom/Barcelona 1984 (5. Jhdt); The Coptic Version of the Acts of the Apostles and the Pauline Epistels, hrsg. v. H. Thompson, Cambridge 1932 (Chester Beatty Codex A/B Apg und Paulus, A um 600, B 7. Jhdt); Epistularum catholicarum versio Sahidica, hrsg. von K. Schüssler, Diss. Münster 1969 (Pierpont Morgan Library 572, 9. Jhdt).

이 인쇄본에 수록되어 있는 필사본들의 연대를 살펴보면, 콥트어 신약성서 전승이 이미 4/5세기경에 광범위하게 퍼져 있었다는 것을 확인하게 된다. 그러나 이 필사본들에 옮겨져 있는 본문들은 전 세계에 흩어져 있는 콥트어 필사본 자료 중 단지 일부분에 불과하며, 흩어져 있는 자료들에 대해서도 지금까지는 제대로 파악된 것들이 거의 없다. 신약성서본문연구소(Institut für neutestamentliche Textforschung)에서 애쓰고 있는 협력 작업들이 최소한 어느 정도 마무리가 되고, 콥트어 학자들이 다양한 방언에 대해 의견의 일치를 이룬다면, 신약성서 콥트어 역본들의 역사가 어느 정도는 온전한 형태로 기록되어 인쇄본으로 출간될 수 있을 것이다. 또한 이 인쇄본들이 신약성서 본문비평 전승을 아주 풍성하게 만들어 줄 것이다. 이는 콥트어 신약성서가 신약성서 본문 역사에 매우 중요한 의미를 지니기 때문이다. 신약성서의 라틴어 역본들과 시리아어 역본들이 중요하다면, 신약성서의 본문이 이집트에서 어떻게 발전되어 왔는지를 정확하게 아는 것은 훨씬 더 중요하다. 알렉산드리아 본문 형태 내지 이집트 본문 형태는 단연코 가장 중요한 본문 형태에 해당한다. 그뿐만 아니라, 이집트의 특별한 기후 조건 덕분에 우리는 4세기까지에 해당하는 신약성서 본문에 대해 남겨진 모든 증거들 가운데 거의 100%를 전해 받았다. 각 지역 언어로 기록된 전승들을 통해 그 증거들을 검토한다면 중요한 결과물을 얻을 수 있을 것이다.

5. 아르메니아어, 조지아어, 에티오피아어 역본들

지금까지 검토한 고대 번역본들은 모두 그리스어를 직접 번역한 것이다. 따라서 이를 통해 확인되는 내용들은 신약성서 본문비평과 본문 역사에 곧바로 그 의미가 부여된다. 이제 우리가 고찰해야 하는 세 가지 번역본은 이와 다른 경우이다. 최소한 번역본들의 대본 문제에 대해 의견이 분분한 상황이다. 또한 그리스어 본문을 기초 삼아 번역했다 할지라도 부분적으로만 참고했거나, 후기의 발전 단계에 가서야 그 번역본의 본문 개정을 위한 기본 자료로 사용했음이 확실하다.

아르메니아어 역본

신약성서, 특히 복음서들의 경우 최초의 아르메니아 번역본 1(Arm. 1)은 시리아어 본문, 즉 고대 시리아어 역본 본문 유형에 근거했던 것으로 보인다. 이는 아르메니아어를 쓰던 지역의 기독교 역사와 관계가 있다. 일찍이 이곳에는 기독교의 발판이 마련되어 있었고, 301년 아르메니아 왕이었던 트르닷 3세(Trdat III., 287-332년)가 기독교를 국교로 선포하였다. 계몽가 그레고리(Gregory)는 가장 중요한 선교사였다. 그러나 5세기 초에야 메스로프(Mesrop, 약 361-439년)에 의해 아르메니아어 문자가 창안되었고, 당시 대감독 사하크(Sahak, 약 350-439년) 치하에 와서야 비로소 신약성서를 고대 아르메니아어로 번역하는 작업이 이루어졌다. 기독교가 처음 유입되었을 당시 시리아의 문화적 영향력 아래 있었던 아르메니아는 곧 주권을 상실하였고, 둘로 나뉘어 로마와 페르시아 지역이 되었다. 번역 작업이 이루어졌던 지역은 페르시아에 속하게 되었고, 그 지역에서는 그리스어를 사용한 문헌이 금지되었다. 따라서 공식적으로 교회 문서는 시리아어로 보존되었다. 이러한 이유에서 확실히 아르메니아어 역본 1은 시리아어로부터 시작된 것으로 보인다. 그러나 아르메니아어 역본 2(Arm. 2), 즉 아르메니아어 역본의 대다수본문은 그리스어 필사본에 바탕을 둔 원본문의 개정본으로부터 생겨났고, 그 개정본은 다소(Tarsus)의 감독 네르세스(Nersēs von Lampron)에 의해 12세기에 완성되었다. 반면에 고대 아르메니아어 성구집은, 비잔틴 예식의 이전 형태 곧 예루살렘 예식으로 거슬러 올라가는 그리스어 본문을 직접 대본으로 삼고 있다.

소비에트 연방 아르메니아 공화국에 있던 필사본들은 오늘날 예레반(Erewan)에 있는 마테나다란(Matenadaran) 고문서관에 모두 수집되어 하나로 모아졌다. (교회의 중심지인 에치미아진[Etchmiadzin]에도 필사본은 없다.) 그러나 아르메니아 민족의 디아스포라로 인해, 귀중한 아르메니아어 필사본들이(가장 오래된 것은 9세기까지 소급됨) 세계 도처에서 발견될 수도 있다. (예를 들면, 특히 예루살렘에 있는 아르메니아 대감독 관구와 베네치아[Venedig]의 메키타리스트수도원(Mechitaristenkloster)에 있는 필사본들이 중요하다.)

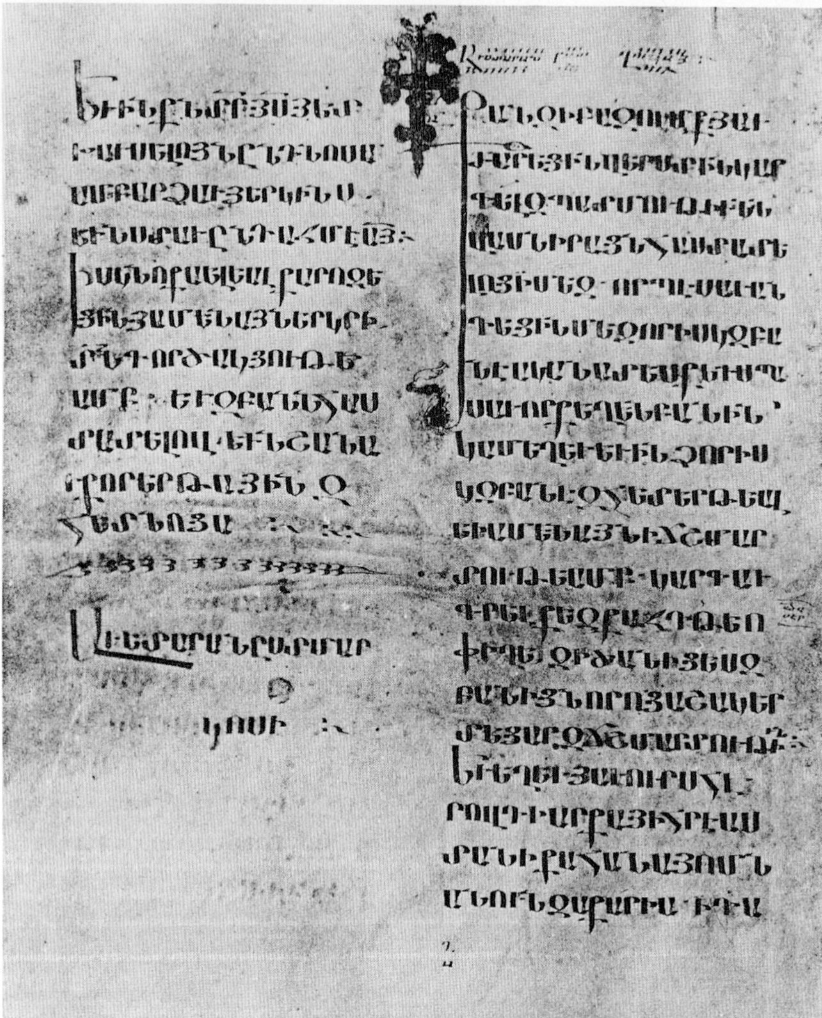

그림 67 989년 아르메니아어 필사본(Etchmiadzin 229)의 마가복음 결론 부분과 누가복음 시작 부분 (f. 111[v])(본 책의 305, 307쪽 참고).

참고문헌

Yovhannes Zōhrapean(Zohrab), Astuacašunčᵉ matean hin ew nor ktakaranacᵉ IV. Venedig 1805. - Fr. Macler, L'évangile arménien. Edition phototypique du manuscrit n° 229 de la bibliothèque d'Etchmiadzine. Paris 1920. - H. S. Anasyan, Haykakan matenagitutᵉyun V-XVIII dd. II. Erevan 1976, 308-667 (545-667=umfangreiche Bibliographie bis 1973). - T. A. Izmajlova, Charberdskij obrazec v zaglavnych listach rukopisi Avag Vanka 1200 g. Patma-banasirakan handes 1977/3, 206-220. - E. F. Rhodes, An Annotated List of Armenian New Testament Manuscripts. Tokio 1959.

조지아어 역본

마찬가지로 조지아어 역본에서도 여러 다양한 역사층이 구별될 수 있다. 4세기 초 아르메니아에 의한 조지아 복음 전도가 조지아어 신약성서의 성격을 결정지었다. 아르메니아어 역본 1이 처음 번역의 기초를 제공하였을 것으로 추정된다. 다시 말해 조지아어 신약성서 번역본은 시리아어와 아르메니아어의 요소가 혼합되어 있었으며, 조지아어 성구집은 분명히 (아르메니아어 역본에서와 마찬가지로) 그리스어 본문을 기초로 삼고 있었다. 따라서 "고대 조지아어 역본은 그리스어 원본문을 규명하는 데 있어서 기껏해야 간접적으로 고대 시리아어 역본의 유산을 전해 주는 역할을 할 뿐이다"(Molitor, ANTF 5, 327). 그러나 이러한 최초의 조지아어 역본 geo^1에 이어 개정본 geo^2가 작성되었다. 이 개정본 geo^2는 조지아 교회가 아르메니아 교회와 분리된 후 7세기 초, 그리스어 원문에 근거하여 번역되었으며, 그에 대한 결정적인 흔적을 남겨 두었다. 그리스어의 영향력은 그 밖에 다른 곳에서도 분명하게 나타난다. 어쨌든 오늘날까지 계속 사용하고 있는 조지아 교회 예전 본문은, 아토스(Athos)산의 조지아 교회 수도원 원장이었던 유티미우스(Athos Euthymius, 1028년 사망)가 그리스어 본문에 근거하여 번역한 조지아어 역본에서 비롯된 것이다.

참고문헌

V. Beneševič, Quattour evangeliorum versio georgiana vetus. St. Petersburg 1909 (Mt), 1911 (Mc). - R. P. Blake, The Old Georgian Version of the Gospel of Matthew. PO 24 (Paris 1933) 1-168. - R. P. Blake, The Old Georgian Version of the Gospel of Mark. PO 20 (Paris 1929) 435-574. - M. Brière, The Old Georgian Version of the Gospel of Luke. PO 27 (Paris 1955) 276-448. - R. P. Blake-M. Brière, The Old Georgian Version of the Gospel of John. PO 26 (Paris 1950) 454-599. G. Garitte, L'ancienne version géorgienne des Actes des apôtres d'après deux manuscrits du Sinai (Bibliothèque du Muséon 38). Louvain. 1955. - Dzocenidze/K. Daniela, Pavles epistolet'a k'art'uli versiebi, Tbilisi 1974 (Dzveli k'art'uli enis kat'edris šromebi 16). - K'. Lort'k'ip'anidze, Kat'olike epistolet'a k'art'uli versiebi X-XIV saukunet'a ẖelnacerebis miẖedvit', Tbilisi 1956 (Dzveli k'art'uli enis dzeglebi 9). - I. Imnaišvili, Iovanes gamoc'ẖadeba da misi t'argmaneba, Tbilisi 1961. - J. Molitor, Monumenta iberica antiquiora. Textus chanmeti et haemeti ex inscriptionibus, S. Bibliis et patribus (CSCO 166 = Subs. 10). Louvain 1956. - J. N. Birdsall, The Georg. Versions of the Acts of the Apostels, in: Festschr. Klijn (1988); auch: Le Muséon 91 (1978), 355-366 u. ö.

에티오피아어 역본

에티오피아어 역본의 성격에 대해서는 의견이 분분하다. 복음서들의 경우, 그리스어 본문에서 번역된 것인지 또는 시리아어 본문에서 번역된 것인지에 대한 문제도 아직 해결되지 않았다.

사도행전 번역의 경우에는 그리스어 원문을 대본으로 참고했던 것으로 보이고, 공동서신의 경우에는 그리스어 대본을 사용했음이 확실히 드러난다. 심지어 요한계시록에는 그리스어 대본을 사용했다는 것을 확실히 확인했을 뿐만 아니라 그리스어 원문을 세세하게 밝힐 수도 있다. 에티오피아어 역본은 A와 C의 본문 유형을 따르며, 이후 콥트어 역본과 아랍어 역본들의 영향력 아래 놓였다.

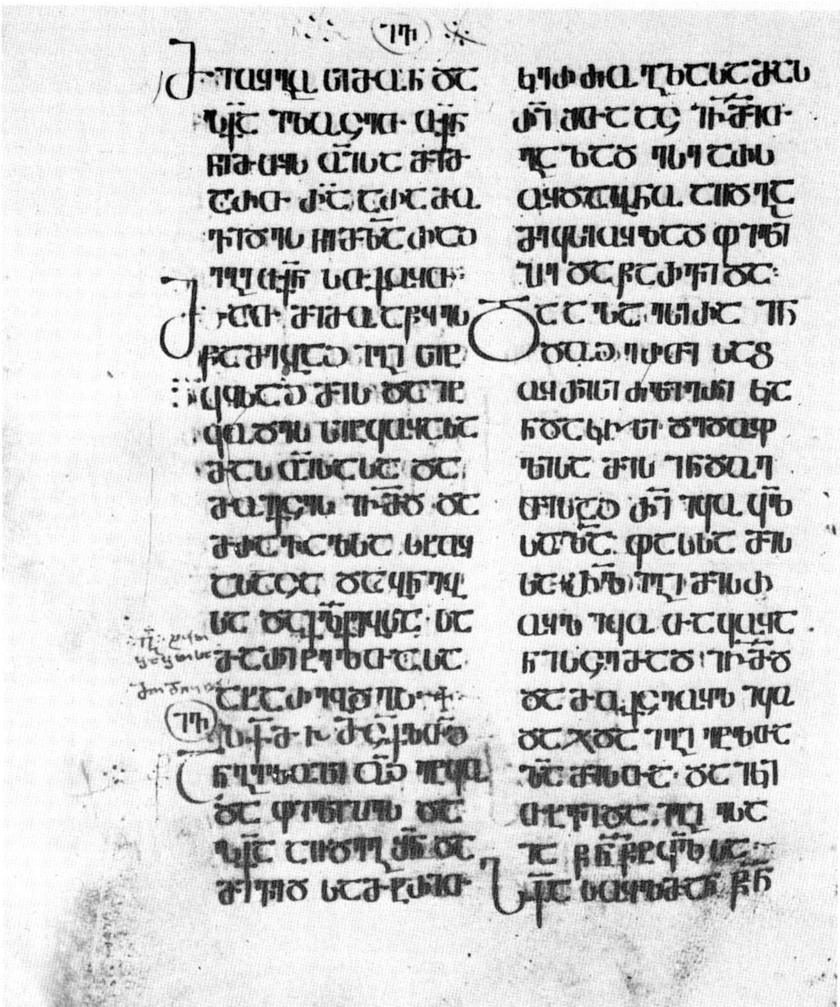

그림 **68** 977년 조지아어 필사본(Codex A f. 54v)의 사도행전 8:24–29 (본 책의 307쪽 참고).

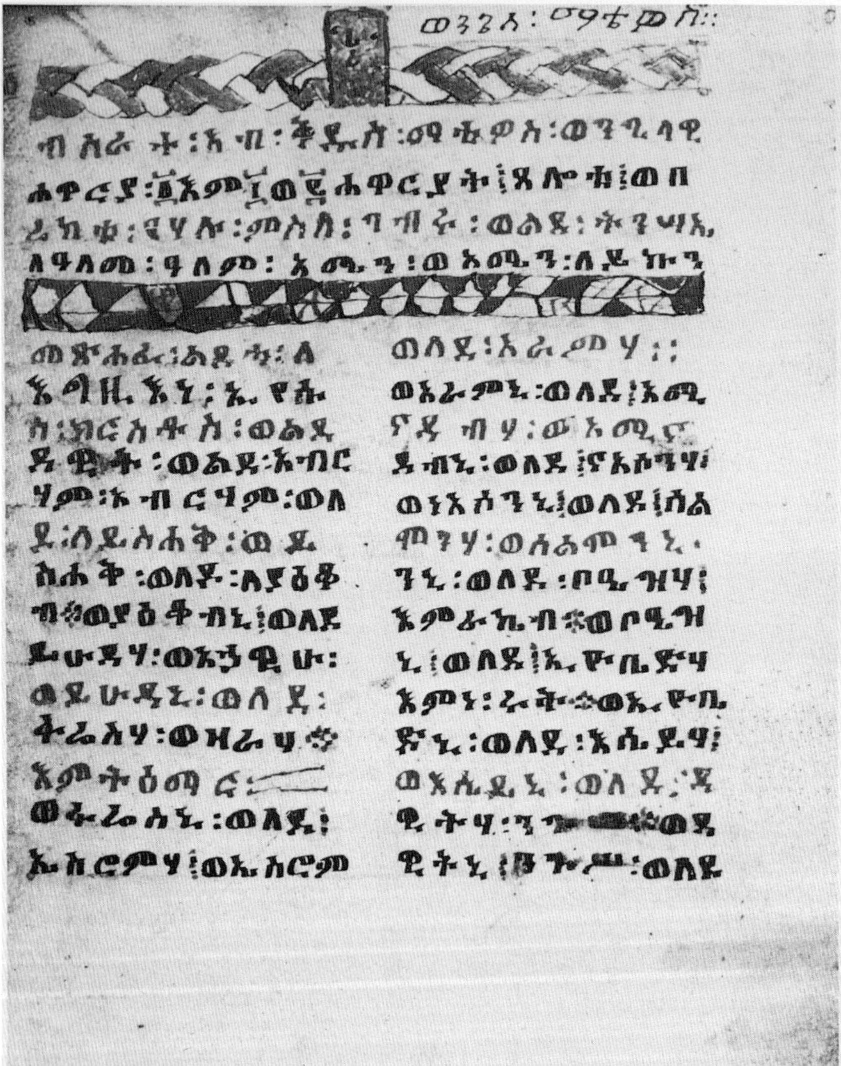

그림 69 17세기 에티오피아어 필사본(에티오피아어 필사본은 대체로 생성 시기가 매우 늦다.)의 마태복음 시작 부분(Cod. Aeth. 42 뮌헨, 바이에른국립도서관[Bayer. Staatsbibl.] f. 5^{r})(본 책의 308, 311쪽 참고).

그러나 에티오피아어 역본에 대한 이런 불명료한 상황은, 에티오피아의 초기 기독교 역사와 관련된 다양한 견해 차이를 보이는 상황과 일치한다. 사도행전 8:26-39에 빌립이 '에티오피아 여왕' 간다게(Kandake)의 내시를 개종시키는 사건이 기록되어 있다. 이 사건을 에티오피아 기독교의 시작으로 보는 것은, 순전히 전설 같은 이야기에 근거한 견해이다. 에티오피아어 번역 성경을 프루멘티우스(Frumentius)에게서 기인한 것으로 보는 견해도 마찬가지이다. 4세기 고대 기독교 전승에 따르면, 기독교인이었던 프루멘티우스와 에데시우스(Ädesius)는 노예로 에티오피아에 왔다가 궁정에서 높은 지위에까지 올랐다. 자유를 되찾은 후 프루멘티우스는 알렉산드리아로 갔고, 그곳에서 아다나시우스(Athanasius)에 의해 에티오피아의 감독으로 임명되었다. 에티오피아에 다시 돌아온 그는 상당히 성공적으로 선교 사업을 시작하였고, 이를 위해 성경을 에티오피아어로 번역하였다. 아마도 이 부분에서 이름에 대한 혼동이 있는 것으로 추정된다(에데사의 아브가[Abgar]가 예수에게 보냈던 편지의 경우와 유사함). 프루멘티우스는 아바 살라마(Abbā Salāmā)로 불리게 되며, 14세기 에티오피아에는 동일한 이름을 가진 유명한 에티오피아인 대감독이 재직하고 있었다. 이 보도는 가장 오래된 에티오피아어 신약성서 필사본이 이 시기에 유래되었다는 견해에 잘 들어맞는 것이다. (이른바 '아바-가리마'[Abba-Garima] 필사본들이 실제로 10/11세기 필사본에 속하는지에 대해서는 더욱 자세히 검토할 필요가 있다.)

어쨌든 5세기 후반에 시리아 수도사들의 활동으로 에티오피아 기독교가 비약적으로 발전했음은 확실하다. 마찬가지로 신약성서의 에티오피아어 번역도 당시 새로운 자극제가 되었을 가능성이 매우 크다. 에티오피아 전승에 따르면 집회서를 포함한 에티오피아어 성경 번역은 678년에 완성되었다고 한다.

참고문헌

Testamentum Novum cum epistola Pauli ad Hebraeos. Hg. v. Petrus Aethiops, Roma 1548. - Epistolae XIII divi Pauli. Hg. v. Petrus Aethiops, Roma 1549. - Evangelia Sancta Aethiopice. Hg. v. Th. Pell Platt, London 1826. - Novum Testamentum Domini nostri … Jesu Christi Aethiopice. Hg. v. Th.

그림 70 고트어 아르겐테우스 사본(Codex Argenteus, 스톡홀름)의 마가복음 결론 부분, 1970년 트리어(Trier)에서 귀중한 유품의 덮개로 발견 (본 책의 313, 314쪽 참고).

Pell Platt, London 1830; rev. Fr. Praetorius, Leipzig 1899. - Die äthiopische Übersetzung der Johannes-Apokalypse. Hg. v. Josef Hofmann, Louvain 1967 (CSCO 281).

6. 고트어, 고대 교회 슬라브어, 그 외의 언어 역본들

고트어 역본

고트어 역본이 그리스어 본문에서 직접 번역됐다는 것에는 논쟁의 여지가 없다. 그럼에도 불구하고 고트어 역본이 그리스어 신약성서의 비평장치에서 라틴어, 시리아어 등의 다른 역본들처럼 주요 증거로 제시되지 않고 거의 부수적인 증거로 제시된다면, 이는 그 고트어 역본들이 대본으로 삼은 본문의 기본 성격을 정확하게 규정할 수 있기 때문이다. 다시 말해서, 울필라스(Ulfilas 또는 Wulfila)에 의해 작성된 고트어 역본은, 현재도 그리스어 필사본들에서 흔히 볼 수 있는 초기 비잔틴 본문의 필사본을 기초로 삼았기 때문이다.

물론 울필라스가 대본으로 삼았던 그리스어 본문을 정확하게 살펴볼 수 있다면, 그것은 신약성서 본문 역사를 살피는 데 상당히 의미 있는 일이 될 것이다. 그 고찰을 통해서 350년경 코이네 본문이 얼마나 발전되어 있었는지 확인할 수 있으며, 그 발전 단계에 해당하는 코이네 본문을 다른 곳에서는 그렇게 순수한 형태로 접할 수 없기 때문이다. 그러나 유감스럽게도 그러한 고찰은 불가능한 일이다. 독문학 학자들이 그리스어 본문을 재구성할 때, 고트어 역본에서 대본으로 삼았던 그리스어 본문 그대로를 재현한 것이 아니라, 그들이 독자적으로 그리스어 본문을 재구성하여 제시했기 때문이다. 슈트라이트베르크(Streitberg)의 중요 인쇄본의 본문은 고트어 본문과 수백여 곳에서 차이가 난다(폰 조덴[von Soden]의 이론 및 다른 이론 등에 영향을 받았음.). — 이것은 이미 대본에서부터 자의적으로 시작한 것이라고 말할 수밖에 없다. 베른하르트(E. Bernhardt)는 그런 식으로 재구성하지는 않았지만, 그의 인쇄본에는 또 다른 결함이 있다. 울필라스의 대본이 알렉산드리아 사본과 일치한다는 전제에서 출발하기 때문이다. 고트어 역본이 신약성서 본문비평에 중요한 의미가 있는 자료가 되기 위해서, 독문학 학자들이 해야 할 것은 대본으로 삼은 그리스어 원문을 재구성하는 것이다. 그 재구성은 본문비평의 이론들과 전혀 상관없이 본문 자료 자체만을 근거로 하는 재구성이어야 한다. 왜냐하면 울필라스의 번역은 완전히 문자 그대로를 옮기는 방식으로 하는 번역이며, 항상 그리스어 단어의 뜻 그대로에 상응하는 단어를 찾아 옮기려고 노력했기 때문이다. 다른 한편, 확실히 그의 번역에는 라틴어 영향의 흔적들을 볼 수 있다. 문제는 울필라스가 이미 라틴어의 영향을 받았던 것인지(모에시아[Mösien]에서는 확실히 가능성이 있음), 아니면 라틴어의 영향 아래(아르겐테우스 사본은 6세기로 추정됨) 울필라스의 본문이 전승되는 과정에서 나중에 덧붙여져 그렇게 나타나는 것인지 하는 점이다. 그러나 그것은 독문학 분야에서 결정할 문제가 아니라 본문비평 분야에서 결정해야 할 문제다. 적어도 독문학 분야에서 단독으로 결정해서는 안 되는 문제다.

번역은 341년 이후 (그보다 더 이른 시기에 번역본이 존재하지 않았다면) 곧바로 시작되었다. 이때는 울필라스가 고트 대표단의 일원으로 비잔틴 지역에 가서 니코메디아(Nikomedien)의 감독 유세비우스에 의해 '고트국의 감독'으로 임명되는 때였다. 이미 그 이전에 고트인들 사이에 퍼져 있었던 기독교(전쟁 포로로 끌려온 로마 기독교인들이 전함)는 해를 거듭하며 왕성하게 확장되었다. 348년 울필라스의 지도를 받던 기독교인들이 추방되었음에도(그들은 도나우[Donau]강을 건너 모에시아로 갔으며 그곳에서 울필라스는 자신의 번역본을 완성했다), 고트인들과 여러 다른 게르만 민족의 기독교인들은 끊임없이 승리의 행진을 이어갈 수 있었다.

번역을 위해 울필라스는 독자적인 알파벳을 발전시켰으나, 눈에 띄는 것은 그 알파벳 27개 가운데 2/3를 그리스어 철자에서 따왔다는 것이다(나머지는 라틴어와 고대 게르만 루네 문자에서 차용했다.). 총 9개의 필사본에 복음서들(마태복음, 요한복음, 누가복음, 마가복음의 순서)과 바울서신(빠짐없이 다 들어 있지는 않음)이 보존되어 있으며, 고트어 성서에는 느헤미야 5-7장의 약 50개의 구절만 전해지고 있다.

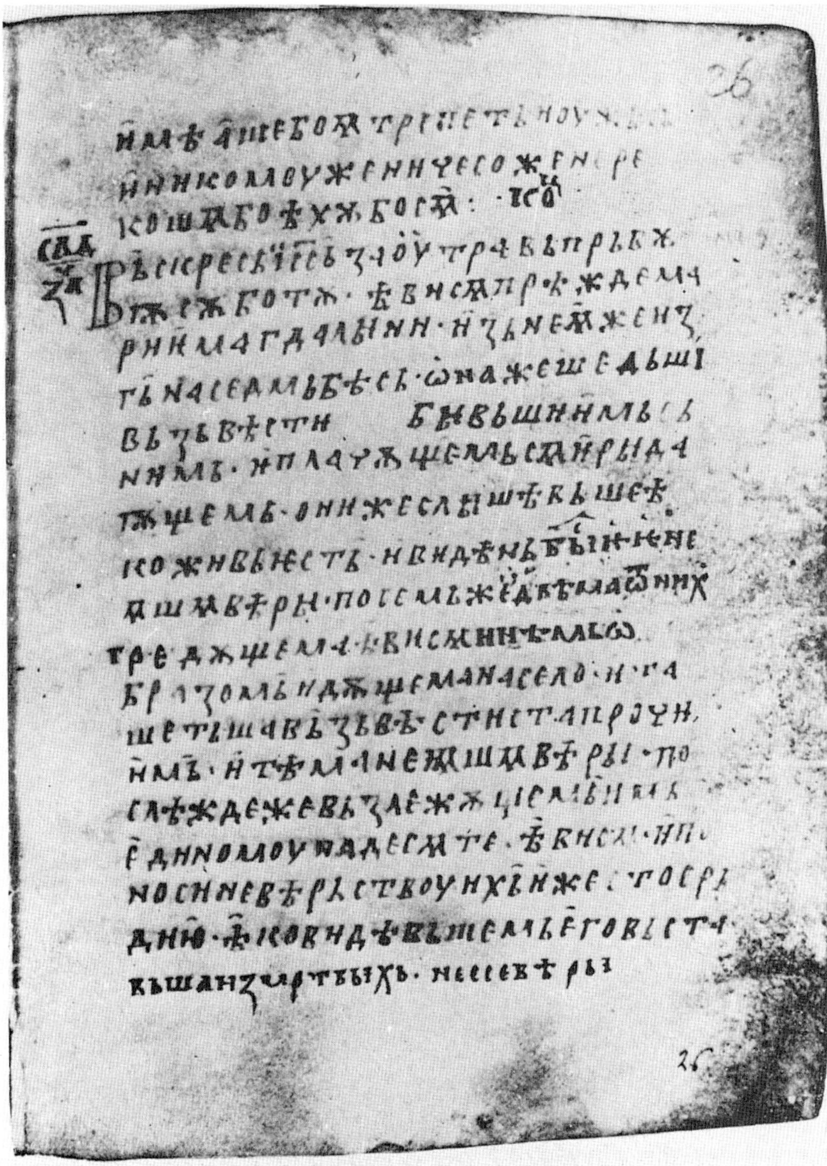

그림 **71** 12세기 고대 교회 슬라브어 필사본의 마가복음 16:8-14(Evang. Dobromiri, f. 26ʳ)(본 책의 316, 317쪽 참고).

참고문헌

W. Streitburg, Die gotische Bibel. 1. Teil: Der gotische Text und seine griechische Vorlage mit Einleitung, Lesarten u. Quellennachweisen sowie den kleineren Denkmälern als Anhang, Heidelberg 1908, verb. Aufl. 1919², durchgesehene Aufl. 1965⁵, 1971⁶. - E. Bernhardt, Vulfila oder Die gotische Bibel mit dem entsprechenden griechischen Text und mit kritischem und erklärendem Commentar, Halle 1875. - G. W. S. Friedrichsen, The Gothic Version of the Gospels, Oxford 1926; Ders. The Gothic Version of the Epistles, Oxford 1939; E. Stutz, Gotische Literaturdenkmäler, Stuttgart 1966.

고대 교회 슬라브어 역본

고대 교회 슬라브어 번역은 주로 슬라브 교부 콘스탄티노스(Konstantin, 869년 사망)와 메토디우스(Methodius, 885년 사망) 형제의 작업으로 9세기에 시작되었으며, 그들의 선교 활동과 성경 번역 활동은 당시 그들의 생애에 대한 기록들(부분적으로 전설 같은 이야기)에 전해지고 있다. 처음에는 성구집들이 출판되었으며, 그 중 세 가지 유형, 곧 '짧은 성구집', '긴 성구집', '주일 성구집'이 전해진다. 아마도 처음에는 '주일 성구집'이 먼저 있었을 것이며, 그 이후 '짧은 성구집' 유형이 추가되었을 것이다. 반면에 '긴 성구집'은 12세기가 되어서야 비로소, 갈리치아-볼리니아(Galizien-Wolhynien)에서 출간되었을 것이다. 사복음서는 10세기로 넘어가는 시기에 불가리아에서 번역되었으며, 사도행전과 공동서신은 12세기가 되어서야 비로소 필사 형태로 전해지기 시작한다(그러나 번역은 그 이전부터 이루어졌을 수도 있다.). 반면에 요한계시록은 12세기 이전에 번역되지는 않았을 것이다. 고대 교회 슬라브어 필사본 전승은 10/11세기에 시작되었다.

어떤 본문이 고대 교회 슬라브어 역본의 대본으로 사용되었는지는 규명되지 않았다. (러시아 정교회는 이 번역본이 특별한 영감을 받아 작성된 것이라고 주장한다.) 비잔틴 본문 형태의 그리스어 필사본을 대본으로 삼았을 가능성이 가장 크다.

참고문헌

J. Vajs, Evangelium sv. Matouse. Text rekonstruovaný. Praha 1935; Evangelium sv. Marka. Text rekonstruovaný. Praha 1935; Evangelium sv. Lukáše. Text rekonstruovaný. Praha 1936; Evangelium sv. Jana. Text rekonstruovaný. Praha 1936. V. Jagić. Quattuor evangeliorum codex glagoliticus olim Zographensis nunc Petropolitanus. Berlin 1879; ders. Quattuor evangeliorum versionis palaeoslovenicae codex Marianus glagoliticus. Berlin 1883. J. Vajs-J. Kurz, Evangeliarium Assemani. Codex vaticanus 3. slavicus glagoliticus I-II. Praha 1929-1955. V. Ščepkin, Savvina kniga. St. Petersburg 1903. Ae. Kalužniacki, Actus epistolaeque apostolorum palaeoslovenice ad fidem codicis Christinopolitani. Wien 1896. G. A. Il'inskij, Slepčenskij apostol XII veka. Moskva 1912. Arch. Amfilochij, Apokalipsis XIV veka Rumjancevskago muzeja. Moskva 1886.

그 외의 언어 역본들

고트어 역본 및 고대 교회 슬라브어 역본이 비평장치에 인용되지 않는다면, 그것은 틀림없이 비평장치의 약점이 될 것이다. 그럼에도 불구하고 그 번역본들은 (지금까지) 현대 비평장치에서 거의 인용되지 않고 있다. 비평장치에서 '다른 언어들'의 번역본들, 즉 아랍어, 누비아어(Nubisch), 페르시아어, 소하이디어(Soghdisch), 고대 영어, 고대 고지 독일어 등의 번역본들은 전혀 고려되지 않으며, 제반 상황으로 미루어 볼 때 앞으로도 고려되지 않을 것이다. 아랍어 역본이 8세기 이후 이슬람이 정복한 지역의 언어에서 번역되었을 뿐만 아니라, 또한 확실히 그리스어 자료에서 번역되었다는 사실이 분명한데도, 실상은 그렇다. 필사본들(그리스어 본문을 대본으로 삼았던 필사본들까지 포함)은 9세기까지 소급되며, 따라서 다른 번역본들의 필사본들과 연대별로 비교할 수 있다. 신약성서 아랍어 역본에는 — 그리스 지역 밖에 있는 아랍어 번역본들도 포함하여 — 흥미로운 문제들이 많다. 예를 들면, 하르켈 시리아어 역본에 대한 아랍어 역본의 존재가 이미 증명된 바 있다. 그럼에도 불구하고, 유감스럽게도 현재 아랍어 학자들은 신약성서 아랍어 전승을 거의 다루지 않고 있다.

후기 그리스-로마 시대의 마지막 무렵에 존재하던 누비아의 세 왕국에는 6세기 이전에 기독교 교회들이 있었다. 이때는 기독교 선교가 활발하게 진행되기 시작하던 때였다. 그러나 신약성서가 언제 누비아어로 번역되었는지는 규명되지 않고 있으며(지금까지 단편의 성구집만 알려져 있음) 마찬가지로 어느 본문을 대본으로 삼아 번역했는지도 알 수 없다.

페르시아에는 3세기부터 기독교가 확장되고 있었다. 아마 그 당시(크리소스토무스[Chrysostomus]의 증언 참고) 또는 그 이후에 그 지역 언어로 옮긴 신약성서 번역본도 틀림없이 있었을 것이다. 그러나 지금까지 중세 페르시아 필사본이 나타나지 않고 있으며, 보존되고 있는 페르시아 본문도 근대 페르시아어로 되어 있다.

중앙아시아 지역에 소하이디어 역본 중 몇 개의 단편이 남아 있지만 그 단편들이 너무 짧고, 무엇보다 지금까지 이에 관하여 분명한 결과를 내놓을 수 있을 만한 연구가 거의 없다. 신약성서 고대 영어 역본 또는 고대 고지 독일어 역본은 의심할 여지없이 라틴어 본문을 대본으로 삼았기 때문에, 그리스어 신약성서 본문 역사에서 배제된다.

7. 교부들의 인용문

그리스 교부 인용문에 해당되는 내용들은, 앞서 언급했던 번역본들의 언어권 교부 인용문에도 원칙적으로 동일하게 해당된다(이에 대해 본 책의 319쪽 이하 참고). 그러나 번역어로 되어 있는 교부 인용문들은 최소한 번역본의 영역 안에서 의미가 있다. 다시 말해, 시리아 교부 인용문일 경우 그리스어 본문보다는 시리아어 본문에서 더 큰 의미가 있다는 말이다. 이미 이 부분에 대해 특기할 만한 예를 볼 수 있다. 타티안의 디아테사론 본문이 결정적으로 시리아 교부 에프라임의 문서에 근거하여 재구성된다는 것이다. 다른 한편, 시리아 교부들의 인용문에 대한 연구를 더욱 확장해야만, 특별히 중요한 신약성서 시리아어 역본들의 역사에 대한 연구를 진전시킬 수 있다. 실제로 이 분야에는 아직도 해야 할 일들이 매우 많이 남아 있다. 현재 방대한 자료에 대한 분석 작업이 뮌스터에서 시작되었다(B. Aland ANTF 7 참고. 본 책의 295쪽도 참고). 라틴 교부들의 인용문에 대한 연구가 가장 잘 진행되어 있는 상황이며, 이는 대수도원장 뷰론(Beuron)의 고대 라틴어 역본 인쇄본이 있기 때문이다(이에 대해 본 책의 282쪽도 참고).

〈네슬-알란트 26판〉과 (또는) 〈그리스어 신약성서 3판〉(*Greek New Testament*, 이하 GNT)에 앞에 언급된 번역본들의 언어권에 해당하는 교부들의 인용문들이 수록되어 있다. 그 교부들은 다음과 같다. (참고 문헌에 적용된 약어 표시에 대해서는 본 책의 254쪽을 참조하라. 수록된 라틴 교부들의 수와 그에 해당하는 만큼의 공간을 할애한 것은, 본 책의 253쪽에서 설명했던 기준보다 좀 더 확장된 기준을 적용한 것이다. 〈그리스어 신약성서 4판〉[GNT]에서는 이 부분에 상당한 변화가 있을 것으로 예상된다.)

라틴 교회 교부들과 동방 교회 교부들 설명 목록

라틴 교회 교부들

가우덴티우스(Gaudentius), 406년 이후 사망. 브레시아(Brescia)의 감독. (Altaner 369; Bardenh. III 485 이하; CPL 215-219.)

겐나디우스, 마르세이유(Gennadius v. Marseille), 5세기. 마르세이유의 장로. 히에로니무스의 뒤를 이어 기독교 문헌의 역사를 저술. 8권으로 된 책 〈모든 이단에 반박하여〉(*Adversus omnes haereses*)를 저술. (Altaner 474; Bardenh. IV 595-598; CPL 957-960.)

그레고리우스, 엘비라(Gregorius v. Elvira), 392년 이후 사망. 그라나다(Granada)에 있는 엘리베리스(Eliberis)의 감독. 루시퍼주의자들의 수장. (Altaner 370; Bardenh. III 396-401; CPL 546-557.)

길다스(Gildas), 약 500-570년. 영국 태생. 그의 대표작 〈영국의 멸망과 정복에 대하여〉(*De excidio et conquestu Britanniae*)는 성경 인용문으로 가득 차 있다. (Bardenh. V 399-401; CPL 1319-1324; Manitius I, 208-210.)

노바티아누스(Novatian)(Nov), 3세기 중엽. 250년경. 로마의 장로. 251년 코르넬리우스(Cornelius)에 맞서기 위한 반대파 감독으로 임명되어야 했음. 노바티아누스 분파를 시작하고 코르넬리우스에 반대하는 교회를 세움. (Altaner 170-172; Quasten II 212-233; Bardenh. II 626-635; CPL 68-76.)

니케타스, 레메시아나(Nicetas v. Remesiana)(Nic), 414년 이후 사망. 레메시아나(오늘날 세르비아)의 감독. 놀라(Nola)의 파울리누스(Paulinus)와 친구. 파울리누스는 니케타스의 생애 연구를 위한 가장 중요한 자료이다. (Altaner 391; Bardenh. III 598-605; CPL 646-652.)

드루트마루스, 코르비(Druthmarus v. Corbie), 880년 이후 사망. 트리테미우스(Trithemius)라는 사람으로 오인하여 그의 이름이 별명으로 잘못 붙여지기도 했음. 스타블로의 크리스티안(Christian von Stablo)과 동일 인물. 수도사이며 복음서들에 대한 주석서들 저술. (Spicq 49 이하; Stegmüller 1926-1928.)

위-디도(Titus, Pseudo-), 〈순결의 상태에 관한 편지〉(*De dispositione sanctimonii*)가 티투스의 이름을 빌려 저술되었음. 5세기로 추정. (Altaner 140 이하.)

락탄츠(Lactanz)(Lact), 3/4세기. 루키우스 캐실리우스 피르미아누스 락탄티우스(Lucius Caecilius Firmianus Lactantius)라고도 불림. 아프리카의 이교도 가문 출신으로 추정. 아르노비우스의 제자. 로마 황제 디오클레티아누스(Diokletian) 시대에 니코메디아(Nikomedien)에서 라틴어 수사학 교사. 기독교 박해 시기에 사임하고, 약 317년 콘스탄틴 대제 아들의 가정 교사로 트리어에 초빙됨. (Altaner 185-188; Quasten II 392-410; Bardenh. II 525-549; CPL 85-92.)

레오 1세, 대교황 (Leo I. d. Große), 5세기. 440-461년 로마의 교황. 현존하는 그의 문헌들에는 편지들과 성경 주해 설교집이 포함되어 있음. (Altaner 357-360; Bardenh. IV 617-623; CPL 1656-1661).

루시퍼, 칼리아리(Lucifer v. Calaris)(Lcf), 370/371년 사망. 사르디니아(Sardinien) 지역 칼리아리(Cagliari)의 감독. 밀라노 공의회 이후 추방(355년). 이 추방 시기에 논쟁적 문서들을 저술했는데, 이 논쟁 문서에 나타나는 성서 인용문은 제롬 이전 시기의 성서 본문 연구에 중요함. (Altaner 367; Bardenh. III 469-475; CPL 112-118.)

루퍼트, 도이츠(Rupert v. Deutz), 약 1075/1080-1129/1130년. 도이츠수도원의 수도원장. 베네딕트수도회의 규칙에 대한 주석과 신약성서 마태복음, 요한복음, 요한계시록 주석 등 저술. (Bardenh. V 234; Stegmüller 7549-7582; Spicq 114-117.)

루핀(Rufin), 약 345-410년. 티란니우스 루피누스(Tyrannius Rufinus)라고도 불림. 아퀼레이아에서 기독교인 부모의 아들로 출생. 그곳에서 수도원의 수도사 생활 후, 이집트에서 6년을 보낸 뒤 예루살렘 거주. 397년 이탈리아로 돌아와 메시나(Messina)에서 사망. 그리스어에서 번역한 그의 번역 저작이 특히 중요.. (Altaner 392-394; Bardenh. III 549-558; CPL 195-200.)

리베라투스(Liberatus), 6세기. 카르타고의 부제. 553년까지의 이단들에 대한 역사서 저술. (Altaner 491; Bardenh. V 328 이하; CPL 865.)

마리우스 메르카토르(Marius Mercator), 4/5세기. 후기에 로마제국의 동쪽 지방이 된 아프리카 출신으로 콘스탄티노플에서 출생했을 것으로 추정. 그리스어 본문을 번역한 번역 저서들이 많음. (Altaner 449 이하; Bardenh. IV 525–529; CPL 780 이하.)

(가이우스) 마리우스, 승리자([Gaius] Marius Victorinus)(M Vict, Victorinus-Rome, Marius), 약 363년 사망. 아프리카 출신. 로마의 존경받는 수사학 교사. 노년이 되어서야 기독교인이 되었고, 362년 교사직을 그만둠(줄리안 황제의 칙령에 의해). 그의 바울서신 주석서들이 중요. (Altaner 368 이하; Bardenh. III 460–468; CPL 94–100.)

마크로비우스(Macrobius), 4세기. 아프리카의 장로. 로마의 도나투스주의자들(Donatisten)의 감독. (Bardenh. III 490; CPL 721.)

막시무스, 투린(Maximus v. Turin), 4/5세기. 투린의 감독. 겐나디우스에 따르면 408년과 423년 사이에 사망. 451년 밀라노회의와 465년 로마공의회에 참가한 투린의 감독과 동명이인. 대략 100여개의 설교집이 보존되고 있다. (Altaner 458 이하; Bardenh. IV 610–613; CPL 220–226b.)

막시미누스(Maximinus), 4/5세기. 고트족의 아리우스파 감독. 암브로시우스를 논박하는 글 작성. (Altaner 372 이하; Bardenh. III 595 이하; CPL 692–702.)

바리마둠(Varimadum), 445–480년. 저서 〈바리마둠이 아리우스주의에 반대하여〉(*Contra Varimadum Arianum*, 아리우스주의에 반대하는 성경 구절 편람. 커다란 영향력을 행사함.)는 탑수스(Thapsus)의 비길리우스(Vigilius)의 것으로, 또는 오쏘누바(Ossonuba)의 감독 이다시우스 클라루스(Idacius Clarus)의 것으로 자주 주장되기도 한다. 445년에서 480년 사이에 편찬. (Altaner 232 이하, 489; Bardenh. III 413 이하, IV 556; CPL 364.)

발레리안(Valerian), 약 460년 사망. 프랑스 남부 갈리아 지역에 있는 케메넬룸(Cemenelum, 현재 니스[Nizza]와 근접한 시미에[Cimiez] 지역)의 감독. 그의 저술로는 20개의 설교문 등이 남아 있다. (Bardenh. IV 572–573; CPL 1002–1004.)

베다(Beda), 672/673–735년. 836년 아헨(Aachen) 공의회 이후 '덕망 있는 사람'(Venerabilis)이라는 별칭을 얻음. 영국 베네딕트회 수도사이며 교회의 교사. 영국 교회사 관련 저술. 마태복음과 요한복음 주석 저술. (Stegmüller 1598–1688.)

베아투스, 리에바나(Beatus v. Liébana)(Bea), 798년 사망. 스페인 산탄데르(Santander) 근처 리에바나의 수도원장. 주석 자료를 모아 요한계시록 주석을 편찬.

(Altaner 373; Bardenh. V 396; Quasten II 412; CPL 710, 1752a, 1753; Stegmüller 1597.)

비길리우스, 탑수스(Vigilius v. Thapsus)(Vig), 5세기. 아프리카 탑수스의 감독. 다양한 이단론에 반대하는 여러 문서 저술. 484년 이후 사망한 것으로 추정. (Altaner 489; Bardenh. III 414; IV 553–557; CPL 806–812.)

위-비길리우스(Vigilius, Pseudo–), 〈바리마둠에 반박하여〉(*Contra Varimadum*) 외에, 비길리우스의 이름으로 통용된 12권의 저작 〈삼위일체에 관하여〉(*De trinitate*)가 있다. (Altaner 489; Bardenh. IV 556 이하; CPL 809–811; Fischer, Vetus Latina, Sigelverzeichnis 483–484.)

빅토르, 비타(Victor v. Vita), 5세기. 아프리카 비타의 감독. 〈아프리카 지역의 박해 역사〉(*Historia persecutionis Africanae provinciae*)를 저술. (Altaner 488; Bardenh. IV 550–552; CPL 798–802.)

빅토르, 튀니지(Victor v. Tunnuna)(Victor–Tunis), 6세기. 아프리카의 감독. 566년 이후 추방되어 콘스탄티노플의 한 수도원에서 사망. 세계 연대기 저술. (Altaner 233; Bardenh. V 329–331; CPL 2260.)

빅토린, 페타우(Victorin v. Pettau)(Vic), 304년 순교. 그리스 출생으로 추정. 구약성서 및 신약성서 각 책들에 대한 라틴어 주석서 저자. 그 중에서 요한계시록 주석만 보존되어 있음. (Altaner 182 이하; Quasten II 411–413; Bardenh. II 657–663; CPL 79–83.)

살비안(Salvian), 약 400년–약 480년. 쾰른(Köln) 근교의 유복한 가문 출신. 먼저 결혼을 하고 나서 레렝(Lerinum)에서 수도사가 됨. 이후 마르세이유로 이주함. 나중에 사제가 됨. 그의 대표작 〈하나님의 통치에 관하여〉(*De gubernatione Dei*)는 민족 대이동 시기에 관한 문화사이다. (Altaner 456 이하; Bardenh. IV 573–578; CPL 485–487.)

세둘리우스 스코투스(Sedulius Scotus), 9세기. 아일랜드 출신의 학자이며 시인, 사제. 마태복음과 바울서신 주석 저술. (Stegmüller 7595–7621; Manitius I 315–323, II 802.)

술피키우스 세베루스(Sulpicius Severus), 약 363년–약 420년. 아퀴타니아(Aquitan) 지역의 저명한 가문 출신. 법률가였다가 나중에 수도사가 됨. 그의 대표작은 기원후 400년까지에 해당하는 세계 연대기이다. (Altaner 231; Bardenh. III 421–427; CPL 474–479.)

스펙쿨룸, 위-아우구스티누스(Speculum, Pseudo-Augustinus)(Spec), 약 427년경 생성된 문서. 어거스틴이 저자로 되어 있지만, 그의 것으로 볼 수 없음. 신약성서와 구약성서에서 도덕적 지침들을 제시. (Altaner 432; Bardenh. IV 491; Stegmüller 1479; CPL 272.)

(연하의) 아르노비우스 감독(Arnobius d. Jüngere)(Arn), 455년 이후 사망. 아프리카에 침공한 반달족 때문에 피신. 로마의 수도사. 마태복음, 누가복음, 요한복음의 여러 구절에 대한 주석들을 일정한 형식 없이 묶은 모음집 편찬. (Altaner 459; Bardenh. IV 603-606; CPL 239-243.)

아프링기우스(Apringius)(Apr), 6세기 중반. 파세(Pace, 포르투갈의 베자[Beja] 지역)의 감독. 551년 직후 요한계시록 주석 발간. (Altaner 492; Bardenh. V 395 이하; CPL 1093.)

안스베르트(Ansbert), 693년 사망. 루앙(Rouen)의 중요 정치가인 클로타 3세(Chlothars III.)의 서기관. (CPL 2089.)

암브로시아스터(Ambrosiaster)(Ambst), 4세기. 교황 다마수스(Damasus, 366-384년) 시기에 암브로시우스의 이름으로 전해지는 바울서신 13권에 대한 주석서(히브리서 제외)가 있다. 동일한 이름의 저서 〈구약과 신약에 관한 질문들〉(*Quaestiones Veteris et Novi Testamenti*)도 있다. (Altaner 389 이하; Bardenh. III 520-525; CPL 184-188.)

암브로시우스(Ambrosius)(Ambr), 333/340-397년. 트리어에 있던 로마 명문가 출신. 약 370년에 리구리아(Liguriae)와 에밀리아(Aemiliae)의 집정관으로 밀라노에 거주. 거기서 감독으로 임명받기를 거부했음에도 불구하고 세례받은 지 며칠 만에 감독으로 임명됨(374년). 주석 문서로 6권의 헥사메론(Hexaemeron, 6일간의 창조 이야기)과 구약성서 및 신약성서에 관한 글들, 그의 가장 광범위한 저서인 10권으로 된 누가복음 주석서가 있다. (Altaner 378-389; Bardenh. III 498-547; CPL 123-169.)

위-암브로시우스(Ambrosius, Pseudo-)(PsAmbr), 암브로시우스의 이름만 빌려 저술된 후 통용된 후대의 저작들. (Altaner 385 이하; Bardenh. IV 542, 546; CPL 170-183; Fischer, Vetus Latina, Sigelverzeichnis 67-72.)

어거스틴(Augustin)(Aug), 354-430년. 누미디아(Numidien)의 타카스테(Thagaste)에서 이교도 관리와 기독교인 모니카(Monnika) 사이의 아들로 출생. 일찍이 세례 준비 교육까지 받았으나 키케로(Cicero), 마니교, 회의주의의 영향으로 기독교에서 멀어진다. 384년에 밀라노에서 수사학 교사, 386년 다시 기독교로 개종, 387년 암브로시우스에게 세례를 받음. 아프리카로 돌아와 수도원에 은둔하며 살았다. 백성들의 열망으로 사제가 되었고, 395년부터 공동 감독으로 임명되었다. 그 후 바로 히포 레기우스(Hippo Regius)의 감독이 됨. 광범위한 저작과 수많은 성경 주해서로 가장 중요한 서방교회 교부가 되었다. 반달족이 히포 레기우스를 포위했을 때 사망. (Altaner 412-449; Bardenh. IV 434-511; CPL 250-386.)

위-어거스틴(Augustinus, Pseudo-), 어거스틴의 이름만 빌려 저술된 후 통용된 작품들. (Bardenh. IV 501 이하; CPL 361-386; Stegmüller 1480-1497; Fischer, Vetus Latina, Sigelverzeichnis 131-161.)

언약에 대하여(De Promissionibus), 5세기. 전체 제목은 〈하나님의 언약과 예언에 대하여〉(*De Promissionibus et praedictionibus dei*)이다. 이 저작은 그리스도와 교회에 관한 성경의 예언을 다룬다. 카시오도르는 아퀴타니아의 프로스퍼(Prosper von Aquitanien=Prosper Aquitanus)가 저술한 것으로 추정했으나 최근 학자들은 쿼드불트데우스(Quodvultdeus)의 것으로 주장한다. (Altaner 449; Bardenh. IV 522-525; CPL 413; Stegmüller 7018.)

오로시우스(Orosius)(Oros), 418년 이후 사망. 파울루스 오로시우스(Paulus Orosius)라고도 불림. 포르투갈 지역의 브라가(Braga) 출생. 사제. 414년에 히포(Hippo)의 어거스틴 곁에서 일했으며, 415년에는 팔레스타인에서 일했고, 베들레헴에서는 제롬과 함께 일하다가, 아프리카로 돌아와 417년까지 역사서 〈이교도 반박을 위한 일곱 권의 역사〉(*Historiarum adversus paganos libri septem*)를 저술. (Altaner 231 이하; Bardenh. IV 529-533; CPL 571-574.)

옵타투스, 밀레베(Optatus v. Mileve), 4세기. 누미디아 지역 밀레베(Mileve)의 감독. 400년경 사망한 것으로 어거스틴에 의해 언급됨. 도나투스주의에 반대하는 그의 저서들은 귀중한 역사 자료이다. (Altaner 371 이하; Bardenh. III 491-494; CPL 244-249.)

유벤쿠스(Juvencus), 4세기. 가이우스 베티우스 아퀼리누스 유벤쿠스(Gajus Vettius Aquilinus Juvencus)라고도 불림. 저명한 가문 출신 스페인 장로. 330년경 헥사미터(Hexameter) 형태의 네복음서조화본(Evangelienharmonie)을 저술. (Altaner 405; Bardenh. III 429-432; CPL 1385.)

유지삐우스(Eugippius), 533년 이후 사망. 세베린(Severin)의 제자. 511년경 스승의 전기를 기록. (Altaner 479 이하; Bardenh. V 220-224; CPL 676-679; Stegmüller 2266.)

율리아누스, 에클라눔(Julianus v. Aeclanum)(Julian-Eclanum), 약 454년 사망. 베네벤토(Benevent) 근처 에클라눔의 감독. 펠라기우스주의(Pelagianismus)의 대표자. 많은 주석서의 저자. (Altaner 377; Bardenh. IV 516-518; CPL 773-777.)

율리우스 1세(Julius I.), 4세기. 337-352년 로마의 교황. (Altaner 353; Bardenh. III 583-585; CPL 1627.)

재세례에 대하여(De Rebaptismate), 키프리안에 대한 논박. 이전에는 키프리안의 저작에 포함되었다. 위-키프리안(Cyprian, Pseudo-)에 대한 설명도 참고. (Altaner 177; Bardenh. II 499-502; CPL 59.)

제노, 베로나(Zeno v. Verona), 4세기. 모리타니(Mauretanien) 출신. 362-371/372년 베로나의 감독. (Altaner 369; Bardenh. III 477-481; CPL 208-209.)

제롬(히에로니무스)(Hier, Jerome)(Hieronymus), 약 347-419/420년. 소프로니우스 유세비우스 히에로니무스(Sophronius Eusebius Hieronymus)라고도 불림. 달마티아(Dalmatien)의 기독교 가문 출신. 잠시 은둔 생활을 한 후 장로로 임직. 나중에 교황 다마수스의 비서가 됨. 386년 베들레헴에 정착. 성경 본문 작업(불가타, 본 책의 283쪽 참고), 신약성서 주석과 함께 성서 주해 설교 및 설교문 작성. (Altaner 394-404; Bardenh. III 605-654; CPL 580-642.)

위-제롬(위-히에로니무스)(Ps-Jerome)(Hieronymus, Pseudo-), 제롬의 이름을 빌려 기록한 문서들. (CPL 623a-642; Fischer, Vetus Latina, Sigelverzeichnis 307-316.)

카시안(Cassian)(Cn), 약 360-435년. 요한 카시아누스(Johannes Cassianus)로 불림. 현재의 도브루자(Dobrudscha) 지역 출생으로 추정. 처음에는 베들레헴의 수도원에서, 후일 이집트에서 은거 수도 생활. 399년 이후 콘스탄티노플에서 요하네스 크리소스토무스에 의해 부제가 되었고, 405년 로마에 있었음. 약 415년 마르세이유에 남성 수도원, 여성 수도원을 각각 하나씩 건립. (Altaner 452-454; Bardenh. IV 558-564; CPL 512-514.)

카시오도르(Cassiodor)(Cass), 약 485-580년. 플라비우스 마그누스 아우렐리우스 카시오도루스(Flavius Magnus Aurelius Cassiodorus)로도 불림. 칼라브리아(Kalabrien)의 저명한 관료 가문 출신. 507년 테오데리쿠스 대왕(Theoderich der Große)의 재무관과 비밀 비서관. 명문 귀족 및 고위 관료였음에도 약 540년 은퇴하여 자신이 건립한 비바리움(Vivarium)수도원으로 감. 정치가로서의 저술 활동과 더불어 수도원에서도 신학 문서들 저술. 그 중에 〈서신들과 사도행전 및 요한계시록 모음〉(*Complexiones in Epistulas et Acta apostolorum et Apocalypsin*)이 있으며, 그의 저서 〈수도원 연구집〉(*Institutiones*) 중 제1권에는 성경 연구에 대한 개론이 들어 있음. (Altaner 486–488; Bardenh. V 264–277; CPL 896–911.)

캐사리우스(Caesarius), 약 470–542년. 아를(Arles)의 감독. 요한계시록 주석서 등 저술. (Altaner 475; Bardenh. V 345- 357; CPL 1008–1019a.)

켈레스티누스 1세(Caelestinus I.), 4/5세기. 422–432년 로마 교황. (Altaner 356; Bardenh. IV 614 이하; CPL 1650–1654.)

콰드불트데우스(Quodvultdeus)(Qu), 약 453년 사망. 부제를 거쳐 약 437년부터 카르타고의 감독. 439년에 가이세리크(Geiserich)에 의해 추방당함. 지금까지도 어거스틴의 설교집 중 일부는 그의 것으로 추정. 그가 〈언약에 대하여〉(*De promissionibus*)의 저자라는 것에 대해서는 여전히 의문으로 남아 있다. (Altaner 449; Bardenh. IV 522–524; CPL 401–417.)

크로마시우스(Chromatius), 약 387–407년. 아퀼레이아(Aquileia)의 감독. 설교집 외에 마태복음에 관한 25편의 글이 전해짐. (Altaner 457 이하; Bardenh. III 548 이하; CPL 217–219.)

클라우디우스(Claudius), 약 827년 사망. 스페인 출생. 817/818년 투린(Turin=Torino)의 감독. 리옹(Lyon)의 유케리우스(Eucherius)의 이름으로 통용되었던 창세기 및 열왕기 주석의 저자. (Manitius I 390–396; Altaner 455; CPL 498; Stegmüller 1949–1975.)

키프리안(Cyprian)(Cyp), 약 200/210–258년. 타스키우스 캐실리우스 키프리아누스(Thascius Caecilius Cyprianus). 카르타고(Karthago)의 이교도 가문에서 출생한 것으로 추정. 약 246년에 세례를 받은 후 248/249년 카르타고의 감독. 258년 로마 황제 발레리안(Valerian)의 박해 때 참수당함. 테르툴리아누스가 공식적으로 출교된 이후 암브로시우스와 어거스틴 이전 시기까지 라틴 교회에서 가장 영향력 있는 저자였음. (Altaner 172–181; Quasten II 340–383; Bardenh. II 442–517; CPL 38–67.)

위-키프리안(Cyprian, Pseudo-)(Ps Cyp. Ps-Cyprian), 키프리안의 이름을 빌려 저작한 문서들, 부분적으로는 실제 키프리안 시대의 것도 있다. 그 예로 〈재세례에 대하여〉(*De Rebaptismate*)라는 저서를 들 수 있음. (Altaner 177-178; Quasten II 367-373; Bardenh. II 490-506; CPL 57-67; Fischer, Vetus Latina, Sigelverzeichnis 234-237.)

테르툴리아누스(Tertullianus=Tertullian)(Tert), 약 160년-220년 이후. 퀸투스 셉티미우스 플로렌스 테르툴리아누스(Quintus Septimius Florens Tertullianus)라고도 불림. 카르타고의 이교도 백부장 아들로 출생. 로마에서 변호사로 활동. 약 195년 기독교인으로 카르타고로 돌아간 후 그곳에서 광범위한 저술 활동에 헌신. 약 207년 몬타누스파(Montanismus)로 넘어감. (Altaner 148-163; Quasten II 246-340; Bardenh. II 377-442; CPL 1-36.)

티코니우스(Tyconius), 4세기. 아프리카 출신. 도나투스주의자. 요한계시록 주석이 (주로 베아투스에 의하여) 단편으로 보존되고 있다. (Altaner 373; Bardenh. III 495-498; CPL 709-710.)

파스티디우스(Fastidius), 5세기 전반. 겐나디우스(Gennadius)에 의해 영국의 감독으로 언급됨. (Altaner 377; Bardenh. IV 518-520; CPL 736, 763.)

파우스투스, 리에(Faustus v. Riez), 490/500년 사망. 영국 태생. 수도사이며 약 433년 레렝(Lerinum)의 수도원장. 약 458년 프로방스(Provence)에 있는 리에(Riez=Reji)의 감독. 477-485년에 추방. (Altaner 473 이하; Bardenh. IV 582-589; CPL 961-965.)

파우스투스, 밀레베(Faustus v. Mileve), 4세기. 밀레베(아프리카) 출신. 한 때 로마에서 마니교인들의 감독이었으며, 383년 카르타고에서 어거스틴을 만났다. 어거스틴은 약 400년경 〈파우스투스에 반대하여〉(*Contra Faustum*)라는 저서로 그를 반박했다. (Altaner 427; Bardenh. IV 512; CPL 726.)

파우스티누스(Faustinus), 4세기. 루시퍼주의자들(Luciferianer)의 로마인 장로. 로마 황제 테오도시우스 1세(Theodosius I.)에게 380년에 신앙 고백서를, 그리고 383/384년에 탄원서를 제출. (Altaner 367; Bardenh. III 475; CPL 119 이하, 1571.)

파울리누스, 놀라(Paulinus v. Nola), 353-431년 보르도(Bordeaux)의 유복한 원로원 가문 출생. 아우소니우스(Ausonius)의 제자. 379년 캄파니아(Campanien)의 총독이 되었고, 약 409년 놀라의 감독이 됨. (Altaner 409 이하; Bardenh. III 569-582; CPL 202-206.)

파쿤두스(Facundus), 6세기 중엽. 아프리카에 있는 헤르미아네(Hermiane)의 감독. (Altaner 490 이하; Bardenh. V 320-324; CPL 866-868.)

파키안(Pacian), 379년에서 392년 사이 사망. 바르셀로나의 감독. 제롬은 그가 고전적인 교육들을 잘 받은 것을 보고 그를 칭송함. (Altaner 369 이하; Bardenh. III 401-403; CPL 561-563.)

페란두스(Ferrandus), 6세기. 카르타고의 부제. 풀겐티우스(Fulgentius)의 제자이며, 스승에 대한 전기 저술. (Altaner 489; Bardenh. V 316-319; CPL 847-848.)

페틸리안(Petilian), 4/5세기. 처음엔 변호사였으나, 누미디아의 콘스탄틴 지역 키르타(Cirta)의 감독이 됨. 도나투스주의자들의 지도자였음. (Bardenh. IV 512 이하; CPL 714.)

펠라기우스(Pelagius)(Pel), 4세기 중엽-약 423/429년. 영국 출신. 금욕 고행자로서 410년까지는 로마에서, 그 후 카르타고와 팔레스타인에서 살아감. 그의 문서들 중에서 바울서신 주석 등은 그가 직접 쓴 저작으로 인정됨. 그가 불가타에 참여한 것에 대해서는 본 책의 284쪽 참고. (Altaner 374-376; Bardenh. IV 513-515; CPL 728-766; Stegmüller 6355-6371.)

포시디우스, 칼라마(Possidius v. Calama), 5세기. 어거스틴의 제자이며 그의 전기를 저술. (Altaner 419; CPL 358 이하; BHL 786.)

포에바디우스(Phoebadius), 4세기. 푀바디우스(Föbadius)로도 불림. 프랑스 남부에 있는 아게눔(Agennum=Agen in Guyenne)의 감독(392년까지 확인 가능). (Altaner 367; Bardenh. III 395 이하; CPL 473.)

풀겐티우스, 루스페(Fulgentius v. Ruspe)(Flug), 467-533년. 아프리카 텔레프테(Telepte)의 원로원 가문의 아들로 출생. 처음에는 세관원, 나중에는 수도원의 수도사. 약 507년 루스페의 감독. 508-515년, 517-523년 추방됨. (Altaner 489 이하; Bardenh. V 303-316; CPL 814-846.)

프로스퍼(Prosper)(Prosp), 455년 이후 사망. '아퀴타니아'(Aquitanien=Aquitan, 현재 프랑스의 아키텐)의 프로스퍼 티로(Prosper Tiro)로도 불림. 평신도 신학자이며 마르세이유 근처 수도사 생활. 교황 레오 1세 때 440년부터 교황청 업무. 어거스틴과 편지로 왕래하였으며, 그의 이신칭의 교리를 옹호. (Altaner 450-452; Bardenh. IV 533-542; CPL 516-535; Stegmüller 7010-7011, 1.)

프리마시우스(Primasius)(Prim), 552년 이후 사망. 아프리카 하드루메툼(Hadrumetum, 현재 튀니지의 수스 지역)의 감독. 요한계시록 주석. (Altaner 491; Bardenh. IV 332-334; CPL 873; Stegmüller 6988.)

프리스킬리안(Priscillian)(Prisc), 385년 사망. 부유한 스페인 가문 출신. 380년 아빌라(Avila)의 감독. 385년 마술 때문에 처형. 14개 바울서신에서 인용한 기본 문장들을 모아놓은 〈바울서신 규범들〉(*Canones in Pauli epistulas*) 저술. (Altaner 374; Bardenh. III 403-412; CPL 785-796b.)

피르미쿠스 마테르누스(Firmicus Maternus)(Firm), 4세기 전반. 율리우스 피르미쿠스 마테르누스(Julius Firmicus Maternus)라고도 불림. 시칠리아의 수사학자. 기독교로 개종한 후 황제에게 이교도를 고소하는 글을 보냈다. (Altaner 360 이하; Bardenh. III 456-460; CPL 101-103.)

하이모, 오세르(Haymo v. Auxerre), 9세기 중엽. 성 게르망 오세르(St.-Germain-d'Auxerre)의 베네딕트수도원 수도사. 바울서신과 요한계시록 주석 저술. (Bardenh. V 334; Stegmüller 3064-3072, 3088-3099.)

힐라리우스, 푸아티에(Hilarius v. Poitiers)(Hil, Hilary), 약 315-367년. 이교도 가문 출신. 350년 자신의 고향 푸아티에의 감독. 소아시아로 추방당한 이후 갈리아(Gallien)에서 아리우스주의(Arianismus)와 투쟁. 추방 전에 기록된 마태복음 주석이 보존되어 있음. (Altaner 361-366; Bardenh. III 365-393; CPL 427-472.)

동방 교회 교부들

도마행전(Thomasakten), 3세기. 외경 문서로, 시리아 사도 도마가 인도에서 행한 기적들을 서술한 사도 이야기. 원래는 3세기에 옛 전승 단편들을 가지고 시리아어로 저술되었고(예를 들어, 〈진주의 노래〉[Perlenlied]), 곧이어 그리스어로 번역되었으며, 그 이후 동방 지역의 다른 언어들로도 번역되었다. (Baumstark 14 이하; Oritz de Urbina 37-41; Altaner 138 이하; Bardenh. I 579-584; Aßfalg-Krüger 352.)

리베르 그라두움(Liber Graduum), 4/5세기. 금욕주의적인 글들을 간추린 모음집. 익명의 저자가 이 이름을 빌려 저작. 5세기 것으로 추정. 시리아(메소포타미아 지역)의 초기 수도원 생활 형태에 관한 증거가 됨. 메살리아인들(Messalianer)과 관련이 있는지에 대한 의문이 있음. 디아테사론을 사용하고 있으므로 본문비평에 중요함. (Oritz de

Urbina 89-91; Aßfalg-Krüger 218.)

마니(Mani)(Manes), 216년-약 276/277년. 바벨론 출생. 엘케사이파(elkesaitisch) 세례 공동체에서 성장. 전 세계로 퍼진 고대 마니교의 창시자. (Altaner 123; Bardenh. I 516.)

바살리비(Barsalibi)(Dionysios bar Salibi), 1171년 사망. 마북에서 감독. 이후 아미다(Amida)에서도 감독이 됨. 야곱파. 무엇보다도 그의 해박한 지식이 담겨 있는 성경 주석, 특히 빈번히 이용되는 복음서들 주해(페쉬타 본문)로 유명함. 그 외에도 사색적이며 논쟁적인 산문 형태의 많은 신학 저작물을 남김. (Baumstark 295-298; Oritz de Urbina 220 이하.)

쉐누테, 아트리페(Schenute v. Atripe), 466년 사망. 수도사였으며 이집트 수도원 체계를 마련함. 옛 그리스 문화의 교양과 그리스어에 정통함. 이집트 교회 통합의 수단이 되었던 콥트어 문학어(사히드 방언)의 창시자. 수많은 설교들과 교리문답집 중 일부는 여전히 간행되지 않았다. (Altaner 268 이하; Bardenh. IV 98-100; Aßfalg-Krüger 316-318.)

아다이(Addai), 5세기. 시리아어로 기록된 〈아다이의 가르침〉(*Lehre des Addai*)이라는 제목이 붙여진 외경 문서를 저술. 이미 일찍이 알려진(유세비우스의 보고, h.e. 1, 13 참고) 이야기, 곧 예수와 에데사의 왕 아브가르(Avgar) 5세 사이의 전설적인 편지 교환 이야기를 확장한 것. 선교 교회의 전형적인 산물로 꽤 오랫동안 시리아어 언어권에서는 매우 높이 평가되어 왔다. (Baumstark 27 이하; Oritz de Urbina 44; Altaner 139; Bardenh. I 590-596, IV 326.)

아프라아테스(Aphraates)(syr. Afrahat), 약 260/275-345년 이후. 조로아스터교의 사산 왕조(Sassaniden) 치하 페르시아 제국에서 초기 기독교의 증거가 되는 '페르시아의 현인'. 그의 저서인 〈논증〉(*Demonstrationes*, 336/337년과 343-345년)에서 그는 페르시아에 살고 있는 유대인들 및 그들의 신앙을 분석한다. 그러나 로마제국에 당시 기독교가 미치는 영향에 관한 문제는 더 이상 다루지 않는다. (Baumstark 30 이하; Oritz de Urbina 46-51; Aßfalg-Krüger 2; Altaner 342; Bardenh. IV 327-340.)

에프라임(Ephraem, Afrem), 시리아인(Syrus, Ephr) 306-373년. 니시비스(Nisibis) 출생. 그곳에서 부제 및 교사. 페르시아의 니시비스 점령(363년) 후 에데사로 피신. 그때 다른 '페르시아' 사람들과 함께 피신했음. 그래서 오래된 교리문답학교를 '페르시아인들의 학교'로 새롭게 일으켜 세웠으며, 그로 인해 그도 유명해짐. 수많은 성경 주석이 실린 그의 광범위한 저작들은 주로 아르메니아어 역본으로 전해진다. 역사적으로 그리고 본문비평의 입장에서 중요한 것은 디아테사론에 대한 주석이다(본 책의 287쪽 참고). (Baumstark 31-52; Oritz de Urbina 56-83; Altaner 343-346; Bardenh. IV 342-373; CPG 3905-4175; Aßfalg-Krüger 109.)

야곱, 니시비스(Jacob v. Nisibis), 338년 사망. 니시비스의 감독(?). 에프라임의 스승으로 언급된다. (Baumstark 34.)

V. 현대 인쇄본 사용을 위한 기본 안내

(《그리스어 신약성서 3판》[GNT],
〈네슬-알란트 26판〉, 〈사복음서 대조서〉 등)

1. '현대 인쇄본들'

여기 언급되는 인쇄본들은 전 세계에 유포된 정도에 따라서 선택하였으며 또한 언급 순서도 그에 따라 정하였다. 따라서 〈그리스어 신약성서 3판〉(*Greek New Testament*, 이하 GNT, 1983년 개정판)이 맨 앞에 놓인다. 그 뒤로 〈네슬-알란트 26판〉[Nestle-Aland[26]]이, 끝으로 쿠르트 알란트(Kurt Aland)의 〈사복음서 대조서〉(*Synopsis Quattuor Evangeliorum*)가 뒤따른다. 〈네슬-알란트 26판〉은 일곱 번째 인쇄본이나 그 이후 인쇄본들을 사용해야 하며, 〈사복음서 대조서〉는 새로운 비평장치를 사용했기 때문에 반드시 13판을 기초로 삼아야 한다. 세 번째 개정된 〈그리스어 신약성서〉(GNT)는 이전 판들보다 새로워진 본문을 제공한다. 이 본문은 〈네슬-알란트 26판〉의 본문과 동일하다. 〈네슬-알란트〉는 26판이 간행(1979년)된 이후로 인쇄상의 오류가 바로 잡혀서, 이 책을 사용할 사람들에게는 최종 개정 인쇄본을 사용할 것을 권한다. 위의 두 인쇄본이 제공하는 신약성서 그리스어 본문은 다섯 명의 편집자가 책임을 맡고 있고, 그 편집위원회는 초교파적이며 출신 국가가 다양한 사람들로 구성되어 있다. 최근에 이 두 인쇄본의 신약성서 본문은 여러 번역서들을 대할 때 기본적으로 참고해야 할 본문으로 인정되었다. 이는 1968년에 '기본 원칙'(Guiding Principles)에 반영된 바 있고, 1987년에 바티칸공회가 미국성서공회와 계약한 '지침'(Guidelines)을 통해 합의된 것이다. 그 외에 〈그리스어 신약성서〉(GNT)와 〈네슬-알란트〉의 다섯 명의 편집위원이 사용하기로 결정한 다른 인쇄본들이 있다. 이 인쇄본들은 특별한 목적을 위해 쓰이는 인쇄본이거나 다른 본문비평 이론에 중대한 역할을 하는 인쇄본들이다. 이 인쇄본들은 보급된 지역이 다소 좁으나 여기서 언급될 수 있다. 보버(Bover)의 그리스어-라틴어 최종 인쇄본(초판 1943)은 1968년 출판되었다. 이 인쇄본은 1977년 호세 오캘러헌(Jose O'Callaghan)에 의해 새로 소개되었으며(2판, 1988) 〈3개 언어 대조 신약성서〉(*Nuevo Testamento Trilingüe*)로 간행되었다. (스페인어권 독자들을 위한 스페인어 본문이 들어 있는 것이 분명해 보이며, 그 외에 그리스어 본문과 더불어 새-불가타[Neo-Vulgata] 본문에 따른 라틴어 본문이 들어 있다.) 이 밖에도, 다섯 명의 편집자가 작업하기 이전에 가톨릭 신학자들이 자주 사용한 메르크(Merk)의 인쇄본을 거론할 수 있다. 이 인쇄본의 비평장치는, 논쟁이 있기는 하나 기여한 바도 큰 폰 조덴(von Soden)의 인쇄본(1913)에 크게 의존한다. 메르크의 인쇄본은 오랫동안 절판되었다가 1984년 메르크가 재인쇄하였다. 새 인쇄본, 즉 〈그리스어-라틴어 대조 신약성서〉(*Novum Testamentum Graece et Latine,* Libreria Editrice Vaticana, 1981)가 놀리(G. Nolli)에 의해 간행되었다. 이 인쇄본은 그리스어 본문과 함께 새 불가타(Nova Vulgata), 즉 교황 바울 6세가 주도하고 1979년 공포한 새 라틴어 번역을 제공한다. 이 새 번역은 〈그리스어 신약성서〉(GNT) 및 〈네슬-알란트 26판〉의 본문에 따라 작업이 이루어져서 다소 특이한 점을 볼 수 있다. 라틴어 본문이 들어 있는 인쇄본이 출간되었으나, 이 인쇄본 안에 별도로 구분된 지면에서 라틴어 본문과는 다른 그리스어 본문을 제공한다는 점이다. 이 인쇄본의 비평장치는 유감스럽게도 개선했으면 하는 부분이 많다. 끝으로 호지스(Z. C. Hodges)와 파스타드(A. L. Farstad)의 인쇄본, 즉 〈대다수본문에 따른 그리스어 신약성서〉(*The Greek New Testament according to the Majority Text*)를 언급할 수 있다. 이 인쇄본은 제목에서 이미 그 의도가 아주 분명하게 나타난다. 이 인쇄본은 수용본문(Textus receptus)을 제공하므로 실제로 비평적인 인쇄본은 아니다.

위에 언급한 〈사복음서 대조서〉에도 〈그리스어 신약성서〉(GNT)와 〈네슬-알란트〉에 기초한 신약성서 본문이 제공된다. 1976년의 〈사복음서 대조서 9판〉 이래로 그 본문이 제공되긴 하지만, 사용자들에게는 〈사복음서 대조서 13판〉을 사용할 것을 권한다. 13판에서는 인쇄상의 오류와 실수로 잘못 판단한 것들이 근본적으로 개정되었을 뿐만 아니라 비평장치가 완전히 새로 개작되었다. 이제 13판은 복음서 본문의 경우 월등하게 많은 자료들을 포함하고 있다. 또한, 수록되어 있는 모든 정보들은, 필사본들을 두고 일일이 원문 비교 대조 작업을 거쳐 수록된 것들이다. 따라서 드러나지 않았던 오류들이 최소한으로 줄어들었을 것으로 기대할 수 있다. 그리스어-영어 인쇄본의 경우 〈그리스어-영어 사복음서 대조서〉(*Synopsis of the Four Gospels*)는 1975년의 제2판부터(최근 출간된 8판[1987]까지) 유효하다. 영어 본문에 대한 비평장치를 중시하는 사람은 최소한 이 인쇄본의 1979년 제3판(또는 그 이후의 판들)을 사용해야 한다. 거기서 1975년 이후 〈개역표준역〉(The Revised Standard Version)의 몇 가지 수정된 내용을 최종적으로 기록해 두고 있기 때문이다. 물론 이들 두 대조서가 시판되는 유일한 것들은 아니다. 그러나 널리 통용된 헉-리츠만(Huck-Lietzmann)의 사복음서 대조서(Synopsis)는 제7판 제8판이 〈네슬 15판〉(1932)의 본문을 채택했으며(H. Greeven, The Gospel Synopsis from 1776 to the Present Day, in J. J. Griesbach: Synoptic and textcritical studies 1776-1976, Cambridge 1978, 40쪽), 그 나머지 본문도 그렇게 했을 것 같은 의심의 여지가 여전히 남아 있다. 이 인쇄본이 이제 그리벤(H. Greeven)의 새로운 인쇄본으로 대치된 것은 전혀 별개의 문제이다. 그리벤의 인쇄본은 〈네슬-알란트 26판〉과 〈그리스어 신약성서 3판〉(GNT)과의 차이를 강조하며 한 장(Kapitel)당 평균 9개의 경우가 다르다고 보고한다. (본 책의 400쪽 참고. 이는 한 쪽당 2.5개의 이문이 있음을 의미한다.) 오처드(J. B. Orchard)와 부와마르(M.-E. Boismard)의 사복음서 대조서도 독자적인 본문을 제공한다. 그러나 이 두 대조서에서는 매우 제한된 비평장치를 제공하기 때문에 본문 전체를 검토할 수는 없게 되어 있다. 반면에 그리벤의 인쇄본에서는 매우 광범위한 비평장치를 제공하지만, 비평장치를 사용하기가 지나치게 어려울 수 있다. (이런 내용과 전혀 상관없이 별도로 다뤄질 만한 문제가 있다. 이 대조서를 연구하다 보면 계속 의심되는 부분이 있는데, 최소한 대조서의 일부는 필사본들의 원본을 근거 삼아 작성하지 않았을 것이라는 점이다. 이에 대해 상세한 내용은 400쪽 이하를 참고할 수 있다.)

쿠르트 알란트의 여러 가지 사복음서 대조서들은 네슬-알란트의 여러 부호, 기호, 약어표 등을 사용한다. 따라서 사복음서 대조서들에 쓰이는 이런 표시들은 〈네슬-알란트 26판〉의 표시들과 동일한 내용으로 설명될 수 있으며, 본 책의 끝부분에서 다루게 될 것이다. 이 대조서들에 대해 말할 수 있는 것은 지금으로서는 비평장치의 구성과 관련된 것뿐이기 때문이다. 〈사복음서 대조서〉에 그리스어 본문비평장치가 독자적으로 구성되어 있어도, 네슬의 체계가 여전히 사용된다는 점에는 변함이 없다. 이 체계를 잘 아는 사람은 곧바로 〈사복음서 대조서〉 인쇄본을 사용할 수 있으며, 단지 몇 가지 정보만을 부가적으로 습득하면 된다.

2. 〈그리스어 신약성서 3판〉(GNT)

그러므로 먼저 살펴보기로 하는 대상을 〈그리스어 신약성서 3판〉(GNT)과 〈네슬-알란트 26판〉으로 제한하기로 하자. 두 인쇄본의 비평장치의 구성에 관하여 '주요 인쇄본들에 관한 비교 고찰' 장(I. 4의 60쪽 이하에서) 이미 언급하였다. 거기서 티쉔도르프의 인쇄본 및 웨스트코트-호트의 인쇄본들과 함께 〈그리스어 신약성서 3판〉(GNT)과 〈네슬-알란트 26판〉을 소개하였다. 접어서 제본한 본 책 64쪽 이하의 자료를 통해 이 인쇄본의 다양한 성격만이 아니라 구성상의 여러 차이점들도 상세하게 설명하였다. 따라서 실제로 덧붙일 내용은 없다. 더 자세한 내용들은 이 인쇄본들을 사용할 때 자연스레 드러나기 때문이다. 특히 인쇄본들의 구조에 대해서는 거의 말할 것이 없다. 두 인쇄본이 서로 다른 목적을 두고 인쇄되었기 때문이다. 독자들이 이 사실을 떠올려본다면, 이 인쇄본들의 구조에 대한 문제는 각각의 인쇄본 자체의 문제가 아니라는 것을 알 수 있다. 〈그리스어 신약성서〉(GNT)의 인쇄본은 번역자들을 염두에 두고 있으며, 〈네슬-알란트 26판〉의 인쇄본은 학생, 교수, 신약성서의 해석자 등 여러 방면의 전문가들을 위한 것이며 모든 범주에 관련된다. 물론 이런 식으로 각각의 사용 범주를 정확히 나눌 수는 없다. 번역자들 외에 학생들을 비롯한 다른 사람들도 〈그리스어 신약성서〉(GNT)를 사용하는 경우가 있기 때문이다. 이런 사람들은 새로운 본문을 사용하는 것으로 만족할 뿐, 〈네슬-알란트〉의 비평장치가 제공하는 것과 같은 본문 전승과 본문 역사의 세부 사항을 아는 일에는 관심이 없다. 그들은 〈네슬-알란트〉 체계의 비평장치만이 아니라 난외의 병행 구절들까지도 너무 복잡하다는 이유로 〈그리스어 신약성서〉(GNT)를 사용하는 경우가 많다. 두 인쇄본 가운데 어떤 것을 사용하기로 결정하느냐 하는 것은 개개인의 관심사에 달려 있다. 본 책에서는 각 인쇄본 개개의 가치에 관하여 상당히 객관적으로 전해 줄 수 있다. 왜냐하면 이 책의 집필자들과 이 집필자들이 주도적 역할을 하고 있는 신약성서본문연구소(베스트팔렌[Westfalen] 지역의 도시 뮌스터[Münster]에 위치함)가 두 인쇄본에 대하여 똑같은 편집적인 책임을 지고 있기 때문이다.

〈그리스어 신약성서〉(GNT)의 구조는 신약성서 번역자들의 관심과 목적에 부응하는 것으로 평가될 수 있다. 〈그리스어 신약성서〉(GNT)를 바탕으로 하여 각국어로 된 전통적인 신약성서 번역본들이 개정되고 있거나 처음으로 만들어지고 있다. 그런 지역이 전 세계에서 곧 800곳에(유럽에서만 30개 이상의 지역) 이르게 된다. 이렇게 볼 때, 〈그리스어 신약성서〉(GNT)의 그리스어 본문들을 왜 단락별 표제(영어)를 붙여 구성하고 있는지, 또한 복음서들의 경우 이 표제어에 병행 구절 전승에 대한 자료까지 덧붙여 놓았는지를 이해하게 된다. 〈네슬-알란트〉의 그리스어 본문에는 단락마다 붙여지는 표제가 없고 병행 구절은 난외에 이탤릭체로 도드라지게 표기되었다. 〈그리스어 신약성서〉(GNT)는 비평장치 구성과 배열도 번역자들의 사용을 고려한 것이다.

즉, 사진을 보면 알 수 있듯이, 비평장치에 번호를 매겨, 해당되는 단어와 문장 일부들이 순서대로 수록됐다. 또한 구두점이 달린 구절마다 라틴어 소문자로 표시되어 있다. 끝으로 비평장치를 위한 병행 구절들이 본문의 처음과 끝에 제공된다. 여기에 본문과 관련된 구약성서 또는 신약성서 병행 본문이 제공된다. 가장 인상적인 것은 각 비평장치가 시작될 때, 중괄호({ }) 안에 들어가 있는 라틴어 대문자 A, B, C, D가 덧붙여져 있다는 점이다. 이 대문자는 편집자들이 정한 신뢰의 정도를 나타낸다. 이 대문자들의 의미는 이미 언급하였다.(63쪽 이하 참고)

비평장치를 달아야 할 구절을 선택할 때에도, 마찬가지로 번역자들에게 이 구절에서 비평장치가 필요할지가 선택의 결정적인 근거가 된다. 따라서 〈그리스어 신약성서〉(GNT) 4판을 준비할 때는 가장 좋은 결과물을 제공할 수 있도록, 선택된 모든 구절들을 재검토하였다. 이 재검토에서 기초로 삼았던 구절들은, 다른 현대의 주요 번역본들에서도 본문 형성에 대한 설명을 제공하고 있는 구절들이다. 즉 번역자들이 스스로를 위해서나 또는 독자들을 위해 상세한 정보를 제공하기에 유용하다고 생각하는 구절들에 대한 재조사이다. 비평장치의 구조를 설명하기 위해 〈그리스어 신약성서〉(GNT)의 한 쪽을 임의로 골라 살펴보자. 여기에 선택된 이문이 특별히 '의미가 있는지' 그리고 편집자가 추구한 의도를 충분히 잘 살려낼 만한 것인지, 또는 해당 구절의 다른 이문이 더 합당한 것은 아닌지 하는 문제는 논외로 한다. 〈그리스어 신약성서〉(GNT)의 154쪽에 가장 많은 이문이 나오는데, 5개 이상의 이문을 갖는 마가복음 **8:15-18**에서 제공된

αὐτοῖς λέγων, Ὁρᾶτε, βλέπετε[4] ἀπὸ τῆς ζύμης τῶν
Φαρισαίων καὶ τῆς ζύμης Ἡρῴδου[5]. **16** καὶ διελογίζοντο
πρὸς ἀλλήλους[6] ὅτι[a] ἄρτους οὐκ ἔχουσιν[7]. **17** καὶ γνοὺς
λέγει αὐτοῖς, Τί διαλογίζεσθε ὅτι ἄρτους οὐκ ἔχετε; οὔπω
νοεῖτε οὐδὲ συνίετε; πεπωρωμένην ἔχετε τὴν καρδίαν
ὑμῶν[8]; **18** ὀφθαλμοὺς ἔχοντες οὐ βλέπετε καὶ ὦτα ἔχοντες
οὐκ ἀκούετε;[b] καὶ οὐ μνημονεύετε,[b] **19** ὅτε τοὺς πέντε

---

[4] **15** {C} ὁρᾶτε, βλέπετε ℵ A B K L W X Π 33 892 1009 1010 1071 1079 1195 1241 1242 1344 1365 1546 1646 2148 *Byz Lect* vg^{ww} syr$^{(p),h}$ cop$^{bo mss}$ Diatessaron^{a} // ὁρᾶτε καὶ βλέπετε 𝔭^{45} C 0131 f^{13} 28 1216 1230 1253 2174 it^{aur,c,f,l} vg^{cl} cop^{sa,bo} goth Diatessaron // βλέπετε D^{gr} Θ f^{1} 565 syr^{s} arm geo Diatessaron^{p} // ὁρᾶτε Δ 700 // *videte* it$^{b,d,ff^2,i,q,r^1}$ // *cavete* it^{a,k}

[5] **15** {A} Ἡρῴδου ℵ A B C D K L X Δ Π 0131 33 700 892 1009 1010 1071 1079 1195 1216 1230 1241 1242 1253 1344 1546 1646 2148 2174 *Byz Lect* it$^{a,aur,b,c,d,f,ff^2,l,q,r^1}$ vg syr^{s,p,h} cop^{bo} goth eth Diatessaron^{a,p} // τῶν Ἡρῳδιανῶν (*see* 3.6) 𝔭^{45} W Θ f^{1} f^{13} 28 565 1365 it^{i,k} cop^{sa} arm geo

[6] **16** {C} πρὸς ἀλλήλους 𝔭^{45} ℵ B D W f^{1} 28 565 700 it$^{a,b,(c),d,ff^2,i,k,q}$ cop^{sa} geo // πρὸς ἀλλήλους λέγοντες (*see* Mt 16.7) A C K L X Δ Θ Π 0131 f^{13} 33 892 1009 1010 1079 1195 1216 1230 1241 1242 1253 1344 1365 1546 1646 2148 2174 *Byz Lect* it^{aur,f,l} vg syr$^{(s,p),h}$ cop^{bo} goth arm eth // ἐν ἑαυτοῖς λέγοντες (*see* Mt 16.7) 1071

[7] **16** {C} ἔχουσιν 𝔭^{45} B W f^{1} 28 565 700 it^{k} syr$^{s?}$ cop^{sa,bo} // ἔχομεν ℵ A C L X Δ Θ Π (K 1009 1344 2174 ἔχωμεν) f^{13} 33 892 1010 1071 1079 1195 1216 1230 1241 1242 1253 1365 1546 1646 2148 *Byz Lect* it^{aur,f,l} vg syr$^{s?p,h}$ cop$^{bo mss}$ goth arm eth geo Diatessaron^{p,t} // εἶχον D it$^{a,b,c,d,ff^2,i,q,r^1}$ // ἐλάβομεν (*see* Mt 16.7) 579 1396 1424

[8] **17** {B} πεπωρωμένην ἔχετε τὴν καρδίαν ὑμῶν 𝔭^{45vid} ℵ B C L W Δ f^{1} f^{13} (28 ἔχοντες) 33 892* 1009 1195 1241 arm eth geo^{2} // πεπωρωμένη ἐστὶν ἡ καρδία ὑμῶν (D* πεπηρωμένη) D^{c} 0143^{vid} it$^{a,(b,c,d,ff^2,i)}$ cop^{sa,bo} geo^{1} // πεπωρωμένη ὑμῶν ἐστὶν ἡ καρδία Θ 565 // ἔτι πεπωρωμένην ἔχετε τὴν καρδίαν ὑμῶν A K X Π 700 892^{c} 1010 1071 1079 1216 (1242 τὴν καρδίαν ὑμῶν ἔχετε) 1344 1365 1546 (1646 *omit* ὑμῶν) 2148 2174 *Byz Lect* ($l^{70,1579}$ *omit* ὑμῶν) it$^{(aur),f,l,(q)}$ vg syr$^{(s,p),h}$ // ὅτι πεπωρωμένην ἔχετε τὴν καρδίαν ὑμῶν 047 1230 1253 goth // *omit* 245

---

[a] **16** *a* indirect: Jer // *a* causal: RV^{mg} ASV^{mg} Seg // different text: TR AV RV ASV RSV NEB Zür Luth Seg^{mg}

[b b] **18** *b* question, *b* minor: (WH) Bov BF^{2} Zür Luth Jer Seg // *b* minor, *b* question: TR // *b* question, *b* question: AV RV ASV RSV NEB

---

15 βλέπετε...Φαρισαίων Lk 12.1 **17** Τί διαλογίζεσθε...ὑμῶν Mk 6.52 **18** ὀφθαλμοὺς ...ἀκούετε Jr 5.21; Eze 12.2; Mk 4.12; Ac 28.26 **19** Mt 14.15–21; Mk 6.35–44; Lk 9.12–17; Jn 6.5–13

다. 여기서 비평장치의 구성과 구조를 본 책의 60쪽 이하에서 이미 설명했던 내용과 함께 보면 특별히 유용하게 활용할 수 있다. 과도한 설명을 줄이기 위해 해당 본문을 337쪽에 원본 그대로 수록한다.

마가복음 8장의 두 구절, 15절과 16절에 제시된 이문은 각각 두 개이며 17절에서는 하나의 이문이 제공된다. 본문 안에서 절수와 상관없는 일련번호 4부터 8까지의 숫자가 적혀 있다. 비평장치에서 이 각각의 숫자와 함께 이 숫자에 해당하는 절수를 반복해서 표시하므로 해당 절과 관련된 비평장치를 매우 쉽게 찾을 수 있다. 비평장치 자체 구성도 마찬가지로 일목요연하다. 첫째 독법은 언제나 편집자가 본문으로 채택한 독법이다. 그 뒤에는 서로 경합을 벌이게 되는 여러 독법들이 뒤따른다. 이들 각각은 생략되지 않은 형태 그대로 표시되었으며, 하나의 독법에 이중 사선(//)을 그어 다른 독법과 구분한다. (인용 방식에 관해서는 본 책의 339쪽 이하에서 언급할 것이다.) 다음과 같이 주어진 독법들을 관찰해 보자.

[4]15 ὁρᾶτε, βλέπετε
ὁρᾶτε καὶ βλέπετε
βλέπετε
ὁρᾶτε
videte
cavete
[5]15 Ἡρῴδου
τῶν Ἡρῳδιανῶν
[6]16 πρὸς ἀλλήλους
πρὸς ἀλλήλους λέγοντες
ἐν ἑαυτοῖς λέγοντες

[7]16 ἔχουσιν
ἔχομεν
εἶχον
ἐλάβομεν
[8]17 πεπωρωμένην ἔχετε τὴν καρδίαν ὑμῶν
πεπωρωμένη ἐστὶν ἡ καρδία ὑμῶν
πεπωρωμένη ὑμῶν ἐστὶν ἡ καρδία
ἔτι πεπωρωμένην ἔχετε τὴν καρδίαν ὑμῶν
ὅτι πεπωρωμένην ἔχετε τὴν καρδίαν ὑμῶν
전체 생략

'videte'와 'cavete'는 불가타 본문임.

독법들이 다시 다음과 같이 조합될 경우, 이제 이 독법들의 수는 훨씬 더 늘어날 수 있을 것이다.

[7]16에서는 ἔχομεν으로 인하여,

[8]17에서는 πεπηρωμένη ἐστὶν ἡ καρδία ὑμῶν

ἔτι πεπωρωμένην τὴν καρδίαν ὑμῶν ἔχετε

ἔτι πεπωρωμένην ἔχετε τὴν καρδίαν으로 인하여 독법들이 더 늘어날 것이다.

그러나 〈그리스어 신약성서 3판〉(GNT)에서는 그와 같은 이차적 이문들(Untervarianten)은 주요 이문(Hauptvarianten) 안에 괄호로 표시해야 한다고 생각했다.

서로 다른 비평장치의 구성 및 배열을 설명하기 위해 〈그리스어 신약성서 3판〉(GNT) 154쪽과 병행하는 〈네슬-알란트 26판〉 본문 단락을 주석적 설명 없이 여기 삽입한다. 우선 여기서는 〈그리스어 신약성서 3판〉(GNT)을 고찰하기 때문이다.

λετο αὐτοῖς λέγων· ⸂ὁρᾶτε, βλέπετε⸃ ἀπὸ τῆς ζύμης τῶν
80 VI Φαρισαίων καὶ τῆς ζύμης ⸀Ἡρῴδου. **16** ⸀καὶ διελογίζοντο Mt 16,6!
πρὸς ἀλλήλους ⸆ ὅτι ἄρτους οὐκ ⸂ἔχουσιν. **17** καὶ γνοὺς J 4,33
⸆ λέγει αὐτοῖς· τί διαλογίζεσθε ⸆ ὅτι ἄρτους οὐκ ἔχετε; 3,5!
οὔπω νοεῖτε οὐδὲ συνίετε⸂; πεπωρωμένην ἔχετε τὴν καρδίαν ὑμῶν⸃;

18 *ὀφθαλμοὺς ἔχοντες οὐ βλέπετε* *Jr 5,21* Ez 12,2 Mt 13,13
καὶ ὦτα ἔχοντες οὐκ ἀκούετε;

καὶ οὐ μνημονεύετε, **19** ὅτε τοὺς πέντε ἄρτους ἔκλασα 6,41-44

15 ⸉ *2* D Θ f^{1} 565 ¦ *1* Δ 700 ¦ ορατε και βλεπετε 𝔓^{45} C 0131 f^{13} 28. 1424 *pc* c vg^{cl} ¦ *txt* ℵ A B L W 𝔐 vgst sy$^{p.h}$ | ⸀των Ηρωδιανων 𝔓^{45} W Θ $f^{1.13}$ 28. 565 *pc* i k sa^{mss} • **16** ⸀οι δε 𝔓^{45} W 565 | ⸆*p)* λεγοντες A C L Θ 0131 f^{13} 𝔐 vg sy bo ¦ *txt* 𝔓^{45} ℵ B D W f^{1} 28. 565. 700 *pc* it sa | ⸂εχομεν ℵ A C L Θ f^{13} 𝔐 vg sy$^{p.h}$ bo^{mss} ¦ ειχαν D it ¦ *p)* ελαβομεν 1424 *pc* ¦ *txt* 𝔓^{45} B W f^{1} 28. 565. 700 *pc* k co • **17** ⸆*p)* ο Ιησους ℵ* A C D (⸉ L) W Θ $f^{1.13}$ 𝔐 lat sy sa^{mss} ¦ *txt* ℵ^{1} B Δ 892* aur i sa^{mss} bo | ⸆*p)* εν εαυτοις, ολιγοπιστοι, 𝔓^{45} W f^{13} *pc* (sa^{mss}) ¦ εν ταις καρδιαις υμων, ολιγοπιστοι (D) Θ 28. 565. 700 *pc* (it) sy^{h**} | ⸂ετι (οτι 047. 1424 *pc*) πεπωρωμενην εχετε την καρδιαν υμων A 𝔐 vg sy$^{(s.p).h}$ ¦ πεπωρωμενη υμων εστιν η καρδια (D) Θ (0143^{vid}). 565 (it) co ¦ *txt* 𝔓^{45vid} ℵ B C L N W Δ $f^{1.13}$ (28). 33. 892*. 1241 *pc*

〈그리스어 신약성서 3판〉(GNT)은 비평장치의 일반적인 배열만이 아니라 본문 및 이문들에 대한 증거 목록도 매우 상세하며, 이 책의 사용자들을 염두에 두고 있다. 교부들의 이름이 고스란히 기록되었고(《네슬-알란트 26판》처럼 약어를 사용하지 않는다), 디아테사론에 대해서도 여러 가지로 전승된 디아테사론 가운데서 어떤 것을 가리키는지 정확히 하기 위해 각각의 경우마다 위첨자를 덧붙여 표시하고 있다. 예를 들면 다음과 같다.

Diatessaron^{a} (보기 ^{4}15) 아랍 전승

Diatessaron^{p} (보기 ^{4}15) 페르시아 전승

다음과 같은 예시에서는 더 자세한 정보가 제공된다.

Diatessaron^{f} 라틴어 전승(=풀다 사본, Fuldensis)

Diatessaron^{s} 고대 고지 독일어 전승(=슈투트가르트, Stuttgart)

Diatessaron^{t} (=토스카나 사본, toskanisch)

Diatessaron^{v} (=베네치아 사본, venezianisch)

Diatessaron^{i} (=토스카나 사본과 베네치아 사본의 합본)

Diatessaron^{l} 고대 네덜란드 전승(=뤼티히 사본, Lüttich)

이렇게 상세하게 정보를 표시해 두는 것이 (특히 번역자들에게!) 과연 유용한 것인지는 생각해 볼 만한 문제이다. 또한 〈그리스어 신약성서〉(GNT)의 4판을 준비할 때에도 편집자들은 이 문제에 대해서 부정적인 입장을 취한 바 있다. 〈그리스어 신약성서〉(GNT)에서는 이차적인 전승을 더 이상 표시하지 않을 것이다. 디아테사론의 경우, 가장 중요한 증거만을 인용하는 것으로 결정될 것이다. 예를 들면 다음과 같다.

Diatessaron$^{e\ arm}$ = 에브라임의 디아테사론 주석서의 아르메니아어 역본에 있는 인용문

Diatessaron$^{e\ syr}$ = 에브라임 주석서의 시리아어 원문에 있는 인용문. 이 외에 어떤 것에서도 타티안의 디아테사론이나 그 정도로 가까운 것은 발견되지 않기 때문에 파악되는 자료 가운데 가장 중요한 것으로 꼽힘.

〈그리스어 신약성서 3판〉(GNT)에서는 다른 자료에 대해서도 이와 비슷한 방식으로 상세한 정보를 제공한다. 예를 들어 고대 라틴어 역본을 인용할 때 약어 부호 it에 덧붙여 지지하거나 반대하는 모든 증거를 함께 언급한다. 예를 들어 ^{5}15는 다음과 같다.

it$^{a,\ aur,\ b,\ c,\ d,\ f,\ ff^{2},\ l,\ q,\ r^{1}}$ 전승 ʽΗρῴδου를 지지하는 것.

it$^{i, k}$ 전승 τῶν Ἡρῳδιανῶν을 지지하는 것.

여기서도 빠짐없이 모든 것을 다루고자 애쓰는 모습이 역력하다. 〈네슬-알란트 26판〉의 비평장치에서는 τῶν Ἡρῳδιανῶν(본 책의 339쪽 사진 참고)을 지지하는 i, k만을 인용함으로써, 나머지 모든 라틴어 전승은 〈네슬-알란트 26판〉의 본문에 실린 Ἡρῴδου를 지지한다는 것을 분명하게 한다. Ἡρῴδου가 다른 이문들에 비해 월등히 나은 것이 명백하므로 이에 대한 증거 목록들을 생략한 것이다. 부수적으로 알아 두어야 할 것이 있다. 복음서들(아돌프 율리허[Adolf Jülicher]-발터 마츠코프[Walter Matzkow]-쿠르트 알란트의 인쇄본 참고 가능)과 공동서신 그리고 바울의 몇 개의 서신들만 묶어 놓은 바울서신(지금까지 고대 라틴어 역본[Vetus Latina] 인쇄본에 간행된 바울서신들을 가리킨다)은 제외하고, 〈그리스어 신약성서〉(GNT)에 있는 고대 라틴어역 전승에 대한 정보들은 꽤 조심스럽게 수용되어야 한다는 것이다. 왜냐하면 이 정보들은 필사본 그 자체에서 얻는 것이 아니라 그 필사본을 인쇄한 것으로부터 얻은 것이기 때문이다. 그 필사본들 가운데 더러는(특히 요하네스 벨스하임[Johannes Belsheim]의 필사본) 매우 의심쩍은 것도 있다. 그런 것은 〈그리스어 신약성서 4판〉(GNT)에서 수정될 것이다.

그 밖의 경우에도 〈그리스어 신약성서〉(GNT)의 비평장치에 있는 증거는 (이 책의 사용자들을 배려하여) 다른 인쇄본들에서 기록한 것보다 더 상세하게 기록된다.

시나이 시리아어 역본은 sy^{s} 대신에 syr^{s}로, 쿠레톤의 시리아어 역본은 sy^{c} 대신에 syr^{s}
syr^{c}로, 그 밖에도 syr^{p}, syr^{pal} 등으로 기록한다(서문 xxxiv쪽 이하 참고). 또한 〈네슬 syr^{c}
-알란트〉에서는 sa, bo 등으로 표시하는데 이에 대해 cop^{sa}, cop^{bo} 등으로 표시한다. cop^{sa}cop^{bo}
이 모든 것들은 각각의 인쇄본들을 사용할 때 곧바로 이해하게 된다. 콥트어 전승을 인용할 때도 차이가 드러난다. 〈그리스어 신약성서〉(GNT)는 호너(Horner)의 인쇄본에 기초하고 있고, 반면에 〈네슬-알란트〉는 콥트어 필사본들 자체에 기초한다(본 책의 380쪽 이하 참고).

두 인쇄본의 비평장치에 사용된 약어표의 차이를 언급하는 것은 중요한 일이다.

vid 〈네슬-알란트〉는 〈그리스어 신약성서〉(GNT)와 다르게 vid(=videtur)만이 아
v 니라 v(=vide)도 사용한다. 이문을 표시할 때에는 〈그리스어 신약성서〉(GNT)에
v.r. 서는 v.r.(=이문, variant reading)을 쓰고, 〈네슬-알란트〉에서는 v.l.(=이문, varia
lectio)을 사용한다. 〈그리스어 신약성서〉(GNT)에서는 영어로, 〈네슬-알란트〉에서
는 라틴어로 표시한다는 것을 보여 준다. 그 이상의 설명을 필요로 하지 않는다. 마
supp ^{s} 찬가지로 〈그리스어 신약성서〉(GNT)에서의 supp과 〈네슬-알란트〉에서의 ^{s} 또는
suppl suppl은 '보충 사항'(Supplementum)을 가리킨다는 것을 쉽게 알아차릴 수 있다. 즉
후대에 필사본을 추가 보완한 내용임을 가리킨다. 그것은 가치가 떨어지는 내용으로
서 원래 필사본의 내용과는 같은 가치를 지닌 것으로 볼 수 없는 내용이다. 교회 교부
txt comm 들의 이름과 그 이름에 함께 붙여 쓰는 위첨자 ^{txt}와 ^{comm}은 두 인쇄본에서 똑같이 사
용한다. 교부들의 주석서를 인용한 경우 인용구들은 그 가치에 있어서 서로 상당한
차이를 보일 수 있다. 그 주석서의 인용구가 그 주석서보다 이른 시기의 본문에서 따
온 것인지(이런 인용구들은 필사자가 다른 필사본에 있는 본문을 보고 나중에 쉽게
보충할 수 있었다.) 또는 몇몇 성경 본문 구절을 인용한 주석서의 글에서 직접 따온 인
용문인지(이런 경우 후대의 필사자가 변경할 수 있는 개연성이 적다. 따라서 우리는
일반적으로 이런 인용구를 교부 주석서의 원본문과 관련시킬 수 있다.)에 따라서 가
치가 달라진다는 것이다. 이러한 내용은 비평장치에 나오는 교부들의 인용구에도 해
당된다. Or^{txt}와 Or^{comm}을 대표적인 예로 들 수 있다. 〈네슬-알란트〉 비평장치에서
txt *txt*는 일반적인 경우, 인쇄된 본문을 지지하는 증거를 표시할 때 맨 앞에 이 표시를 두
comm 어 그 증거들 목록이 시작됨을 알린다. 그리고 *comm*(예를 들어 구두점을 표시할 때
cj/cjj 와 더 나은 독법을 판독할 때)은 현대의 주석가들을 언급하기 위해 사용된다. 물음
표도 다양한 의미를 갖는다. 〈그리스어 신약성서〉(GNT)에서는 관련된 필사본이나
? 번역본이 수록된 독법을 실제로 지지하고 있는지 불확실할 때 물음표를 사용한다.
〈네슬-알란트〉에서는 관련된 지시 내용이 원문과 대조하여 재검증될 수 없을 때, 또
는 어떤 독법에 대해 그것이 어느 하나의 번역본에 기초한 것이라고 확실히 단정 지을
수 없을 때, 물음표를 사용한다.

더 중요한 것은 — 근본적으로 그리고 실제로 — 〈그리스어 신약성서〉(GNT)와 〈네슬-알란트〉의 서로 다른 두 체계이다. 두 인쇄본 체계의 차이 가운데 하나는 **성구집**

(Lektionare)의 인용과 관련되어 있다. 광범위한 목록의 필사본들을(684-711쪽) 기초로 삼고 있는 〈네슬-알란트〉에서 겨우 다섯 개 성구집만이 언급된다는 것은 〈네슬-알란트〉의 분명한 약점이다. 이러한 배경에는 다음과 같은 내용이 있을 것이라는 확신이 든다. 그리스어 성구집들을 통해서는, 일반적으로 생각하고 있는 것보다 신약성서 원문에 대해 얻을 수 있는 정보가 훨씬 더 적다는 것이다. 그리스어 성구집들은 대부분 비잔틴 전승에 따른 것들이기 때문이다(본 책의 244쪽 이하 참고). 그럼에도 불구하고 〈네슬-알란트 27판〉에는 성구집 사용과 관련된 더 많은 자료를 실어 두어야 할 것이다. 반면에 〈그리스어 신약성서〉(GNT)에서는 다양하게 분류된 성구집으로 증거를 제공한다(서문 XXXI쪽 참고):

Lect	시낙사리온(Synaxarion, 부활절로 시작되는 이른바 '시작 날짜가 변동되는 해'에 맞춰 짜여 있음)과 메노로기온(Menologion, 9월 1일에 한 해가 시작되는 곧 '시작 날짜가 고정된 해'에 맞춰 짜여 있음)에서 대다수 성구집의 독법이 일치하는 경우.
$Lect^{m}$	메노로기온에 나오는 대다수 성구집의 독법. 시낙사리온의 독법과 다른 경우이거나 메노로기온에만 나오는 경우.
$l^{12,\mathrm{etc.}}$	숫자로 인용된 개개의 성구집. 그레고리-알란트(Gregory-Aland)의 목록을 따르며, 시낙사리온에 나오는 대다수의 독법과 다른 경우.
$l^{135\mathrm{m},\mathrm{etc.}}$	메노로기온에 나오는 개개의 성구집. 대다수의 다른 성구집의 독법과 다른 경우.
$l^{76\mathrm{s},\,\mathrm{m},\mathrm{etc.}}$	시낙사리온과 메노로기온의 구절 두 개가 서로 일치하는 개개의 성구집.
$l^{135\mathrm{pt},\mathrm{etc.}}$	한 구절을 2회 또는 그 이상 포함하고 있는 개개의 성구집. 각기 서로 다른 독법을 가지므로 하나의 독법을 부분적으로 지지하는 것으로 분류되는 경우.

〈그리스어 신약성서〉(GNT)에 인용된 성구집의 수(서문 XXVIII쪽 이하 참고)는, 성구집 원문과 대조 조사를 해 보면 단연코 다른 인쇄본들에 인용된 것들(서문 XXIX-XXXI쪽 참고)보다는 훨씬 더 적다. 그럼에도 불구하고 〈그리스어 신약성서〉(GNT)는 성구집의 생성 역사를 밝히는 분명한 장점을 지닌다. 물론 〈네슬-알란트〉는 실제적으

로 더 이른 시기, 즉 주요 인쇄본들의 전승에 기초하여 성구집을 인용한다고 할 수 있다.

또 중요한 것은 비잔틴 대다수본문 또는 코이네 본문, 또는 비잔틴 본문 등을 표기하는 데 있어서 두 인쇄본의 차이다(그 명칭을 어떻게 부르든 관계없다). 〈그리스어 신약성서〉(GNT)는 다음과 같은 기호들을 사용한다.

Byz = 대다수 비잔틴 필사본의 독법

Byz^{pt} = 비잔틴 필사본 전승의 일부.

이와 달리 〈네슬-알란트〉는 이에 대해 다음 부호를 사용한다.

𝔐 = 대다수본문

기호 𝔐은 본 책의 374쪽 이하에서 상세하게 언급될 것이다. 이 기호는 〈그리스어 신약성서〉(GNT)에서 사용되는 용어 *Byz*가 표시하는 내용을 당연히 포함하며 더 광범위한 의미를 지닌다. 물론 코이네 본문이나 비잔틴 본문 등의 필사본은 항상 다수에 속하지만 독립적으로 존재하지 않는다. 많은 경우 이런 필사본들은 다른 본문들과 관련되어 있다. 심지어 이집트 본문들과도 관련되어 있는 경우도 있다. 본문비평에 관련된 여러 이문들을 볼 때 신약성서가 통일성을 이루고 있다는 인상을 받긴 하지만, 실제로 신약성서 그리스어 본문은 그때 받는 인상보다 훨씬 더 광범위한 통일성을 드러내기 때문이다. 본 책의 37쪽을 보면, 현대 인쇄본들 가운데 이문이 나타나지 않는 본문 구절들을 정리한 표를 확인할 수 있다. 〈그리스어 신약성서〉(GNT)에 나타나는 *Byz*와 〈네슬-알란트〉에 나오는 𝔐과의 관계는 다음과 같은 공식으로 요약할 수 있다.

Byz = 𝔐 (또는 𝔐에 포함되어 있는 본문)

𝔐 = *Byz* + 때때로 서로 다르게 나타나는 여러 필사본 그룹(본 책의 374쪽 이하 참고)

비평장치에 달린 이문들에 대한 평가 내용과 마찬가지로, 〈그리스어 신약성서〉(GNT)의 구두점 비평장치는 번역자들의 편의를 위한 장치로서만 설명될 수 있으며 전문적 연구와 연구 기관을 위한 인쇄본으로서는 충분하지 않을 수도 있다.

〈그리스어 신약성서〉(GNT)는 자주 서로 다른 구두점을 보이는 몇몇 그리스어 신약성서 인쇄본들(수용본문, 〈웨스트코트-호트〉, 〈보버〉 등)을 수록하였을 뿐만 아니라, 여러 번역 위원회가 참고 자료로 인용하는 여러 현대 번역본도 수록하였다. 예를 들어 〈개역표준역〉(Revised Standard Version, RSV)과 그것의 이전 번역본들, 〈영어개역〉(English Revised Version, RV), 〈미국표준역〉(American Standard Version, ASV), 〈새영어성경〉(New English Bible, NEB), 〈제임스왕역〉(King James Version, AV) 그리고 프랑스어판 〈예루살렘 성경〉(Jerusalem–Bible, Jer), 루이스 세공 신약성서(Seg), 〈루터성경개정판〉(1956년)과 취리히 성경(Zür) 등이다. 물론 구두점 비평장치는 본문에 대한 해석이 이미 구두점에 어느 정도 함축되어 있다는 점을 전제한다. 여기에 수록된 구두점들은 단순히 쉼표, 세미콜론 등의 표시만을 옮겨 놓는 것이 아니라, 오히려 앞서 분석했던 것의 결과를 반영하는 것이기 때문이다. 즉 구두점들이 개별적으로 갖고 있는 기능적 가치를 분석하여 그에 대한 결과를 수록한 것이다. 교회가 생긴 지 오래 되지 않은 신생 교회 지역 또는 나라에서 번역자들이 성경을 자신들의 언어로 번역하는 데 도움을 줄 수 있다. 이 지역 또는 나라에서 사용하는 언어의 구조는 유럽의 언어 구조와는 전혀 다르기 때문이다.

구두점 비평장치는 다음과 같은 분류 범주를 사용한다.

paragraph, major – 한 문장의 끝과 대조되는 한 단락의 끝.

major, minor, none – 한 문장에는 문장 부호가 들어가는데 문장이 끝날 때(a major break: 흔히 단락의 종결, 마침표, 쌍점, 쌍반점 등에 해당된다), 또는 중간에(a minor break: 대개 쉼표로 표시한다) 들어간다. 이와 달리 구두점이 없는 것(none)도 있다.

question, statement, command – 질문과 질문이 아닌 것 사이의 차이는 그리스어 본문에서 대개 분명하게 드러난다. 그러나 어떤 문맥들에서는 진술(statement)과 명령(command) 사이의 부가적인 차이가 번역본에서만 분명하게 드러날 수 있다.

exclamation – 그리스어 본문에서는 표시되지 않았으나 여러 번역본에서 흔히 수사의문문(그리스어 본문에서 질문으로 나타날 수 있는)이나 강조된 진술(그리스어 본문에서 마침표나 완전한 종결로만 표시된다)로 표현하는 구분.

dash, parens – 붙임표와 괄호 표시는 문장 구조상 문장이 잠시 끊어질 때 표시한다. 붙임표는 대개 문장의 구문 안에서 문장을 잠시 끊을 때 사용하며, 괄호는 설

명하거나 보충하는 내용을 삽입하기 위해 사용한다.

ellipsis – 보충이 필요한 불완전한 문장에 나오는 단어들로서 세 개의 점으로 표시된다.

direct(또는 *recitative*), *indirect, casual, interrogative* – ὅτι의 여러 용법들을 가리킨다. ὅτι의 기능을 밝혀내기 어려운 경우가 있기는 하다. 어떤 편집자는 ὅτι에 대해 애매한 채로 남겨두는 것을 선호했을지도 모르기 때문이다.

different text – 강조하는 본문이 서로 매우 다양해서 어떠한 일치점도 표시될 수 없다.

덧붙여 구두점 비평장치에 있는 다음과 같은 여러 약어와 기호에 주의해야 한다.

?	특정한 인쇄본이나 번역본을 인용했을 경우, 그것이 맞게 인용된 것인지 의심스러운 것을 가리킨다. 인용된 증거가 어떤 하나의 독법을 지지하는지 아니면 그 독법과 또 다른 하나의 독법을 지지하는지 분명하지 않은 경우이다.
( )	괄호는 구두점에서 작고 사소한 차이점들을 표시한다. 또는 권위 있는 본문이, 인용된 구두점을 일반적으로 지지하고 있음을 가리킨다.
ed	주어진 항목에서 다른 인쇄본들과 일치하지 않는 그리스어 본문 인쇄본 또는 번역본
mg	여러 번역본 중 하나에 있는 난외의 독법
mg1/mg2	한 번역본의 난외에 차례대로 나오는 선택 구문(alternatives)

위와 관련된 설명은 〈그리스어 신약성서〉(GNT) 154쪽의 구두점 비평장치를 복사한 본 책의 337쪽에서, 또는 64쪽에 접어 제본한 자료의 비평장치에서 독자가 충분히 시험 검토해 볼 수 있다. 가장 좋은 방법은 독자가 자신이 사용해 본 한두 개의 인쇄본을 손에 쥐고서 구두점 비평장치에서 사용하는 범주들을 실제로 익숙하게 쓰는 마침표와 쉼표와 쌍반점 등으로 거꾸로 바꾸어 보는 것이다. 이 부분에 있어서도, 〈그리스어 신약성서 4판〉(GNT)에서는 수정 사항이 나타나게 될 것이다.

끝으로 〈그리스어 신약성서〉(GNT)의 **바깥쪽 난외의 비평장치(Parallelstellenap-**

parat)에 대해 언급하고자 한다. 이것은 〈네슬-알란트〉의 바깥쪽 난외의 비평장치보다 훨씬 덜 포괄적이다. 그뿐만 아니라 〈그리스어 신약성서〉(GNT)의 바깥쪽 난외의 비평장치는 오히려 전혀 다른 기능도 포함하게 된다. 신약성서 안에 들어 있는 여러 책들 사이에 병행이 되는 표현들을 다양하게 수록하고 있기 때문이다. 여기서 최대 열 개의 구절이 참고 구절로 제공되지만, 대부분의 경우 〈네슬-알란트〉의 난외 여백에 실려 있는 수보다는 훨씬 더 적다. 개정된 〈그리스어 신약성서 3판〉(GNT)에서 구약성서 인용 색인(중요한 구약성서 책별 순으로 정렬된 색인. 897쪽 이하 참고)은 직접 병행이 되는 구절과 암시적으로만 병행되는, 즉 문장의 일부만 비슷한 구절이 구분되어 있다. 〈네슬-알란트 26판〉에는 두 가지를 함께 엮어 정리해 놓았다(70인역[LXX] 인용 구절에 대한 히브리어 성서 장절 대조표는 739쪽 이하에 구약성서 각 권의 처음 부분에 나온다).

우리가 여러 번 강조한 대로 〈그리스어 신약성서〉(GNT)(3판부터!)와 〈네슬-알란트 26판〉의 본문은 동일하다. 단락 구분, 구두점, 철자법의 차이는 앞서 언급한 바 있다(본 책의 60쪽 이하 참고). 기존의 〈네슬-알란트〉 판본들과는 달리, 〈네슬-알란트 26판〉부터는 〈그리스어 신약성서〉(GNT)와 같은 방식으로 순차적으로 본문에 절마다 절수를 기입하여 그 인쇄면도 비슷한 모습이 되었다. 두 인쇄본의 근본적인 차이는 구약성서 인용을 표기하는 방식에서 드러난다. 〈그리스어 신약성서〉(GNT)는 (초기의 〈네슬〉과 같이) 구약성서 인용을 굵은 활자로 인쇄하는 반면, 〈네슬-알란트〉는 이탤릭체로 인쇄한다. 또한 〈네슬-알란트〉에서는 당연히 다양한 여러 의도에 맞게 표기하므로 인용된 구절의 범위가 다르게 나타나는 경우가 흔하며 인용의 수가 더 많다.

〈네슬-알란트〉는 명료함을 더하고 더 나은 사용 편의를 꾀하기 위해 본문 상에 절수를 기입한다. (본문에서 문장의 끝과 절의 시작이 일치하지 않는 경우가 생기기 때문에 초기 인쇄본에서는 분리 표시 ˡ를 삽입해야만 했다.) 초기 인쇄본에 사용된 표기 방식은 절 구분이 없는 필사본들을 모델로 한 것이었다(절수는 16세기가 되어서야 비로소 표시되었지만, 만족할 만한 정도로 잘 표시되었던 것은 아니었다.). 그러나 그 필사본들도 현대의 성서와 같이 한 장 한 장 숫자를 붙여 구분하는 법을 알지 못했던 시기의 것이었다. (13세기에 가서야 장의 구분과 장의 숫자 표기가 도입된다.) 게다가 알아보기 쉽고 사용하기에 편리하게 하는 것이 전통을 지키는 것보다 중요하다.

[ ] ⟦ ⟧ 현재 두 인쇄본은 한 겹의 대괄호 [ ]와 이중 대괄호 ⟦ ⟧ 사용에서도 일치한다. 한 겹의 대괄호 안의 단어들은 신약성서 원문에 속하는지 확실하지는 않다. 두 겹인 이중 대괄호 안의 단어들은 확실히 원문에 속하지 않는다. 예를 들면 간음 중에 잡힌 여인에 관한 전승(요 7:53-8:11)은 요한복음이 기독교 교회에 처음 등장할 때 요한복음서에 포함되지 않았음이 확실하다. 마가복음의 짧은 결론 부분도 마가복음의 원래 형태에 속하지 않았다. (그러나 긴 결론 부분 막 16:9-20도 마찬가지일 수 있다.) 요한복음 7:53-8:11 및 마가복음의 짧은 결론 부분은 모두 2세기 초에 이르러서야 생겨난 것으로 보인다. 그래서 두 부분 모두 이중 대괄호 ⟦ ⟧ 안에 놓인다. 이러한 예들은, 신약성서 본문에서 완전히 지워져 버린 구절들과 함께 '신약성서 본문비평 적용 안내(선별된 예를 중심으로)'(본 책의 430쪽 이하) 장에서 주요 내용이 언급될 것이다. 여기서는 〈그리스어 신약성서 3판〉(GNT)과 〈네슬-알란트 26판〉만 비교할 것이기 때문이다. 많은 기호들이 확실히 서로 다르다. 두 인쇄본이 기초로 삼아야 하는 전제들이 서로 다르고, 각각의 독자층이 서로 다르기 때문이다. 그러나 앞의 상세한 설명으로 공부한 사람은 그 둘 사이의 여러 차이점에 대한 개관을 충분히 갖게 되었을 것이다. 〈그리스어 신약성서〉(GNT)를 읽는 독자가 어떤 문제들을 해결하지 못했을 경우, 본 책에 추가로 접어서 제본한 자료와 〈그리스어 신약성서〉(GNT)의 XLVII-LIII쪽에 자세한 해설이 나오는 '중요한 부호와 약어표'(Master List of Symbols and Abbreviations)를 참고할 수 있을 것이다.

〈네슬-알란트 26판〉과 〈그리스어 신약성서 3판〉(GNT)을 자세히 비교했지만, 두 인쇄본의 비평장치 사이에 아직 언급되지 않은 여러 차이점이 여전히 남아 있다. 그러나 그 차이점들은 단지 외견상의 것이다. 외적으로 보이는 차이점들이 실제로 모두 모순되는 것은 아니라는 점을 분명히 알아 두어야 한다. 예를 들어 〈네슬-알란트 26판〉은 증거가 명백할 때만 고대 역본들을 조심스럽게 인용한다. 반면에 〈그리스어 신약성서 3판〉(GNT)은 더 자유롭게 인용한다. 인용의 체계도 서로 다르다. 〈그리스어 신약성서 3판〉(GNT)은 고대 라틴어 여러 역본들을 인용할 때, 각각의 독법들마다 그 독법의 증거가 되는 낱낱의 역본들을 모두 인용한다. 그에 반해 〈네슬 26판〉은 더 간추려서 약어 기호 it를 사용하여 상이한 독법을 보이는 필사본만 개별적으로 기록한다. 콥트역의 경우 〈그리스어 신약성서〉(GNT)의 자료는 호너의 인쇄본(299쪽 이하 참고)에 기초하고 있고, 〈네슬-알란트 26판〉은 여러 필사본에 기초한다. 무엇보다도 결정적인 것은 〈그리스어 신약성서 3판 개정본〉(GNT)과 〈네슬-알란트 26판〉에서 이문들을 구분하는 방식이 서로 다르다는 점이다. 이 점 때문에 두 인쇄본의 설명 방식 사이에 나타나는 외형상의 차이점을 첫눈에 알아보게 된다. 게다가 〈그리스어 신약성서〉(GNT)에서는, 중요한 이문이 아닐지라도 항상 모든 이문들을 비평장치에 싣는다. 〈네슬-알란트 26판〉에서는 이문들 전부를 항상 고려하지는 않는다. (예를 들어, 몇몇 필사본들에서 분명히 개별적인 실수로 보이는 오류가 확인되거나 이와 비슷한 경우에는 싣지 않는다.) 그 밖에도 사본들 사이에 차이가 많은 비교적 긴 본문은 이문들을 몇 가지로 나누어 소개한다. 이는 비평장치를 되도록 짧은 형태로 만들기 위한 것이다.

3. 〈네슬-알란트 그리스어 신약성서 26판〉(NTG^{26})

이제 〈네슬-알란트 26판〉을 살펴보려 한다. 그러나 이미 우리는 〈그리스어 신약성서〉(GNT)와는 다르게 사용된 〈네슬-알란트 26판〉의 기호와 약어를 (물론 부분적으로) 설명한 바 있다. 우리가 앞에서 언급했던 것처럼, 두 인쇄본은 비평장치의 구성과 비평장치에 사용된 여러 기호에서 결정적인 차이가 난다. 이 여러 기호들은 이미 수십 년 동안 사용되고 있기는 하지만(추가된 것 한 개를 제외하고 그 이전의 〈네슬-알란트〉 인쇄본들에서 사용된 것들과 동일하다) 이 여러 기호를 처음 대하는 사람들에게는 — 특히 영어권 독자들에게는 — 종종 너무 복잡하게 보일 수 있다. 〈그리스어 신약성서〉(GNT)와 비교해 볼 때, 〈네슬-알란트 26판〉에서 추가로 익혀야 할 필요가 있는 기호들은 총 7개에 불과하다.

뒤따르는 단어가 일부 전승에서는 생략된다. °

뒤따르는 단어가 일부 전승에서는 다른 한 단어로 (또는 여러 단어들로) 대체된다. ⸀

이 기호가 표시된 곳에 일부 전승에서 가져온 단어가(대체로 한 단어이지만 때때로 ⸆
여러 단어로) 삽입되어 있다.

두 기호 사이에 나오는 단어들이 일부 더 오래된 전승에서는 생략되어 있다. ⸋ ⸌

이 두 기호 사이에 나오는 단어들이 일부 전승에서는 더 긴 구절로 다양하게 대체되 ⸂ ⸃
어 있다.

이 두 기호 사이에 나오는 단어들이 일부 전승에서는 어순이 바뀌어 있음을 표시한 ⸉ ⸊
다.

ʃ3214 상이한 여러 이문에서 순서가 변경된 단어의 순서가 숫자로 표시된다.

ʃ. 일반적으로는 이 표시 다음에 나오는 단어가 비평장치에서 표시한 특정한 곳으로 옮겨졌음을 표시한다.

이 여러 기호는 눈에 보이는 모습대로 제각각 그 기능을 알려주기 때문에 쉽게 기억할 수 있다. °와 ᵔ는 생략, ᵀ는 삽입, ʃ는 어순 변경 등을 표시한다. 본문을 계속 읽어 가려 할 때, 독자는 본문에서 이 기호들 때문에 방해받지는 않는다. 다른 측면에서 본다면 오히려 독자에게 도움이 되는 정보를 준다. 본문을 읽어 내려가는 독자가 본문의 전승에 대한 정보를 처음으로 얻고자 할 때, 해당본문에 이문이 달려 있는지, 또한 달려 있다면 그것이 어떤 이문인지에 대한 정보를 곧바로 알려 주기 때문이다. 예를 들어 마태복음은 21:33-35에는 비평 기호가 전혀 없다. 이 구절은 언급할 만한 중요한 이문이 없는 채로 전승되었다는 것을 의미한다. 그러나 그 바로 앞 21:28-32 구절에는 여러 기호가 달려 있다. 또한 이와 달리 다음 구절 21:36-44에는 달려 있는 기호의 수가 비교적 적다. 따라서 독자는 본문 전승의 특징에 관해 부수적으로 여길 수 없는 중요 정보를 한눈에 얻게 된다. 위에 언급된 7개의 기호와 그 의미를 기억해 두면 비평장치를 보지 않고도 이문들의 성격을 파악할 수 있다. 비평 기호가 어떻게 사용되고 있는지를 정확히 알아보기 위해 첫 번째 적용 예시로서 **마태복음 21:28-32**의 두 아들 비유를 살펴보자. 이 비유를 택한 것은 위에 언급된 일곱 개의 기호 중 두 개를 제외한 나머지 5개 기호를 살펴볼 수 있기 때문이다.

기호 °는 첫째 줄(28절)에 처음 나오고 넷째 줄(29절)에 반복된다.

28절 °καὶ προσελθὼν τῷ πρώτῳ εἶπεν

29절 ὕστερον °δὲ μεταμεληθεὶς ἀπῆλθεν

따라서 28절의 καί가 생략된다. 다시 말해서 비평장치에서 보여 주듯이 א*(기호 *는 시내 사본의 첫 번째 필사본) 대문자 사본 L과 Z, 고대 라틴어 역본 e와 ff^{1}, sy^{s}와 sy^{c}, 즉 고대 시리아어 역본(사소한 변경이 문맥 안에 있기는 하다), 콥트어 역본 등에서 καί가 생략된다. 그러므로 이 필사본들에 있는 이문은 προσελθὼν τῷ πρώτῳ εἶπεν이다. 이러한 비평장치 증거 목록 앞에 덧붙어 있는 +는 〈네슬-알란트 25판〉에서도 καί가 생략되었음을 가리킨다

L 15,11 **28** Τί δὲ ὑμῖν δοκεῖ; ἄνθρωπος ⸆ εἶχεν ⸉τέκνα δύο⸊. °καὶ *49* 218
προσελθὼν τῷ πρώτῳ εἶπεν· τέκνον, ὕπαγε σήμερον ἐρ- X
γάζου ⸂ἐν τῷ ἀμπελῶνι⸃ ⸆. **29** ὁ δὲ ἀποκριθεὶς εἶπεν· ⸂οὐ
7,21! θέλω, ὕστερον ° δὲ μεταμεληθεὶς ἀπῆλθεν⸃. **30** ⸄προσελθὼν
δὲ⸅ τῷ ⸀ἑτέρῳ εἶπεν ὡσαύτως. ὁ δὲ ἀποκριθεὶς εἶπεν· ⸂ἐγώ,
κύριε, καὶ οὐκ ἀπῆλθεν⸃. **31** τίς ἐκ τῶν δύο ἐποίησεν τὸ
θέλημα τοῦ πατρός; λέγουσιν ⸆· ⸂ὁ πρῶτος⸃. λέγει αὐτοῖς
L 3,12; 7,29; 18,14; 19,1-10 · ὁ Ἰησοῦς· ἀμὴν λέγω ὑμῖν ὅτι οἱ τελῶναι καὶ αἱ πόρναι
L 7,36-50 προάγουσιν ὑμᾶς εἰς τὴν βασιλείαν τοῦ θεοῦ. **32** ἦλθεν
2P 2,21 Prv 8,20; 12,28; 21,21 ⊕ γὰρ ⸉Ἰωάννης πρὸς ὑμᾶς⸊ ἐν ὁδῷ δικαιοσύνης, καὶ οὐκ
25 J 7,48 L 7,29s ἐπιστεύσατε αὐτῷ, οἱ δὲ τελῶναι καὶ αἱ πόρναι ἐπίστευ-
σαν αὐτῷ· ὑμεῖς δὲ ἰδόντες ⸀οὐδὲ μετεμελήθητε ὕστερον
τοῦ πιστεῦσαι αὐτῷ.

28 ⸆τις C Δ Θ $f^{1.13}$ 33. 892^{c}. 1241. 1424 *pm* it vg^{cl} sy | ⸉ B 1424 *pc* lat | °† ℵ* L Z e ff^{1} (sy$^{s.c}$) co ¦ *txt* ℵ^{2} B C D W Θ 0138 $f^{1.13}$ 𝔐 lat sy$^{p.h}$ | ⸂εις τον αμπελωνα D 1424 | ⸆μου B C^{2} W Z 0138. 28. 1010. 1241. 1424 *pm* lat sa mae bo^{pt} ¦ *txt* ℵ C* D K L Δ Θ $f^{1.13}$ 33. 565. 700. 892 *pm* it sy bo^{pt} ● **29-31** ⸂† εγω (υπαγω Θ f^{13} 700 *pc*), κυριε (– Θ)· και ουκ απηλθεν *et* ⸂† ου θελω, υστερον (+ δε Θ f^{13} 700 *pc*) μεταμεληθεις απηλθεν *et* ⸂† ο υστερος (εσχατος Θ f^{13} 700 *pc*) B Θ f^{13} 700 *al* sa^{mss} bo; Hier^{mss} ¦ *txt* (ℵ) C (L) W (Z) 0138 (f^{1}) 𝔐 f q vg^{ww} sy$^{p.h}$ sa^{mss} mae; Hier^{mss} ¦ *txt, sed* + εις τον αμπελωνα *p.* απηλθεν^{1} *et* εσχατος *loco* πρωτος D it sy$^{s.(c)}$ | °ℵ* (B) 1010 *pc* it sa^{mss} | ⸄και προσελθων C W 0138 𝔐 h q sy$^{p.h}$ (– sy$^{s.c}$) ¦ *txt* ℵ B D L Z Θ $f^{1.13}$ 33. 700. 892 *pc* lat mae bo | ⸀†δευτερω ℵ^{2} B C^{2} L Z f^{1} 28. 33. 700. 892. 1424 *pm* mae bo | ⸆αυτω C W 0138 f^{1} 𝔐 it vg^{cl} sy sa mae bo^{ms} ¦ *txt* ℵ B D L Θ f^{13} 33. 892 *pc* lat bo ● **32** ⸉ D W Θ 0138 $f^{1.13}$ 𝔐 lat ¦ *txt* ℵ B C L 33. 892. 1010 *pc* c r^{1}; Or | ⸀ου ℵ C L W 𝔐 ¦ – D (c) e ff^{1*} sy^{s} ¦ *txt* B Θ 0138 $f^{1.13}$ 33. 700. 892 *al* lat sy$^{c.p.h}$

29절에서는 δέ가 생략된다. 다시 말해서, ℵ*(시내 사본의 첫 번째 필사본), B(바티칸 사본, 사소한 변경이 문맥 안에 있기는 하다.), 소문자 사본 1010과 몇몇 다른 그리스어 필사본들, 여러 고대 라틴어 역본, 일부 사히드 전승에서 δέ가 생략된다. 여기서 이문은 ὕστερον μεταμεληθεὶς ἀπῆλθεν이다.

기호 ⸀는 다섯째 줄(30절)과 끝에서 두 번째 줄(32절)에서 발견된다.

(30절) τῷ ⸀ἑτέρῳ εἶπεν ὡσαύτως

(32절) ὑμεῖς δὲ ἰδόντες ⸀οὐδὲ μετεμελήθητε

여기서 ⸀로 표시된 단어가 다른 단어로 바뀌었음을 가리킨다.

비평장치에서 보여 주듯이 다음과 같은 사본 전승들은 30절에서 ἑτέρῳ 대신 δευτέρῳ를 기록한다. (+를 덧붙인 것은 〈네슬-알란트 25판〉에서도 그렇게 기록되었음을 말한다.) 그 전승들은, 대문자 필사본 ℵ²(시내 사본의 두 번째 필사본), B(바티칸 사본), C^2(에프라임-시루스 재생 사본의 두 번째 필사본), 대문자 사본 L과 Z, 게다가 소문자 사본가족 f^1(본 책의 369쪽 참고)과 소문자 사본 28, 33, 700, 892, 1424와 많은 다른 사본들(pm), 중부 이집트 방언 전승과 보하이르 방언 전승 등이다.

32절에서 οὐδέ는 ℵ(시내 사본), C(에프라임-시루스 재생 사본), 대문자 사본 L과 W, 그리고 대다수본문(𝔐. 본 책의 374쪽 이하 참고)의 필사본들 등에서 οὐ로 대치되어 ὑμεῖς δὲ ἰδόντες οὐ μετεμελήθητε로 읽는다.

D(베자 켄터브리지언 사본), 고대 라틴어 역본 c(사소한 변경이 있다.), e, ff^{1*}(첫 번째 필사본. 두 번째 필사본은 부정어를 덧붙인다.), sy^s(시리아어 시내 사본)는 부정어를 생략하고 ὑμεῖς δὲ ἰδόντες μετεμελήθητε로 기록한다.

οὐδέ가 있는 본문은 B(바티칸 사본), Θ(코리데티아 사본), 대문자 사본 0138, 소문자 사본가족 f^1과 f^{13}, 소문자 사본 33, 700, 892와 그 밖에 다른 것들, 그리고 앞선 이문에 인용된 고대 라틴어 역본인 c e ff^{1*}을 제외한 라틴어 전승 전체(즉 Itala[모든 또는 대다수의 고대 라틴어 증거들]와 불가타[Vulgata]), 쿠레톤의 시리아어 역본(sy^c), 페쉬타(sy^p)와 하르켈 시리아어 역본(sy^h)이다. (여러 개의 시리아어 증거가 나란히 계속 인용될 때 부호 sy는 매번 반복되지 않으며, 한 번만 적고 그 다음에 나오는 다른 증거들은 부호 sy에 위첨자만 덧붙여 구분한다.)

삽입 표시 ^{T}는 첫째 줄(28절)과 31절에 나온다.

(28절) ἄνθρωπος ^{T}εἶχεν

(31절) λέγουσιν ^{T}

경험이 많은 사람은 비평장치를 보지 않고도 무엇이 덧붙었는지를 안다. 28절에 τὶς가 삽입되어 다음과 같이 나타난다.

ἄνθρωπός τις εἶχεν

31절에 αὐτῷ가 삽입되어 다음과 나타난다.

λέγουσιν αὐτῷ

왜냐하면 이 두 가지는 신약성서 본문의 일반적인 발전 형태와 일치하기 때문이다.

28절에서 다음과 같은 전승들은 τὶς를 덧붙인다. 대문자 사본 C(에프라임-시루스 재생 사본), Δ, Θ(코리데티아 사본), 소문자 사본가족 f^1과 f^{13}(여기서도 시리아어 역본들과 마찬가지로 약어 기호는 반복되지 않고, 위첨자로만 나타난다. $f^{1,13}$은 f^1과 f^{13}이다)과 소문자 사본 33, 892^c(어깨 글자로 붙은 c는 '교정본'을 뜻함, 즉 사본 892의 처음 필사본에는 없는 τὶς를 후대 개정자가 덧붙인 것이다), 1241, 1424와 다른 많은 전승들에 의해, 여러 고대 라틴어 역본, 클레멘트의 불가타 역(vg^{cl}), 시리아어 전승 전체(sy) 등이 이 전승들에 해당한다.

31절에서 다음과 같은 전승들은 λέγουσιν 뒤에 αὐτῷ를 삽입한다. 대문자 사본 C(에프라임-시루스 재생 사본. 여기서는 중요한 대문자 사본들의 이름을 독자의 기억을 돕기 위해 항상 반복한다), W(프레리아누스 사본), 0138, 소문자 사본가족 1(f^1, 이 필사본 그룹의 첫 번째 그룹에 붙여진 명칭), 대다수본문 𝔐에 해당하는 필사본들(이에 대해서는 본 책의 374쪽 이하 참고), 대다수 고대 라틴어 역본들(it, 이것에 반대되는 개념으로 lat[불가타 역본과 고대 라틴어 증거들의 일부분]가 있음)에 해당하는 몇 개의 역본들, 클레멘티누스판 불가타(vg^{cl}, 이 역본을 공인한 교황 클레멘티누스 8세의 이름을 따라 명명되었다), 모든 시리아어 역본들(sy), 사히드 방언(sa)과 중부 이집트 방언(mae) 역본 전체, 한 개의 보하이르어 전승 필사본(bo^{ms}) 등이 이에 해당한다. 이 설명 바로 앞의 이문의 경우에는 — 지금까지 우리가 언급한 거의 모든 경우와 마찬가지로 — 단지 이문에 대한 증거만 제시되고 본문에 채택된 독법에 대한 증거는 제시되지 않았다. 본문에 채택된 독법을 지지하는 증거 목록들을 제시하기에는, 다른 이문들을 지지하는 증거 목록들이 현 본문을 지지하는 목록들과 견주기에 너무 빈약하다고 생각했기 때문이다. 반면 여기에 해당하는 비평장치를 보면, 32절 ⸀과 마찬가지로 본문에 채택된 독법, 즉 αὐτῷ가 생략된 독법에 대한 증거들을 제시하고 있다. 그러나 이것은 원래 불필요한 일이다. 왜냐하면 C W 0138은 충분히 권위 있는 증거가 되지 못하며, 인상적인 증거 목록들, 즉 αὐτῷ를 생략하지 않고 그대로 싣고 있는 대다수 고대 라틴어 역본 그룹(이에 해당하는 일부만 기록한다. 참고로, lat는 이와 반대되는 독법을 지지한다)과 시리아어와 콥트어 역본들조차도 충분한 증거 능력을 발휘하지 못하기 때문이다. 다음과 같은 생각을 할 수도 있다. 그리스어 원문을 참고하여 번역본들을 작성할 때, 이미 그리스어 원문이 널리 보급되어 있었기 때문에, 그 번역본들이 참고했던 그리스어 원문에는 모두 αὐτῷ가 생략되지 않은 채 실려 있었을 것이라는 생각이다. 그러나 이러한 생각을 주장하는 것은 얼핏 보기에만 설득력이 있어 보인다. 번역을 할 때 λέγουσιν의 목적어로 αὐτῷ를 삽입했을 가능성이 더 유력하기 때문이다. 즉 번역본으로부터 얻게 되는 증거로는 번역 시 대본으로 삼은 본문에 관한 어떤 내용도 밝혀내지 못한다는 말이다. 따라서 αὐτῷ가 생략되어 있는 이문을 지지하는 증거가 애초부터 더 힘을 발휘하고 있다는 것을 알게 된다. 단어가 생략되어 있다는 사실은, 자연적인 전승 과정에 나타나는 현상과는 잘 맞지 않는 것이기 때문이다. αὐτῷ가 생략되어 있는 이문은 다음과 같은 전승들에 의해 지지를 받는다. ℵ(시내 사본), B(바티칸 사본), D(베자 켄터브리지언 사본), L, Θ(코리데티아 사본), 소문자 사본가족 f^{13}, 소문자 사본들 33과 892. (소수이긴 하지만 여기에 속하는 증거들이 더 있다. 이 증거들은 전승 과정에서 보이는 자연스런 발전 과정과 맞지 않는 경향, 즉 αὐτῷ를 덧붙여 문장을 맞추려는 경향과는 다른 모습을 보이기 때문에 모두 중요하다.) 그뿐만 아니라 불가타, 고대 라틴어 역본들과 대부분의 보하이르 전승들도 이 증거들에 해당한다. 이러한 증거들은 논리적으로만 추정될 수 있는 주장을 결정적으로 뒷받침해 주는 외적인 증거로 작용한다(이에 대한 상세한 설명으로는 VII. '신약성서 본문비평 적용 안내' 430쪽 이하 참고).

더 많은 단어의 생략을 표시할 때 쓰이는 ᄆ 기호는 ˋ 기호로 생략에 해당하는 부분이 끝난다는 것을 표시한다. 예시로 쓰인 단락에는 이 생략 기호가 없다. 앞서 언급된 단락(마 21:36-44)의 끝부분인 마태복음 21:44에 이르러서야 이 기호들을 볼 수 있다. 절 전체가 ᄆ과 ˋ사이에 놓인다.

이 절은 D(베자 켄터브리지언 사본), 소문자 사본 33, 대다수 고대 라틴어 전승에 해당하는 일부(it, 참고로 lat는 반대로 본문에 채택된 독법을 지지한다. 31절의 αὐτῷ의 경우와 비슷하게 고대 라틴어 전승 증거가 둘로 분리되는 상황이다.), 시리아어 시내산 역본, 유세비우스 본문 등에서 생략된다. 편집자 스스로 이러한 증거를 어느 정도로 수용하느냐에 따라 이 구절을 다루는 데에 견해 차이를 나타낸다. 〈네슬-알란트〉에서는 이 구절을 대괄호 [ ] 안에 놓는다. 이와 달리 다른 인쇄본들에서 이 구절을 이중 대괄호 ⟦ ⟧ 안에 놓는 경우가 있는데, 이것은 웨스트코트-호트 이론의 영향 때문이다(본 책의 20쪽 참고). 그 이론에 따르면, 사본 D를 근거로 해서 고대 라틴어 역본, 고대 시리아어 역본과 조합하여 신약성서 원본문을 추정해 낸다. 그 구절에 해당하는 세 본문이 모두 일치하면서, 특히 그 구절이 다른 전승의 형태보다 더 짧은 경우에 그 구절은 신약성서 원문에 해당된다는 것이다. 웨스트코트-호트에 따르면 D it sy의 결합은 그 당시에 입수할 수 있었던 가장 오래된 그리스어 필사본들(이 가운데 바티칸 사본[B]은 4세기의 것이었다)보다 족히 200년 앞선 시기인 2세기의 것이다. 그러한 사본들의 조합에 근거한 본문이 2세기의 것이 아니라면, 그 본문은 아마도 더 보충되거나 확장되었을 것이라는 주장이다. 더 긴 구절들로 이루어진 이문들을 취하지 않은 채 짧은 이문으로 되어 있다면, 이 본문은 신약성서 원문을 제공하고 있음이 틀림없다는 것이다. (웨스트코트-호트는 이것을 이른바 '서방 본문의 비-삽입문[Western non-interpolations]'으로 불렀다. 본 책의 20쪽 참고.) 이전 세대 모든 본문비평가들, 특히 영어 사용권의 비평가들은 그러한 관점에서 교육을 받았으나, 그러한 관점은 오늘날 과거의 유물로 간주될 뿐이다. 현재는 훌륭한 파피루스 사본들로부터 2세기의 그리스어 본문을 접할 수 있으며, 이 사본들로 인해 웨스트코트-호트의 견해는 반박된다. 먼저 44절의 외적인 증거를 살펴보자. 대문자 사본들 א(시내 사본), B(바티칸 사본), C(에프라임-시루스 재생 사본), L, W(프레리아누스 사본), Z, Θ(코리데티아 사본. 몇몇 개의 사소한 이문을 갖는다), 0138, 소문자 사본 가족들 f^1과 f^{13}, 대다수본문에 해당하는 필사본들이 외적 증거에 해당한다. 그뿐만 아니라 특별히 고대 라틴어 역본들(모든 역본이 다 해당하는 것은 아니며 이에 대해서는 앞서 언급한 바 있다), 불가타(lat), 쿠레톤의 시리아어 역본, 페쉬타, 하르켈 시리아어 역본(sy$^{c.p.h}$. 이 부호에 대한 개관에 대해서는 본 책의 379쪽 이하 참고), 콥트어 역본들도 증거를 지지한다.

이렇듯 마태복음 21:44 본문에 대한 외적인 증거 능력은 특별히 강하게 발휘된다. 여기에 중요한 고대 파피루스 필사본들 중 하나의 지지가 더해진다면, 이 외적 증거는 압도적인 능력을 발휘하게 될 것이다. 그러나 유감스럽게도 그런 파피루스 사본들에는 44절이 실려 있지 않다. 한 가지 생각해 봐야 할 것이 있는데, 이를 통해 우리는 내적 기준과 관계된 부분을 다루게 된다. 이미 이 책의 앞부분에서 본문비평 적용을 시작했듯이, 우리는 외적 기준에서 출발하기는 하지만 내적 기준들도 간과하지 말아야 한다(본문비평을 위한 12가지 기본 원칙 2-4. 본 책의 430쪽 참고). 신약성서 안에는 '덧붙인 첨가 구절'(Versatzstücke)이 있다. 이것은 원본에는 없던 구절이지만, 필사자들이 특별히 인상 깊게 생각하여 해당 구절에 덧붙여 놓은 구절을 가리킨다. 예를 들면 "들을 귀 있는 자는 들을지어다", "나중 된 자가 먼저 되며 먼저 된 자가 나중 될 것이다"와 같은 것들이다. 첫 번째 문장은 심지어 그리스어 본문 인쇄본의 마가복음 7:16에 인쇄되었던 적도 있다. 학문적인 연구를 통해 필사자가 덧붙인 구절이라는 사실을 발견하고 그 구절을 제거하기 전까지, 그 구절이 현대 번역본들에 인쇄되는 일이 거듭되곤 했다(본 책의 VII장, 464쪽 참고). 마태복음 21:44를 이런 부류의 문장으로 볼 수도 있지 않을까? 누가복음 20:18에서도 마태복음 21:44와 비슷한 구절이 발견된다. 그러나 첫째로, 사용된 낱말들이 모두 같지는 않다. 둘째로 44절이 후대의 삽입이라면, 그것은 건축자가 버려서 모퉁이의 머릿돌이 된 돌에 관한 마태복음 21:42 바로 뒤에 놓였을 것이다. 그럼에도 여전히 의심의 여지가 약간 남아 있기는 하다. 그래서 대괄호 [ ]를 사용한 듯하다. 어쨌든 괄호 안의 문장이 원문의 일부가 확실히 아님을 표시하는 이중 대괄호 ⟦ ⟧를 쓰진 않았다. 동일 어구 반복에 의한 실수(Homoioteleuton, 본 책의 438쪽 참고), 즉 해당 구절과 그 앞 또는 그 뒤의 구절에서 끝부분의 어구가 서로 비슷해서 필사자가 잘못 보고 해당 절을 건너뛴 실수 때문에 44절이 본문에서 탈락되었을 것이라는 설명은 논란의 여지가 있다. 43절은 αὐτῆς로, 44절은 αὐτόν으로 끝난다. 필사자가 αὐτῆς까지 필사했을 때 아마 그것을 바로 다음 구절의 끝으로 생각했을 수도 있다. 그런 가설은 가능하나 44절도 43절과 같이 마찬가지로 αὐτῆς로 끝난다면 더 설득력이 있었을 것이다. 끝에 나오는 한 개 또는 몇 개의 낱말들이 똑같이 나열될 때, 짧거나 긴 구절 또는 심지어 몇 개의 구절까지 건너뛰어 필사한 경우를 필사본 전승에서 자주 보게 된다. 단어가 생략되어 있을 때 그것이 끝부분의 동일한 어구 반복으로 인해 한 구절을 건너뛰어 실수로 빠뜨린 것인지를 밝히는 것은, 본문비평에서 가장 먼저 다뤄야 할 문제들 가운데 하나이다.

앞서 설명한 바와 같이 예시에 쓰인 본문에는 광범위한 생략이 발견되지는 않으나, 다르게 전승된 낱말이나 낱말들 또는 문장들이 종종 발견된다. 이렇게 여러 이문들이 빈번하게 나타나는 것은 해당본문이 특별히 복잡한 전승 과정을 거쳤기 때문이다. 이에 대해서는 나중에 더 자세히 설명할 필요가 있다(본 책의 483쪽 이하 참고). 이런 경우에 대해서 비평장치에서는 서로 다른 전승을 가진 구절이 처음 시작되는 곳을 ⸀로, 끝나는 곳을 ⸁로 표시한다.

예시 본문이 시작되는 28절을 한 예로 들 수 있다.

⸂ἐν τῷ ἀμπελῶνι⸃.

비평장치에서는 부호 ⸂만 사용된다. 처음 시작 표시 ⸂만 다시 표시해 주어도 해당 본문 구절의 끝을 자동적으로 알 수 있기 때문이다.

⸂εἰς τὸν ἀμπελῶνα D 1424.

D(베자 켄터브리지언 사본)와 소문자 사본 1424는 해당 구절의 낱말 구성을 변경한다. (신약성서에서 흔히 일어나는 경우이다.)

그 다음에 31절에 다음과 같이 기록한다.

⸂ὁ πρῶτος⸃,

비평장치에 다음과 같이 나온다.

⸂+ὁ ὕστερος (ἔσχατος Θ f^{13} 700 pc) B Θ f^{13} al sa^{mss} bo,

단순히 해당 구절을 살짝 고쳐 쓴 것이 아니라 전혀 반대되는 내용을 기록했다. 이 기록에 따르면, 아버지의 뜻을 행한 것은 맏아들이 아니라 둘째 아들이 된다. (이것은 이 해당 단락에 대해 두 개의 전승이 있었다는 사실과 관련되어 있다. 본문에 채택된 것과 다른 이문을 담고 있는 이 전승 증거들에는 처음부터 맏아들과 둘째 아들의 순서가 바뀌어 있었다. 그러나 얼핏 겉으로 보기엔 반대되는 내용 같아도 실제로 두 전승은 모두 같은 뜻을 담고 있다.) 더욱이 필사본 전승에서 서로 다른 두 개의 표현을 사용한다. B(바티칸 사본)와 다른 그리스어 필사본들, 몇몇 사히드 방언 역본들과 보하이르 역본 전체 전승은 ὁ ὕστερος를 사용하고, Θ(코리데티아 사본), 소문자 사본가족 f^{13}, 소문자 사본 700과 몇몇 다른 사본은 ὁ ἔσχατος를 사용한다. 이 특별한 전승은 분명하게 괄호 안에 놓인다. 이문 ο υστερος로 하나로 묶이는 이문 그룹에 딸린 하위 이문(동의어, Synonym)을 나타내기 때문이다. 증거 목록 Θ f^{13} 700은 이문 ο υστερος(εσχατος) 뒤에 한 번 더 기입한다. 여기에 적힌 모든 증거들은 이 이문을 지지하는 증거 목록에 들어가는 것이기 때문이다. 괄호 안에 있는 것이 '소수의 것들'에 해당된다는 것을 의미하는 p(au)c(i)와 달리, al(ii)는 괄호 안에 있는 것이 '다른 것들'에 해당된다는 것을 가리킨다. 여기서 p(au)c(i) 대신 al(ii)을 사용한 것은 B(바티칸 사본)와 그에 준하는 것들을 지지하는 소문자 필사본 전체 그룹을 가리키기 때문이며, 따라서 전체 증거 목록 수는 현저히 늘어나게 된다.

본문에서 단어 순서 변경 기호(처음에 ⸂, 끝에서 ⸃)는 이미 그 외적 형태에서 쉽게 이해될 수 있다.

본문의 맨 첫 줄인 28절에 ⸂τέκνα δύο⸃가 나온다.

비평장치에서는 단순히 ⸂로만 표시되어 있다. (⸀의 경우와 마찬가지로, 이해를 돕기 위해 기호 ⸃까지 쓸 필요는 없다.) 즉 ⸂B 1424 pc lat로 표기한다. 그 이상의 세세한 설명이 없어도 B(바티칸 사본), 소문자 사본 1424, 그리고 고대 라틴어 역본들과 불가타와 함께 소수의 소문자 사본들에서는 δύο τέκνα로 기록한다는 것을 알 수 있다.

당연히 전제되어야 하는 일이지만, 단어들을 재배치했을 때 어순이 잘못 파악될 만한 여지가 전혀 없다면, 세 개의 단어가 기록된 경우에도 마찬가지다. 32절은 ⸂'Ιωάννης πρὸς ὑμᾶς⸃로 읽는다.

이에 대해 비평장치에서는 ⸂D W Θ 0138 $f^{1.13}$ 𝔐 lat라고 적어 두기만 한다.

변경된 단어 순서로 πρὸς ὑμᾶς 'Ιωάννης만을 고려할 수 있기 때문이다.

그렇지 않은 경우 비평장치에서는 달라진 단어의 순서를 숫자로 표시한다. 예시 본문에는 그러한 경우가 없으나 바로 다음에 나오는 마태복음 21:39의 본문은 다음과 같다.

⸂αὐτὸν ἐξέβαλον ἔξω τοῦ ἀμπελῶνος καὶ ἀπέκτειναν⸃.

여기서 모두 7개 단어가 나온다. 비평장치에서는 다음과 같은 목록을 제공한다.

⸂*1 7 6 2–5* D it; Lcf ¦ *7 1 6 2–5* Θ.

따라서 D(베자 켄터브리지언 사본), 고대 라틴어 역본, 교부 루시퍼(Lucifer)는 다음과 같이 읽는다.

αὐτὸν ἀπέκτειναν καὶ ἐξέβαλον ἔξω τοῦ ἀμπελῶνος.

Θ(코리데티아) 사본은 다음과 같이 기록한다.

ἀπέκτειναν αὐτὸν καὶ ἐξέβαλον ἔξω τοῦ ἀμπελῶνος.

즉 두 이문은 처음부터 서로 다른 단어들로 시작하기도 하지만, 내용의 전개도 달라진다. 두 이문 모두 달라진 어순 때문에 내용이 더 논리적이고 생생하게 묘사되고 있기 때문이다. 하나의 어순 변경 표시로 7개 단어가 모두 바뀐 것을 나타내는 경우는 드물다. 대개는 어순 변경 시 달라진 단어 수가 많지 않으므로 변경된 어순에 따라 단어들을 그대로 다 써주는 것이 더 간편하기는 하다. 위에 설명한 체계는, 어순이 변경된 경우 각 단어를 매번 그대로 반복하여 적는 것에 비해 분명히 공간을 더 절약한다. 그러나 이 체계는 단어들을 한 단어씩 모두 되짚어 보는 일이 독자에게는 그리 간편하지 않다는 점을 간과한 것이다. 독자가 세 본문 간의 차이가 어디에 있는지 파악하기를 원하는 경우, 본문에 나오는 형태와 비평장치에 나오는 형태들을 한 단어씩 비교해야 하기 때문이다.

사용하려는 목적에 잘 부합할 때, 단어들을 숫자로 표기하는 이런 방식은 그 밖의 다른 경우에도 종종 적용된다.

예를 들어 마태복음 21:11은 본문에 다음과 같이 기록한다.

⸂ὁ προφήτης Ἰησοῦς⸃

비평장치는 다음과 같이 기록한다.

⸂*3 1 2* C L W f^1 𝔐 lat sy mae bo^{ms} ¦ *1 2* f^{13} 1241 pc a aur.

C(에프라임-시루스 재생 사본) L W 등은 Ἰησοῦς ὁ προφήτης로, 소문자 사본가족 f^{13}과 1241 등은 ὁ προφήτης로 읽는다.

이 비평장치에서도 이런 방식으로 간결함과 명료함을 이룬다. 동일한 내용이 기호 ⸉에도 해당된다. 이 기호는 (거의) 언제나 해당하는 단어 바로 앞에 붙여진다. 비평장치에서는 이 기호에, 단어 위치가 변경된 이문을 지지하는 증거 목록과 함께 기호 (a = ante 또는 p = post)를 덧붙여 둔다. 그럼으로써 a 또는 p가 붙은 단어가, 이 증거 목록이 지지하는 이문에서 어디로, 즉 앞(a)으로 옮겨졌는지 뒤(p)로 옮겨졌는지를 알려 준다. 이런 식으로 어순 변경된 이문은 필사본에서 대개 상당한 간격을 두고 나타나기 때문에, 기호 a 및 p를 씀으로써 비평장치의 내용을 근본적으로 더 간편하게 해 준다. 이 기호는 매우 드물게 나타난다. 예를 들어 마태복음 21장에는 ⸉가 아예 나오지 않으며 마태복음 25장과 26장의 비평장치에 이르러서야 발견된다. 마태복음 25:33의 본문은 καὶ στήσει τὰ μὲν πρόβατα ἐκ δεξιῶν ⸉αὐτοῦ, τὰ δέ ἐρίφια ἐξ εὐωνύμων이다. 비평장치에서는 이 해당 부분에 대해 단순히 ⸉p. ευων. א ¦ –A *pc*로 기록한다. 따라서 א(시내 사본)은 τὰ δέ ἐρίφια ἐξ εὐωνύμων αὐτοῦ로 기록하는 반면에, A와 소수의 다른 증거들은 αὐτοῦ를 생략한다. 또 마태복음 26:53의 본문은 ἢ δοκεῖς ὅτι οὐ δύναμαι παρακαλέσαι τὸν πατέρα μου, καὶ παραστήσει μοι ⸉ἄρτι πλείω δώδεκα λεγιῶνας ἀγγέλων으로 기록한다. 비평장치에서는 ⸉ *p.* δυναμαι A C D W Θ 0133 *f*$^{1.13}$ 𝔐 it (sy^{h} mae)를 제공한다. 그러므로 이 증거들에서 ἄρτι는 δύναμαι다음에 놓이고, 이문은 ἢ δοκεῖς ὅτι οὐ δύναμαι ἄρτι παρακαλέσαι τὸν πατέρα μου, καὶ παραστήσει μοι πλείω δώδεκα λεριῶνας ἀγγέλων으로 기록된다. 이런 방식으로 이루어진 비평장치의 단순화는 특별히 설명한 이 예에서 분명하게 드러난다. 이전 방식의 체계를 따랐다면, δύναμαι와 ἄρτι 사이에 7개의 단어가 있기 때문에 본문에서는 δύναμαι 앞에 기호 ⸉를, ἄρτι 뒤에 기호 ⸊를 삽입했었을 것이며, 비평장치에서는 1 9 2–8로 단어 순서를 기록해야 했을 것이다.

한 구절에서 동일한 의미를 갖는 비평장치가 여러 번 나오는 경우는 드물다. 하나의 비평기호는 대개 단 한 개 구절에서 한 번만 나온다. 그러한 경우가 아닐 경우, 예를 들어 만일 한 단어가 한 구절에서 두 번 이상 생략된다면, 첫 번째 생략은 위에서 표시된 것과 마찬가지로 기호 ○로 표시하고, 두 번째, 세 번째 생략은 다음과 같이 표시한다.

○^{1} ○^{2} ○^{1} ○^{2} 등.

다른 비평기호들의 반복은 다음과 같은 방법으로 표시된다.

⸁ ⸀^{1} ⸀^{2} ⸁ ⸀^{1} ⸀^{2} 등.

⸇ ⸆^{1} ⸆^{2} ⸇ ⸆^{1} ⸆^{2} 등.

□^{1} □^{2} □^{3} □^{1} □^{2} □^{3} 등.

⸄ ⸂^{1} ⸂^{2} ⸄ ⸂^{1} ⸂^{2} 등.

ʃ^1 ʃ^2 ʃ^3 ʃ^1 ʃ^2 ʃ^3 등.

어떤 기호는 첫 번째 반복을 점으로 표시하고(⸁, ⸇, ⸄), 다른 기호들을 숫자로 표시하는(○^{1}, □^{1}, ʃ^1) 일은 순전히 기술적인 이유에서이다. ○나 □에 점이 찍힌다면 쉽게 간과될 수 있고, ʃ의 경우 ⸉는 이미 다른 용법으로 사용되고 있기 때문이다.

〈네슬-알란트 26판〉의 본문과 비평장치에 나오는 비평 기호에 대해서는 이 정도로만 언급한다. 비평장치를 처음 사용하고자 할 때 이 설명을 숙지해야만 그 사용법을 익

힐 수 있기 때문에 그 용법을 다소 상세하게 설명하였다. (그뿐만 아니라, 그렇게 상세하
게 설명할 때, 숙지한 내용들을 가지고 처음으로 실제로 본문비평을 해 본 소감도 말할
수 있다.) 무엇보다도 비평장치의 여러 기호에 대해 그 의미를 알고 직접 적용해 보는 것
은 초보자들에게 본문비평에 본격적으로 다가서는 결정적인 첫 걸음이 되기 때문이다.
최소한 〈네슬-알란트〉의 비평장치와 〈그리스어 신약성서〉(GNT)의 비평장치가 그 구
조에 있어서 서로 다르다는 것이 이제 분명해졌을 것이다. 후자의 경우 인쇄된 본문에 대
한 증거가 비평장치의 첫 부분에 나오는 반면, 〈네슬-알란트〉에서는 다양한 이문과 그
증거가 먼저 나오고 인쇄된 본문에 대한 증거가 그 뒤를 따른다. 또한 〈네슬-알란트〉
에서는 본문에 채택된 독법의 기록이 비평장치에서 되풀이하여 기록될 필요가 없다. 그
독법은 항상 *txt*(=textus 본문)로 표시되고 있기 때문이다. 그 *txt*에 대한 증거 목록들 *txt*
을 제시할 때, 초기 인쇄본들에 비해 그 증거수가 훨씬 더 많아졌다. 그러나 본문에 채
택된 독법을 지지하는 증거가 매번 제공되지는 않는다. 매번 제공되지 않아도 독자는
다음과 같은 편집자의 판단을 어느 정도 간파할 수 있기 때문이다. 즉, 본문에 채택되
지 않은 다른 이문들에 대한 지지가 너무 약한 반면, 나머지 거의 모든 증거들이 본문
에 채택된 독법을 지지하므로 그 증거 목록들을 제시할 필요가 없었다는 판단이다. 독
자가 이 인쇄본을 사용할 때, 기호 ¦ 는 한 구절에 해당하는 다양한 이문을 구분하며, ¦
기호 | 는 다음에 나오는 이문을 구분하고, 절 수 앞에 기호 • 는 다음 절을 구분한다 |•
는 것을 알게 된다. 비평장치에서 알고자 하는 것을 빠르고 확실하게 사용하기 위해 처
음부터 독자는 증거들이 언제나 동일한 순서로 정렬되었음을 기억해 두어야 한다. 처음
에 그리스어 증거들, 그 뒤에 라틴어 증거들, 그리고 시리아어, 콥트어가 뒤따르며, 끝으
로 그 외의 다른 증거들이 나온다. 이어서 교부들의 이름이 열거된다. (교부들의 이름은
;로 구분하였다.) 게다가 그리스어 증거들의 경우 언제나 동일한 순서를 지킨다. 파피루 ;
스 사본들, 대문자 사본들, 소문자 사본들과 성구집의 순서대로 나온다. 대문자 사본
들은 알파벳 순서로 된 언셜체 문자로 ℵ A B 등이 먼저 나오며, 그 뒤에 나머지 것들이
번호 순서대로 표시된다. 소문자 사본들은 그룹 f^{1}, f^{13}으로 시작하여 각각의 소문자
사본들이 번호 순서대로 그 뒤를 잇고(혼동을 피하기 위해 숫자 사이에 마침표를 찍는
다), 대다수본문으로 끝을 맺는다.

기호 𝔐는 여러 가지를 한데 묶어 놓은 것(그룹 부호)을 뜻한다(본 책의 374쪽 이하 참고). 그러나 𝔐에 속하지 않는 필사본들을 나타내는 또 다른 묶음 기호들이 비평장

치에 사용된다. 필사본들을 하나씩 열거하다 보면 비평장치를 지나치게 비대하게 만들 수 있기 때문이다. 비평장치에는 일단 가장 중요한 증거들만 명시하는 것으로 제한한다. 그 외에 최근 개별적으로 명명되는 소문자 사본 가운데서도, 신약성서 본문과 본문 역사에 본질적으로 중요한 의미가 있는 사본만이 비평장치에 수록될 수 있다. 중요성이 미미한 증거들은 증거의 개수에 따라 다음과 같은 약어로 간략하게만 명시된다.

pc=pauci(소수의 것들)

al=alii(다른 것들)

pm=permulti(매우 많은 것들)

cet=ceteri(그 밖의 다른 것들 몇 개)

rell=reliqui(나머지 것들)

독자는 대략의 개수를 표시한 이 약어들을 보고, 관련된 독법들이 확대되는 것만 같은 인상을 받을 수 있으며, 이 기호들이 실제로 가리키는 수량이 어느 정도인지 대략 쉽게 파악할 수 있다. *al*(ii)과 *cet*(eri)는 다른 약어들과 달리 수량을 가리키지 않기 때문에 다음과 같은 점만 유념해 둔다면 어느 정도 그 수량을 가늠할 수 있다. *al*이 대략 *pc*(pauci)와 *pm*(permulti) 사이에 놓이며, *pm*보다는 *pc*에 훨씬 더 가깝다는 것이다. *cet*(eri)는 많은 수를 의미하지 않으며 *pm*은 '대다수본문' 중에서 큰 부분을 차지하는 한 그룹과 관련된다. 따라서 대다수본문이 나뉠 때 *pm*은 비평장치의 한 이문에 대한 설명에서 두 번도 쓰일 수 있다.

앞서 설명한 내용들은 〈네슬-알란트 26판〉의 독자가 기억해야 할 가장 중요한 원칙, 규칙, 기호들이다. 이 밖에도 하나의 그룹으로 묶을 수 있는 수많은 **부가적인 기호들**이 더 있다. 이 기호들은 부분적으로 앞서 말했던 기호, 부호, 원칙들과 관련되어 있기도 하고 이것들을 더 자세히 다루게끔 하기도 한다. 이 부가적 기호에 대한 설명이 다음에 이어진다. 이 기호들은 모두 이차적인 범주에 속하는 것으로, 앞에서 설명한 기호들을 잘 익힌 다음에 공부해야 할 것이다. 처음에는 두 부류의 기호들이 실제로 사용할 때보다 더 어려운 것처럼 보일 것이다. 〈네슬-알란트 26판〉 인쇄본 다루는 법을 익혀 실제로 적용해 보는 것이, 이 기호들을 습득하는 데 가장 훌륭한 스승 역할을 해 줄 것이다.

특히 대문자 사본들의 경우나 그 밖에 다른 경우에도 한 필사본의 여러 **필사자**를
*[1][2][3]등 구분하는 기호들이 있다. *는 첫 번째 필적, 원래의 필사자를 나타내고, [1], [2], [3]은 확인이 가능한 경우 첫 번째, 두 번째, 세 번째 개정자를 나타낸다. 본문의 변경이 어느 한 개정

자에 의해 이루어졌을 때는 단순히 ^{C}로 표기한다. 적어도 첫 번째 개정은 필사와 동시 ^{C}
에 이루어졌을 수도 있다. (필사 작업실에서 완성된 필사본은 정확성을 위해 곧바로 검토된다.)

난외 독법, 즉 본문의 난외에 덧붙여진 독법을 발견하는 것은 필사본에서 드문 경우가 아니다. 만일 선택적인 독법으로 의도된 것이라면, 그 독법은 v.l.(varia lectio, 이문)로 표시된다. v.l. 불확실하면 그 독법은 단순히 어깨 글자 ^{mg}('난외에 있는' 또는 '난외의'라는 뜻이다)로 표시된다. mg 몇 세기가 지난 후에 고쳐진 필적은 쉽게 파악되지만 초기 개정자들을 구분해 내는 것은 매우 어렵다. 어떤 필사본의 기호에 위첨자 ^{s}(*Supplementum*, 추가)가 붙여진 것을 봤을 때는 많은 주의를 기울여야 한다. s 이 기호가 가리키는 것은 항상 해당 이문이 후대에 첨가되었다는 것이다. 이 후대의 첨가로는 본래의 필사본에 주어지는 권위를 전혀 주장할 수가 없다.

흔히 비평장치에서는 공간을 절약하기 위해 단어들을 줄여 약어로 표시하였다. 그러나 바로 위에 있는 해당본문을 한번 살펴보면, 생략된 것을 알아내는 데 어려움이 없을 것이다. 예를 들어 마태복음 1:10에서 비평장치는 M-σσην Δ *pc*와 M-σση $\aleph^1$ B로 기록되었으며, M-σσην M-σση 인용된 필사본들에 각각 Μανασσῆ와 Μανασσῆς 형태의 이문이 기록되어 있음을 나타낸다. 마태복음 2:23에서 비평장치는 단지 -ρεθ로만 쓰여 있다. -ρεθ 본문에 있는 Ναζαρέτ 형태가 C K 등에서는 다르다는 것만을 기록한다(4:13과 그 밖의 경우에도 비슷하다). 좀 더 긴 이문들의 경우, 일련의 단어들을 그 단어들의 첫 알파벳만 따서 표시한다. 그러나 그 부분도 생략되지 않은 단어들을 본문에서 쉽게 찾을 수 있다. 비평장치에서 본문에 나오는 단어들을 인용하여 쓸 때, 두 단어 사이에 … 기호가 있으면 … 이 두 단어 사이에 나오는 단어들은 본문과 다르지 않음을 의미한다.

어떤 이문에 여러 가지 하위 이문들, 즉 사소한 차이는 있지만 같은 독법으로 대표되는 여러 이문들이 있을 때, 그 이문에는 다음 예에서 설명하고 있듯이 기호 +(삽입)와 -(생략)로 표시되는 괄호 체계를 적어 둔다. + - 마태복음 5:44에 해당하는 비평장치에는 다음과 같이 기록되어 있다.

⸀*p*) ευλογειτε τους καταρωμενους υμας (υμιν D* *pc* ; – ε. τ. κ. υ. 1230. 1242* *pc* lat), καλως ποιειτε τοις μισουσιν υμας (– κ. π. τ. μ. υ. 1071 *pc* ; Cl Eus) και (–W) προσευχεσθε υπερ των επηρεαζοντων υμας (– D *pc*) και D

L W Θ f^{13} 𝔐 lat sy$^{(p).h}$; Cl Eus ¦ *txt* ℵ B f^{1} *pc* k sy$^{s.c}$ sa bo^{pt}; Cyp.

먼저 분명한 것은 ℵ B 등으로부터 키프리아누스까지 입증하는 본문 καὶ προσεύχεσθε ὕπερ τῶν이 D L W 등으로부터 유세비우스까지 지지하는 이문보다 우수하다는 것이다. 처음에 *p*)로 표시하고 있듯이, 이 독법은 병행 본문 전승에서(즉 병행절인 누가복음 6:28에서) 유래한 것이다. 따라서 이 독법은 누가복음에 나오는 병행절에 맞춰 마태복음의 본문을 보강하려는 노력에서 나온 것이다. 마태복음 5:44의 짧은 본문을 보면, 병행절에 맞추기 위해 그렇게 확장된 본문 이후 수많은 이문이 그 뒤를 따라 나오게 되었음을 쉽게 이해할 수 있다. 그러나 뒤따라 나온 이문들은, 괄호 안에 삽입되어 있는 것들을 통해 분명히 알 수 있듯이 특별한 방식으로 구분되어 있다. 예를 들면 υμας는 D*에서 υμιν으로 대치된다. 1230, 1242*(첫 번째 필사자에 의해 기록됐다는 것을 가리킨다)와 소수의 다른 전승들, 그리고 상당히 많은 부분의 라틴어 전승에서는 ε. τ. κ. υ.를 생략한다. (따라서 기호 –로 표시했다.) 괄호 안의 약어 표시들은 바로 앞에 있는 생략된 단어들을 가리킨다(ευλογειτε τους καταρωμενους υμας). 마찬가지로 다음 괄호에 나오는 – κ. π. τ. μ. υ.는 1071 등에 의해 바로 앞의 단어들인 καλως ποιειτε τοις μισουσιν υμας의 생략을 표시한다. και 다음에 (–W)는 W가 και를 생략하고 있음을 나타내며, 마찬가지로 D와 소수의 다른 필사본들은 다음에 나오는 υμας를 생략한다. 이러한 배열이 초보자에게는 처음에 혼잡스럽게 느껴질 수도 있다. 그러나, 여러 사본들의 본문들이 연이어 나오는 가운데(공간이 많이 필요할 것이다) 본문과 반대되는 전승에서 비평장치 없이 공통점과 차이점을 스스로 찾아내야 하는 경우와 비교해 보면, 이러한 혼잡스러움은 본문비평 작업을 하는 사람이 겪게 될 어려움들 가운데 아주 사소한 부분에 불과하다. 〈네슬-알란트 26판〉 사용자는 이 부분에 있어서(다른 많은 경우에도) 그러한 혼잡스러움을 (또 적지 않은 수고도) 덜게 되는 것이다. 여러 상이한 전승들이 한데 엮여 있어서 그 이면에 있는 공통 본문을 볼 수 있다. 이렇듯 그 상이한 전승들은 원래의 '주요 이문'에 속하는 하위 이문들임이 분명해진다. 그뿐만 아니라 하위 이문들이란 어떤 것들을 가리키며 '주요 이문'은 어디에서 유래하는지를 명료하게 밝혀준다. 모든 내용이 위에 예시한 네 줄 안에 밝혀져 있는 것이다.

비평장치에서는 가능한 한 보충하는 해설문 없이 설명해 보려 애쓰지만, 그것이 언제나 가능하지는 않았다. 해설문이 필요한 경우, 비평장치에 기술된 정보 내용에 방해되지 않도록 그 해결책으로 라틴어 표기를 필요로 하게 되었다. 약어를 쓰는 것이 가능할 경우, 현대의 언어로 곧바로 이해할 수 있는 약어들을 선택하여 사용할 수 있었다. 약어 표시의 의미를 곧바로 이해할 수 없을 경우, 〈네슬-알란트 26판〉의 끝에 달려 있는 부록 IV, 778쪽 이하를 참고할 수 있다. 알파벳 순서대로 정리되어 있는 목록에 모든 약어 표시가 설명되어 있다. 그러나 약어 표시가 자주 등장하므로 약어 표시들 가운데 몇 가지는 처음부터 기억해 두는 것이 좋다.

add. = addit 또는 addunt, 즉 하나 또는 여럿을 첨가한다. *add.*

om. = omittit 또는 omittunt, 즉 하나 또는 여럿을 생략한다. *om.*

이러한 약어 표시는 +와 −를 사용하기가 용이하지 않을 때 사용한다. 또 중요한 표시로서 *a.* = ante(=앞에)와 *p.* = post(=뒤에)가 있다. 이 표시들은 어떤 단어의 위치 변 *a., p.*
경을(본문에서 ⸉로 표시) 가능한 한 간략하고 정확하게 표현하기 위한 것으로 대개 ⸉
pon. = ponit, ponunt(=하나를 배치하다, 여럿을 배치하다)와 함께 나온다. 또 중요한 *pon.*
표시는 어깨 글자 ^{vid} = ut videtur(=확실성의 정도에 따라)이다. 특별히 파피루스 사본 vid
들의 경우, 그 사본들이 그 해당 구절에서 의미하는 바가 무엇인지를 확실하게 결정하지 못하는 일은 빈번하게 일어난다. 그런 경우에 조심스럽게 기호 ^{vid}를 비평장치에 덧붙인다(물론 이것으로 제한된 가능성만을 나타낼 뿐이다). 그 밖에도 절대적 확신에 금이 가게 하는 조그만 의심이 있을 경우 물음표가 덧붙여진다(그리스어 증거일 경우에 ?
는 필름으로 실증할 수 없을 때를 가리키며, 번역본일 경우에는 확실하게 결정할 수 없을 때를 가리킨다). 적혀 있는 내용이 말이 안 되는 것처럼 보일 때는 느낌표(!)를 첨가 (!)
하여 강조한다. 해당 독법이 어떻게 나오게 되었는지를 밝혀 주기 위해 때때로 다음과 같은 약어 표시들을 사용한다. *ex err*(ore) = 실수로, *ex itac*(ismo) = 동일한 발음의 모 *ex err.,*
음을 혼동하여 생긴 결과(이오타표기법, itacismus)로 설명, *ex lect*(ionariis) = 성구집 *ex itac.,*
기록의 일반적 관행에서 비롯된 것으로, 성구집 단락마다 해당 문맥에 맞추기 위해 한 *ex lect.*
단락의 처음에(또는 끝에) 본문을 약간 변경시킨 것을 가리킴, *ex lat?* = 라틴어 역본에 *ex lat?*
서 유래? 등이 첨가된다. 덧붙여진 *h. t.* = homoioteleuton의 삽입은 다음과 같은 경우 *h. t.*
를 설명한다. 비슷한 절이나 단어들이 연달아서 나올 때, 필사자가 부주의하여 절이나 단어 사이를 건너뛰어 읽어서 생겨난 독법을 가리킨다(본 책의 438쪽 참고).

이미 앞서 설명했던 내용들을 보면 〈네슬-알란트 26판〉에서 어떤 시도를 하고자 하는지 알게 된다. 이 인쇄본에서는 이문들에 대한 내용을 전해 줄 때, 그 이문에 대한 추가적인 정보들을 가능한 한 많이 제공해 주려 했다는 것이다. 독법이 병행절에서 전
p) 승된 것이면(특히 복음서들을 다룰 때) 기호 *p*)가 덧붙여진다(보기. 마태복음 3:10). 또한 그 병행절의 출처가 괄호 안에 명확하게 제공된다. (마태복음 1:25에서 υἱόν
(Lc 2, 7) 등 에 대한 이문들을 제시할 때는 누가복음 2:7을 참고하게 한다. 마태복음 1:23에서 καλέσουσιν에 대한 이문을 제시할 때는 이사야 7:14를 참고하게 한다.) 각각의 본문이나 이문에 대해서 병행절을 참고하게 한다. 예를 들면 마태복음 2:13에서 바티칸 사
(12) 본(B)에 나오는 삽입구 εἰς τὴν χώραν은 12절에서 비롯된 것이다. 또한 같은 13절 비
(*v.l.*), 평장치에는 사본 C K 33.700.892 *pc* 등에 들어 있는 이문(*v.l.*)을 표시한다. 그 이문은 13절 본문의 φαίνεται κατ᾽ ὄναρ가 κατ᾽ ὄναρ φαίνεται로 어순이 바뀌어 있는 형
(19 *v.l.*) 태이다. 또한 여기에 표시된 ′(19 *v.l.*)은 어순이 바뀐 이 이문이 19절의 비평장치에서 다시 이문으로 표기되어 있다는 것을 가리킨다. 실제로 19절 비평장치를 보면, 그 이문이 표기되어 있으며, 그 이문은 사본 C L W 0233 𝔐 등의 19절에 들어 있다는 것을 나타내고 있다. 증거를 정확하게 들기 위해 더 광범위한 자료까지 살펴보기도 한다. 예를 들어 마태복음 2:18의 경우, C D L W 0233 f^{13} 𝔐 $sy^{s.c.h}$에서 나타나는 삽입구 θρῆνος
(Jr 38, 15𝔊) καὶ는 예레미야 38:15의 70인역 본문으로 그 기원이 거슬러 올라갈 수 있다는 것을 설명한다.

( ) 비평장치에서 제시하는 증거들이 괄호 ( ) 안에 들어 있을 때, 각각의 이문들을 지지하는 것으로 표시하는 증거들이 어디에 속한 것인지 분명하기는 하다. 그 증거들이 그리스어 필사본들이든(예를 들어, 마태복음 1:24의 경우 소문자 사본 700은 ὁ를 생략한 이문을 지지하는 증거들에 속함) 역본이든 교부들의 인용문이든(예를 들어 마태복음 4:4의 경우 알렉산드리아의 클레멘트 인용문은 ἐπί를 ἐν으로 변경하는 이문을 지지하는 증거들에 속함) 마찬가지다. 그러나 해당 증거들을 괄호 안에 표기하는 그 이문들은 해당본문과 비교해 볼 때 거의 차이가 나지 않는 것들이어서 이문들에 대한 더 이상의 자세한 설명이 필요하지 않다는 것을 뜻한다.

[ ] 비평장치에서 대괄호 [ ]에 표시된 내용은 추가적인 정보를 전해 준다. 그 정보는 사본 증거들에 근거하여 전하는 것이 아니라, 현대에 고찰된 결과를 담은 정보이다. 현대
comm 주석가들이 더 나은 개정을 위해 개입한 것이든(comm = commentatores, 주석가들. 예를 들어 마태복음 5:6에서 벨하우젠은 전체 구절을 생략할 것을 요구한다.), 본문에

서 :, $:^{1}$ 등으로 표시되는 구두점에 대한 이문(예를 들어 마태복음 2:4 참고)이든 마찬 $: :^{1}$
가지다. 이전에는 본문에 있었으나 지금은 비평장치로 옮겨진 이문을 +로 표시한다. 이 +
를 통해 〈네슬-알란트 25판〉과 비교하여 26판의 새로운 본문은 어떤 곳에서 차이를 보이는지 26판의 비평장치에서 알려 주게 된다.

본문에 대한 **그리스어 본문 증거들의 기호**를 이 책 III장에 해당하는 '그리스어 신약성서 필사본'에서 설명하였다. 거기서 설명되지 않은 필사본들에 대해서는 〈네슬-알란트 26판〉의 부록 I(684-712쪽, 그리스어 사본들, Codices graeci)을 참고할 수 있다. 여기에서 〈네슬-알란트 26판〉에 쓰인 모든 필사본들의 주요한 정보를 얻을 수 있다. 동일한 목록이 〈그리스어 신약성서 3판〉(GNT)의 서문 XIII-XXXI쪽에 나온다. 〈네슬-알란트 26판〉에서 인용되는 그리스어 증거들의 순서에 대해서는 본 책의 361쪽 이하에서 주요 내용을 언급한다. 그러나 그 외에 독자에게 생소하고 정의될 필요가 있는 두 가지 용어가 있다. '상용 증거'(ständigen Zeugen)와 '대다수본문' $\mathfrak{M}$이다.

'상용 증거'는 이문을 지지하는 증거 목록들을 인용할 때(본문 증거가 제시되는 경우) 규칙적으로 인용되는 필사본들이다. 이들은 두 그룹으로 구분된다. 각 이문마다 언제나 분명하게 인용되는 것들과 해당 이문이 $\mathfrak{M}$의 독법과 차이가 나는 경우에만 인용되는 것들이다. $\mathfrak{M}$의 독법과 차이가 나지 않는 경우 이문은 $\mathfrak{M}$에 포함되어 버린다. 경우에 따라서만 인용되는 경우는 일단 제쳐두기로 하자. — 그 경우는 본 책의 374쪽의 관련 문맥에서 검토할 것이다. — '상용 증거들', 즉 문자 그대로 각 이문마다 언제나 분명하게 인용되고 있는 그리스어 필사본들을 살펴보기로 하자. 독자가 이 필사본들 중에 하나가 이문의 증거에서 빠져 있는 것을 확인하는 경우, 이는 관련 구절에서 그 필사본에 탈문이 있는 것이거나, 관련된 구절이나 본문이 그 필사본에는 전혀 제공되지 않는다는 것을 말한다. 〈네슬-알란트 26판〉의 부록 I에 있는 가장 오른쪽 세로 줄에 각 필사본이 담고 있는 본문 내용을 정확히 표시하고 있으며, 그러한 표시는 유용한 정보로 제공된다.

복음서에서 '상용 증거'는 다음 필사본들이다.

a) 고려되는 모든 파피루스 사본들

마태복음 $\mathfrak{P}^{1}$(!), $\mathfrak{P}^{19}$, $\mathfrak{P}^{21}$, $\mathfrak{P}^{25}$, $\mathfrak{P}^{35}$(!), $\mathfrak{P}^{37}$(!), $\mathfrak{P}^{44}$, $\mathfrak{P}^{45}$(!), $\mathfrak{P}^{53}$(!), $\mathfrak{P}^{62}$, $\mathfrak{P}^{64(+67)}$(!), $\mathfrak{P}^{70}$(!), $\mathfrak{P}^{71}$, $\mathfrak{P}^{77}$(!), $\mathfrak{P}^{86}$, $\mathfrak{P}^{96}$

마가복음 $\mathfrak{P}^{45}$(!), $\mathfrak{P}^{88}$

누가복음 $\mathfrak{P}^{3}$, $\mathfrak{P}^{4}$(!), $\mathfrak{P}^{42}$, $\mathfrak{P}^{45}$(!), $\mathfrak{P}^{69}$(!), $\mathfrak{P}^{75}$(!), $\mathfrak{P}^{82}$

요한복음 $\mathfrak{P}^{2}$, $\mathfrak{P}^{5}$(!), $\mathfrak{P}^{6}$, $\mathfrak{P}^{22}$(!), $\mathfrak{P}^{28}$(!), $\mathfrak{P}^{36}$, $\mathfrak{P}^{39}$(!), $\mathfrak{P}^{44}$, $\mathfrak{P}^{45}$(!), $\mathfrak{P}^{52}$(!), $\mathfrak{P}^{55}$, $\mathfrak{P}^{59}$, $\mathfrak{P}^{60}$, $\mathfrak{P}^{63}$, $\mathfrak{P}^{66}$(!), $\mathfrak{P}^{75}$(!), $\mathfrak{P}^{76}$, $\mathfrak{P}^{80}$(!), $\mathfrak{P}^{90}$(!), $\mathfrak{P}^{93}$, $\mathfrak{P}^{95}$(!)

b) 열거된 대문자 사본들

마태복음 ℵ(01), A(02), B(03), C(04), D(05), L(019), W(032), Z(035), Θ(038), 058, 064, 067, 071, 073, 074, 078, 084, 085, 087, 089, 090, 092a, 094, 0104, 0106, 0107, 0118, 0119, 0128, 0135, 0136, 0137, 0138, 0148, 0160, 0161, 0164, 0170, 0171(!), 0197, 0200, 0204, 0231, 0234, 0237, 0242, 0249, 0255, 0271, 0275

마가복음 ℵ(01), A(02), B(03), C(04), D(05), L(019), W(032), Θ(038), Ψ(044), 059, 067, 069, 072, 074, 090, 092b, 099, 0103, 0104, 0107, 0112, 0126, 0130, 0131, 0132, 0134, 0135, 0143, 0146, 0167, 0184, 0187, 0188, 0213, 0214, 0215, 0235, 0263, 0269, 0274, 0276

누가복음 ℵ(01), A(02), B(03), C(04), D(05), L(019), R(027), T(029), W(032), Θ(038), Ξ(040), Ψ(044), 053, 063, 070, 078, 079, 0102, 0108, 0113, 0115, 0117, 0124, 0130, 0135, 0139, 0147, 0171(!), 0177, 0178, 0179, 0181, 0182, 0202, 0239, 0253, 0265, 0266, 0267, 0272

요한복음 ℵ(01), A(02), B(03), C(04), D(05), L(019), T(029), W(032), Θ(038), Ψ(044), 050, 054, 060, 063, 065, 068, 070, 078, 083, 086, 087, 091, 0100, 0101, 0105, 0109, 0110, 0113, 0114, 0124, 0125, 0127, 0145, 0162(!), 0180, 0190, 0191, 0193, 0210, 0216, 0217, 0218, 0234, 0238, 0256, 0260, 0264, 0268, 0273.

위의 파피루스 사본들과 대문자 사본들은 이미 강조하였듯이, 해당본문을 가지고
있는 한 각 이문마다 매번 인용된다. 이들 중 $\mathfrak{P}^{75}$가 가장 중요하다. 가치로 따지면 $\mathfrak{P}^{45}$
$\mathfrak{P}^{1}$(!) 와 $\mathfrak{P}^{66}$이 바로 그 다음으로 중요하다. 그러나 이들 외에 (!)가 함께 표시된 다른 파피루
스 사본들(대문자 사본 0189, 0220, 0162, 0171도 마찬가지로)의 독법들도 3/4세기 이
전에 기록되었고, 주요 본문 형태들이 형성된 시대 이전의 시기에 속하기 때문에 그 자체
로 의미를 지닌다. 대문자 사본들 중에서 B는 복음서들과 관련해서 논란의 여지없이 가

장 중요한 것으로 여겨진다. 한편 W와 Θ는 종종 독자적인 본문을 제공한다. D의 증거는 D에 나타나는 것이 다른 중요한 증거들과 일치할 때 특별히 중요하다. D가 다른 증거들과 일치하지 않고 독자적인 독법을 제시할 때는 그 이면에 어떤 동기들이 있는지 매번 세심하게 살펴봐야 한다.

각 이문마다 분명하게 인용되고 있는 이 파피루스 사본들과 대문자 사본들과 더불어 f^1과 f^{13} 그룹으로 시작하는 다음 소문자 필사본들도 언제나 인용된다.

f^1=1, 118, 131, 209, 1582 (K. Lake, Codex 1 of the Gospels and its Allies, Cambridge 1902, Neudruck 1967)

f^{13}=13, 69, 124, 174, 230, 346, 543, 788, 826, 828, 983, 1689, 1709 (T. K. Abbot, A Collation of Four Important Mss. of the Gospels, Dublin/London 1877, K. u. S. Lake, Family 13 (The Ferrar Group), Studies and Documents 11, 1941), J. Geerlings 등등.

f^1과 f^{13}에 포함된 필사본들은 언제나 그룹 기호로만 인용된다. 예외적인 경우에만 개별적으로 인용된다.

사도행전에서 해당 구절을 보유하고 있을 때, 각 이문마다 인용되는 '상용 증거들'은 다음과 같다.

a) 고려되는 모든 파피루스 사본들

$\mathfrak{P}^{8}$, $\mathfrak{P}^{29}$(!), $\mathfrak{P}^{33(+58)}$, $\mathfrak{P}^{38}$(!), $\mathfrak{P}^{41}$, $\mathfrak{P}^{45}$(!), $\mathfrak{P}^{48}$(!), $\mathfrak{P}^{50}$, $\mathfrak{P}^{53}$(!), $\mathfrak{P}^{56}$, $\mathfrak{P}^{57}$, $\mathfrak{P}^{74}$, $\mathfrak{P}^{91}$(!)

b) 열거된 대문자 사본들

ℵ(01), A(02), B(03), C(04), D(05), E(08), Y(044), 048, 057, 066, 076, 077, 093, 095, 096, 097, 0120, 0123, 0140, 0165, 0166, 0175, 0189(!), 0236, 0244.

사도행전 본문에 대한 비평장치에서 이문마다 인용되는 필사본들의 성격에 관해 언급할 내용은 많지 않다. 사도행전의 경우 실제로 복음서들의 경우와 동일하기 때문이다. (예외적으로 A의 본문 가치가 사도행전에서는 갑자기 달라진다. — 본 책의 70쪽 참고.) 다만 주목할 만한 것은 $\mathfrak{P}^{74}$가 7세기의 것임에도 불구하고 특별한 의미를 갖는다는 점이다.

바울서신의 경우 해당 구절을 보유하고 있을 때, 각 이문마다 '상용 증거들'이 인용된다. 아래 단락에서는 언급되는 모든 대문자 사본들뿐만 아니라 이용할 수 있는 모든 파피루스 사본들을 포함한다. (이러한 파피루스 사본들과 대문자 사본들은 각 서신들을 나란히 함께 묶어 인용했다. 14개 서신들에 서로 관련되어 있는 내용들이 너무 개별적으로 분리되는 것을 피하기 위해서였다. ― 필사본 전승에서 히브리서는 바울서신 모음집[Corpus Paulinum]에 포함된다.)

로마서 $\mathfrak{P}^{10}$, $\mathfrak{P}^{26}$, $\mathfrak{P}^{27}$(!), $\mathfrak{P}^{31}$, $\mathfrak{P}^{40}$(!), $\mathfrak{P}^{46}$(!), $\mathfrak{P}^{61}$, $\mathfrak{P}^{94}$

א(01), A(02), B(03), C(04), D(06), F(010), G(012), Ψ(044), 048, 0172, 0209, 0219, 0220(!), 0221

고린도전서 $\mathfrak{P}^{11}$, $\mathfrak{P}^{14}$, $\mathfrak{P}^{15}$(!), $\mathfrak{P}^{34}$, $\mathfrak{P}^{46}$(!), $\mathfrak{P}^{61}$, $\mathfrak{P}^{68}$

א(01), A(02), B(03), C(04), D(06), F(010), G(012), H(015), I(016), Ψ(044), 048, 088, 0121a, 0185, 0199, 0201, 0222, 0243, 0270

고린도후서 $\mathfrak{P}^{34}$, $\mathfrak{P}^{46}$(!)

א(01), A(02), B(03), C(04), D(06), F(010), G(012), H(015), I(016), Ψ(044), 048, 081, 098, 0121a, 0186, 0209, 0223, 0224, 0225, 0243

갈라디아서 $\mathfrak{P}^{46}$(!), $\mathfrak{P}^{51}$

א(01), A(02), B(03), C(04), D(06), F(010), G(012), H(015), I(016), Ψ(044), 062, 0122, 0174, 0176, 0254, 0261

에베소서 $\mathfrak{P}^{46}$(!), $\mathfrak{P}^{49}$(!), $\mathfrak{P}^{92}$(!)

א(01), A(02), B(03), C(04), D(06), F(010), G(012), I(016), Ψ(044), 048, 082, 0230

빌립보서 $\mathfrak{P}^{16}$(!), $\mathfrak{P}^{46}$(!), $\mathfrak{P}^{61}$

א(01), A(02), B(03), C(04), D(06), F(010), G(012), I(016), Ψ(044), 048

골로새서 $\mathfrak{P}^{46}$(!), $\mathfrak{P}^{61}$

א(01), A(02), B(03), C(04), D(06), F(010), G(012), H(015), I(016), Ψ(044), 048, 0198, 0208

데살로니가전서 $\mathfrak{P}^{30}$(!), $\mathfrak{P}^{46}$(!), $\mathfrak{P}^{61}$, $\mathfrak{P}^{65}$(!)

ℵ(01), A(02), B(03), C(04), D(06), F(010), G(012), H(015), I(016), Ψ(044), 048, 0183, 0208, 0226

데살로니가후서 $\mathfrak{P}^{30}$(!), $\mathfrak{P}^{92}$(!)

ℵ(01), A(02), B(03), D(06), F(010), G(012), I(016), Ψ(044), 0111

디모데전서 $\mathfrak{P}$ -

ℵ(01), A(02), C(04), D(06), F(010), G(012), H(015), I(016), Ψ(044), 048, 061, 0241, 0259, 0262

디모데후서 $\mathfrak{P}$ -

ℵ(01), A(02), C(04), D(06), F(010), G(012), H(015), I(016), Ψ(044), 048

디도서 $\mathfrak{P}^{32}$(!), $\mathfrak{P}^{61}$

ℵ(01), A(02), C(04), D(06), F(010), G(012), H(015), I(016), Ψ(044), 048, 088, 0240

빌레몬서 $\mathfrak{P}^{61}$, $\mathfrak{P}^{87}$

ℵ(01), A(02), C(04), D(06), F(010), G(012), I(016), Ψ(044), 048

히브리서 $\mathfrak{P}^{12}$(!), $\mathfrak{P}^{13}$(!), $\mathfrak{P}^{17}$, $\mathfrak{P}^{46}$(!), $\mathfrak{P}^{79}$, $\mathfrak{P}^{89}$

ℵ(01), A(02), B(03), C(04), D(06), H(015), I(016), Ψ(044), 048, 0121b, 0122, 0227, 0228, 0252.

바울서신에서는 다음과 같은 점에 주목해야 한다. 바울서신에서는 사본 B의 본문 성격이 바뀌므로, 이 바티칸 사본(B)은 복음서들에서 차지하고 있던 권위를 더 이상 얻지 못한다는 점이다. 또 반대로 알렉산드리아 사본(A)은 더 큰 권위를 얻게 된다(본 책의 70쪽 참고). 그 외에 특별히 주의를 기울여야 하는 점이 있다. 대문자 사본을 표시하는 사본 D부터는(Ψ는 예외) 기호가 같더라도 복음서들에서 표시했던 필사본과 같은 것을 가리키지 않는다는 점이다. 예를 들어, 바울서신에 있는 D(클라로몬타나 사본)는 복음서들과 사도행전에 나오는 D(베자 켄터브리지언 사본)와 모든 면에서 다르다. (세부 사항들을 위해 〈네슬-알란트 26판〉의 부록 I을 참고할 수 있다.)

공동서신의 경우 해당 구절을 보유하고 있을 때 각 이문마다 '상용 증거'가 인용된다. 아래 단락에서 언급되는 대문자 사본들과 이용 가능한 모든 파피루스 사본들을 포함한다. (전체적인 것이 한 눈에 잘 보이도록 각 서신별로 열거했다.)

야고보서 $\mathfrak{P}^{20}$(!), $\mathfrak{P}^{23}$(!), $\mathfrak{P}^{54}$, $\mathfrak{P}^{74}$

א(01), A(02), B(03), C(04), P(025), Y(044), 048, 0166, 0173, 0246

베드로전서 $\mathfrak{P}^{72}$(!), $\mathfrak{P}^{74}$, $\mathfrak{P}^{81}$

א(01), A(02), B(03), C(04), P(025), Y(044), 048, 093, 0206, 0247

베드로후서 $\mathfrak{P}^{72}$(!), $\mathfrak{P}^{74}$

א(01), A(02), B(03), C(04), P(025), Y(044), 048, 0156, 0209, 0247

요한1서 $\mathfrak{P}^{9}$(!), $\mathfrak{P}^{74}$

א(01), A(02), B(03), C(04), P(025), Y(044), 048, 0245

요한2서 $\mathfrak{P}^{74}$

א(01), A(02), B(03), P(025), Y(044), 048, 0232

요한3서 $\mathfrak{P}^{74}$

א(01), A(02), B(03), C(04), P(025), Y(044), 048, 0251

유다서 $\mathfrak{P}^{72}$(!), $\mathfrak{P}^{74}$, $\mathfrak{P}^{78}$(!),

א(01), A(02), B(03), C(04), P(025), Y(044), 0251.

요한계시록에서는 본문 역사와 본문비평의 상황이 신약성서의 다른 책들과 완전히 다르다. 따라서 인용되는 '상용 증거'의 목록도 다르게 나타난다. 현존하는 모든 파피루스 사본들뿐만 아니라(신약성서의 다른 책들의 경우와 마찬가지로), 모든 대문자 사본들(요한계시록과는 달리 신약성서의 다른 책들의 경우에는 대문자 사본들 가운데서 선택하여 인용했다.)과 소문자 사본들 전부가 이 상용 증거들의 범주에 속한다.

개별적으로 나타내 보면 이 사본들은 다음과 같이 열거된다.

$\mathfrak{P}^{18}$(!), $\mathfrak{P}^{24}$, $\mathfrak{P}^{43}$, $\mathfrak{P}^{47}$(!), $\mathfrak{P}^{85}$

א(01), A(02), C(04), P(025), 046, 051, 052, 0163, 0169, 0207, 0229

1006(XI), 1611(XII), 1841(IX/X), 1854(XI), 2030(XII), 2050(1107), 2053(XIII), 2062(XIII), 2329(X), 2344(XI), 2351(X/XI), 2377(XIV).

'상용 증거'로서 이러한 증거들이 채택됐다는 사실에는 요한계시록의 전승 과정이 반영되어 있다. 𝔓[47]이 가장 오래된 증거이며 시기상으로 ℵ(01)이 그 뒤를 잇는다. 그러나 본문의 가치를 따져 볼 때 A(02)와 C(04)가 여기서는 앞의 두 사본들을 능가한다. — 다른 경우에서는 둘 다 대문자 사본의 중요도에 있어서 둘째 그룹에 해당되는 것들이다. 요한계시록의 비평장치에서는 𝔐조차도 𝔐[A](가이사랴의 안드레아스가 쓴 계시록 주석서에 나오는 본문을 따르는 상당수의 필사본)와 𝔐[k](마찬가지로 수많은 본래의 코이네 필사본들)로 나눠져 있다. P(025)는 𝔐[A]를, 046은 𝔐[k]를 따른다. 이들 두 그룹이 합쳐져야 비로소 𝔐이 된다. A(02)와 C(04)를 지지하는 중요한 증거로서 소문자 필사본 2053, 2062, 2344가 덧붙여진다. 본문에 대한 이 그룹들의 증거 능력은 𝔓[47]과 ℵ이 조합되어 지지하는 증거 능력보다 훨씬 높게 평가된다. 간단히 말해 요한계시록 본문의 상황은 신약성서 다른 책들의 경우와 많은 부분(보는 입장에 따라 심지어 거의 모든 부분이라고 말할 수도 있을 것이다)에서 다르다.[1)] 유감스럽게도 소문자 필사본 2344(보존 상태가 나빠서 전혀 읽을 수 없는 일이 자주 생기거나 읽을 수 있더라도 불확실할 뿐이다)와 2377의 독법을 항상 수록할 수는 없었다. 그것은 이 필사본들이 이문에서도 본문에서도 결론을 이끌어내는 자료로 언급될 수 없다는 것을 의미한다.

'상용 증거'를 한 단락의 표제어 아래 설명하지 않고 여러 부분으로 목록을 나누어 설명한 것은 당연한 일이다. 내용적 구분으로 볼 때, 하나의 필사본은 신약성서를 넷으로 나눈 묶음, 즉 e(복음서들), a(사도행전과 공동서신), p(바울서신), r(요한계시록) 가운데 하나 또는 여럿의 묶음을 포함하지만, 여럿의 묶음일 경우 그 묶음은 불규칙적으로 조합된다(본 책의 III장 112쪽 이하 '내용별 분류' 참고). 그러나 이후 신약성서는 네 부분으로 나눈 것에 추가로 사도행전과 공동서신을 다시 구분하게 되었다. 이렇게 구분한 것은 실제적인 편의 때문만이 아니라, 사도행전과 공동서신의 경우 초기 시대에 본문 역사 및 전승의 역사가 서로 다르게 나타나기 때문이다.

언제나 기호로 인용되는 '상용 증거' — 증거가 보존되어 있을 때 — 이외에 𝔐과 차이가 나는 경우(또 𝔐 안에 포함되어 버린 것으로 간주되어야 하는 경우), 개별적인 기호로 인용되는 '상용 증거'의 둘째 범주가 있다. 다음 필사본들이 이 범주에 속한다.

---

1) [역자주] 이에 관한 기본 저작으로 J. Schmid, Studien zur Geschichte des griechischen Apokalypse-Textes, 3 Bde München 1955/56 참고.

복음서들

K(017), N(022), P(024), Q(026), G(036), D(037), 28(XI), 33(IX), 565(IX), 700(XI), 892(IX), 1010(XII), 1241(XII), 1424(IX/X),

사도행전

L(020), 33(IX), 81(1044), 323(XI), 614(XIII), 945(XI), 1175(XI), 1241(XII), 1739(X), 2495(XIV/XV),

바울서신

K(018), L(020), P(025), 33(IX), 81(1004), 104(1087), 365(XIII), 630(XIV), 1175(XI), 1241(XII), 1506(1320), 1739(X), 1881(XIV), 2464(X), 2495(XIV/XV),

공동서신

K(018), L(020), 33(IX), 81(1004), 323(XI), 614(XIII), 630(XIV), 1241(XII), 1739(X), 2495(XIV/XV).

요한계시록에는 '상용 증거'의 둘째 범주가 나타나지 않는다. 요한계시록에 인용되는 모든 필사본들은 그 중요도에 따라 인용되기 때문이다.

그러나 이러한 필사본들의 독법들도, 지지하는 증거들과 함께 제시되는 이문의 경우, 일반적으로는 정확히 확인할 수 있다. 다만 이 독법이 𝔐의 독법과 일치할 때는 약간의 주의를 기울이긴 해야 한다. 지지하는 증거와 함께 제시되는 이문의 경우 상용 증거들의 둘째 범주에 속하는 필사본이 언급되지 않는다면, 그 필사본에 탈문이 있지 않는 한(매번 검토되어야 한다) 이 필사본은 대다수본문과 동일한 이문을 갖는 것일 수 있다.

기호 𝔐의 의미는 이미 간략하게 언급되었다(본 책의 344쪽 참고). 그러나 이 기호를 좀 더 자세히 다루는 것이 아마도 이 기호를 사용하는 목적에 잘 부합하는 일이 될 것이다. 이 기호는 〈네슬-알란트 26판〉에서 사본들의 그룹들을 나타내기 위해 사용한 (흔히 사용해왔던 f^{1}과 f^{13} 등은 제외하고) 유일한 기호이기 때문이다.

이전에 에르빈 네슬은 (폰 조덴의 전례를 따라) 기호 ℌ(헤시키아 또는 이집트 본문)와 𝔎(코이네 또는 비잔틴 본문)를 도입한 적이 있다. 기호 ℌ는 너무 부정확해서 그대로 계속 사용할 수가 없었다. (코이네 본문과 사본 D의 본문 이외에) 알렉산드리아-이집트 본문은 초기 시대 4세기까지의 본문들 가운데 그 존재를 확실히 입증할 수 있는 유일하면서도 뛰어난 본문 형태를 보여 주기는 한다. 그러나 후대에 이 본문을 담은 필사본들은 더 늦은 시기에 필사될수록 그리스어를 사용하는 지역들에서 대부분 사용했던 비잔틴 본문에서 더 많은 영향을 받았다. 따라서 〈네슬-알란트〉 구판들에서 𝔋는 흔히 소수의 필사본들만을 대표하였고 독자에게 그릇된 인상을 주었다. 그러므로 이 기호는 필사본들 각각의 부호로 대치되어야 했고, 그것이 상황을 정확하게 설명하는 유일한 방법이었다. 코이네 본문, 즉 비잔틴 본문을 가리키는 기호 𝔎는 훨씬 더 신뢰할 수 있는 것이긴 했다. 비잔틴 본문은 하나의 완성된 본문 형태이기 때문이다. 이 본문은 때때로 나누어진 적은 있을지라도 본문의 성격은 바뀐 적이 없다. 그러므로 그 기호가 그대로 보존될 수 있었던 듯하다. 그러나 실제로 비잔틴 본문은 보통 하나의 필사본에만 나타나는 것이 아니라, 많든 적든 여러 개의 필사본에서 나타난다. 그렇다고 해서 이 필사본들이 비잔틴 본문에 속해 있는 것은 아니다. 따라서 기호 𝔎(또는 GNT에서 Byz)가 상황을 정확하게 반영하는 것이라고는 말할 수 없다. 그래서 𝔐이 '대다수본문'의 기호로 채택되었다.

코이네 본문과 비잔틴 본문을 등식으로 표현할 수 있다는 점은 분명하다.

𝔎 = 𝔐

이러한 등식은 어쨌든 유효하다. 또한 원하는 경우, 이 의미 그대로 유지하면서 이 기호를 사용할 수도 있다. 그리스어 필사본들 중에서 코이네 필사본은 언제나 다수에 해당하기 때문이다. 그러나 실제로 〈네슬-알란트 26판〉에서 기호 𝔐은 더 많은 정보를 담고 있다. 앞서 기술한 바와 같이(본 책의 367쪽 참고), 경우에 따라서만 개별적으로 인용되는 일련의 '상용 증거'가 있다. 이러한 증거들은 각각의 해당 이문을 본문과 비교·대조한 것이지만, 𝔐의 독법과 일치하지 않을 때에만 인용된다. 따라서 〈네슬-알란트 26판〉의 𝔐에는 다음의 증거들이 해당된다.

복음서들

비잔틴 본문의 필사본들과 K, N, P, Q, Γ, Δ, 28, 33, 565, 700, 892, 1010, 1241, 1424이다. 이들 가운데 필사본이 다른 본문 구절에서 관련 이문을 지지하는 증거로 인용될 경우, 이 필사본은 제외한다.

사도행전

비잔틴 본문의 필사본들과 L, 33, 81, 323, 614, 945, 1175, 1241, 1739, 2495이다. 이들 가운데 필사본이 다른 본문 구절에서 해당 이문을 지지하는 증거로 인용될 경우, 이 필사본은 제외한다.

바울서신

비잔틴 본문의 필사본들과 K, L, P, 33, 81, 104, 365, 630, 1175, 1241, 1506, 1739, 1881, 2464, 2495이다. 이들 가운데 필사본이 다른 본문 구절에서 해당 이문을 지지하는 증거로 인용될 경우, 이 필사본은 제외한다.

공동서신

비잔틴 본문의 필사본들과 K, L, 33, 81, 323, 614, 630, 1241, 1739, 2495이다. 이들 가운데 필사본이 다른 본문 구절에서 해당 이문을 지지하는 증거로 인용될 경우, 이 필사본은 제외한다.

따라서 각 이문에 인용된 필사본들이 어떤 독법을 가지고 있는지 알고 싶은 경우(필사본에 해당 본문이 들어 있는 한!), 위와 같은 방식 즉 증거들을 제거하는 방식을 통해 확인이 가능하다. 이 필사본들 중 — 이것들 가운데 중요하지 않은 것은 없다 — 어느 한 필사본의 독법을 알고 싶은 경우, 다음의 여부만 살펴보면 된다. 이 필사본이 그 해당 이문을 지지하는 여러 증거들의 목록에 인용되어 있는가이다. 만일 이 필사본이 인용되어 있지 않다면, 그 필사본의 독법은 $\mathfrak{M}$[2]의 독법과 일치한다.

'상용 증거' 가운데 방금 설명한 범주에 해당하는 증거들은 그 증거들이 어떤 독법을 가지고 있는지 항상 확인할 수 있다. 이 외에도 규칙적이지는 않으나 특별히 자주 인용되는 일련의 소문자 사본들이 있다. 이 범주에 포함시킬 만한 필사본들은 다음과 같다.

사도행전

6(XIII), 36(XII), 104(1087), 189(XII), 326(XII), 424(XI), 453(XIV), 1704(1541), 1884(XVI), 1891(X), 2464(X),

2) 요한계시록에서는 $\mathfrak{M}$이 $\mathfrak{M}^A$와 $\mathfrak{M}^K$로 나눠지는 경우를 드물지 않게 보게 된다. 요한계시록의 이러한 특별한 상황에 대해서는 본 책의 374쪽을 참고.

바울서신

6(XIII), 323(XI), 326(XII), 424(XI), 614(XIII), 629(XIV), 945(XI),

공동서신

69(XV), 322(XV), 623(1037), 945(XI), 1243(XI), 1505(1084), 1846(XI), 1852(XIII), 1881(XIV), 2298(XI), 2464(X).

위에 열거한 소문자 사본들의 괄호 안에는 각각의 사본들이 몇 세기에 생성되었는지를 표시했다. 이와 마찬가지로 '상용 증거'의 둘째 범주에 해당하는 필사본들에도 이런 식으로 표시해 두었다. (본 책의 374쪽 참고. 여기에는 심지어 필사자가 적어 놓은 필사본의 생성 연도까지 표시되어 있다.) 이것은 독자에게 더 많은 정보를 제공하고 독자들이 이 필사본들에 더 익숙해지도록 해 놓은 것이다. 〈네슬-알란트 26판〉의 필사본 목록(부록 I, 702-710쪽)에는 비평장치에 인용되고 있는 대로 대략 200개 이상의 소문자 필사본이 일일이 열거되어 있다. 이 숫자는 신약성서본문연구소의 연구를 통해 밝힌 비율과 상당히 정확하게 들어맞는다. 그 비율은 소문자 사본들의 본문에 대한 가치를 산정해 놓은 비율이다. 소문자 사본들 중 10-15%가 독립적이고 가치 있는 본문을 보유한다. 나머지는 비잔틴 본문(〈네슬-알란트 26판〉의 부록 I, 711쪽의 한정된 수의 목록을 제공하며, 본 책의 494쪽 이하에 그 목록이 보충되어 있다)만을 그대로 담고 있거나 비잔틴 본문의 영향을 너무 많이 받아서 증거로 삼기에 결정적인 문제를 안고 있는 사본들이다. 물론 200개 이상의 소문자 사본들은 여러 가지 기준에 따라 사용된다. 각각의 사본이 담고 있는 본문의 가치뿐만 아니라 논란이 되는 구절에서 그 소문자 사본이 본문비평에 있어서 중요한 역할을 하는지도 기준이 된다. 마가복음의 결론 부분들이나 '요한의 쉼표'(Comma Johanneum[요한1서 5:7-8])로 유명한 구절 등과 같은 경우에, 비평장치에 제시된 증거 자료는 거의 완벽하다 말할 수 있으며, 훌륭한 비평적 인쇄본에 대해 기대하는 것이 있다면 이에 견줄 수 있을 것이다.

이것은 〈그리스어 신약성서〉(GNT)와 〈네슬-알란트 26판〉에 인용되는 그리스어 필사본 증거들에 대한 충분한 안내가 될 것이다. 신약성서의 고대 역본들에 관해서는 IV장에서(본 책의 275쪽 이하 참고) 상세하게 언급되므로 여기서 더 이상 언급할 필요가 없다. 다만 그리스어 필사본 증거들을 수록하기 위해 사용된 여러 기호들에 대해서는 개괄적으로 설명할 필요가 있다.

a b c 등 고대 라틴어 증거들은 전통적으로 라틴어 소문자로 표시된다. (〈네슬-알란트 26
판〉 712쪽 이하 부록 I에 나오는 필사본 목록에서는 명료성을 위하여 뷰론[Beuron]
계수 숫자가 추가되었다.) 특별한 이문을 지지하는 모든 필사본들 또는 다수 필사본
it 들은 기호 it(=Itala, 대다수의 고대 라틴어 역본들을 포함)로 표시된다. 일반적인 경
우, 이와 다른 독법을 가지고 있는 필사본들은 다른 이문들을 다룰 때 인용된다. 불
vg 가타(vg)와 일치하는 고대 라틴어 역본들의 전승에서 일관된 독법들을 제공할 경우,
latt 기호 latt로 표시한다. 만일 분명히 전승의 일부가 동일한 전승을 기초로 삼은 것으로
짐작되긴 하나, 원문에 충실치 않은 번역 때문에 그리스어 전승을 기초로 삼은 것인
lat(t) 지가 확실치 않을 경우, 기호 lat(t)를 사용한다. 고대 라틴어 역본의 일부만이 불가타
lat 와 일치할 때는 기호 lat를 표시한다. (이 기호를 사용함에 있어서도, 해당 증거들과
다른 독법을 가지고 있는 증거들은 가능한 한 다른 이문들을 다룰 때 거기서 표시한
다. [본 책의 459쪽 이하의 예시들을 보면, 심지어 한 쪽에는 it가 다른 한 쪽에는 lat
가 놓이는 극단적인 경우를 볼 수도 있다.]) 그러한 경우들마다 고려해야 할 수많은
개별적인 증거들을 일일이 다 열거한다면, 비평장치는 지나치게 비대해질 것이다. 따
라서 그러한 내용들의 의미를 요약하여 기호로 표시함으로써, 해당하는 정보의 내
용을 줄이지 않으면서도 한눈에 훨씬 더 잘 파악할 수 있도록 해 준다.

불가타의 여러 인쇄본들은 그 인쇄본의 본문에 대한 정보가 필요한 것이거나 유
vg^{s} 익한 것으로 판단될 때 다음 약호 표시를 사용한다. vg^{s}는 식스티누스 판 불가타
vg^{cl} (editio Sixtina, 로마, 1590)를 나타낸다. vg^{cl}은 클레멘티누스 판 불가타(editio
Clementina, 로마, 1592)이다. (vg^{s}는 본문이 vg^{cl}과 일치할 때 따로 표시되지 않는
다.) 존 워즈워스(John Wordsworth)와 화이트(H. J. White), 스파크스(H. F. D.
vg^{ww} Sparks)의 현대 인쇄본들(옥스퍼드, 1889-1954, vg^{ww}), 피셔(B. Fischer)와 그리보
몽(J. Gribomont), 프레데(H. J. Frede), 스파크스, 틸레(W. Thiele) 등과의 협력하에
R. 베버(R. Weber)가 인쇄한 이른바 〈슈투트가르트 불가타〉(*Stuttgarter Vulgata*,
vgst 슈투트가르트, ^{2}1975, vgst)는 특히 불가타 인쇄본들의 본문이 서로 차이가 날 때 인
용된다. 중요한 불가타 필사본들을 인용해야 할 필요가 있을 때, 단 한 개의 필사본

의 경우에는 vg^{ms}로, 두 개 이상의 필사본들에 해당되는 경우에는 vg^{mss}로 표시한다. vg^{ms} vg^{mss}

라틴어 역본의 증거는 비평장치에서 그리스어 증거들 바로 뒤에 나온다. 그 다음에는 시리아어 역본들의 증거가 뒤를 잇는다. 이들에 대하여서는 다음 기호들이 사용된다.

시리아어-시내 역본은 복음서들의 본문을 보존하나 빠진 본문이 상당히 많이 있다. 마태복음 6:10-8:3; 16:15-17:11; 20:25-21:20; 28:7-20; 마가복음 1:1-12; 1:44-2:21; 4:18-41; 5:26-6:5; 누가복음 1:16-38; 5:28-6:11; 요한복음 1:1-25; 1:47-2:15; 4:38-5:6; 5:25-46; 14:10-11; 18:31-19:40 등의 본문이 빠져 있다. sy^{s}

이른바 쿠레톤의 시리아어 역본도 마찬가지이다. 마태복음 8:23-10:31; 23:25-28:20; 마가복음 1:1-16:17; 누가복음 1:1-2:48; 3:16-7:33; 24:44-51; 요한복음 1:42-3:5; 8:19-14:10; 14:12-15; 14:19-21; 14:24-26; 14:29-21:25 등의 본문이 빠져 있다. sy^{c}

페쉬타(사복음서, 사도행전, 바울서신과 좀 더 긴 본문을 가진 공동서신 묶음)에는 짧은 공동서신들(베드로후서, 요한2서, 요한3서, 유다서)과 요한계시록이 빠져 있다. sy^{p}

필록세니아 역본은 짧은 공동서신들(베드로후서, 요한2서, 요한3서, 유다서)과 요한계시록에서 인용되며 페쉬타에 빠진 본문들이다. sy^{ph}

화이트의 하르켈 시리아어 역본은 히브리서 11:27에서 끝난다. 따라서 히브리서의 나머지 부분은 로버트 벤슬리(Robert L. Bensely)가 편집한 '히브리서 11:28-13:25의 하르켈 시리아어 역본'에서(케임브리지, 1889) 인용되어 있다. sy^{h}

요한계시록 본문의 경우 월튼의 여러 말 대조 성서 V권(런던, 1657)을 사용한다. 하르켈 시리아어 역본에서 특히 중요한 난외 독법들은 sy^{hmg}로 표시되며, 하르켈 시리아어 역본 번역자가 이미 작은 별 표시를 덧붙여 놓은 독법(몇몇 필사본들 또는 하나의 필사본을 근거로 번역자가 자신이 대본으로 삼아 인용하는 시리아어 본문에 추가한 것)은 sy^{h**}로 표시한다. sy^{hmg} sy^{h**}

sy의 어깨 글자로 달린 괄호에 대해서는 어느 정도 주의할 필요가 있다. sy

예를 들어 sy$^{(p)}$의 표시와 함께 수록된 독법은 그 독법이 전체 시리아어 전승에 모 sy$^{(p)}$

두 들어 있다는 것을 나타낸다. 즉 어깨 글자 괄호 안의 ^{p}(페쉬타)에서만, 그 판독의 결과에 아무런 영향을 끼치지 않는 하위 이문이 들어 있다는 것을 나타낸다.

$sy^{(s)}$ 그것은 $sy^{(s)}$, $sy^{(s.c)}$, $sy^{(c.p)}$의 경우에도 동일하게 적용된다.

$sy^{(s.c)}$ 시리아어 역본들의 독법은 사실상 일관되어 있다. 괄호 안에 증거들을 표시함으로써, 시리아어 역본들 사이에 이문들의 차이가 있음을 드러내기는 하나 그 차이는 크게 중요치 않으며, 그 차이들을 표시하는 것 또한 실익이 없다.

$sy^{(c.p)}$ $sy^{(c.p)}$와 같이 sy에 어깨 글자로 된 괄호를 붙인 기호들을 파악할 때는 잘못된 결론을 이끌지 않도록 세심한 주의가 필요하다. 한편으로는 앞서 설명한 sy, 즉 괄호가 없이 어깨 글자를 달아 표기한 sy들과는 구별해야 한다. (sy^{p}, sy^{c} 등은 오로지 페쉬타, 쿠레톤의 시라아어 역본 등의 독법과 관련됨을 의미한다.)

(sy^{p}) 등 또 다른 편으로는 어깨 글자가 달린 sy 기호 전체가 괄호 안에 들어가 있는 경우와 구별해야 한다. 예를 들면 (sy^{p}), (sy^{c}), ($sy^{s.c}$) 등이다. 이렇게 sy와 이에 딸린 어깨 글자가 모두 괄호 안에 들어가 있는 경우에는, 괄호 안의 증거들만이 어떤 하나의 본문을 제공한다는 것을 가리킨다. 즉 괄호 안의 증거들은 서로 약간의 차이가 나기는 하지만, 모두 수록된 독법을 지지하고 있다는 것을 입증한다. 따라서 괄호( )는 다른 경우와 마찬가지로 시리아어 역본의 경우에도 동일한 기능을 한다. 괄호( )에 들어가 있는 대상만을 주의하면 된다.

비평장치에서 시리아어 역본(언제나 라틴어 역본 다음에 놓인다)의 증거 뒤, 즉 셋째 위치에 **콥트어 역본**의 증거가 나온다.

이들은 다음과 같은 여러 방언을 포함한다.

ac =아크밈 방언

ac^{2} =이차적인 아크밈 방언

bo =보하이르 방언

mae =중부 이집트 방언

mf =중부 이집트의 파이윰 방언

pbo =원 보하이르 방언

sa =사히드 방언

이들 부호는 그 이상의 추가 설명이 없으며 언제나 주어진 방언의 전체 전승과 관련된다.

어떤 한 구절에 대하여 현재 확인할 수 있는 콥트어 역본들 모두가 일치할 경우에는 co로 표시한다. co

물론 개개의 중요한 필사본들이 어떤 독법을 담고 있는지를 표기하는 것이 종종 요구된다.

sa^{ms}와 bo^{ms}는 제시된 독법을 지지하는 해당 증거가 하나임을 표시하며, sa^{mss}와 sa^{ms} bo^{ms}
bo^{mss}는 증거가 두 개 이상임을 표시한다. (사히드 방언 역본의 경우 그 역본의 개정 sa^{mss} bo^{mss}
본들도 증거로 포함되고, 보하이르 방언 역본의 경우에는 개정본들과 보하이르 방언 난외주들도 증거로 간주된다.)

만일 보하이르 방언으로 기록된 특정 독법에 대해 다섯 개 이상의 증거물이 지지하면 그 독법에는 bo^{pt}로 표시된다(= bo^{partim}). 어떤 한 이문에 bo가 인용되고 이와 bo^{pt}
나란히 또 다른 이문에는 bo^{ms}나 bo^{mss}가 인용되어 있는 경우가 있다. 이것은 한 개 이상의 보하이르 방언 필사본에, 나머지 다른 보하이르 방언 필사본들과는 다른 독법이 담겨 있다는 것을 가리킨다. 이런 표기 방식은 라틴어 증거들을 표기하는 방식과 다소 비슷하다.

호너의 인쇄본에 있는 비평장치에서는, 호너가 확인한 필사본들, 즉 해당 구절에서 같은 증거로 묶이는 필사본들을 집합적으로 표시하는 기호를 사용했다. 그의 인쇄본에서는 이 기호를 하나의 증거로 간주한다. 이 필사본들이 서로 다른 독법을 담고 있을 때에만 이 필사본들은 그 수를 헤아려 개별적으로 다뤄지게 된다.

호너의 인쇄본들은 더 이상 오늘날의 요구와 기준에 미치지 못하므로, 우리는 필사본 자료들을 더 보충하기 위해 비평적 인쇄본들이나 마이크로필름의 도움을 받아 일련의 필사본들을 더 입수해 놓았다. 이렇게 입수한 필사본들은 여러 콥트어 방언들을 언급하는 IV장(본 책의 299쪽 이하)에서 같이 이름을 소개해 두었다.

초기의 다른 번역본들은 IV장에서 충분히 언급되었으므로 여기서는 이 이상 아무것도 덧붙일 필요가 없다. 마찬가지로 비평장치에 기록된 **교부들의 신약성서 인용문들도** 여기서 더 이상 상세하게 설명할 필요가 없다. 그리스어를 사용한 교부들의 경우(본 책의 318쪽 이하) III장에서, 다른 언어를 사용하는 교부들의 초기 번역의 경우 IV장(본 책의 318쪽 이하)에서 이 인용문들에 대해 필요한 내용들, 즉 그 인용문들을 증거 목록으로 제시하기 위해 사용한 기호들을 설명했기 때문이다.

〈네슬-알란트 26판〉에서는 각 쪽마다 안쪽 난외와 바깥쪽 난외에서 제공하는 추가적인 비평장치를 사용할 수 있다. (〈그리스어 신약성서 3판〉[GNT]에서는 이와 같은 추가 참고 자료를 제공하지 않으므로, 여기서는 〈그리스어 신약성서 3판〉[GNT]은 고려하지 않아도 된다.) 참고로, 안쪽 난외에 제공된 비평장치는 역사에 관심 있는 학생들이나 본문 역사 분야의 전문가들에게만 흥미롭거나 도움이 될 만한 부분이다.

1 2 3 4 *1 2 3 4* 이탤릭체로 표시된 이 숫자는 필사본에서 각 장마다 붙여진 숫자(실질적으로 단락에 붙여진 숫자)인 '케팔라이아(**Kephalaia**) 체계'를 가리킨다. 또는 (사복음서에 관한) 유세비우스의 단락 숫자와 정경 숫자[3]를 가리킨다. (유세비우스가 카르피안[Karpian]에서 보내는 편지를 보면 이 체계를 이해할 수 있으며, 〈네슬-알란트 25판〉 73쪽 이하에서는, 수정된 형태이긴 하지만 유세비우스의 정경 목록표까지 그대로 옮겨놓은 것을 볼 수 있다.)

유세비우스의 창조적인 발상은 오늘날에도 여전히 흥미롭다. 복음서 대조 작업을 할 때 임시로 어떤 하나의 대조서를 써야 할 경우가 생긴다면, 그의 정경 목록표를 충분히 활용할 수 있다.

$\overset{1}{\text{III}}\ \overset{2}{\text{X}}$ 등 $\overset{1}{\text{III}}\ \overset{2}{\text{X}}$ 등. 예를 들어 마태복음 1:1에 $\overset{1}{\text{III}}$, 1:17에 $\overset{2}{\text{X}}$, 1:18에 $\overset{3}{\text{V}}$ 등이 표시된 경우를 살펴볼 수 있다. $\overset{1}{\text{III}}$은 마태복음 1:1 이하의 단락이 정경 목록 III과 상응함을 의미한다. 정경 목록 III은 마태복음에 대해서는 숫자 1, 누가복음에 대해서는 숫자 14(=누가복음 3:23-28), 요한복음에 대해서는 숫자 1, 3, 5(=요한복음 1:1-5, 9-10, 14)로 표시되어 있다. $\overset{2}{\text{X}}$의 경우 정경 목록 X을 살펴봐야 한다. 이를 통해 마태복음 1:17이 정경 목록 X에 해당되지 않는다는 것을 확인하게 된다. (정경 목록 X은 네 부분으로 나눠져 있으며 각 부분에는 각 복음서에서 발췌된 본문들이 일련의 순서대로 정

---

3) [역자주] 이 개념의 이해를 돕기 위해 〈네슬 알란트 그리스어 신약성서: 한국어 서문판(28판)〉을 참고할 수 있다. "유세비우스는 네 복음서를 대조하여 그들 사이의 유사 관계를 기준으로 열 가지 유형으로 분류하고 이것을 Canon이라 일컬었다. 이것을 I, II, III, IV, V...VIII, IX, X이라는 로마 숫자로 표기 했다. 그리고 각 복음서의 단락을 구획(Section)이라 일컬었다."(〈네슬 알란트 그리스어 신약성서: 한국어 서문판(28판)〉, 서울: 대한성서공회, 2014, 59)

리되어 있다.) 마태복음 1:18(=$\overset{3}{\mathrm{V}}$)에 대해서는 정경 목록 V를 살펴봐야 한다. 이를 통해 마태복음의 단락 3이 누가복음의 단락 2(=누가복음 1:35)와 실제로 병행 구절을 이룬다는 것 등을 알게 된다. 유세비우스는 복음서들 전체를 내용에 따라 작은 단락들로 배열해 놓을 수 있었다. 정경 목록 I은 사복음서 모두에 공통된 자료를 모은 것이며, 정경 목록 II-IV 각각의 본문은 세 복음서 모두에서 발견되는 본문, 정경 목록 V-IX의 각 본문은 두 복음서의 공통된 자료를 모은 것이며, 정경 목록 X은 개개의 복음서에 각기 고유한 특수 자료를 네 개의 항목으로 적어놓은 것이다. 유세비우스의 단락 구분 숫자와 장 구분 숫자는 (일반적으로) 신약성서 필사본들에서 발견되기 때문에, 〈네슬-알란트 26판〉에 이 숫자들을 표기한 것은 이 필사본들을 참고하게 될 때 도움이 된다. (덧붙여 말하자면, 마태복음에서 케팔라이아 체계의 숫자 1이 마태복음 2:1에서야 시작하는 것은 오류가 아니다. 필사본들의 일반적인 방식에 따라 여기서 첫째 단락은 고려하지 않았다.) 이전의 구분 방식에서 표시한 시작 부분이 절의 시작과 일치하지 않는 경우에 좀 더 분명하게 문장을 끊어 주며, 그것이 의심스러운 경우 본문에 별표 *가 표시된다. *

〈네슬-알란트 26판〉의 안쪽 난외의 비평장치는 근본적으로 전문가들에게 중요한 것이며, 바깥쪽 난외 비평장치는 특별히 학생들을 위하여 풍부한 참고 자료로 고안된 것이다. (예를 들어 신약성서 시험을 치를 때, 이 비평장치를 익힌 사람은 바깥쪽 난외 비평장치 사용법을 전혀 익히지 못하거나 불완전하게 익힌 사람에 비해 처음부터 어떤 장점을 갖게 되는지를 곧바로 알아차리게 될 것이다.) 〈네슬-알란트〉 구판들의 바깥쪽 난외 비평장치에서 제공되는 출처와 참고 자료의 정보 가치는 상당하다. 〈네슬-알란트 26판〉에서는 최대의 정보를 싣고 있을 뿐만 아니라(과거의 〈네슬-알란트〉 구판들보다 훨씬 더 많다), 최대한으로 일목요연한 비평장치를 만들겠다는 원칙하에 새로운 형태를 갖추려 노력하였다. 그것은 대체로 성공적이었다. 물론 때때로 (예를 들어 로마서의 시작 부분과 같은) 본문을 번거롭게 만드는 수많은 참고 자료를 정돈할 필요가 있었다. 그러나 그런 경우에도 일관되게 기본 원칙을 따랐다. 즉 관련 구절을 해당 줄 높이에 맞게, 최소한 해당 구절과 병행 구절이 되도록 기입하였다. 참고 자료가 아주 많이 늘어나면 수직선(|)을 그어 다음 절의 참고 자료와 구분하였다. 두 절이 같은 줄에 | 놓일 때에도 혼동을 피하기 위하여 동일한 분리 표시를 사용하였다. 한 절 안에서 서로

다른 복합적인 자료가 나올 경우 위쪽에 점을 찍어 구분하였다.

여러 가지 인쇄 형태를 잘 살펴보는 것이 중요하다. 병행 단락을 나타내는 참고 자료
는 좀 더 큰 활자체로 표시한다. (관련 구절은 각기 이탤릭체로 표시된다.) 예를 들어 마
2-17: 태복음 1:2에서 난외에는 *2–17*: L 3,23–38로 기록되며 이것은 누가복음 3:23–38
L 3,23-38 이 마태복음 1:2–17 전체와 병행을 이룸을 나타낸다. 복음서들에서 이런 방식은 계속
이어진다. 예를 들어 마태복음 7:1의 경우 *1–5*: L 6,37–42, 마태복음 8:2의 경우 *2–*
4: Mc 1,40–45 L 5,12–16, 마태복음 9:1의 경우 *1–8*: Mc 2,1–12 L 5,17–26으로 표
시된다. 이런 방법으로 표시된 병행 단락들이 있을 뿐만 아니라 유사한 방식으로 표기
Rth 4,12. 된 참고 자료들이 한데 묶여서 나오는 경우가 많다. 마태복음 1:3의 경우 *3–6a*: Rth
18-22 4,12.18–22, 마태복음 1:4의 경우 *4–6a*: 1Chr 2,10–12.15, 마태복음 1:6의 경우 *6b–*
11: 1Chr 3,5 등을 예로 들 수 있다.

신약성서의 참고 구절들은 기본적으로 장과 절로만 표시된다. (같은 장일 때는 절만 표시한다.) 따라서 "Matth 1,16: 27,17"은 마태복음 27:17을 참고하라는 표시이고, 마태복음 1:20에서 난외주 "2,13.19"는 마태복음 2:13, 19를 참고하라는 표시이다. 같은 장 내에 있는 구절들은 바로 위의 예에서 보여 주듯이 아래 점(.)을 찍어 구분하며, 이어 표시하는 절의 장이 앞서 나온 절과 서로 다를 경우 쌍반점(;)으로 구분하여 표시한다. 예를 들어 마태복음 1:1에서 난외의 참고 구절 "18 Gn 5,1; 22,18"을 주목해 보면, 쌍반점(;)은 다음에 나오는 참고 구절이 창세기 22장 18절이고, 책이나 장에 대한 표시가 없이 맨 처음에 나오는 18은 마태복음 1장 18절을 참고하라는 표시이다. 때때로 쌍반점(;)은 윗점(·) 앞에 놓인다. 마태복음 1:2의 비평장치에 나오는 Gn 25,26; · 29,35에 대해서도 마찬가지다. 29,35는, 이 구절이 다른 해석 맥락에 있는 구절이긴 하지만(이 때문에 윗점[·]을 사용하여 앞의 참고 구절과는 구분했다) 창세기의 구절을 가리킨다.
cf (앞에 쌍반점[;]이 표시되어 있기 때문에 그렇다.) 참고 기호 cf(=confer, 비교 또는 참
? 고)는 단순히 참고 구절을 참작하라는 것임을 쉽게 알 수 있다. 물음표(?)로 의문스러
움을 표시하는 것과 마찬가지다.

바깥쪽 난외 비평장치에 가능한 한 많은 정보를 제공하기 위해 정보들은 될 수 있는 대로 집약된 형태로 표시한다. 따라서 성서의 각 책들에 대한 표기는 가급적 간략함을 유지한다.

다음 약어가 사용된다.

I. 구약성서

Gn(창세기), Ex(출애굽기), Lv(레위기), Nu(민수기), Dt(신명기), 1.-5. Mose(창세기-신명기), Jos(여호수아), Jdc(사사기), Rth(룻기), 1Sm, 2Sm(사무엘상하; 70인역에서는 사무엘상하를 각각 1./2. 열왕기라고 함), 1Rg, 2Rg(열왕기상하; 70인역에서는 열왕기상하를 각각 3./4. 열왕기라고 함), 1Chr, 2Chr(역대상하; 70인역에서는 역대상하를 1./2. Paralipomenon이라고 함), Esr(에스라), Neh(느헤미야; 70인역에서는 에스라를 에스드라[Esdrae] II, 1-10이라고 하고, 느헤미야를 에스드라 II, 11-23이라고 함), Esth(에스더), Job(욥기), Ps(시편), Prv(잠언), Eccl(전도서), Ct(아가), Is(이사야), Jr(예레미야), Thr(예레미야애가), Ez(에스겔), Dn(다니엘), Hos(호세아), Joel(요엘), Am(아모스), Ob(오바댜), Jon(요나), Mch(미가), Nah(나훔), Hab(하박국), Zph(스바냐), Hgg(학개), Zch(스가랴), Ml(말라기).

II. 구약 외경과 위경

3Esr, 4Esr(3./4. 에스라; 70인역의 Esdrae I=3. 에스라), 1-4Mcc(1.-4. 마카베오기), Tob(토비트), Jdth(유딧), Sus(수산나기[다니엘 13장]), Bel(벨과 용[다니엘 14장]), Bar(바룩), EpistJer(예레미야의 편지), Sir(집회서), Sap(지혜서), Jub(희년서), MartIs(이사야의 순교기), PaSal(솔로몬의 시), Hen(에녹서), AssMosis(모세의 승천기), BarAp(바룩의 묵시록); 12족장의 유언으로 TestRub(르우벤의 유언서), TestLev(레위의 유언서), TestSeb(스불론의 유언서), TestDan(단의 유언서), TestNaph(납달리의 유언서), TestJos(요셉의 유언서), TestBenj(베냐민의 유언서), VitAd(아담과 이브의 생애).

보존되어 있지 않은 위경도 언급된다.

ApcElae(sec Orig)=엘리야의 묵시서(오리겐의 기록에 따른)

III. 신약성서

Mt(마태복음), Mc(마가복음), L(누가복음), J(요한복음), Act(사도행전), 바울서신으로 R(로마서), 1K, 2K(고린도전후서), G(갈라디아서), E(에베소서), Ph(빌립보서), Kol(골로새서), 1Th, 2Th(데살로니가전후서), 1T, 2T(디모데전후서), Tt(디도서), Phm(빌레몬서), H(히브리서), 공동서신으로 Jc(야고보서), 1P, 2P(베드로전후서), 1J, 2J, 3J(요한1서, 2서, 3서), Jd(유다서), Ap(요한계시록).

구약성서 참고 구절들은 히브리어 성서(《Biblia Hebraica》)의 본문에 나오는 장과
절의 숫자를 따른다. 히브리어 성서에 기초한 구절이 아닌 경우에는 70인역에 기초했
𝔊 다는 것을 분명히 나타내기 위해 구약성서 해당 낱권과 장절 표시 외에 그 뒤에 𝔊를 덧
붙여 표시한다. 𝔊 뒤에 추가적으로 붙는 괄호 안의 내용은 70인역 전체 전승을 말하
는 것이 아니라, 해당 구절과 관련된 필사본의 독법을 말한다. 따라서 예를 들어 𝔊(A)
는 그 본문이 알렉산드리아 사본에 나오는 독법과 일치함을 의미한다. 만일 인용 구절
Aqu 이 70인역 대신에 아퀼라(Aquila), 심마쿠스(Symmachus), 테오도티온(Theodotion)
Symm 번역을 기초로 한 것이면, 그것은 Aqu, Symm 또는 Theod로 표시된다. 직접 인용문
Theod 은 도드라지도록 이탤릭체로 표시된다(예를 들어 마태복음 2:6에서 *Mch 5,1.3* [개역
Mch 5,1.3 개정: 미가 5:2, 4] 등). 관련 구절은 보통 활자체로 표시한다. — 둘 사이 구분이 어려운
경우가 자주 나온다. 특히 히브리서에서 또는 사도행전 7장의 스데반의 설교에서 보듯
이 직접 인용문과 관련 구절이 한꺼번에 많이 섞여 나오게 될 때는 둘 사이의 구분이 굳
이 필요하지 않다.

s 이 외에는 참고 구절에 덧붙이는 기호에 대한 설명만이 남아 있다. 기호 s(=se-
ss quens)와 ss(=sequentes)는 구절의 다음 절이나 그 다음 절들까지 포함하는 것을 나
타낼 때 절수에 덧붙여 표시한다. 예를 들어 마태복음 1:3에서 Gn 38,29s는 창세기
p 38:29-30을 표시한다. 참고 구절에 덧붙여진 p는 (복음서들에서) 표시된 구절만이 아
니라 (표시된 구절이 발견되는) 공관복음 병행절도 참고하라는 것이다. 참고 구절 다음
! 에 오는 느낌표(!)는 더 많은 병행절이 발견되는 것을 나타낸다. 따라서 마태복음 4:1에
나오는 참고 구절 H 4,15!는 히브리서 4:15에 더 많은 참고 구절이 제시됨을 의미한다. 이런 식으로 표기하는 이유는 매 경우마다 각 절에 대한 모든 참고 구절들을 다 기입할 수 없기 때문임을 쉽게 이해할 수 있을 것이다. 가능한 한 주요 참고 구절은 기호 !로 표시한다는 것을 쉽게 알아차릴 수 있다. 여기서도 그 체계를 실제로 익히는 것이 결정적으로 중요하다. 한 구절에 해당된 병행 참고 구절 모두를 찾아 본 사람은, 그 체계만이 아니라 이 바깥쪽 난외 비평장치에 풍부한 자료가 들어 있다는 것도 곧 알게 될 것이다.

앞에서도 자세히 살펴본 바 있는(본 책의 350쪽 이하) 마태복음 **21:28-32,** 두 아들의 비유를 앞뒤 본문들과 함께 하나의 실례로 검토해 보자. 안쪽 난외 비평장치를 보면, 먼저 마태복음 21:23 옆에 이탤릭체로 표기된 숫자 48이 나오고, 21:28에서는 49가, 21:33에서는 50이 뒤따른다. 이 숫자들은 케팔라이아 체계에 따라 옛 방식으로 표기했던 장의 숫자, 즉 실제로는 단락별 숫자에 해당하는 수를 가리킨다(본 책의 382쪽 이하 참고). 여기서 다음과 같은 사실이 확인된다. 우리가 사용하는 현대적인 단락 구분 방식이 이미 (후대) 그리스어 필사본들에서도 쓰였다는 것이다. 다만 차이가 나는 것은, 단락별 표제어를 본문의 단락마다 달지 않고, 신약성서 각 권의 본문 앞에 하나의 목록으로 정리해 두었다는 것이다. (그 외에도 본문 각 쪽의 상단 난외에도 달아 놓았다.)

단락에 대한 이러한 표제들은(τίτλοι) 다음과 같다(비잔틴 전승에서. 폰 조덴, I, 407 참고).

$\overline{\mu\eta}$, περὶ τῶν ἐπερωτησάντων τὸν κύριον ἀρχιερῶν καὶ πρεσβυτέρων (21:23에서)

$\overline{\mu\theta}$, περὶ τῶν δύο υἱῶν παραβολή(21:28에서)

$\overline{\nu}$, περὶ τοῦ ἀμπελῶνος(21:33에서)

$\overline{\mu\eta}$, 와 $\overline{\mu\theta}$는 그리스어 숫자 표기로 48, 49와 50이며, 〈그리스어 신약성서〉(GNT)에서 이에 상응하는 단락별 표제는 다음과 같다. (세계성서공회연합회[United Bible Societies]가 번역자들을 위해 제안한 단락 제목과 일치한다.)

21:33 예수의 권위에 대한 질문

21:28 두 아들의 비유

21:33 포도원과 소작인의 비유

여기뿐만 아니라 그 다음에 나오는 22장에서도 계속 이전과 같은 방식으로 본문을 구분한다. (23장 끝에 가서야 차이가 난다.) 이것은 우리의 단락 구분 전통이 얼마나 오래된 것인지를 시사한다.

이제 본문 안쪽 난외 비평장치의 둘째 범주에 대해 살펴보자. 마태복음 21:23 옆에 케팔라이아 체계로 장 수가 표시되어 있고 그 아래 II[217]이 나온다. 21:28 옆에 X[218]이 나오며, 21:33 옆에 $\overset{219}{\mathrm{II}}$가 나온다. 로마 숫자 위에 있는 아라비아 숫자는 유세비우스가 공관복음서를 내용에 따라 단락을 구분하여 붙인 숫자이다. 마태복음에서 이 숫자는 355까지 나온다.

표시한 이 정보들이 가리키는 것을 확인하기 위해 모든 경우마다 아라비아 숫자가 아닌 로마 숫자가 가리키는 바를 먼저 찾아봐야 한다. 정경 목록표가 그 로마 숫자에 따라 표시되어 있으며, 그 목록 아래 정리된 아라비아 숫자들을 찾을 수 있기 때문이다. 정경 목록 X에는 네 복음서들에 서로 병행되는 구절이 없다는 것을 쉽게 알아차릴 수 있다. 마태복음 21:28에서 $\overset{218}{\mathrm{X}}$은 두 아들의 비유가 다른 복음서에 병행절이 없음을 표시한다. 정경 목록 II는 세 개의 복음서가 병행을 이루는 본문들이며(이 경우가 공관복음서에 해당한다), 여기서는 다음과 같은 참고 구절로 표시된다.

마태복음에서 217은 마가복음에서 127, 누가복음에서 240

마태복음에서 219는 마가복음에서 128, 누가복음에서 241에 해당된다.

각 복음서에 있는 안쪽 난외 비평장치의 숫자를 살펴보면 다음과 같다.

127=마가복음 11:27-33

128=마가복음 12:1-11

240=누가복음 20:1-8

241=누가복음 20:9-18

따라서 병행절들은 다음과 같다.

마태복음 21:23-27=마가복음 11:27-33=누가복음 20:1-8

마태복음 21:33-44=마가복음 12:1-11=누가복음 20:9-18

첫 번째 예(마태복음 21:23-27)를 보면, 이 내용들은 현대 인쇄본들과 정확하게 일치한다(예를 들어, 〈사복음서 대조서〉). 두 번째 예(마태복음 21:33-44)에서 유세비우스는 가볍게 차이를 둔다. 그는 마가복음 12:12를 $\overset{129}{\mathrm{I}}$로, 누가복음 20:19를 $\overset{242}{\mathrm{I}}$로 표시하며 각각을 하나의 특별한 개별 단락으로 파악했기 때문이다. 즉 유세비우스는 오늘날 일반적으로 구분하는 것보다 더 작은 단위들로 구분한 셈이다. 유세비우스의 정경 목록표는 체계 전체를 살펴봐야 한다. 그래야만 오늘날에도 여전히 신약성서학자들에게 크게 인정받을 만한 그의 창조적인 발상을 분명히 느낄 수 있을 것이다.

이제 바깥쪽 난외 비평장치를 살펴볼 텐데, 예시 단락이 복음서 본문의 전형적인 경우에 해당되지는 않는다. 예시 단락이 시작되는 곳에 병행절이 표시되어 있지 않기 때문이다. 즉 이 단락은 마태복음에만 나오는 단락이기 때문이다. 일반적인 경우에는 33절에서 보듯 *33-46:* Mc 12,1-12 L 20,9-19와 같은 방식으로 표시되며, 이 단락은 세 공관복음서 모두에서 발견된다는 것을 알려 준다.

바깥쪽 난외 비평장치가 시작되는 곳에 첫째 병행절로서 표시된 L(Luk) 15,11을 볼 수 있다. 이 병행절에서는 잃어버린 아들의 비유에 나오는 두 아들이 언급된다. 따라서 이 병행절은 단순히 겉으로 보이는 구절 표시 이상의 기능을 갖고 있는 셈이다. 그러고 나서 30절 옆에는 7,21!를 표시해 두었다. 신약성서 책 이름은 표시하지 않고 장, 절만 표시한 것은 해당본문과 같은 책의 구절임을 뜻한다. 느낌표를 통해 본문 해당 구절에 대해 같은 맥락의 여러 관련 구절이 있다는 것을 알려 준다. 이 경우에는 아버지의 뜻대로 행하는 것이 천국에 들어가기 위한 전제가 된다는 내용과 관련된 구절들을 가리킨다. 아직 여기까지는 내용을 파악하는 것이 그리 어렵지 않다. 31-32절 본문 바깥쪽 난외에 나오는 다음 그룹의 참고문은 다소 난해하다. 구별되는 네 그룹의 참고 구절들이 차례로 이어서 표시되고, 좁은 줄 간격을 두어 각 그룹을 분리한다. 게다가 첫 그룹 뒤에 윗점을 찍어 첫 그룹과 나머지 그룹들 사이를 더욱 분명히 구분한다. 첫째 그룹의 참고 구절은 (모두 누가복음을 참고한 것으로, 각 구절은 쌍반점[;]으로 구분한다.) 세리와 관련된 구절들로서 의에 관한 말씀을 전하는 구절들이다. 둘째 그룹의 참고 구절은 누가복음 7:36-50에 나오는, 예수께 부어드린 향유에 관한 말씀이다. 셋째 그룹의 참고 구절은 '의의 길'과 관련되고(여기서 잠언 21:21이 히브리어 본문이 아니라 70인역에서 인용되었음을 𝔊로 표시한다.) 넷째 그룹의 참고 구절은 21:32에서 전하고자 하는 특별한 말씀 내용과 관련된다. (처음에 나오는 숫자 25는 책과 장의 분명한 참고 표시가 없다. 같은 장의 25절, 즉 마태복음 21장 25절을 나타내기 때문이다.)

이런 식으로 바깥쪽 난외 비평장치를 계속 파악해 나갈 수 있다. 그러나 이것은 그때그때마다 부분적인 측면만 파악할 뿐이다. 바깥쪽 난외 비평장치를 실제로 사용할 때야 비로소 이 장치들의 다양한 잠재적 기능들을 알아차릴 수 있을 것이다. 물론 이때 너무 큰 기대를 가져서는 안 된다. 난외 비평장치가 결코 주석서들의 대용품이 될 수는 없기 때문이다. (그렇게 되길 바라지도 않는다.)

다른 설명들에 비해서 부록은 알아 두어야 할 것이 그리 많지 않다. **비평장치에 나오는 그리스어와 라틴어 필사본들의 목록을 담은 부록 I**(〈네슬-알란트 26판〉 684-716쪽)에 대해서는 이미 여러 번 언급하였기에 여기서 더는 설명할 것이 없다. 그러나 이 그리스어 필사본 목록들 가운데 '상용 증거'로 인용되는 필사본에 추가적으로 붙이는 표시들에 대해서는 설명을 해 주는 것이 적절한 듯하다.

'상용 증거' 가운데 언제나 인용되는 필사본들의 경우 필사본의 고유 번호 앞에
* 별표*를 덧붙인다. 예를 들어 *B로 나타낸다. 𝔐과 차이 때문에 인용되는 경우, 앞
(*) 에 놓인 별표를 (*)와 같이 괄호로 묶는다. 예를 들어 (*)K로 표시한다. 여기 필사
본 목록표를 보면, 각각의 필사본에 어떤 본문 내용들이 담겨 있는지 매우 세심하게
정리되어 있다. (필사본 자체를 하나하나 조사한 것에 근거한 목록이다. 다른 어떤
곳에서도 필사본들에 대해 이렇게 믿을 만하고 빠짐없는 정보를 얻을 수는 없을 것
이다.) 그 내용의 정보가 부정적인 것이든 긍정적인 것이든 상관없다. 부정적인 예로
는 다른 필사본에는 빠짐없이 기록되어 있지만, 실제로 이 필사본에 빠져 있는 부분
을 알려 준다. 긍정적인 예로는 단편 조각으로 발견된 사본에 실제로 그 내용이 기록
되어 있다는 것을 알려 준다. 신약성서 분류 가운데 한 분류에 해당하는 부분에서만
또는 일부 여기저기에서 '상용 증거'로 인용되는 필사본들과 사본 조각들에 대해 상
[*] 응하는 내용을 해당 내용 목록에 적어 두었다. 이러한 경우 필사본 고유 번호에 **[*]**
를 붙여 표시했다. '상용 증거'에 포함되지 않는 필사본들의 내용은 간략하게 표시된
e a p r 다(**e**=복음서들, **a**=사도들의 서신들 즉 사도행전과 공동서신, **p**=바울서신, **r**=요
한계시록). 그 이유는 굳이 설명할 필요가 없을 것이다. (그 밖의 약어 표시에 관해서
는 K. Aland, *Kurzgefaßte Liste der griechischen Handschriften des Neuen Testaments,* 1963, 23-26 참고).

〈네슬-알란트 26판〉 **부록 II**(717-738쪽)**에는** 〈네슬-알란트 26판〉과 〈그리스어 신약성서 3판〉(GNT)의 '새 본문'을 기준으로 **현대 인쇄본들에 나타나는 이문들에 대한 개관을** 실어 두었다. 이 부록에 관심을 갖는 학생들은 그리 많지 않을 듯하고, 주석가

들과 특히 본문비평가들이 더 크게 관심을 보일 것이다. 최근 백 년간 상당한 영향력을 끼쳤던 인쇄본들 사이에 나타나는 본문상의 차이를 이 부록에서 개괄적으로 살펴 볼 수 있기 때문이다. 그것은 '새 본문'의 시험대가 된다. 여기서 티쉔도르프 이래로 '새 본문'이 현대 인쇄본들의 본문과 어느 정도까지 차이가 나는지와 '새 본문'으로 인정될 수 있는지를 확인할 수 있다. 비평장치에서 관련 구절에 대한 본문상의 모든 차이를 제공하기 때문이다. 그 일을 위해 상당히 많은 작업을 해야만 했다는 사실은 강조할 필요가 없다. 그것은 학문적인 개론서의 틀을 훨씬 뛰어 넘는 것이다. 그러나 우리는 과거 100년간의 본문비평 작업의 결과물들을 요약해서 보여 주는 것만이 아니라, 독자들이 이 결과물을 평가할 수 있도록 해 주는 것도 중요하다고 생각한다. — 지금까지의 본문비평을 볼 때, 그런 결과물을 내는 것이나 그것을 평가하는 것 모두 불가능했다. 부록 II는 다음과 같은 기호들로 표시된 일곱 개 인쇄본의 본문을 검토한 것이다.

=〈티센도르프〉, *Editio octava critica maior,* 1869/1872 T
=〈웨스트코트/호트〉, 1881 H
=〈폰 조덴〉, 1913 S
=〈포겔스〉, 1922(^{4}1955) V
=〈메르크〉, 1933(^{9}1964, ^{10}1984) M
=〈보버〉, 1943(^{5}1968) 등 B
=〈네슬-알란트 25판〉, (1963) N

〈웨스트코트/호트〉에 수록된 내용들을 〈네슬-알란트 26판〉에 반영할 때, 〈웨스트코트/호트〉의 본문만을 이문으로 표기한 것은 아니다. 〈웨스트코트/호트〉에서 본문과 동등한 자격을 부여했던 '난외 독법'도(〈웨스트코트/호트〉에서는 이 '난외 독법'을 본문보다 더 못한 것으로 취급하지 않았다.) 〈네슬-알란트 26판〉에서는 〈웨스트코트/호트〉 인쇄본의 이문에 포함시켜 표기해야만 했다(기호 **h**로 표시). 〈네슬 h
-알란트 26판〉 본문과 차이나는 〈웨스트코트/호트〉의 본문이 〈웨스트코트/호트〉 난외 독법과 동시에 나타날 경우, 〈웨스트코트/호트〉를 가리키는 H는 괄호 안으로 들어간다**(H)**. 그럼으로써 지난 100년 동안 〈웨스트코트/호트〉가 해 왔던 본질적인 (H)
역할, 즉 신약성서 본문으로서 또는 신약성서 본문이 될 만한 본문으로서의 모든 역할도 함께 받아들이게 되는 셈이다. 표기 체계는 다음 개관에서 보여 주듯이 비교적

단순하다. 〈네슬-알란트 26판〉의 비평장치에서 각 이문마다 이문을 지지하는 증거
를 표시하기 때문에(철자법상의 문제들, εἶπον과 εἶπαν을 바꿔 사용하는 것, 그 밖
에 이와 비슷한 문제들은 제외하고), 여기서는 상응하는 비평 기호만 반복해서 표기
⸆V 하면 된다. 예를 들면 마태복음 1:6에서 ⸆ V는 비평장치에서 기호 ⸆로 표시한 대로
⸀*bis* V B 〈포겔스〉에서는 ὁ βασιλεύς로 기록함을 의미한다. 마태복음 1:7, 8에서 ⸀ ***bis*** **V B**
가 나오는데, 이것은 〈네슬-알란트 26판〉 본문에 두 번 나오는 Ἀσάφ에 대해 〈포겔
스〉와 〈보버〉에서는 두 번 다 Ἀσα로 읽고 있음을 말한다. 단 한 개의 비평 기호 아래
여러 이문이 있을지라도, 차이가 나는 여러 인쇄본들이 어떤 독법을 택하고 있는지를
확인하는 것은 어렵지 않다. 그런 경우 해당본문 비평 기호에 얼마나 많은 인쇄본들
⸀*bis* S V 이 더 관련되어 있는지를 덧붙여 표시만 하면 된다. 따라서 마태복음 1:5에서 ⸀ ***bis*** **S**
M B *ut* 𝔐 **V M B *ut* 𝔐**은, 〈네슬-알란트 26판〉 본문에 두 번 나오는 Βόες에 대해, 두 번 다
〈폰 조덴〉, 〈포겔스〉, 〈메르크〉와 〈보버〉에서는 𝔐과 함께 Βοόζ로 읽고 있음을 의
⸉T M N 미한다. 마태복음 4:2에서 ⸉ **T M N *ut* ℵ**는 〈티쉔도르프〉, 〈메르크〉, 〈네슬-알란트
ut ℵ 25판〉에서 ℵ와 함께 καὶ τεσσεράκοντα νύκτας의 순서로 기록되어 있음을 의미
한다. 대괄호 안의 기호는 해당 인쇄본에서 관련 본문이 대괄호 안에 들어가 있음을
° [H N] 의미한다. 예를 들어 마태복음 1:25에서 ° **[H N]**은 〈웨스트코트/호트〉와 〈네슬-알
란트 25판〉의 본문에 [οὗ가 있음을 의미한다. 비교된 인쇄본들의 본문들은 때때로
서로 상이하다. 그러나 그러한 상황도 기본 체계로 쉽게 해결할 수 있다. 예를 들어 마
° T S; 태복음 1:24에서 ° **T S; [H N] *ut txt***는, 〈티쉔도르프〉와 〈폰 조덴〉에서 'Ιωσήφ 앞
[H N] 의 ὁ를 생략하며, 〈웨스트코트/호트〉와 〈네슬-알란트 25판〉에서는 [ὁ] 'Ιωσήφ으
ut txt 로 기록함을 의미한다.

부록 II의 기호에 의거하여 마태복음 **21:28-32**에 나오는 두 아들의 비유를 앞뒤 단락과 함께 살펴보면 다음과 같은 결과를 낳는다.

〈웨스트코트-호트〉가 마태복음 21:24에서 δὲ를 대괄호에 넣은 것은 그것을 지지하는 증거를 통해 확인할 수 있듯이 확실히 오류이다. 마태복음 21:25에서 〈폰 조덴〉은 τό를 괄호 안에 기입한다. 아마도 외적 기준을 따라 그렇게 한 것으로 보인다. 어쨌든 내적 기준을 따르면 τό는 본문에 완전히 속하게 된다. 〈티쉔도르프〉, 〈웨스

트코트/호트〉(난외 독법에서), 〈폰 조덴〉, 〈포겔스〉, 〈보버〉에서는 ἐν 대신에 παρ' 로 읽는다. 그 밖에 외적 증거의 가치가 비교적 비슷할 경우, 내적 기준을 따르면 ἐν 이 지지 받는다. 마태복음 21:26에서 〈포겔스〉는 비잔틴 본문과 함께 ἔχουσιν τὸν 'Ιωάννην ὡς προφήτην으로 기록한다. 이것은 〈포겔스〉의 특징을 잘 드러내 주긴 하지만, 외적 증거에 의해 지지받을 수는 없다. 마태복음 21:28에 대해 〈웨스트코트/호트〉의 난외 독법에서는 δύο τέκνα의 순서로 기록해 둔다. 이로써 〈웨스트코트/호트〉는 이 난외 독법에 본문 내의 τέκνα δύο와 같은 가치를 두고 있다는 것을 표시한다. 그러나 이것은 오류이다. 〈웨스트코트/호트〉가 B(바티칸 사본)를 우선시함으로써 (얼마나 자주) 그 인쇄본에서 스스로의 판단을 왜곡시켰는지 보여 준다. 마태복음 21:28에서 〈티쉔도르프〉, 〈메르크〉, 〈네슬-알란트 25판〉은 καί를 생략한다. 반면에 〈웨스트코트/호트〉는 καί를 넣거나 생략하는 것을 똑같이 정당한 것으로 나타낸다. '새 본문'에서는 전적으로 καί를 받아들이기로 결정했다. 외적 증거에 근거하였으며 문체상으로도 여러 가지 이유가 드러났기 때문이다. (καί를 생략할 때 본문이 매끄러워지는 것도 하나의 이유이다. 이것은 후대에 수정한 것으로 볼 수 있기 때문이다.) 지금까지는 〈보버〉와 〈포겔스〉만이 본문에 καί를 기록하였고, 반면에 〈폰 조덴〉은 꺾쇠괄호 안에 넣어 기록하였다. 동일 구절인 마태복음 21:28에 대해 B C^2 W Z 등에서는 μου를 삽입하며, 〈웨스트코트/호트〉에서는 난외 독법에 μου가 삽입된 이문을 싣고 있다. 〈포겔스〉만이 μου를 본문에 받아들인다. 32절의 비평장치에서 본문의 'Ιωάννης πρὸς ὑμᾶς에 대해 어순이 변경된 이문 곧 πρὸς ὑμᾶς 'Ιωάννης를 제공하는데 이때도 마찬가지다. 〈포겔스〉에서만 이런 어순이 변경된 이문을 본문으로 받아들인다. (29-31절은 본 책의 483쪽 이하에서 검토될 것이다.) 두 경우 모두 외적 증거에 의해서 지지받지는 못한다. 또한 〈포겔스〉에서만 독법이 다르다는 점은 특기할 만하다. 같은 구절 마태복음 21:32에 대해 '새 본문'에서는 οὐδέ를 기록하지만, 〈티쉔도르프〉와 〈포겔스〉에서는 οὐδέ 대신 οὐ를 기록한다. 마태복음 21:38에서 〈포겔스〉는 κατάσχωμεν을 본문에 기록한다. 마태복음 21:43에 대해 〈웨스트코트/호트〉는 난외 독법에 ὅτι를 생략한 형태의 이문을 제공한다. 여기서도 바티칸 사본의 영향 때문이다. οὐδέ를 οὐ로 대치하는 것이 외적 증거의 지지를 받지 못한다는 것은 분명하다. 〈티쉔도르프〉에서만 〈네슬-알란트 26판〉 본문의 마태복음 21:44를 비평장치에 표시한다. 〈웨스트코트/호트〉, 〈폰 조덴〉, 〈포겔스〉

와 〈네슬-알란트 25판〉에서는 그것을 괄호 안에 넣어 본문에 기록한다. (〈네슬-알란트 26판〉에서와 같이) 〈메르크〉와 〈보버〉만이 44절을 완전한 본문 구성 부분으로 제시한다. 이 상황에 대한 본문비평적 판단은 이미 앞에서 언급하였으므로(본 책의 354쪽 이하 참고) 여기서 반복할 필요가 없다. 마태복음 21:45에 대해 〈티쉔도르프〉에서는 καί ἀκούσαντες를 ἀκούσαντες δέ로 수정했고, 〈웨스트코트/호트〉에서는 이 수정된 이문을 난외 독법에 실어 두었다. 그러나 이것은 앞서 말했던 28절의 καί의 생략에 관한 경우처럼, 외적 증거뿐만 아니라 문체상의 이유들로 볼 때에도 지지받지 못한다. 여기서도 필사자는 본문을 매끄럽게 하기 위해 그렇게 수정한 것으로 보기 때문이다. 마태복음 21:46에서 〈포겔스〉는 본문의 εἰς를 ὡς로 변경시킨다. 이런 변경은 다른 곳에서도 종종 나타나는데, 그때마다 내렸던 판단처럼 그의 독특한 이문으로 이해할 수 있을 것이다.

이상으로 마태복음 21:20-46의 본문을 두고 이에 대한 인쇄본들 사이의 모든 차이점들을 살펴본 셈이다. (29-31절은 제외한다.) 이 인쇄본들은 부록 II에 근거한 인쇄본들, 즉 〈티쉔도르프〉 이래 출간된 일곱 개 인쇄본들에 해당한다. 단지 29-31절에서만 여러 문제가 드러난다. 일곱 개 인쇄본들이 '새 본문'과 다르게 기록하고 있고, 그 인쇄본들 사이에도 서로 차이가 나는 본문을 갖는다. 이 구절들은 신약성서 본문비평의 적용에 대해 개괄적으로 다뤄질 VII장에서 자세하게 검토될 것이다. 독자가 이 책을 여기까지 읽어 오며 파악한 정도를 고려해 볼 때, 앞서 설명했던 내용, 즉 마태복음 21장을 두고 설명했던 여러 인쇄본들 간의 본문상의 차이들은 독자가 파악하기에 버거울 수도 있을 것이다. 그러나 내용에 대한 평가 없이 단순히 내용만을 전할 경우 그것만으로는 충분하지 않다고 생각했다. 게다가 설명한 내용들은 파악하기가 그리 어렵지 않아서 독자들에게 그것을 파악하는 정도의 수고는 요구할 수 있다고 보았다. 만일 이런 생각이 잘못된 것이라면 독자가 이 부분을 건너뛰고 VII장을 읽은 다음에 이 부분을 다시 읽어 볼 것을 부탁한다. (본 책의 III장까지 모두 읽은 후에야 비로소 I장 끝에서 여러 인쇄본들을 비교 설명한 내용이 얼마나 가치 있는가를 파악할 수 있었던 것과 같은 이치이다.) 여기서 그런 식으로 이 책을 학습하도록 만든 것은(아마 다른 곳에서도 마찬가지인 경우가 또 있을 것이다) 교육적인 관점을 소홀히 해서 그렇게 된 것이 아니다. 살펴보아야 하는 복합적인 내용들을 가능한 한 서로 연결하여 다루려는 노력에서 비롯된 것이다. 많이 진전되어 책의 뒷부분을 읽게 되더라도, 앞부분으로 되돌아와 읽었던 장과 단락을 다시 읽게 되는 일이 어차피 자주 있을 것이다. 이때 독자는 이미 인식 수준이 진전되어 있기 때문에 다시 읽게 되는 앞부분으로부터 새로운 통찰력을 얻게 될 것이다. 이 통찰력은 그 앞부분을 처음 익힐 때에는 결코 자동적으로 얻을 수 없는 것이다. (자세히 정리한 내용 목록과 색인 목록이 이 과정에서 도움이 되길 바란다.)

부록 III에서는 광범위하게 다룬 **구약성서 인용 목록**을 제공한다. 즉 구약성서 구절을 직접 인용한 구절과 구약성서 구절을 암시적으로만 인용한 구절을 정리해 두었다. 그것은 지금까지 〈네슬-알란트〉 인쇄본에 실려 있었던 목록이다. 본문의 바깥쪽 난외에 있는 모든 참고 구절들을 구약성서 각 책들의 순서대로 담고 있다. 덧붙여 두 가지만 알아 두면 된다. 하나는 신약성서 관련 구절에 대해 직접 인용의 경우 이탤릭체로, 암시적으로만 인용된 경우에는 일반 활자체로 제공한다는 것이다. 다른 하나는, 이런 인용 구절을 표시할 때에도 장과 절의 구분은 히브리어 성서(《Biblia Hebraica》)를 따르고 있다는 것이다. 70인역(랄프스[A. Rahlfs]의 인쇄본에 기초한 것) 인용문도 히브리어 성서(《Biblia Hebraica》)의 장절을 따라 표기한다. (그리스어만으로 전승된 본문들은 제외한다. 예를 들어 다니엘서가 그에 해당한다.) 따라서 난외 비평장치에서 참고 구절이 기호 𝔊, Aqu, Theod, Symm 등과 함께 나올 때에는 다음과 같은 방식을 통해 그 해당 구절의 장절을 확인하는 데 도움을 받을 수 있다. 그 기호가 붙은 해당 구약성서의 책을 부록 III(《네슬-알란트 739쪽 이하》)에서 찾아 맨 앞의 장절 비교 사항을 참고하는 것이다. 난외에서 볼 수 있는 이 목록에는 히브리어 본문과 그리스어 본문(랄프스의 인쇄본에 기초) 사이의 모든 장수와 절수의 차이를 기록하고 있다. 확실히 전문가들에게도 환영받는 보조 도구이다. 학생들도 시편의 경우 히브리어 본문과(이 본문을 기초로 하는 번역본들 모두) 그리스어 70인역(또한 불가타와 그 둘을 대본으로 하는 모든 역본들) 본문 사이의 장수와 절수의 차이를 알고 있다. 그러나 훨씬 더 많은 차이점들이 있다. 심지어 장과 절의 수가 다름으로써 생기는 여러 가지 본문 내용상의 차이들까지 있다. 이 차이점들을 찾아내는 매우 수고스러운 작업은 자주 있는 일이었다. (랄프스의 70인역 인쇄본에 나타난 목록들도 언제나 충분한 것은 아니었다.) 조금 더 수고를 더하여, 검토해야 할 차이점들을 빠뜨리지 않을 뿐만 아니라 한눈에 잘 알아 볼 수 있게 만들 수가 있었다.

직접 인용과 암시적 인용에 대해서는 의견이 자주 갈린다. 때문에 많은 사람들이 이 색인의 직접 인용을 암시적인 인용으로 보려고 할 것이며, 반대로는 오히려 암시적인 인용을 직접 인용으로 보려 하기도 할 것이다. 그러나 이 부록이 비교될 수 있는 어떤 목록보다도 훨씬 더 훌륭하다는 것에는 이견이 없다. 이어서 설명할 것은 신약성서에 발견되는 인용문들, 즉 그리스어로 기록된 비기독교 문서에 대한 직접 인용 및 암시적 인용에 관한 것이다. 또한 출처가 확인되지 않는 인용문들(unde?로 표시된다.)에 대해서도 설명할 것이다.

unde?

부록 IV(〈네슬-알란트 26판〉 776쪽 이하)에서는 V장(현대 인쇄본 사용을 위한 기본 안내)에서 개괄적으로 설명했던 여러 기호와 표시와 약어에 대한 의미를 다시 한 번 간략하게 요약하여 실어 두었다. 이 장(V)에서 개별적으로 설명하지 못한 약어 표시들에 대해서도 대략적인 설명을 접할 수 있을 것이다.

이미 언급한 대로 〈그리스어 신약성서〉(GNT)의 기호들과 약어에 대해서는 〈그리스어 신약성서 3판〉(GNT) 서문(Introduction) XLVII–LIII에서 찾아 볼 수 있다. 이런 정황에서 우리는 두 인쇄본 즉 〈그리스어 신약성서 3판〉(GNT)과 〈네슬-알란트 26판〉 모두 각각 안에 끼워져 있는 해설 안내 카드를 확실히 참고해야 한다. 여기에 필사본들과 번역본들의 목록뿐만 아니라 중요한 기호들과 약어들에 대한 설명이 들어 있다. 그리스어 신약성서를 사용할 때 처음부터 해설 안내 카드를 성서 옆에 두고, 성서에서 낯선 내용이 나오는 경우 규칙적으로 이 카드를 참고하면, 독자는 비평장치를 사용할 때만큼은 더는 큰 문제가 없을 것이다. 문제가 해결되지 않을 때에는 각각의 인쇄본 서문과 본 책에서 그 답을 구할 수 있을 것이다. 다시 한 번 결론적으로 반복하여 말한다. 모든 내용이 첫눈에 보이는 것과는 달리 훨씬 더 단순하다. 많은 연습을 통해서만 전문가가 될 수 있다는 말은 이 책에도 해당된다. 단계적으로 익혀가면서 관련된 자료를 두고 실제로 꾸준히 적용해 본다면(본 책의 구성 장치에 대해서는 iii쪽 참고), 본 책을 익히는 데 확실히 진척을 보게 될 것이다. 여러 자료들을 지속적으로 다루는 기간이 길면 더 길수록, 또한 그러는 사이 쌓이게 되는 경험이 많으면 많을수록, 처음에는 분명치 않은 듯한 것들이 점점 더 많이 분명하게 될 것이다.

4. 복음서 대조서들

이상 언급한 내용은 〈그리스어 신약성서 3판〉(GNT)과 〈네슬-알란트 26판〉의 사용에 대한 개론적인 설명이다. 여기서는 〈사복음서 대조서〉(*Synopsis Quattuor Evangeliorum*) 및 이 책의 2개 언어 대조 형태 인쇄본들과 그 이후 간행된 복음서 대조서들에 대해 간략하게 더 설명하고자 한다(복음서 대조서들에 대한 세세한 역사를 개괄적으로 알고자 한다면, 그리벤[H. Greeven]의 논문을 참조할 수 있다. H. Greeven, "The Gospel Synopsis from 1776 to the present day", J. J. Griesbach, *Synoptic and textcritical studies 1776-1976*, B. Orchard & Th. R. W. Longstaff ed., Cambridge 1978, 22-49) 이 논문에 따르면, 〈사복음서 대조서〉(*Synopsis Quattuor Evangeliorum*)가 출간되기 이전까지의 대조서는 1936년 이후부터 한스 리츠만(Hans Lietzmann)의 이름을 붙여 출간한 것들뿐이었다. 그 밖에 오피츠(H. G. Opitz)의 대조서도 있었지만, 이것은 헉(A. Huck)의 대조서를 개정한 것이었다. 이 대조서는 출간 이래로 독일어권과 영어권 지역에 널리 보급되었다.

물론 이 대조서들도 각각 분명한 장점들을 가지고 있다. 예를 들어 헉-리츠만의 인쇄본은 다루는 범위가 더 작고, 일목요연하게 보기가 더 좋았다. (또한 가격이 훨씬 더 저렴했다.) 그에 비하여 〈사복음서 대조서〉(*Synopsis Quattuor Evangeliorum*)는(590쪽의 분량) 다루는 범위와 구성 장치들이 매우 방대한 '대 저작'이다. 따라서 초학자가 그 책을 제대로 잘 다루는 데에는 어려움이 따를 것이다. 방대한 분량은 그 책의 범위에서 비롯된 것이다. 복음서 대조서로서 갖추고 있는 구성 장치뿐만 아니라 도마복음서의 완전한 본문(3개 언어 대조 형태로 번역된)까지도 포함하는 전체 외경 전승을 실어두었기 때문이다. 또한 그 밖의 다른 대조서에서는 거의 확인할 수 없는 본문의 역사에 대한 내용도 실려 있으며(531-548쪽), 초보자도 사용하기 쉬운 광범위한 색인들(551-590쪽)을 실어 두었다. 하나의 복음서를 공부할 때에는 한 종류의 그리스어 신약성서 인쇄본만으로도 큰 문제가 없다. 여기에는 이견의 여지가 없을 것이다. 그러나 어떤 특별한 주제나 실마리를 가지고 그에 대한 복음서들의 전승을 살펴보고자 할 때에는 복음서 대조서가 — 곧 사복음서 대조서가 — 필요하다. 공관복음에 대한 요한복음의 병행 장절만을 복음서의 해당 단락별 표제 옆에 표시해 두는 것(헉-리츠만의 대조서에서 그렇듯이)으로는 충분치 않다. 사복음서 간의 공통점들과 차이점들 안에서 사복음서 각각의 전체 본문 순서가 드러나야 한다. 그래야 사복음서에 대한 연구가 해당 범위 전체를 아우르는 가운데 이루어질 수 있다. 또한 독자들이 어떤 다양한 전제와 이론들을 가지고 연구를 하든 모두가 같은 상황에서 그 연구를 시작할 수 있다. 독자에게는 본문들이 가능한 한 정확한 병행절들을 갖추고 있을 뿐만 아니라 단락별로도 살펴봐야 할 모든 주요 병행절 및 부수적인 병행절까지도 제공하고 있다는 확신, 즉 본문 전체에 대한 분명한 확신이 있어야 한다. 그럼으로써 독자가 어떤 판단을 내릴 때 어떤 복음서를 두고 문제를 제기하든 모든 자료들을 한눈에 알아보고 사용할 수 있어야 한다. 이러한 경우에 해당하는 대조서는 현재 〈사복음서 대조서〉(*Synopsis Quattuor Evangeliorum*)뿐이라고 말하고 싶다. 그뿐만 아니라 이 대조서에서는 광범위한 주제별 비평장치에서 수많은 참조 구절들, 도움말들, 증거 자료들을 제공한다. (이 대조서에 있는 비평장치의 자료가 〈네슬-알란트 26판〉의 바깥쪽 난외 비평장치의 자료보다 훨씬 많은 경우를 자주 보게 된다.)

물론 신약성서 외경으로부터 제공되는 보충 자료는 특정 소수 그룹의 사람들에게만 중요할 수도 있다. 그러나 다음과 같은 이유로 그 자료를 제공하게 되었다. 1. 그 밖의 다른 어떤 곳에서도 그렇게 완벽한 형태를 갖춘 자료를 볼 수 없으며 2. 자료를 생략하거나 간과하기는 쉽지만 자료를 추가하는 것은 매우 어렵기 때문이다.

이제 헉-리츠만의 복음서 대조서로 연구하던 시대는 확실히 막을 내리게 되었다. 그 후속으로 '헉-그리벤'(Huck-Greeven)의 복음서 대조서가 이미 1981년에 간행되었기 때문이다. (한 권으로 만들어진 헉 그리벤의 대조서의 전체 서명은 다음과 같다: Albert Huck, *Synopse der drei ersten Evangelien*, 13. Auflage, völlig neu bearbeitet von Heinrich Greeven, Tübingen 1981.)

이 새로운 대조서는 외관상으로 볼 때, 본문의 활자 형태부터 단락의 구분과 단락별 표제에 이르기까지 리츠만이 개정한 이전의 대조서를 그대로 따른다. 단락별 숫자만 변경되어 있다. 지금까지는 예수 탄생 이전 이야기와 부활 이후의 이야기를 다룬 단락들에 별도의 번호를 붙여 다른 주된 단락들과 구분했는데, 이제 그 단락들도 모두 전체 단락 순서에 포함시켜 번호를 매겼기 때문이다. 〈헉-리츠만〉에서 253개였던 단락이 〈헉-그리벤〉에서 275개로 늘어났다. (이전에 별도로 붙였던 번호가 난외에 괄호로 기입되었다.) 그러나 실제로는 각 쪽마다 전체 모습이 많이 바뀌었다. 바뀐 사항들은 다음과 같다. 일반적으로 매우 짧은 형태를 유지했던 〈헉-리츠만〉의 비평장치의 분량이 〈헉-그리벤〉에서는 눈에 띄게 늘어났다. 거의 한 쪽의 절반 분량(때로는 그 이상)에 이른다. (그에 따라 책 분량이 213쪽에서 298쪽으로 늘어났다.) 또한 〈헉-리츠만〉에서는 공관복음 병행절을 아래쪽 난외에 기입했으며, 거기에 요한복음 병행절을 장절로만 기입했다. (도드라지게 표시하기는 했다.) 그러나 〈헉-그리벤〉에서는 이 둘을 대조서 자체의 본문 안으로 (두꺼운 테를 둘러) 포함시켰다. 이것은 충분히 도움이 될 만하다. 그러나 〈헉-리츠만〉의 가장 중요한 장점들 중 하나였던 일목요연한 개관(과 기품 있는 모습)은 사라졌다. 그것은 작업에 필요한 모든 자료를 제공하고자 하는 현대적인 대조서에서는 바뀔 수 없는 부분이다. 〈헉-그리벤〉에서 다루고 있는 단락들을 보면, 해당 병행 단락 및 병행절의 본문을 모두 빠짐없이 수록하여 비교해 놓은 곳은 각 단락마다 한 번뿐이다. 한 번 다루어진 또는 다루어질 단락이 다른 단락의 병행 단락 및 병행절로 비교될 때 각기 굵은 인쇄체 숫자(들)로만 표시된다.

첫눈에 알 수 있듯이, 〈헉-그리벤〉의 광범위한 비평장치는 사용하기가 간단하지는 않다. 그리벤의 이문 선택 기준과 그 이론적 근거를 통해 그의 대조서가 어떤 목적을 두고 출간되었는지 알 수 있다.

> "비평장치의 이문 선택에 있어서 그때그때 주관적인 선택을 하는 대신 다음 사항들을 일관되게 적용했다.
>
> (a) 다른 본문비평가들에 의해 원문으로 간주된 이문들을 기입한다.
>
> (b) 어떤 이문을 통해 한 본문이(많든 적든) 어떤 한 병행 단락의 본문 또는 또 다른 병행 단락의 본문에 맞춰져 있을 때, 즉 내용적으로 또는 형식적으로 그 병행 단락의 비슷한 구절에 맞춰져 있을 때, 그 그리스어 이문들을 기입한다. 공관복음서의 문제는 본문 역사 안에 고스란히 반영된다. 즉 공관복음서들은 끊임없이 서로 조화되려는 쪽으로 기울게 되고, 그런 경향은 계속 서로 영향을 끼치게 된다는 것이다. 공관복음서 내의 본문비평적인 문제들을 적절하게 살펴보고자 한다면, 이런 중요한 경향, 예를 들면 마태복음에 동화되는 경향에 언제나 주의를 기울여야 한다. 이렇듯 객관적으로 볼 때 (b)에 포함된 이문들은 대조서의 비평장치에 반드시 필요한 요소임이 입증된다. 그 이문들을 여기에 빠짐없이 실어 두었다. 그 밖에도 동화되어 버린 다른 이문들이 더 있다면, 그것은 내가 파악하지 못한 이문들이다. 여기 포함되어 있지 않은 '흥미로운' 이문들은 많은 사람들이 사용하고 있는 주요 신약성서의 비평장치에서 쉽

게 찾아 볼 수 있다. 내가 짐작하기에는 대조서를 사용하는 사람이라면 아마도 기본적으로 그런 신약성서를 이미 갖고 있을 것이다."(V쪽 이하 참고)

이 원칙들이 하나의 일관된 틀 안에 규정되어 있다는 것이 인상적이다. 특히 둘째 기준은 동화 현상으로 인한 주요 문제들을 연구하는 데 의심할 여지 없이 중요하며 유용하다. 이때 물론 주의해야 할 것이 있다. 그러한 기준에 의해 선택된 이문들이 빠짐없이 선택되어 있는가를 확인하기 위해서는, 기초로 삼은 필사본들이 어떤 것인가를, 또한 인용한 증거 목록들에 대해 빠짐없이 원문 비교 대조 작업을 거쳤는가를 반드시 살펴야 한다는 것이다. 그 밖에 추가로 이문들을 기입하고자 할 때에도 그에 따르는 추가적인 증거들에 대한 원문 비교 대조 작업이 먼저 이루어져야 할 것이다.

그리벤은 두 선택 기준에 들지 않는 다른 흥미로운 이문들에 대해서는 언급하기를 포기한다. 이로써 그리벤은, 필사본에 반영되어 있는 해석사를 독자가 최소한 가끔씩이라도(특수 자료 등의 경우) 탐구할 수 있는 기회를 제공한다. 그 해석사에는 동화되어버린 이문들을 통해 알 수 있는 그 이상의 내용이 담겨 있다. 그리벤의 이문 선택 원칙에 상응하듯, 소문자 사본 선택에 있어서도 '오로지 실제적인 기준'에 적합한 소문자 사본만을 선택한다. 즉 필사본 그룹을 규명하고자 할 때, 불확실한 채로 선택된 이문들이 이 일에 영향을 끼치게 되는 것을 바라지 않는다는 것이다.

편집자가 흥미로운 이문을 포기했던 경우에 대해 앞서 언급했던 것과 마찬가지로, 편집자가 이문을 선택할 때는 그의 편집 이론이 반영된다. 이문들의 가치에 대한 세심한 검토가 이루어진다. 그러나 각각의 이문들을 지지하는 필사본들을 살펴보는 일은 그에 비해 더 줄어들게 된다. 이를 근거로 새로 구성된 본문은 세심하게 작성되어 있다. — 하나하나에 많은 공을 들였다. 따라서 이 본문은 다른 한 명 한 명의 편집자들에게 도전이 되는 본문이 되었다. 특히 본문을 구성할 때 개개의 필사본들과 필사본 그룹의 질과 특성을 그리벤이 생각했던 것보다 더 많이 고려해야 한다고 생각했던 편집자에게는 더욱 그러했다. 그의 본문은 장마다 '평균 9번' 〈네슬-알란트 26판〉의 본문과 차이가 난다(본 책의 334쪽 참고). 이 차이는 〈헉-그리벤〉과 〈네슬-알란트 26판〉 편집자의 서로 다른 편집 이론에 비추어 볼 때 비교적 적은 횟수다. 이러한 내용은 다음 사실을 뒷받침한다. 아직 해결되지 않은 문제들이 남아 있긴 하지만, 그리벤의 본문은 질과 명료함에 있어서 훌륭한 복음서 전승들을 담아내고 있다는 것이다.

그 밖에 한 가지 모호한 부분이 남아 있는데, 그것은 〈헉-그리벤〉에서 매우 분명하게 밝힌 서문 및 서론 부분에 들어 있다. 여기서 그는 한편으로는 "비평장치에 수록된 이문들에는 내가 알고 있는 모든 증거들을 달아 놓았다."고 밝힌다. "따라서 침묵을 통한(e silentio) 결론이 허용된다."(VI쪽 번호 8의 내용 참고). 즉 그가 달아 놓지 않은 증거들이 있다면, 그 사실을 근거로 특정 결론을 추리해 낼 수 있다는 것이다. 독자에게 중요한 이 참고 사항이 맞다면, 이것은 다음과 같은 사실을 뜻해야만 한다. XXVIII쪽 이하에 나오는 모든 필사본들, 즉 편집자가 이문을 달아 놓은 구절에 나오는 모든 필사본들을 — 각 필사본의 독법을 통해 — 파악할 수 있다는 것이다. 이것이 실제로 그렇다면 정말 대단한 것이다. 또한 비평장치에서 발견되는 특이한 독법 등도 빠짐없이 밝혀낼 수 있다고 말하는 것이나 다름없다. 그러나 다른 한편 서문 XVII쪽에서는, 대문자 사본들 및 언급된 소문자 사본들은 "알려져 있는 한 계속해서 고려해야 한다."고 밝힌다(XVII쪽의 2.b.와 2.c. 참고). 이에 따르면 '침묵을 통한 결론'은 권장하지 않는 것이 더 나을 듯하다. 여기서 분명한 입장 표명, 즉 편집자의 의도에 대한 분명한 입장 표명이 있어야 할 것이다. 중요한 것은 그것뿐이다. 여러 실수가 생겨날 수 있다는 사실은 누구라도 알 수 있는 일이기 때문이다. 누구보다도 이 책의 집필자들이 먼저 알아차렸을 것이다.

1983년 간행된 오처드(J. B. Orchard)의 대조서('그리스바흐 가설'에 따라 배열했으며 오처드가 편집한 〈'두 개의 복음 가설'에 기초한 그리스어 사복음서 대조서〉[*A Synopsis of the Four Gospels* in Greek arranged according to the Two Gospel Hypothesis and edited by John Bernard Orchard. 약자로 OSB로 표기된다.], 이하 〈오처드 사복음서 대조서〉)는 전혀 다른 성격의 대조서이다. 이미 제목에서도 드러내듯이, 한쪽 이론에 치우쳐 있는 듯한 대조서가 출간되었다. 예를 들어 〈사복음서 대조서〉(*Synopsis Quattuor Evangeliorum*)나 〈헉-그리벤〉은 이와 전혀 다르다. 이 대조서들은 공관복음서 문제들을 풀 수 있는 해법을 찾고자 할 때, '한쪽으로 치우치지 않음'을 분명하게 목표로 삼는다(이에 대한 반대 입장으로 오처드 XVIII 참고). 오처드는 다음과 같이 설명한다.

> "이 대조서는 최근 200년간 출간된 새로운 대조서들 가운데 사복음서를 새로운 원칙에 따라 정렬하기 시작한 최초의 대조서이다. 그 원칙은 누가복음을 마태복음과

마가복음 사이의 중간 형태로 간주하는 것이고, 이 원칙은 처음부터 끝까지 일관되게 적용된다. 다른 말로 하면, 이 대조서에서는 처음으로 '그리스바흐 가설(두 개의 복음 가설)'에 대한 빠짐없는 설명을 제공한다. 즉 사복음서의 실질적인 생성 순서를 따랐다는 것이다. 그 순서에 따르면 먼저 마태복음이 생성되었으며, 이어서 바울의 제자였던 누가는 자신의 복음서의 문학적 구성을 위해 마태복음을 참고하였다. 이와 달리 마가복음이 기록될 당시에 참고하기 위해 사용된 기록된 자료는 마태복음과 누가복음뿐이었다."(XX쪽 참고)

자신의 대조서의 본문 형성에 대해 오처드는 다음과 같이 설명한다.

"여기 제공된 본문은 원칙에 따라 내가 구성하였다. 그 원칙은 다음과 같이 설명할 수 있다. 현대 본문비평가들이 완전히 폐기하거나 중대하게 생각하는 단어들과 관용 표현들을 실제 사복음서-문맥 가운데서 살펴보는 것이 이 대조서의 자료비평 목적에 더 잘 부합할 수 있다. 그렇게 하는 것이 이런 단어들과 관용 표현들을 비평장치나 다른 곳에서 참조하도록 하는 것보다 훨씬 더 좋은 방법이다."(309쪽 참고)

〈오처드 사복음서 대조서〉에는 25쪽 분량의 부록으로 비평장치가 덧붙여져 있다. 그는 매우 간략하게만(XV쪽에 '선별적으로'라는 표현을 썼음.) 덧붙여진 이 비평장치에 대해 다음과 같이 언급한다.

"비평장치의 자료로 쓰기 위해 이미 인쇄되어 있는 인쇄본의 자료들을 사용하였다. 〈티쉔도르프 표준 인쇄본〉과 〈폰 조덴〉의 자료를 우선 사용하였으며, 마가복음(1935)과 마태복음(1940)의 경우 〈레그(Legg)〉의 자료를 인용하였다. 추가적으로 여러 종류의 소책자 안내서들을 사용하였다."(310쪽)

편집자는 그 밖에 〈그리스어 신약성서〉(GNT) 및 〈네슬-알란트 26판〉을 사용하였다.(그 "독보적인 비평장치는 우리가 보유하고 있는 것 가운데 최고의 것으로 보인다.") "특별히 다른 인쇄본에서는 인쇄되어 있는 채로 얻을 수 없었던 자료일 경우에, 기꺼이 〈네슬-알란트〉의 자료를 이 대조서에 사용했다."(310쪽)

집필자의 이러한 진술에 따르면 다음과 같은 사실이 분명해진다. 분명히 이 대조서는 두 부류 중 한 부류의 사람들에게만 필요할 것이다. 한 부류는 처음부터 '그리스바흐의 가설'을 확신하는 사람들이다. 다른 부류는 이런 부류의 사람들과 논쟁을 벌이고자 하는 사람들이다. 그러나 이 대조서는 그 밖에 또 다른 부류의 사람들에게 환영 받을 수도 있다. 그들은 '공관복음서 문제'를 해결하고자 할 때 어떤 어려운 점들이 있는지를 분명히 보여줄 수 있는 자료로 이 대조서를 쓰고자 하는 사람들이다. 이 대조서로 사복음서를 해석하기에는 역부족이다. 특히 이 대조서의 비평장치에는 매우 제한적이고 부차적인 자료들을 실어 두어서 오처드가 제시한 본문은 충분하게 검토할 수 없기 때문이다. 그 대조서의 비평장치를 소개하는 부분과 설명하는 부분에서 영어 원본문을 더 나은 독일어로 번역하게 되기를 바랄 뿐이다.

여기서 언급할 수 있는 셋째 대조서는 부와마르(M.-E. Boismard)와 라무유(A. Lamouille)의 〈그리스어 사복음서 대조서〉(*Synopsis Graeca Quattuor Evangeliorum,* 1986년)이다. 이 대조서에 앞서 프랑스어 대조서가 이미 간행되었다(〈외경 및 교부 인용문 병행 프랑스어 사복음서 대조서〉[*Synopse des Quatre Evangiles en français avec parallèles des apocryphes et des Pères*], 3 Bde 1965-1977). 부와마르/라무유의 〈그리스어 사복음서 대조서〉가 제공하는 본문에 대하여 같은 책 XV쪽에서 다음과 같이 언급한다.(이 책은 여기서 잠시 언급될 뿐 더는 다루지 않는다.)

> "본문비평에 대한 우리 관점이 모든 사람과 공유되기를 기대하지 않으므로, 우리는 우리가 내린 독자적인 결정 사항들에 대해 대부분 개의치 않았다. 제공된 본문은 고전적인 본문이다. 이 본문은 근본적으로 알렉산드리아 본문 형태를 따르며, 따라서 가장 중요한 대문자 사본들(B, S, C, L)의 본문에 비교적 근접한다. 그러나 〈헉-그리벤〉에서 그랬던 것과 마찬가지로 우리도, 이 사본들이 서로 매우 비슷하게 나타나는 경우, 그 해당 구절의 알렉산드리아 본문을 수정했다. 그렇지만 우리는 〈헉-그리벤〉보다는 코이네 본문을 덜 따랐고 오히려 서방 본문을 더 많이 따라갔다. 요한복음에서는 특정 이문들을 받아들였다. 내적 근거들에 따르면 그렇게 해야 할 필요가 있는 듯 여겨졌기 때문이다."(XV쪽)

여기서는 본래 일반적으로 알려진 본문비평장치 사용을 포기한다. 본래의 비평장치를 사용한다면, 너무 많은 공간을 차지하기 때문이었을 것이다. 따라서 비평장치가 불필요한 것이 되었다. "확실히 우리의 대조서를 사용하는 모든 사람은 신약성서의 비평적 소책자 인쇄본, 즉 〈네슬-알란트〉 소책자 인쇄본을 이미 사용하고 있기" 때문이다. " … 우리 본문은 아마도 가장 많이 사용되고 있을 인쇄본인 〈네슬-알란트 26판〉의 소책자 인쇄본과 구별되는 곳에서만 본문비평적인 설명을 기입했다."(XV쪽)

이 대조서는 〈헉-리츠만〉보다 더 일목요연하며 기품 있는 모습을 제공한다. 본문을 콜론과 콤마가 들어 있는 형태로 인쇄하고, 단락별 주제어 표기를 생략함으로써 그렇게 했다. (단락들은 문단들의 구분에 따라서만 일련 숫자들을 붙여 나간다.) 사복음서 각각이 연이어 인쇄되어 있다. 병행 본문 때문에 다른 문맥에서 본문들을 따와야 할 필요가 있는 곳에서는, 따온 본문들을 점선으로 표시한 난외에 실어 두었다. (따라서 계속 대조서를 읽어 나가면서 그 본문을 살펴볼 수 있다.) 그러한 단락들은 이중 평행선으로 표시했으며 문헌적인 정보를 언급할 때에는 그것만을 함께 실어 두었다.

비평장치는 세 부분, 즉 본문비평, 구약성서 인용, 해설 부분으로 이루어져 있다. 이 비평장치는 사복음서와 사도행전, 그리고 '각 복음서의 문체상의 특징들을 분명하게 하는'(XVI쪽) 요한 서신들에 나오는 본문들을 포함한다. 그 외에 신약성서, 외경, 교부 인용문에 대한 각각의 병행 본문들을 포함한다. 이 비평장치들은 다시 기품 있게 정렬되어 있어서, 실제로는 외경과 교부들의 인용문이 나올 때에만 외견상 눈에 띈다. "사복음서 대조 본문 자체의 가독성"(XV쪽)이 이 대조서의 발전 과정에 있어서 최우선 원칙이었다. 그 원칙은 참신하고도 놀랄 만한 성과를 거뒀다. 그러나 다음과 같은 사실을 볼 때 이 원칙에 대해 질문할 수 있다. 이 본문비평장치에서는 모든 것을 빠짐없이 다루는 것을 크게 중요하게 생각하지 않고, 각 이문들에 대해 주요 증거들만을 언급한다(XVI쪽). 무엇보다도 그런 증거들만을 가지고 본문에서 달라진 부분을 논증해야 한다면, 이 비평장치에 적용한 원칙은 과연 충분한 것일까? 사복음서의 본문이 실제로 어떻게 전승되었는지를 알고자 한다면, 독자는 언제나 그리스어 신약성서 인쇄본을 대조서 옆에 두어야 한다. 이제 셋째 비평장치에 관한 편집자들의 설명을 볼 수 있다. 그들은 레쉬(Resch)의 저작, 즉 〈정경 밖에 나오는 사복음서 병행 본문들〉(*Außerkanonische Paralleltexte zu den Evangelien*, 1893/1894)을 "철저히 활용하였으며, 몇몇 군데만을 보완하여 빈틈없이 만들었다."고 밝힌다(XVII쪽). 레쉬에 대해 많은 비판이 일어났다가 또 사라지는 일이 여러 번 거듭되어 왔지만, 정작 이 대조서에서는 그와 관련된 논쟁에 대해서 아무것도 언급하지 않는다. 이제 편집자들은 그들의 그리스어 대조서에서 프랑스어 본문에 대하여 특별한 주의를 기울이며 조심스럽게 유보한다. 그들의 주장에 따르면, 외경과 교부들의 인용문에서는 "아마도 사복음서 정경에서도 사용했을 것으로 보이는 다른 본문 전승들을 사용했다."고 한다(XVII쪽). 그들은 서문에서 이러한 주장을 논증하기 위해 단 두 가지 예만을 인용할 뿐이다. 이것은 우리에게 상당히 미심쩍은 부분이다. 이미 비슷한 경우를 우리는 실제로 경험한 바가 있기 때문이다. 이른바 '서방 본문'을 따라서 본문들이 변경된 경우에서도 마찬가지로 심각한 회의감을 느낀 바 있다. 이에 대해 여기서 설명할 수는 없지만 자세한 설명이 필요한 부분이기는 하다. 짧게 덧붙여 말하자면, 독자가 셋째 비평장치의 내용을 살펴볼 때 그 내용이 미심쩍다는 생각이 엄습해 올 것이다. 편집자들은 가리테(Garitte)가 라틴어로 번역한 도마복음(쿠르트 알란트의 〈사복음서 대조서〉[*Synopsis Quattuor Evangeliorum*]에 나옴.)을 그대로 인쇄한다. 그들이 도마복음을 실을 때, "사복음서 정경 본문과 어떤 식으로든 겹치는"(XVI쪽) '로기엔'(Logien), 즉 예수의 말씀으로만 국한하여 실은 것은 충분히 이해할 만한 일이다. 그러나 도마복음에서 그들이 사히드 방언 전승을 인용하고 있다는 사실, 또 "어휘와 문법적인 구성에서 일치하는 경우 … 그 라틴어 번역을 가능한 한 불가타 본문에 맞췄다."는(XVII쪽) 사실, 이 두 사실을 볼 때에는 한 가지를 더 생각하게 된다. 바로 도마복음에 관해서만 생각할 문제가 아니라는 것이다.

덧붙여 말하자면, 스완슨(R. J. Swanson)의 〈사복음서 대조 수평 배열〉(*The Horizontal Line Synopsis of the Gospels*)〉에 관해 짧게 언급할 수 있다. 이 대조서는 1982년에 마태복음으로 첫 권이 간행되었다. 대조서로서 갖추어야 하는 구성 장치 때문에 분량이 많아지게 되어서(마태복음에 대해서만 440쪽 이상) 4권으로 나눠야만 했다. 수록된 모든 이문들마다 해당 이문 전체를 그대로 옮겨 놓았으며, 이문들 간의 위아래 간격을 매우 넓게 둔 채로 인쇄하였다. 따라서 같은 본문이 반복해서 나오는 경우가 매우 많다. 이 대조서는 이문들과 사복음서 본문을 더 일목요연하게 볼 수 있도록 향상되어야 한다. (사복음서 본문과 여러 이문들이 마태복음과 일치할 경우 밑줄을 그어 놓는데, 이 부분도 더 잘 알아볼 수 있도록 향상시켜야 한다.) 그러나 실제로 이 대조서를 살펴 보면, 사복음서를 수평으로 배열한 구조에서는 공관복음서의 복잡한 문제들을 온전히 파악할 수가 없다는 것을 알게 된다. 물론 스완슨은 병행 본문들을 인쇄하긴 했지만, 모든 본문은 먼저 마태복음이 기준이 되어 거기에 맞춰 병행 본문이 제시되기 때문에 독자에게 일방적인 시각을 제공한다. 대조서 네 권 모두를 가져다 놓고 살펴보면, 아마도 책 전체에 대한 개괄적인 내용을 얻기가 매우 어려울 것이다. 그 개괄적 내용이라는 것은 본문과 본문의 역사 및 복음서들의 생성 역사에 대해 판단 내릴 때 전제가 된다. 스완슨은 – 의심의 여지가 없이 독창적인 – 자신의 작업을 통해 "중립적인 원본 자료"를 얻으려고 애쓴다(IX쪽). 대조서의 본문은 〈그리스어 신약성서 3판〉(GNT)과 일치하며, 함께 수록한 다른 독법들은 원문과의 비교 대조 작업을 거친 결과물에서 가져왔다(XI쪽). 유감스럽게도 기본적인 사항들이 빈약하다. 파피루스들 중 $\mathfrak{P}^{45}$만이 인용되고, 소문자 사본들 중 f^{1}과 f^{13} 외에 28, 565, 1582만이 인용된다. 알렉산드리아의 클레멘스(Clemens Alexandrinus) 인용문이 특별한 역할을 한다. 스완슨은 다음과 같이 생각했다. "모든 증거, 즉 필사본, 번역본들 중 클레멘스의 인용문에만 원문이 들어 있을 가능성"이 있다는 것이다(XVI쪽). 그의 대조서 4권 전부를 확인해 봐야 비로소 이에 대해 최종적으로 판단할 수 있다.

이미 소개된 대조서와 앞으로 더 소개할 대조서들은 모두 서로 보완하여 사용할 수 있으며, 복음서들과 관련된 어떤 문제를 다루든지 그 문제를 다루기 시작할 때 이 대조서들은 좋은 참고 자료가 될 것이다.

이제 쿠르트 알란트가 편찬한 〈사복음서 대조서〉(*Synopsis Quattuor Evangeliorum*) 및 그 대조서의 2개 언어 병행 인쇄본들의 개론적인 설명에 다시 관심을 돌려 보자. 이 대조서들에서는 **본문비평장치의 구성**에 관해 언급할 필요가 거의 없다. 비평장치는 '네슬의 체계'를 따르기 때문이다. 따라서 본 책 349쪽 이하에서 이 〈네슬-알란트〉의 비평장치에 대해 언급했던 모든 개론적인 설명들이 여기서도 적용된다.

다만 두 가지 사항에 유의해야 한다. 〈사복음서 대조서〉(*Synopsis Quattuor Evangeliorum*)의 경우, 이문을 달아 설명하기로 선택한 본문 구절이나 그에 대한 증거 목록도 새로운 〈네슬-알란트 26판〉과 일치하지 않는다. 그 둘 다 〈네슬-알란트 26판〉에 실린 자료의 양을 능가한다. 동시에 〈사복음서 대조서〉(*Synopsis Quattuor Evangeliorum*)는 특별한 의미를 지닌다. 비잔틴 본문이 담긴 대문자 사본을 나타내는 표시가 변경되었다. 그 내용을 여기서 하나하나 설명하지는 않는다. 그 대신 13판 서문을 참조할 수 있다.

〈사복음서 대조서〉(*Synopsis Quattuor Evangeliorum*)를 처음 사용할 때 가장 중요한 문제는 내가 관심을 갖는 특정 단락을 어떻게 빨리 찾을 수 있느냐는 것이다. 매우 간단한 한 가지 방법은 대조서 576-584쪽의 색인을 찾아보는 것이다. 거기에는 단락마다 해당 쪽과 단락별 번호, 즉 찾고자 하는 단락에 관련된 모든 정보가 표시되어 있다. (조금 더 굵은 활자체는 중심 본문, 일반 활자체는 주요 병행절, 작은 활자체는 이차적인 병행절에 해당된다.) 그러나 각 쪽의 상단 난외에 표기한 관련 구절들을 보고 곧바로 직접 몇 번 확인해 보면, 색인을 살펴보는 일은 그리 필요하지 않게 된다. 임의로 287쪽을 한 예로 들면, 그 쪽의 상단 난외 표제는 Matt 18,23-35 — Mark 9,42-50 -**Luk 12,33-34** — John 6,67-71로 나온다. 이것은 이 쪽에서 중심 본문이 누가복음 12:33-34임을 의미한다. (병행절은 마태복음 6:19-21과 마가복음 10:21이다.) 해당 쪽의 난외주에 기입된 다른 참조 구절이 어디에서 중심 본문으로 (병행절과 함께) 나타나는지를 찾으려면, 해당 구절이 쪽 상단에 굵은 활자체로 표기된 것을 발견할 때까지 책장을 다시 앞으로 넘겨 봐야 한다. 254쪽에 이르러서야 조금 더 굵은 활자체로 나오는 마태복음 18:23-35가 중심 본문이 된다. (이곳 전까지 이 구절은 보통 크기의 활자체로 나온다.) 마가복음 9:42-50은 249-250쪽 이하에 나온다. (마찬가지로 이곳 전까지 이 구절은 쪽 상단에 보통 크기의 활자체로 기록되었다.) 이러한 내용은 훨씬 더 쉬운 방법으로도 찾아낼 수 있다. 각 단락의 표제 바로 아래에 참조하도록 병행 단락의 숫자를 표시해 두었기 때문이다. 앞서 예시한 경우에서 살펴보면 64번이 이에 해당된다. 게다가 각 단락의 일반 병행 본문과 가장 작은 활자체로 되어 있는 이차적인 병행 본문에 대해, 그 병행 본문들이 어떤 단락에서 중심 본문으로 나와 있는지를 알 수 있도록 그 단락의 번호와 해당 쪽수를 적어 두었다.

만일 독자가 한 복음서의 본문을 연속적으로 읽으려 하는 경우, 별 어려움 없이 가능하다. 물론 그 복음서의 본문은, 그 본문이 중심 본문으로서 굵은 활자체로 인쇄되어 있는 곳의 단락을 골라서 읽어야 한다. 이때 같은 활자체가 더 이상 이어져 나오지 않고 끊기면 다음 단락에서 해당 번호와 쪽을 참조할 수 있다. 우리가 앞에서 임의로 선택한 단락 202, 즉 누가복음 12:33-34가 중심 단락에 해당되는 이 단락의 경우, 누가복음 본문은 320쪽의 단락 237에 나오는 누가복음 18:9-14까지 중심 본문으로 계속된다. 누가복음 18:9-14 본문 끝에서(괄호 안에 표시되어 있는 부분) 그 다음으로 이어지는 누가복음 18:15-17이 337쪽의 단락 253에서 다시 중심 본문으로 나온다는 것을 알려 준다. 단락 253, 즉 337쪽에서는 이와 상응하는 내용을 누가복음 본문이 시작되는 부분 바로 앞에서(밑줄 쳐진 괄호로 표시된 부분) 볼 수 있다. 즉 누가복음 본문 바로 앞 이곳에, 누가복음이 중심 본문으로서 표기된 곳은 320쪽의 단락 237에 해당된다는 것을 표시해 둔다. 곳곳에서 단락들은 이런 식으로 서로 맞물려 있다. 단락의 처음 또는 끝에 이에 대한 참조 사항이 빠져 있는 경우에는, 그 빠져 있는 단락의 바로 앞 또는 바로 뒤의 단락에서 다시 연결 본문을 찾을 수 있다. 이 대조서를 두세 번만 사용해 봐도 힘들이지 않고 잘 찾을 수 있게 될 것이다. 일련 번호가 매겨진 각 단락의 첫머리에 해당하는 모든 병행 본문들을 수록해 둔(광범위하거나 또는 복잡한 단락일 경우 병행 본문 표기가 많아질 수도 있다.) 것은 유용한 정보가 될 것이다. 매 단락마다 병행 본문들을 한눈에 살펴봄으로써 본문에 대한 전체적인 상황을 좀 더 수월하게 파악할 수 있을 것이다.

〈그리스어-영어 사복음서 대조서〉(*Synopsis of the Four Gospels*)를 여기서 상세히 설명할 필요는 없다. 배열에 있어서 그것은 '대비평본'(editio maior)과 똑같다. 그러나 외경과 초기 교부 인용문에서 가져온 자료는 단락 안에도, 또 부록에도 나오지 않는다. 작은 활자체로 첨가된 이차적인 병행절도 약어 표시로만 기록된다. (그러나 생략된 부분들을 세심하게 표시한다.) 따라서 대비평본에서는 그리스어 본문을 싣는 데 514쪽의 분량이 필요했던 것과 달리, 그 그리스어 본문을 이 대조서에 옮길 때는 338쪽의 분량으로 실을 수 있었다. 분량이 지나치게 비대해지는 것을 막기 위해 이렇게 줄일 필요가 있었다. (338쪽 분량의 영어 본문이 더 추가되기 때문이다). 또한 이렇게 줄일 수 있었던 것은 다음과 같은 배경이 있었기 때문이다. 번역본을 보조 도구로 써가면서 대조서를 공부하는 사람은 외경이나 초기 교부 인용문들에 우선적으로 관심이 가지 않으며, 더욱이 마지막까지 세세한 병행절 본문이 빠짐없이 인쇄되어 있는지의 여부도 우선적인 관심사가 아니라는 것이다. 이 대조서를 사용할 때 염두에 두어야 할 것은, 영어 본문(세심한 주의를 기울여 그리스어 본문과 병행시켜 놓았다.)이 단순히 그리스어 본문 이해를 돕기 위한 것이 아니라, 그 자체로 고유한 — 학문적인 — 가치가 있다는 것이다. '제임스왕역'(흠정역, [King James Version])에서 비롯되는 공식적인 영어 역본들 사이의 이문들을 비평장치에 수록해 두었기 때문이다. 이로써 독자는 영어 성서 번역사를 들여다볼 수 있으며, 이 대조서의 영어 본문으로 실려 있는 '개역표준역'(Revised Standard Version)을 검토할 수 있는 기회를 얻게 된다.

〈네슬-알란트 26판〉의 그리스어-영어 대조 인쇄본은 1981년에 처음으로 간행되었다. 이 대조 인쇄본은 처음에 사복음서만을 본문으로 삼아 출간되었으나, 나중에 더 확장되어 신약성서 전체를 본문으로 삼은 인쇄본이 출간되었다. 〈네슬-알란트 26판〉의 그리스어-라틴어 대조 인쇄본은(새 불가타 본문을 실어 두었을 뿐만 아니라 히에로니무스의 불가타 본문을 실은 다양한 인쇄본들 간의 이문들을 표시해 두었으며, 1979년까지 공식적으로 유효했던 식스토-클레멘트 불가타의 이문들도 함께 실어두었다.) 1984년에 간행되었다. 〈네슬-알란트 26판〉의 그리스어-독일어 대조 인쇄본은 1986년에 처음으로 간행되었다. (그 이래로 모든 대조서 인쇄본이 새로이 간행되고 있다.) 영어 본문으로만 인쇄된 〈영어 사복음서 대조서〉(*Synopsis of the Four Gospels*, English Edition)는 1982년에 처음으로 간행되었다. 1989년에는 〈사복음서 대조서〉(*Synopsis Quattuor Evangeliorum*)의 그리스어-독일어 대조 인쇄본이 간행되었다. 이 인쇄본에는 〈네슬-알란트 26판〉 그리스어-독일어 대조 인쇄본처럼 〈루터성경개정판〉(1984년)과 1979년의 (개신교와 가톨릭의) 〈공동번역〉(Einheitsübersetzung)의 본문이 둘 다 제공된다.

VI. 보조 도구

이 장은 비교적 간략하게 논할 수 있다. 본문비평 연구를 위해 살펴봐야 할 보조 도구는 6개의 범주로 나뉘는데, 각 범주의 보조 도구에 대해 세세하게 모든 경우를 들어 설명할 필요는 없기 때문이다. 개괄적인 참조로 충분할 것이다. 이 6개 범주는 본문비평 작업에서 중요한 순서대로 1. 용어 색인, 2. 사전, 3. 문법책, 4. 복음서들의 연구를 위해 그리스어 신약성서 인쇄본들과 함께 사용되는 공관복음 대조서 및 사복음서 대조서, 5. 전문 서적, 6. 주석서이다.

1. 용어 색인들

용어 색인을 지속적으로 참고하는 일은 본문비평 연구를 위해서만이 아니라 주석 작업을 위해서도 우선적으로 필요한 일이다. 유감스럽게도 모든 사람이 이것을 항상 원칙으로 생각하고 작업하지는 않는다. 그러나 우리 세대에는 처음으로 정말 '완벽한 신약성서 용어 색인'을 사용할 수 있게 되었다. 지금까지는 두 권의 '광범위한' 용어 색인을 이용할 수 있었다.

C. H. Bruder, Tamieion τῶν τῆς καινῆς διαθήκης λέξεων sive Concordantiae omnium vocum Novi Testamenti Graeci. Editio stereotypa septima e quarta auctiore et emendatiore, lectionibus Tregellesii atque Westcotti et Hortii locupletata repetita, Göttingen 1913 (최종판, 재인쇄 1975).

W. F. Moulton/ A. S. Geden, A Concordance to the Greek New Testament

According to the Texts of Westcott and Hort, Tischendorf and the English Revisers, Edinburgh 1897.

몰턴/제덴(Moulton/Geden)의 용어 색인은 자주 재판(가장 최근으로는 1963년에 간행)되었다. 그러나 첫째로, 이 용어 색인은 아직까지 완전하지 않다. 적지 않은 경우 해당 구절 본문들이 전부 완전히 표기되지 않고 해당 장절 표시만으로 채워졌기 때문이다. (이로써 해당 구절 본문들을 쓸모없게 만든다. 관련 문맥을 알려줌으로써 사용된 단어들을 비교할 수 있도록 해 주는 것이 바로 용어 색인의 기능인데, 독자가 해당 구절을 모두 다 찾아볼 수는 없는 일이기 때문이다.) 둘째로, 여기서 기초가 된 본문은 100년이나 된 것이며, 수백 개에 이르는 구절(가장 중요한 구절!)은 오늘날 사용하고 있는 본문과 전혀 관계가 없다.

1978년에 몰턴(H. K. Moulton)은 이 몰턴/제덴의 용어 색인을 새롭게 축소된 판으로 편집하여 간행하였다. 지금까지는 ἀπό, εἰς, ἐκ, ἐν, ὅτι, οὖν, σύν에 구절 표시만을 달아 놓았는데, 이 용어 색인에서는 〈그리스어 신약성서 3판〉(*Greek New Testament*, 이하 GNT)의 본문을 받아들여 그 본문에 따라 해당본문(Lemma)을 달아 놓았다. 그러나 이 몰턴/제덴의 용어 색인의 5판에서도 δέ와 καί의 항목이 완전히 빠져 있다. 또한 ἀλλά, γάρ, ἤ, οὐ, τέ는 구절 표시만 되어 있으며, αὐτός는 (ὁ αὐτός와 αὐτὸς ὁ를 구별하면서) 단수 주격과 복수 주격으로 나누고 각각 해당본문들을 달아 놓았고, 다른 격으로 나오는 단어에 대해서는 모두 해당 장절 표시만을 제시하였다. 항목 ἐγώ에 대해서는 ἐγώ 자체와 ἡμεῖς의 경우에만 해당본문들을 달아 놓았으며, 나머지는 다시 해당 구절 장절 표시만을 제시한다. εἰμί,의 경우 ἐστίν 형태는 해당 구절 장절 표시만을 제공하며, 반면에 항목 ὁ, ἡ, τό의 경우 몇몇 특별한 곳에서만 해당본문이 제공되고 그 밖의 곳에서는 해당 구절 장절 표시만 나온다. οὗτος의 경우도 마찬가지다. σύ는 ἐγώ와 마찬가지로 주격이 다른 격들보다 더 중요한 것처럼 다뤄진다.

1978년의 새로운 판에서도 몰턴/제덴의 용어 색인은 여전히 불완전하며, 여기에 쓰인 100년 된 본문에 대한 비평도 여전히 유효하다. (본래 본문의 기초에 해당하는 것을 부록에서 적절치 않게 변경한 일뿐만 아니라, 그럼으로써 두 개의 본문 형태가 생겨나게 된 일에 대해 누군가가 반감을 갖지 않는다면 말이다. 그러나 충분히 반감을 가질 말한 일이다. 소식통에 따르면 완전한 개정본을 계획 중이다.)

브루더의 용어 색인은 필사본들의 독법을 제공한다는 큰 장점이 있다. 그러나 몰턴/제덴의 것과 똑같이 불완전하다(다른 측면에서이기는 하지만). 특히 해당본문 인쇄의 기본으로 삼은 본문이 실제로는 수용본문에 해당하는 본문이다. 수용본문은 여러 세기가 아니라 과거 몇 세대에 걸쳐 사용된 본문에 불과하다. 따라서 두 인쇄본이 계속 인쇄되는 (또한 판매되는) 것은 가격 때문인지도 모른다. 그런 이유가 아니라면 거의 이해할 수 없는 일이다. 이 두 책은 〈그리스어 신약성서의 완전한 용어 색인〉(*Vollständige Konkordanz zum griechischen Neuen Testament*)과는 가격이 비교가 안 될 만큼 저렴하다.

이는 1869년 이후로 여러 번 재판된 알프레드 슈몰러(Alfred Schmoller)의 〈그리스어 신약성서 문고판 용어 색인〉(*Handkonkordanz zum griechischen Neuen Testament,* Stuttgart, Deutsche Bibelgesellschaft)에도 해당된다. 여기에 쓰인 본문은 지금까지 〈네슬 15판〉/〈네슬 16판〉에 기초하였으며, 1989년에 개정판이 출간될 것이다. 〈네슬-알란트 26판〉과 〈그리스어 신약성서 3a판〉(GNT)에 기초하여 (편하게 사용하도록 더 작게) 새로 개작된 형태이며, 놀라울 만큼 저렴한 가격, 38마르크로 예상된다. '슈몰러'는 처음 봤을 때 생각하는 것보다 훨씬 더 많은 내용을 제공한다.

〈그리스어 신약성서의 완전한 용어 색인〉은 〈네슬-알란트 26판〉과 〈그리스어 신약성서 3판〉(GNT)에서 사용하는 '새 본문'을 기초로 하고 있다. 그뿐만 아니라, 〈티쉔도르프〉와 그 이후 인쇄본들(수용본문을 포함하여)에서 서로 다르게 표기하고 있는 해당본문도 표시해 두었다. 따라서 독자는 처음부터 여러 가지 가능성을 두고 본문을 개관할 수 있고, 원하는 경우 자신의 연구를 위해 다른 인쇄본의 여러 독법을 기초 삼아 살펴볼 수 있다.

게다가 (καί 또는 ὁ, ἡ, τό도 포함한) 각 항목에 대해 (다시 기발하게 고안된 기호 체계에 따라) 선택된 모든 용례들이 해당 구절 본문과 함께 표시된다. 따라서 용례들 간의 관계성을 살펴보기가 용이해진다. 즉 신약성서 인쇄본을 일일이 펼쳐 찾아보지 않아도 각 항목에 대한 용례들을 읽고 연구할 수 있다. (다른 용어 색인 책들에서는 불가능하다.) 마침내 훨씬 더 발전된 색인 체계를 통해서 각 항목들에 대해 객관적인 입장에서 할 수 있는 모든 것들을 내용적인 분류에 따라 정리한 셈이다.

〈그리스어 신약성서의 완전한 용어 색인〉의 책 제목 전체는 다음과 같다. *Vollständige Konkordanz zum griechischen Neuen Testament. Unter Zugrundelegung aller modernen kritischen Textausgaben und des Textus receptus. In Verbindung mit H. Riesenfeld, H.-U. Rosenbaum, Chr. Hannick, B. Bonsack neu zusammengestellt unter der Leitung von K. Aland,* Verlag Walter de Gruyter, Berlin/New York. 이 책은 1975년부터 1983년까지 두 권으로 간행되었다. 제I권(I부 A-Λ, II부 M-Ω)에 관해 중요한 내용은 이미 언급하였다. 그와 달리 제II권에 관해서는 몇 가지 사항을 언급할 필요가 있다.

먼저 II권에서는 처음으로 신뢰할 만한 단어 통계 자료가 제공된다. (컴퓨터 전산으로 처리되었기 때문이다.) 신약성서 전체를 통틀어 각 권에 나오는 모든 단어들의 용례가 실려 있다(1-305쪽, 이로써 모르겐탈러(Morgenthaler)의 〈신약성서 어휘 통계〉[*Statistik des Neutestamentlichen Wortschatzes,* Frankfurt, 1958, ²1972]를 넘어선다.). 모르겐탈러의 책은 〈네슬 21판〉을 기초로 하고 있기 때문이다. 이어서 '신약성서에 나오는 단어와 그 단어의 문법적 변화형들을 알파벳 순서대로 정렬한 목록'이 나온다. 각 단어에 대한 빈도수도 같이 달아 놓았다(307-404쪽). 이 목록은 바우어(W. Bauer)의 사전(본 책의 415쪽 참고)을 보완하는 데 상당한 역할을 할 것이다. 〈바우어 사전〉의 제1-5판이 단어들의 문법적인 변화형들을 제공하려고 애쓰기는 했지만, 제6판에서야 비로소 그에 대한 자료들이 완전하게 제공되고, 마찬가지로 신약성서 어휘들의 빈도수에 대한 정보도 함께 실렸다. 그러나 제6판에서도 단어의 각 변화형에 대해서는 해당 빈도수를 표기하지는 못했다. 그 빈도수는 한 단어의 용례에 대한 판단을 내릴 때 핵심적인 요소에 해당하는 것이다. 이 점은 〈그리스어 신약성서의 완전한 용어 색인〉 II권의 셋째 부분에도 마찬가지이다. 이 부분에는 '신약성서 어휘를 빈도수가 큰 순서대로 배열한 목록'이 실려 있다(405-446쪽). 주석가에게는 이 부분이 별로 중요하지 않은 것처럼 보일 수 있다. (본문비평가에게는 그렇지 않다.) 그러나 더 정확하게 읽어 보면 이 부분에서 흥미로운 점들을 시사하고 있다는 것을 알게 된다. 신약성서에 가장 자주 나오는 단어는 (추측되는 바와 같이) 관사 ὁ, ἡ, τό(19,904회)이다. 그 다음이 καί이나 크게 격차가 벌어진다(9,164회). 이런 식으로 계속한다면, 일천 번을 넘는 단어는 19개에 불과하다. (그 중에서는 γάρ가 제일 끝에 온다.) 'Ἰησοῦς는 919회만 나오며, 81번째 단어(ἰδού)가 200회, 172번째 단어(ἀλλήλων)가 100회 등장한다. 975번째 단어는 그 빈도수가 11회에 불과하고 그 뒤로 총 4,500 단어가 뒤를 잇고 있다. 두 번만 나오는 단어가 7쪽에 달하며, 단 한 번 기록된 단어들 즉 '하팍스레고메나'(Hapaxlegomena)는 14쪽 이상을 차지한다! '하팍스레고메나'에 해당하는 단어들이 어휘 빈도수 목록 다음에 나오는 목록(447-460쪽)에 알파벳 순서로 배열되어 있다. 그리고 신약성서 각 책 별로 정리되어 있다. 적어도 이 부분에서만큼은 주석에 대한 관심과 신학적인 관심을 갖고 봐야 할 것이다. 신약성서 각 권마다 나타나는 독특한 단어들이 어디에서 어떤 용도로 쓰였는지, 또 그 뒤에는 어떤 이유들이 있는지를 살피는 것이 가장 중요하기 때문이다.

그 책의 마지막 부분(461-557쪽)은 '알파벳 역순으로 정리한 단어 색인'이다. 이 부분은 주석가뿐만 아니라 어쩌면 본문비평가에게도 거의 관심을 끌지 못할 것이다. 그러나 필사본들을 연구하는 학자들에게는 매우 중요한 것이다. 수십 년간 고전문헌학자들이 당연한 작업 도구로 여기며 갖고 있었던 신학성서 분야의 자료들을, 이제는 이 마지막 단어 색인 부분에서 정리할 수 있게 되었다. 흥미로운 사실이지만, 여기서는 논외로 둔다. 위에서 이미 언급했던 것들뿐만 아니라 이 자료의 집계도 신약성서본문연구소와 뮌스터/베스트팔렌 대학 전산 센터의 긴밀한 상호 협조에 의해서만 가능할 수 있었다. 신약성서본문연구소에서 새 본문을 컴퓨터용 전산자료(Magnetband)에 옮겨 놓음으로써, 이 본문을 여러 가지로 계속 활용할 수 있는 토대가 마련되었다.

〈그리스어 신약성서의 완전한 용어 색인〉 제2권은 최근 간행된 〈네슬-알란트의 그리스어 신약성서 26판과 그리스어 신약성서 3판에 대한 용어 색인〉(*Konkordanz zum Novum Testamentum graece von Nestle-Aland, 26. Auflage und zum Greek New Testament, 3rd Edition,* 이전에는 컴퓨터-용어 색인 [Computer-Konkordanz]으로 명명)과 마찬가지로 이제 사용할 수 있는 첫 자료들일 뿐이다.

이 용어 색인은 〈그리스어 신약성서의 완전한 용어 색인〉을 구입하기에는 재정적으로 부담된다고 여기는 사람들을 위한 것이다. (이해할 만한 일이다.) 또한 〈그리스어 신약성서의 완전한 용어 색인〉에서 제공하는 새 본문에만 관심 있을 뿐, 백 년에 걸친 이 본문의 이문들에는 관심이 없기 때문에 이 책이 필요 없다고 생각하는 사람들을 위한 것이다.

그러나 다음과 같은 한계를 알아 두어야 한다. 이 용어 색인은 크기가 작다(그리고 가격도 훨씬 싸다. 168마르크.)는 이점을 갖기는 하지만, (1) 해당본문들의 수록에 관한 한 완전하지 못하다. 매우 자주 나오는 28개 단어에 대한 해당본문이 실려 있지 않고 장절만 부록(단락 1-64)에 표시되어 있다. (2) 〈그리스어 신약성서의 완전한 용어 색인〉에 나오는 색인 체계는 단어 용례에 대한 항목별 연구에 결정적인 도움을 주는 것임에도, 여기에는 이 색인 체계가 들어 있지 않다. (3) 해당본문들의 구분 작업은 컴퓨터를 써서 하는 것을 훨씬 넘어설 정도로 세심하게 해 놓았지만, 이 경우에도 〈그리스어 신약성서의 완전한 용어 색인〉의 '규격에 맞춘 광범위한 작업'에 비하면 '소량의 맞춤 제작을 위한 작업' 수준에 불과하다. 특별한 의미가 있는 본문만을 강조하여 나타내는데, 이것은 컴퓨터 작업으로 작성되기 시작한 이 용어 색인(이 때문에 이전에는 '컴퓨터 용어 색인'이라 불렀다.)의 생성 역사를 보면 설명이 된다. 사용법에 대한 이 이상의 정보는 이 책의 서문에 나온다.

2. 사전

본문비평에서 용어 색인 다음으로 가장 중요한 도구는 **사전**이다. 수십 년 동안 이 분야에서 독보적인 선두 주자는 **발터 바우어**의 〈바우어 헬라어 사전: 신약성경과 초기 기독교 문헌의 헬라어-한국어 사전〉(*Griechisch-deutsche Wörterbuch zu den Schriften des Neuen Testaments und der übrigen urchristlichen Literatur*)이다. 1988년에 제6판이 새로 개정 출간되었고 알란트 부부(K./B. Aland)가 편찬하였다. (가격은 148마르크이다.) 대략 250개 정도의 항목이 확장되었고 새로운 본문에 맞게 변경되었다. 그뿐만 아니라 신약성서에 나오는 단어들이 빠짐없이 제공되며, 사도 교부들과 (지금까지 언급될 수 없었던) 신약성서 초기 외경들 중 중요한 어휘들을 게재한다. 기독교 문헌, 비기독교 일반 문헌, 유대 문헌들과 저자들 등에 대한 목록에 대략 100개 이상의 항목이 늘어났다. 무엇보다도 이제는 이 사전을 더 일목요연하게 볼 수 있으며, 더 쉽게 사용할 수 있게 되었다.

영어권에서는 이 사전을 오랫동안 아른트(Arndt)/깅그리치(Gingrich)의 이름을 붙여 출간했다. 어느 정도 시간이 지나서야 마침내 이 사전의 실제 내용에 합당하게 바우어의 이름을 붙여 출간하게 되었다. 바우어가 수록한 내용에 많은 영어 참고 문헌들을 덧붙였으며, 무엇보다도 책 내용의 배열에 있어서 더 향상된 모습을 갖추긴 했다. 그럼에도 불구하고 실제 내용은 거의 바우어의 사전을 번역한 것이나 다름없기 때문에 그렇게 한 것이다. 바우어의 저작에 대해 비판하고자 한다면, 그것은 나무에 가려 숲을 보지 못하는 것과 같은 경우에 해당할 것이다. 즉 찾고자 하는 본문 구절을 찾지 못하는 경우가 드물지 않게 있었다는 점이다. 이것은 제5판까지 해당된다. 제6판에서는 새로운 인쇄 기술로 그 난점이 제거되었다. 이 기술로 인해 책의 분량을 더 늘리지 않고도 더 포괄적인 개관 외에 추가 자료가 3분의 1 정도 덧붙여졌다.[1)]

참고 문헌 목록 자료와 관련하여 가장 유용한 도구는, 키텔(G. Kittel)이 기초를 놓고 여러 전문가들이 협력한 가운데 프리드리히(G. Friedrich)가 1979년에 편찬한 〈신약성서 신학 사전〉(*Theologisches Wörterbuch Zum Neuen Testament*)의 X권 2부이다. 이 책에 350쪽 분량의 '참고 문헌 부록'이 달려 있다. 이 부록은 아주 훌륭한 보조 역할을 할 것이다.

이 신학 사전의 표제 단어들은 단어 그룹별로 배열되었으며, 책의 제목이 암시하듯이 결코 모든 것을 전부 다루는 책은 아니다. 그러나 X권, 제1부, 109-153쪽에 나오는 '그리스어 단어 색인'이 부족한 점을 보충한다. 여기서 초학자는 자신이 관심을 갖는 단어가 어떤 단어 그룹에 속하며 이 단어가 그 외에 어디서 언급되는가를 알 수

1) 초기 기독교 문헌의 경우 (변증가들에 대해서도 이미 지금 바우어 사전에서 핵심적인 내용 모두가 게재되었음에도) 보조 자료로 하인리히 크라프트(Heinrich Kraft)의 *Clavis Patrum Apostolicorum*(Darmstadt: 1963), 굿스피드(E. J. Goodspeed)의 *Index patristicus sive Clavis Patrum Apostolicorum operum*(Leipzig, 1907, 새 판 1960)과 *Index apologeticus sive clavis Iustini Martyris operum aliorumque apologetarum pristinorum*(Leipzig, 1912)을 참조한다.

있다. 그뿐만 아니라 그 단어가 항목별 표제어에 바로 해당되지 않고 부수적인 설명을 위해 함께 수록된 단어일 경우, 이 단어들에 대한 참조 목록도 찾아볼 수 있다.

아홉 권(1,400마르크 이상의 가격에 상당함.)의 사전과 두 권의 색인 목록(400마르크 이상의 가격에 상당함.)으로 이루어진 기념비적인 〈신약성서 신학 사전〉은 학생들이 구입하기에는 그 가격이 높게 책정되었다. 발츠(H. Balz)와 슈나이더(G. Schneider)가 편집하고 〈신약성서 신학 사전〉과 동일한 출판사에서 간행한 **〈신약성서 주석 사전〉** (***Exegetisches Wörterbuch Zum Neuen Testament***)은 1978-1983년에 세 권으로 출판되었다(각 권 180마르크). 〈신약성서 주석 사전〉은 '바우어'가 아니라 '키텔'의 후속물로 여겨진다. 〈신약성서 신학 사전〉을 '키텔'이라고 줄여서 부르기 때문이다. 이 책에서 주력한 점은 "히브리어와 그리스어에 능숙하지 않은"(이 책의 첫 권 서문 참고) 독자들도 사전을 사용할 수 있도록 했다는 점이다.

코에넨(L. Coenen), 바이로이터(E. Beyreuther), 비텐하르트(H. Bietenhard)에 의해 두 권으로 편찬된 수준 높은 〈신약성서 신학 개념 사전〉(*Theologische Begriffslexikon zum Neuen Testament*, Wuppertal, [4]1986, 98마르크)도 '키텔'을 모델로 삼고 있다. 이제까지 언급한 세 가지 전문 사전은 단어에 대한 중요 내용을 설명하는 사전 유형에 속한다. 이 유형에 속하는 것으로 몇 가지를 더 보충하면, 스피크(C. Spicq)의 주요 저작이며 3권으로 된 〈신약성서 사전학 주해〉(*Notes de Lexicographie Néo–Testamentaire*, Fribourg/ Göttingen 1978/1982)와 지벤(H. J. Sieben)의 〈신약성서 및 교부신학 개념들에 대한 특별 목록 요약〉(*Eine Bibliographie zu Wörtern und Begriffen aus der Patristik*, Voces, Berlin, 1980) 등이 여기에 포함된다. 이런 유형의 사전들 모두의 주된 역할은 개별 개념들을 더 깊이 있게 이해하도록 돕는 것이다. 이런 사전들을 사용한다는 것은, 신약성서를 위한 사전 하나 정도는 이미 알고 있으며 사용하고 있다는 것을 전제한다. 예를 들어, 신약성서를 연구할 때 늘 지니고 사용해야 하는 〈바우어 사전〉과 같은 것을 말한다. 그 외에 프로이쉔(E. Preuschen)의 〈그리스어-독일어 신약성서 소책자 사전 제6판〉(*Griechisch-deutsche Taschenwörterbuch zum Neuen Testament*, 1976, 쿠르트 알란트[Kurt Aland]가 감수하였고 이때부터 여러 번 재판되었다. 가격은 24마르크)은 실제로 (수준 높은) 단어장으로만 쓰일 뿐이다.

학생들은 각각 자신의 힘으로 신약성서 단어들의 주요 의미를 암기해야 한다(정말로 α부터 ω까지). 신약성서에 나오는 단어 각각의 빈도수가 이 책의 난외에 제공된다. 그래서 단어 암기는 결정적으로 크게 쉬워졌다. 이 책을 가지고 처음 공부해 나갈 때, 기호 *(10회 이상 나오지 않는 단어) 또는 기호 +(한 번만 나오는 단어)에 무슨 내용이 담겨 있는지 모른 채 지나칠 수 있다. 학생이 스스로 충분한 어휘력을 갖췄다고 생각하는 경우 부록에서 자신의 어휘력을 확인해 볼 수 있다. 이 부록의 189-197쪽에는 최소 10번 이상 나오는 단어들이 나오므로 어휘력을 테스트해 볼 수 있기 때문이다. 어휘들을 테스트할 때 단어를 처음 보자마자 단어의 뜻을 바로 말할 수 있는 경우, 다른 어휘들을 계속 테스트할 수 있을 것이다. 다만 리네커(Rienecker)의 〈그리스어 신약성서 단어 풀이〉(*Sprachlichen Schlüssel zum Griechischen Neuen Testament*)와, 이와 비슷한 부류이며 두 권으로 된 저빅(M. Zerwick)과 그로스베너(M. Grosvenor)의 〈그리스어 신약성서 문법 분석〉(*A Grammatical Analysis of the Greek New Testament*, Rom 1974/1979)을 사용하는 것은 주의할 필요가 있다. 학생은 이 책들에서 신약성서 각 구절에 대해 동사 형태에 대한 설명이 함께 달린 필수 어휘들을 찾아 확인할 수 있다. 그러나 이런 책들만을 전적으로 사용하는 경우 그리스어 어휘력은 향상되지 않는다. 프로이쉔의 〈그리스어-독일어 신약성서 소책자 사전〉에도 누락된 동사 형태들이 있다는 것을 확인할 수 있다. 이와 달리 추천할 만한 책이 있는데, 유감스럽게도 누가복음에만 해당되는 책이다. 두 권으로 된 책인 밍크(G. Mink)의 〈누가복음〉(*Lukas-evangelium*, Münster, 1985)은 도움이 될 만하다.

〈바우어 사전〉과 같은 고전적인 사전을 최소한 두 가지 더 언급해야겠다.

먼저 리델(H. G. Liddell)/스코트(R. Scott)의 〈그리스어-영어 사전〉(*A Greek-English Lexicon*)이다. 이 책은 존스(H. S. Jones)에 의해 두 권으로(제9판, Oxford, 1940) 새롭게 출간되었으며(이때부터 여러 판으로 계속 출간되었다.), 바버에 의해(E. A. Barber, Oxford, 1968), 또 리네한에 의해(R. Renehan, *Greek Lexicographical Notes*, Hypomnemata 45와 74, Göttingen, 1975, 1982) 이 책의 보충 자료가 출간되었다.(Göttingen, 1975, 1982)

다음으로는 람페(G. W. H. Lampe)의 〈교부학 그리스어 사전〉(*A Patristic Greek Lexicon*, Oxford, 1961)이다.

전자는 기독교와 관계없이 일반 그리스어를 기초로 삼았으며, 후자는 그리스 교회 교부들의 용례에 기초하고 있다. 그러나 두 사전 모두 주로 전문가들에게만 유용한 책이다. 본문비평가나 주석가가 이 두 책에서 일반적으로 필요로 하는 내용들은 (학생들만 이 내용을 필요로 하는 것은 아니다.) 〈바우어 사전〉에서도 볼 수 있는 내용이다. 2,200쪽이 넘는 〈리델-스코트 사전〉(대형판!)과 거의 1,600쪽에 이르는 〈람페 사전〉(대형판!)이 훨씬 더 많은 정보를 제공할 것이라는 사실은 쉽게 이해할 만한 일이다. 그럴지라도 변증가들의 문헌까지 이르는 초기 기독교 문헌에 관한 한 〈바우어 사전〉이 〈람페 사전〉보다 더 상세하며 더 정확하다고 말할 수 있다.

1988년 로우(J. Louw)/나이다(E. Nida)에 의해서 전혀 새로운 형태의 사전이 간행되었다. 〈의미 영역에 기초한 신약성서 그리스어-영어 사전〉(*Greek-English Lexicon of the New Testament based on Semantic Domains*)이다. 이 사전은 신약성서의 그리스어 단어들을 93개의 단어군(의미 영역)으로 나누어 설명하며, 각 의미 영역은 다시 여러 하부 영역들로 나누어져 있다. (예를 들어 제3영역에 해당하는 식물들의 경우, 이 영역의 하위 영역으로서 식물들[일반적 의미에서의 식물들], 나무들, 나무가 아닌 식물들, 열매 맺는 식물들, 열매를 맺지 않는 식물들, 나무와 목제품들 등이 나누어져 있다.) 이 사전은, 여러 단어군들에 대해 각 단어군에 속하는 단어들이 서로 얼마나 밀접한 관계를 갖고 있으며, 각 단어군에 얼마나 많은 단어들이 있는지를 들여다보는 데 도움을 준다. 특히 동의어들 간의 정확한 의미 차이를 구별하는 데에도 도움이 된다. 원래 이 사전은 성서 번역자들만을 생각하고 만든 것이었다. 그러나 충분한 영어 지식을 갖추고 있다는 것을 전제한다면, 이 사전이 주석가들에게도 유용하게 쓰일 수 있다는 것은 의심의 여지가 없다.

3. 문법책

문법책은 용어 색인, 사전과 마찬가지로 본문비평가(와 주석가)에게 없어서는 안 되는 보조 도구이다. 여러 종류의 고등학교 문법책을 비롯하여 대학생들을 위한 문법책들이 있다. 이런 책들을 여기서 특별히 언급하지는 않는다. 그리스어를 가르치는 사람은 자신이 선호하는 책을 택하여 그 책으로 수업을 할 테고, 학생들은 수업을 듣는 가운데 그 책에 익숙해지게 될 것이기 때문이다. 이런 책들은 각기 장점과 단점을 지니고 있다. 어쨌든 어떤 문법책을 사용하든지 학생들은 다음 단계로 넘어가기 전에, 사용하던 문법책의 내용을 철저하게 숙달해야 하는 것은 분명하다. 그러나 여기에 머물지 않고 반드시 다음 단계로 넘어가야 한다. 이런 문법책들은 기초적인 내용만 제공하기 때문이다. 독자적으로 본문비평 연구(또는 주석)를 하고자 하는 이들에게 다음 여러 책이 유용할 것이다.

프리드리히 블라스/알베르트 데브루너(F. Blass/A. Debrunner), Grammatik des neutestamentlichen Griechisch(신약성서 그리스어 문법) (최종 13판, 타바코비츠[Tabachovitz]의 증보판, Göttingen 1970), 14판에서 레코프(F. Rehkopf)에 의해 아주 새롭게 개정되고 (단락별 숫자 표시 구분을 동일하게 유지하며) 증보됨. Göttingen 1976, [16]1984(재검토).[2)]

블라스/데브루너(F. Blass/A. Debrunner), A Greek Grammar of the New Testament and Other Early Christian Literature. A Translation and Revision of the ninth-tenth German edition incorporating supplementary notes of A. Debrunner by Robert W. Funk, Cambridge 1961.

상세한 색인, 특히 인용 구절 색인은 필요한 정보를 얻는 데 매우 유용하다. 그러나 네 권으로 이루어진 다음 책도 빠뜨려서는 안 된다.

몰턴/터너(J. H. Moulton/N. Turner), A Grammer of New Testament Greek, Edinburgh, 1906-1976 (여러 번 재판되었다.)

다양한 측면에서 새로운 정보들을 사용하길 원한다면, 다음의 책을 추천할 만하다.

퀴너/게르트(R. Kühner/B. Gerth), Ausfürhliche Grammatik der griechischen Sprache(그리스어 문법의 자세한 설명) (처음 나온 2권의 책은 블라스가 우선 작업하였음), 3판 1890-1904(이때부터 후속 판이 이어졌음), Darmstadt 1965 판에는 칼더(W. M. Calder)의 색인 목록(Index locorum)이 달려 있음.

특히 다음 책을 언급할 수 있다.

슈비처/데브루너(E. Schwyzer/A. Debrunner), Griechische Grammatik, auf der Grundlage von Karl Brugmanns Griechischer Grammatik) (II권 1-3은 고

2) [역자주] 2001년에 18판이 간행되었다.

전학 안내서로 ^{2}1953/1958년에, III권에는 게오르가카스[D. J. Georgacas]의 상세한 색인이 달려 있다.)

끝으로, 다음 저서는 독자적인 지위를 갖는다.

루트비히 라더마허(L. Radermacher), Neutestamentliche Grammatik, 2판 1925(=I권은 Hans Lietzmann이 펴낸 Handbuch zum Neuen Testament이다.)

프란시스 토마스 기냑(F. Th. Gignac), A Grammar of the Greek Papyri of the Roman and Byzantine Periods, 지금까지 두 권, Mailand 1976/1981.

4. 사복음서 대조서

사복음서는 여전히 논쟁 가운데 있기 때문에, 복음서들의 주석 작업 및 본문비평 작업을 위해 사복음서 대조서는 없어서는 안 되는 보조 도구이다. 이는 이미 397쪽 이하에서 언급하였다. 여기서 다시 반복할 필요는 없다.

5. 전문 서적

신약성서 본문비평에 기여한 전문 서적들 중 무엇보다 중요한 책은, 비록 50년이 지난 것이기는 하지만 계속해서 사용되는 다음 책이다.

에른스트 폰 돕쉬츠(Ernst von Dobschütz)에 의해 전면 개정된 Eberhard Nestle, Einführung in das Griechische Neue Testament 4. Auflage(그리스어 신약성서 입문 4판), Göttingen 1923.

이 책은 자료의 양이나 분량에 있어서 아래 소개되는 책에 미치지 못한다.

라그랑주(M. J. Lagrange), Critique textuelle, II La Critique rationelle(Paris, 1935).

그뿐만 아니라 위의 책은 다른 많은 면에서 볼 때에도 앞서 언급한 〈그리스어 신약성서 입문 4판〉을 넘어선다. 〈그리스어 신약성서 입문 4판〉은 적은 분량의 책이지만, 그럼에도 실제로 본문비평 및 주석 작업을 할 때 다른 책에서는 곧바로 찾을 수 없는 (특히 빨리 찾을 수 없는) 자료와 참고 사항을 (에버하르트 네슬이 모아 놓은 소중한 자료들로부터) 여전히 계속 제공해 주고 있다.

그 다음으로 다음 책을 언급할 수 있다.

메츠거(B. M. Metzger), Der Text des Neuen Testaments. Eine Einführung in die neutestamentliche Textkritik(신약의 본문. 신약성서 본문비평 입문), Stuttgart 1966.[3]

마찬가지로 다음 책들을 언급할 수 있다.

치머만(H. Zimmermann), Neutestamentliche Methodenlehre(신약성서 방법론). Darstellung der historisch-kritischen Methode, 7판 K. Kliesch가 개정, Stuttgart 1982.

에거(W. Egger), Methodenlehre zum Neuen Testament(신약성서 방법론), Freiburg 1987.

치머만(H. Zimmermann)/클리쉬(K. Kliesch)의 〈신약성서 방법론〉(*Neutestamentliche Methodenlehre*)에서 이 책의 주제를 폭넓게 다루기는 했다. 그럼에도 이 책의 제7판이 언급된 것을 보듯이, 이 책은 신약성서 본문비평의 입문서로(특히 가톨릭교회에서) 사용되는 책이다. 실제로 이 책은 본문비평의 실제 적용 연습을 위해 잘 선정된 수많은 실례를 제공한다. 또한 개정판에서는 외형을 새롭게 바꾸어 간행하였다.

이 밖에도 독자적인 지위를 주장하는 다음과 같은 책이 있다.

아담스(A. W. Adams)에 의해 개정된 케년(F. G. Kenyon), Der Text der griechischen Bibel, 2판 Göttingen 1961.[4]

---

3) [역자주] 이 책의 영어 원본은 *The Text of the New Testament: Its Transmission, Corruption, and Restoration*(New York: [1]1964, [2]1968)이다.

4) 영어 역, A. W. Adams, *The text of the Greek Bible*, London, 1975.

이 책에서는 그리스어 신약성서를 70인역의 문맥에 연결해 놓았다. 이 때문에 이 책의 독자적인 지위를 스스로 주장하는 것만은 아니다.

그 밖에 모든 신약성서 본문비평 개론서들, 포겔스(H. J. Vogels)의 〈신약성서 본문비평 안내서〉(*das Handbuch der Textkritik des Neuen Testaments*, 제2판, 1955년)나 바가나이(Vaganay)의 개론서에서부터 그린리(Greenlee)의 개론서에 이르기까지, 또 그 개론서들로부터 파생된 여러 개론서들은 수준이 떨어진다. 반면에 여러 개의 논문을 엮어 놓은 다음 책들은 중요하다.

콜웰(E. C. Colwell), Studies in Methodology in Textual Criticism of The New Testament, Leiden 1969.

메츠거(B. M. Metzger), Chapters in the History of New Testament Textual Criticism, Leiden 1963.

메츠거(B. M. Metzger), New Testament Studies, Philological, Versional, and Patristic, Leiden 1980.

메츠거(B. M. Metzger), The Early Versions of the New Testament, their Origin, Transmission, and Limitations, Oxford 1977.

알란트(K. Aland), Studien zur Überlieferung des Neuen Testaments und seines Textes, Berlin 1967.

알란트(K. Aland), Neutestamentliche Entwürfe, München, 1979.

여기서 오늘날 본문비평학의 여러 입장들을 분명하게 개관할 수 있다. 각 책마다 여러 개별적 질문에 대한 가치 있는 자료를 제공한다.

특별히 다음 책이 강조되어야 한다.

A Textual Commentary on the Greek New Testament. A Companion Volume to the United Bible Societies' Greek New Testament (third edition) by Bruce M. Metzger on behalf of and in cooperation with the Editorial Committee of the United Bible Societies' Greek New Testament, Kurt Aland, Matthew Black, Carlo M. Martini, Bruce M. Metzger, and Allen Wikgren (London, [3]1975). –

(『신약 그리스어 본문 주석』, 제2판이 장동수 번역으로 대한성서공회 성경원문연구소에서 출간됨)

이 책은 특히 초학자가 본문비평적인 문제들에 대한 판단을 내릴 때 도움을 준다. 이 책에서는 〈그리스어 신약성서 3판〉(GNT)에서 본문비평장치를 달아 놓은 모든 구절들에 대한 설명이 들어 있다. (그러나 그 밖에 더 풍부한 자료를 달아 놓은 곳도 있다. 예를 들어 사도행전이 그런 경우이다.) 즉 '새 본문'을 집필한 편집위원회가 어떻게, 또 어떤 이유로 각 구절들을 '새 본문'으로 채택하기로 결정하였는지를 설명해 준다.

독자는 메츠거(Mezger, 책 제목에 드러난 저자가 메츠거이지만)의 논증 모두를 말 그대로 받아들이려 하지 않을 것이다. 예를 들어 이 책에서 자주 언급되는 말이 있다. 선택한 독법이 옳다는 사실은 '본문 유형의 다양성'에 의해 뒷받침된다는 것이다. 개별적인 설명에서와 마찬가지로 이러한 종류의 논증은 무조건 납득할 수 있는 것으로 보이지는 않는다. 이 책에서 전문 용어를 사용할 때 '원-알렉산드리아 본문'(Proto-Alexandrian)과 '후기-알렉산드리아 본문'(Later Alexandrian)은 본 책에서 언급했던 '알렉산드리아 본문'과 '이집트 본문'에 해당된다. 이 책에 나오는 '서방 본문 증거들' 및 '가이사랴 본문'과 '이전-가이사랴 본문'이란 용어에 관해서는, 본 책에서 이에 대해 여러 번 설명한 내용을 참조할 수 있다. 특히 메츠거의 독자적 견해는(이러한 견해를 담은 자료가 상당히 많다.) 본문비평에 있어서 자신의 보수적 입장을 드러낸다. 다음과 같은 일은 결코 우연이 아니다. 그의 주석서를 보면, 이미 보도한 것과 같이 '위원회의 다수에 해당하는 사람들'이 그 본문을 확인한 바가 있다는 메츠거의 주장을 자주 보게 되는 것이다. 메츠거의 저작에 대해서 언제나 같은 기대를 갖게 되는 것처럼, 이 주석서에도 그가 매우 세심한 주의를 기울여 작업한 수많은 내용들이 담겨 있다. 메츠거는 편집위원회의 심의와 결정을 기록한 회의록에 근거하여 주석서를 썼다. 그러나 해가 거듭되면서 위원회의 서기가 여러 번 바뀌었기 때문에, 회의록의 질과 상세함의 정도에 있어서 일관된 모습을 보이지 않는다. 그래서 메츠거는 적지 않은 내용들을 전면적으로 새로 작업해야 했다.

신약성서 그리스어 필사본들의 경우에 현재 표준적인 참고 자료는 쿠르트 알란트의

〈신약성서 그리스어 필사본 요약 목록〉(*Kurzgefaßte Liste der griechischen Handschriften des Neuen Testaments*, Berlin 1963, ANTF 1. 이하 〈요약 목록〉) I장의 전체적인 개관(Gesamtübersicht)이다.

> 물론 이 자료는, 이 책이 간행된 이후에 간행된 책들의 여러 후속 자료들을 사용하여 보충해야 한다. 즉 ANTF 3(신약성서 필사본 지식을 위한 자료[Materialien zur Neutestamentlichen Handschriftenkunde I, Berlin 1969]) 1-53쪽(이후 덧붙여져야 하는 후속 목록[Fortsetzungsliste] VII)과 신약성서 본문 연구 진흥을 위한 헤르만 쿤스트 재단(Hermann Kunst-Stiftung)의 연례 보고서 1970/1971년의 14-19쪽, 1972/1974년의 11-13쪽, 1975/1976년의 11-16쪽, 1985/1987년의 59-60쪽 등이 이에 해당한다. 〈요약 목록〉에서는 신약성서 증거 목록으로 $\mathfrak{P}^{76}$, 0250, 2646, *l* 1997까지 기재하며, 추가된 후속 목록에 $\mathfrak{P}^{96}$, 0274, 2795와 *l* 2209까지 표시해 두고 있다. 그리고 새로운 개정판을 준비하고 있다. 그 책에는 현재까지의 자료가 모두 보충되어 있으며, 이후에는 더 이상 보완 자료를 참고할 필요가 없게 될 것이다.

〈요약 목록〉의 끝에 나오는 필사본 기호 색인 목록은 실제로 본문비평 작업을 할 때 특히 중요하다. 이 목록에서는 〈폰 조덴〉(기호 색인 II, 334-349쪽) 및 〈티쉔도르프〉(기호 색인 I, 321-333쪽)에서 — 또한 더 이른 시기의 인쇄본에서 — 사용했던 필사본 기호 표시들을 현재 사용하는 기호들로 바꿀 수 있다는 것을 일목요연하게 보여 준다.

> 〈폰 조덴〉의 기호 체계를 접할 때는 누구든 처음부터 주의를 기울여야 한다. 〈티쉔도르프〉에 대해서는 너무 쉽게 잊어버리는 사항이 있다. 사도행전부터는, 표기된 소문자 사본들의 기호를 표기된 그대로 적용해서는 안 되며, 적용하기 전에 현대의 기호에 맞게 바꿔서 적용해야 한다는 것이다(101쪽 이하 참고). 이와 마찬가지로 〈티쉔도르프〉에서는 신약성서 대문자 사본들을 표시한 수많은 기호들이 변경되어 있다는 사실도 쉽게 잊어버리고 만다. 〈요약 목록〉의 두 색인 목록, 즉 〈티쉔도르프〉와 〈폰 조덴〉의 기호를 변경하여 실은 색인 목록은 실용적인 목적을 위해 작성된 것이기 때문에, 티쉔도르프의 '에디티오 옥타바 마이오르'(Editio octava maior)나 폰 조덴의 인쇄본을 사용하고자 하는 사람은 누구나 이 목록을 사용해야만 할 것이다. (이

두 기호 색인 목록이 매우 많은 부분에서 완벽하지 않다는 점을 인지하면서도 다른 보조 도구들을 – 예를 들어 베네딕트 크라프트[Benedikt Kraft]의 책[50쪽 참고]을 – 우선적으로 사용하고 싶은 마음이 없는 경우를 말한다.)

기호 색인 목록 III(350-371쪽)은 현재 사용하는 필사본 기호 체계를 따른다. 또한 〈폰 조덴〉의 기호를 어떤 기호로 변경하여 표시하고 있는지를 보여 준다. 이것은 성서 본문 연구 서적들에 나오는 풍부한 자료에 쉽게 접근할 수 있도록 고안되었다. 이 목록에서는 개별 필사본들에 관한 매우 상세한 현대적인 설명들을 자주 볼 수 있다. 그뿐만 아니라 아직 충분히 연구되지 않은 필사본 그룹과 그룹으로 묶게 된 배경에 관한 참조 설명도 나온다.

신약성서 파피루스 사본들의 경우 현재 이용할 수 있는 가장 상세한 자료는 쿠르트 알란트가 편찬한 〈그리스어 기독교 파피루스 사본 목록 I: 구약성서, 신약성서, 잡문집, 외경〉(*Repertorium der griechischen christlichen Papyri I, Biblische Papyri: Altes Testament, Neues Testament, Varia, Apokryphen,* Patristische Texte und Studien 18, Berlin, 1976)에서 볼 수 있다. 〈요약 목록〉에서는 필사본 연구에 없어서는 안 될 중요한 자료만을 제공한다. 또한 정기간행물 *New Testament Studies*에 알란트(K. Aland)가 여러 차례 투고한 소논문 시리즈 '새로운 신약성서 파피루스 사본들'에서는 선택된 몇몇 사본 그룹만을 다룬다. 파피루스 각각의 개별 연구를 위해 이제 새로운 시리즈 〈파피루스 신약성서〉(*Das Neue Testament auf Papyrus*)가 간행되기 시작했다. 이에 따라 공동서신을 담은 제I권이 1986년에 간행되었다(《신약성서 본문 연구 시리즈》 6[Arbeiten zur neutestamentlichen Textforschung bd. 6]). 또한 로마서와 고린도전·후서를 담은 제II권도 인쇄되었다. 이 책에서 모든 파피루스 본문을 일목요연하게 볼 수 있도록 옮겨 놓았으며, 비평장치에 모든 대문자 사본들의 독법을 빠짐없이 표기해 두었다.

끝으로 교부들의 신약성서 인용문들에 대한 참고 서적으로 다음의 책을 언급할 수 있다. 이 책은 우리 세대에 더할 나위 없이 소중한 자료로 꼽을 수 있다:

Biblia Patristica. Index des citations et allusions bibliques dans la littérature Patristique. I권: Des origines à Clément d'Alexandrie et Tertullien, Paris

1975(1986년 재판); II권: Le troisième siècle(Origène excepté), Paris 1977(1986년 재판); III권: Origène, Paris 1980; IV권: Eusèbe de Césarée, Cyrille de Jérusalem, Epiphane de Salamine, Paris 1987.

이 책은 스트라스부르(Straßburg)에 있는 '교부학 문헌과 분석을 위한 자료 센터'(Centre d'analyse et de documentation patristiques)에서 브누아(A. Benoît)와 프리정(P. Prigent)의 지도하에 편집 작업을 거쳐 출판되고 있다. 일차 목적이 해석학 작업이기는 하지만 교부들이 사용한 신약성서 본문을 재구성하기 위해 필요한 기초 자료들도 제공한다. 그 자료는 전적으로 교부들이 펴낸 문서 증거에 기초하고 있다. 4, 5세기 교부 인용문들에 관한 책들이 빠짐없이 비교적 빠른 기간 내에 출판된다면, 이것으로써 이득을 보게 되는 분야가 신약성서 본문비평만은 아닐 것이다.

6. 주석서들

주석서들이 이 장의 마지막 부분에 언급된 이유는 그 수가 적기 때문이다. 이곳에서는 주석서를 평가하거나 추천할 만한 책을 언급하거나 하는 일은 할 수가 없다. 단지 본문비평과 관련하여 특별히 널리 알려져 있는 몇몇 주석서 시리즈를 언급하기로만 한다. 독일어 주석서들 가운데 일 순위로 꼽힐 수 있는 책은 한스 리츠만(Hans Lietzmann)에 의하여 시작된 〈신약성서 주석〉(*Handbuch zum Neuen Testament*) 총서이다(참고: 1971년 이 주석서 시리즈의 제8권으로 간행된 리츠만의 로마서 주석 제5판에 '바울서신의 본문 역사 입문'이 나온다.). 이 주석서 시리즈와 더불어 특별히 언급할 수 있는 책은 100년 전에 마이어(H. A. W. Meyer)가 시작한 〈비평적-석의적 신약성서 주석〉(*Kritisch-exegetische Kommentar über das Neue Testament*)이다. 이 주석서들은 모두 여러 세대를 거쳐 여러 학자들에 의해 개정되어 왔다. 또한 이 주석서들 가운데 이전 세대들의 주석서와 현 세대의 주석서를 함께 사용한다면, 그때마다 그에 따르는 실익을 얻게 될 것이다.

1970년에 요하네스 바이스(Johannes Weiß)의 1910년 고린도전서 주석과 한스 빈디쉬(Hans Windisch)의 1924년 고린도후서 주석이 각각 재판되었으며, 1974년에는 에른스트 폰 돕쉬츠(E. v. Dobschütz)의 1909년 데살로니가 주석이 재판되었다.

이러한 사실을 통해 이 주석서들 가운데서 오늘날에도 여전히 큰 의미가 있는 것은 어떤 내용인지, 특히 본문비평과 본문의 역사에 관해 중요한 것은 어떤 내용인지 분명히 알 수 있다. 일반적으로 볼 때, 이전의 주석서들에 비해서 현대의 주석서들은 본문비평과 본문의 역사 분야에 대해 훨씬 더 적은 부분을 할애한다.

동일한 이유로, 여러 권으로 구성된 테오도르 찬(Theodor Zahn)의 주석서 시리즈 〈신약성서 주석〉(*Kommentar zum Neuen Testament*)을 언급할 수 있다. 특히 찬(Zahn)이 저술한 여러 권을 참조할 만한 책으로 꼽을 수 있다.

이 주석서들에서는 이전 세대들의 주석서들에서 다뤘던 많은 부분을 다루고 있지만, 그 내용을 보면 시대에 뒤떨어지는 것들이 많다. 어쩌면 그 내용을 보고 심지어 불편한 마음이 들 수도 있다. 그러나 이 주석서들에서는 다른 곳에서 발견할 수 없는 수많은 본문비평적 논의를 제공하며 그로 인해 문제를 제기할 수 있는 통찰을 얻게 된다. 이는 독일어로 된 옛 주석서들만이 아니라 영어로 된 옛 주석서들의 경우에도 그대로 해당된다. 웨스트코트(Westcott), 호트(Hort), 라이트푸트(Lightfoot) 등의 주석서들(그 중 몇 개는 재판된 것을 이용할 수 있다)은 처음 간행되었을 때와 마찬가지로 지금도 본문비평에 도움이 되며 자극이 되기도 한다. 이 주석서들의 주석 방법 전통을 따르는 주석서들이 계속 출간되고 있다. 예를 들면 셀윈(E. G. Selwyn)의 〈베드로전서〉(*The First Epistle of St. Peter,* London ^{2}1947, 여러 번 재판되었음)가 있다.

긴 시리즈인 〈국제 비평 주석〉(***International Critical Commentary***, ICC) 총서도 많은 자료를 제공하며, 어쨌든 최소한 참조해야 할 주석서이다.

이 옛 (그리고 대부분 잊혀진) 주석서들을 사용하는 사람은 다음 사실에 놀라게 될 것이다. 바로 이 옛 주석서에서 해당 구절에 대한 값진 내용들을 자주 발견하게 된다는 사실이다. 그는 이외에도 많은 다른 주석서들 가운데 하나를 스스로 선택하여 사용할 것이다. 추천할 만한 주석서들을 여기서 우리가 말해 주기에는 너무 많아서 다 말해 줄 수 없을 정도이다. 그러나 본문비평 작업은 외적인 증거로 시작하며, 외적 증거가 명료하게 설명된 이후에야 내적 기준이 고려된다. 이것이 주석서들을 사용하기 이전에 용어색인, 사전, 그리고 문법책들을 사용하는 이유이다. 왜냐하면 주석서들은 다음과 같은 사실 여부를 확인하고자 할 때 결정적으로 영향을 미치기 때문이다. 바로 지금까지 선호된 독법이, 신약성서 가운데 어떤 한 책의 신학적 진술이나 여러 책을 저술한 이의 신학적 입장에 잘 들어맞는지를 확인할 때를 말한다. 다음 장의 처음 부분에서 우리는 '본문비평 작업을 위한 12가지 기본 원칙'을 제시하려 한다. 이때 적잖이 강조해야 하는 점이 있다. 본문비평 작업을 할 때 내적 기준만을 가지고 결정을 내릴 순 없다. 특히 내적 기준이 외적 기준과 서로 어긋날 때는 더욱 그러하다. 그럼에도 "외적 기준과 내적 기준, 양자의 요구를 최고로 충족시키는 독법만이 원문에 해당하는 본문일 수 있다"(원칙 2). 이 원칙은 본문비평의 관점에서 본문비평 작업을 위해 취하는 입장이기는 하지만 주석 작업의 경우에도 해당한다. 주석 작업에서는 어떤 사항에 대해 결정을 내려야 할 때, 주석 작업만 단독으로 또는 주로 내적 기준에 의존하여 작업하게 되는 경우가 드물지 않다. 또한 해당 사항에 대한 외적 기준을 소홀히 여기거나 완전히 잊어버리곤 한다. 내적 기준과 외적 기준은 각각 별도로 적용되는 것이 아니라 서로 함께 적용되는 것이며 서로 영향을 끼치게 된다. 두 기준 사이의 이런 관계성은 본문비평과 주석 사이의 관계를 엿볼 수 있게 해 준다. 각기 두 성격이 더 긴밀하게 연결될수록 양쪽 연구는 더욱 더 풍성한 결과를 가져올 것이며, 그 연구 결과는 더 큰 신뢰를 얻게 될 것이다.

수많은 정기간행물 중 특히 루뱅(Leuven) 가톨릭대학이 편찬한 *Ephemerides Theologicae Lovanienses*를 참조할 수 있다. 이 간행물은 정기적으로 신약성서 본문과 본문비평에 관한 논문들을(특히 나이링크[F. Neirynck]가 집필한) 게재한다.

VII. 신약성서 본문비평 적용 안내

(선별된 예를 중심으로)

방법론에 대한 염려에도 불구하고 다음과 같은 방식에 따라 설명해 나가기로 결정을 내렸다. 실제적인 예들로부터 그에 대한 원칙들을 추론해 나가는 방식이 아니라, 오히려 각 장의 첫머리에 기본 원칙들을 먼저 진술하고, 해당하는 실례를 적용하는 방식으로 진행하기로 결정한 것이다. 그럼으로써 이 원칙들이 옳다는 것을 입증하고, 이 원칙들을 더 분명하게 전하려는 것이다. 이미 앞에서 이런 방식으로 다룬 몇몇 예시들이 있으며, 이런 방식으로 진행할 때 지면이 더 절약되고 더 교육적인 효과를 낸다.

1. 본문비평을 위한 12가지 기본 원칙

1. 한 개의 독법만이 원문에 해당하는 것일 수 있다. 그러나 한 구절에서도 매우 많은 이문이 있을 수 있다. 다만 신약성서 전승 가운데 나타나는 현상, 즉 본문이 변형되지 않고 끈질기게 형태를 보존하려는 특성 때문에 아주 드문 경우를 보게 된다. 중요한 본문 구절에서 서로 견줄 만한 둘 또는 그 이상의 독법이 나오는 경우이다. 이럴 때에는 확실히 하나를 결정하기 어려울 수도 있다. 해결하기 어려운 본문상의 문제를 접할 때 다음과 같은 방식으로 풀어나가려 해서는 안 된다. 즉 본문 전승에 아무런 모순점이 없는 구절임에도 추측하거나 가정하여 그 구절에 보충 해설이나 삽입구를 덧붙여서는 안 된다. 그러한 시도는 그 문제를 포기하는 것 또는 본문에 폭력을 가하는 것이라고 말할 수 있다.

2. 외적 기준과 내적 기준이 서로 가장 잘 상응할 때, 그때의 독법만이 원문에 해당

할 수 있다.

3. 본문비평 작업은 언제나 필사본 전승을 통해 발견된 결과로부터 시작하고 그 후에야 내적 기준을 고찰할 수 있다.

4. 본문비평 작업을 할 때, 내적 기준(구절의 문맥, 문체와 어휘, 저자의 신학적 사상 체계)만을 가지고 결정을 내릴 순 없다. 특히 내적 기준이 외적 기준과 서로 어긋날 때는 더욱 그러하다.

5. 본문비평 작업에서 어떤 결정을 내려야 할 때 가장 큰 비중을 차지하는 것은 그리스어 필사본 전승이다. 일반적으로 번역본들과 교부들의 인용문들은, 결정을 내리는 데 단지 보충적이며 확인하는 기능만을 제공한다. 특별히 기초가 된 그리스어 본문이 확실하게 재구성될 수 없는 구절일 때 그러하다.

6. 이때 필사본들은 그 가치로 가늠되어야 하고, 수로 계산되어서는 안 된다. 그 외에도 각 필사본들의 고유한 특성이 고려되어야 한다. 초기의 파피루스 사본들이나 특정 대문자 사본, 또는 특정 소문자 사본들에 대해 평가를 내릴 경우, 기계적으로 높은 평가를 내릴 수 있는 낱개 필사본이나 필사본 그룹은 없다. 본문을 지지하는 어떤 필사본들의 특정 조합이 이미 맨 처음부터 다른 필사본들의 조합보다 더 신뢰할 만한 경우에도 마찬가지이다. 오히려 본문비평 작업에서 그때그때마다 결정을 새롭게 내려야 한다(분리의 원칙).

7. 다음의 원칙은 이론적으로만 볼 때는 옳은 것으로 여길 수 있다. 즉 단독으로 존재하거나 또는 거의 단독으로 존재하는 것이나 다름없는 필사본이나 역본일지라도, 거기에서 원문에 해당하는 독법을 찾아낼 수 있다는 원칙이다. 이 원칙을 우선적으로 따르는 절충주의로는 결코 신약성서 원문을 찾아내지 못한다. 오히려 그 본문에 대해 미리 내렸던 평가를 확인시켜 줄 뿐이다.

8. 각 이문마다 이문에 대한 여러 독법들의 계보를 작성해 놓으면(계보의 원칙), 그것은 매우 중요한 보조 도구가 된다. 다른 독법의 생성을 자연스럽게 설명해 줄 수 있는 독법이 원문일 가능성이 매우 높기 때문이다.

9. 이문들은 분리된 채 따로 취급되어서는 결코 안 된다. 언제나 전승 문맥이 고려되어야 한다. 그렇지 않을 경우 어떤 시간과 공간에서도 실제로 존재한 적이 없는 '인공적인 본문'을 만들어 낼 위험이 너무 크다.

10. 이문이 어려우면 어려울수록(lectio difficilior) 그 이문은 더욱 개연성이 크다

(lectio potior)는 원칙이 있다. 그러나 이 원칙이 기계적으로 적용되어서는 안 된다. 따라서 가장 어려운 이문(lectio difficillima)이, 가장 읽기 어렵다는 그 이유만으로 원문으로 채택되지는 않는다.

11. 이문이 짧으면 짧을수록 그 이문은 더욱 개연성이 크다(lectio brevior=lectio potior)는 원칙이 있다. 많은 경우에 이 오래된 원칙이 들어맞는다. 그러나 여기서도 이 원칙이 기계적으로 적용되어선 안 된다. 그러나 개정자에 의해 본문이 교정될 때 본문 전승에 대해 지켜야 할 규칙들을 지키지 않고 개정자가 제멋대로 여러 군데에서 생략하거나 확장한 경우, 이런 본문을 담고 있는 증거에 대해서는 이 원칙이 적용되지 않는다(예를 들어 베자 켄터브리지언 사본[D]). 일반적으로 생각하게 되는 상식적인 규칙이 있다. 병행 본문에서 유래한 이문이나 구약 인용문을 70인역에 맞춰 비슷하게 만들어 버린 이문은 부수적인 이문일 것이라는 규칙이다. 그러나 이러한 규칙도 기계적으로만 적용해서는 안 된다. 틀렸다는 것을 드러내기 위해 특별한 점을 꼬집어 결론지어 버리는 일은, 원칙 10(lectio difficilior)과 마찬가지로 여기서도 위험한 일이다.

12. 본문비평을 익히기 위한 가장 좋은 스승은, 필사본 전승들을 직접 다뤄보며 꾸준히 새로운 경험을 쌓아가는 것이다. 본문비평 작업을 통해 어떤 생산적인 결과물을 내고자 하는 사람은, 최소한 훌륭한 초기 파피루스 사본 하나, 비중 있는 대문자 사본 하나, 중요한 소문자 사본 하나쯤에 대해서 그전에 이미 빠짐없이 원문 비교 대조 작업을 해본 경험이 있어야 한다. 본문비평에 있어서 순수 이론가는 흔히 도움을 주기보다는 해를 입히는 경우가 많기 마련이다.

12개 원칙 내용 가운데 각 원칙의 첫째 문장에 해당하는 내용은 본문비평을 공부하는 학생들에게도 해당되는 내용이다. 그러나 둘째 문장의 내용에 대해서는 그 누구도 학생들에게 반드시 해당되는 것이라고 단정지어 말할 수는 없다. 후자는 생산적인 연구, 즉 본문을 재구성하는 일에 적극적으로 참여하려는 사람들에게만 적용된다. 그럴지라도 본문비평을 수용적 자세로 공부하는 학생들도 이 분야의 일부 지식을 알아야 할 것이며, 본문비평 지식은 자신이 개인적으로 관심 있는 영역에도 득이 될 것이다. 즉 스스로 연구하여 얻은 것이든 주석서를 읽고 파악한 것이든, 자신이 숙지한 해결책들을 수용할지 거부할지를 스스로 결정할 수 있게 된다.

2. 선별된 예시 구절 논의: 이문 형성 과정과 이문 선택 과정에 대한 설명

본 책에 나오는 삽화들이 보여주듯이(예를 들어, 122쪽 이하 참고), 초기의 필사본들은 연속 기록(scriptio continua)이다. 즉 대문자로 된 철자들이 단어와 단어 사이, 문장과 문장 사이에 띄어쓰기 없이 연속적으로 기록되었다. 아주 드문 경우에만 읽는 데 도움을 주는 표시가 나온다. 마가복음 **10:40**은 단락의 결론 문장이다. 그 단락은 세베대의 두 아들 야고보와 요한이 하늘나라에서 예수의 좌우편 자리를 요구하는 내용에 해당한다. 예수께서 간청을 거절하는 부분에 대해 여러 대문자 사본에서는 다음과 같이 기록한다. ΤΟΔΕΚΑΘΙCΑΙΕΚΔΕΞΙΩΝΜΟΥΗΕΞΕΥΩΝΥΜΩΝΟΥΚΕCΤΙΝΕΜΟΝΔΟΥΝΑΙΑΛΛΟΙCΗΤΟΙΜΑCΤΑΙ. 이 기록을 철자 그대로 두고 띄어쓰기를 다르게 하여 문장을 만들어 보면, 본문은 완전히 다른 두 가지 의미를 가질 수 있다. ΑΛΛΟΙC는 ἀλλ' οἷς로 구분되거나 한 단어 ἄλλοις가 될 수 있다. 따라서 예수 우편의 자리는 (세베대의 아들들을 포함할 수도 있는) 이미 정해진 어떤 사람들의 것이거나 아니면 (세베대의 아들들을 제외한) 다른 사람들을 위해 준비된 것으로 풀이될 수 있다.

〈네슬-알란트 26판〉의 비평장치는 다음 내용을 제공한다. 40 ⸀ · ἄλλοις 225 it sa^{ms} ¦ ·ἄλλοις δε sy^{s} ¦ *txt* B^{2} Θ Ψ $f^{1.13}$ 𝔐 lat sy$^{p.h.}$ bo (*cet. incert.*). 이것은 필사자들이 그 본문에 대해 ἀλλ' οἷς가 맞는 것으로 해석했음을 나타낸다. — 그들이 표시하는 cet. incert.(ceteri incerti=나머지는 불확실하다)는 띄어쓰기 없이 철자들을 연속적으로 기록한 대문자 사본들을 참고하라는 것이다. (특기할 만한 것이 있는데, 바티칸 사본의 후기 필사본인 B^{2}에서는, 첫 필사본에서 미처 알아차리지 못했던 부분을 표시해 줌으로써 그 해석을 분명하게 한다.) 그러나 소문자 사본 225(몇몇 다른 것들과)와 고대 라틴어 전승의 일부(it는 본문을 지지하는 lat와 다르다)와 사히드어 사본에서는 ἄλλοις로 이해했다. 시리아어 시내 사본은 δέ를 덧붙여 ἄλλοις를 강조한다. 비평장치에 기록된 (그 절 끝에 부가된) 둘째 이문 ⸆*p*) ὑπὸ τοῦ πατρός μου ℵ$^{*.2}$ (Θ) f^{1} 1241 *pc* a r$^{1\ vid}$ sy^{hmg} bo^{ms}은 병행 본문의 영향(이 부가는 마태복음 20:23에서 전승된 것이다)을 드러내며, 본문 이해에 긍정적 영향을 주기 위해 덧붙인 보충적인 범주에 해당하는 이문이다. 이 두 요인, 즉 병행 본문에 맞추고자 하는 것과 긍정적 영향을 위해 보충하고자 하는 것은, 필사본의 이문에 대한 근거로서 셀 수 없을 만큼 자주 나온다.

마가복음 10:40은 이문들의 해당 필사본의 원 대본을 보면 완전히 똑같은 철자로 이루어져 있다. 그럼에도 불구하고 이문이 형성되는 과정을 보여 주는 예시 가운데 가장 잘 알려져 있는 예를 보여 준다. 그와 비슷한 실례들이 더 있다. (참고: 예를 들어 마태복음 **9:18** ΕΙϹΕΛΘΩΝ은 새 본문에 기록되어 있듯이 εἶς ἐλθών으로 읽거나, 대다수본문을 포함하는 일련의 필사본들에 기록되어 있듯이 εἰσελθών으로 읽을 수 있지 않겠는가? [προσελθών에 대한 이문들은 일단 제외한다.] 두 가지 형태가 다 문맥상으로 뜻이 통한다. 그 밖의 다른 전승들에서 이와 비슷하게 나타나는 이문들을 보면, 어떻게 이런 문제에 대한 어려움을 해결하려 했는지 알 수 있다.)

대문자 사본은 보기에는 좋아 보여도(여러 삽화 참고) 많은 철자들이 비슷하게 연이어져 있다. 철자의 혼동 자체도 이문이 형성되는 이유가 될 수 있다.

C E Θ O

Γ Π T

ΛΛ M

Δ Λ

문자들이 서로 매우 비슷해서 문자상의 혼동이 있었을 것이란 생각이 들기 마련이다. 특히 한 필사자가 한 획을 부주의하게 덧붙일 수 있고, 그것을 본 다음 필사자는 그 실수를 제대로 파악하지 못할 수도 있다.

로마서 **6:5**의 본문은 ἀλλά이며 비평장치의 이문 ἅμα는 F G 사본(과 라틴어 역본들)에 의해 지지된다. 이것은 ΑΛΛΑ-ΑΜΑ의 오독으로 쉽게 설명된다. 유다서 **1:12**의 비평장치의 이문 ἀπάταις가 본문에는 ἀγάπαις로 나온다. 여기서도 ΑΓΑΠΑΙϹ를 ΑΠΑΤΑΙϹ로 잘못 읽은 경우이다. 히브리서 **4:11**의 본문과 비평장치에 각각 ἀπειθείας와 ἀληθείας(ΑΠΕΙΘΕΙΑϹ와 ΑΛΗΘΕΙΑϹ), 고린도전서 **5:8**의 본문과 비평장치에 각각 πονηρίας와 πορνείας(ΠΟΝΗΡΙΑϹ/ΠΟΡΝΕΙΑϹ)가 나오는 것도 마찬가지의 경우이다.

그 이외에도 많은 예들을 인용할 수 있다. 이런 식으로 생긴 새 단어가 문맥에서 어떤 의미를 지니게 되었을 때 좋지 않은 결과를 가져왔다. 그러나 그 새 단어가 아무 의미를 지니지 못할 때는 훨씬 더 좋지 않은 결과를 가져왔다. 이럴 경우 이 새로운 단어를 본 필사자는 단어나 문장 일부를 임의로 고쳐 새로운 의미를 만들어 내려 했기 때문이다. 상당수의 이문들은 순전히 이런 기계적인 과정을 통해 생기는 오류들을 전제할 때 쉽게 설명할 수 있다. 때로는 심지어 단 한 획의 차이만으로도 완전히 다른 본문이 생성된 이유를 설명할 수 있다.

예를 들면 사도행전 **1:3**은 οἷς καὶ παρέστησεν으로 시작한다. 몇몇 필사본들에서는 ὁ Ἰησοῦς καὶ παρέστησεν…으로 기록한다. 이 이문은 내용상 이해할 수 있으나 생성 과정은 수수께끼로 남아 있다. 앞의 내용을 기억해 본다면, 대문자 사본들에서는 맨 앞부분을 OIC로 기록하고 있을 것이다. 신적인 명칭에 대한 표기(nomina sacra)에 대해 $\overline{\Theta}$C = θεός, $\overline{\mathrm{KC}}$ = κύριος, $\overline{\mathrm{IC}}$ = Ἰησοῦς와 같이 생략된 형태로 기록하므로 O$\overline{\mathrm{IC}}$는 ὁ Ἰησοῦς를 가리키게 된다. 그렇다고 한다면 다음과 같은 사실이 매우 분명해진다. 사도행전 1:3에서 ὁ Ἰησοῦς로 적은 필사자는 단 하나의 필사 대본을 갖고 있었으며, 그 필사 대본에는 IC 위에 실수로 줄이 그어져 있었다는 것이다. (에프라임-시루스 재생 사본에서 C를 $\overline{\mathrm{IC}}$로 적고 있는 경우와 같다.) 그것이 오해로부터 비롯된 일이라는 것은 명백하다. (따라서 이 이문은 〈네슬-알란트〉의 비평장치에 기록되지 않았다.) 반대의 경우이긴 하지만, 디모데전서 3:16의 그리스도 찬양시가 발전되는 형태에서 비슷한 예를 볼 수 있다. 본문에서는 ὃς ἐφανερώθη(ℵ* A* C* F G 33. 365 *pc*)로 시작된다. 즉, 대문자 필사본에 OCEΦANEPΩΘH로 기록되어 있다는 뜻이다. 누군가가 OC 위에 줄을 그어야 할 것으로 여기고 잘못 줄을 그어 $\overline{\mathrm{OC}}$로 기록했다. 그 후 그 본문은 더 경건한 듯 보였을 테고, 그래서 거의 항상 $\overline{\mathrm{OC}}$를 $\overline{\Theta}$C = θεος에 대한 오독으로 파악해야만 했다. (아마도 $\overline{\mathrm{OC}}$를 $\overline{\Theta}$C로 또는 $\overline{\Theta}$C를 $\overline{\mathrm{OC}}$로 파악하게 되는 일이 동시에 일어났을 수도 있다.) 이에 따라 ℵ A C 사본에서는 후대의 필사자가 수정하여 $\aleph^c$ A^c C^2 D^2 Ψ 𝔐 vg^{ms}는 본문을 θεος로 읽는다. 그 다음 단계에서(88 *pc*) 관사 ὁ가 더 추가된다.

이러한 이유로부터 많은 것을 설명할 수 있다. 이문 발생의 원인에 대해 철자의 혼동을 그 이유로 들 수 있지만 쉽게 생각할 수 있는 또 다른 여러 이유들이 있다. 필사자가 철자 하나, 또는 연속으로 이어지는 몇 개의 철자, 또는 음절을 실수로 중복 기록하거나(중복오사, **Dittographie**) 아니면 실수로 생략했을(중자탈오, **Haplographie**) 수 있다. 이 둘 모두 매우 쉽게 생각해 볼 수 있는 일이며 그 실례가 많이 있다. 많이 논쟁되고 있는 이러한 종류의 예들 중에 대표적인 구절은 **데살로니가전서 2:7**에 나오는 ΑΛΛΑΕΓΕΝΗΘΗΜΕΝΝΗΠΙΟΙΕΝΜΕϹΩΥΜΩΝ이다. 바울이 여기서 원래 ἤπιοι로 기록하였다면, νήπιοι의 ν를, 이 단어 앞에 있는 ἐγενήθημεν의 마지막 문자 ν을 중복 기록하여 생긴 오류라고 설명할 수 있다. 아니면 원래 νήπιοι였으나 거기서 ν가 실수로 생략되어 ἤπιοι가 된 것으로 설명할 수 있다. 어떤 것이 맞는 것일까? '새 본문'은 νήπιοι로 읽으며, 그것에 대해 〈네슬-알란트 26판〉의 비평장치는 다음 증거들을 제시한다.

⸀+ ηπιοι $\aleph^{c}$ A C^{2} D^{2} Ψ^{c} $\mathfrak{M}$ vg^{st} (sy) sa^{mss} ¦ *txt* $\mathfrak{P}^{65}$ ℵ* B C* D* F G I Ψ* 104*. 326^{c}. 2495 *pc* it vg^{ww} sa^{ms} bo; Cl

십자 표시는 〈네슬-알란트 25판〉에서 ἤπιοι로 읽었음을 가리키고, 〈네슬-알란트 26판〉의 부록 II를 보면, 〈네슬-알란트 25판〉만이 아니라 〈티쉔도르프〉, 〈폰 조덴〉, 〈포겔스〉, 〈메르크〉에서도 그렇게 읽었음을 알게 된다. 이보다 더 이른 시기의 인쇄본들, 즉 〈웨스트코트/호트〉와 〈보버〉에서만 νήπιοι가 본문에 들어가 있다.

필사본 전승을 살펴보면 초기 전승들에서는 νήπιοι($\mathfrak{P}^{65}$는 3세기 것이다!)로 읽고 νήπιοι에서 ἤπιοι로 전승이 발전되고 있음이 분명하다. 시내 사본 ℵ, 에프라임-시루스 재생 사본 C, 클라로몬타나 사본 D^{p}에서는 Ψ와 소문자 사본 104와 마찬가지로 모두 원래 필사된 νήπιοι로 읽고, 후대의 교정자에 의해서야 ἤπιοι로 교정된다. 알렉산드리아 사본에서만 (대다수본문과 마찬가지로) 처음부터 ἤπιοι로 읽는다. 바티칸 사본 B, 사본 F, G, I와 소문자 사본 2495는 알렉산드리아의 클레멘스(Clemens von Alexandrien)와 마찬가지로 (〈그리스어 신약성서〉[*Greek New Testament*, 이하 GNT]의 설명에 따르면 수많은 주요 교부 인용문에서도) 처음부터 νήπιοι로 읽는다. 소문자 사본 326에서만 반대로, ἤπιοι를 νήπιοι로 고쳐 읽는다.

이렇듯 외적 증거는 분명해 보인다. 물론 여기에 이의를 제기할 수 있다. 중요한 대문자 사본들의 경우, 교정자들은 원본의 중복 표기 오류(Dittographie)만을 바로잡았다는 것이다. 그러나 상당수의 증거에 비하면 이런 이의 제기는 거의 영향을 미치지 못한다. ℵ, C, D, Ψ와 104의 경우 곳곳에서 같은 중복 표기 오류가 나타나는 우연한 일이 일어날 수 있을까? 거의 일어날 수 없는 일이다.

우리는 여기서 어떤 변화의 움직임이 일어나는 것을 살필 수 있다. 그 움직임은 내용상으로 볼 때 단어 νήπιοι가 잘 맞지 않는 듯하다는 생각으로부터 비롯된다. 많은 현대 주석가들 역시 그렇게 여기는 모습을 보게 된다. 그들이 ἤπιοι를 바울이 쓴 표현으로 여기고자 할 때, 그 표현은 바울이 쓰는 어휘들과는 어울리지 않는다. 그 밖의 다른 어떤 곳에서도 바울은 이 단어를 쓰지 않기 때문이다.

νήπιος가 오히려 전형적인 바울의 어휘이다. 〈그리스어 신약성서의 완전한 용어 색인〉(*Vollständigen Konkordanz zum griechischen Neuen Testament*) 2권에서 볼 수 있듯이, 단어상의 통계(이전 장에서 권고했듯이, 용어 색인을 계속 사용하는 것이 중요하다는 것을 여기서 보여 준다.)에 따르면 νήπιος가 신약성서에 15회 나오며 그 중 11회가 바울서신에서 나온다(그 외 마태복음에 2번, 누가복음과 히브리서에 각각 한 번)! 게다가 νηπιάζω는 바울에 의해서만 사용된다(고린도전서에서 한 번). 이와 달리 ἤπιος는 신약성서에 단 한 번, 디모데후서에 나온다.

나타나는 상황을 보면 어느 정도 분명해 보인다. 이 단어 νήπιος가 여전히 계속 사용되고 있을지라도, νήπιος가 필사자의 수정 즉 일반적인 어휘 사용에 맞춰 고쳐 놓은 것이라는 주장은 더 이상 힘을 얻지 못한다. 게다가 필사본들(대문자 사본들 참고)에 나타나는 결정적인 근거가 있다. 필사본들의 전승 과정을 살펴보면 이 단어에 대한 발전 방향은 ἤπιοι로 읽는 독법을 뒷받침하는 주장과는 정확히 반대 방향으로 나타난다. νήπιοι가 바로 좀 더 어려운 이문에 해당되는 것이며(원칙 10, lectio difficilior 참고), 주석가들은 이 독법을 택해야 한다.

유감스럽게도 이 부분 역시 그 밖의 다른 경우와 마찬가지로 보인다. 주석가들은 그들이 바울에 대해 이해하는 수준이 마치 바울이 실제 말하고자 했던 수준에 다다른 것처럼 여기는 듯 보인다. (바울서신이 새로운 단위로 다양하게 구분되는 것을 볼 때 때때로 이런 인상을 피할 수 없다.) 에른스트 케제만(Ernst Käsemann)의 로마서 주석에서 일련의 본문 구절들에 대해 증명해 보였던 내용은 눈여겨볼 만하다. 지금까지 바울에게서 유래한 것으로 볼 수 없던 본문에 대해, 그 본문이 바울에게서 유래한 것일 뿐만 아니라 그 본문에 나타난 표현이 바울 고유의 것으로 보기에 적절하다는 것을 증명해 보인 것이다. 여기서 주석 작업에 관여하는 것은 우리의 과제가 아니다. 그러나 부수적으로 알아 두어야 할 것이 있다. 데살로니가전서 2:7의 νήπιοι는 갈라디아서 4:19에 나오는 바울의 진술보다 더 껄끄러운 표현은 아니라는 점이다. 이 구절은 바울이 갈라디아 교회에 있는 자신의 '자녀들' 때문에 겪는 해산의 고통을 말하는 부분이다. ἤπιοι는 본문을 좀 더 매끄럽게 하고 본문을 좀 더 쉽게 이해하게 하려는 시도 가운데 하나이다. 이는 우리가 신약성서 필사본에서 자주 볼 수 있는 경우에 해당한다. 또한 이런 모든 경우 본문비평적 판단을 통해 말해 주는 것은, 더 매끄러운 독법이나 이해하기 더 쉬운 독법은 이차적인 것에 해당한다는 것이다.

필사자가 필사할 때 피로가 드러나는 현상은 쉽게 이해할 만한 일이다. 특히 띄어쓰기 없이 연속해서 쓰는 필사본을 필사할 때는 더욱 그렇다. 소문자 사본처럼 단어 구분이 되어 있을 때에는 작업이 훨씬 수월했지만 피로를 완전하게 피할 수는 없었다.

이런 피곤함은 실수로 이어지곤 한다. 그 예를 대문자 사본 F와 G의 로마서 3:20에서 볼 수 있다. 이곳에서는 ἐπίγνωσις를 διὰ γὰρ νόμου ἐπιγνώσεως ἁμαρτίας로 읽는다. (즉 주격 형태의 단어가 실수로 인해 그 단어 주변에 있던 속격 형태의 단어들에 동화된 경우이다.) 많이 나타나는 오기들(433쪽 참고. 피로한 필사자는 특히 유사한 문자들을 혼동하기 쉽다), 사소한 생략들, 이와 비슷한 여러 가지 경우들이 이런 피곤함으로부터 오는 실수에 해당한다.

단어나 문장의 일부가 같은 문자로 시작하거나 끝날 때, 피로한 눈 때문에 필사자가 한 단어나 문장의 일부를 건너뛰어 필사하게 되는 경우는 쉽게 일어날 수 있는 일이었다. 이른바 **동일 문미 반복**(homoioteleuton = 끝이 같음) 및 **동일 문두 반복**

(homoioarcton = 단어, 문장의 일부, 문장 등의 시작이 같음)은 단어의 생략 현상에 가장 빈번하게 나타나는 원인이다. 이런 경우 그 생략 현상에 대한 원인이 정말 이런 이유 때문인지를 항상 잘 살펴봐야 한다. 예를 들어 산상설교에서 마태복음 **5:19**의 첫 문장은 이 구절 전체의 끝 부분과 마찬가지로 ἐν τῇ βασιλείᾳ τῶν οὐρανῶν으로 끝난다. 그와 나란히 5:20도 εἰς τὴν βασιλείαν τῶν οὐρανῶν으로 끝난다. 이런 상황 가운데, **א***(시내 사본의 첫 번째 필사본)과 W(프레리아누스 사본)의 경우 본문을 보면, 5:19의 처음 ἐν τῇ βασιλείᾳ τῶν οὐρανῶν에서 곧 바로 20절의 첫 부분으로 건너뛰었다. 필사자가 실제로 본 것은 첫 번째 βασιλείᾳ τῶν οὐρανῶν, 즉 5:19 처음의 βασιλείᾳ τῶν οὐρανῶν인데, 생각하기로는 두 번째 βασιλείᾳ τῶν οὐρανῶν, 즉 5:19의 끝에 나오는 βασιλείᾳ τῶν οὐρανῶν을 보고 있다고 생각한 것이다. 베자 켄터브리지언 사본 필사자의 경우 훨씬 더 불운한 일을 겪었다. 그는 19절의 첫 문장 끝에서 21절의 ἠκούσατε ὅτι로 곧바로 넘어갔다. 19절의 첫 문장을 보고 20절의 끝 문장이라고 생각했기 때문이다.

같은 장에서 문장이 병행되는 경우는 최소한 두 번 나온다. 비평장치를 훑어보면 다른 곳에서도 적지 않은 수의 예문을 발견하게 된다. 특히 진술 내용이나 어휘가 병행되어 유사하게 나올 때 그러하다. 단어가 생략되었는데도 이 구절의 의미가 흐트러지지 않았을 때, 교정자가 그것을 알아차리지 못하고 그냥 건너뛰는 경우가 많이 생길 수 있었다. (비평장치에서 보여 주는 여러 경우들을 통해 이것이 증명된다.) 그러나 생략된 단어 때문에 본문의 의미를 이해하는 데 방해가 되거나 본문의 의미를 달라지게 하거나 이해할 수 없게 하는 결과를 가져오면 상황은 달라진다. 따라서 마태복음 **18:18**에서 베자 켄터브리지언 사본 D는 처음 부분을 다음과 같이 기록한다. ὅσα ἐὰν δήσητε ἐπὶ τῆς γῆς ἔσται λελυμένα ἐν τοῖς οὐρανοῖς. (D는 이 절의 끝을 '새 본문'에 나오는 단수형 대신에 복수형으로 읽는다.) 이 필사본의 필사자는 이 구절의 ἐπὶ τῆς γῆς를 이미 두 번째로 나오는 ἐπὶ τῆς γῆς로 생각했다. 따라서 그 사이에 놓인 본문 ἔσται δεδεμένα ἐν οὐρανῷ, καὶ ὅσα ἐὰν λύσητε ἐπὶ τῆς γῆς를 먼저 빠뜨려 버렸고, 그 후에 교정자는 전혀 말이 안 되는 이 문장을 발견하고 교정하였다.

필사자가 여러 단어를 소리 내어 읽으면서 적거나, 불러 주는 대로 받아 적으면서 필사가 이루어질 때 잘못 듣는 위험이 발생했다. (필사 작업실에서 대량으로 필사본을 만들어 낼 때 이런 식으로 진행되는 일이 확실히 자주 있었다.) 그 당시의 이오타표기법

(Itazismen, 현대 그리스어에 근접하는 이오타표기법)에 따르면, 예를 들어 ἡμεῖς와 ὑμεῖς를 동일한 소리를 내도록 했다. 즉 두 경우에 첫 음은 ι소리를 내었다. αι와 ε을 같은 소리로 읽어서 부정사와 2인칭 복수형을 구별할 수 없었다. 예를 들어 ἔρχεσθαι와 ἔρχεσθε를 소리로는 구별할 수가 없었다. 한편, ει는 ι로 소리를 내었다. 때문에 고린도전서 **15:54-55**에서 𝔓[46] B D* 088의 경우 두 번 나오는 νεῖκος는 νίκος 대신에 기록된 것으로 보인다. 이 경우 '사망을 삼키고 이기리라 … 사망아 너희 승리가 어디 있느냐?' 대신에 '사망을 삼키고 투쟁하리라 … 사망아 너희 투쟁이 어디 있느냐?'가 될 것이다.

그러나 (이 밖에 신약성서 어느 곳에서도 나오지 않는) νεῖκος는 νίκος로 발음된다. (《네슬-알란트 26판》의 비평장치에서는 신중을 기하기 위해 ex itac. = ex itacismo, 즉 비슷하게 발음되는 모음의 혼동 때문에 생긴 현상임을 알리는 표시를 적어 두었다. 이것으로 다소 위험한 결론이 도출될 수 있는 위험을 아예 처음부터 막아 놓았다.) 요즘은 알렉산드레이아의 클레멘스와 에이레나이오스(Eirenaios)를 언급하는 것이 종종 유행이 되곤 한다. 이 두 사람의 시대에는, 당시의 유행에 거의 영향을 받지 않은 채, 라틴어 용법을 따라 요즘과 마찬가지로 그 이름을 알렉산드리아와 이레네오스(Ireneos, 또는 라틴어풍으로 이레네우스[Irenaeus])로 정확하게 발음하였다.

ω와 ο도 같은 소리로 발음하였다. 이것이 중요한 결과를 가져온다. 예를 들어, 그 둘 사이의 차이가 직설법과 가정법 사이의 차이를 가져오기 때문이다. 많이 논의된 로마서 **5:1**의 구절에서 이런 예시를 볼 수 있다. 로마서 **5:1**의 본문 εἰρήνην ἔχομεν πρὸς τὸν θεόν은 '우리가 하나님과 화평을 누린다'(ἔχομεν)이지만, ἔχομεν을 같은 소리가 나는 ω로 읽게 되면 '우리가 하나님과 화평을 누리자'(ἔχωμεν)라는 권고가 된다. 어떤 것이 맞는 것일까?

일련의 많은 초기 인쇄본들, 즉 〈티쉔도르프〉, 〈웨스트코트/호트〉, 〈폰 조덴〉, 〈포겔스〉, 〈메르크〉, 〈보버〉에서는 후자의 해석을 선호한다. 초기의 〈네슬〉만이 — 〈네슬 알란트 26판〉에서도 — ἔχομεν으로 기록한다. 〈네슬 알란트 25판〉에서는 이 인쇄본의 기본 원칙에 반대하는 독법을 택한다. 이 독법은 에르빈 네슬(Erwin Nestle)이 자기 아버지에게서 물려받은 본문을 독일 성서학자들의 충고를 따라 변경시킨 몇몇(소수의) 구절들 중 하나이며, 우리 견해로는 올바른 독법이다. ἔχομεν과 ἔχωμεν에 관한 그리스어 필사본들(과 그리스어 필사본에 기초한 여러 번역)의 증거는 불확실하다. ω는 o을 뜻할 수 있고, 마찬가지로 거꾸로 o도 ω를 뜻할 수 있다. 많은 이들의 의견에 따르면, 최초의 필사본에서 바울이 더디오에게 서신을 받아쓰게 할 때 ἔχομεν을 생각하고 불러 주었는데 이미 ἔχωμεν으로 기록했을 수도 있다는 것이다. 유일하게 확실해 보이는 것은, **א**와 B의 교정자들이 원래 대본에 나오는 ἔχωμεν을 보고 그것을 교정하고자 할 때 그들은 정말로 ἔχομεν을 의도하고 교정했다는 것이다.

여기서 볼 때 외적 기준에 따라 확실한 결정을 내릴 수 없으므로 내적 기준에 따라 결정을 내리게 된다. 우리 견해로 볼 때, 로마서 5장의 문맥과 전체적인 바울 신학에 따르면 로마서 5:1에는 직설법 ἔχομεν만이 어울릴 수 있다. 흥미로운 병행절 하나가 **고린도전서 15:49**에 나온다. καὶ καθὼς ἐφορέσαμεν τὴν εἰκόνα τοῦ χοϊκοῦ, φορέσομεν καὶ τὴν εἰκόνα τοῦ ἐπουρανίου 여기서 φορέσομεν에 대한 이문 φορέσωμεν이 있다. 사히드어 사본 등에 의해 지지받는 이 이문에 대한 증거는 로마서 5:1에서 지지받는 ἔχωμεν보다는 훨씬 더 설득력이 강하다(𝔓[46]부터 시작하여 거의 모든 주요 대문자 사본들 및 다른 많은 대문자 사본들은 이 이문 φορέσωμεν을 지지한다. 이와 달리 사본 B I와 다른 몇몇 사본들만이 φορέσομεν을 지지한다). 그럼에도 '새 본문'에서는 직설법 형태 φορέσομεν으로 읽는다. (〈메르크〉, 〈보버〉, 〈네슬 알란트 25판〉에서도 직설법으로 읽는다.)

신약성서 본문 전승에서 이오타표기법과 그 영향에 관한 우리의 소견을 결론지으며, 다음과 같은 비유의 말로 주의를 덧붙일 필요가 있다. '어린 아기를 목욕물과 함께 버리지 말라'는 말처럼, 원칙적인 내용을 지키려 할지라도 그 때문에 정작 중요한 것을 놓쳐서는 안 된다는 것이다. 초학자들은 쉽게 그런 경향으로 기울곤 하기 때문이다. 입 밖으로 발음된 단어가 일정한 역할을 하는 한, 이오타 표기법은 중요한 것일 수 있다. 그 단어가 필사 작업실에서 본문을 받아쓸 때 나오는 것이든, 필사자가 혼자서 필사 대본의 본문을 소리 내어 발음할 때 나오는 것이든 마찬가지이다. 필사자가 단지 필사본의 대본만을 단순히 베껴 쓰는 것이라면, 필사자는 그 대본을 신뢰하며 필사하는 것이라고 생각할 수 있다. 물론 그렇다 해도 필사자가 본문에 자신의 생각을 반영시킬 경우 ὑμεῖς를 ἡμεῖς로 바꿔 놓을 수도 있다. 또는 해당 관련 구절의 부정적 표현과 바울이 잘 맞지 않는다고 생각한다면, ἡμεῖς를 ὑμεῖς로 바꿀 수도 있다. 그러나 그러한 변경은, 우리가 곧 다루게 될 의도적인 변경에 해당되는 부분이다. 이제 본문비평 작업에서 몇몇 중요한 세부사항을 다룰 것이다.

띄어쓰기 없이 계속 철자를 붙여서 연속으로 쓰는 필기(scriptio continua)에서는 단어를 구분하는 것만이 아니라 **구두점**도 무시했다. 그러나 때때로 이 구두점은 어떤 문장을 이해하는 데 결정적일 수 있다. 독일 동요의 가사가 (잘못된 구두점을 기입하여) 다음과 같이 들릴 수 있다. '10개를 가지고 있지요, 한 손마다요, 5개와 20개가 손과 발에 있지요.' 물론 이 동요의 가사는 원래 다음과 같은 의미이다. '양 손에 각각 5개씩, 10개의 손가락을 나는 가졌어요. 손과 발에 모두 합쳐 20개가 있지요.' 이 동요의 경우와 비슷한 경우를 모든 언어에서 발견할 수 있을 것이다. 이를 통해 구두점이 문장의 의미 변화에 어떤 영향을 끼칠 수 있는지를 알 수 있다. 〈네슬-알란트 26판〉의 비평장치에서는 본문 이해를 결정짓는 구두점 이문들에 대한 매우 중요한 사항들을 제시해 두었다. 그러나 확실히 이 구두점이 모든 경우를 다 규정짓는 것은 아니다. 예를 들어, **마가복음 2:15-16**은 마침표가 πολλοί 다음에 (잘못) 놓이는가 아니면 (바르게) αὐτῷ 앞에 놓이는가에 따라 그 의미가 달라진다. 또한 그 마침표의 위치에 따라 γραμματεῖς τῶν φαρισαίων에 대한 문맥도 달라진다. 즉 이들이 예수를 좇았는지 아니면 좇지 않았는지가 결정된다. **마태복음 25:15**에서 구두점이 (바르게) ἐυθέως 앞에 놓이는가 뒤에 (잘못) 놓이는가에 따라 15절의 내용이 누구에게 관련되는지를 결정하게 된다. **마태복음 11:7-8**에서는 물음표의 위치에 따라서 요한의 질문 전체 내용이 달라진다. 그 차이는 주석적으로 그리고 신학적으로 매우 중요한 것일 수 있다. **요한복음 1:3-4**에서도 마침표의 위치에 따라 전혀 다르게 읽을 수 있다. χωρὶς αὐτοῦ ἐγένετο οὐδὲ ἕν. ὃ γέγονεν ἐν αὐτῷ ζωὴ ἦν으로 (바르게) 읽을 수도 있고, 또는 (〈네슬-알란트 25판〉처럼) χωρὶς αὐτοῦ ἐγένετο οὐδὲ ἕν ὃ γέγονεν. ἐν αὐτῷ ζωὴ ἦν으로 읽을 수도 있다.

쿠르트 알란트 및 다른 학자들이 필사본, 역본, 교부 인용문 등의 연구 대상에 수

많은 분량의 쪽수를 할애한 것을 보면, 이런 자료에서 앞서 설명한 그런 사실들을 밝혀내는 일이 얼마나 어려운 일인지를 알 수 있다(참고: 쿠르트 알란트[K. Aland], Über die Bedeutung eines Punktes. Eine Untersuchung zu Joh 1,3.4[구두점의 의미에 관하여. 요한복음 1:3-4 연구], Neutestamentliche Entwürfe[신약성서 연구], München 1979, 351-391).

실제로 하나의 점보다 더 '지엽적이고' '덜 중요한' 것은 아무것도 없다. 그럼에도 그 점 하나에 본질적인 내용이 좌우된다. 모음의 길고 짧음에 관한 논쟁도 겉으로 보기에는 그리 대단치 않지만 이와 관련된 수많은 이견이 나타났다. 이러한 양상은 줄곧 볼 수 있다. 본문에 대한 결정을 내릴 때뿐만 아니라 본문 주석에 대해 결정을 내릴 때, 그 결정이 이 아주 '사소한 것들'에 의해 좌우될 수 있다. 따라서 본문비평에서는 '사소한 것들'과 '지엽적인 것들'에 대한 작업에 있어서, 몇몇 신약성서 학자들이 그 작업에 부여했던 것과는 다른 위상을 부여해야 한다. 본문비평을 포함한 모든 기초 연구에서는, 얻어낼 수 있는 가능한 결과에 대한 어떠한 예단이나 고려가 없이 작업을 진행해야 한다. 그래야만 그 연구 분야 본래의 성과를 거둘 수 있다. — 예를 들자면, 자연과학에서는 이렇게 해야 항상 새로운 것이 드러난다. 더욱이, 신약성서 본문을 확정하기 위해서 가장 확실하게 보증할 수 있는 데 기여하는 것이 있다면, 이것들 가운데 그 어떤 것도 '지엽적'이거나 '덜 중요한' 것일 수 없다. 이 내용은 특별히 신약성서 학자, 곧 신약성서의 신학적 진술에만 관심이 있는 학자가 귀 기울여야 할 사항이다. 만일 그가 비평장치를 살피지 않고, 자기가 가지고 있는 그리스어 신약전서 인쇄본의 본문 내용으로만 제한한다면, 자신의 대담한 이론을 가지고 본문비평의 확실한 결과물을 무시해서는 안된다. — 예를 들어 덧붙이자면, 자신의 주석적 이해에만 근거한 채, 전승을 통해서는 전혀 인증될 수 없는 독법을 주장하는 경우를 말한다. 또한 본문 전승에서 매우 확실히 논증될 수 있는 본문의 일부에 대해, 진정성이 없는 본문 또는 삽입된 본문으로 여기거나, 또는 어떤 근거를 들어서라도 그 부분을 없는 것으로 치부해 버리는 경우를 말한다. 어떤 내용에 대해 제대로 살펴보지 않고 취하는 사람은 그에 대해 평가하지 말고 그대로 두어야 한다. 평가 없이 그대로 두길 원하지 않는다면, 살펴보지 않고 취하는 일도 그만두어야 하며, 본문비평 작업에 전적으로 참여해야 한다. 물론 본문비평 작업을 많이 해 볼수록 자의적인 이론이나 주장은 포기하게 될 것이다.

순전히 문헌학적인 작업으로 보이거나 완전히 '사소한 것들'에 몰두하는 작업처럼 보일 때에도, 신약성서 본문비평이 신학적으로 중요한 것임에는 분명하다. 단 하나의 철자 차이 때문에 본문의 내용이 달라진다는 사실에 대해 두 가지 예시만을 언급하고자 한다. 하나의 철자만 바뀌어도 본문 내용상 기본적인 차이가 생길 수 있다는 사실은 이제 실제로 분명해져야 한다. 이러한 예시들은 일반 인쇄 매체에서 발생하는 '인쇄상의 오류'를 통해 날마다 볼 수 있다.

> 교계에서 있었던 한 예로 얼마 전 간행된 루터교 월간지에 관한 일이다. 이 월간지의 한 소논문에("더 이상의 새로운 해외 선교지는 없는 것일까?"라는 마케르트[S. Markert]의 논문이다. 5, 1977, 289쪽) '미움 받는 교회(ver*h*aßten Kirche)'라는 말이 있었다. 당연히 자신이 의도했던 것은 '제도화된 교회(ver*f*aßten Kirche)'였다고 저자는 서둘러 정정하였다(이 월간지 491쪽).

그리고 이런 예를 신약성서 본문에서도 살펴보는 일은 신약성서 본문 연구에 확실히 유용하다. 〈루터성경개정판〉(1956년)에서는 **누가복음 2:14**의 천사의 소식을 여전히 다음과 같이 끝맺는다. (여러 세기를 걸쳐 사용된 오랜 전승이다.)

그리고 땅 위에 평화	und Friede auf Erden
그리고 사람들에게 기쁨	und den Menschen ein Wohlgefallen

1975년과 1984년에 다음과 같이 개정되었다.

그리고 땅 위에 평화	und Friede auf Erden
기뻐하심을 입은 사람들 중에	bei den Menschen seines Wohlgefallens

해석과 의미가 실제로 이렇게 서로 다른 것은 단 한 개의 그리스어 철자 시그마(σ) 때문이다. 마지막 단어에 시그마를 붙이느냐 아니냐에 따라 ἐν ἀνθρώποις εὐδοκία로 또는 ἐν ἀνθρώποις εὐδοκίας로 읽게 된다. 대문자 사본에는 ΕΥΔΟΚΙΑC 또는 ΕΥΔΟΚΙΑ로 기록되어 있다. 이때 만일 이 단어가 그 줄의 끝에 있었다면(또는 그 밖의 다른 경우에서도), 그 사본에서 이 단어가 ΕΥΔΟΚΙΑ^{C}로 기록되어 있었을 수도 있다. (대문자이든 소문자이든) 그 철자를 어떤 필사자가 실수로 생략했는지는 불확실하다. 그러나 εὐδοκία가 이차적인 형태이며 εὐδοκίας는 더 어려운 이문(lectio difficilior)임은 확실하다. **א*** A B* D W와 소수의 다른 사본들만이

εὐδοκίας를 지지하긴 하지만, 전승이 발전된 것을 ℵ와 B에서 보여 주고 있듯이(ℵ²와 B²에서는 εὐδοκία를 지지한다.), 전승의 발전에 따르면 εὐδοκίας에서 εὐδοκία로의 변경만이 가능하다. 이러한 발전 과정에서 볼 때, 후대의 필사본에서 εὐδοκίας의 끝에 붙은 시그마(C)를 떼어 냄으로써 εὐδοκία가 된 것이다. 의심할 여지없이 εὐδοκία에 대한 외적 증거가 훨씬 더 광범위하게 나타나지만, 내적 기준을 따른다면 εὐδοκίας를 지지할 수밖에 없다.

이 경우, 한 본문 형태가 우연히 다른 본문 형태로 바뀌게 된 것인지 또는 의도를 가지고 고쳐진 것인지는 분명하지 않다. **고린도전서 13:3**, καυχήσωμαι에서 καυθήσομαι로의 변경도 어느 정도 이와 비슷하다. 여기서도 〈루터성경개정판〉(1956년)은 (〈포겔스〉를 제외하고 〈티쉔도르프〉 이래 모든 인쇄본들과 함께) 전통적인 본문 καυθήσομαι를 그대로 보존한다. 〈루터성경개정판〉(1975년)에서야 비로소 본문이 '내가 자랑삼아 내 몸을 넘겨줄지라도, 내게 사랑이 없으면'(und wenn ich meinen Leib hingeben würde, um Ruhm zu gewinnen, und hätte die Liebe nicht)으로 변경된다. 〈루터성경개정판〉(1984년)은 〈독일성서공동번역〉과 마찬가지로 옛 본문 형태로 회귀한다("내가 내 몸을 불사르기 위하여"와 "그리고 내 몸을 불사르게 내줄지라도").

여기서 외적 증거에 따르면 καυχήσωμαι가 더 큰 지지를 받는 것은 분명하다. 𝔓⁴⁶ ℵ A B 048, 33, 1739* *pc* co(καυχήσωμαι)의 증거 능력은 C D F G L 6, 81, 104, 630, 945, 1175, 1881* al latt(καυθήσομαι)보다 명백히 앞서 있다. Ψ 𝔐가 지지하는 독법 καυθήσωμαι는 배열된 철자 그대로는 문법적으로 불가능하며(블라스/데브루너, § 28 참고), καυθήσομαι가 특이하게 변형된 형태로서만 이해할 수 있다(롬 5:1 참고). 그러나 이것도 καυθήσομαι에 대한 증거의 설득력을 강화하는 데 결정적인 역할을 하지는 못한다. 어휘 통계에 따르면, καυχάομαι는 전형적인 바울의 어휘이며(신약성서에 나오는 37회 중 2회를 제외하곤 모두 바울서신에 나온다) 반면에 (신약성서에 12회에 나오는) καίω는 바울서신에 전혀 나오지 않는다는 사실을 알게 된다. 그러나 이 사실도 결정적인 영향을 끼치지는 못한다. 특별한 상황 가운데서 다른 곳에서 사용되지 않는 특이한 단어를 사용해야만 했을 수도 있기 때문이다. 다만 다음과 같은 사실 정도는 말할 수 있을 듯하다. 신약성서에서 1인칭 미래형

καυθήσομαι가 전혀 나오지 않으며, καίω는 다른 형태로 10번 등장하는 것을 보면, καυθήσομαι는 καυχήσωμαι에서 파생된 형태처럼 보인다. 더 쉽게 말하자면, X를 잘못 읽어 Θ로 표기한 셈이다.

이렇게 해석하기 난해한 구절에서 철자 하나가 결정적 역할을 했던 것과 마찬가지로, 한 철자 때문에 모든 것이 달라질 수 있다는 것은 명백해졌다.

앞서 다룬 예시가 누가복음 2:14의 경우와 같은지 확실히 말할 수는 없다. 즉 본문에 대한 의도적인 수정이 있었던 것인지 아니면 단지, 띄어쓰기 없이 연속으로 필기한 대문자 사본 전승에서 발생한 이문에 불과한 것인지 알 수 없다는 것이다. 이런 이유로, 전승된 본문을 의도적으로 수정하는 일에 대해 다루기 이전에 앞서 이러한 두 구절을 먼저 살펴본 것이다. 이 의도적인 수정에 대해서는 아주 세세하게 설명할 필요는 없다. 범주별로 정리해 놓긴 했지만, 50여 개의 예시 구절을 들어 전체적으로 훑어볼 것이기 때문이다. (다른 부분에 대해서도 마찬가지였던 것처럼 이 부분에 대해서도 해당되는 모든 구절을 다 살펴볼 수는 없다.)

가장 쉽게 예상할 수 있는 의도적인 수정은 **뜻을 더 분명히 하기 위해 덧붙이게 되는 보충어**이다. 예를 들어 본문에 있는 οἱ μαθηταί 가 οἱ μαθηταὶ αὐτοῦ로 확장된다. λέγει/ εἶπεν/ ἔφη/ ἔλεγεν 같은 단어의 경우 ὁ Ἰησοῦς나 αὐτοῖς가 추가된다. 이런 셀 수 없을 정도로 많은 사소한 보충어에 관사 γάρ, δέ, οὖν 등의 불변화사가 포함된다. (특히 μέν이 단독으로 나올 때 δέ가 연상된다.) 이러한 보충어를 덧붙이는 것은 순전히 기술적인 요소에 해당하며, 지금까지 언급했던 다른 요소들과 마찬가지로 보충어를 덧붙임으로써 본문에 대한 영적인 감화 부분에 곧바로 매우 긍정적인 효과를 보게 된다. Ἰησοῦς에서 Ἰησοῦς Χριστός나 κύριος Ἰησοῦς가 되고 그 후 κύριος Ἰησοῦς Χριστός나 κύριος ἡμῶν Ἰησοῦς Χριστός로 늘어날 수 있다. 영적 감화를 더하기 위한 이러한 보충어는 개개 단어에 국한되지 않고, 문장의 일부, 여러 문장, 전체 절로 확장된다. 처음부터 본문은 확장되는 쪽으로 나아가기 마련이기 때문이다. 이러한 이유에서 더 짧은 독법이 일반적으로 더 나은 본문이고 원문이라는 원칙을 이해할 수 있다(원칙 11 참고). 물론 이 원칙은 자연적으로 발전한 전승의 틀 안에서만 적용된다. 어떤 필사본에서(또는 그 배후의 전승) 전혀 새롭게 개정된 형태의 본문이 나타날 때, 즉 이 본문에서 특정 신학의 관점으로 인해 생긴 추가 축소 형태의 변화 등이 나타날 때, 당연히 이 원칙은 적용되지 않는다. 따라서 몇몇 신약성서 학자들에 의해 여전히 계속되는 주장, 곧 베자 켄터브리지언 사본(D)은 ― 본문 변형의 가장 대표적인 예에 해당된다 ― 다른 본문에 비해 더 짧은 본문을 가지고 있기 때문에 이 사본의 본문이 원문에 가까울 것이라는 주장은 맞지 않는다.

본문은 늘어나는 경향이 있을 뿐만 아니라, 문체상으로 볼 때 좀 더 매끄러워지도록 다듬어지고 그리스어 문법 규칙에 맞춰지려는 경향이 있다. 마가의 전형적인 구절에 해당하는 마가복음 **1:37**을 예로 들 수 있다. 압도적으로 많은 다수의 그리스어 필사본에서는 이 구절의 καὶ εὗρον αὐτὸν καὶ λέγουσιν을 더 나은 그리스어로 다듬어 εὑρόνες αὐτὸν λέγουσιν으로 바꾸어 놓는다. 다만, 시내 사본(**א**), 바티칸 사본(B), L과 소수의 다른 필사본들에서만 그런 개정의 유혹을 물리치고, 문체상으로 매끄럽지 않은 채 그 본문 그대로를 유지한다. 사람들은 본문에서 틀리게 보이는 것을 교정한다. 마가복음 **1:2**에서는 구약성서 본문 인용 출처에 대해 γέγραπται ἐν τῷ Ἠσαΐᾳ τῷ προφήτῃ로 기록하였다. 실제로 이 인용문은 여러 구절이 합쳐진 것이다. 필사본들 중에 τοῖς προφήταις로 수정된 본문이 발견된다(〈네슬-알란트 26판〉 해당 구절 참고). 마태복음 **27:9**에서, 거기에 나오는 인용문이 선지자 예레미야에게서 온 것으로 기록되었으나 실제로는 스가랴 11:13의 인용이다. 따라서 우리는 필사본들 중에서 이 인용 정보를 생략하거나 교정한 기록을 발견하게 된다(〈네슬-알란트 26판〉 비평장치 해당구절 참고). 구약성서 인용문이 당시 교회에 널리 보급된 70인역 본문과 차이나는 경우, 그 인용문은 더 즐겨 사용하는 70인역에 맞추어 수정되었다.

약간 차이를 보이긴 하지만 병행하는 본문들을 서로 맞춰 가려는 경우는 특히 자주 보게 된다. 이러한 경우는 특히 공관복음에서 볼 수 있으며 부분적으로는 매우 기계적으로 행해진 경우를 볼 수 있다. 필사자는 복음서들의 본문들을 외우고 있고 한 단락을 필사할 때 병행 본문이 자동적으로 머리에 떠올라 그것을 적게 될 것이다. 그러나 부분적으로는 의도적인 것일 수도 있다. 성서 본문의 거룩한 말씀들이 서로 맞지 않을 리가 없을 것이라고 생각했기 때문이다. 마가복음의 ('가장 영향력이 약했던' 본문, 즉 교회에서 가장 적게 사용되었던) 본문은 필사본 전승 과정에서 병행 본문의 영향을 특히 많이 받았다. 〈네슬-알란트〉의 비평장치에서 그런 독법들은 기호 p)로 표시된다. 무작

위로 선택한 94쪽(마가복음 **2:16-24**)에 기호 p)가 여덟 번 나온다. 이를 근거 삼아 〈네슬-알란트〉에서 이런 기호들이 붙은 다른 구절들을 살펴본다면 교육적으로 큰 효과를 거둘 수 있을 것이다. 그렇게 할 때 필사본들의 가치에 대한 통찰을 얻게 될 것이다. 다시 말해 본문비평에서 어떤 한 필사본을 중요한 증거로 삼을 때 그 이유를 알게 될 것이다. 또한 왜 다른 필사본은 그보다 '중요하지도 않고 안 중요하지도 않은 중간 정도'에 해당하며 또 다른 필사본은 아예 '중요하지 않은지'도 알게 될 것이다. 필사본들을 꾸준히 다뤄 보는 가운데 경험이 쌓이면, 이런 판단을 내리게 된다(원칙 12, 432쪽 참고). 그 필사본이 수많은 원문 비교 테스트를 거친 것인가 하는 것은, 필사본에 대한 중요도를 판단할 경우에도 그 필사본을 크게 신뢰할 수 있는가를 정하는 기준이 될 것이다. 그 필사본이 크게 믿을 만한 것인지를 첫눈에는 쉽게 결정을 내릴 수 없기 때문이다.

필사할 때 원본에 있는 단어를 필사본에서는 때때로 그 단어에 대한 동의어로 바꾸어 놓거나 어순을 바꾸어 놓는 일 또는 그 외에도 다른 많은 변경 사항들이 생긴다는 것은, 앞서 설명했던 내용들을 비추어 생각해 볼 때 쉽게 이해할 만하다.

> 그리스인들은 중동 지역 사람들과 다르게 본문을 이해했다. 중동 지역 사람들은 철자 하나도 그 자체로 거룩하게 여겼다. 코란 본문처럼 구약성서 본문도 그에 대한 모든 필사본이 같은 가치를 지닌다(그 필사본들에 고의성 없이 저지르는 실수가 나오지 않는 한). 그리스어 본문의 경우에는 이와 다른 경우를 자주 보게 된다. 본문 전승에 대한 그리스인들의 특징적인 모습을 신플라톤주의자 포르피리오스(Porphyrius)의 〈신탁 수집록〉에 대한 그의 설명에서 볼 수 있다(유세비우스, Praeparatio evangelica IV. 7, GCS 43,1, 177쪽). 그는 자신이 어떤 것도 덧붙이거나 삭제하지 않았음을 증언해 달라고 신들에게 호소한다. 그는 단지 잘못 읽혀질 만한 부분만을 수정하고, 본문의 명료성을 향상시키며, 빠뜨린 것을 보충하고, 이치에 맞지 않는 부분은 고쳐 썼을 뿐이라고 말한다. "그러나 단어의 의미를 나는 충실하게 보존하였다." 이 단락의 내용은 사족으로 덧붙인 것이 아니라 기본 원리에 대한 진중한 설명이다.

우리가 신약성서 필사본에 나오는 이문들을 비교할 때, 그 이문들이 어떤 안 좋은 영향을 끼칠 것처럼 보이지는 않는다. 특별히, 광범위한 필사본 전승을 통해 그 이문들에 대한 판단을 내릴 수 있으며, 교정할 수도 있기 때문이다. 한 필사자가 자신의 필사 원본을 고쳐서 필사할 경우, 그로 인해 영향을 받게 되는 사람은 이 고쳐진 필사본을 원본 삼아 다시 필사하는 사람뿐이다. 그러나 매우 이른 시기부터 같은 본문을 싣고 있는 필사본들이 매우 많았다. 그렇다고 해서 같은 본문을 가진 필사본이 셀 수 없을 만큼 많았던 것은 아니었다. 필사자에게 전혀 영향을 끼칠 수 없었던 이러한 필사본들은 각각의 독자적이며 독립적인 성격을 띠며 전승되어 왔다. 물론 그 필사본들도 원본문과의 차이를 드러내기는 한다. 그러나 모든 신약성서 필사본 본문을 한 자리에 놓고 살펴 볼 수 있는 그 순간에 — 뮌스터의 신약성서본문연구소에서 처음으로 이 방법을 신약성서 본문 연구사에 적용할 수 있었다 — 어떤 것이 후대의 변경된 부분이며 어떤 것이 원문에 해당하는 부분인지를 가려낼 수 있다. 본문의 각 구절마다 여러 이문은 그 수가 많든 적든 하나의 계보로 배열될 수 있고(지역적-계보 방법, 원칙 6, 8 참고), 그 계보는 어떤 이문에서 어떤 독법이 나온 것이며, 어떤 독법이 틀림없는 원문인지를 보여준다. 원문만이 다른 여러 이문의 등장을 설명해 줄 수 있기 때문이다.

필사본들에 나오는 이문들이 어떤 인상을 주는지 알고자 하는 사람은, 폰 조덴이 펴낸 책 곧 신약성서 인쇄본을 위한 입문서에서 그에 대한 풍부한 자료를 발견할 수 있다(공동서신에 대해서는 예를 들어 I, 1842-1894 참고, 로마서 1-5장에 대해서는 I, 1899-1902 참고, 개별 필사본, 예를 들어 사본 B에 대해서는 I, 906-917 참고, א에 대해서는 I, 917-935 참고 등).

신약성서 전승에는 하나의 인상적인 현상, 즉 본문이 변형되지 않고 **끈질기게 형태를 보존하려는 현상**이 나타난다. 일단 한번 생겨난 이문은 사라지지 않고 끈질기게 남아 있게 된다. 바로 — 압도적으로 많은 — 그 풍부함, 즉 신약성서 본문비평을 통해 '바른 교훈'(ὑγιαίνουσα διδασκαλία)을 얻을 수 있다는 것을 전제할 때(디모데전서 1:10에서 이 단어를 따온 것에 대해 마음의 불편함을 느끼는 독자가 있다면 양해를 구한다), 신약성서 전승의 풍부함은 원문을 확립하는 데 확실성을 더해 주게 된다. 성구집을 제외해도(240쪽 참고) 3,200개 이상의 신약성서 필사본 전승이 있다. 여기에 초기 역본들과 교부들의 인용문은 포함시키지 않았다. — 교회 전통으로부터 내려오는 모든 막강한 규율과 후대 본문이 갖는 비중에 맞서, 이 수많은 필사본들 가운데에는 원래의 본문 형태를 보존하는 일련의 필사본이 있다고 우리는 확신할 수 있다.

마가복음의 결론인 마가복음 16:9-20을 예로 들어 보자. 이른바 '마가의 더 긴 결론'으로 유명한 이 단락은 매우 설득력 있는 본문으로 보인다. 그럼에도 〈티쉔도르프〉 이래 등장한 그리스어 신약성서 인쇄본들 중 〈메르크〉와 〈보버〉만이 제한을 두지 않고 그 결론을 본문으로 인정한다. 다른 인쇄본들은 모두 이 단락을 대괄호나 이중 대괄호 안에 기록한다. 〈네슬-알란트 26판〉의 경우 마가복음 16:9-20은 이중 대괄호 안에 놓이며, '더 짧은 결론'으로 불리는 단락도 마가복음 16:9-20 앞에 이중 대괄호 안에 기록한다. 이것은 필사본 전승을 세심하게 살피고 평가한 것으로부터 나온 결과물이다.

확실히 그리스어 필사본들과 나머지 다른 전승의 99%가 마가복음 16:9-20을, 이른바 마가의 더 긴 결론을 제공한다. 이 본문은 수 세기 동안 교회의 공식적인 인정을 받은 본문으로 전해졌으며, 마가복음의 확실한 결론으로 여겨져 왔다. 그러나 시내 사본(א)과 바티칸 사본(B)에서 마가복음은 16장 8절로 끝나며, 이와 마찬가지로 가이사랴의 유세비우스와 히에로니무스(제롬)의 진술에서도 수많은 다른 필사본들이 16:8에서 끝난다는 것을 증명한다. 시리아어 시내 사본 sy^s, 4/5세기의 고대 라틴어 필사본 *k*, 5세기의 사히드어 필사본 중 최소한 하나, 초기 게오르기아어 역본, 상당수의 아르메니아어 필사본들의 경우도 마찬가지다. 더욱이 고대 라틴어 필사본 — 아주 초기에 유래된 전승을 대표하는 한 필사본 — *k*는 이른바 '긴 결론' 대신 '더 짧은 결론'에 해당하는 단락도 제공한다. 16:8로 끝나는 마가복음 본문은 초기 기독교 시대에 공공연하게 널리 퍼져 있었다. 그러나 교회의 전승 가운데 빛을 보지 못하고 가려져 버렸다. 그럼에도 불구하고 이 본문은 완전히 사라지지 않았다. 그럴 수 없었다. 오히려 끈질기게 보존되었다. 여전히 12세기의 소문자 사본 304에 나오는 마가복음은 16:8에서 끝을 맺는다. 게다가 상당수의 필사본들에서는 마가복음 16:9-20에 원문임을 의심하는 본문비평적 기호나 난외주를 덧붙인다. — 이 현상은 16세기까지 이어진다! 신약성서 전승에서 나타나는 현상, 즉 본문이 변형되지 않고 끈질기게 형태를 보존하려는 현상이란 무엇인가를 이 부분에서 인상적인 방식으로 밝혀주고 있는 것이다.(449쪽 참고) 마가복음 16:9-20의 본문에는 예수의 부활 현현에 대한 요약된 설명이 나온다. 그뿐만 아니라 파송 명령에 대한 본문 형태는 마태복음을 능가한다. 또한 예수의 승천에 대해서도 보도한다. 이러한 진술들은 근본적이라고 말할 정도는 아니지만, 교회 및 신학과 관련하여 중요한 내용이다. 중요한 대문자 사본 B와 ℵ를 비롯하여 적지 않은 수의 그리스어 필사본들은 아직 이 본문을 충실히 따르고 있다. 여러 역본들과 교부 인용문에서 볼 수 있듯이 최소한 16:9-20에 대한 의심을 함께 전하는 형태를 유지하면서 수 세기 동안 이 본문을 보존하였다.

신약성서 본문 전승의 이러한 형태 보존 현상은 다음과 같은 사실에서 더 인상적인 방식으로 드러나게 된다. 즉 고대 라틴어 필사본 k 이외의 다른 여러 필사본들에서도 이른바 '더 짧은 본문'이 전승된다는 것이다.

앞서 말했듯, 고대 라틴어 필사본 k에서만 이른바 '더 짧은 결론'을 마가복음 전체의 단독 결론으로 전하고 있다. 그러나 '더 짧은 결론'과 더불어 16:9-20도 함께 보존하는 일련의 대문자 사본들이 있다(6/7세기의 0112, 7세기의 099, 8세기의 L, 8/9세기의 Ψ). 이 사본들에서는 '더 짧은 결론'을 '더 긴 결론' 앞에 놓는다. 그 결과 16:1-8, '더 짧은 결론', 16:9-20의 순서가 된다. 게다가 8세기의 대문자 성구집과 13세기의 소문자 사본 579가 이 순서를 지지한다. 이런 그리스어 전승과 더불어 역본 전승들, 곧 콥트어 역본과 시리아어 역본 및 대부분 아주 늦은 후기의 필사본에 해당하는 에티오피아 역본들에서도 이런 순서로 되어 있다. 어떻게 이런 일이 생기게 된 것인지 거의 납득할 수가 없다. 두 결론은 서로 경쟁 관계를 이루며, '더 짧은 결론'에는 '더 긴 결론'의 내용이 들어 있지 않으며, '더 긴 결론'에도 '더 짧은 결론'의 내용은 나타나지 않는다. 그럼에도 필사본들과 역본들은 수 세기 동안 두 결론을 나란히 전해 왔다. 두 결론 모두 언젠가 어떤 필사본의 대본에 — 물론 각 경우에 각기 독립적으로 — 기록되어 있는 것을 보았기 때문이다. 이런 상황은 다음과 같은 가정에서만 이해될 수 있다. 교회의 요구에 따라 마가복음이 교회의 모든 지역에 널리 전파되었을 때, 그 이후 곧 교회는 16:8로 끝나는 마가복음 본문에 대해 불만족스러워했을 것이라는 가정이다. 왜냐하면 여기서 무덤이 비었다는 사실을 보고하기는 하지만, 부활하신 예수가 제자들과 만나는 이야기는 나오지 않고, 단지 그 만남에 대한 예고만 나오기 때문이다. 따라서 마가복음에 하나의 결론이 덧붙여지게 되었다. 이미 2세기에 덧붙여진 것이 확실할 것이다. 이른바 '더 짧은 결론'으로는 충분한 결론 형태가 되지 못했다. — 이 '더 짧은 결론'이 너무 이른 시기에 작성되었거나, 아니면 비교적 수준이 낮고 동떨어져 있는 교회에서 작성되었기 때문이다. — 이른바 '더 긴 결론'은 훨씬 더 인상적인 형태를 갖추었다. 좀 더 늦은 시기에 작성되었거나 또는 훨씬 더 높은 수준의 저자에 의해 작성되었을 것이다. 두 결론은 매우 독립적으로 생겨났음에 틀림없으며, 아마도 서로 다른 지역의 교회에서 유래하였을 것이다. '더 긴 결론'이 '더 짧은 결론'보다 뛰어났으며 어떤 경쟁에서도 '더 짧은 결론'보다 훨씬 더 앞서 나갔을 것이라는 데에 전혀 의심의 여지가 있을 수 없었다. 그럼에도 '더 짧은 결론'은 어느 때인가 생겨나 기록되어 있었고, '더 긴 결론'이 알려질 때까지 계속해서 필사되었을 뿐만 아니라 '더 긴 결론'이 알려진 후에도 '더 짧은 결론'은 수많은 필사본들에서 '더 긴 결론' 앞에 놓였다. 게다가 이른바 '더 긴 결론'은 16:8로 끝나는 원래 결론이 더 이상 나타나지 않도록 압도하지도 못했으며, 교회의 요구를 거의 만족시키지 못했다. 이러는 가운데 '더 긴 결론' 역시 수 세기 동안 보존되었다.

마가복음의 결론 전승은 신약성서 본문 전승의 끈질긴 형태 보존 현상을 드러내는 가장 인상적인 예이다. 한번 생겨난 이문은 어떤 것이라도 계속해서 전달된다. 이른바 혼합 독법, 즉 두 독법을 합쳐 만들어진 새로운 독법을 통해 증명되듯이 주요한 것들에 유효한 것은 사소한 것에도 유효하다. 이에 대해 두 가지만 예를 들어 보자. 마태복음 **13:57**은 본문에 ἐν τῇ πατρίδι를 기록한다. 예를 들어 요한복음 4:44의 경우를 살펴보면, 일련의 필사본들(**ℵ** Z, f^{13} 등)에 ἐν τῇ ἰδίᾳ πατρίδι가 기록되어 있다. 또 다른 일련의 필사본들(L W 0119 등)에서는 병행 전승(마가복음 6:4, 누가복음 4:24)의 영향을 받아 다시 ἐν τῇ πατρίδι αὐτοῦ라고 쓴다. 이로부터 C와 몇몇 다른 필사본들의 경우 ἐν τῇ ἰδίᾳ πατρίδι αὐτοῦ로 읽게 되었다. 이것은 눈여겨볼 만한 부분이다. 두 이문을 잘 아는 필사가가 "내가 두 독법을 함께 수용하면 올바른 본문을 확실하게 보존할 것이다"라는 생각에 따라 두 이문을 함께 결합시켰다는 것이다.

마가복음 **1:16**에 대해 오늘날 '새 본문'에서는 τὸν ἀδελφὸν Σίμωνος를 택한다. 그 대신 일련의 필사본들에서는(A Δ 0135 등) τὸν ἀδελφὸν τοῦ Σίμωνος로, 이와 달리 또 다른 필사본에서는(D W Γ Θ 등) τὸν ἀδελφὸν αὐτοῦ로 기록한다. 그 둘은 (마태복음 13:57의 경우처럼) 앞에서(433쪽 이하) 설명한 일반적인 원칙의 범위 안에 있을 수 있는 이문들이다. 물론 필사본 전승(K 074 등)에서 혼합 독법 τὸν ἀδελφὸν αὐτοῦ τοῦ Σίμωνος도 발견된다. 유사한 예들이 비평장치에서 여러 번 나타난다. 어쨌든 분명한 것은(또는 분명해야 할 것은) '혼합 독법' 즉 두 개가 합쳐진 독법은 이차적이며, 그 독법을 구성하는 두 개(또는 세 개)의 독법 가운데 어떤 것이 원래적인 독법인지를 연구해야 한다는 점이다. 어쨌든 이것은 다른 이문들의 기원을 설명할 수 있는 내용에 해당된다. 마태복음 13:57과 마가복음 1:16의 경우 그 순서가 분명해진다.

마태복음 13:57 (a) ἐν τῇ πατρίδι
(b) ἐν τῇ πατρίδι αὐτοῦ (=막 6:4; 눅 4:24)
(c) ἐν τῇ ἰδίᾳ πατρίδι (=요 4:44)
(d) ἐν τῇ ἰδίᾳ πατρίδι αὐτοῦ

오직 (a)로부터만이 다른 것들 모두가 설명된다. (b)가 (c)보다 더 오래된 것인지 또는 둘이 나란히 동시에 나타난 것인지에 대해서는 논쟁의 여지가 있다. 그래도 공관복음서 두 개 즉 마가복음과 누가복음의 경우를 볼 때 (b)가 더 앞선 것이라 말할 수 있다. 어느 경우든 명백한 것은 (d)가 가장 후대의 독법에 해당된다는 것이다.

이러한 상황은 마가복음 1:16에서도 매우 유사하게 나타난다. 지역적-계보적 체계에 따라 가능한 순서는 다음과 같이 배열한 순서뿐이다.

(a) τὸν ἀδελφὸν Σίμωνος
(b) τὸν ἀδελφὸν τοῦ Σίμωνος
(c) τὸν ἀδελφὸν αὐτοῦ (=마 4:18)
(d) τὸν ἀδελφὸν αὐτοῦ τοῦ Σίμωνος

경우에 따라 (b)와 (c)의 순서가 바뀔 수 있다. 그 둘이 각기 독립적으로 생겨났을 수 있기 때문이다. 어쨌든 확실히 (d)가 가장 후기의 형태로 보이며, 따라서 독법 (a)가 다른 독법들의 출처가 되는 원래 본문에 대한 독법임이 확실한 것으로 보인다. 앞서 설명한 지역적-계보적 구분(원칙 8과 6, 431쪽 이하 참고)이 옳다는 것은 〈네슬-알란트 26판〉의 비평장치에 나오는 설명으로 충분히 입증된다. (《그리스어 신약성서》[GNT]에서는 이 두 구절에 대해 어떠한 설명도 하지 않는다.)

얼핏 볼 때, 이른바 혼합 독법에 대한 설명을 사이에 덧붙이는 바람에 계속 해오던 생각의 흐름을 깨뜨린 것처럼 보일 수도 있다. 그러나 앞서 인용된 두 예는 신학적으로도, 본문상으로 볼 때에도 전혀 중요하지 않다 — 따라서 이 독법에 대한 증거 능력은 훨씬 더 커지게 된다. 신학에서 그리고 교회에서 어떤 독법에 대해 관심을 보이고 거기에 영향을 끼치게 될 때, 그 독법은 본문 전승의 일반적 법칙을 깨뜨리거나 특별한 방식으로 영향력을 행사하기 때문이다. 일정 부분에서 그런 비슷한 일들이 일어나더라도, 우리는 본문비평의 법칙을 더 충실하게 지켜갈 것이다. (이에 대해 앞으로 더 설명할 일이 없기를 바란다.) 그러나 이것은 아주 분명하다. 신약성서 본문 전승에 나타나는 끈질긴 형태 보존 현상은, 본문에 나타나는 모든 이문의 사례들에서 원본문 형태를 결정할 수 있다는 전제를 바탕으로 수행하도록, 허용할 뿐만 아니라 요청하고 있다는 것이다. 셀 수 없을 정도로 많은 본문 증거들은 부담이 되는 것만이 아니라 오히려 결정적인 도움이 되기도 한다.

교리적인 동기이든 교회와 관련된 동기이든, 그런 동기들이 신약성서 본문 전승을 침해하게 되는 경우가 있음은 확실하다. 신약성서 원문에 해당하는 많은 진술들이 후대의 어떤 필요에 의해 사용될 때, 중간의 어떤 연결 없이 곧바로 사용되는 경우는 없기 때문이다. 그러나 마가복음 결론(450쪽 이하 참고)의 경우처럼 교리의 이유로도 또는 교회에서 긴급하게 필요한 사항을 요구할 때에도, 신약성서 본문 중 — 그 본문이 중요한 것일지라도 — 어떤 구절이 변경되고, 이 변경된 구절을 — 교리 또는 교회와 관련된 이유로 변경된 구절을 — 수많은 후대 사람이 보았을 때, 더욱이 이 변경된 구절을 교회의 규범으로 내세웠을지라도, 이 변경된 구절의 영향력으로 인해 신약성서 본문 전승의 한 흐름이 — 그 흐름의 폭이 넓든 좁든 — 끊기지는 않는다. 그 전승의 흐름은 순전히 기술적인 이유와 관련되어 있기 때문이다. 처음부터 신약성서의 기록들은 그에 대한 매우 폭넓은 전승물들이 있었다. 그것은 기독교 교회들과 기독교 신학자들이 있었다는 사실을 통해 알 수 있다. 이미 1세기에 그리고 2세기에 이르러서는 그 전승물 수가 엄청나게 증가했다. 이 수많은 전승물들이 어떤 방향으로 나아가야 할지를 맞출 수가 없었다. 그럴 수 있는 중심지가 없었기 때문이다. (3/4세기가 되어서야 교회 중심지가 형성되기 시작했고 게다가 그 영향력은 지역적으로 제한되어 있었기 때문이다.) 게다가 개별 교회뿐만 아니라 각각의 기독교인도 '하나님과 직접' 교제한다고 생각했다. 2세기에 들어서서도 한참 동안 기독교인들은 스스로를 성령을 모시는 사람으로 여기고, 그에 걸맞게 자신들에게는 예배 시간에 봉독되는 신약성서 본문과 맞먹는 자격이 있다고 여겼다. — 그의 신약성서 정경 밖의 문헌들을 보면, 2세기 중반 저스틴(Justin)에게 이르러서야 사복음서의 본문이 어느 정도 신뢰할 만한 것으로 여겨지게 되었다는 것은 우연이 아니다. — 그 이후에도 기독교인들은 어느 정도 자유롭게 신약성서 문서들을 사용하였다. 본 책 433쪽 이하에서 간단히 소개했던 일반적인 원칙도 계속해서 유효하긴 하지만, 신약성서 본문의 모든 주요한 변경은(이른바 '자유롭게 풀어쓴 본문'의 경우는 예외. 83쪽, 130쪽 참고.) 2세기에 이루어진 것으로 볼 수 있다.

그럼에도 불구하고 2세기에 나타난 것이든 처음부터 있었던 것이든 신약성서 본문이 전승되는 과정에서 심각하게 침해된 부분은 언제나 확실하게 밝힐 수 있다. 기원후 140년경 마르키온의 경우를 예로 들 수 있다. 그는 로마서 본문을 14장으로 끝내는 심각한 침해를 가했다. 이 심각한 침해와 더불어 로마서의 상이한 두 결론(16:24와 16:25-27)으로 인해 — 당시 로마서 본문에는 이 두 결론이 달려 있었다. 16:20이 단독 결론으로 존재하기는 했지만, 추가적으로 덧붙여진 인사말 16:21-23에서는 마치 본래의 로마서 결론, 즉 16:20의 내용이 없었던 것처럼 기록하기 때문이다. — 로마서의 결론 부분은 전승되는 과정에서 수없이 많은 양상들을 낳게 되었다.

쿠르트 알란트(Kurt Aland)는 그의 〈신약성서 개요〉(*Neutestamentiliche Entwürfe*, München, 1979)에서 로마서 결론 부분과 관련된 15개 이상의 다양한 본문 형태를 열거한다. 15개 형태에서 나오는 부차적 본문 그룹을 따로 취급하면 이 수는 더 늘어날 수도 있다. (로마서 결론 부분과 관련해서 이 논문을 참고할 필요가 있으며, 마가복음 결론 부분에 관련된 내용도 같은 책의 해당 논문을 참고할 수 있다. 본 책의 흐름상 이 부분에 대해서는 여기서 가능한 한 짧게만 언급할 수 있기 때문이다. 예를 들어, 본 책의 450쪽 이하에 마가복음 결론 부분과 관련된 외적 기준을 설명하고 있으며, 앞서 언급한 논문에서는 이와 관련하여 내적 기준에 대한 자세한 설명을 참고할 수 있다.)

전승 과정에서 본문에 대해 일어나는 심각한 침해 현상은 신약성서 본문의 끈질긴 형태 보존 현상을 확증시켜 주지만 동시에 새로운 내용도 알려 준다. (단, 초학자에게만 해당된다. 경험이 풍부한 본문비평가에게는 친숙한 내용이다. 그렇게 단정지을 순 없어도 그들에게는 적어도 친숙한 내용이어야 한다.) 끝이 없을 것 같이 방대한 신약성서 본문의 전승물들은 지진 강도를 측정하는 계기판 같은 역할을 한다. 즉 계기판이 더 많이 움직일수록 더 큰 지진이 일어나는 것을 알 수 있는 것과 마찬가지로 신약성서 본문 전승의 상황도 그러하다. 신약성서 본문 전승 과정에서 일어나는 침해가 심해질수록 전승은 더욱 복잡해진다. 로마서 결론의 경우 본문 전승의 상황이 너무 복잡해서 본문을 1:1-14:23=A, 15:1-16:23=B, 16:24=C, 16:25-27=D의 네 개 단위로 구별해야만 그 상황을 파악할 수 있다. 가장 초기에 보존된 전승 단계의 본문 형태는 다음과 같이 나타난다.

1. א B C 048, 중요한 소문자 사본들, 콥트어 전승, 중요한 불가타 사본들	1:1-16:23 + 16:25-27 (=A + B + D)
2. D(바울서신에서 이 기호는 더 이상 베자 켄터브리지언 사본이 아니라 이 필사본의 대본에 있던 클라로몬타나 사본 06을 가리킨다.), F(=010), G(=012) 등	1:1-16:23 + 16:24 (=A + B + D)

분명히 16:25-27(=D)은 대개 동방에서 발견되는 로마서 결론을 대표하며, 16:24(=C)는 서방에서 발견되는 주요 형태를 나타낸다. 두 본문이 각기 매우 독립적으로 로마서에 덧붙어 있다. (마가복음의 결론의 경우와 마찬가지이다.) 그 결과 엄청난 혼란이 야기되었다. 결론으로 D가 나오는 본문일 경우, 거기에 C가 덧붙어 있다. 반대로, 결론으로 C가 나오는 본문일 경우에는 거기에 D가 덧붙어 있다. 그것이 14장 뒤에 나오든 16장 뒤에 나오든 마찬가지다. (마르키온이 15-16장을 떼어냈으며, 이 역시 필사본 전승 과정에서 자연스럽게 계속해서 영향을 미치게 되었다.) A B C D 순서와 A B D C 순서로 나란히 나오며, A D B, A D B C, 또는 A D B D(즉, 16:25-27이 두 번 제공된다), 심지어 A D B C D와 A D B D C의 순서도 나타난다. 전승이 완전히 뒤섞여 버렸다. 우리의 판단으로는 여기서 적어도 두 가지 확실한 결론을 얻어 낼 수 있다. 1. 신약성서 본문의 전승 과정에서 심각한 침해가 발생할 때, 마치 매 또는 개가 닭 무리를 습격할 때의 모습처럼, 독법은 여기저기 뿔뿔이 흩어지게 된다. 2. 신약성서 본문 전승 과정에서 한번 나타난 독법은, 설령 그 결과가 큰 영향을 끼치지 못할지라도 끈질기게 보존된다. 이미 (이차적인) 16:24의 결론을 갖고 있는 필사자는 거기에 (마찬가지로 이차적인) 결론 16:25-27을 덧붙이게 된다. 때때로 어쩔 수 없는 경우에는 본문의 어떤 부분도 빠뜨리지 않기 위해 두 번까지 덧붙이기도 한다. 우리가 이른바 '혼합 독법'에서 관찰했던 내용이 여기서 상당히 많이 반복되어 나타난다. 따라서 다음과 같은 결론을 확증하게 된다. 신약성서 본문 전승 과정에서 원문에 있는 어떤 한 이문을 일단 한

번 포함하게 되면 그것은 계속해서 전승에 보존되며, 또한 그것을 반드시 찾아내야 한다는 것이다. 이렇게 일반적인 전승 과정에서(433쪽 이하에서 설명한 원칙에 따를 때의 일반적인 전승 과정을 말한다) 어떤 다른 요소가 개입될 경우에는 수많은 이문들을 통해 드러나기 마련이다. 이로부터 우리가 생각하기에 논리적이며 필연적인 결론이 도출된다. 많은 수의 이문이 발견되지 않는 경우 본문은 침해된 것이 아니라 일반적인 원칙을 따라 발전된 것이다. 예를 들어 분리 가설들(Teilungshypothesen), 즉 하나의 서신은 여러 개의 편지로 나눠져 있었다고 하는 가설들은 오늘날 바울서신과 관련하여서 여러 가지 방식으로 주장되고 있다. 그러나 그 가설들 가운데 어떤 것도 전승 가운데 지지를 받는 것이 없다. 그 전승이 그리스어 필사본이든, 초기 역본들이든, 교부들의 신약성서 인용문들이든 모두 마찬가지이다. 바울서신에서 모순점이 발견되는 구절 가운데 어떤 구절에서도 본문 침해를 주장할 수 있는 구절은 하나도 없으며, 수많은 이문에 남아있는 본문 침해의 흔적이 암시적으로만 비평장치에 나타날 뿐이다. 즉, 필사본 전승 과정의 초기부터 바울서신은 언제나 오늘날과 같은 형태를 보유해 왔다.

그러나 그것이 최종적인 논증은 아니다. 왜냐하면 신약성서 본문비평 작업에서 신약성서 본문의 내용에 대해 판단할 수 있는 때는, 그것이 필사를 통해 문헌적 자료로 존재하는 순간부터이기 때문이다. 필사 이전에 무엇이 있었는지에 대해서는 알아낼 수가 없다. 요한복음에서 그 예를 찾을 수 있다. 본문비평이 적용되는 요한복음은 현재 1장부터 21장까지 총 21장으로 구성된다. 전체 필사본 전승에서 마지막 21장과 함께 현재의 순서로 구성된 현재 형태만이 발견된다. 요한복음에 대해 어떤 개정, 개작, 편집 등은 — 실제로 이런 작업이 있었다면 — 필사 이전에 이루어진 것이어야 한다. (간음한 여인에 대한 단락이 추가된 것은 예외로 한다. 상당수 전승물에서 이 단락이 나타나지 않기는 하다.) 오늘날 우리가 갖고 있는 집합체로서의 '바울서신'에 대해 새로운 구성을 주장하는 '바울의 서신 교환'(paulinischen Korrespondenz)도 마찬가지로, — 실제로 있었다면 — 현재의 '바울서신'이 필사되어 보급되기 이전에 이루어진 것이어야 한다. '실제로 있었다면'에 관한 질문은 여기서 자세히 논할 수는 없다. 그럴지라도 다음의 내용은 알아 둘 필요가 있다. 21장이 요한복음에 어떻게 덧붙여졌는지에 대한 설명은 이를테면 불트만(R. Bultmann)의 이론과 같은 복잡한 이론들에 대한 반증이 된다는 것이다. 예를 들어, 어떤 편집자가 20:30-31의 삭제만을 필요로 했을 것이고 그 후 추가 본문을 덧붙여 본문을 매끄럽게 했을 것이라는 이론이다. — 그러나 그런 일은 실제로 일어나지 않았다. 또한 현재 바울서신의 어떤 한 구절에서, '원 바울서신 모음집'에 해당되는 구절이 발견된다는 이론도 의심할 만하다. '원 바울서신 모음집'에는 바울서신 수집가가 바울서신의 원 대본을 새롭게 개정한 모든 주요 본문들이 들어 있었다는 것이다. 오히려 바울서신 전승이 시작될 때부터 분명히 여러 가지 서신들로부터 수집된 작은 단위의 모음집들(Klein-Corpora)이 있었다. 따라서 전체적인 개정에 대한 이론은 힘을 잃게 된다(K. Aland, *Neutestamentliche Entwürfe*, 302-350 참고).

3. 〈네슬-알란트 26판〉과 〈그리스어 신약성서 3판〉(GNT)의 비평장치로 옮겨진 구절과 그 이유에 관한 논의

그러나 위에서 말한 내용을 다루는 것은 이 책의 전체 논지에서 지나치게 벗어나는 일이 될 것이다. 이제 다시 한 번 개별 본문 구절을 — 그것이 실제적인 의미에 맞는 것이든, 또는 교육적으로 부합하는 것이든 — 다뤄보기로 하자. 이 구절들은 특히 1982년 〈대다수본문에 의거한 그리스어 신약성서〉(*The Greek New Testament According to the Majority Text*)의 출간 이후 특별한 의미를 지니게 되었다. 대다수본문을 적극 지지하는 사람들은 앞으로 나올 설명들을 — 편견 없이 — 자세히 살펴보는 것만으로도 그 필요가 충족될 것이다.

먼저 본문비평에서는 그리스어 신약성서의 독자들 및 현대 번역본의 독자들에게 다음의 이유에 대해 해명해야 할 책임이 있다. 그 이유라 함은, 수 세기 동안 거의 모든 인쇄본과 역본들에 기록되어 있던 구절들임에도, 왜 많은 경우에 이 구절들이 통째로 빠져서 절수를 세는 데 포함되어 있지 않은가 하는 것이다. '새 본문'은 본문에 있던 대략 20개 구절을 비평장치로 옮겨 놓았다. 이는 상당한 수이다. (여러 나라의 번역본이 늘어나는 가운데 그 번역본에서도 같은 일이 일어나고 있다. 번역본들이 '새 본문'을 기초로 삼기 때문이다.) 이 구절들은 우선 〈네슬-알란트 26판〉의 본문 증거들, 즉 지지하는 증거들과 반대하는 증거들과 함께 열거된다. 이렇게 하는 것이 더 일목요연하기 때문이다. (〈그리스어 신약성서 3판〉[GNT]의 비평장치 체계는 여기서 한계점을 드러내므로 처음 다섯 예에서만 추가로 언급한다.) 이어서(462쪽 이하) 이 구절들에 대한 주석적 설명을 제공한다. 이것으로 독자는 지금까지 확보된 지식과 실제적인 경험을 기초로 하여 이 구절들에 대한 독자적인 판단을 내릴 수 있는 기회를 얻게 된다.

1) 마태복음 17:21

[4] **20** {B} *omit verse 21* ℵ* B Θ 33 892^{txt} it^{e,ff1} syr^{c,s,pal} cop^{sa,bomss} eth^{ro,ms} geo Eusebius ∥ *add verse 21 τοῦτο δὲ τὸ γένος οὐκ ἐκπορεύεται εἰ μὴ ἐν προσευχῇ καὶ νηστείᾳ.* (*see* Mk 9.29) (ℵ^{b} *οὐκ ἐκβάλλεται εἰ*) C D K L W X Δ Π f^{1} f^{13} 28 565 700 892^{mg} 1009 1010 1071 1079 (1195 *omit δέ*) 1216 1230 1241 1242 1253 1344 1365 1546 1646 2148 2174 *Byz Lect* it$^{(a),aur,(b),(c),d,f,ff2,g1,l,(n),q,r1}$ vg (syr^{p,h}) cop^{bomss} arm eth^{pp} geo^{Bmg} Diatessaron Origen Hilary Basil Ambrose Chrysostom Augustine

2) 마태복음 18:11

[2] **10** {B} *omit verse 11* ℵ B L* Θ f^{1} f^{13} 33 892^{txt} it^{e,ff1} syr^{s,pal} cop^{sa,bo} geo^{A} Origen Apostolic Canons Juvencus Eusebius Hilary Jerome ∥ *add verse 11 ἦλθεν γὰρ ὁ υἱὸς τοῦ ἀνθρώπου σῶσαι τὸ ἀπολωλός.* (*see* 9.13; Lk 19.10) D K W X Δ Π 078^{vid} 28 565 700 1071 1079 1230 1241 1242 1253 1344 1365 1546 1646 2148 2174 *Byz Lect* l^{185pt} it^{a,aur,b,d,f,ff2,g1,l,n,q,r1} vg syr^{c,p} arm geo^{1,B} Diatessaron Hilary Chrysostom Augustine ∥ *11 ἦλθεν γὰρ ὁ υἱὸς τοῦ ἀνθρώπου ζητῆσαι καὶ σῶσαι τὸ ἀπολωλός.* (*see* 9.13; Lk 19.10) (L^{cmg} *omit καί*) 892^{mg} 1009 1010 1195 1216 ($l^{10,12,69,70,80,185pt,211,299,303,374,1642}$ *καί for γάρ*) l^{950} it^{c} syr^{h} cop^{bomss} eth

3) 마태복음 23:14

T[14] Ουαι δε υμιν, γραμματεις και Φαρισαιοι υποκριται, οτι κατεσθιετε τας οικιας των χηρων και προφασει μακρα προσευχομενοι· δια τουτο λημψεσθε περισσοτερον κριμα. f^{13} *pc* it vg^{cl} sy^{c} bo^{pt} ¦ *id., sed pon. p. vs* 12 W 0104. 0107. 0133. 0138 𝔐 f sy$^{p.h}$ bo^{mss} ¦ *txt* ℵ B D L Z Θ f^{1} 33. 892* *pc* a aur e ff^{1} g^{1} vg sy^{s} sa mae bo^{pt}

[2] **13** {B} Οὐαὶ δὲ ὑμῖν…εἰσελθεῖν. (*omit verse 14*) ℵ B D L Θ f^{1} 33 892^{txt} 1344 it^{a,aur,d,e,ff1,g1} vg^{ww} syr^{s,palms} cop^{sa,bomss} arm geo Origen^{gr,lat} Eusebius Jerome Druthmarus ∥ *14, 13 Οὐαὶ δὲ ὑμῖν, γραμματεῖς καὶ Φαρισαῖοι ὑποκριταί, ὅτι κατεσθίετε τὰς οἰκίας τῶν χηρῶν καὶ προφάσει μακρὰ προσευχόμενοι· διὰ τοῦτο λήμψεσθε περισσότερον κρίμα. 13 Οὐαὶ ὑμῖν…εἰσελθεῖν.* (*see* Mk 12.40; Lk 20.47) K W Δ^{gr} Π 0107 0138 28 565 700 892^{mg} (1009 *μικρά*) 1010 1071 1079 1195 1216 1230 1241 1242 (1253 *λήψονται*) 1365 1546 1646 2148 2174 *Byz Lect* (l^{76} *μικρά*) it^{f} syr^{p,h} cop^{bomss} eth Chrysostom Ps-Chrysostom John-Damascus ∥ *13, 14 Οὐαὶ δὲ ὑμῖν…εἰσελθεῖν. 14 Οὐαὶ δὲ ὑμῖν…κρίμα.* (*see* Mk 12.40; Lk 20.47) f^{13} l^{547} it^{b,c,ff2,h,l,r1} vg^{cl} syr^{c,palmss} cop^{bomss} Diatessaron^{n,t} Origen Hilary Chrysostom

4) 마가복음 7:16

⸆[16] ει τις εχει ωτα ακουειν ακουετω A D W Θ $f^{1.13}$ 𝔐 latt sy sa^{mss} bo^{pt} ¦ *txt* ℵ B L Δ* 0274. 28 sa^{mss} bo^{pt}

^{8} **15** {B} *omit verse 16* ℵ B L Δ* 28 *Lect* $l^{333pt,950pt,1127pt}$ cop$^{bo^{mss}}$ geo^{1} // *include verse 16* εἴ τις ἔχει ὦτα ἀκούειν, ἀκουέτω. (*see* 4.9, 23) A D K W X Δ^{c} Θ Π f^{1} f^{13} 33 565 700 892 1009 1010 (1071 ὁ ἔχων ὦτα) 1079 1195 1216 1230 1241 1242 1253 1344 1365 1546 1646 2148 2174 *Byz* $l^{76,185,313,333pt,950pt,1127pt}$ it$^{a,aur,b,c,d,f,ff^2,i,l,n,q,r^1}$ vg syr$^{(s,p),h}$ cop$^{sa,bo^{mss}}$ goth arm eth geo^{2} Diatessaron^{a,p} Augustine

5) 마가복음 9:44, 46

⸆[44] (48) οπου ο σκωληξ αυτων ου τελευτα και το πυρ ου σβεννυται A D Θ f^{13} 𝔐 lat sy$^{p.h}$; Bas ¦ *txt* ℵ B C L W Δ Ψ 0274 f^{1} 28. 565. 892 *pc* k sy^{s} co • 45 ⸆ (48) εις το πυρ το ασβεστον A D Θ f^{13} (700) 𝔐 f q (sy^{h}) ¦ *txt* ℵ B C L W Δ Ψ 0274 f^{1} (28). 892 *pc* b k sy$^{s.p}$ co | ⸆ [46] *ut vs* 44

^{9} **43** {A} *omit verse 44* ℵ B C L W Δ Ψ f^{1} 28 565 892 1365 l^{260} it^{k} syr^{s} cop^{sa,bo,fay} arm geo // *include verse 44* ὅπου ὁ σκώληξ αὐτῶν οὐ τελευτᾷ καὶ τὸ πῦρ οὐ σβέννυται. (*see* Is 66.24) A D K X Θ Π f^{13} 700 1009 1010 1071 1079 (1195 τὸ πῦρ αὐτῶν) (1216 *omit* ὁ) 1230 1241 1242 1253 1344 (1546 σκόλυξ ὁ ἀκύμητος καί) 1646 2148 2174 *Byz Lect* it$^{a,aur,b,c,d,ff^2,i,l,q,r^1}$ vg syr^{p,h} goth (eth) Diatessaron^{a,p} Irenaeus^{lat} Basil Augustine // ὅπου ὁ σκώληξ αὐτῶν οὐ τελευτᾷ. it^{f}

^{11} **45** {A} *omit verse 46* ℵ B C L W Δ Ψ f^{1} 28 565 892 1365 l^{19} it^{k} syr^{s} cop^{sa,bo,fay} arm Diatessaron^{a} // *include verse 46* ὅπου ὁ σκώληξ αὐτῶν οὐ τελευτᾷ καὶ τὸ πῦρ οὐ σβέννυται. (*see* Is 66.24) A D K X Θ Π f^{13} 700 1010 1071 1079 1195 1216 1230 (1241 πῦρ αὐτῶν) 1242 (1253 *omit* αὐτῶν) 1344 1546 1646 2148 2174 *Byz Lect* it$^{a,aur,b,c,d,f,ff^2,i,l,q,r^1}$ vg syr^{p,h} goth (eth) geo Diatessaron^{p} Basil Augustine

6) 마가복음 11:26

⸆ [26] ει δε υμεις ουκ αφιετε ουδε ο πατηρ υμων ο εν τοις ουρανοις αφησει τα παραπτωματα υμων A (C, D) Θ ($f^{1.13}$) 𝔐 lat sy$^{p.h}$ bo^{pt}; Cyp ¦ *txt* ℵ B L W Δ Ψ 565. 700. 892 *pc* k l sy^{s} sa bo^{pt}

7) 마가복음 15:28

T^{1}[28] (Lc 22,37; Is 53,12) και επληρωθη η γραφη η λεγουσα· και μετα ανομων ελογισθη L Θ 0112. 0250 *f*$^{1.13}$ 𝔐 lat sy$^{p.h}$ (bo^{pt}) ¦ *txt* ℵ A B C D Ψ *pc* k sy^{s} sa bo^{pt}

8) 누가복음 17:36

T[36] *p)* δυο εσονται (– D *pc*) εν τω (– D) αγρω· εις παραλη(μ)φθησεται και ο ετερος (η δε ετερα *f*^{13}) αφεθησεται D *f*^{13} 700 *al* lat sy

9) 누가복음 23:17

16 T*p)* [17] αναγκην δε ειχεν απολυειν αυτοις κατα εορτην ενα ℵ (D sy$^{s.c}$ *add. p.* 19) W (Θ Ψ) 063 *f*$^{1.13}$ (892^{mg}) 𝔐 lat sy$^{p.h}$ (bo^{pt}) ¦ *txt* 𝔓^{75} A B K LT 0124. 892^{txt}. 1241 *pc* a sa bo^{pt}

10) 요한복음 5:3하-4

3 T(, παραλυτικων D it), εκδεχομενων την του υδατος κινησιν A^{c} C^{3} D (W^{s}) Θ Ψ 063. 078 *f*$^{1.13}$ 𝔐 lat sy$^{p.h}$ bo^{pt} ¦ *txt* 𝔓$^{66.75}$ ℵ A* B C* L 0125 *pc* q sy^{c} co | T^{1}[4] αγγελος γαρ (δε L; + κυριου A K L Δ 063 *f*^{13} (1241) *al* it vg^{cl}) κατα καιρον (– a b ff^{2}) κατεβαινεν (ελουετο A K Ψ 1241 r^{1} vg^{mss}) εν τη κολυμβηθρα (– a b ff^{2}) και εταρασσε (-σσετο C^{3} 078 *al* c r^{1} vg^{cl}) το υδωρ· ο ουν πρωτος εμβας μετα την ταραχην του υδατος (*om.* μετα … υδ. a b ff^{2}) υγιης εγινετο ω (οιω A L 1010 *pc*) δηποτε (δ' αν K *pc*; + ουν A) κατειχετο νοσηματι A C^{3} L Θ Ψ 063. 078^{vid} *f*$^{1.13}$ 𝔐 it vg^{cl} sy$^{p.h**}$ bo^{pt}; Tert ¦ *txt* 𝔓$^{66.75}$ ℵ B C* D W^{s} 0125. 33 *pc* f l q vgst sy^{c} co

11) 사도행전 8:37

36 T [37] ειπεν δε αυτω (+ ο Φιλιππος E)· ει (εαν E) πιστευεις εξ ολης της καρδιας σου (– 323 *pc*) εξεστιν (σωθησει E). αποκριθεις δε ειπεν· πιστευω τον υιον του θεου ειναι τον Ιησουν Χριστον (εις τον Χριστον τον υιον του θεου E) E 36. 323. 453. 945. 1739. 1891 *pc* (it vg^{cl} sy^{h**} mae; Ir Cyp)

12) 사도행전 15:34

33 T [34] εδοξε δε τω Σιλα επιμειναι αυτου (C) 33. 36. 323. 453. 614 (945). 1175. 1739. 1891 *al* sy^{h**} sa bo^{mss} ¦ εδ. δε τω Σ. (-λεα D*) επιμ. προς (– D*) αυτους, μονος δε Ιουδας επορευθη (+ εις Ιερουσαλημ w vg^{cl}) D gig l w vg^{cl} ¦ *txt* 𝔓^{74} ℵ A B E Ψ 𝔐 vgst sy^{p} bo

13) 사도행전 24:6하-8상

6 ⸆και κατα τον ημετερον νομον ηθελησαμεν κριναι (-νειν 614. 2495 *pc*). [7] παρελθων δε Λυσιας ο χιλιαρχος μετα πολλης βιας εκ των χειρων ημων απηγαγεν [8] κελευσας τους κατηγορους αυτου ερχεσθαι επι (προς E 2464 *pc*) σε E Ψ 33. (323. 614.) 945. 1739. (2495) *pm* gig vg^{cl} $sy^{(p)}$ ¦ *txt* $\mathfrak{P}^{74}$ ℵ A B H L P 049. 81. 1175. 1241 *pm* p* s vg^{st} co

14) 사도행전 28:29

⸆**29** και ταυτα αυτου ειποντος απηλθον οι Ιουδαιοι πολλην εχοντες εν εαυτοις συζητησιν (ζητ- 104 *pc*) 𝔐 it vg^{cl} sy^{h**} ¦ *txt* $\mathfrak{P}^{74}$ ℵ A B E Ψ 048. 33. 81. 1175. 1739. 2464 *pc* s vg^{st} sy^{p} co

15) 로마서 16:24

24 η χαρις του κυριου ημων Ιησου Χριστου μετα παντων υμων. αμην (*sed pon.* [25-27] *p.* 14,23) Ψ 𝔐 sy^{h} ¦ *id.* (*sed* – Ιησ. Χρ.) *et om.* [25-27] *totaliter* F G (629) ¦ *id. et add.* [25-27] *hic* D (630) *al* a vg^{cl} ¦ *id.*, *sed p.* [25-27] *add.* P 33. 104. 365 *pc* sy^{p} bo^{ms}; Ambst ¦ *txt* (*sed add.* 25-27 *hic*) ($\mathfrak{P}^{46}$, *sed add.* [25-27] *p.* 15,33) $\mathfrak{P}^{61}$ ℵ (A) B C 81. 1739. 2464 *pc* b vg^{st} co

먼저 맨 마지막 사례인 로마서 **16:24**의 경우, 중요한 내용은 이미 455쪽 이하에서 설명했다. 그 설명에 따르면, 본문 안에 인쇄되어 있긴 하지만 대괄호로 묶여 있는 로마서 16:25-27도 이차적인 구절이다. 즉 본래 이 구절은 본문 안으로 들어갈 구절이 아니라 16:24와 마찬가지로 비평장치에 속한다. 복음서들에서 예를 든 구절(이 예시들이 앞의 목록의 다수를 차지하는 것은 결코 우연한 일이 아니다.)의 비평장치는 공관복음 대조서와 함께(가능하면 〈사복음서 대조서 13판〉[Synopsis Quattuor Evangeliorum]) 살펴보기를 권장한다. 그럴 경우 본문에서 삭제된 구절이 어디에서 온 것인지를 알려 주는 출처를 자주 볼 것이다. 그럼으로써 이미 설명했던 일반적 원칙들, 즉 본문 발전에 대한 기본 원칙들이(433쪽 이하 참고) 어떤 영향을 끼치고 있는지를 확실히 관찰할 수 있을 것이다. 이에 따라 우리의 설명은 비교적 간략해질 수 있다.

1) 본래 마태복음 **17:20**으로 마태복음의 한 단락이 종결된다. 그리고 **17:21**은 마가복음 9:29의 병행 본문에서 취한 두 번째 결론을 의미한다. 마가복음 9:29도 이차적인 형태이다. 원본문이 εἰ μὴ ἐν προσευχῇ로 끝나고 추가된 καὶ νηστείᾳ는 이차적이기 때문이다.

여기서 καὶ νηστείᾳ가 없는 짧은 이문(lectio brevior)을 지지하는 증거가 비교적 적은 것은, 고대 교회와 중세 전체의 수도원 생활을 특징지은 금식의 중요성과 그것에 대한 존중에 비추어 볼 때 놀라운 것이 아니다. 그러나 ℵ* B 0274 k와 알렉산드리아의 클레멘스는 마가복음 9:29의 짧은 형태에 대한 증거로 충분하다. 병행절 마가복음 9:29의 ἐν οὐδενὶ δύναται ἐξελθεῖν을 마태복음 17:21로 가져왔을 때, 이에 대한 다수의 증거들에서 보여주듯이 문장을 좀 더 매끄럽게 하기 위해 동사를 ἐκπορεύεται로 바꾼 사실은 특기할 만하다. 전승에서 ἐκπορεύεται 외에 ἐκβάλλεται와 ἐξέρχεται도 제공하는 것 또한 특징적인 부분이다. 이것은 마태복음 17:21이 이차적인 전승에 해당된다는 것을 보여주는 또 다른 예시이기도 하다. 이렇듯 다양한 구절에서 다양한 방식으로 마가복음 본문을 전승 받았다. ℵ*(두 번째 필사에 이르러서야 매우 특징적인 방식으로 마태복음 17:21을 추가하게 된다) B Θ 33 892* *pc* e ff[1] sy^s sy^c와 다수의 콥트어 역본들은 21절을 생략한 본문이 마태복음 원문이라는 것을 지지하는 충분한 증거가 된다. 그렇지 않다면 대중적인 지지를 받았던 이 본문을 아무도 삭제하지 않았을 것이기 때문이다. 이 본문이 비교적 많은 수의 증거들에 의해 지지받았다는 사실로부터(특히 놀랄 만한 것은 수도원 생활과 금식이 특별히 존중되었던 언어권의 고대 시리아어 역본들과 콥트어 전승들에서 이 짧은 본문을 지지했다는 것이다), 신약성서 본문 전승의 끈질긴 형태 보존 현상을 재확증하게 된다.

2) 마태복음 **18:11**의 삽입에 대한 외적 증거는 그리 큰 설득력을 보이지는 않는다. (여기서 D와 W를 제외한 대문자 사본들에서는 — L과 Θ의 경우 892와 마찬가지로 이 구절이 후대에 이르러서야 삽입문으로 들어가게 되었다 — 모두 둘째 등급의 그룹에 해당하는 필사본들이며, 부분적으로 어떤 것은 심지어 비잔틴 본문을 대표한다.) 게다가 이 구절은 구절 자체가 반으로 나뉜다. 한 전승 그룹에서는 누가복음 19:10을 문자 그대로 취하며, 또 다른 한 그룹은 누가복음 19:10을 부분적으로 생략하여 축소한 본문 구절로 취한다. 부분적으로 생략하여 줄인 본문 구절에 대한 증거가 훨씬 더 큰 설득력을 보인다.

'예수의 사명'을 인상적으로 표현한 이 구절은 그 밖의 다른 곳에도 삽입되어 있다

(누가복음 9:54-56에 대한 설명, 478쪽 참고). 이 구절은 다른 복음서들에서 발견되는 진술을 그대로 되풀이한다. 예를 들어 마가복음 2:17, 마태복음 9:13, 누가복음 5:32를 참고할 수 있다. 잃은 양의 비유와 이 비유에서 '작은 자'에 대해 설명하는 부분을 볼 때, 이 예시 구절이 비유에 삽입된 것이라는 생각을 하게 된다.

3) 여기서도 마태복음 **23:14**의 삽입을 반대하는 증거들은 특별히 강한 설득력을 보이며, 이 구절의 삽입을 지지하는 증거는 빈약하다. (이 구절이 12절 뒤에 삽입되어 있는 W와 0104 등의 다른 사본들을 보면, 이 구절이 부차적 성격을 띤다는 사실을 분명히 알게 된다.) 명백히 본문은 마가복음 12:40과 누가복음 20:45-47에 나오는 병행 전승에서 유래한다. 이 구절은 예를 들어 혼합 독법의 경우에서 볼 수 있었던 경향과 비슷하게, 더 완전한 본문을 갖추고자 하는 의도로 삽입된 것이다.

4) 마가복음 **7:16**. 이 문장은 복음서들의 본문에 여러 번 나온다(마 11:15; 13:9; 13:43; 막 4:9; 4:23; 눅 8:8; 14:35 참고). 일부 필사본 전승에서 이 문장이 들어 있는 곳을 보면, 문맥에 어울리게끔 — 이 예시 구절의 경우와 마찬가지로 — 이 문장을 삽입했다는 것을 쉽게 이해할 수 있다. (이때 그 삽입이 내적 기준과 관련되어 이루어진 것이라면, 삽입에 대한 증거는 생략에 대한 증거보다 가치가 훨씬 더 떨어진다.)

병행 전승에 끼치는 영향력과 관련해서 볼 때, 마가복음은 주로 영향을 '받는' 쪽이지, 영향을 '주는' 경우는 드물다. 이런 사실과는 전혀 별개의 문제로, 이 예시 구절이 병행 본문 마태복음 15:11에 삽입되어 있지 않다는 사실은, 앞서 밝힌 논증을 반박하는 근거가 될 수 없다. 3)의 경우 마태복음 본문(마가복음에도 있는) 전승으로부터 한 본문을 취한 것이라면, 다음과 같은 사실도 말할 수 있게 된다. 이 예시 구절은 구절의 문자 그대로 누가복음에서도 찾아낼 수 있다. — 즉 이 구절은 누가복음에서 유래했을 가능성이 크다는 것이다.

5) 해당 예시 구절은 마가복음 **9:48**의 전승으로부터 가져온 구절로서, 거의 예전적인 후렴 반복구에 해당하는 두 구절 마가복음 **9:44**와 마가복음 **9:46**을 추가로 덧붙여 놓은 것이다. (두 구절 모두 앞에 εἰς τὴν γέενναν가 붙어 있는 것을 보면, 이런 식으로 후렴 반복구를 사용했다는 것을 짐작하게 한다.) 외적인 증거에 따르면, 9:44에 대

한 증거 능력이 9:46보다 강하긴 하다. 그러나 두 구절을 생략하는 증거에 비하면, 두 구절의 삽입을 지지하는 증거들의 능력은 미미할 뿐이다.

46절의 경우 〈네슬-알란트〉의 비평장치에서는 단순히 'ut vs 44'만을 언급하기 때문에, 〈그리스어 신약성서〉(GNT)의 비평장치에서는 독자가 세부 사항들을 검토할 수 있도록 9:46을 문자 그대로 옮겨 준다. 물론 한 구절의 전승이 또 다른 구절의 전승과 결코 정확하게 일치하지 않는다. 그러나 정확하게 비교해 보면, 이 두 구절의 생략과 추가에 대한 증거가 놀라울 정도로 서로 일치하고 있다는 것을 알게 된다. 이것과 관련하여 볼 때 두 구절은 오랫동안 하나의 전승으로 단단히 묶여 있었던 것으로 보인다. 〈그리스어 신약성서〉(GNT)의 비평장치를 살펴보면 다음과 같다. *l* 260에서는 44절을 생략하며, *l* 19에서는 44절 대신 46절을 생략한다. 소문자 사본 1009에는 46절이 없고 44절만 삽입되어 있다. (그 외에도 이런 증거들을 보이는 더 많은 사본들을 살펴볼 수 있다.) 그러나 이러한 '차이점들'은, 두 구절의 증거 목록에 들어 있는 증거들에서 나타나는 일치점들과 견주어 볼 때, '차이점'이라고 말할 만한 것이 못 된다.

6) 앞서 언급했던 것과 같이, 여기서부터는 〈네슬-알란트〉의 비평장치만 제시할 것이다. 이 비평장치만으로도 어떤 판단을 내리기에 충분하다. 더 많은 정보를 원한다면 〈그리스어 신약성서〉(GNT)의 비평장치(또는 〈사복음서 대조서 13판〉[*Synopsis Quattuor Evangeliorum*])를 참고할 수 있다. 어차피 예시 구절에 대한 본문비평적 판단은 분명하다. 마가복음 **11:26**은 다른 복음서들의 병행 본문으로부터 영향을 받아 생겨난 전형적인 구절이다. 이 예시 구절의 경우 마태복음 6:15로부터 영향을 받은 것으로 보인다. 이 구절을 생략한 본문에 대한 증거가 두드러지게 나타난다. (내적 기준에서 볼 때도 그 증거는 압도적이다.)

7) 마가복음 **15:28**. 이 구절은 누가복음 22:37에서 유래한다. 누가복음 22:37에 나오는 예수의 예언을 마가복음 15:28에서는 예언의 성취 보도로 바꾸어 놓는다. 즉, 마가의 신학이 반영된 내용으로 바꾸어 놓는다.

이 구절을 생략한 본문에 대한 외적 증거가 분명히 우월하다. 비잔틴 본문에 이 구절이 나온다는 사실은, 이 구절이 (다른 구절들처럼) 에라스무스에 의해 인쇄된 본문과 그 뒤를 잇는 그리스어 본문 인쇄본들 그리고 여러 세기에 걸친 여러 번역서들에 기입된 이유를 설명하는 매개가 된다. 또한 그 사실로부터 그 이후 수세기 동안 이어지는 그리스어 신약성서 인쇄본들 및 번역서에도 이 구절이 들어가게 됐다는 것을 알게 되었다.

8) **누가복음 17:36.** 이 예시 구절에 대한 외적인 증거는 매우 빈약하다. (더욱이 지지하는 증거들의 내용이 한결같지 않고, 차이를 보이며 나눠져 있다. 그래서 〈네슬-알란트〉의 비평장치에서는 본문에 대한 증거 목록, 즉 이 구절이 생략되어 있는 본문에 대한 증거들은 인용하지 않았다.) **누가복음 17:36**은 마태복음 24:40의 병행 전승에서 유래한다.

9) **누가복음 23:17.** 병행 본문에서 보고하는 내용과는 달리 누가복음의 경우, 빌라도가 명절에 유죄 판결을 받은 한 사람을 풀어 주겠다는 언급과 바라바를 풀어 주는 것에 대한 언급이 나오지 않는다. 따라서 이 예시 구절은 나중에 누가복음에 삽입되었다는 것을 쉽게 이해할 수 있다. 일부 전승에서는 이 구절을 삽입하는 것만으로는 부족하게 여겨 그 보도의 서문 역할을 하는 구절, 즉 마태복음 27:15와 마가복음 15:6도 취하게 되었다. 이때 이 구절들을 그대로 취하지 않고 형태를 조금씩 고쳤다. (이 두 구절은 다른 곳에도 삽입되었다.) **א** 사본의 본문에도 이 구절이 삽입되어 있긴 하다. 그러나 이 구절을 생략한 것을 원문으로 지지하는 증거들이 훨씬 더 큰 설득력을 보여 준다.

10) 지금까지 검토한 삽입구들은 모두 병행 본문으로부터 유래한 것이었다. 그 병행 본문은 다른 복음서에 있는 것이거나, 해당 삽입구와 같은 복음서에 있는 것이었다. 그러나 **요한복음 5:3하-4**는 또 다른 범주에 속한다. 원래의 본문에 후대의 보충 설명이 덧붙여져 확장된 경우이다. 해당 구절의 문맥에 나오는 이야기 자체로부터 파생되었으며 다양한 방식으로 덧붙여졌다. 그러나 모두 전설처럼 전해 내려오는 이야기를 보충하는 설명이다.

이 예시 구절이 생략되어 있는 '더 짧은 본문'에 대한 증거에 따르면, 3절 하반절과 4절 전체가 후기의 삽입이라는 사실에 대해서는 논의할 필요가 없다. 다만 몇 가지 주목할 만한 것이 있다. D에서는 3하절을 약간 더 보충해 놓긴 하지만, 4절은 전혀 삽입되어 있지 않다. 또 $\mathfrak{P}^{66}$에서는 더 자유로운 본문 형태를 자주 보이곤 하는데(83쪽 참고), 이 해당 구절과 관련해서는 필사 원본의 본문을 엄격히 따르는 $\mathfrak{P}^{75}$와 같은 모습을 보인다. 즉 둘 다 이 해당 구절을 생략한 '더 짧은 본문'을 담고 있다. 3하절은 (그 내용이 많든 또는 적든 간에) 편집 작업에 의한 해설이다. 4절은 매우 잘 꾸며진 이야기식의 보충 설명이다. 그러나 7절에 대한 배경을 설명하기 위해 덧붙여진 보충 설명이다. 7절에서 병자는 물이 움직일 때 아무도 자신을 연못에 넣어 주는 사람이 없어 자신이 연못에 이르는 동안 다른 사람이 먼저 내려가는 것을 불평한다. 이것으로 다음 사실이 밝혀진다. 1) 연못의 물이 움직인다. (4절은 그 이유를 설명한다.) 2) 물이 움직인 후에 제일 먼저 들어가는 자가 치료된다. (4절은 그 내용을 상세하게 묘사한다.) 이미 여기서 이 구절이 이차적인 성격을 띤다는 것을 명백히 드러낸다. — 그러나 기본 원칙 3을 기억해야 한다(431쪽 참고). 즉 이 사실들은 모두 후기의 고찰을 통해 밝혀진 결과라는 것이다. 다만 이번 경우에는 이미 외적 증거에 의해 확인된 바에 따라 본문비평적인 판단이 내려져 있었다. 내적 기준으로 볼 때도 그 결정을 확증할 수 있을 때(원칙 2 참고), 그것은 확실한 결정이 된다. 내적 기준이 외적인 증거와 일치하지 않으면, 둘 다 다시 살펴봐야 한다. 외적인 증거에 타당성이 있다면, 내적 기준이 실제로 모든 측면에서 빠짐없이 검토되었는지를 다시 살펴봐야 한다. 주석가들은 자신들의 섣부른 판단으로 자주 위험에 빠지곤 한다(Vestigia terrent[5)]). 어떤 한 구절의 내적 기준에 대한 설명을 제시할 때, 그들이 내적 기준에 대한 모든 측면을 전체적으로 충분히 검토하지 않기 때문이다.

11) 이제 복음서를 떠나 사도행전으로 넘어간다. **사도행전 8:37**에 나오는 첫 번째 첨가 부분은 요한복음 5:3하-4의 경우와 어느 정도 비슷하다. 이 구절 역시, 원래의 보도 내용에서는 당연한 것으로 여겨 확실하게 설명하지 않았던 부분을 후대에 첨가한 구절로 보기 때문이다. 예시 구절의 삽입을 지지하는 외적인 증거가 매우 빈약하므로, 〈네슬-알란트〉의 비평장치에서는 이를 지지하는 증거만을 인용하고 이 구절의 생략을 지지하는 증거는 제시하지 않는다.

---

5) [역자주] 라틴어 'Vestigia terrent'는 "Quia ne vestigia terrent Omnia te adversum spectantia, nulla retrosum"에서 유래된 표현으로, '어떤 사람이나 대상의 작은 흔적만으로도 두려워하게 된다'는 뜻이다.

실제로, 대문자 사본 E(159쪽 참고) 및 몇몇 소수의 중요한 소문자 사본은 이 예시 구절이 삽입된 본문을 지지하기는 한다. 그러나 이 사실이 이 구절을 삽입한 본문이 원문이라는 주장을 펴기 위한 충분한 근거가 되지는 못한다. (이 사실을 아주 정확히 파악하고자 하는 사람은 〈그리스어 신약성서 3판〉[GNT]을 펼쳐서 확인할 수 있다. 사도행전 8:37은 $\mathfrak{P}^{45}$ $\mathfrak{P}^{74}$ ℵ A B C P Ψ 049 056 0142 및 이보다 더 많은 일련의 소문자 사본들, 심지어 대다수본문에서도 생략되어 있다. 더욱이 이 구절이 삽입된 전승들을 살펴보면, 전승 과정에서 여러 형태로 구절이 나눠진 것을 보게 된다.) 사도행전 8:37의 내용을 보아도 이 구절이 후대의 것이라는 것을 말해 준다. 즉 간다게의 그 '내시'가 세례를 요구하는 것에 대해 자세히 논증하는 것을 보여 주고자 하는 것은 후대에서나 볼 수 있는 내용이기 때문이다.

12) 사도행전 **15:34**는 전승에서 다양한 형태로(!) 삽입되었다. 사본 C와 그 밖의 다른 사본들이 전하는 전승에서는 이른바 첫째 형태(εδοξε δε τω Σιλα επιμειναι αυτου)를 드러낸다. 이 전승에서는 실라가 안디옥에 남아 있었다는 사실만을 진술한다. (이 사실은 필연적이었던 것으로 보인다. 15:40에 따르면 바울이 실라를 동반자로 선택했고, 15:33에 따르면 그가 이미 여행을 시작한 것으로 나오기 때문이다.) D와 그 밖의 다른 필사본들에서는 모순되는 점을 무마시키고자 다음과 같은 내용을 더 분명히 설명한다. 실라는 (안디옥에) 남아 있었고, 유다만 출발했다는 것이다.

이렇듯 이 예시 구절이 나오게 된 기원이 (또한 이 구절의 이차적인 성격이) 분명히 밝혀지며, 사도행전 15:34가 생략된 본문만 원문에 해당(대다수본문에서조차도 이것을 지지한다)될 수 있다. (기본 원칙 8, 431쪽 참고. 15:34가 생략된 독법이 옳은 경우에만, 이 구절의 두 독법이 생성된 배경을 설명할 수 있게 된다. 이와는 전혀 상관없이도, 외적 증거에 따르면 이 구절을 생략하는 것이 옳다는 것을 분명하게 보여 준다.)

13) 사도행전 **24:6**하-**8**상을 더둘로의 고발 장면에서 생략하는 것은, 아주 설득력 있는 외적 증거에 의해 지지된다. 따라서 그 본문의 이차적인 성격에 대해서는 논쟁의 여지가 없을 것이다.

벨릭스에게 고발하는 내용의 마지막 문장 즉 8절을 보면, 이 예시 구절이 삽입될 경우 내용이 어색해지는 것을 알게 된다. 8절은 벨릭스가 바울을 심문해 보면 유대인들이 바울을 고발하는 이유를 모두 알게 될 것이라는 내용이다. 때문에 유대인들에 의한 바울의 체포를 설명하는 6절과 이 8절 사이에 내용상 틈이 벌어지는 것처럼 보였다. 이 틈을 메우기 위해 6하-8상에서는 다음과 같은 내용을 전하게 된다(행 21:31 이하 참고). 천부장 루시아가 바울을 그들에게서 데려갔고 총독의 법정 앞에 데려가라고 명령했다(사도행전 23:23 이하)는 내용이다. 과거에는 많은 주석가들이 이 구절을 받아들인 적도 있지만, 이 진술은 어떤 독자적인 내용을 담고 있는 진술이라 볼 수 없으며, 단지 문체를 매끄럽게 하기 위해 다듬은 문장에 불과하다.

14) **사도행전 28:29**의 경우에도 외적인 증거가 분명하게 나타난다. 사도행전 28:29가 사도행전 원본문의 일부였을 리가 없다. 이 구절이 삽입되어 있는 대다수본문에서는, 내용상으로 볼 때 28절에서 30절로 넘어가는 것을 지나친 비약으로 보았다. 결론이 빠진 것으로 여겨 28절과 30절 사이에 24-25절의 내용을 한 번 더 옮겨 놓음으로써 그것을 결론으로 만들어 놓았다.

15) **로마서 16:24**는 여기서 더 많은 언급을 할 필요가 없다(이 단락의 처음 부분, 455쪽 이하와 462쪽 참고). 그 대신 본 책을 여기까지 읽은 독자에게 권하고자 하는 것이 있다. 실제로 연습을 해 보는 것이다. 독자는 131쪽 이하, 155쪽 이하, 194쪽 이하에서 필사본들에 대한 설명을 통해 필사본의 본문 가치를 평가할 수 있는 판단력을 (아니면 적어도 판단을 내리기 위한 개론적 지식을) 얻은 바 있다. 그러나 그것은 독자에게 그저 이론으로만 남아 있게 될 수도 있다. 실제 연습을 통한 습득이 훨씬 더 유용하다. 계속해서 반복된 경험을 통해서만(원칙 12, 432쪽 참고) 어떻게 필사본의 본문 가치를 판단할 수 있는지 배워 나갈 수 있기 때문이다. 아마도 독자는 앞에서 다룬 예시 구절들을 통해 어떻게 실제적인 연습이 가능한지를 이해하고 기억할 수 있는 기회를(여러가지 측면에서) 얻게 될 것이다.

총 15개의 예시가 제시됐고, 그 가운데 3가지 예시(8, 11, 15번)를 보면 〈네슬-알란트〉의 비평장치에서는 본문에 대한 지지 목록을 달지 않는다. 따라서 나머지 12개 구절에서는 무엇이 원본문이고 무엇이 후대의 삽입문인지를 명백히 확인할 수 있게 된다. 이때 원문을 확인시켜 주는 필사본들의 증거는 훨씬 더 높은 평가를 받아야 한다. 그 증거는 교회 전통의 막강한 힘에 맞서는 가운데 얻은 것이기 때문이다. 또한 문장이 더 설득력 있어 보이며 매끄럽게 보일 수 있는 등등의 여러 가지 유혹으로 인해 해당 구절을 삽입할 수 있었음에도 불구하고 얻어낸 증거들이기 때문이다. 이때의 필사본들은 어떤 양상을 보여 주는가? 459쪽 이하에 나오는 자료들을 살펴보면 다음과 같은 결과를 얻게 된다. 복음서들에서 살펴본 9가지 구절 중 후대의 첨가에 반대하며 원문과 일치하는 경우는 다음과 같다. (사도행전의 세 구절도 이 검토에 맞게 살펴보았으며 그 결과는 여기에 제시하지 않고 따로 구분해 놓았다.)

ℵ	8번	f^1	3번
A	2번	f^{13}	1번
B	9번	28	2번
C	3번	33	3번
D	2번	565	2번
K	1번	700	1번
L	6번	892	6번
W	2번	1241	1번
Δ	3번	1344	1번
Θ	3번	1365	1번
Ψ	3번		

'일련 숫자로 표기되는 대문자 사본들' 또는 '일련번호로 표기되는 대문자 사본들'이라고 지칭할 수 있는 0124, 0125, 0274 등은 여기에 포함되지 않았다. '알파벳으로 표기되는 대문자 사본'으로 지칭할 수 있는 T와 Z도(이 사본들은 단편적으로만 나오거나, 각각 두 번 내지 한 번만 나오기 때문이다) 제외됐다. 그뿐만 아니라 파피루스 필사본들 $\mathfrak{P}^{75}$와 $\mathfrak{P}^{66}$도 (누가복음과 요한복음으로만 이루어졌기 때문에) 들어가 있지 않다. 이러한 편성 방식에 대해 여러 가지 측면에서 이의를 제기할 수 있다는 것을 우리도 잘 알고 있다. 그러나 이것이 초보자에게는 인상적인 기억으로 남을 수도 있

을 것이다. 여기서 소문자 사본의 본문 가치가 유명한 대문자 사본들의 본문 가치와 같은 수준에 이르거나, 심지어 더 우월할 수 있음을 보게 되기 때문이다. 또한 대문자 사본들마다 그 본문의 가치가 얼마나 서로 다르게 나타나는지도 보게 된다. 사도행전의 세 가지 예시 구절에 대한 본문 증거들을 살펴보면, 다음과 같은 표로 정리해 볼 수 있다. 원본문을 보존하는 경우는 다음과 같다.

$\mathfrak{P}^{74}$	3번	$\mathfrak{M}$	1번(!)
א	3번	33	1번
A	3번	81	3번
B	3번	1175	2번
E	2번	1241	2번
H	1번	1739	1번
L	1번	2464	2번
P	1번	2495	1번
Ψ	2번		

여기서 $\mathfrak{P}^{74}$가 열거되지만(사도행전의 모든 관련 구절을 포함하기 때문이다) C, D와 048은 그렇지 못하다. (모든 구절을 포함하지는 않기 때문이다.) 여기서도 소문자 사본들이 인상적으로 나타난다. A의 변화가 눈에 띈다. (전체 증거들과 비교한 원문 보존율을 살펴보면, 복음서들에서는 20%에 지나지 않았던 것이 사도행전에서는 100%에 이른다!) 이것은 필사본의 본문 가치에 대한 기복이 특별히 심한 경우를 보여 준다(69쪽 참고). A는 복음서들에 관해서는 그리 높은 본문 가치를 보여 주지 못하지만, 신약성서 나머지 부분에 대해서는 다르다. (심지어 요한계시록과 관련해서 볼 때 A는 가장 훌륭한 본문 증거들 중 하나로 나타난다.)

4. '새 본문'에서 구절의 일부가 생략된 부분과 그 이유에 관한 논의

확실히 앞의 표들에서는 몇 가지 문제점을 지적할 수 있겠지만, 인상적인 방식으로 몇 가지 유용한 점들을 통찰할 수 있게 해 준다. 아마도 이 표를 접한 독자는 〈네슬-알란트〉 비평장치의 다른 구절에 대해서도 이러한 방식을 적용하여 살펴보고자 하는 관심을 갖게 될 것이다. 앞의 표를 작성했던 것과 같은 방식은, 필사본들과 역본들마다 각각 담고 있는 본문의 가치를 배워 나가는 가장 좋은 방법이다. 무엇보다도 이문들을 접하는 경우, 어떻게 그것들을 잘 설명해 낼 수 있을까를 고민할 때는 더욱 그러하다. 위에 언급된 구절들의 경우처럼 이문들의 관계가 언제나 명백하게 드러나지는 않기 때문이다. 우리가 계속해서 토의하게 될 신약성서 구절들을 예로 들어 시작하는 것이 가장 좋을 듯하다. 앞서 예로 다뤘던 모든 구절들, 즉 새 본문에 빠져 있는 이 구절들을 본문에서 생략하는 현대 번역본들이 점점 더 많아지고 있다. 그뿐만 아니라 현대 번역본의 독자들은 이전에 그들에게 익숙했던 구절들 가운데 문장의 일부 상당수가 본문에 생략되어 있는 것을 확인하기도 한다. 현대 번역본들에서는 여기서 그리스어 본문 인쇄본들에서 오래도록 써온 관행만을 채택한다. 그리스어 본문에서 생략된 구절들이 마찬가지 방식으로 현대 번역본에서도 생략된다. 그 이문들은 원본문의 일부가 아니라 — 대개 코이네나 비잔틴 본문의 영향 아래 — 후기에 부가적으로 삽입된 것들이다. 따라서 에라스무스의 인쇄본 대부분, 수용본문의 후기 인쇄본, 16세기부터 19세기 후기까지에 이르는 역본들에서 이러한 이문들이 발견되었다. 심지어 20세기의 인쇄본에서도 발견되곤 한다. 따라서 현대의 모든 언어권에서는 하나의 번역 전통이 확립되었다. 더디긴 했지만, 우리 세대에 이르러서야 비로소 이루어 낸 것이다. 이러한 진술은 다음과 같은 사실과 관계없이 유효한 것이라고 할 수 있다. 학문적 영역에서는 진즉 후대의 삽입구로서 알아 오던 부분이었지만, 이 부분이 성서의 독자에게는 자신이 읽고 있는 신약성서의 본문 안에 이미 들어 있는 것으로 여겨진다는 것이다. 이에 대해 현재의 주요 번역본들에서 볼 수 있는 몇 가지 예들을 살펴보려 한다. 이러한 부분은 대개 번역본 안의 각주에서 설명되고 있다.

마태복음의 경우 **5:44**의 본문은 이전에 (여러 가지 형태의 변형을 거쳐) 다음과 같이 기록되었다. "너희를 저주하는 자들을 축복하고, 너희를 미워하는 자들을 선대하며, 너희를 모욕하고 핍박하는 자들을 위하여 기도하라." 이것은 병행 본문, 누가복음

6:27-28로부터 가져온 것에 불과하다. 이런 일은 필사본 전승 가운데 다양한 방식으로 이루어졌으며, 이 사실을 통해 그런 식의 확장은 이차적인 성격을 띤다는 점을 강조하게 된다. 확장의 결과로 생겨난 본문이 신앙적 감화에 긍정적 영향을 끼치기는 하지만, 확실히 마태복음 원본문의 일부는 아니다.

신약성서 원본문이 확인되는 그리스어 필사본 증거들의 수가 확실히 아주 많지는 않다(**א** B f^1과 몇몇 다른 것들). 그러나 이 증거들 외에도 모든 고대 역본들의 대표 격에 해당하는 것들도 있다. 마가복음 결론의 경우처럼 확장된 본문이 원래 형태보다 더 인상적이고 '더 훌륭한' 경우가 자주 있다. 따라서 확장된 본문이 보급되는 흐름을 거스르는 필사본은 몇몇에 불과하다. 게다가 다음 논증이 결정적이다. (여기뿐만 아니라 다른 비슷한 경우에서도 마찬가지이다.) 확장된 형태가 실제로 원본문이었다면 누가 그 본문을 짧게 만드는 일에 관심을 가졌겠는가? (물론 438쪽에서 언급하였듯이, 어떤 필사자가 한 본문 단락을 생략할 수 있고 그 뒤를 이어 생략된 본문을 필사하는 다른 필사자가 있을 수 있으나) 우연히 생략되는 경우는 아무런 의미가 없다. 왜냐하면 짧은 본문이 고대 교회 전체 지역에서 발견되기 때문이다. 게다가 본문이 다양한 방식으로 확장되었다는 사실은(이 사실은 동시에 이와 비슷한 모든 경우들을 판단할 때 취하는 하나의 중요한 입장이 된다.) 확장된 본문이 이차적인 성격을 띤다는 것을 반박할 수 없게끔 하는 논증이 된다.

마태복음 6:13에서 이른바 주기도문의 송영(나라와…)이 그리스어 본문비평장치에 들어가 있으며, 현대 번역본들에서 그 구절을 괄호 안에 기입하는 경향이 늘고 있고 이는 타당한 일이다.

여기서도 다음 논쟁이 유효하기 때문이다. 만일 송영이 원래 마태복음에 있었다면 누가 그것을 삭제했을 것인가? 송영이 후대 첨가 구문에 해당한다는 것은 송영이 여러 가지 형태로 삽입된 것을 보면 알 수 있다. 원래 송영이 없는 본문에 대한 증거는 마태복음 5:44의 경우보다 설득력이 훨씬 더 강하다. 첨가 이유는 매우 분명하다. 주기도문이 예배에서 사용되었든 개인적인 기도에서 사용되었든, 본문은 결론을 필요로 한다. 확장은 매우 이른 시기에 이루어졌음에 틀림없다. 이미 기원후 100년 직후 작성된 디다케에 이 결론에 해당하는 송영이 들어 있기 때문이다.

마태복음 16:2하-3의 말씀은 **요한복음 7:53-8:11**의 간음한 여인에 관한 단락처럼 매우 이른 시기의 전승이다. 그리스어 필사본 전승과 번역본들 그리고 교부 인용문들은 이 두 곳의 말씀들이 빠져 있는 본문을 지지한다. 이러한 사실을 마주할 때, 두 말씀은 각 복음서의 원래 본문에 빠져 있었음이 거의 분명해진다. 마태복음 16:2하-3은 아마도 누가복음 12:54-56의 영향을 받았을 수도 있겠지만 엄밀히 말해서 병행절은 아니다.

어쨌든 두 본문이 이미 2세기에 복음서로 받아들여졌다는 것은 생각해 볼 수 있는 일이다. — 이 당시는 본문을 자유롭게 다루던 시기였다(88쪽 참고). 분량이 많은 구절이 그리스어 전승의 일부에 그런 식으로 삽입되는 일은 이 시기에만 가능했다. 간음한 여인 이야기가 전승에 삽입될 때 적지 않은 반대가 있었을 것이다. 그럼에도 불구하고 전승에 자리 잡았다는 것은, 그 반대에 못지않게 전승에 자리 잡게끔 하는 어떤 강력한 영향력이 있었음에 틀림없다.

마태복음 20:16에 널리 알려져 있는 말씀, 즉 "나중 된 자로서 먼저 되고 먼저 된 자로서 나중 되리라"는 말씀이 나온다. 이 말씀은 '덧붙인 첨가 구절'(Versatzstück, 355쪽 참고)에 해당하는 말씀으로, 이 말씀에 다음의 말씀이 덧붙여진다. 이 역시 널리 알려져 있는 말씀으로서 '청함을 받은 자는 많되 택함을 입은 자는 적다'이다.

덧붙여진 이 말씀은 마태복음 22:14에서 온 말씀이다. 이 덧붙여진 말씀이 이차적인 성격을 띤다는 논증은 다음에 나오는 모든 경우에도 마찬가지로 유효하다. 즉 이 말씀이 원본문에 생략되어 있었다는 것을 반증하는 경우들이다. (심지어 이번 경우는 비교적 그 강도가 세다.) 그뿐만 아니라 그 생략에 대해 다음과 같은 이의 제기를 할 경우에도 같은 논증을 하게 된다. 이렇게 신앙적 감화를 위해 덧붙여진 본문이 원래 마태복음에 들어 있었다면, 누가 이 본문을 지워 버렸겠는가?

마태복음 20:22와 **20:23**은 병행 본문의 영향을 받은 사례인 것이 분명하다. 두 경우에 세베대의 아들들에게 하시는 예수의 질문이 마가복음 10:38과 10:39에 나오는데, 좀 더 온전한 형태로 확장되어 있다. 병행 본문의 영향을 반대하는 증거를 굳이 설명할 필요가 없다.

마태복음 25:13에 '언제 인자가 오는지'라는 첨가어가 나온다. 이 첨가어는, 그 구절의 뜻을 분명히 하고 설명하는 첨가어 범주에 속한다. 이런 범주의 첨가어는 비잔틴 본문에서 자주 보게 된다. (대다수본문 𝔐은 지금까지 다룬 20개의 구절 가운데 단 몇 개를 빼고 모두 그 구절이 첨가된 본문을 지지했다. 대다수본문의 이런 특성은 앞으로도 계속 이어질 것이다.) 여기서는 그 증거가 매우 빈약하며 게다가 마태복음 24:44를 대본으로 삼고 있다.

마태복음 27:35에 나오는 보충어는 요한복음 19:24에서 유래하는 것으로서 시편 인용구에 해당한다. 분명히 신앙적 감화에 긍정적 영향을 끼치기 위해 구절을 확장시키려 했던 경향을 보인다. 이런 점과는 별도로, 필사본 전승의 증거가 너무 빈약하여 이에 대한 논의는 불필요하다. (이 구절에 대해 〈네슬-알란트 26판〉의 비평장치에서는 이 보충어가 생략된 본문에 대해 증거를 제시하지 않는다.)

마가복음의 경우 **9:49**의 본문에는 주석상의 난해한 문제가 나타난다. 따라서 이 문제점 때문에 이미 전승 과정에서 아주 다양한 방식으로 이 구절을 개선해 놓았다.

> 참고: 〈그리스어 신약성서 3판〉(GNT)의 비평장치에 모든 세부 사항이 소개된다. 그러나 〈네슬-알란트 26판〉에서는 그 세부 사항들을 더 간결한 형태로 분명하게 정리해 둔다. 흔히 그랬던 것처럼 D-전승에서는 가장 급진적으로 변형된 형태를 보여 준다. 마가복음 9:49를 지워 버리고 레위기 2:13으로 그 자리를 대체하였다. 그 후 이 새로운 본문과 이전 본문은 혼합 독법들로 조합되어 대다수본문과 수많은 다른 필사본들에 나타나게 되었다.

필사본들의 증거에 따르면 πᾶς γὰρ πυρὶ ἁλισθήσεται는 원래 본문임에 틀림없다. 그뿐만 아니라 내적 기준에 따라서도 지지된다. 즉 어려운 이문일수록 원문일 가능성이 크다(lectio difficilior)는 원칙에 의해서다. 이 원칙에 의해서만 본문의 형태가 여러 가지로 발전된 것을 (실수로 잘못 만들어진 형태를 포함해서) 하나의 계보로 정리할 수 있다.

마가복음 **10:7**의 경우 판단을 내리기가 어려워 해당 관련 부분을 대괄호 안에 넣었다.

이 부분이 생략된 본문을 지지하는 필사본들은 상당히 권위 있는 것들이다. 이 부분을 삽입한 이유에 대해 별도로 잘 이해할 만한 부분이 있다. 마가복음 본문에서, 널리 알려져 있는 말씀으로 창세기 2:24에서 따온 이 부분이 빠지게 되면, 불완전해 보이거나 명료하지 않게 보일 수도 있기 때문이다(10:8 이하 참고). 게다가 우리가 여러 번 보았듯이 전승 가운데 마가복음은 마태복음에 비해 영향을 주는 쪽이라기보다 '영향을 받는' 쪽이다. 이 모든 내용이 해당 부분의 생략을 지지한다. 생략을 반대하는 근거로서 첫 문장에 단어를 반복하는 현상(Homoioarcton)을 들 수 있다. (해당 부분 처음에 나오는 καί와 8절 처음에 나오는 καί[로 필사가가 그 구절을 건너 뛰어 잘못 읽었을 수 있다.]) 그러나 생략을 증거하는 모든 필사본들(א B Ψ 892* 2427)에서 같은 방식의 생략 현상이 똑같이 우연히 일어날 수 있을까?

부자 청년에 관한 비유(대체로 수도사였을 후대 필사자들이 특별한 관심을 기울였을 것으로 보이는 단락임.)의 경우, 전통적인 본문과 달리 현대 번역본들에서는 두 군데에서 각각 절의 일부가 생략되어 있다. 마가복음 **10:21**의 '네 십자가를 지라'와 **10:24**의 '재물을 의지하는 자는'이다.

마가복음 10:24에서 첨가된 부분의 경우, 독자에게 부담을 덜어 주고자 하는 의도가 분명하게 드러난다. 하나님 나라에 들어가기 어려운 경우를 재물을 의지하는 자만으로 한정시켜 준다는 것이다. 그럼으로써 10:23의 진술이 여기서 반복되어 의미가 약화되고, 이 해당 부분은 부수적인 성격을 띤다는 것이 명백해진다. (25절 참고. 이 절에서는 부자들에 대해 단호한 내용이 나온다.) 특히 이 부분이 포함되어 있는 필사본들의 본문들에서 이문들이 다양한 형태로 나타나는 것을 볼 때 더욱 그러하다. 마가복음 10:21에서 첨가된 부분의 경우, 그 배경에 마가복음 8:34가 있음이 분명하다. 마가복음 8:34에서는 ἀράτω τὸν σταυρὸν αὐτοῦ καὶ ἀκολουθείτω μοι로 나온다. 마가복음 10:21의 첨가 부분에서는 어순이 변경되어 있기는 하다. 그럼에도 10:21의 δεῦρο ἀκολούθει는 8:34를 떠올리게 했고 몇몇 필사본들의 문장 끝에 ἄρας τὸν σταυρόν σου를 삽입하도록 이끌었다. 해당 부분의 생략을 지지하는 증거가 더 강하다.

마가복음 14:68에서 그 절의 끝부분 καὶ ἀλέκτωρ ἐφώνησεν이 대괄호 안에 놓인다. 이 부분의 생략을 지지하는 증거가 상당히 강력하여 실제로 본문을 유지하는 증거보다 우세하다.

그러나 내적 기준에 따르면 판단이 양쪽으로 갈리는 모호함이 드러난다. 한편으로, 원래 본문에 들어 있었던 이 단어들이 나중에 생략되었다는 것을 입증할 수 있다. 다른 복음서에서는 오직 한 번의 닭 울음소리를 언급하고, 마가복음 14:68의 직접적인 병행 본문에서는 그것을 언급하지 않기 때문이다. 그러나 다른 한편으로는 다음과 같은 점을 입증할 수도 있다. 단락의 끝부분을 보면, 마태복음 26:74 및 누가복음 22:60에서는 단순히 닭이 울었다고 언급하는데, 이와 달리 마가복음 14:72에서는 닭이 '다시'(ἐκ δευτέρου) 울었다는 언급에 이어 '두 번째 울었다'(φωνῆσαι δίς)고 언급한다는 것이다. 물론 δίς와 ἐκ δευτέρου를 생략하는 필사본들이 있긴 하지만, 이 필사본들의 증거는 설득력이 충분히 강하지 않다. 두 개 모두(δίς와 ἐκ δευτέρου) 분명히 마가복음서 원본문의 일부이다. 그러므로 대괄호 안에 들어 있는 문장은 이 단락 이야기를 구성하는 데 필요한 일부였던 것으로 보인다.

누가복음의 경우, **누가복음 4:4**에서 사탄의 유혹에 대한 예수의 답변은 전통적인 번역본들에 다음과 같이 기록되었다. '사람이 빵으로만 살 것이 아니요, 하나님의 모든 말씀으로 살 것이다.' 반면에 현대 번역본들은 마지막 문장을 생략한다.

이것은 외적인 증거와 내적인 고찰에 일치한다. 확장된 본문은 신명기 8:3을 그대로 인용하는 마태복음 4:4에서 유래한다. 짧은 독법(lectio brevior)이 여기서도 확장된 독법보다 우선되어야 한다. 이미 여러 번 언급했던 논증이 여기서도 유효하다. 만일 이 부분이 원래 본문에 있는 구절의 일부임을 인정하면서도 그 문장을 제거할 사람이 누가 있겠는가?

누가복음 **8:43**에서 혈루증을 앓는 여인이 자기의 전 재산을 의사들에게 (헛되이) 낭비하였다는 자세한 설명은 그리스어 본문에서 (현대 번역본들에서도 마찬가지로) 대괄호 안에 놓인다.

해당 부분의 생략을 지지하는 증거로서 B(그리고 약간 다른 형태이긴 하지만 D도 포함), sy^s, sa가 있으며, 여기에 𝔓^75가 추가됨으로써 이러한 증거들은 결정적으로 큰 힘을 얻게 된다. 다른 한편, 의사들에게 돈을 헛되이 낭비했다는 내용의 전개는 이미 마가복음에 들어 있는 부분이다. 마가복음 5:26에서 이 내용은 훨씬 더 강하게 강조된다. 그러나 누가복음 8:43은 병행 본문의 수용으로 생겨난 본문으로 볼 만한 가능성이 거의 없다. — 누가복음의 경우 종종 그러하다. 이 절의 문제가 됐던 뒷부분에서는 심지어 신약성서에서 단 한번 등장하는 단어(Hapaxlegomenon)가 쓰이며, 이 부분의 문장 구성이 매우 자유롭다. 더 나아가 완전히 새롭게 표현된 문장으로 보인다. 본래 이 문장에서는 누가복음의 특징을 드러내는 듯하다. — 따라서 다음과 같은 문제가 여전히 남아 있다. 이 문제를 현대의 관점으로 표현해 볼 수 있다. 즉 2세기에 의사들의 영향을 받은 누군가가 이 문장을 지워버렸는지, 또는 치료 효과를 내지 못하는 의사가 많은 사례비를 받는 듯한 인상을 받은 누군가가 이 문장을 삽입하였는지 하는 것이다. (이것으로 이곳에서 유일하게 쓰인 단어[Hapaxlegomenon] προσαναλώσασα를 설명할 수 있을까?) 이 해당 문장을 대괄호로 묶음으로써 '새 본문'의 편집자가 이 점과 관련하여 결정을 내리지 못했다는 것을 표현한다.

누가복음 **9:54-56**의 경우 현대 번역본들에서 두 개의 유사한 이문이 발견된다. 9:54에서 '엘리야가 행했듯이'라는 문장이 생략되고, 9:55-56은 '이르시되 너희는 무슨 정신으로 말하는지 모르는구나 인자는 사람의 생명을 멸망시키러 온 것이 아니요 구원하러 왔다'라는 언급이 빠져 있다.

이 부분의 해당 단락은 병행 본문이 없고 누가의 특수 자료에 속한다. 그럼에도 다음의 내용은 쉽게 이해할 수 있다. 1) 필사본 전승에서 이 부분이 엘리야와 관계있음을 드러내는 성서 언급(열왕기하 1:10 이하)을 추가했다는 것과, 2) 그 외의 여러 필사본에서도 그러하듯이 잃은 자들의 구원에 관한 말씀을 결론 문장에 덧붙이면서

(463쪽, 마태복음 18:11에 대한 설명 참고), 예수의 요구에 대한 사람들의 거부를 이야기식으로 설명하고 있다는 것이다. 이 두 개의 삽입 구절은 제자들의 요구에 대한 반감을 누그러뜨린다. 두 개의 삽입구에 대한 외적인 증거는 특별한 설명을 필요로 하지 않는다. 첫째 삽입구에 대해 𝔓45 𝔓75 ℵ B L 등이 반대하고, 반면에 둘째 삽입구에 대한 증거는 너무 빈약해서 〈네슬-알란트〉에서는 본문에 대한 지지 증거들 *txt*, 즉 이 삽입구를 생략한 본문에 대한 지지 증거들을 나열하지 않는다. (《그리스어 신약성서》[GNT]의 비평장치 참고. 이 부분에 대해 𝔓45 𝔓75 ℵ A B C L 등이 다시 열거된다.)

누가의 평지 설교 중 **누가복음 11:2-4**는 주기도문에 해당한다. 필사본 전승에서 크고 작은 여러 가지 차이점들을 보이는 이 본문이 좀 더 온전한 형태를 보여 주는 마태복음 6:9-13에 맞추어졌음은 쉽게 이해할 만한 일이다. — 만일 그런 일이 일어나지 않았다면, 그것은 매우 놀랄 만한 일이 될 것이다. 따라서 여기서는 상세한 설명을 할 필요가 없다. 특히 그리스어 필사본 전승을 보면, 전통적인 누가복음 번역서를 읽고 있는 독자가 알고 있는 것보다 훨씬 더 많은 수의 구절이 첨가되어 있기 때문이다. (그래서 오늘날에는 주목받게 될 것이다.)

필수적인 내용은 〈네슬-알란트〉의 비평장치에서 볼 수 있으며, 〈그리스어 신약성서 3판〉(GNT) 비평장치에서는 그 가운데 몇 가지만 택하여 표기해 놓았다. (𝔓75와 B만이 모든 구절에서 원본문을 보존하는 필사본들로 나타난다. ℵ와 다른 중요한 대문자 필사본들에서조차도 때때로 마태복음의 단어들이 첨가된 것을 볼 수 있지만, 흥미롭게도 마태복음 6:13의 송영을 누가복음 본문에 첨가하려는 시도는 전혀 보이지 않는다.)

누가복음 11:11의 경우 비잔틴 본문에서는 병행 전승을 본보기 삼아 본문을 확장했다. 그러므로 전통적인 번역본들은 다음과 같이 기록한다.
'아들이 떡을 달라 하면 돌을 주며, 생선을 달라 하는데 생선 대신에 뱀을 주겠는가?'

떡과 돌은 마태복음 7:9에서 유래한다. 이것은 병행절의 영향을 받은 전형적인 경우이다. 누가복음 본문에서는 원래 생선과 뱀만을 언급한다. 물론 확장된 본문이 신앙적 감화에 더 도움이 되는 형태였고, 이에 따라 더 인상적인 본문이 되었다. 그래서 이 확장된 본문은 매우 광범위하게 수용되었다. 그렇다 해도 𝔓[45] 𝔓[75] B 1241과 일련의 고대 역본들에서는 받아들여지지 않았다.

누가복음 **22:43-44**는 그리스어 본문에서 이중 대괄호 안에 놓인다. 이것으로 이 구절들이 누가복음 원본문의 일부가 아니었다는 편집자의 확신을 드러낸다. 이 구절이 본문에서 빠져 비평장치로 옮겨 가지 않고 오히려 본문 안에서 이중 대괄호로 묶어 두었다. (예를 들어 간음한 여인의 단락의 경우와 같다.) 이 사실은 이 구절이 매우 이른 시기의 전승임을 가리킨다. 2세기 전승까지(교부 인용문과 그 인용문들에서 암시적으로 나타나는 것을 통해 입증된다) 이른다는 것은 확실하며 그 이전 시기의 전승일 가능성도 있다(〈그리스어 신약성서 3a판〉[GNT] 참고).

외적인 증거는 이 구절들이 누가의 원본문에 대한 후대의 첨가임을 확신하게 한다. 이 구절의 생략을 지지하는 증거들이 아주 강하기 때문만은 아니다. (𝔓[75] ℵ[1] A B 등. 일련의 필사본들에서는 이 구절들을 수록하긴 하지만 진정성에 대한 의심을 드러내기 위해 마가복음 16:9-20의 경우처럼 본문비평 기호를 표시해 두기도 한다.) 오히려 우리는 이 구절들이 원문에 포함되어 있던 구절이 아니라는 가장 확실한 단서를 보게 된다. 즉 이 구절들이 신약성서의 다른 여러 곳에서 나온다는 것이다. 대다수의 (현존하는) 필사본 전승에서는 이 구절들이 누가복음 22:43-44에 있지만, 소문자 사본 가족 13과 몇몇 성구집들의 경우 이 구절들은 마태복음 26:39 뒤에 나온다. 신약성서 필사본 전승에서 이런 종류의 위치 변동은 이 본문이 원문에 포함되지 않는다는 가장 확실한 증거들 중 하나이다.

누가복음에서 우리가 살펴봐야 할 마지막 구문은 **24:42**의 καὶ ἀπὸ μελισσίου κηρίου('그리고 야생 꿀')이다. 이 구절에 대해서는 특별한 설명이 필요하지는 않다. 이 구문은 대다수본문에 나오며 그에 따라 전통적인 역본들에서도 발견되기 때문이다. 이 삽입구는 당시의 식사 습관(또는 예전적 관례)을 알 수 있는 중요한 단서가 된다. 그러나 이에 반대되는 증거들, 즉 𝔓[75] ℵ A B D L W 등에서 삽입문이 나타나지 않는 것을 볼 때, 이 구문이 누가복음 원본문의 일부는 아니었을 것이다.

요한복음의 경우, 중요한 모든 구문들은 그리스어 본문 및 역본들의 본문에서 구절 전체가 더 이상 나타나지 않는 구문을 논의할 때 모두 다뤄졌었다. **사도행전**의 경우도 마찬가지이다. 그러나 **사도행전 28:16**은 별도로 취급한다. 대다수본문과 전통적인 번역본들에서는 이 구절에 다음 내용을 첨가한다. '백부장이 죄수들을 간수장에게 인도했다'(그러나 바울에게 …이 허락되었다). 이 부분을 첨가함으로써 이 단락의 이야기가 더 보충되고 더 매끄럽게 다듬어진다. 그러나 전승에서 볼 때 첨가문에 대한 증거가 지나치게 빈약하여 이에 대해 심각하게 언급하는 것은 실익이 없는 일이다.

로마서의 경우, 이 서신의 결론을 다소 상세하게 설명한 바 있다(455쪽 이하 참고). (본문에서 비평장치로 옮겨진) **16:24**만이 아니라 (본문에서 대괄호 안에 놓인) **16:25–27**도 로마서 원본문의 일부는 아니었다는 결과를 말한 바 있다. 다른 구절도 이미 언급하였다(예를 들어 로마서 5:1). 그러므로 여기서 더 말할 것은 없다.

그러나 **고린도전서**의 경우 몇몇 구절들을 주목할 필요가 있다. **고린도전서 11:24**에 대한 본문상의 차이는, 주의 만찬에 대한 바울의 설명을 두고 보이는 사소한 차이에 불과하다. 여기서 대다수본문에서는 — 또한 전통적인 역본들에서도 — 성찬 제정 말씀이 시작되는 부분에 λάβετε φάγετε를 덧붙인다. 그러나 이 말씀은 마태복음 26:26에서 가져 온 것이며, 병행절 전승에 맞춰진 것에 불과하다. 고린도전서 본문 전승에 따르면 이에 대해 반대하는 증거가 명백히 드러난다. 이와 관련하여 더 중요한 것은 **누가복음 22장**에 나오는 **주의 만찬**에 관한 관찰이다.

> 이 부분에서 웨스트코트/호트의 '서방 본문 비-삽입문'(Western non-interpolations) 이론의 영향을 받은 구절이 있다. **누가복음 22:19하–20**에 해당하는 구절, 즉 τὸ ὑπὲρ ὑμῶν διδόμενον에서부터 τὸ ὑπὲρ ὑμῶν ἐκχυννόμενον까지에 이르는 전체 본문이 이중괄호 안에 있었다. 심지어 〈그리스어 신약성서 2판〉(GNT)까지도 그러했다. 그러나 이제는 그렇지 않다. 그러한 19세기 이론의 영향을 받은 주석가들 가운데 전부는 아니지만 대부분의 주석가들은, 압도적인 증거들과 마주하여 결국 다음과 같은 의견을 따르게 되었다. **누가복음 22:19하–20**이 원본문의 일부에 해당한다는 것이다. 누가복음의 관점과 표현으로 볼 때, 주의 만찬 본문은 '더 짧은 본문'이 아니라 '더 긴 본문'이 원래 본문이다.

요한1서 5:7-8의 경우, 이른바 '요한의 콤마'(Comma Johanneum)에 대해 여전히 많은 것이 언급될 수 있다. 그러나 〈네슬-알란트〉의 비평장치에 나오는 (아주 상세하게 다루는) 관련 내용을 살펴보면, 지금까지 설명한 내용에 따라 아마도 다음과 같은 사실을 더 이상 설명할 필요가 없어질 것이다. (그렇게 되기를 바란다.) 그것은, 이 첨가 구문이 이차적인 성격을 지니며, 요한1서의 원래 본문과 아무 관련이 없다는 사실이다. 전승 가운데 나타나는 본문상의 차이를 현대 번역본들에서 알게 해주는 구절들, 즉 자세히 살펴보면 실익을 얻게 되는 구절들이 아직도 많이 있다. 예를 들어 '개역표준역'(Revised Standard Version)에서는 그런 구절들을 많이 볼 수 있다.

> 가장 유감스런 일은, 이전에는 서문에 쓰였던 문구를 '개역표준역'(RSV) 최신판에서는 다음과 같이 획일화된 문구로 바꿔 각주에 실어 두었다는 점이다. "다른 고대의 권위 있는 문서들에서는 다음과 같이 기록한다."라는 문구이다. 형식적인 측면에서 볼 때 이 문구는 옳다. 대다수본문, 즉 비잔틴 본문의 마지막 필사본은 16세기에 이르러서야 기록되었다. 그럴지라도 그 필사본은 현재 시점으로 볼 때 '고대의 권위 있는 본문'이기 때문이다. 그러나 필사본 전승을 그런 식으로 획일화해 버린다면, 번역 성경을 읽는 독자들, 즉 전문 지식을 갖추지 않은 독자들에게 다음과 같은 인상을 — 이것은 '개역표준역'(RSV) 최신판의 책임자들이 의도했던 것과는 전혀 다를 것임이 확실하다. — 주게 될 것임이 틀림없다. 보충 설명으로서, 본문 구절에 대해 서로 견줄 만한 여러 독법이 소개될 경우, 그것들 모두 본래 같은 가치를 지닐 것이라는 인상이다. — 이보다 더 그릇되고 해를 끼치는 일은 없을 것이다.

앞에 논의된 예들을 통해, '새 본문'과 이 본문에 견줄 만한 독법들이 일반적으로 어떤 관계에 있는지를 보여 주었다. 이때 특별히 중요한 의미가 있는 독법들이 선택되었다. 예를 들어 '개역표준역'(RSV)의 각주에서 인용된 수많은 이문들을 볼 때 훨씬 더 분명해진다. 그 이문들을 소개하는 새로운 표현은 일종의 퇴보를 의미하고, '개역표준역'(RSV) 독자를 그릇된 길로 가게 하는 위험에 빠뜨린다. 물론 '새 본문'의 편집자에게 잘못이 없는 것은 아니다. 그러나 그들은 스스로 자부하길, 알려진 모든 정보와 지식을 동원하여 — 또한 현대의 어떤 신약성서 인쇄본 작업에서도 본 적 없는 엄청난 공을 들여 — 가능한 한 신약성서 원문에 가까운 본문을 작성하였다고 주장한다. 그들은 이전의 인쇄본 편집자들에 비해 엄청난 이점을 취할 수 있었다. 한편으로 최근 발견된 중요한 파피루스 사본들을 사용할 수 있었으며, 다른 한편으로 뮌스터의 신약성서본문연구소에서 작업해 놓은 마이크로필름, 즉 그 안에 담긴 신약성서 그리스어 필사본 모두를 실질적으로 참고할 수 있었다. 이 사실로 그들의 공로가 줄어들지도 모르지만, 그들이 이룬 이러한 성과에 있어서 달라지는 것은 아무것도 없다. 신약성서 원본문을 읽을 수 없는 독자들에게 그들의 이러한 성과가 얼마나 충실히 전해지는가, 또 이 그리스어 본문에 나오는 여러 이문들을 얼마나 이해할 수 있게 하는가는 이제 오직 번역자들의 몫이다.

5. 두 아들의 비유(마태복음 21:28-32)

이 예시 구절을 살펴봄으로써 'VII. 신약성서 본문비평 적용 안내 (선별된 예를 중심으로)'를 끝맺으려 한다. VII장 표제어의 부제, 즉 '선별된 예를 중심으로'라는 말이 강조되어야 한다. 본 책의 집필자들은 이 장뿐만 아니라 다른 장들에도 나오는 이 '선별된 예'가 충분히 그 역할을 감당해 주기를 바라기 때문이다. 다시 말해서, 그 예들을 통해서 독자들이 〈네슬-알란트 26판〉의 비평장치를 충분히 다룰 수 있게 될 뿐만 아니라 독자들의 독자적인 판단 능력도 형성될 수 있기를 바랄 뿐이다. 결론적으로 우리는 마태복음 **21:28-32**의 두 아들에 관한 단락에 대한 고찰을 남겨 두고 있다. 이 단락은 (단락의 난해함 때문에) 여러 차례 본보기로 선택되었다(350쪽 이하, 387쪽 이하, 392쪽 이하 참고). 그러나 29-31절은 특별히 더 난해하기 때문에 지금까지 이 구절은 검토 대상에서 제외되었다. 이 난해함이 어느 정도인지 가늠해 보려면, 지난 백여 년간의 인쇄본에 나타나는 이문이 얼마나 다양한지를 한번 살펴보기만 하면 된다(부록 II, 719쪽 참고).

마태복음 21:29-31의 '새 본문'은 〈네슬-알란트 26판〉에서 다음과 같이 기록된다.

29 ὁ δὲ ἀποκριθεὶς εἶπεν· ⸂οὐ
θέλω, ὕστερον ° δὲ μεταμεληθεὶς ἀπῆλθεν⸃. **30** ⸀προσελθὼν
δὲ ⸌ τῷ ⸀ἑτέρῳ εἶπεν ὡσαύτως. ὁ δὲ ἀποκριθεὶς εἶπεν· ⸂ἐγώ,
κύριε, καὶ οὐκ ἀπῆλθεν⸃. **31** τίς ἐκ τῶν δύο ἐποίησεν τὸ
θέλημα τοῦ πατρός; λέγουσιν⸆· ⸂ὁ πρῶτος⸃. λέγει αὐτοῖς
ὁ Ἰησοῦς· ἀμὴν λέγω ὑμῖν ὅτι οἱ τελῶναι καὶ αἱ πόρναι
προάγουσιν ὑμᾶς εἰς τὴν βασιλείαν τοῦ θεοῦ.

비평장치는 다음과 같다.

● **29-31** ⸉† εγω (υπαγω Θ f^{13} 700 *pc*), κυριε (– Θ)· και ουκ απηλθεν *et* ⸉† ου θελω, υστερον (+ δε Θ f^{13} 700 *pc*) μεταμεληθεις απηλθεν *et* ⸉† ο υστερος (εσχατος Θ f^{13} 700 *pc*) B Θ f^{13} 700 *al* sa^{mss} bo; $Hier^{mss}$ ¦ *txt* (א) C (L) W (Z) 0138 (f^{1}) 𝔐 f q vg^{ww} $sy^{p.h}$ sa^{mss} mae; $Hier^{mss}$ ¦ *txt*, *sed* + εις τον αμπελωνα *p.* $απηλθεν^{1}$ *et* εσχατος *loco* πρωτος D it $sy^{s.(c)}$ | ⸋א* (B) 1010 *pc* it sa^{mss} | ⸀και προσελθων C W 0138 𝔐 h q $sy^{p.h}$ (– $sy^{s.c}$) ¦ *txt* א B D L Z Θ $f^{1.13}$ 33. 700. 892 *pc* lat mae bo | ⸂†δευτερω $א^{2}$ B C^{2} L Z f^{1} 28. 33. 700. 892. 1424 *pm* mae bo | ⸆ταυτω C W 0138 f^{1} 𝔐 it vg^{cl} sy sa mae bo^{ms} ¦ *txt* א B D L Θ f^{13} 33. 892 *pc* lat bo ●

그 이전의 본문은 기본적으로 다음 세 가지 주요 유형으로 보급되었다.

I 티쉔도르프(Tischendorf), '에디티오 옥타바 크리티카 마이오르'(*Editio octava critica maior*), 1869/1872

29 ὁ δὲ ἀποκριθεὶς εἶπεν· οὐ θέλω,
ὕστερον μεταμεληθεὶς ἀπῆλθεν. 30 προσελθὼν δὲ τῷ ἑτέρῳ εἶπεν
ὡσαύτως. ὁ δὲ ἀποκριθεὶς εἶπεν· ἐγὼ κύριε, καὶ οὐκ ἀπῆλθεν.
31 τίς ἐκ τῶν δύο ἐποίησεν τὸ θέλημα τοῦ πατρός; λέγουσιν· ὁ
πρῶτος. λέγει αὐτοῖς ὁ Ἰησοῦς· ἀμὴν λέγω ὑμῖν ὅτι οἱ τελῶναι
καὶ αἱ πόρναι προάγουσιν ὑμᾶς εἰς τὴν βασιλείαν τοῦ θεοῦ.

II, 1 웨스트코트/호트(Westcott/Hort), 1881

ὁ δὲ ἀποκριθεὶς εἶπεν Ἐγώ, κύριε· καὶ 29
οὐκ ἀπῆλθεν. προσελθὼν δὲ τῷ δευτέρῳ εἶπεν ὡσαύτως· ὁ 30
δὲ ἀποκριθεὶς εἶπεν Οὐ θέλω· ὕστερον μεταμεληθεὶς ἀπῆλ-
θεν. τίς ἐκ τῶν δύο ἐποίησεν τὸ θέλημα τοῦ πατρός; 31
⸀λέγουσιν Ὁ ὕστερος.⸀ λέγει αὐτοῖς ὁ Ἰησοῦς Ἀμὴν λέγω
ὑμῖν ὅτι οἱ τελῶναι καὶ αἱ πόρναι προάγουσιν ὑμᾶς εἰς τὴν
βασιλείαν τοῦ θεοῦ.

II, 2 폰 조덴(v. Soden), 1913

29 ὁ δὲ ἀποκοριθεὶς εἶπεν· ὑπάγω κύριε, καὶ οὐκ ἀπῆλθεν. 30 προσελθὼν δὲ τῷ
δευτέρῳ εἶπεν ὡσαύτως. ὁ δὲ ἀποκριθεὶς εἶπεν· οὐ θέλω, ὕστερον δὲ μεταμεληθεὶς
ἀπῆλθεν. 31 τίς ἐκ τῶν δύο ἐποίησεν τὸ θέλημα τοῦ πατρός; λέγουσιν· ὁ ἔσχατος.
λέγει αὐτοῖς ὁ Ἰησοῦς· ἀμὴν λέγω ὑμῖν, ὅτι οἱ τελῶναι καὶ αἱ πόρναι προάγουσιν
ὑμᾶς εἰς τὴν βασιλείαν τοῦ θεοῦ.

다른 본문 형태들은 모두 이 세 유형에 속하게 된다. 초기 〈네슬〉 인쇄본들은 〈메르크〉가 〈폰 조덴〉의 본문을 고수한 것과 같이 〈웨스트코트/호트〉를 그대로 따랐다. 사소한 이문들이 나타나기는 하지만, 〈티쉔도르프〉는 다른 이들에게 하나의 대본을 제공하였다. 〈포겔스〉(Vogels [4]1955), 〈보버〉(Bover, [5]1968), 〈네슬-알란트 26판〉에서는 29절을 ὕστερον δὲ μεταμεληθείς로 기록한다. 〈포겔스〉에서는 30절을 καὶ προσελθών으로 시작하고, 〈보버〉에서는 같은 절에서 τῷ ἑτέρῳ 대신 τῷ δευτέρῳ로 기록한다. 〈네슬-알란트 26판〉의 비평장치에서는 여기서 관찰된 이문들을 일관되게 기호 ʼ로 표시하였다.

a) 29 ʼοὐ θέλω, ὕστερον δὲ μεταμεληθεὶς ἀπῆλθενʼ
b) 30 ʼἐγώ, κύριε, καὶ οὐκ ἀπῆλθενʼ
c) 31 ʼὁ πρῶτοςʼ

각각의 인쇄본들은 이 세 구절 즉 29, 30, 31절을 어떻게 읽느냐에 따라 다르게 분류된다. 다른 모든 이문들은 부차적이다(487쪽 참고). 〈티쉔도르프〉(I)에서의 경우 먼저 부탁을 받은 첫째 아들은 처음에 거부하지만, 후에 포도원에서 일하라는 요구에 순종한다. 둘째 아들은 간다고 하고, 가지 않는다. 따라서 누가 아버지의 뜻에 순종했는가 하는 질문에 대한 대답은 ὁ πρῶτος이다. 〈웨스트코트/호트〉와 〈폰 조덴〉의 경우 그 순서가 정확하게 뒤바뀐다(II, 1/2. 세부적인 차이점들은 여기서 중요하지 않다). 여기서는 먼저 부탁받은 아들이 긍정적인 대답을 하지만 아무것도 행하지 않는다. 반면에 둘째 아들은 처음에는 거절하나 그 다음에 아버지의 명령을 이행한다. 따라서 그 중에 누가 아버지의 뜻을 행했는가 하는 질문에 대한 답변은 이제 ὁ ὕστερος이거나 ὁ ἔσχατος이다. 다양한 순서에도 불구하고 마지막 질문에 대한 답은 같다. 즉 첫째 아들이든 둘째 아들이든, 처음에는 거절하지만 나중에 요구를 따른 아들이 아버지의 뜻을 행한 자가 된다. 또한 예수께 질문했던 “대제사장들과 백성의 장로들”(21:23)에게 그들을 비판하는 예수의 말씀은 적절한 답변으로 이어진다. 그러나 a), b)의 순서로 시작하나 답변은 c) 대신 ὁ ἔσχατος로 기록하는 셋째 본문 유형이 있다. 이 셋째 유형은 사본 D, 일련의 고대 라틴어 역본들, 시리아어 시내 사본 등에서 발견된다. 이 유형은 어떤 현대 인쇄본에서도 기록되지 않았지만, 몇몇 주석가들이 이 유형에 호의를 보인 바 있다

(예를 들어, 벨하우젠[Wellhausen], 히르슈[Hirsch]).

필사본 전승에 관한 개관은 아래와 같이 나타난다.

> [2] **29–31** {C} *οὐ θέλω, ὕστερον δὲ μεταμεληθεὶς ἀπῆλθεν...ἑτέρῳ...ἐγώ, κύριε, καὶ οὐκ ἀπῆλθεν...πρῶτος* (ℵ* 1010 *omit δέ*) C* K W X Δ Π 0138 565 1071 1079 1195 (1216 *ὑπάγω κύριε*) 1230 1241 1253 1546 *Byz*^{pt} *l*^{63,76,185,211,1642,1761} (*l*^{80} *τίς οὖν*) it^{f,q} vg syr$^{(c),p,h}$ cop$^{sa mss}$ eth$^{ro?pp?}$ Diatessaron^{a,i,n} Irenaeus Origen Eusebius Hilary Cyril // *οὐ θέλω, ὕστερον δὲ μεταμεληθεὶς ἀπῆλθεν...δευτέρῳ...ἐγώ, κύριε. καὶ οὐκ ἀπῆλθεν...πρῶτος* ℵ^{c} C^{2} L *f*^{1} 28 33 892 1009 1242 1344 1365 1646 2148 2174 *Byz*^{pt} *Lect* (*l*^{1127} *τίς οὖν*) syr$^{pal ms}$ eth$^{ro?pp?}$ Chrysostom // *οὐ θέλω, ὕστερον δὲ μεταμεληθεὶς ἀπῆλθεν εἰς τὸν ἀμπελῶνα...ἑτέρῳ...ἐγώ, κύριε, καὶ οὐκ ἀπῆλθεν ...ἔσχατος* D it$^{(a, aur, b), d, (e, ff1, 2, g1, h, l)}$ syr^{s} // *ἐγώ, κύριε, καὶ οὐκ ἀπῆλθεν... δευτέρῳ...οὐ θέλω· ὕστερον μεταμεληθεὶς ἀπῆλθεν...ὕστερος* B (700 *ὑπάγω κύριε...ὕστερον δὲ...ἔσχατος*) syr$^{pal mss}$ (cop^{bo}*...ἔσχατος*) eth^{ms} (geo^{2} *ὑπάγω for ἐγώ and insert "I will not go" before ὕστερον*, geo^{A} *πρῶτος for ὕστερος*) Diatessaron Ephraem Isidore Ps-Athanasius // *ὑπάγω καὶ οὐκ ἀπῆλθεν... ἑτέρῳ...οὐ θέλω· ὕστερον δὲ μεταμεληθεὶς ἀπῆλθεν...ἔσχατος* Θ (*f*^{13} 4 273 geo^{1} *ὑπάγω κύριε καί*) (4 273 *δεύτερος for ἔσχατος*) (*l*^{547}) cop$^{sa?}$ // *ἔρχομαι, κύριε, καὶ οὐκ ἀπῆλθεν...ἄλλῳ...οὐ θέλω, ἀλλὰ ὕστερον μεταμεληθεὶς ἀπῆλθεν ἐν τῷ ἀμπελῶνι...ἔσχατος* arm

이 비평장치는 〈그리스어 신약성서 3판〉(GNT)의 비평장치에서 가져온 것이다. 한 구절에 대해 하나의 비평장치를 제공하는 경우, 〈네슬-알란트〉의 비평장치에서는 자료의 내용들을 간결하게 요약해서 제공하는데 비해, 〈그리스어 신약성서 3판〉(GNT)의 비평장치에서는 그보다 훨씬 더 상세하게 설명한다. 물론 앞에서도 언급했지만, 상세하게 자료를 제시할 경우에는 여러 문제점도 함께 가져온다는 것을 여기서도 보여 준다. 본문 현황에 대한 개관을 얻으려면, 어쨌든 한 번은 스스로 여러 이문 형태들을 요약해 두어야 한다. 〈네슬-알란트〉의 비평장치에서 이미 요약해 둔 결과물을 파악할 때, 즉 그 결과물을 자세히 살펴보고자 할 때 그렇게 해야 하기 때문이다.

본래의 문제점과 그에 대한 평가에 대해 자유로운 견해를 얻기 위해서는 먼저 — 두 인쇄본에서 제공하고 있는 비평장치에 의거하여 — 본문상의 사소한 차이들을 일단은 한쪽으로 제쳐 두는 것이 아마도 그 목적에 잘 부합할 것이다. 모든 이문들은 외적 기준에 기초해서는 어떤 이문도 원문임을 주장할 수 없다. (각각의 외적 증거에 내적 기준에 해당하는 내용을 괄호 안에 넣어 덧붙여 두었다.)

사본 D, 고대 라틴어 필사본들, 고대 시리아어 역본들에서는 29절 끝에 εἰς τὸν ἀμπελῶνα를 첨가한다(본문 상황에 대한 불필요한 과잉 설명). 30절의 προσελθών 바로 앞에 καί를 첨가한다. ἑτέρῳ 대신에 δευτέρῳ를 사용한다. (πρώτῳ와 비교하여 볼 때, δευτέρῳ를 사용함으로써 문장의 뜻이 더 분명해지기는 하지만, 그러한 점은 이미 그것이 이차적이라는 것을 입증해 준다.) 31절에서 αὐτῷ를 첨가한다(λέγουσιν αὐτῷ는 전형적인 후대 첨가 구문 가운데 하나이다. 446쪽 참고). 32절에서 πρὸς ὑμᾶς Ἰωάννης(문체를 매끄럽게 하기 위해 다듬어짐)로 어순이 변경된다. 끝으로 같은 절 즉 32절에서 οὐδέ 대신에 οὐ를 사용한다. 이러한 모든 이문들은 원문에 해당될 수 없다.

이제 세 가지 유형에 대한 외적인 증거를 보면, 세 유형 가운데 어떤 하나에 대해 확신을 가질 만큼의 설득력을 보이지는 않는다. 약간 단순화시키면 그 증거는 대략 다음과 같이 나타난다.

I ℵ C* K L W Z Δ Π 0138 f^1 𝔐 f q $sy^{p.h}$ sa^{mss} mae
(이 중 몇몇 증거들에서는 사소한 이문이 나타난다.)

II (1/2) B Θ(여러 가지 큰 차이점들이 나타난다.), f^{13}, 700(여러 가지 큰 차이점들이 나타난다.) *al* sa^{mss} bo

III D it $sy^{s.(c)}$

사본 B가 당연히 유형 II에 대한 증거 능력에 큰 비중을 차지한다. 반면에 유형 I에 대한 증거 목록에 𝔐가 들어 있는 것은 그리 달갑지가 않다. (물론 여기서 지지하는 증거 목록에 비잔틴 본문만이 아니라 N P Q Γ 28, 33, 565, 700, 892, 1010, 1241과 같이 일련의 중요한 필사본들 전체가 포함되어 있다는 점을 간과해선 안 된다.) — 그러나 코이네 본문조차도 올바른 독법에 대한 증거가 될 수 있다. 코이네 본문도 맨 처음에는 초기 시대의 본문을 대본으로 삼았기 때문이다(71쪽 참고). 그럼에도 유형 II에 대한 증거는, Θ f^{13} 700(덧붙여 다른 소문자 사본 증거에 나오는 계속적인 이문들)에서 여러 가지 차이점들이 나타난다는 점 때문에 다소 가치가 떨어진다. 사소한 차이점들은 말할 것도 없이 다음 같은 큰 차이점들이 나온다. 예를 들면 이 세 사본 모두에서 ἐγώ 대신에 ὑπάγω가, ὁ ὕστερος 대신에 ὁ ἔσχατος가 나온다. 이 이문들은 어떤 하나의 본문 형태가 다양한 방식으로 발전되어 나타난 결과물로 보인다.

내적 기준에 따라서 살펴볼 때, 어쨌든 유형 I이 원문임에 틀림없다. 결정적인 논증은 다음과 같다. 만일 아버지가 첫째 아들에게 먼저 요구를 말했음에도 그 다음에 둘째 아들에게 동일한 요구를 했다면, 첫째 아들이 그 요구를 거절했음에 틀림없다. 유형 II는 그 자체로 비논리적이다. 왜냐하면 먼저 질문을 받은 아들이 아버지의 요구에 따르겠다고 약속하기 때문이다. 왜 아버지는 방향을 돌려 둘째 아들에게도 같은 요구를 한 것인가? 오늘날 영리한 사람들은 '그것은 첫째 아들이 자신이 했던 약속에도 불구하고 아무것도 행하지 않고 있음을 아버지가 보았기 때문이다'라고 답변할 것이다. 그러나 이것은 오늘날의 관점에서 할 수 있는 대답이며, 만일 사정이 그러했다면 복음서 기자는 본문에 그 내용을 기록했을 것이다. 따라서 유형 I이 원본문이었을 것이다. 유형 III은 가장 어려운 이문(lectio difficillima)의 범주에 속한다. 메츠거(B. M. Metzger)는 자신의 주석서에서 해당 구절에 대해 설명하면서 이 유형 III에 대해 '그것은 터무니없다'고 한다. 유형 III에 따르면, 예수의 질문을 받은 사람들은 말이 안 되는 도발적인 답변을 했다는 것이다. 그들은 '예'라고 대답하였으나 아버지의 요구에 순종하지 않은 사람이 아버지의 뜻을 만족시킨 사람이라고 답했다는 것이다. 이에 따르면, 21:31-32에 나오는 예수의 말씀은 그들의 도발적인 답변으로 야기된 단순한 욕설이 된다. (사본 D의 본문에서, 질문자들이 — 이들은 21:23에 나오는 ἀρχιερεῖς καὶ πρεσβύτεροι에 해당한다 — 비난받아 마땅하다는 것을 아주 분명하게 드러내기 위해 이 단락을 그런 식으로 첨예화시킨 것이 아니라면 그렇다. 만일 그렇다면 이는 사본 D 본문에서 '반유대적 경향'을 보여 주는 하나의 예가 될 것이다.) 이런 추측들은 현대적인 기준에서 볼 때 생각해 볼 수도 있는 내용이긴 하지만, 마태복음의 문체 및 서술 방식과는 어울리지 않는 내용이다. 포도원, 아버지, 처음에는 거절하나 나중에 아버지의 뜻을 따르는 아들 등 이 모든 것에는 뜻깊은 상징적 내용이 담겨 있음을 잊지 말아야 한다.

어떻게 유형 II가 유형 I에서 생성되었는지를 설명하는 것은 쉽지 않다. 유형 III에 대해서는 이해를 돕기 위한 하나의 제안으로 이미 설명한 바가 있다. 그러나 유형 I과 유형 II는, 말하고자 하는 내용이 서로 같고 순서만 바뀌었다. 어떤 이유로 이런 일이 생겨났는지는 아직 확실히 밝혀지지 않았다. 이 단락의 이야기는 좀 더 일관되게 점진적으로 진행되도록 구성됐어야 했다. 즉 먼저 요구에 응하지만 그 요구를 실행하지 않는 것이 나오고, 다음으로는 요구에 대해 처음에는 거절하지만 나중에 그 요구를 수행하는 것이 나와야 한다. 그러고 나서는 끝으로, 아버지의 뜻을 이룬 것은 두 번째로 요구받은 사람이라는 점을 밝혀야 한다. 이 문제는 주석가들이 논의하고 답변해야 할 것이다. (그들이 새로운 '새 본문'을 채택한 경우에 그러해야 한다. 이와 달리 〈네슬-알란트 25판〉에서는, 주석서들에서 일반적으로 보게 되는 유형 II를 따랐다.) 그러나 지역적-계보적 방법에 따르면, 어쨌든 유형 I만이 본문 발전의 초기 단계에 있었던 본문으로 인정된다. 이 본문에 따르면, 먼저 질문을 받은 아들은 처음에 아버지의 요구를 거절한다. (그에게 너무 어려운 것으로 보였기 때문이다. 포도원의 상징적 의미를 생각해 보라!) 하지만 나중에 그 요구를 실행한다.

두 아들에 관한 이 단락의 풀이는 의심할 여지없이 신약성서 본문비평에서 가장 어려운 과제들 가운데 하나이다. 여기서도 몇몇 문제가 아직 해결되지 않은 채로 남아 있다는 것은 부인할 수 없는 사실이다. (이 문제들은 이 단락의 본문 전체 내용에 어떤 영향을 주지 않는다.) 그러나 이 장에서 풀기 어려운 이 문제를 다루지 않았다면, 이번 'VII. 신약성서 본문비평 적용 안내'는 그 표제에 온전히 걸맞은 부분이 되지 못했을 것이다.

VIII. 보충과 추가

1. 신약성서 필사본 추가 목록

파피루스 사본들

(146쪽 참고)

𝔓[89] 히브리서 6:7-9, 15-17, 4세기, 플로렌스, 메디치 가문의 라우렌치아나도서관(Biblioteca Medicea Laurenziana), PL III/292; 핀타우디(Pintaudi), 파피루스 고문서학과 제명학 정기간행물(Zeitschrift für Papyrologie und Epigraphik) 42, 1981, 42-44.

𝔓[90] 요한복음 18:36-19:7, 2세기, 옥스퍼드, 애슈몰린박물관(Ashmolean Museum); 스키트(Skeat), 옥시린쿠스 파피루스 L(Oxyrhynchus Papyri L), 런던 1983, 3-8(= P. Oxy. 3523).

𝔓[91] 사도행전 2:30-37; 2:46-3:2, 3세기, 호주 노스라이드(North Ryde), 매쿼리대학교(Macquarie University), inv. 360 a,b; 밀라노, 파피루스고문서학연구소(Instituto di Papirologia), P. Mil. Vogl. Inv. 1224; 갈라치(C. Gallazzi), 파피루스 고문서학 미국협회 학회지(Bulletin of the American Society of Papyrologists) 19, 1982, 39-45; 피커링(S. R. Pickering), 파피루스 고문서학과 제명학 정기간행물, 65, 1986, 76-79.

𝔓[92] 에베소서 1:11-13, 19-21; 데살로니가후서 1:4-5, 11-12, 3/4세기, 카이로, 이집트박물관(Ägyptisches Museum), 나르무티스(P. Narmuthis) inv. 69.39a + 69.229a; 갈라치, Frammenti di un codice con le Epistole di Paolo, 파피루스

고문서학과 제명학 정기간행물, 46, 1982, 117-122.

𝔓[93] 요한복음 13:15-17, 5세기, 플로렌스, 파피루스고문서학연구소 'G. Vitelli', PSI inv. 108; 바스티아니니(G. Bastianini), Trenta testi greci 4, 1983, 10-11.

𝔓[94] 로마서 6:10-13, 19-22. 5/6세기, 카이로, 이집트박물관(Ägyptisches Museum), P. Cair. 10730; 빙겐(Bingen), Miscellània Papirològica Ramon Roca-Puig, 바르셀로나(Barcelona) 1987, 76-78.

𝔓[95] 요한복음 5:26-29, 36-38, 3세기, 플로렌스, 메디치 가문의 라우렌치아나도서관, PL II/31; 레나어츠(Lenaerts), Chronique d'Égypte LX, 1985, 117-120.

𝔓[96] 마태복음 3:10-12(콥트어; 그리스어 유실됨); 3:13-15(그리스어; 콥트어 유실됨), 6세기, 비엔나(Wien), 오스트리아국립도서관(Österreichische Nationalbibliothek), K. 7244.

대문자 사본들

(193쪽 참고)

0275 마태복음 5:25-26, 29-30, 7세기, 2단, 12+행, 약 28×25cm, 더블린, 트리니티대학(Trinity Coll.), TCD PAP F 138, 그리스어-콥트어 2개 국어.

0276 마가복음 14:65-67, 68-71; 14:72-15:2, 4-7, 8세기, 2단, 20+행, 약 16×13.5cm, 파리, 루브르(Louvre), 10039b, 그리스어-콥트어 대조.

0277 마태복음 14:22, 28-29, 7/8세기, 1단, 7행, 7.7×6.7cm, 플로렌스, 파피루스고문서학연구소 'G. Vitelli', PSI inv. CNR 32 C.

0278-0296 새로 발견된 필사본들, 시내산, 카타리나수도원(Katharinenkloster).

0297 마태복음 1:1-14; 5:3-19, 9세기, 2장, 2단, 25행, 33×25.8cm, 런던, 영국도서관(Britisch Library) Add. 31919, 105쪽, 108쪽, 재생 사본(Palimpsest).

0298 마태복음 26:24-29 그리스어, 26:17-21 콥트어, 8/9세기, 1단, 19행, 17×8.8cm, 바르셀로나, 복음서 기자 성 누가 재단(Fundació Sant Lluc Evangelista) 바르셀로나 파피루스(P. Barc.) 4, 재생 사본(Palimpsest), 그리스어-콥트어 2개 언어.

0299 요한복음 20:1-7 그리스어, 21:23-25 콥트어, 10/11세기(?), 2단, 36-41행, 30.2×23.4cm, 파리, 국립도서관(Bibliothèque Nationale) Copt. 129,10, 199쪽,

그리스어-콥트어 2개 언어.

교정자들을 위한 필사본 기호-대조

א 01, B 03, C 04, D 05, D 06

대문자 필사본에서 교정자들을 위한 기호 표시는 다양하게 세분화되었다(〈티쉔도르프〉에서 다양하게 나타나는 א 참고). 〈네슬-알란트 26판 개정본〉에서는 다양한 교정 필사본 그룹들을 개별적으로 정리해 놓았다. 즉 가능한 한 연대기를 기준으로 하여 요약해 두었다. 다음 개관을 통해 각각의 대문자 사본들 간행본, 티쉔도르프의 〈에디티오 옥타바 크리티카 마이오르〉(*Editio Octava Critica Maior*), 〈네슬-알란트 26판 개정본〉 또는 〈사복음서 대조서〉(*Synopsis Quattuor Evangeliorum*) 등을 서로 수월하게 비교할 수 있다.

대문자 사본 간행본	대비평본	〈네슬-알란트 **26**판 개정본〉 〈사복음서 대조서 **13**판〉
א 01	א 01	א 01
Tischendorf Novum Testamentum Sinaiticum sive Novum Testamentum cum Epistula Barnabae et fragmentis Pastoris, Ex Codice Sinaitico, Leipzig 1863	Tischendorf Novum Testamentum Graece, Editio Octava Critica Maior, Leipzig 1869	
A B B^{a}와 A^{obliqu}	$\aleph^{a}$ $\aleph^{b}$	$\aleph^{1}$(4-6세기)
C C^{a} C^{b}와 C^{*}	$\aleph^{c}$ $\aleph^{ca}$ $\aleph^{cb}$ $\aleph^{cc}$ $\aleph^{cc*}$	$\aleph^{2}$(약 7세기부터)
C^{c}	$\aleph^{e}$	$\aleph^{c}$(12세기)
B 03	B 03	B 03
Tischendorf Novum Testamentum Vaticanum, post Angeli Maiialiorumque imperfectos labores ex ipso Codice, Leipzig 1867		

대문자 사본 간행본	대비평본	〈네슬-알란트 **26**판 개정본〉 〈사복음서 대조서 **13**판〉
B^2	교정 필사본들도 필사본에서 편집하는 것과 마찬가지 방식으로 표시된다(왼쪽 난을 보라).	B^1(B^*와 대략 시기가 같다.)
B^2와 B^3 (B^3를 통해 B^2가 교정되어 보기가 더 수월해졌을 때)		B^1
B^3		B^2(6/7세기)
C 04	C 04	C 04
Tischendorf Codex Ephraemi Syri Rescriptus sive fragmenta Novi Testamenti, Leipzig 1843		
A	C^{**}	C^1(동시대)
B	C^2	C^2(약 6세기)
C	C^3	C^3(약 9세기)
D 05	D 05	D 05
Scrivner Bezae Codex Cantabrigiensis, Cambridge 1864		
A B C D	A = D^2; B = D^B; C = D^C	D^1(6-7세기)
E F G H J K L	D에서 M까지 = D^2	D^2(약 9세기)
M		D^C(12세기)
E와 G는 라틴어 부분의 교정본.	스크리브너(Scrivener)의 교정본 A B C만이 표시된다. 나머지 모두는 하나의 기호로 요약된다.	

대문자 사본 간행본	대비평본	〈네슬-알란트 26판 개정본〉 〈사복음서 대조서 13판〉
D 06	D 06	D 06
Tischendorf Codex Claramontanus sive Epistulae Pauli Omnes, Leipzig 1852		
D^{**}	D^{b}	D^{1}(약 7세기)
D^{**}와 D^{***} (D^{***}를 통해 D^{**}가 교정되어 보기가 더 수월해졌을 때)	$D^{b\ et\ c}$	D^{1}
D^{***}	D^{c}	D^{2}(약 9세기)
D^{**}_{**} D^{nov}	D^{d} D^{nov}	D^{c}(시기를 규정할 수 없으나 나머지 교정본들보다 이른 시기이다.)

소문자 사본들

(227쪽 참고)

2786 e, 14세기, Pg, 티라섬(Thira), Proph. Iliu 28.

2787 e+, 11세기, Pg, 에프타코미(Eptakomi)/키프로스섬(Zypern), Naos s. n.

2788 e+ 13세기, Pg, 키리니아(Kyrinia)/키프로스섬, Mitropolis s. n.

2789 eP: J, 10세기, Pg, 키리니아/키프로스섬, Mitropolis s. n.

2790 e+, 10세기, Pg, 레프코시아(Levkosia)/키프로스섬, Frau S. M. Logidu.

2791 e+, 12세기, Pg, 모니 네오피투(Moni Neophytu), s. n./키프로스섬.

2792 eP: Mt-L, 12세기, Pg, 레프코시아/키프로스섬, Kentron Epistim. Erevnon s. n. (8쪽), 파포스(Paphos)/키프로스섬, Mitropolis s. n. (8쪽).

2793 eP: Mt, 13/14세기, Pg, 뮌스터, 성서도서관(Bibelmus.) Ms. 11.

2794 er+, 12세기, Pg, 비엔나, 메키타리스텐콜렉(Mechitaristenkolleg) cod. gr. s. n.

2795 = ℓ2198.

2796 eP: L, 13세기, Pg, 올덴부르크(Oldenburg), 주립도서관(Landesbibl.) Cim I, 7.

2797-2801 새로 발견된 필사본들, 시내산, 카타리나수도원.

2802 eP: L, 11세기, Pg, 아토스(Athos), 그리고리우(Grigoriu) 158.

2803 eap+, 14세기, Pap, 아토스, 디미트리우(Dimitriu) 53.

2804 e. 13세기, Pg, 파트라스(Patras), 크리소포다리티씨스(Chrysopodaritissis) 1.

2805 ap, 12/13세기, Pg, 아테네, 스투디투(Studitu) 1.

2806 e, 1518, Pap, 트리칼라(Trikala), 두시쿠(Dusiku) 5.

2807 (a)p: Hebr, 13세기, Pg, 벨그라드(Belgrad), 국립도서관(Nat. Bibl.) RS 657.

2808 e+, 13/14세기, Pg, 칼림노스(Kalymnos), 시립도서관(Stadtbibl.) 1.

2809 e+, 14세기, Pg, 칼림노스, 시립도서관(Stadtbibl.) 2.

2810 e+, 1514, Pap, 트리포타몬(Tripotamon), 모니 타타르니스(Moni Tatarnis) 2.

2811 e+, 9/10세기, Pg, 보스톤, 신학대학도서관(Univ., School of Theol. Libr.) 1.

2812 eK, 10세기, Pg, 마드리드, 도서관(Bibl.) Nac. Res 235.

비잔틴 본문을 가진 소문자 사본들

(229쪽 참고)

2e, 3, 7p, 8, 9, 11, 12, 14, 15, 20, 21, 23, 24, 25, 27, 29, 30, 32, 36e, 37, 39, 40, 44, 45, 46, 47, 49, 50, 52, 53, 54, 55, 58, 60, 63, 65, 66, 68, 70, 73, 74, 75, 76, 77, 78, 80, 83, 84, 89, 90, 92, 95, 97, 98, 99, 100, 107, 109, 111, 112, 116, 119, 120, 121, 122, 123, 125, 126, 136, 137, 138, 149, 156, 159, 162, 169, 182, 185, 187, 195, 197, 199, 202, 207, 215, 217, 219, 220, 221, 224, 227, 231, 232, 235, 236, 237, 243, 245, 248, 259, 260, 262, 264, 266, 267, 268, 270, 278b, 280, 282, 283, 284, 285, 286, 287, 288, 289, 290, 291, 292, 293, 297, 301, 303, 304, 305, 313, 316, 320, 324, 327, 331, 337, 342, 344, 352, 353, 354, 357, 362, 366, 371, 380, 381, 385, 387, 390, 392, 393, 395, 401, 409, 417, 418, 422, 426, 438, 439, 443, 445, 446, 448, 449, 461, 470, 471, 473, 474, 475, 477, 478, 479, 481, 482, 483, 484, 485, 490, 492, 493, 494, 496, 497, 499, 500, 501, 502, 504, 505, 507, 509, 510, 511,

512, 514, 516, 518, 519, 520, 521, 523, 524, 525, 526, 527, 530, 534, 538, 546, 548, 551, 553, 554, 556, 558, 559, 560, 564, 573, 577, 578, 580, 585, 587, 588, 593, 596, 597, 633, 645, 648, 649, 650, 657, 662, 663, 666, 668, 669, 674, 677, 684, 685, 686, 689, 690, 691, 694, 696, 698, 705, 711, 714, 715, 717, 718, 721, 724, 725, 727, 729, 730, 731, 734, 736, 737, 739, 741, 745, 755, 758, 759, 760, 761, 762, 763, 764, 765, 768, 769, 770, 773, 774, 775, 777, 778, 779, 781, 782, 783, 784, 785, 786, 787, 789, 790, 793, 797, 798, 799, 802, 806, 808, 809, 811, 818, 819, 820, 830, 833, 834, 835, 836, 840, 841, 846, 848, 853, 858, 860, 861, 866a, 868, 870, 884, 889, 893, 894, 897, 898, 900, 902, 904, 905, 906, 924, 952, 953, 955, 956, 957, 958, 960, 961, 963, 964, 965, 966, 967, 969, 971, 973, 975, 977, 978, 981, 987, 988, 994, 995, 997, 998, 999, 1000, 1003, 1004, 1007, 1008, 1011, 1014, 1015, 1016, 1017, 1018, 1019, 1020, 1024, 1025, 1026, 1028, 1031, 1032, 1033, 1036, 1044, 1046, 1050, 1052, 1053, 1054, 1055, 1056, 1057, 1059, 1060, 1061, 1062, 1063, 1065, 1068, 1081, 1083, 1085, 1087, 1088, 1089, 1119, 1123, 1148, 1150, 1168, 1169, 1171, 1172, 1173, 1174, 1176, 1177, 1187, 1188, 1197, 1200, 1205, 1214, 1217, 1220, 1223, 1226, 1239, 1242, 1252, 1254, 1255, 1260, 1264, 1296, 1297, 1298, 1299, 1301, 1303, 1305, 1313, 1315, 1317, 1318, 1354, 1355, 1357, 1358, 1362, 1364, 1367, 1373, 1375, 1377, 1384, 1385, 1437, 1504, 1516, 1613, 1683, 1701, 1743, 1754, 1759, 1761, 1762, 1821, 1860, 1861, 1883, 1925, 2085, 2111, 2187, 2267, 2309, 2389, 2406, 2407, 2414, 2415, 2418, 2420, 2422, 2426, 2430, 2437, 2442, 2445, 2447, 2450, 2451, 2452, 2454, 2455, 2457, 2458, 2459, 2497, 2507, 2539, 2550, 2555, 2559, 2562, 2563, 2567, 2571, 2578, 2581, 2593, 2600, 2624, 2631, 2633, 2634, 2635, 2636, 2637, 2645, 2646, 2649, 2650, 2651, 2653, 2656, 2658, 2660, 2661, 2665, 2670, 2673, 2679, 2711, 2721, 2722, 2724, 2725, 2727, 2729, 2760, 2761, 2765, 2767, 2773, 2774, 2775, 2779, 2780, 2781, 2782, 2783, 2787, 2790, 2791, 2794

9세기	461
9/10세기	
10세기	14, 27, 29, 36e, 63, 92, 100, 221, 237, 262, 278b, 344, 371, 478, 481, 564, 669, 1055, 1172, 1220, 1223, 1357, 2414, 2722, 2790
10/11세기	994, 1701
11세기	7p, 8, 12, 20, 23, 24, 25, 37, 39, 40, 50, 65, 68, 75, 77, 83, 89, 98, 112, 123, 125, 126, 137, 169, 195, 197, 207, 215, 236, 259, 301, 331, 352, 354, 357, 422, 470, 474, 475, 490, 497, 504, 507, 516, 526, 527, 530, 548, 559, 560, 585, 596, 711, 717, 773, 785, 809, 870, 884, 894, 964, 965, 1014, 1028, 1054, 1056, 1123, 1168, 1174, 1187, 1214, 1313, 1317, 1373, 1384, 1925, 2430, 2442, 2447, 2451, 2458, 2539, 2559, 2563, 2567, 2571, 2637, 2649, 2661, 2760, 2782, 2787
11/12세기	657, 1188, 1358, 2389, 2415
12세기	2e, 3, 9, 11, 15, 21, 32, 44, 46, 49, 73, 76, 78, 80, 84, 95, 97, 111, 116, 119, 120, 122, 138, 156, 159, 162, 187, 199, 202, 217, 224, 231, 245, 264, 267, 268, 270, 280, 282, 297, 304, 320, 337, 353, 366, 387, 392, 395, 401, 438, 439, 443, 471, 485, 499, 502, 505, 509, 510, 514, 518, 520, 524, 538, 551, 556, 580, 587, 650, 662, 674, 721, 736, 760, 765, 768, 770, 774, 777, 778, 779, 782, 787, 793, 799, 808, 860, 893, 902, 924, 967, 971, 973, 975, 987, 998, 1007, 1046, 1081, 1083, 1085, 1169, 1176, 1197, 1200, 1217, 1301, 1315, 1318, 1355, 1364, 1375, 1385, 1437, 1683, 1743, 1754, 1821, 2426, 2437, 2445, 2459, 2507, 2550, 2562, 2650, 2725, 2727, 2781, 2791, 2794
12/13세기	905, 906
13세기	52, 55, 60, 74, 107, 121, 136, 219, 220, 227, 248, 260, 283, 284, 291, 292, 293, 303, 305, 327, 342, 362, 390, 449, 473, 477, 479, 482, 483, 484, 496, 500, 501, 511, 519, 534, 546, 553, 554, 558,

	573, 593, 597, 663, 666, 677, 684, 685, 689, 691, 696, 705, 714, 715, 725, 729, 737, 759, 775, 811, 820, 830, 835, 840, 897, 898, 900, 966, 969, 981, 995, 997, 999, 1000, 1004, 1008, 1011, 1015, 1016, 1031, 1050, 1052, 1053, 1057, 1087, 1089, 1148, 1150, 1171, 1173, 1177, 1205, 1226, 1242, 1255, 1296, 1297, 1298, 1299, 1305, 1759, 2111, 2187, 2420, 2457, 2600, 2624, 2631, 2633, 2645, 2646, 2658, 2660, 2665, 2670, 2724, 2761
13/14세기	266, 668, 2578
14세기	45, 53, 54, 66, 109, 182, 185, 232, 235, 243, 290, 316, 324, 381, 393, 409, 417, 426, 492, 494, 512, 521, 523, 577, 578, 588, 633, 645, 648, 649, 686, 690, 698, 718, 727, 730, 731, 734, 741, 758, 761, 762, 763, 764, 769, 781, 783, 784, 786, 789, 790, 797, 798, 802, 806, 818, 819, 833, 834, 836, 846, 848, 858, 866a, 889, 904, 952, 953, 960, 977, 978, 1020, 1025, 1032, 1033, 1036, 1061, 1062, 1119, 1252, 1254, 1354, 1377, 1504, 1516, 1613, 1761, 1762, 1860, 2085, 2309, 2406, 2407, 2454, 2593, 2634, 2651, 2653, 2679, 2765, 2767, 2773, 2774, 2775, 2780, 2783
14/15세기	
15세기	30, 47, 58, 70, 149, 285, 286, 287, 288, 313, 380, 385, 418, 446, 448, 493, 525, 694, 739, 841, 853, 955, 958, 961, 1003, 1017, 1018, 1024, 1026, 1059, 1060, 1260, 1264, 2418, 2452, 2455, 2673, 2729
15/16세기	99, 1367
16세기	90, 445, 724, 745, 755, 861, 957, 1019, 1065, 1068, 1088, 1239, 1362, 1861, 1883, 2422, 2555, 2635, 2636, 2711, 2721, 2779
17세기 및 그 이후	289, 868, 956, 963, 988, 1044, 1063, 1303, 2267, 2450, 2497, 2581, 2656

성구집

(240쪽 이하 참고)

ℓ 2210 U-1ª (g-k), 6/7세기, Pg, 플로렌스, 메디치 가문의 라우렌치아나도서관, PL III/550.

ℓ 2211 U-1 (g-arb), 995/996, Pap, 시내산, 카타리나수도원, Arab. 116.

ℓ 2212- ℓ 2259 새로 발견된 필사본들, 시내산, 카타리나수도원.

ℓ 2260 1^{+a}P, 14세기, Pg, 아토스, 그레고리우수도원 158 (X 36) A; 1-23, 25-50쪽.

ℓ 2261 leP, 11세기, Pg, 아토스, 그레고리우수도원 182 A; 1쪽.

ℓ 2262 lP, 14세기, Pg, 아토스, 그레고리우수도원 182 B; 9쪽.

ℓ 2263 lP, 11세기, Pg, 아토스, 그레고리우수도원 182 C; 11쪽, 12쪽.

ℓ 2264 lP, 14세기, Pg, 아토스, 그레고리우수도원 182 D; 27쪽.

ℓ 2265 le^{+}, 12세기, Pg, 아토스, 이비론수도원(Iviron) 28 (X 15).

ℓ 2266 le, 13세기, Pg, 아토스, 이비론수도원 30 (X 1).

ℓ 2267 le, 12세기, Pg, 아토스, 이비론수도원 46 (X 4).

ℓ 2268 le, 13세기, Pg, 아토스, 이비론수도원 73 (X 17).

ℓ 2269 lesk, 12세기, Pg, 아토스, 이비론수도원 75 (X 14).

ℓ 2270 le^{+}, 13세기, Pg, 아토스, 이비론수도원 111 (X 18).

ℓ 2271 le, 15세기, Pap, 아토스, 이비론수도원 193 (X 9).

ℓ 2272 $lesk^{+}$, 12세기, Pg, 카이로(Kairo), 콥트박물관(Copt. Mus.) 2912.

ℓ 2273 le, 1672, Pap, 세리포스(Seriphos), 탁시아르콘수도원(Taxiarchon) 1.

ℓ 2274 1^{+a}(e)sk^{+}, 17세기, Pap, 세리포스, 탁시아르콘수도원 21.

ℓ 2275 1^{+a}sel, 15세기, Pap, 테살로니키(Thessaloniki), 블라타돈수도원(Vlatadon).

ℓ 2276 $lesk^{+}$, 13/14세기, Pg, 뮌스터, 성서도서관(Bibelmus) Ms. 21.

ℓ 2277 lP: Jsk Mt, 13세기, Pg, 아테네, 대감독실(Erzbischof) 6.

ℓ 2278 1^{+a}, 16세기, Pap, 스코펠로스섬(Skopelos): 모니 티미우(Moni Timiu) 5.

ℓ 2279 lesk, 12세기, Pg, 케이프타운, 남아프리카도서관(Suid-Afrikaanse Biblioteek) 4 C 1.

ℓ 2280 le, 1269, Pg, 케이프타운, 남아프리카도서관(Suid-Afrikaanse Biblioteek) 4 C 6.

ℓ 2281 le, 12/13세기, Pg, 버밍햄, 우드부룩대학교(Woodbrooke College).

ℓ = 비잔틴 교회의 강독 순서에 따른 복음서들의 본문; ℓe 주중 강독; ℓsk 주일 밤/주일 강독(ℓesk 부활절과 오순절 사이 주중 강독, 그 외의 다른 주일 밤/주일 강독); sel: 특정일을 위한 강독(selectae); U-ℓ 대문자 성구집(대문자로 기록되었음); $ℓ^{+a}$ 비잔틴 교회의 강독 순서에 따른 복음서들과 사도행전 본문.

† = 탈문이 있음.

P = 신약성서(e[복음서들]. a[사도행전]. p[바울서신]. r[요한계시록]) 관련 부분의 부분필사본.

2. 신약성서 필사본의 본문과 본문 가치

새로운 연구 도구와 신약성서 전승 전체의 판단을 위한 방법론[1]

신약성서 본문비평의 모든 연구는, 이미 우리의 오랜 역사 속에 자리 잡은 학문적 영역에서 하나의 어려운 문제와 관련되어 왔다. 오늘날까지 해결되지 않은 그 문제는 필사본 선택의 우연성과 관계가 있다. 각 인쇄본이 간행될 때, 그 인쇄본이 기초로 삼게 되는 필사본은 우연히 선택된다는 것이다. 최초의 인쇄본인 에라스무스(Erasmus)와 시메네스(Ximenes)의 인쇄본으로부터 본문비평의 거장들인 티쉔도르프, 웨스트코트/호트, 폰 조덴 등의 인쇄본에 이르기까지 알려져 있는 모든 인쇄본들이 본문비평 연구에 사용되었다. 물론 우리는 개별 필사본의 가치를 평가하는 법을 배웠으며, 본문에 대한 특별 이론을 따라 그에 부합하는 필사본들을 우선적으로 채택했고, 필사본 가족을 규정하는 법과 그 이상의 많은 것들을 배웠다. 그러나 오늘날까지도 모두가 피할 수 없는 일이 있다. 연구할 때 기초로 삼아야 할 필사본을 선택하는 일이다. 소문자 사본 선택의 경우가 특별히 그러하다. 소문자 사본에 대한 우리의 지식은 제한되어 있기 때문에 여전히 '우연히' 사본을 택하게 된다. 수많은 필사본으로부터 개별 필사본을 선택하기 위해 발전시킨 지금까지의 방법론들을 보면 아무것도 바뀐 것이 없다. 이 모든 방

1) 이 내용은 바바라 알란트(B. Aland)가 1987년 9월 버밍햄에서 열린 본문비평 학술회의에서 발표한 강연의 독일어 원고이다. K. Aland, *Text und Textwert der griechischen Handschriften des Neuen Testaments, I. Die Katholische Briefe* (Bd. 1-3, ANTF 9-11, Berlin, New York 1987)를 소개하는 발표문이다.

법론은 특정 목적에 부합된 것일 수 있기 때문이다. 따라서 알려진 모든 필사본을 그 방법론들에 맞춰 검토하며 연구에 기초로 삼기에 적합한 모든 필사본을 찾아내는 일, 이런 일을 누구에게나 검증 가능하고 신뢰할 수 있도록 한다는 것은 불가능하다.

한 가지 예를 들면 다음과 같다. 우리가 갖고 있는 필사본 가운데 우리는 1739와 33을 선호한다. 또는 565와 700이 본문 역사상 흥미로운 사본이라고 생각한다. 그러나 다음과 같은 질문에 대해 답할 수 없다. 알려져 있는 5,400여 개의 필사본들 가운데, 앞서 언급된 소문자 사본의 본문 역사에 비추어 이 소문자 사본에 대한 이해를 수월하게 하는 다른 사본 또는 비교할 만한 사본이 있는가 하는 질문이다. 다른 말로 하면, 1. 임의의 각 본문에 대해 각각의 집필자가 갖는 의무에 해당되는 것, 즉 "어떤 것을 전승된 것으로 여겨야 하며 또는 그렇게 여길 수 있는지를 확인하는 작업(recensio)"은[2], 신약성서 본문비평의 영역에서 우리가 해낼 수 있는 일이 아니다. 2. 그럼으로써 둘째 단계인 검토(examinatio), 즉 전승을 검증하는 일도 할 수 없게 된다. 당연히 다른 본문의 각 집필자에게도 해당되는 것과 마찬가지로, 최소한 이런 방식으로는 전체 전승에 대한 검증이 이루어질 수가 없다.

우리의 모든 연구와 관련되어 있는 이러한 근본적인 난점을 해결하기 위하여, 알려진 모든 필사본을 파악하고 확인할 수 있는 연구 도구가 이제 제시되었다. 이 연구 도구를 통해 가능해진 내용을 세 가지로 요약하면 다음과 같다.

1. 제외되어야 하는 필사본들이 어떤 것인지를 모두 확인하는 작업과 그 필사본들을 제거하는 작업에 신뢰를 둘 수 있게 되었다. 필사본 전체는 너무 양이 많아서 일목요연하게 확인할 수 없다. 이 가운데 다른 필사본들을 단순히 베끼기만 해서 원본문으로서의 가치를 논할 필요가 없는 상당수의 필사본들을 확인할 수 있게 된다. 무엇보다도 비잔틴 본문 필사본들 중 많은 사본들이 여기에 포함된다.

2. 제외되어야 할 것들을 제거함으로써 우리는 신약성서 전체 필사본들을 얻게 된다. 이 필사본들은 검증이 가능하며 꽤 신뢰할 수 있다. 이 필사본들의 본문은 보다 상세한 연구가 필요하며, 하나의 신약성서 대비평본(*editio critica maior*)을 위한 기초로 삼아야 한다. 우리는 어떠한 본문 이론에도 의존하지 않고 이 필사본들을 얻게 된다. 이 점은 내가 강조하고 싶은 바이기도 하다. 수많은 비잔틴 본문 유형들 가운데서 순전

---

2) 파울 마스(Paul Maas), *Textkritik*, B. G. Teubner, Leipzig, 1960^4, 1 참고.

히 중복되는 본문들과 단순히 복사된 본문들만이 제거될 것이기 때문이다. 어떤 기준을 적용하느냐에 따라 조금씩 다르지만, 알려진 모든 필사본들 가운데 약 10-20% 정도만이 남게 된다. 즉 개별 본문비평가가 본문비평 작업을 할 때 일목요연하게 가늠할 수 있는 정도의 수이다(그가 어떤 이론을 적용하느냐에 따라).

3. 남겨진 필사본들은 그들 사이의 종속 관계 및 친족 관계, 또한 어떤 그룹에 속하는지를 가능한 한 최대로 검토하고 규명할 만한 가치가 있다. 즉, 신약성서 본문의 역사는 원본문으로까지 소급되기 위해 가능한 한 가장 분명하게 밝혀져야 한다. 여기서 소개해야 할 연구 도구는, 모든 면에서 볼 때 매우 어려운 이 작업에도 상당한 도움이 될 것이다.

이 연구 도구들을 실어 놓은 책으로서 지금까지 출판한 책들은 공동서신 전체에 관한 것이다. 이 체계는 기본적으로 신약성서 각 권들에 적용할 수 있다. 알려진 공동서신 전체 필사본들이 기초가 되었다. 대략 540개 정도의 필사본들이다. 이는 전통적인 본문비평에서 쓰던 방법론으로는 어떤 방식으로도 얻어 낼 수 없는 수치이다.

신약성서 전체 필사본들을 판단하기 위한 연구 도구, 즉 우리의 방법론은 특정 '테스트 구절들'에 대한 원문 비교 대조에 근거한다. 이때 짧은 본문 단락이 중요하게 다뤄진다. 이 짧은 본문 단락은 검토해야 할 신약성서 전체에 그물망처럼 연결되어 있기 때문이다. 이 단락을 통해 한 필사본의 본문 가치 및 필사본의 본문이 어느 본문 유형에 속하는지를 '테스트'할 수 있다. 특히 비잔틴 본문에 속하는지 또는 또 다른 본문 유형에 속하는지를 테스트할 수 있다. 이러한 본문 구절들은 새로운 연구 도구를 실은 1권(ANTF 9), 15-229쪽에서 찾아 볼 수 있다. 이곳에는 공동서신에 해당하는 540개 전체 필사본들을 빠짐없이 원문과 비교 대조한 것이 나와 있다.

한 예로 둘째 테스트 구절을 살펴보자(ANTF 9, 17쪽).

■ 2 야고보서 1:12

στεφανον ... ον επηγγειλατο ADD.(추가)

1 ADD. ο κυριος

018	020	025	049	056	0142	0246	1	2	3
5	6	18	35	36	38	42	43	51	57
62	69	76	82	88	90	93	94	97	103
104	105	122	131	133	141	142	149	172	175
177	180	181	189	197	201	203	204	205	206C
209	216	218	221	223	226	234	250	254	256
296	302	307	308	309	312	314	319	321	326
327	328	330	337	363	365	367	378	383	384
385	386	390	393	394	400	404	421	424	425
429	431	432	436	440	442	444	450	451	452
453	454	456	457	458	460	462	464	465	466
467	468	469	479	483	489	491	496	522	567
582	592	601	603	604	605	606	607	608	610
614	615	617	618	619	620	622	623	624	625
626	627	628	629	630	632	634	635	636	637
638	639	640	641	642	643	644	664	665	676
680	699	720	757	796	801	808	824	832	876
901	910	911	912	913	914	915	917	918	919
920	921	922	927	928	935	941	959	986	997
999	1003	1022	1040	1058	1067	1069	1070	1072	1075
1094	1099	1100	1101	1102	1103	1104	1105	1106	1107
1115	1127	1149	1161	1162	1240	1242	1244	1245	1247
1248	1249	1250	1251	1270	1277	1292	1297	1311	1315
1319	1352	1354	1359	1360	1367	1390	1398	1400	1404
1405	1409	1424	1448	1456	1482	1490	1495	1501	1503
1505	1508	1509	1521	1524	1548	1563	1573	1594	1595
1597	1598	1599	1610	1611	1617	1618	1619	1622	1626
1628	1636	1637	1643	1646	1649	1652	1656	1668	1678
1702	1704	1718	1719	1721	1722	1723	1725	1726	1727
1728	1730	1731	1732	1733	1734	1736	1737	1738	1740
1741	1742	1743	1744	1745	1746	1747	1748	1749	1750
1752	1753	1754	1757	1758	1761	1763	1765	1767	1768
1769	1780	1827	1828	1830	1831	1832	1835	1837	1838
1839	1841	1845	1847	1848	1849	1850	1851	1853	1854
1855	1856	1858	1859	1860	1861	1862S	1863	1864	1865
1867	1868	1869	1870	1871	1872	1874	1875	1876	1877
1880	1882	1885	1888	1889	1890	1891	1892	1893	1894
1895	1896	1897	1902	1903C	1904	2080	2085	2086	2125
2127	2130	2131	2138	2143	2147	2180	2186	2191	2194
2197	2200	2201	2218	2221	2242	2243	2255	2261	2279
2289	2303	2310	2318	2352	2356	2378	2400	2401	2404
2412	2423	2431	2466	2473	2475	2483	2484	2494	2495
2502	2508	2511	2516	2523	2541	2544	2554	2558	2587
2625	2626	2627	2652	2674	2675	2691	2696	2704	2705
2712	2718	2723	2736	2746	2774	2776	2777	2799	

ANZAHL DER ZEUGEN(증거수): 449

1B ADD. κυριος

04	61	263	398	459	616	621	631	633	656
794	1642	1720	1729	1759	1829	1842	1843	1873	1899
1903*	2288	2501	2653						

ANZAHL DER ZEUGEN(증거수) : 24

2 SINE ADD.(추가 없음)

P23 01 02 03 044 81 206* 996 1661 2344

ANZAHL DER ZEUGEN(증거수) : 10

3 ADD. ο θεος

4	33	322	323	547	945	1175	1241	1243	1609
1735	1739	1852	1857	1886	2298	2464	2492		

ANZAHL DER ZEUGEN(증거수) : 18

4 ADD. ο αψευδης θεος

1751 2374 2805

ANZAHL DER ZEUGEN(증거수) : 3

X UNLESERLICH(읽을 수 없음)

1384

ANZAHL DER ZEUGEN(증거수) : 1

Y FILMFEHLER(사진 필름 오류)

102 110 325 1717

ANZAHL DER ZEUGEN(증거수) : 4

Z LUECKE(탈문)

P9	P20	P54	P72	P74	P78	P81	048	093	0116
0156	0173	0206	0209	0232	0245	0247	0251	0285	0296
356	368	498	506	517	602	612	712	743	1066
1523	1526	1673	1724	1762	1836	1840	1844	1846	1862
1881	2441	2527	2716	2731	2741				

ANZAHL DER ZEUGEN(증거수): 46

앞의 자료를 보면 대다수본문의 독법이 한눈에 보인다. 거기서 ὁ κύριος를 의미에 맞게 덧붙인다. 이 독법(κύριος)에서 파생된 것이 분명한 하부 이문이 일련의 필사본에서 나타난다. 그 뒤에 이어지는 독법은 우리가 원문으로 생각하는 독법이다. 즉 첨가가 없는 독법이다(= 〈네슬-알란트〉의 독법). 이어서 몇몇 필사본들은 첨가된 ὁ κύριος를 마침내 ὁ θεός로 대체하거나, ὁ ἀψευδὴς θεός로 확장시킨다. 각각의 독법마다 그것을 증거하는 필사본의 수를 기록해 두었다.

여기에 임의로 발췌된 테스트 구절에서 제공되는 그림은 거의 언제나 동일하다. 모든 필사본들 가운데 상당수는 하나의 독법, 사실상 대다수본문의 독법을 지지한다. 이 독법은 비잔틴 본문의 독법이며, 또 다른 종류의 본문 유형을 담고 있는 다른 개별 증거들에서도 이 독법이 나타날 수도 있다. 그러나 대체로 여기서 열거된 필사본들은 언제나 동일하다. 이것으로써 하나의 신약성서 인쇄본 안에 필사본 전부를 언급하는 것이 얼마나 의미 없는 것인지를 보게 된다. 같은 본문이 단순히 복사, 중복되거나, 또는 살짝 바뀌기만 한 본문들을 보게 된다. 이런 본문들은 원본문을 찾아내는 데 불필요하며 제외되어야 할 대상들이다.

테스트 구절의 전체 목록을 각각의 구절에 대해 표시된 증거 목록과 함께 훑어보면, 여기에 수록된 수많은 정보들을 기계의 도움 없이는 정리할 수 없다는 것도 마찬가지로 알아차리게 된다. 예를 들어 하나의 특정 필사본을 모든 테스트 구절들로 검토하고자 한다면 매우 긴 시간이 요구될 것이다. 이 책(ANTF 9)의 나머지 부분 및 이어지는 다른 책들(ANTF 10-11)에서도 자료 전체에 대한 다양한 분석 평가들을 제공한다. 따라서 각각의 본문비평가는 다양한 관점에서 이 분석 평가들을 사용할 수 있을 것이다. 이 작업은 컴퓨터로 진행되었으며 가능한 한 간결한 형태로 제공되어야 했기 때문에, 개별 이문들의 기호는 숫자 형태로 표시된다. 앞에 나온 둘째 테스트 구절의 경우처럼, 각 이문의 바깥쪽 왼쪽에서 그 숫자를 보게 된다.

거기서

1은 대다수본문(비잔틴 본문 포함)이다.

2는 초기 시대 본문(=원문)으로 추정되는 본문이다. 여기서 각각의 경우에 기초 삼은 독법은 연구 가설에 해당하는 〈네슬-알란트 26판〉의 독법을 적용하였다.

다른 이문을 원문으로 여기는 사람은 맨 처음부터 다른 방식으로 할지라도 문제가 되지 않는다. 여기서 중요한 것은 단지 분명하게 표시하는 것이다.

3, 4, 5 등 그 이후에 이어지는 숫자들은 1이나 2에서 제외되는 독법 즉 '특수 독법'에 해당한다. 이 독법들은 필사본 그룹을 찾아내는 데 부분적으로는 매우 중요한 독법이 될 수도 있다. 하나의 독법에 대한 하부 이문들은 B C 등을 덧붙여 표시해 둔다. 때때로 대다수본문과 이른바 '초기 시대 본문'이 일치하기도 한다. 이럴 경우 1/2 또는 더 짧게 1/로 표시한다.

다음에 이어지는 모든 내용에서는 이문 전체를 다 기록하지 않고 이런 간단한 기호로 표시한다. 그럼으로써 매우 비좁은 공간에 최대한의 정보를 제공할 수 있다. 해당 이문의 철자들까지 모두 정확히 알고자 한다면, 해당 이문의 첫째 목록에서 찾아 봐야 한다.

이제 다음에 설명되는 분석 평가가 결정적인 역할을 한다. 그 분석 평가에 대해 설명하기 전에, 반드시 답변해야 하는 비판적 질문 하나를 던져야 한다. 이 테스트 구절들에 근거하여 실제로 필사본들의 본문 가치를 평가할 수 있는가? 이 테스트 구절들은 충분히 많은 수를 다루고 있으며, 충분한 설득력이 있는가? 우리가 보기에는 그렇다고 여겨진다. 우리는 뮌스터 신약성서본문연구소에서 이 테스트 구절들을 직접 사용해 보고 그 경험에 근거하여 답하는 것이다. 그때 여러 가지 작업을 통해서 다음과 같은 사실을 줄곧 확인할 수 있었다. 테스트 구절을 통해 놀라울 만큼 정확한 판단을 내릴 수 있다는 것이다. 즉 앞서 언급한 세 가지 주요 과제를 충분히 수행해 낼 수 있다는 것이다. 물론 특별한 연구들의 경우에는 원문 비교 대조 연구가 철저하게 수행되어야 한다. 그러나 그 특별한 연구도, 이 테스트 구절들을 통해 필사본들이 선정될 때, 그 필사본들을 가지고서야 비로소 착수될 수 있다.

여러 분석 평가 목록들 중에 제2권의 목록들이 가장 중요하다. 이른바 '보충 목록'(507쪽, 508쪽 이하 그림 참고)과 — 결정적인 역할을 하는 — '주요 목록'(512쪽 이하 그림 참고)이다.

보충 목록에서(별도의 낱권으로 분리되어 있다.) 각각의 필사본들이 전체 테스트 구절과 각각 비교된다. 각각의 분석 대상 필사본의 경우, 그 필사본이 다른 어떤 필사본과 가장 많이 일치하는지, 또 어떤 필사본이 그 다음으로 많이 일치하는지 등의 정보를 순서대로 보여 준다.

잘 알려진 필사본 614를 예로 들어 보자.

●●614 (89 테스트 구절, 그 중 44 대다수본문, 1개 특수 독법)

```
●●614     (89 TESTST., DAVON 44 MIT MEHRHEITSTEXT,   1 MIT SINGULAERLESART)
● 100.00% 2/2 0246 ● 96.62% 86/89 2412 ● 85.37% 76/89 1292 ● 82.93% 73/88
1611 ● 81.37% 70/86 2138 ● 79.75% 71/89 2200 ● 79.50% 70/88 2495 ● 77.50%
69/89 1505 ● 77.31% 58/75 206 ● 76.12% 67/88 2652 ● 75.25% 67/89 630
● 75.00% 3/4 0209 ● 73.00% 65/89 429 ● 72.18% 26/36 1523 ● 71.87% 64/89
2147 ● 70.25% 26/37 1844 ● 69.31% 61/88 522 ● 68.31% 41/60 1758 ● 68.12%
60/88 1890 ● 68.00% 17/25 1836 ● 66.25% 59/89 1524 ● 64.00% 57/89 1490
● 62.50% 55/88 876 1448 1765 2374 ● 61.75% 55/89 254 ● 60.62% 54/89 36 378
2494 ● 60.18% 53/88 1831 1832 ● 59.06% 52/88 453 ● 57.93% 51/88 2243
● 57.87% 11/19 197 ● 57.43% 50/87 621 ¶ 27/47 517 ● 57.25% 51/89 436 918
2080 2197 ● 57.12% 4/7 1526 ● 56.81% 50/88 720 ● 56.43% 48/85 1678
● 56.12% 50/89 296 307 ● 56.00% 14/25 743 ● 55.87% 19/34 368 ● 55.62%
49/88 1067 2541 ● 55.50% 5/9 612 ● 55.00% 49/89 94 321 1409 1501 1885 2508
44/80 1856 ● 54.50% 48/88 808 1852 ● 53.87% 48/89 442 1643 2298 ● 53.43%
46/86 643 ● 53.37% 47/88 464 1127
```

필사본 614는 필사본 2412와 모든 테스트 구절에서 96.62%, 89개의 테스트 구절 중 86구절(나머지 테스트 구절들 중 614개가 탈문)에서 일치한다(제2위에 해당하는 사항[3] 참고). 그 뒤를 이어 필사본 614는 필사본 1292와 85.37% 일치한다. 그 이후의 사항도 이런 식으로 참고할 수 있다.

이 목록에서 각각의 이문들은 이문의 중요성에 따라 셈한 것이 아니라 모두 동일하게 취급한 것이다. 그럼에도 이미 중요한 내용을 시사해 준다. 한 필사본이(614의 경우처럼) 다른 한 필사본과 89구절 중 86구절이 일치한다면, 이는 상당히 높은 일치로서 그 두 필사본 사이에 친족 관계가 성립되어야 한다. (둘은 서로 자매 필사본 관계에 해당된다.) 물론 이러한 일치가 자주 나타나는 것은 아니다. 바로 그 뒤를 이어 언급된 필사본(1292)은 전체 89구절 중 단지 76구절만 일치하며, 따라서 13개 구절이 차이가 난다. 이 차이점들마다 차이가 나는 개별적인 이유들을 살펴보고, 그 후 원문 비교 대조 작업을 빠짐없이 실행해야 한다.

각각의 분석 대상 필사본에 대한 사항 가운데 맨 윗줄에 있는 사항들은, 필사본들 사이에 얼마나 많은 구절이 서로 일치하는지를 판단하는 데 중요한 단서가 된다. 이곳에는 각각의 분석 대상 필사본의 독법이 대다수본문의 독법과 얼마나 일치하고 있는지, 또 각각의 분석 대상 필사본에 얼마나 많은 특수 독법이 있는지를 표시해 둔다. 비교적 많은 분석 대상 필사본들에서 상당한 분량이 대다수본문의 독법과 일치하는 것

3) 제1위에 해당하는 사항은 단 2개의 테스트 구절에 근거한 것이므로 눈여겨 볼 필요는 없다. 필사본 0246은 단편으로 이루어진 필사본이다.

을 보게 될 것이다. 즉 90% 이상 대다수본문의 독법과 일치하는 필사본들이 상당히 많다는 것이다. 한 예로 필사본 618을 살펴보자.

••618 (98 테스트 구절, 그 중 85 대다수본문, 0개 특수 독법)

```
••618    (98 TESTST., DAVON 85 MIT MEHRHEITSTEXT,  0 MIT SINGULAERLESART)
• 100.00% 7/7 1526 ¶ 5/5 640 ¶ 2/2 0246 2731 ¶ 1/1 P54 • 97.93% 96/98 177
337 • 96.93% 95/98 460 • 96.50% 28/29 644 • 96.00% 24/25 1652 2303
• 95.68% 45/47 624 • 94.81% 92/97 1738 • 92.81% 91/98 625 • 92.25% 12/13
2441 • 91.25% 63/69 122 • 90.87% 30/33 2799 • 90.00% 63/70 1277 ¶ 18/20
356 • 89.75% 88/98 638 1149 2423 • 89.68% 87/97 607 • 89.43% 85/95 941
1730 ¶ 17/19 197 • 89.31% 84/94 1859 • 89.25% 75/84 639 • 89.06% 49/55 602
• 88.87% 80/90 2356 ¶ 48/54 567 ¶ 8/9 612 • 88.75% 87/98 82 466 605 699
920 1668 1894 2484 • 88.62% 86/97 622 1244 2625 ¶ 78/88 2777 • 88.50%
85/96 627 • 88.37% 61/69 110 • 87.87% 80/91 314 997 • 87.75% 86/98 1 221
250 452 547 1103 1107 1161 1352 1841 1847 1851 • 87.68% 50/57 2310
• 87.62% 85/97 226 458 986 ¶ 78/89 2511 • 87.50% 84/96 457
```

여기서 우리가 보는 것은 처음(503쪽) 살펴 본 전체 이문에 대한 원문 비교 대조 결과들과 일치한다. 각각의 테스트 구절에 대해 대다수본문을 따르는 다수의 필사본들이 묶여 하나의 군집이 형성된다. 여기 해당하는 필사본은 언제나 같은 필사본들, 즉 비잔틴 본문을 담고 있는 필사본들이다. 이런 본문 유형을 대표하는 필사본들은 더할 나위 없이 서로 일관된 모습을 보여 준다. 따라서 서로 일치하는 비율이 높다.

이와 달리, 대다수본문의 독법이 적게 나타나는 필사본들, 즉 초기 시대 증거들에 해당하는 필사본들을 보면 정확히 반대되는 모습을 보여 준다. 일치하는 비율이 높은 자리에 있는 필사본들 자체는 대체로 60~70% 정도의 비율로만 일치하는 것으로 나타난다. 대문자 사본 01부터 04를 보면 분명해진다.

••01 (98 테스트 구절, 그 중 19 대다수본문, 9개 특수 독법)

```
••01     (98 TESTST., DAVON 19 MIT MEHRHEITSTEXT,  9 MIT SINGULAERLESART)
• 100.00% 2/2 P81 0156 0173 ¶ 1/1 0251 • 75.00% 3/4 0209 • 64.25% 63/98 02
• 62.06% 59/95 2344 • 61.43% 51/83 33 • 57.68% 56/97 044 • 55.50% 10/18
048 • 55.06% 54/98 03 • 54.50% 36/66 04 • 54.06% 53/98 2805 • 53.00% 52/98
1739 • 52.62% 50/95 1852 • 52.43% 43/82 2464 • 51.00% 50/98 1735 • 50.00%
18/36 1846 ¶ 5/10 P74 ¶ 1/2 P23 0296 • 49.43% 48/97 1243 • 48.93% 48/98 81
• 46.93% 46/98 436 • 45.81% 44/96 623 • 44.87% 44/98 5 • 44.31% 43/97 1067
• 43.87% 43/98 322 323 442 • 43.81% 32/73 1881 • 42.81% 42/98 1409
• 42.25% 41/97 2541 • 42.18% 38/90 025 • 41.75% 38/91 1241 • 40.81% 40/98
945 • 40.62% 39/96 621 • 39.12% 38/97 1611 • 38.87% 35/90 2138 • 38.75%
38/98 1505 • 38.18% 13/34 1836 • 37.75% 37/98 630 2298 • 37.06% 36/97 2495
• 36.68% 36/98 1292 2200 • 35.68% 35/98 1845 • 35.50% 16/45 1523 • 35.00%
34/97 1448 • 34.75% 16/46 1844 • 34.68% 34/98 6 • 34.62% 26/75 206
• 34.00% 33/97 61 808 2374 • 33.68% 31/92 629 • 33.31% 1/3 0232 • 32.93%
32/97 1718 • 32.62% 32/98 642 • 32.56% 29/89 614 • 32.25% 30/93 2492
• 31.93% 31/97 218 1359 1837 • 31.62% 31/98 676 1842 2412
```

••02 (98 테스트 구절, 그 중 17 대다수본문, 0개 특수 독법)

••02 (98 TESTST., DAVON 17 MIT MEHRHEITSTEXT, 0 MIT SINGULAERLESART)
• 100.00% 3/3 0232 ¶ 2/2 0173 ¶ 1/1 0251 • 83.31% 15/18 048 • 76.81% 73/95
2344 • 73.43% 61/83 33 • 69.37% 68/98 1735 • 68.31% 67/98 81 • 64.25%
63/98 01 • 63.25% 62/98 1739 • 61.18% 60/98 436 • 60.93% 50/82 2464
• 60.56% 40/66 04 • 60.00% 6/10 P74 • 59.37% 57/96 623 • 59.12% 58/98 2805
• 58.31% 21/36 1846 • 56.68% 55/97 1067 • 56.06% 55/98 03 • 55.62% 54/97
1243 • 55.06% 54/98 5 • 54.62% 53/97 044 • 54.06% 53/98 322 323 442 1409
• 53.62% 51/95 1852 • 53.56% 52/97 2541 • 52.00% 38/73 1881 • 50.00% 49/98
2298 ¶ 2/4 0209 ¶ 1/2 P23 P81 0156 0296 2731 2741 • 48.31% 44/91 1241
• 46.93% 46/98 945 • 46.87% 45/96 621 • 44.87% 44/98 1292 • 44.43% 4/9 612
• 43.25% 42/97 2374 • 42.81% 42/98 1505 1845 • 42.25% 41/97 1611 • 42.18%
38/90 2138 • 41.18% 40/97 2495 • 40.43% 36/89 614 • 40.18% 39/97 1359 1718
• 40.00% 36/90 025 ¶ 2/5 640 • 39.75% 39/98 2200 2412 • 39.12% 38/97 808 ¶
36/92 629 • 38.87% 35/90 720 • 38.75% 38/98 36 642 • 38.12% 37/97 218 453
1563 • 37.75% 37/98 6 93 2197

••03 (98 테스트 구절, 그 중 1 대다수본문, 4개 특수 독법)

••03 (98 TESTST., DAVON 1 MIT MEHRHEITSTEXT, 4 MIT SINGULAERLESART)
• 100.00% 3/3 0232 ¶ 2/2 0156 0173 ¶ 1/1 0251 0285 • 62.18% 61/98 1739
• 61.00% 58/95 1852 • 59.06% 39/66 04 • 57.68% 56/97 044 • 56.06% 55/98 02
• 55.06% 54/98 01 • 54.62% 53/97 1243 • 53.37% 39/73 1881 • 52.75% 19/36
1846 • 50.00% 49/98 322 323 ¶ 19/38 P72 ¶ 5/10 P74 ¶ 1/2 P23 P81 0296
• 49.43% 47/95 2344 ¶ 45/91 1241 • 48.18% 40/83 33 • 44.43% 8/18 048
• 41.81% 41/98 81 1735 • 40.81% 40/98 436 945 1505 2805 • 40.18% 39/97
1067 • 40.00% 36/90 2138 • 39.75% 39/98 2298 • 38.18% 13/34 1836 • 38.12%
37/97 2495 • 37.75% 31/82 2464 • 37.06% 36/97 1611 • 36.43% 35/96 623
• 35.68% 35/98 442 1409 • 33.62% 33/98 2200 • 33.31% 30/90 025 ¶ 15/45
1523 • 32.93% 32/97 2541 • 32.62% 32/98 630 • 32.56% 29/89 614 • 31.62%
31/98 5 • 30.62% 23/75 206 • 30.56% 30/98 1175 2412 • 30.18% 29/96 621
• 29.56% 29/98 1292 1845 • 28.81% 28/97 1448 • 28.25% 13/46 1844 • 27.81%
27/97 522 • 26.75% 26/97 808 1718 2374 • 26.06% 24/92 629 • 25.75% 25/97
1359 ¶ 24/93 2492 • 25.50% 25/98 6 429 • 24.68% 24/97 1563

••04 (66 테스트 구절, 그 중 11 대다수본문, 4개 특수 독법)

••04 (66 TESTST., DAVON 11 MIT MEHRHEITSTEXT, 4 MIT SINGULAERLESART)
• 100.00% 2/2 0173 ¶ 1/1 P81 0251 0285 • 65.43% 36/55 33 • 65.12% 43/66
1739 • 61.50% 40/65 1243 • 60.56% 40/66 02 • 60.00% 3/5 640 • 59.37% 38/64
2344 • 59.06% 39/66 03 81 • 57.12% 28/49 1881 ¶ 4/7 P74 • 56.87% 37/65 044
• 56.00% 37/66 323 945 • 54.50% 36/66 01 322 • 53.31% 8/15 1846 • 53.00%
35/66 436 1735 2805 • 51.87% 27/52 2464 • 51.56% 33/64 1852 • 50.00% 33/66
2298 ¶ 5/10 048 ¶ 1/2 0246 • 49.18% 32/65 1067 • 48.43% 32/66 5 • 46.93%
31/66 442 1409 • 46.87% 30/64 1241 • 45.43% 30/66 621 1505 • 44.56% 29/65
623 2495 • 44.43% 12/27 1844 • 43.75% 7/16 1836 • 43.06% 28/65 1611 2541 ¶
25/58 2138 • 41.87% 13/31 P72 • 40.87% 27/66 2200 • 39.37% 26/66 630
• 39.06% 25/64 1678 • 38.43% 25/65 2374 ¶ 20/52 206 ¶ 10/26 1523 • 37.87%
25/66 36 307 453 918 1292 2197 2412 • 37.50% 6/16 197 • 37.06% 23/62 025
• 36.87% 24/65 1359 1563 1718 • 36.81% 21/57 614 • 36.31% 24/66 218
• 35.87% 14/39 2718 • 35.37% 23/65 808 1448 2652

여기서 파악할 수 있는 점은 대다수본문과 일치하는 비율이 근본적으로 적게 나타난다는 것이다. 그 이유는 이 분석 대상 증거들이 초기 시대 필사본들에 해당하며, 이 시기의 필사본 가운데 적은 수만 우리에게 보전되어 있기 때문이다. (직접적인 '친족 관계'에 있는 필사본들은 유실되었다.) 게다가 초기 시대의 필사본들은 후대 비잔틴 제국 시대의 엄한 통제 가운데 작성된 복사본들보다 훨씬 더 독자적인 형태를 보인다. 이러한 상황을 고려해 볼 때, 02(A)와 2344(11세기!)가 가장 많은 일치점을 보인다는 것, 즉 76.81%(95구절 중 73구절)의 비율을 보인다는 것은 놀라운 일이다. 이어서 더 잘 알려진 필사본들 33, 1735, 81, 01, 1739가 그 뒤를 따른다.

614의 경우처럼(507쪽 참고) 대다수본문과 절반 정도의 일치를 보이는 필사본들의 분석 평가를 보면, 맨 윗줄에 표기된 사항들과 상응하는 일치 비율, 즉 다른 필사본들의 독법과 얼마나 많이 일치하는가를 파악할 수 있다. 즉 필사본 2412와 비교해 볼 때 96%의 일치를 보이는 점은 특기할 만하다. 그러나 그 뒤에 이어지는 필사본들 가운데 80% 이상 또는 80% 내외 정도의 일치를 보이는 필사본들도, 필사본 614와의 관계 안에서 정확하게 살펴볼 만한 가치가 분명히 있다.

이 내용들을 통해 다음과 같은 사실이 확인된다. '주요 비교 사항'(맨 윗줄에 표기된 내용들)이 실려 있는 이 보충 목록들은 앞서 이미 언급했던 새로운 연구 도구의 두 가지 과제(501쪽 참고)에 대한 대단한 성과물이라는 점이 사실이다.

1. 어떤 필사본들이 대다수본문을 담고 있는지 알아차릴 수 있다. 이런 필사본들 모두에 대다수본문의 60-70% 이상에 해당하는 부분이 들어 있다. (그 안에 비잔틴 본문의 하위 그룹들도 포함된다.)

2. 하나의 훌륭한 인쇄본을 작성하기 위해 다뤄져야 하며 연구할 가치가 있는 필사본들 전부를 — 먼저 대략적인 윤곽으로 — 명시할 수 있다. 여기 해당하는 필사본들에는 대다수본문의 약 60%까지 이르는 분량이 들어 있다.

본질적인 차이를 보이는 사항들에 대해서는 '주요 목록'에 근거하여 설명할 수 있다. 보충 목록에 수록한 사항들은 이문들의 중요도 차이와 상관없이 이문들이 나타나는 수치에만 근거한 것이다. 이와 달리 주요 목록에서는 이문들의 중요도에 근거한 내용을 다룬다. 신약성서 전승 가운데 이미 오래 전부터 알게 된 현상이 있다. 우리는 주요 목록의 내용을 파악하기 위해 이 현상을 활용한다. 우리는 다음과 같은 사실을 알고 있다. 비잔틴 본문이 순전히 코이네 필사본에서만 나타나는 것이 아니라, 중세 비잔틴 제국의 시대에 널리 퍼져 있었으며(이를테면 필사자들의 머릿속에 이미 자리 잡고 있었다.), 따라서 비잔틴 본문을 원본으로 삼지 않은 복사본들에서도 비잔틴 본문이 나타났다는 것이다. 때로는 많이 때로는 적게 나타났으며, 필사자가 그것을 의식했든 그렇지 않든 마찬가지였다. 본문비평에 근거하여 다시 말한다면, 두 개의 필사본에서 하나의 같은 코이네 본문의 독법이 나타난다고 해서 이 둘 사이를 친족 관계로 볼 근거는 거의 없다. 특히 후대에 단순 복사만 했던 필사자들은, 비잔틴 본문과 달리 기록된 원본을 베낄 때 언제라도 비잔틴 본문을 무심코 기입할 수 있었기 때문이다.

따라서 주요 목록에서는 대다수본문의 독법 및 해당 필사본의 특수 독법은 다루지 않고, 그 둘과 상관없는 나머지 테스트 구절을 두고 작업한 내용을 반영했다. 이러한 토대 위에(즉 각각의 해당 필사본에서 비잔틴 본문의 독법이나 해당 필사본의 특수 독법에 포함되는 테스트 구절을 제외한 다른 모든 테스트 구절에 대해) 다음과 같은 작업이 계속되었다. '보충 목록'의 내용에 완전히 들어맞게, 거기에 포함되지 않는 모든 다른 구절들을 하나씩 비교하여 서로 일치하는 테스트 구절의 수를 셈하여 일치하는 비율이 높은 순서대로 기록해 두었다.

이른바 보충 목록과 주요 목록, 두 목록은 서로 보완적 관계에 있다. 이런 둘의 관계에 대해 **기본 원칙**으로 삼을 수 있는 내용이 있다. 각 분석 대상 필사본(다시 사본 614의 경우를 예로 들어 보자)의 두 목록을 살펴볼 때, 일치하는 비율이 높은 필사본들이 모두 동일하게 나타난다면, 그 두 필사본은 친족 관계에 있음을 짐작할 수 있다. 두 목록 가운데 한 곳에서만 일치하는 비율이 높게 나타난다면, 그것만으로는 설명할 내용이 그리 많지가 않다.

> 앞에 나온 예에서 알 수 있듯이, 우리는 필사본들의 인용에 대해 다음과 같이 결정하였다. 즉 각 해당 필사본마다 해당 필사본과 가까운 관계에 있는 66개의 필사본들만을 2쪽에 걸쳐 주요 목록에 인용하기로 했다. 이 정도의 목록이라면 있을 수 있는 모든 연구에서 충분히 활용될 수 있을 것이다. 컴퓨터로 인쇄된 전체 인쇄본은 누구나 열람할 수 있도록 뮌스터에 준비되어 있다.

앞 단락 끝부분에서 언급한 기본 원칙은 필사본 614의 경우 다음 내용을 의미한다. 주요 목록에 열거된 처음 7개의 필사본은(100% 일치를 보이는 맨 위의 2개의 필사본 [0173, 0232]은 건너뛴다) 필사본 614와 친족 관계에 있을 개연성이 상당히 높다. 누군가 필사본 614와 관계된 주변 내용을 연구하고자 한다면, 반드시 이 필사본들을 더 자세히 연구해야 한다. 이러한 사항은 이 7개 필사본 뒤에 이어지는 필사본 206과 630에

614 : 44 ZU BEARBEITENDE TESTSTELLEN + 1 MIT SINGULAERLESART + 44 MIT MEHRHEITSTEXT 427

TESTSTELLE			1	3	5	7	8	9	11	12	14	19	20	22	23	24	25	30	32	34	35	36	37	39	43	45	46
UEBEREINSTIM. ZEUGEN			149	3	22	46	17	139	56	20	59	467	76	36	56	48	5	115	25	56	33	17	6	29	27	29	73
BEZEUGTE VARIANTE			2	11B	3	2	3	2	2	4	2	1/	2	2	2	2	3	2	2	2	5B	5	4	2	2	3	4
0173	100.00%	(1/ 1)	Z	Z	Z		Z	Z	Z	Z	Z	Z	Z	Z	Z	Z	Z	Z	Z	Z	Z	Z	Z	Z	Z	Z	Z
0232	100.00%	(1/ 1)	Z	Z	Z	Z	Z	Z	Z	Z	Z	Z	Z	Z	Z	Z	Z	Z	Z	Z	Z	Z	Z	Z	Z	Z	Z
2412	97.68%	(43/44)															4										
2138	90.43%	(38/42)		12																						1F	
1505	88.62%	(39/44)															1									2C	
2495	88.31%	(38/43)															1	U								2C	
1611	86.31%	(38/44)		1/																			1		1	1F	
1292	84.06%	(37/44)		1/	1/				1					2C					1							1	
2200	79.50%	(35/44)		1/		1					3						1			1			1			1	
1852	76.68%	(33/43)		1/			6	4									1					1	2			3D	
206	73.62%	(28/38)		1/		1									1		1			1B			1			1	
630	72.68%	(32/44)		1/		1					3			2B			1			1B			1			1D	
1523	70.56%	(12/17)	Z	Z	Z	Z	Z	Z	Z	Z	Z	Z	Z	Z	Z	Z	Z	Z	Z	Z	Z	Z	Z	Z	Z	Z	Z
1739	70.43%	(31/44)		1/	1/		6			2B							2				4	1	2	5			
P74	66.62%	(4/ 6)	Z	Z	1/	Z	W	Z	Z	2	Z	Z	Z	Z	Z	Z		Z	Z	Z	Z	Z	Z	Z	Z	Z	Z
03	65.87%	(29/44)		11			5	4							2B						1/	2	2			2	1/
429	63.62%	(28/44)		1/		1					3						1			1B			1			1	
522	63.62%	(28/44)		1/		1					3						1			1B			1			1B	
02	59.06%	(26/44)		1/	1/		2			2		6		2C			2		1B		4	1	2	6B	1D		
1243	59.06%	(26/44)		1/	1/		5			3				1			1B		1		4	1	2	5		2	
1844	58.81%	(10/17)	Z	Z	Z	Z	Z	Z	Z	Z	Z	Z	Z	Z	Z	Z	Z	Z	Z	Z	Z	Z	Z	Z	Z	Z	Z
1881	58.56%	(17/29)	Z	Z	Z	Z	Z	Z	Z	Z	Z	Z	Z	Z	Z	Z	Z				4	1	1	5		3C	5B
2652	58.12%	(25/43)		1/			1	1	1	1	1				1	1	1	3B	1B				1		5		
04	57.68%	(15/26)		1/	1/		4			3		Z	Z	Z	Z	Z	Z		1B	1	Z	Z	Z	5	5		
2344	57.12%	(24/42)		1/	1/		1			3		9		2C			2		1		4	1	2	5	1	3E	
044	56.81%	(25/44)		7	1/			2B		6B							1				1/	1	5	6C	1	2	
436	56.81%	(25/44)		1/	1/		1			1				2C	1		2B		1		4	1	1		1		
2147	56.81%	(25/44)		1/			1	1	1	1	1				1	1	1	3B	1B		6C		1		5		
2298	56.81%	(25/44)		1/	1/	1B	5		1	2B	1					1	2			1	4	1	1	5			
33	56.75%	(21/37)		1/	X					3				2C			2		1B	X	4	1	2	5	1	3E	
322	54.50%	(24/44)		1/	1/		8	3	1	1	1		1	1	1	1	1		1		4	2	2	6			
323	54.50%	(24/44)		1/	1/		8	3	1	1	1		1	1	1	1	1		1		4	2	2	6			
945	54.50%	(24/44)		1/	1/		6		1	2B							1		1B		4	1	2	5			

TESTSTELLE	1	3	5	7	8	9	11	12	14	19	20	22	23	24	25	30	32	34	35	36	37	39	43	45	46
UEBEREINSTIM. ZEUGEN	149	3	22	46	17	139	56	20	59	467	76	36	56	48	5	115	25	56	33	17	6	29	27	29	73
BEZEUGTE VARIANTE	2	11B	3	2	3	2	2	4	2	1/	2	2	2	2	3	2	2	2	5B	5	4	2	2	3	4
1735 54.50% (24/44)		1/	1/		1			2				2C			2		1		4	1	1	6B	1		
1846 53.81% (7/13)	Z	Z	Z	Z	Z	Z	Z	Z	Z	Z	Z	Z	Z	1	1	Z	Z	Z	Z	Z	Z	Z	Z	Z	Z
1067 53.43% (23/43)		1/	1/		1			1				2C	1		2C		1		4	1	1		1		X
1241 52.37% (22/42)		9	1/		5			2B					1		1				4	1	2	6C		3C	4C
2541 52.25% (23/44)		1/	1/		1			1				2C	1		2		1		4	1	1		1	3C	
048 50.00% (5/10)	Z	Z	Z	Z	Z	Z	Z	Z	Z	Z	Z	X	X		2	Z	Z	Z	Z	Z	Z	Z	Z	1	
0296 50.00% (1/ 2)	Z	Z	Z	Z	Z	Z	Z	Z	Z	Z	Z	Z	Z	Z	Z	Z	Z	Z	Z	Z	Z	Z	Z	Z	Z
442 50.00% (22/44)	1	1/	1/		8			2	1		1	1	1	1	1		1	1	4C	1	2C	6B			
1524 50.00% (22/44)	1	1/		1	1		1					1	1	1	1B	3B	1	1B		1	1		5C	3D	
1758 50.00% (15/30)		1/		1	1	1	1						1		1		1	Y	Y	1	1		Y	Y	Y
1890 50.00% (22/44)		12B											1		1								1	1	1/
1448 48.81% (21/43)		1/					1	1						1	1		7	1	1/	1	1		1	5	
2374 48.81% (21/43)		1/	1/		8		1	1				2C	1		1		1		1/	1	1	5	1	1G	
81 47.68% (21/44)		1/	1/		2			3				2C			1		1B		4	1	2	5	5B	3C	
621 47.68% (21/44)		1/	1/	1	8		1	2					3	1	1		1	1	4	1	2B	5		3C	
1409 47.68% (21/44)		1/	1/		1	1	1	1				2C	1		2B		1	1B	4	1	1		1	6	
623 47.56% (20/42)		1/	1/	1	1	1	V1	1	1		U1				2		1		4	1	2	5	1		
01 45.43% (20/44)		11	1/		1			2		6		1B			2		1B	1B	6B	2	2	1	1	2	
5 45.43% (20/44)		1/	1/	1	1	1	1	1	1		1				2		1B	1	4	1	1	5	1		
1836 45.43% (5/11)	Z	Z	Z	Z	Z	Z	Z	Z	Z	Z	Z	Z	Z	Z	Z	Z	Z	Z	Z	Z	Z	Z	Z	Z	Z
2805 45.43% (20/44)		1/	1/		8			3				2C			1		1		4	1	2	6	1	3C	5
025 43.87% (18/41)		1/	1/		8	1		Z							2	1	1B	1	'4	1	1	5		3D	
2464 43.87% (18/41)		1/	1/		1	1	1	2					1		2		1		4	1	2	5	1	3C	
1490 43.12% (19/44)	1	1/	1/	1	1		1						1		1		1B	1B	3B	1	1		1	1	
P72 42.81% (6/14)	Z	Z	Z	Z	Z	Z	Z	Z	Z	Z	Z	Z	Z	Z	Z				1/	1	2B	2C		2B	
254 40.87% (18/44)	1	1/		1	1		1			4		1	1	1	1	3B	1	1B		1	1		5C	3D	
808 37.18% (16/43)	1	1/	1/	1	8	1	1	1B			1	2C	1		1		U1		1/		1	1	1	1D	
1765 37.18% (16/43)	1	12	1/		1	1		1	1		1	3	1	1	1					1	1	1	1	W	
378 36.31% (16/44)	1	1/	1/	1	1	1	1	1B	1	8			1	1	1	3B	1D	1B		1	1	2D	1		
876 36.31% (16/44)	1	8	1/		1	1		1	1		1	3	1	1	1					1	1	1	1	1	
1175 36.31% (16/44)		1/	1/		6			3				2C			1			1B	4		2	5		2D	
2492 36.31% (16/44)		1/	1/	1	5			3				1	1		1		5	1	1/	1	1	8		1	1/
1127 34.87% (15/43)	1	1/	1/	1	8	1	1	1			1	2C	1		1	5	1B			Z	1	1	1	1	4B

614 : 44 ZU BEARBEITENDE TESTSTELLEN + 1 MIT SINGULAERLESART + 44 MIT MEHRHEITSTEXT 429

		TESTSTELLE	47	50	54	56	57	58	60	63	65	68	70	71	72	77	78	81	86	88	89
	UEBEREINSTIM.	ZEUGEN	23	23	76	475	93	26	108	67	139	38	286	74	445	45	85	56	75	24	54
	BEZEUGTE	VARIANTE	5	2	2	1/	2	2	2	2	3	2	1/	4	1/	2	2	2	2	8	2
0173	100.00%	(1/ 1)	Z	Z	Z	Z	Z	Z	Z	Z	Z	Z	Z	Z	Z	Z	Z	Z	Z	Z	Z
0232	100.00%	(1/ 1)	Z	Z	Z	Z	Z	Z	Z	Z	Z	Z	Z	Z	Z	Z		Z	Z	Z	Z
2412	97.68%	(43/44)																			
2138	90.43%	(38/42)				Z	Z												1		3
1505	88.62%	(39/44)								2D									1		3B
2495	88.31%	(38/43)								2C									1		3B
1611	86.31%	(38/44)																	1		3
1292	84.06%	(37/44)																	3		
2200	79.50%	(35/44)																	1	1/	
1852	76.68%	(33/43)	4											5		2B					Z
206	73.62%	(28/38)		5	1										1/B	Z	Z	Z	Z	Z	Z
630	72.68%	(32/44)								2D				5					1	1/	
1523	70.56%	(12/17)	Z	Z										5		1B	1		1	1/	
1739	70.43%	(31/44)	2					1						1/				2B			
P74	66.62%	(4/ 6)	Z		Z	Z		Z	Z	Z	Z		Z	Z	Z	Z	Z	Z	Z	Z	Z
03	65.87%	(29/44)	2								1/	2C		1/		1				1/	
429	63.62%	(28/44)		5	1										1/B	1	1	1	1	1/	1
522	63.62%	(28/44)		5	1										1/B	1B	1	1	1	1/	1
02	59.06%	(26/44)	6	1		1/B		1												1/	
1243	59.06%	(26/44)	3B	5				1			3B			5			2C				
1844	58.81%	(10/17)	Z	Z		4								5		1B	1		1	1/	2C
1881	58.56%	(17/29)	2									1	3	1/	1/K						2C
2652	58.12%	(25/43)	5B	4B	4						U	1				2D					
04	57.68%	(15/26)	2	3		1/B						Z	Z	Z	Z	Z	Z	Z		Z	W
2344	57.12%	(24/42)	6	1				1			X	1								X	
044	56.81%	(25/44)	6	1								1		1/	1/F	2B				1/	4
436	56.81%	(25/44)	1	1				1							1/I	1		1		1/	
2147	56.81%	(25/44)	5B	4B	4						1/B	1									
2298	56.81%	(25/44)	2					1						1/						1/	2C
33	56.75%	(21/37)	6	1				1				7		W	X		2E		X	X	X
322	54.50%	(24/44)	2					1						1/							
323	54.50%	(24/44)	2					1						1/							
945	54.50%	(24/44)	2					1	1					3		1	1	1	1		1

614 : 44 ZU BEARBEITENDE TESTSTELLEN + 1 MIT SINGULAERLESART + 44 MIT MEHRHEITSTEXT 430

	TESTSTELLE	47	50	54	56	57	58	60	63	65	68	70	71	72	77	78	81	86	88	89
	UEBEREINSTIM. ZEUGEN	23	23	76	475	93	26	108	67	139	38	286	74	445	45	85	56	75	24	54
	BEZEUGTE VARIANTE	5	2	2	1/	2	2	2	2	3	2	1/	4	1/	2	2	2	2	8	2
1735	54.50% (24/44)	6	1		1/B		1			1/		3			1				1/	
1846	53.81% (7/13)	Z	Z	Z	Z	Z	Z	Z	Z	1/	1		5						1/	
1067	53.43% (23/43)	1	1				1			3B				1/I	1		1		1/	
1241	52.37% (22/42)	2					1B	1	2B		5	3	3		2B		Z			U
2541	52.25% (23/44)	1	1				1							1/I	1		1C		1/	1
048	50.00% (5/10)	6	1	Z	Z	Z	Z	Z	Z	Z		3	X		X	Z	Z		Z	Z
0296	50.00% (1/ 2)	Z	Z	Z	Z	Z	Z	Z	Z	Z	Z	W	5		Z	Z	Z	Z	Z	Z
442	50.00% (22/44)	2	1				1						5						1/	
1524	50.00% (22/44)	5B											5		1B	1		1	1/	
1758	50.00% (15/30)	Y	5B	1		Y	Z	Z	Z		Z				1	1	1	Z	Z	Z
1890	50.00% (22/44)	1	1	1		1	1	1	1	3B	1		1/		1	1	1	3	1/	1
1448	48.81% (21/43)	X	1	1		1			1					1/H	1	1		1	1/	1
2374	48.81% (21/43)	4	1			U3	1		2E		1								1/	1
81	47.68% (21/44)	6	6		1/B	1	1	1				3	5		2B				1/	
621	47.68% (21/44)	1	1				1B						5				1	1	1/	
1409	47.68% (21/44)	7	1				1							1/I	1		1		1/	
623	47.56% (20/42)	6	4B		1/B		1			3B			5		2B				1/	
01	45.43% (20/44)	6	1		1/B		1				2C		4B			2B			1/	4
5	45.43% (20/44)	6	4B		1/B		1						5		2B				1/	
1836	45.43% (5/11)	Z	Z		Z	Z	Z	Z	Z	1/	1		X		1		1		1/	1
2805	45.43% (20/44)	4	1				1	3	2E		2C				2C		2B		1/	2C
025	43.87% (18/41)	2	3B				1			Z	Z		5		1	1	1	1	1/	1
2464	43.87% (18/41)	6	4B		1/B		1			3B			5	1/E	2B			Z	Z	Z
1490	43.12% (19/44)		5B	1							1			1/B	1	1	1	1	1/	1
P72	42.81% (6/14)	2	2B	Z	Z	Z	Z	Z	Z	Z	Z	Z	Z	Z	Z	Z	Z	Z	1/	
254	40.87% (18/44)	5B							1				5	1/I	1B	1		1	1/	2C
808	37.18% (16/43)	1	1			1	1		1	1/	1		1/						1/	1
1765	37.18% (16/43)		3B	1		1	1	1	1		1	3			1			1		1
378	36.31% (16/44)	5B	4B	4		1		1			1		1/		2B					
876	36.31% (16/44)		3B	1		1	1	1	1		1	3			1			1		1
1175	36.31% (16/44)	2	3C	1		1	1	1	1	1/	1	3	1/		1	1	1	1	1/	1
2492	36.31% (16/44)	1	1	1		1	1	1	1		1		5		1			1		1
1127	34.87% (15/43)	1	5			1	1		1	1/	4						2B		1/	

도 해당된다. 이와 달리 필사본 1852에는 해당되지 않는다. (또는 매우 제한적인 경우에만 해당된다.) 그 뒤에 이어지는 1739, 𝔓[74], 03의 경우에도 전혀 해당되지 않는다. 그 이유를 쉽게 짐작할 수 있다. 이 필사본들 주요 목록의 맨 위 칸에 수록한 개요 사항들 또는 새로운 연구 도구를 실어 놓은 이 책의 제 3권에서(ANTF 11. 500쪽 각주 1 참고) 개별 필사본들에 대해 설명한 내용들을 보면 다음과 같은 사실을 알게 되기 때문이다. 이 필사본들에서는 독법 기호 2에(505쪽 참고) 해당하는 독법이 상당히 많이 나타나며, 이 필사본들에 대한 분석 평가에서 높은 일치율을 보이는 사항들은 어쨌든 독법 기호 1에 해당되는 것이 아니라는 것이다. 이것은 이 필사본들이 필사본 614와 일치하는 부분이 결코 적지 않음이 틀림없다는 것을 뜻한다. (한 번이 아니라 44번, 즉 살펴본 구절들 가운데 44개의 구절에서 일치한다는 뜻이다.) 여기에서 언급되지 않은 테스트 구절 가운데 필사본 614에서 독법 기호 1로 나타나는 테스트 구절들을 살펴보면, 그 구절들에 대해서 필사본 614와 같은 독법을 보여 주는 필사본은 거의 없다. 언뜻 보기에는 상당히 많은 일치를 보이며 생각할 만한 가치가 있는 것 같아도, 그것만으로는 서로 가까운 친족 관계에 있다고 말할 수는 없다. 따라서 모든 테스트 구절을 고려한 보충 목록에서는 사본 1739, 𝔓[74], 03 등을 전혀 찾아볼 수 없다. (이 사본들은 일치하는 비율이 아주 낮은 자리의 목록에 가서야 찾아볼 수 있다. 따라서 이 사본들은 설득력 있는 상위 60/70개의 사본만을 인쇄해 둔 예시 목록 안에 들어가지 못하게 된다.)

그러므로 앞서 언급된 그 기본 원칙을 반드시 염두에 두어야 한다. 어떤 하나의 필사본이 두 목록, 즉 주요 목록과 보충 목록 모두에서 높은 일치율을 보이는 자리에 있는 경우에만, 분석 대상 필사본과 서로 친족 관계에 있음을 추정할 수 있기 때문이다.

그러나 그 주요 목록이 연구에 특별히 유용한 도구가 되는 또 다른 이유가 있다. 앞에 제시된 삽화에서 볼 수 있듯이 목록이 한 쪽 전체를 가득 채운다. 이 주요 목록에서는 각각의 분석 대상 필사본들마다, 각각의 번호가 붙여진 개별 '테스트 구절'이 제시된다. 그 번호는 이미 1권에서 개별 테스트 구절들의 원문 비교 대조 작업을 거쳐 목록이 작성될 때 붙여졌던 번호이다(원문 비교 대조 목록의 첫째 줄에). 이 주요 목록의 셋째 줄을 보면, 필사본 614에서 각 테스트 구절이 어떤 독법으로 분류되는지 알 수 있다. 그 줄의 내용을 보면, 필사본 614의 독법은 앞서 언급한 주요 목록의 선정 원칙에 따르면(510쪽 참고) 결코 1의 사항에 해당되지 않는다. 즉 대다수본문의 독법이 결코 많은 분량을 차지하지 않는다. 마침내 둘째 줄에서 특별히 중요한 사항이 나타난다. 분석 대상 필사본의 독법이 얼마나 많은 증거들에 의해 지지되는가를 기재해 두었다. 그 아래 전체 내용을 한눈에 볼 수 있게끔 하는 목록을 보면, 왼쪽 열에 언급된 각각의 필사본들에서 각각의 테스트 구절들이 어떻게 읽히는지를 알 수 있다. 이때 빈 공간은 해당 테스트 구절에 대해 그 필사본의 독법이 분석 대상 필사본의 독법과 일치하는 경우를 뜻한다.[4] 따라서 필사본 2412에서는 비교 대조된 테스트 구절 모두에 대해 필사본 614의 독법과 같은 독법이 나타나며, 테스트 구절 25에 이르러서야 614와 다른 독법이 나타난다.[5]

이 전체 목록에서 왼쪽 열에 기입된 비율, 즉 분석 대상 필사본과 일치하는 테스트 구절의 비율은 이 목록 본래의 의미로 파악할 때 비로소 그 비율의 가치가 논증된다. 그 이유는 쉽게 알 수 있다. 테스트 구절 19를 예로 들어보자. 필사본 614의 독법은 독법 기호 1/2에 해당한다. 이 독법을 지지하는 467개의 증거가 있다. 분명한 것은 이 독법이 필사본 614와 같은 독법이 나타나는 증거들 사이에 친족 관계가 있는지 또는 없는지와는 아무런 상관이 없다는 점이다. 다른 필사본들 곳곳의 구절에서도 이와 같은 독법이 나타날 수 있다. 이 부분에서 보여 주는 둘 사이의 통계만 가지고서는 같은 독법이 나타나는 필사본들의 필사 대본에 대해 전혀 아무것도 알 수 없기 때문이다.

테스트 구절 37의 경우는 아주 다르다. 여기서 필사본 614의 독법은 독법 기호 4에 해당한다. 이 독법은 명백한 오류로 보이며 단지 6개의 필사본에 의해서만 지지된다. 테스트 구절 37 아래의 열을 보면, 그 6개의 필사본이 어떤 것인지 알게 된다. 즉 빈칸으로 표시된 필사본들, 2412, 2138, 1505, 2495, 1292와 추가로 1890(앞에 나온 삽화 가운데 둘째 면의 대략 중간 부분 참고)이 해당된다. 이 독법은 비잔틴 본문의 독법에서 확장

---

4) Z는 필사본에 해당 테스트 구절이 빠져 있음을 뜻한다. 이 개관에서 때때로 보게 되는 알파벳 형태의 다른 모든 기호들은 1권 XIV쪽 이하 설명을 참고하라.

5) 덧붙여 필사본 2412에서는 이 부분에 대해 고문서학 안내서에 나오지 않는 중요한 오독을 보여 준다. 필사본 자체에 기록된 야고보서 5:20 전체를 그대로 제공한다. γινωσκέτω ὅτι ὁ ἐπιστρέψας ἁμαρτωλὸν ἐκ πλάνης ὁδοῦ αὐτοῦ καὶ καλὺψει (sic) ἐκ θανάτου καὶ καλύψει πλῆθος ἁμαρτιῶν. ἀμήν. 분명히 필사본 2412의 필사 대본은 이 구절에서 필사본 614의 본문과 정확하게 일치했을 것이다. 필사 대본을 그대로 베끼고자 했던 2412의 필사자는 필사 대본을 잘못 읽었고 충분히 잘 교정하지 못했을 것이다. (어떤 심리적인 이유가 있었을까?) — 따라서 테스트 구절 25에서 발견되는 이문은 필사본 614와 2412의 직접적인 친족 관계에 대한 반증이 되지 못한다.

된 형태의 오류로 보인다. 이 독법은 아마도 본래 필사 대본을 그대로 베낀 것으로 추정할 수 있다. 이 독법이 오류를 드러내는 필사본들을 한데 묶어 주는 셈이 된다. 또한 이것은 그들이 서로 친족 관계에 있다는 점을 드러내는 하나의 논증이 된다. 물론 다른 논증들도 추가되어야 한다. 신약성서 전승은 수많은 부분에서 불필요한 것들로 뒤섞여 있다. 이런 전승 가운데서 겉으로 보이는 '주요 오류' 하나만을 가지고서는 그 오류가 나타나는 필사본들의 관계를 충분히 판단할 수 없다.

필사본 614와는 다소 관계가 멀어 보이는(필사본 614와 일치하는 비율이 50%에 그친다) 필사본 1890에서도 이 테스트 구절에 대해 독법 기호 4에 해당하는 독법이 나타난다. 이 사실이 둘 사이에 있을 수 있는 친족 관계의 가능성과 모순되지는 않는다. 분석 대상 필사본으로서 1890의 목록을 살펴보면, 필사본 2138, 1505, 1611, 614, 2495 등이 가장 높은 비율로 필사본 1890과 일치한다는 것을 알게 되기 때문이다. 필사본 614의 주요 목록 내용과 필사본 1890의 주요 목록 내용 사이의 (외관상 드러나는) 차이는, 필사본 614에서 나타나는 대다수본문의 독법의 수보다 필사본 1890에서 나타나는 대다수본문의 독법의 수가 훨씬 더 많기 때문에 생겨나는 것이다(1890이 65구절인데 비해 614는 44구절). 다른 필사본들의 경우와 마찬가지로 이 필사본의 중심 부분은 동일한 대본에서 유래한다. 전승 과정에서 필사본 614, 2412 등의 경우보다 훨씬 더 많은 비잔틴 본문의 독법이 이 필사본 1890의 '중심 부분'에 스며들어 갔다. 이러한 과정은 테스트 구절 37에서 필사본 1611과 2200의 경우에도 발생한다. 이런 식으로 비잔틴 본문의 독법이 다른 필사본에 스며들어 나타나는 일은 필사 대본이 어떤 것이든 상관없이 언제라도 일어날 수 있는 일이기 때문에, 독법 기호 1로 표시된 것 밖의 다른 친족 관계 필사본들과 차이나는 부분은 그리 중요하지 않다. (이 점은 필사본 614 목록의 테스트 구절 2, 4, 6, 10 등에 대해서도 해당된다. 그러나 반대의 경우이다. 이 테스트 구절들은 필사본 614의 주요 목록에 다뤄지지 않는다. 이 구절들에 대한 필사본 614의 독법은 독법 기호 1에 해당되기 때문이다. '친족 관계'에 있는 필사본들이 증거하는 독법이 어떤 독법인지를 알고자 한다면, 1권(ANTF 9)에 나오는 '필사본 프로필' 목록에서 그것을 찾아보아야 한다. 어쨌든 이 부분, 즉 2, 4, 6, 10 등의 구절에 있어서는 필사본 614가 당시 널리 퍼져 있던 비잔틴 본문의 영향력 아래 있었다는 것을 보여 준다.)

다음의 내용도 염두에 두어야 할 기본 원칙에 해당된다. 많은 테스트 구절에서 몇몇 적은 필사본들과만 일치를 보이는 분석 대상 필사본들을 본다면, 이 필사본들을 서로 잠정적인 친족 관계로 여기고 더 정확하게(원문 비교 대조 작업을 빠짐없이 수행하여) 살펴봐야 한다는 것이다. 가장 좋은 경우는 동일한 독법으로 나타나는 부분들이 확실한 오류로 드러날 때이다. 이런 식으로 앞서 언급했던 셋째 목표에 더 가까이 이르게 될 것이다(502쪽 참고). 즉 필사본가족 및 필사본 그룹을 찾아내고, 어떤 사본들이 동일하게 편집되었으며 또 동일하게 교정되었는가를 찾아내는 목표에 한 걸음 더 다가가게 될 것이다. 다른 말로 하면, 지금까지 형태를 갖추지 못한 대량의 신약성서 전승에 대해 그것을 어떻게 배열하고 정리하는지를 배우게 될 것이다. 이것은 간단한 일이 아닐 것이다.

마치는 말로 다만 두 가지를 덧붙인다. 첫째로, 앞서 소개된 책들은 하나의 연구 도구로서의 기능을 한다는 것이다. 그것의 유용성은 본문비평가들이 그 도구를 사용할 때에야 비로소 드러날 수 있다. 본문비평가들 각각이 어떤 본문을 결정하는지 상관없이, 더 다양한 분야에서 사용될수록 이 도구는 더 잘 사용될 수 있을 것이다. 그럼으로써 여기서 잠시 거론했던 다른 문제들에 대해서도 이 문제들을 해결할 수 있는 길로 한 걸음 더 나아갈 수 있을 것이다. (예를 들어 이 연구 도구의 도움만으로도 가능했던 일이 있다. 하르켈 시리아어 역본의 그리스어 대본을 발견한 일과 그 대본이 역본으로 옮겨지게 된 과정을 발견한 일이다.) 둘째로, 앞에 제시된 연구 도구에 근거하여 비잔틴 본문에 대해서도 귀중한 정보를 얻을 수 있다. 물론 비잔틴 본문 전체에 해당되는 것은 아니다. 단순히 반복되는 부분은 편집 작업을 통해 그 부분만 제외할 수 있다. 상당한 부분에서 비잔틴 본문의 하부 그룹에 해당하는 본문이 어떤 것인지를 구별해 낼 수 있다. 물론 그것은 내가 강조해야 하는 점이며, 뮌스터 신약성서본문연구소의 연구를 따라 이 부분에 대한 정보를 얻고자 애써야 할 것이다. 전부 컴퓨터로 작업하여 인쇄된 비잔틴 본문의 유일한 견본이 그곳에만 있기 때문이다. 그 인쇄 견본에는 일치하는 비율이 가장 낮은 필사본에 이르기까지의 모든 필사본들이 비교되어 있다. 상당히 많은 부분에서 비잔틴 본문이 획일적으로 나타나는 현상(100% 일치하는 필사본들이 상당히 많다.)과 마주하여 볼 때, 여기 주요 목록에서 분석 대상 필사본과 일치하는 비율대로 옮겨놓은 66개의 필사본들만으로 이 상황에(단지 이 상황에만) 대응하기가 충분하지 않다. 광범위한 전체 필사본 견본이 들어 있는 24권을 누구나 사용할 수 있도록 기꺼이 열려 있다. 본문비평가들이 이 연구 도구, 즉 이 견본 24권을 발견할 수 있기를 기대한다.

3. 본문 범주와 본문 유형

(154쪽 이하, 232쪽 이하 참고)

이 책에서 새롭게 도입된 본문 범주의 개념과 각 본문 범주 간의 차이에 대해 설명할 필요가 있다. 또 이 범주들이 널리 알려진 본문 유형들과 사본 그룹들 및 사본가족들과는 어떤 관계에 있는지에 대해서도 설명이 필요하다. 본문을 유형별로 분류하고 분류한 각 유형을 여러 그룹으로 나누는 방법은, 신약성서 본문의 역사를 드러내기 위해 신약성서 본문 연구에서 사용하는 믿을 만한 수단이다. 가장 후기의 완성 형태로부터 가장 초기의 완성 형태에 이르기까지 신약성서 본문 역사의 내력을 소급하여 다시 살펴보면서, 가장 초기에 형성된 신약성서 본문의 특징을 파악할 수 있다. 이러한 원칙은 하나의 개별 독법에 대한 여러 이문들만이 아니라(431쪽 기본 원칙 8번 참고) 필사본 그룹 전체 및 필사본 유형들의 전체 역사에도 적용될 수 있다. 물론 범주들의 개념을 새로 도입한다고 해서, 이런 입증된 전통적인 본문비평 방식이 밀려나거나 대체되어서는 안 된다. 오히려 그 반대이다. 이 범주들의 개념을 사용함으로써 필사본들은 각각의 본문에 따라 어떤 본문 유형에 속하는지 또 그 유형의 어떤 하위 그룹에 속하는지 확실하게 구분되어야 한다. 또는 그 전체 범위 안에서 구분될 수 있어야 한다.

신약성서 본문 유형들에 대해서는 지금까지 두 가지 약점 때문에 어려움을 겪었다. 첫째, 본문 유형들이 너무 부정확하게 규정되었다. 즉 두 가지 예외적인 본문 유형을 제외하면, 어떤 독법이 신약성서 전체를 아우르는 하나의 본문 유형을 결정하게 하는지는 매우 불확실하다. 충분히 분명하게 윤곽이 잡혀 있는 것은 비잔틴 본문 및 D-본문뿐이다.(이전에 이른바 '서방' 본문이라 불렸음) 즉 이 본문들에서는 충분히 특징적인 독법이 나타난다. 이 본문 유형의 독법을 보면 어떤 필사본들이 이 본문들에 속한 것인지를 충분히 구분한다는 것이다. 본문 연구에서 사용되는 그 밖의 다른 본문 유형들에 대해서는 확실히 차별화된 정의가 필요하다. 그러나 전통적인 본문 유형 연구에 있어서 더 중대한 다른 약점이 있다. 현재 알려진 모든 필사본들을 다 살펴봐도 비교적 적은 증거들에 의해서만 본문 유형이 지지를 받는다는 것이다. 지금까지는 증거가 되는 필사본들의 아주 작은 단편만이 이 본문 유형들 및 이 유형들의 하부 그룹들 안에 정렬될 수 있었다. 한편으로 볼 때 달리 어쩔 수 없는 부분이기도 하다. 개별 연구가는 수백 년에 걸친 많은 필사본들, 즉 사실상 아직도 알려지지 않은 개별 신약성서에 대한 수천 개의 필사본들에 파묻혀서, 자신의 연구에 출발점으로 삼았던 그 필사본들에 대해 목표했던 전체적인 윤곽을 얻을 수 없기 때문이다. 다른 한편으로는 이 때문에 또 다른 가능성도 사라져 버린다. 아직 알려지지 않은 필사본들 가운데 나타날 수도 있는 본문 유형 및 그 유형들의 하위 그룹들을 더 정확하게 구분하는 일도 불가능해진다는 것이다. 따라서 지금까지 이미 알려져 있는 본문 유형들의 발전 과정을 살펴보면, 기존의 본문 유형들 사이에 들어가는 본문 유형으로 분류될 수 있는 것들이 있을 수도 있다. 또 이러한 분류에 해당하는 것들은 여전히 비중 있는 자료들이지만 그 존재를 밝혀내지 못한 채 남아 있을 수 있다. 즉 발견되지는 않았지만, 신약성서 전승의 역사를 더 정확하게 규명해 줄 새로운 본문 유형들과 본문 그룹들 및 본문 가족들이 있을 수도 있다는 것이다.

간단하게 말하면 신약성서 본문 전체를 효과적이며 신뢰할 수 있고 검증 가능하도록 정리할 수 있는 첫 분류가 필요하다. 이 분류를 통해 다음 세 가지를 수행해 내야 한다. 첫째, 비잔틴 본문을 단순 반복한 수없이 많은 본문들을 제거할 수 있어야 한다. 둘째, 이러한 여과 작업을 통해 가치가 있는 필사본들이 남겨져야 한다. 즉 전면적인 원문 비교 대조 작업 결과물에 근거한 특별 연구 작업을 진행할 때 필요한 필사본들이 남겨져야 한다. 끝으로 이러한 필사본들을, 알려져 있는 본문 유형들, 필사본 본문그룹들, 필사본 본문 가족들 가운데 어디에 분류해 넣어야 할지 또는 새로 발견될 수 있는 사본 그룹들 분류에 넣어야 할지 등에 대한 첫 정보를 얻을 수 있어야 한다.

전체 필사본들을 가장 먼저 분류하는 이 작업은 뮌스터에 있는 신약성서본문연구소에서 착수되었다. 이 분류에 대해서는 이미 앞에서 상세하게 기술하였다. 무엇보다 범주의 개념으로 이러한 첫 분류 작업을 요약하여 표현할 수 있다. 따라서 테스트 구절의 원문 비교 대조 작업이 다섯 범주를 기초로 삼아 이루어졌었다(510쪽 참고). 본문 범주를 I–V로 구분하기 위해 각 범주의 가치에 대한 설명을 덧붙여 놓은 바 있다. 이 본문 범주에 대해 명시될 수도 있는 몇몇 다른 평가들도 더 고려해 볼 수 있다.

테스트 구절에 대한 원문 비교 대조 작업의 결과를 옮겨 놓기 위해 먼저 조금 단순화되어 있는 독법 기호 체계에 대해 다시 한 번 언급하려 한다. 이 기호 체계에 대해 이미 앞에서(505쪽 이하) 제시된 바 있다. 이렇게 단순화된 형태로 표현되는 이 체계가 중요한 이유는, 필사본이 속한 각 범주의 가치가 독법 기호 체계로 드러나는 그 필사본의 가치에 더해지기 때문이다(앞에서 언급한 필사본 목록 155쪽 이하와 194쪽 이하 참고).

1 = 대다수본문(비잔틴 본문 포함)이다.

2 = 초기 시대 본문, 즉 원문으로 추정되는 본문이다. 여기서 각각의 경우에 기초 삼은 독법은 연구 가설에 해당하는 〈네슬-알란트 26판〉의 독법을 적용하였다.

S = '특수 독법', 즉 3, 4, 5 및 그 이후에 이어지는 숫자들을 총칭하여 나타내는 표시이다. 1이나 2에 해당되지 않는 독법인 셈이다.

1/2(또는 더 짧게 1/) = 초기 시대 본문의 독법과 대다수본문의 독법이 일치하는 경우 이렇게 표시한다.

기호 1의 독법들은 객관적으로 규정할 수 있다. 테스트 구절마다 매번 모든 필사본 가운데 상당수에 이르는 필사본과 비잔틴 본문이 기호 1에 몰리게 된다. 기호 2의 독법은 세심한 본문비평 고찰에 근거하여 규정된다. 여기 속하는 독법들은 〈네슬-알란트 26판〉(및 〈그리스어 신약성서〉[*Greek New Testament*, 이하 GNT])의 본문에 해당된다. 그럼으로써 하나의 분명한 토대, 즉 누구나 쉽게 파악할 수 있는 토대가 마련된다. 일반적으로 볼 때 테스트 구절에서 원본문이 밝혀질 가능성이 매우 높다. 그러나 개별 테스트 구절에서 다르게 결정하기를 원하는 사람은 그렇게 할 수도 있다. 그런 사람은 이 구절들을 그 뒤에 이어지는 부가 정보들에 맞추어 고려해야 한다.[6)]

즉 결정적인 것은 개별 필사본마다 1, 1/2, 2, S 등에 해당하는 독법이 얼마나 자주 나타나느냐 하는 것이다. 이에 대한 기록에 근거하여 본문 범주가 정리된다. 공관복음서[7)]에 대한 몇몇 필사본들의 가치 평가로 예를 들어 보면, 이 내용을 더 분명히 설명할 수 있다. 변형된 필사본들의 경우에도 그 가치 평가를 정확히 비교할 수 있도록 각 기호에 해당하는 독법의 총 개수와 더불어 그에 해당하는 가치 평가를 비율로 표시하여 제공한다.

---

6) 많은 테스트 구절들에서 원문을 결정할 때 때때로 차이를 보인다. 그러나 일반적으로 볼 때 위와 같은 일을 하게 될 필요는 없을 것이다. 기호 2에 속하는 독법들 사이에 나타나는 몇몇 차이는 상당수의 테스트 구절 가운데서 수치상으로 거의 아무런 영향을 끼치지 않기 때문이다. 기호 2에 해당하는 이문, 즉 원본문에 해당되는 것임에도 이 기호에 속하지 않는 것으로 여기고 제외시킨 이문들은 기호 S에 해당하는 이문으로 다시 등장한다. 그러나 기호 S에 해당하는 상당수 이문들의 경우, 그 이문이 들어 있는 필사본은 언제나 큰 관심을 받게 될 것이다.

7) 세 복음서의 경우 이 정보들을 따로 분리하여 표시할 때 더 설득력 있는 것으로 나타난다. 오래 전부터 뮌스터의 신약성서본문연구소에서 작업할 때는 그렇게 따로 분리된 정보를 사용하고 있다. 그러나 이 정보들이 한 번 더 요약되어 정리된다. 본 책에서는 그 정보들이 분리되지 않은 채 실려 있기 때문이다.

	1	1/2	2	S	
ℵ (01)	23 = 6%	80 = 22%	170 = 46%	95 = 26%	(전체 테스트 구절: 368)[8)]
A (02)	151 = 56%	84 = 31%	18 = 7%	15 = 6%	(전체: 268)
B (03)	9 = 3%	54 = 16%	196 = 59%	72 = 22%	(전체: 331)
D (05)	65 = 20%	48 = 15%	77 = 24%	134 = 41%	(전체: 324)
L (019)	52 = 16%	75 = 24%	125 = 40%	64 = 20%	(전체: 316)
S (028)	206 = 63%	105 = 32%	4 = 1%	12 = 4%	(전체: 327)
W (032)	118 = 36%	70 = 21%	54 = 16%	88 = 27%	(전체: 330)
Θ (038)	89 = 28%	59 = 19%	75 = 24%	95 = 30%	(전체: 318)

다양하게 나타나는 이 부가 정보들에서 눈길을 끄는 것은 결정적인 역할을 하는 기호 1과 기호 2에 해당하는 내용들이며,[9)] 거기에 해당하는 필사본들에 대해 처음으로 평가할 수 있는 기회가 주어진다. 사본 ℵ과 B, 둘 다 범주 I('매우 특별한' 가치가 있는 필사본이다)에 속하기는 하지만 이 두 사본에 대한 가치 평가를 각각 정확하게 살펴보면, 같은 범주의 틀 안에 있더라도 서로 차이가 나는 것을 보게 된다. 이 두 사본은 누구에게나 알려져 있는 증거에 해당한다. 따라서 이 필사본들의 '알렉산드리아 본문' 성

8) 이 부분에서는 원래 필사자의 독법에 교정된 부분이 더해져서 계산되어 있다. (그러나 나중에 따로 분리될 것이다.) 이 때문에 테스트 구절의 총 개수가 늘어난 것이다.

9) 여기서 이 결과들은 단지 부가 정보를 통해서만 얻을 수 있는 것이긴 하지만, 하나하나 개별적으로 평가될 수 있는 것은 아니다. 그러나 이 결과들이 설득력 있고 선별력 있는 테스트 구절에 근거하여 얻은 것이기 때문에 개별 평가가 불가능하다는 것은, 이 첫 분류에 있어서는 전혀 문제되지 않는다.

향이 테스트 구절의 결과물 안에 어떻게 반영되어 있는지 잘 볼 수 있다. 즉, 이 필사본들 각각 최소한의 분량이 기호 1로 분류되며, 기호 2로 분류되는 독법에는 상당 비율에 해당하는 분량이 포함되어 있다는 것이다. (그럼으로써 이 두 필사본은 다른 필사본들을 평가하기 위한 일종의 기준을 마련해 주기도 한다. 예를 들어 이 정보를 가지고 사본 L에 대한 가치 평가를 비교한다.) 끝으로 이 필사본들에는 놀라울 만큼 많은 수의 '특수 독법들'이 들어 있다. (여기서 초기 시대 필사본들 각각의 개별적인 성격이 드러난다. 이 필사본들은 결코 후대의 필사본들처럼 그렇게 획일적인 모습을 보이지 않는다.)[10]

필사본 A(02)는 복음서들의 본문에서 다뤄질 때 지금까지 일괄적으로 본문 범주 III으로 분류해 두었다. A(02)는 생성 시기가 늦고(5세기) 이 사본에는 몇몇 흥미로운 특수 독법이 나타나기 때문이었다. 그러나 이 사본에 속하는 독법 기호들의 총계를 살펴보면, 이 필사본은 비잔틴 본문에 이미 많은 영향을 받았으며(독법 기호 1 = 56%, 독법 기호 2 = 7%), 비잔틴 본문에 대한 증거들(본문 범주 V)과 매우 가까운 관계에 있다는 것을 알게 된다. 필사본 L(019)은 본문 범주 II의 특색을 나타내는 대표적인 필사본 가운데 하나이다. 필사본 S(028)는 명백하게 본문 범주 V에 해당된다(독법 기호 2에 단지 1%[!], 특수 독법은 4%에 그친다. 이 사본에서는 획일화된 비잔틴 본문이 나타난다.).

앞서 언급했던 내용으로부터 다음의 내용이 이어진다. 본문 범주들은 필사본들에

10) 이런 맥락에서 볼 때, 기호 1/2로 분류되는 독법들은 그 해석에 있어서 양면적 성격을 띠게 된다. 이렇게 분류되는 구절들에서는 원문으로 여겨지는 독법과 비잔틴 본문의 독법이 서로 같다. 이 두 가지 밖의 영역에서만 각 구절마다 이문들의 스펙트럼이 발전했으며, 이러한 이문들은 초기 시대 본문에 나타나지도 않고 비잔틴 본문에 받아들여지지도 않았다. 우리가 명명한 용어로 하자면 이러한 이문들은 '특수 독법'에 해당한다. 즉 대부분의 경우 비교적 적은 수의 증거들에 의해서만 지지를 받는 독법에 속하는 것들이다. 이러한 이문들이 나타나는 구절이 중요한 이유는, 이 구절 이문 스펙트럼은 기호 1/2가 도움을 주는 그 이상으로 필사본들의 친족 관계를 밝히는 중요한 단서를 줄 수 있기 때문이다. 어떤 하나의 필사본에서 비교적 적은 수의 증거들에 의해 지지를 받는 구절들에 대해 그 필사본 고유의 특수 독법이 나타나지 않으면, 그 독법은 기호 1/2에 해당한다. 초기 시대 본문과 비잔틴 본문에서도 그렇게 나타난다는 것이다. 따라서 기호 1/2에 해당하는 독법으로부터 한 필사본의 기원에 대해 어떤 확실한 정보를 얻을 수는 없다. 사본 B(523쪽 예시 참고)의 경우를 보면, 초기 시대 본문으로부터 그 본문의 독법 수만큼 그대로 넘겨받은 수치가 1/2에 반영되어 있다. 반면에 순전히 코이네 필사본에 해당하는 사본 S(523쪽 예시 참고)는 비잔틴 전승으로부터 넘겨받은 독법이 1/2에 반영되어 있다. 동일한 내용이 나머지 다른 필사본들에도 해당된다. 테스트 구절들에서 기호 1/2에 해당하는 독법의 경우 가운데 가장 많은 수는 107이다. 이 수효가 하나의 단서가 된다.

대한 하나의 코드이며, 이 코드는 각 필사본들에 대한 테스트 구절들의 가치 평가를 통해 얻게 된다. 개별 독법 기호들에 대한 각각의 총계를 함께 고려한다면 그 코드를 세분화할 수 있다.

그러나 본문 범주들을 규정하기 전에 주의해야 할 몇 가지 측면이 더 있다. 위에 인용된 예 중에서 D(05)를 예로 들어보자. 이 필사본이 어떤 필사본인지를 아는 사람이라면, 그 누구도 이 사본에서 이른바 '특수 독법'이 특별히 많이 나타나는 것(134 = 41%)에 대해 놀라지 않을 것이다. D-본문(이른바 '서방' 본문)에는 다른 모든 본문 전승에 비하여 분명히 인식할 수 있는 매우 특징적인 독법들이 들어 있기 때문에(많은 수의 S-표시 특수 이문 안에 드러난다), 확실히 식별할 수 있는 이 본문 유형에 대해서는 독자적인 본문 범주를 부여한다. 따라서 이 경우의 본문 범주는 테스트 구절들에 대한 가치 평가의 총계로부터 부여된 것이 아니다. 그럼에도 그러한 총계가 이 범주의 필사본들에 대한 평가와 무관한 것은 아니다. D의 경우(05) 여전히 독법 기호 2(77 = 24%)에 대해 비교적 높은 분포율을 보이는데, 이것은 우리가 알고 있는 대로 D-전승의 본문이 어떤 오래된 훌륭한 사본을 편집하여 얻어낸 본문이라는 것을 입증하게 된다. 초기 시대의 본문 일부를 전승받았다는 것이다. — 포괄적으로 볼 때 본문 범주 V도 하나의 특정 본문 유형, 즉 비잔틴 본문 유형에 해당한다.

본문 범주 I에서 III까지는 서로 다른 양상을 보인다. 이 본문 범주들은 일반적으로 통용되는 본문 유형들 중의 하나와 곧바로 동일시할 수 없다(곧이어 설명되는 본문 범주들에 대한 정의 참고). 오히려 이 범주들에서는 첫 분류에서 수행했던 중립적인 결과들을 다룬다. 이 중립적 결과들은 본문을 더 정확히 역사적으로 분류하게 하지만, 그 역사적인 분류보다 결코 먼저 앞서가지는 않는다. 그러나 이 범주들에서도 독법 기호 2에 대한 분포율이 각각 줄어드는 사실을 보면, 이 범주들에 대한 어떤 평가를 내릴 만한 근거를 얻기도 한다.

각각의 본문 범주들이 뜻하는 내용은 다음과 같다.

범주 I

'아주 특별한 양질'의 필사본들이다. 이들은 초기 시대 본문(기호 2에 해당하는 독법들)의 상당 부분을 차지한다. 이 초기 시대 본문은 (임의로 전제된) 원문에 해당하지만, 이 원문이라 함은 원문인 상태로만 보존되었다는 것을 뜻하지는 않는다. (이 본문 범주에 해당하는 필사본들은 더 정확히 세분화할 수 있다. 그럼에도 불구하고 지금까지 이 점은 고려되지 않은 채, 4세기 초까지에 이르는 모든 필사본들을 이 본문 범주에 포함시켰다. 이 필사본들은 전승 과정에서 다음 시대로 이어질 만한 연결 통로가 없었던 증거들[초기 시대 본문]에 해당한다. 예를 들면 $\mathfrak{P}^{75}$, $\mathfrak{P}^{45}$ 등이다.)[11)]

범주 II

'특별한 양질'의 필사본들이다. 이 필사본들에는 외부의 영향을 받은 것으로 특징지어지는 초기 시대 본문(독법 기호 2)의 상당한 분량이 나타난다. 본문을 매끄럽게 하기 위해 여러 방식으로 다듬은 흔적이나 비잔틴 본문이 유입된 흔적에서 이러한 영향을 볼 수 있다.

본 책에서 이른바 이집트 본문으로 언급된 본문이 여기에 속한다. 즉 알렉산드리아 본문이 전승되는 과정에서 생성된 본문 형태가 이 범주에 속한다. 이 이집트 본문 형태에서는 원래의 알렉산드리아 본문의 핵심적인 요소를 분명히 유지하고 있긴 하지만, 이미 비잔틴 본문으로부터 상당한 영향을 받은 바 있다. 다른 곳과 마찬가지로 여기서도 신약성서 전승에서 나타난 기본적인 현상에 주의해야 한다. 비잔틴 본문이 꾸준히 다른 모든 본문 형태 안으로 점점 더 많이 스며들어 갔다는 것이다. 8세기의 사본 L(019)을 그 예로 들 수 있다(162쪽 참고). 그러나 9세기 사본 Θ(038)도 이 본문 범주 II에 속한다. 이 사본은 어떤 다른 방식을 통해 초기 시대 본문의 핵심적인 부분으로부터 영향을 받은 사본으로서, 어쨌든 코이네 본문의 유입으로만 생성된 것이 아닌 사본에 해당한다.

범주 III

적은 분량이지만 소홀히 여길 수 없는 분량의 초기 시대 본문을 담고 있는 필사본들이 있다. 이 필사본들은 본문을 매끄럽게 다듬는 가운데 외부로부터 상당한 영향(비잔틴 본문으로부터 비교적 강한 영향)을 받은 바 있다. 지금까지도 출처를 규정할 수 없지만 주목할 만한 독법들이 이 범주에 해당하는 필사본들에서 나타난다.

이 범주에 대해서는 의도적으로 그 틀을 단정 지어 놓지 않고 있다. 이 사실을 통해 더 자세히 연구해야 할 필사본들을 이 범주에 모두 모아 놓았다는 것을 알 수 있

11) 실제로 이 범주에 속하는 대다수의 필사본들은 더 정확한 세분화가 필요한 이른바 '알렉산드리아' 본문 유형에 속한다.

다. 그 중에 독자적인 본문을 보유하며 고유한 성격을 갖는 필사본들이 있다. 5세기의 W(032) 필사본을 예로 들 수 있다(164쪽 참고). 부분적으로 볼 때, 물론 이 범주에 속한 필사본들도 형성 과정 가운데 비잔틴 본문의 영향을 받은 건 사실이다. 그 영향력은 매우 강했지만, 압도적이지는 않았다. 얼마나 어떤 영향을 받았는지에 대해서는 살펴봐야 한다.

어떤 의미에서 볼 때 본문 범주 I-III은 더 정확한 연구를 필요로 하는 모든 사본의 본문들을 모아 놓은 집합체 같다. 본문 범주 II와 III에 해당되는 본문들에는 지금까지 가설로만 설명된 본문 형태들(가이사랴 본문)에 속하거나, 지금까지 전혀 인식하지 못한 필사본 그룹들에 속하는 필사본들이 감추어져 있다. 이러한 필사본들을 반드시 본문 범주 II-III에서만 발견할 수 있다는 사실은 큰 이점이 된다. 가능성의 범위, 즉 어디서 찾아야 할지를 미리 알려 주기 때문이다.

범주 IV

이른바 '서방' 본문, 즉 D-본문이 담긴 필사본들이다.

범주 V

비잔틴 본문으로만 되어 있거나 거의 대부분이 비잔틴 본문으로 되어 있는 필사본들이다.

이러한 본문 범주들만을 보고 표면적으로만 내릴 수 있는 주관적 평가 요소들(예를 들면 '초기 시대 본문의 상당한 분량을 담고 있는 필사본'이란 표현에 담겨 있는 평가 등)은 필사본마다 붙여지는 번호들을 확인함으로써 제거될 수 있다. 각각의 본문 범주들은 이 번호들에 근거하고 있기 때문이다. 사본 ℵ과 B(둘 다 범주 I), 사본 L과 Θ(둘 다 범주 II) 등등의 사이에서 나타나는 차이를 비교할 수 있다. 본 책의 필사본 목록(155쪽 이하와 194쪽 이하 참고)에는 열거된 필사본들마다 그에 상응하는 가치 평가 내용이 들어 있다. 이와 달리, 파피루스 사본들(131쪽 이하 참고)의 경우 본문 범주에 관한 정보는 빠짐없이 실행된 원문 비교 대조 작업에 근거하여 수록해 두었다. 이 사본들에 대부분 단편으로 보존되어 있는 본문은 테스트 구절에 근거하여 판단내리기에 적절하지 않기 때문이다.

본문비평장치를 사용할 때, 이 본문 범주들의 개념과 더불어 이 개념들을 논증하게 되는 부가적인 결과물을 통해 한 가지 가능성(즉 지금까지 제공된 적 없는 가능성)을 얻게 된다. 가능성이라 함은, 임의의 본문이 담긴 필사본마다 그 본문의 성격에 대한 첫 정보를 재빨리 얻어낼 수 있다는 것이다. 그 첫 정보는 정확하게 규정된 처음 자료들에 근거하며, 또한 그 정보는 필사본마다 붙여지는 번호들을 통하여 세분화된다.

본문비평을 공부하는 학생은 이 본문 범주들을 통해 처음으로 어떤 가능성을 얻게 된다. 예를 들어, 지금까지는 단지 숫자들에 불과했던 소문자 사본들에 대해(33이나 1739와 같은 예외적인 경우는 제외될 수도 있다) 이제는 이 사본의 본문 성격에 대한 이미지를 그려 볼 수 있다. 그러므로 개별 사본들의 본문에 대해 어떤 결정을 내려야 할 때, 그 소문자 필사본들을 각각의 (개연성이 있는) 신뢰도에 따라서 판단할 수 있게 될 것이다. 본문비평을 할 때 소문자 사본들을 제대로 파악하지 못한 채 단순히 그 해당 번호를 덧붙이기만 하는 일은 더 이상 할 필요가 없다.

그럼으로써 신약성서를 연구하는 사람은 내적인 평가 기준에 대한 전체적인 판단을 종합하여 필사본 및 본문을 세분화하여 다룰 수 있게 된다. 특별히 본문비평에 관심이 있다면 특히 본문 범주 II와 III에 속하는 필사본들을 살펴볼 것이다. 모든 잠정적인 본문 유형들은 이 범주에 속하기 때문이다. 이른바 알렉산드리아 본문(범주 I에 포함됨), '서방' 본문(범주 IV), 비잔틴 본문(범주 V) 이외에 존재할지도 모르는 본문 유형을 가리킨다. 범주 II와 III에 속하는 필사본들은 전체 필사본 가운데 단지 10%에 그친다. 이 필사본들은 반드시 정확한 가치 평가와 필사본들의 기원에 근거해서 연구되어야 하며, 반드시 서로 더 긴밀한 소속 관계에 있을지도 모른다는 가능성을 두고 연구되어야 한다. 이때 앞서 소개했던 테스트 구절에 근거한 필사본들의 분석 평가 체계는 전문가에게는 더 구체적인 도움 자료가 될 것이다.

다음 내용을 잊지 말아야 한다. 본문 범주들은 테스트 구절들에 근거하여 신약성서 필사본들을 처음으로 분류한 내용을 요약한 결과물일 뿐이다. 이렇게 범주의 개념으로 분류한 체계의 장점은, 이 체계를 모든 필사본들에 적용할 수 있고[12] 적용된 내용

---

12) 지금까지 알려진 본문 유형들의 개념은 결코 모든 필사본에 적용될 수 있는 것이 아니다. 전체 필사본들을 파악하고 평가하기 위해 본문 유형들을 사용하려 한다면, 많은 (흥미로운) 경우 아무 의미 없는 판단(예를 들면 '혼합' 본문)을 내리게 될 것이다. 이때 지금까지 존재하는 것으로 가정했던 본문 유형들(예를 들면 가이사랴 본문)에 대한 불확실성은 아예 고려되지 않는다.

을 검토할 수 있으며, 그 결과를 서로 구별할 수 있다는 것이다. 또한 필수적인 '정밀 연구'를 통해 추가적인 결과들을 얻기 위해 처음부터 그 결과를 특정 방향으로 이끌어 갈 필요 없이, 본문비평 연구에서 여건이 허락되는 만큼 광범위하게 필사본들을 정리할 수 있다. 그럼으로써 이 본문 범주들은 아직 더 연구가 필요한 사람이 방대한 자료 때문에 압도되지 않고 오히려 독특한 방식으로 신약성서 전승의 풍요로움을 누리는 가운데, 그가 목표하는 연구를 할 수 있도록 공간을 마련해 준다.

이 범주들은 대체로 5세기 이래로 생성된 필사본들을 연구할 때 유용하다는 것이 입증된다. 그 이전의 전승들은 더 전문적인 연구를 필요로 한다. 그러나 전승을 이어받은 후대에는 이 범주들의 개념으로부터 도움을 받아, 가장 이른 시기에 나타난 현상들에 기인하고 있는 그 전승의 끈을 아마도 추적할 수 있을 것이다. 다만 여기서 나타나는 본문 범주들의 한계에 주의를 기울이지 않는다면, 그것들은 해로운 것에 지나지 않을 수도 있다는 것을 분명히 밝히고자 한다. 이 범주들은 결코 최종적인 가치 평가 체계가 아니다. 이 체계로 인해 사용자가 전통적인 모든 본문비평의 규칙들로부터 자유로워지는 것은 아니라는 것이다. 그러나 이 범주들은 평균적으로 믿을 수 있게끔 하는 정도, 즉 외적 기준에 따라 필사본을 비판할 수 있게끔 하는 토대에 해당하는 하나의 참고 자료가 된다.

IX. 색인

미하엘 벨테(Michael Welte)가 작업함.

1. 성서 구절

창세기
1:1-4:2 303
2:24 476
5:1 384
22:18 384
25:26 384
29:35 384
38:29-30 386
46:28 156

레위기
2:13 475

신명기
8:3 477

룻기
4:12, 18-22 384

열왕기하
1:10 이하 478

역대상
2:10-12, 15 384
3:5 384

느헤미야
5-7장 314

시편
33편, 34편 143
105:27-137:6 156

잠언
21:21 389

이사야
7:14 366

예레미야
38:15 366

미가
5:1, 3[개역개정: 5:2, 4] 386

스가랴

11:13 447

마태복음

1장 178
1:1-25:6 155
1:1-14 491
1:1-9, 12, 14-20 131
1:1 이하 382
1:2-17 384
1:2 384
1:3 384, 386
1:4 384
1:5 392
1:6 384, 392
1:7, 8 392
1:10 363
1:16 384
1:17 382
1:18 382-384
1:20 384
1:21-24, 25-2:2 171
1:23-2:2 172
1:23 366
1:24 366, 392
1:25 366, 392
2:1 383
2:4 367
2:6 386
2:12 366
2:13 366
2:13-16 143
2:13, 19 384
2:18 366
2:22-3:1 143
2:23 363
3:9, 15 142
3:10 366
3:10-12 491
3:13-15 491
4:1 386
4:2 392
4:4 366, 477
4:13 363
4:18 453
5-26장 189
5장 178
5:1-11 182
5:3-19 491
5:6 366
5:13-16, 22-25 146
5:19 439
5:20-22, 25-28 142
5:20 439
5:21 439
5:25-26, 29-30 491
5:44 363-364, 472-473
6:5-6, 8-10, 13-15, 17 181
6:9-13 479
6:10-8:3 379
6:13 473, 479
6:15 465
6:19-21 407
7:1 384
7:9 479
8:2 384
8:23-10:31 379
8:25-9:2 188
9:1 384
9:13 464
9:18 434
10:17-23, 25-32 152
10:32-11:5 134
11:7-8 442

11:15 464
11:20-21 182
11:25-30 141
11:26-27 143
11:27-28 177
12-15장 176
12:4-5 143
12:24-26, 32-33 135
12:27-39 192
13-15장 176
13:9 464
13:32-38, 40-46 188
13:43 464
13:46-52 178
13:57 452-453
14-28장 302
14장 170
14:6-13 178
14:22, 28-29 491
14:28-28:20 303
14:28-31 171
15:11 464
15:12-15, 17-19 185
16:1-11 4
16:2하-3 474
16:15-17:11 379
17-18장 171
17:1-3, 6-7 138
17:20 462
17:21 459, 462-463
18:11 459, 463, 479
18:15-17, 19 138
18:18-29 167
18:18 439
18:23-35 407
18:32-34 135
19-21장 176
19:1-3, 5-7, 9-10 135
19:3-8 172
19:10-11, 17-18 143
20:3-32 172
20:16 474
20:22-23, 25-27 182
20:22, 23 474
20:23-25, 30-31 145
20:23 474
20:24-32 139
20:24 81
20:25-21:20 379
21장 359, 394
21:11 359
21:13-19 139
21:19-24 172
21:20-46 394
21:23-27 388
21:23 387, 485, 488
21:24-24:15 173
21:24 392
21:25 389, 392
21:26 393
21:28-32 350, 387, 392, 483
21:28 350, 352, 357-358, 387-388, 393
21:29-31 393-394, 483
21:29 350-351, 485, 487
21:30 351, 485, 487
21:31-32 488
21:31 352-353, 357, 485
21:32 351-352, 389, 393, 487
21:33-44 388
21:33-35 350
21:33 387-389
21:36-44 350, 354
21:39 358
21:43 356, 393

21:44 354-356, 393-394
21:45 394
21:46 394
22-23장 176
22장 387
22:3-16 172
22:7-46 180
22:14 474
22:30-32, 34-37 182
23-27장 178
23장 173, 387
23:14 459, 464
23:25-28:20 379
23:30-39 144
23:39-24:1, 6 145
24-26장 170
24:3-6, 12-15 143
24:9-21 172
24:39-42, 44-48 183
24:40 466
24:44 475
25-27장 178
25-26장 359
25장, 26장, 28장 167
25:1-9 188
25:6 156
25:8 10 138
25:9-16, 41-26:1 178
25:12-15, 20-23 136
25:13 475
25:15 442
25:32-45 177
25:33 359
25:41-26:39 139
25:41-26:18 129
25:43 144
26:2-9 189
26:2-4, 7-9 172
26:2-3 144
26:4-7, 10-12 172
26:7-8, 10, 14-15, 22-23, 31-33 142
26:19-52 137
26:24-29 491
26:25-26, 34-36 180
26:26 481
26:17-21 491
26:29-40 140
26:39 480
26:52-27:1 176
26:53 360
26:59-70 167
26:74 477
26:75-27:1, 3-4 185
27:2 174
27:3-5 174
27:7-30 167
27:9-16 189
27:9 447
27:15 466
27:17 384
27:35 475
27:44-56 167
27:56 78
28:5-19 179
28:7-20 379
28:11-15 185

마가복음

1장 173
1:1-16:17 379
1-6장 178
1-3장 178
1:1-12 379
1:2 447

1:16 452-453
1:31-2:16 177
1:34-2:12 167
1:37 447
1:40-45 384
1:44-2:21 379
2:1-26 146
2:1-12 384
2:2-5, 8-9 145
2:15-16 442
2:16-24 448
2:17 464
2:23-3:5 171
3:2-3, 5 184
3:15-32 178
4-5장 176
4:9 464
4:18-41 379
4:23 464
4:24-29, 37-41 180
4:36-9:31 139
5:16-40 178
5:16-31 178
5:26-6:5 379
5:26-27, 31 192
5:26 478
5:34-6:2 177
6-16장 189
6-10장 192
6:4 452-453
6:9-11, 13-14, 37-39, 41, 45 180
6:14-20 192
6:30-41 182
6:30-31, 33-34, 36-37, 39-41 145
6:47-7:14 179
7:3, 6-8, 30-8:16 178
7:16 356, 460, 464
8:15-18 336
8:15 338
8:16 338
8:17 338
8:17-18, 27-28 178
8:34 476
9-10장 171
9장 170
9:2, 7-9 178
9:29 462, 463
9:42-50 407
9:44, 46 460
9:44 464-465
9:46 464-465
9:48 464
9:49 475
10-11장 178
10:7 476
10:8 476
10:21 407, 476
10:23 476
10:24 476
10:25 476
10:35-46 179
10:37-45 179
10:38, 39 475
10:40 433-434
10:50-51 170
11:11-17 182
11:11-12 170
11:17-28 179
11:26 460, 465
11:27-12:28 139
11:27-33 388
12:1-12 389
12:1-11 388
12:12 388

12:32-37 172
12:40 464
13장 172
13-14장 173
13:21-14:67 176
13:34-14:25 173
14장 170
14:29-45 172
14:65-67, 68-71 491
14:68 477
14:72 477
14:72-15:2, 4-7 491
15:6 466
15:20-21, 26-27 167
15:27-16:8 172
15:28 461, 465
15:29-38 167
16:1-8 451
16:2-6 301
16:6-8 173
16:8-14 315
16:8 96, 280, 450-452
16:9-20 96, 348, 450-451, 480
16:9-18 173
16:9-10 172
16:14 164
16:19-20 301

누가복음

1-11장 165
1-2장 178
1:1-2:48 379
1:1-2:40 166
1:16-38 379
1:20-31, 64-79 177
1:35 383
1:46-51 138
1:54-55 138
1:58-59 132
1:62-2:1, 6-7 132
1:73-2:7 181
2:7 366
2:14 444, 446
2:24-48 177
2:27-30, 34 185
2:29-32 138
3-24장 144
3:1-4:20 176
3:1-2, 5, 7-11 179
3:8-4:2, 29-32, 34-35 132
3:10 81
3:16-7:33 379
3:18-4:2 144
3:19-30 170
3:23-4:2 173
3:23-38 382, 384
4장 178
4:1-2 133
4:4 477
4:24 452-453
4:30-43 173
4:34-5:10 144
5:3-8 132
5:12-16 384
5:17-26 384
5:28-6:11 379
5:30-6:16 132
5:32 464
5:37-18:18 144
6장 178
6:23-35 179
6:27-28 473
6:28 364
6:31-7:7 139

6:37-42 384
7:20-21, 34-35 192
7:21 389
7:22-26, 50 131
7:32-34, 37-38 145
7:36-50 389
7:36-45 132
7:39-49 171
8장 178
8:8 464
8:13-19, 55-9:9 170
8:25-27 192
8:43 478
9장 178
9:9-17 170
9:26-14:33 139
9:35-47 176
9:54-56 464, 478
9:54 478
9:55-56 478
9:59-10:14 181
10:12-22 176
10:19-22 189
10:21-30 170
10:30-39 170
10:38-42 132
10:40-11:6 170
11:2-4 479
11:11 479
11:24-42 170
11:37-45 176
12:5-14 170
12:15-13:32 170
12:33-34 407
12:54-56 474
14:35 464
15:11 389
16장 167
16-17장 192
16:4-12 170
17장 178
17:36 461, 466
18장 178
18:9-14 407
18:14-25 171
18:15-17 407
19장 192
19:10 463
19:18-20, 22-24 181
20장 167
20:1-8 388
20:9-18 388
20:9-19 389
20:18 356
20:19-25, 30-39 192
20:19 388
20:45-47 464
21:4-18 173
21:30-22:2 170
22-24장 178
22장 481
22:4-24:53 144
22:17 이하 292
22:19하-20 481
22:37 465
22:41, 45-48, 58-61 143
22:43-44 480
22:44-50 86
22:44-56, 61-64 152
22:54-65 170
22:60 477
22:66-23:6 290
23:1-8 289
23:4-24:26 170

23:17 461, 466
24장 36, 51
24:1-16 18
24:10-19 171
24:25, 29, 32 64
24:25 64
24:26 53
24:26-33 182
24:27 53-54, 58
24:28 53, 63
24:28, 33, 36 63
24:29 53, 59
24:31-37 108
24:32 52
24:32, 37 52
24:32, 42 52
24:36 51
24:37 52
24:39, 42, 46 52
24:40 51
24:42 480
24:44-51 379

요한복음

1-21장 457
1-15장 144
1-14장 142
1장 172, 457
1:1-15:8 81
1:1-14:30 81
1:1-11:45, 48-57 144
1:1-25 379
1:1-6:11 142
1:1-5, 9-10, 14 382
1:3-4 442-443
1:4-8, 20-24 185
1:23-31, 33-40 132
1:25-41 172
1:26, 28, 48, 51 141
1:29-32 173
1:30-33 192
1:30-32 189
1:31-33, 35-38 141
1:42-3:5 379
1:47-2:15 379
2:2-11 177
2:9-4:14, 34-49 172
2:11-22 152
2:15-16 141
2:17-3:5 192
3장 172
3:14-18, 31-32, 34-35 137
3:14-18 142
3:23-32 170
3:34 145
4장 172
4:9-10 142
4:9, 12 144
4:23-37 192
4:38-5:6 379
4:44 452-453
4:52-5:8 171
5:3 466-467
5:3하-4 461, 466-467
5:4 466-467
5:5 145
5:7 467
5:22-31 170
5:25-46 379
5:26-29, 36-38 491
5:31-42 170
5:35-6:2 192
5:44 183
6장 167

6:1-2, 41-42 183
6:8-12, 17-22 135
6:13-14, 22-24 172
6:26-31 179
6:32-33, 35-37 189
6:35-14:26, 29-30 142
6:50-8:52 155-156
6:67-71 407
6:71-7:46 176
7:3-12 170
7:10-12 185
7:53-8:11 292, 348, 474
8:13-22 170
8:14-22 137
8:19-14:10 379
8:19-20, 23-24 192
8:33-42 170
8:42-9:39 170
8:51-53 184
9:5-8 184
10:1-12:20 132
10:1-2, 4-7, 9-10 132
10:7-25 139
10:25, 26 189
10:30-11:10, 18-36, 42-57 139
11-12장 167
11:1-8, 45-52 132
11:40-52 141
11:48-56 170
11:57-12:7 184
12:2-6, 9-11, 14-16 184
12:3-13:10 144
12:12-15 131
12:25, 29, 31, 35 141
12:27-36 170
13:1-2, 11-12 132
13:15-17 491
13:16-27 170
14-21장 142
14장 167
14:8-15:10 144
14:10-11 379
14:12-15 379
14:19-21 379
14:24-26 379
14:29-21:25 379
15-16장 167
15:2-26 142
15:25-16:2, 21-32 135
16:2-4, 6-7 142
16:3-19:41 166
16:7-19 170
16:10-20:20, 22-23 142
16:14-30 132
16:29-19:26 141
16:30-17:9 176
17:3, 7-8 146
17:24-26 141
18장 119
18:1-2, 16-17, 22 141
18:29-35 172
18:31-19:40 379
18:31-40 176
18:31-33, 37-38 140
18:36-19:7 490
19장 167
19:24 475
20:1-7 491
20:4-10 176
20:11-17, 19-20, 22-25 132
20:17-26 171
20:25-21:9 142
20:26-27, 30-31 173
20:30-31 457

21장 457
21:7, 12-13, 15, 17-20, 23 141
21:23-25 491

사도행전
1:1, 4-5, 7, 10-11 141
1:2-28:31 144
1:3 435
2:6-17 173
2:11-22 171
2:22, 26-28, 45-3:2 173
2:30-37 490
2:45-3:8 173
2:46-3:2 490
3:5-6, 10-12 167
3:12-13, 15-16 185
3:24-4:13, 17-20 180
4:27-17:17 139
4:31-37 133
4:36-5:2, 8-10 141
5:2-9 133
5:3-21 150
5:12-21 151
5:34-38 178
6:1-6, 8-15 133
6:7-15 181
7장 386
7:6-10, 13-18 136
8:24-29 309
8:26-39 311
8:26-32 140
8:37 461, 467-468
9:33-10:1 140
10:26-31 140
11:29-12:5 188
13:28-29 171
13:39-46 173
15:21-24, 26-32 136
15:23-28 120
15:33 468
15:34 461, 468
15:40 468
16:30-17:17, 27-29, 31-34 177
17:17 81
17:28-18:2, 17-18, 22-25, 27 138
17:30-18:2, 25, 27-28 138
18:8-26 177
18:24-19:2 208
18:27-19:6, 12-16 137
19:1-4, 6-8, 13-16, 18-19 138
19:2-8, 15, 17-19 138
19:4-16 296
20:9-13, 15-16, 22-24, 26-38 138
20:11-16, 24-28 138
20:36-21:3 138
21:1-3, 4, 26-27 138
21:31 이하 469
22:11-14, 16-17 138
23:11-17, 23-29 140
23:11-17 86
23:23 이하 469
24:6 469
24:6하-8상 462, 468-469
24:8 469
24:22-25:5 172
26:7-18 173
26:7-8, 20 135
28:8-17 170
28:13-14 75
28:16 481
28:24-25 469
28:28 469
28:29 462, 469
28:30 469

28:30-31 180

로마서

1:1-16:23 456
1:1-14:23 456
1-5장 449
1:1-2:3 303
1:1-7 133, 158
1:24-27 137
1:27-30, 32-2:2 181
1:27-30 158
1:31-2:3 137
2:21-23 184
3:8-9, 23-25, 27-30 184
3:20 438
3:21-4:8 137
4:23-5:3, 8-13 152
4:23-5:3 84
5장 441
5:1 440-441. 445, 481
5:16-17, 19, 21-6:3 184
5:17-6:14 139
6:4-5, 16 137
6:5 434
6:10-13, 19-22 491
8:12-22, 24-27 135
8:15-15:9 139
8:33-9:3, 5-9 135
9:16-17, 27 137
12:3-8 136
14장 455
14:9-23 183
15장 456
15:1-16:23 456
15:1-2 183
15:11-16:27 139
15:29-33 122
16장 456
16:20 455
16:21-23 455
16:23-27 141
16:24 455-456, 462, 469, 481
16:25-27, 1-3 122
16:25-27 183, 455-456, 462, 481

고린도전서

1:1-16:22 139
1:1-2, 4-6 141
1:17-22 133
1:25-27 134
2:5-6, 9, 13 182
2:6-8 134
2:9-12, 14 133
3:1-3, 5-6 133
3:2-3 182
3:8-10, 20 134
4:3-5:5, 7-8 133
4:12-17 143
4:19-5:3 143
5:1-3, 5-6, 9-13 141
5:8 434
6:5-9, 11-18 133
7:3-6, 10-14 133
7:18-8:4 134
9:5-7, 10, 12-13 184
11:17-19, 22-24 182
11:24 481
12:2-3, 6-13 183
13:4-고후 13:13 188
13:3 445
14:13-22 158
14:20-29 183
15:10-15, 19-25 192
15:49 441

15:52-고후 1:15 177
15:53-16:9 172
15:54-55 440
16:4-7, 10 136

고린도후서
1:1-13:13 139
1:1-15 183
1:17-2:2 184
1:20-2:12 171
4:4-13 183
4:5-8, 10, 13 182
4:13-12:6 155-156
5:1-2, 8-9, 14-16, 19-6:1, 3-5 184
5:18-21 136
6:11-7:2 183
8:16-24 184
9:2-10:17 183
10:13-12:5 177
10:13-14 136
11:2, 4, 6-7 136
11:9-19 173

갈라디아서
1:1-6:18 139
1:1-13 180
1:2-10, 13, 16-20 140
1:9-12, 19-22 189
2:5-6 181
3:16-25 181
4:15-5:14 167
4:19 438
4:25-31 189
5:12-6:4 177
5:13-17 189

에베소서
1:1-6:24 139
1:11-13, 19-21 490
4:2-18 171
4:16-29 140
4:21-24 180
4:31-5:13 140
5:1-3 180
6:11-12 185

빌립보서
1:1-4:23 139
3:5-9, 12-16 141
3:10-17 134
4:2-8 134

골로새서
1:1-4:18 139
1:3-7, 9-13 141
1:29-2:10, 13-14 183
3:15-16, 20-21 182
4:15 141
4:16 68

데살로니가전서
1:1 139
1:2-3 141
1:3-2:1, 6-13 142
1:9-2:3 139
2:4-7, 12-17 183
2:7 436, 438
3:6-9 181
4:1-5 181
4:12-5:18, 25-28 136
4:16-5:5 184
5:5-9, 23-28 139

데살로니가후서
1:1-2:2 176
1:1-2 136
1:4-5, 11-12 490

디모데전서
1:4-7 189
1:10 449
1:15-16 189
3:15-16 167
3:16-4:3, 8-11 188
3:16 435
4:1-3 167
6:2-8 167

디도서
1:1-13 172
1:4-8 188
1:11-15 136
2:3-8 136
2:15-3:7 183
3:1-5, 8-11, 14-15 141

빌레몬서
1:4-7 141
1:13-15, 24-25 146

히브리서
1:1-13:25 139
1:1-4:3 177
1:1 133
2:14-5:5 134
4:11 434
4:15 386
6:2-4, 6-7 189
6:4 이하 68
6:7-9, 15-17 490
9:12-19 134
9:14 100, 156
10:8-22 134
10:10-12, 28-30 145
10:29-11:13 134
11:18-19, 29 184
11:27 379
11:28-13:25 379
11:28-12:17 134
12:19-21, 23-25 185
12:20-13:25 177

야고보서
1:1-5:20 144
1:10-12, 15-18 135
1:11 180
1:12-14, 19-21 188
1:12 503
1:25-27 181
2:16-18, 22-26 140
2:19-3:9 134
3:2-4 140
5:20 517

베드로전서
1:1-2, 7-8, 13, 19-20, 25 144
1:1-5:14 143
2:6-7, 11-12, 18, 24 144
2:20-3:1, 4-12 145
2:24-3:4 242
3:4-5 144
5:1-5 242
5:5-13 183

베드로후서
1:1-2:3 183
1:1-2 199

1:1-3:18 143
1:5-8, 14-16 188
2:1 188
2:21 144
3:2-10 179
3:4, 11, 16 144

요한1서
1:1, 6 144
2:1-2, 7, 13-14, 18-19, 25-26 144
2:7-13 179
3:1-2, 8, 14, 19-20 144
3:23-4:1, 3-6 188
4:1, 6-7, 12, 18-19 144
4:11-12, 14-17 133
5:3-4, 9-10, 17 144
5:7-8 482

요한2서
1:1-9 185
1:1, 6-7, 13 144

요한3서
1:6, 12 144
1:12-15 189

유다서
1:1-25 143
1:3-5 189
1:3, 7, 11-12, 16, 24 144
1:4-5, 7-8 145
1:12 434

요한계시록
1:4-7 134
2:12-13 138
3:19-4:3 181
5:5-8 135
6:5-8 135
7:16-8:12 166
9:2-15 183
9:10-17:2 81, 139
9:19-10:2, 5-9 146
11-22장 166
13:16-14:4 124
15:8-16:2 138
16:17-20 180
18:16-17 185
19:4-6 185
22:16-21 2

2. 필사본

신약성서 그리스어 사본

파피루스

$\mathfrak{P}^{1}$ 80, 101, 130-131, 233, 367-368
$\mathfrak{P}^{2}$ 101, 117, 131, 234, 368
$\mathfrak{P}^{3}$ 117, 132, 235, 368
$\mathfrak{P}^{4}$ 80, 130, 132, 233, 368
$\mathfrak{P}^{5}$ 80, 130, 132, 233, 368
$\mathfrak{P}^{6}$ 132, 233, 368
$\mathfrak{P}^{7}$ 133
$\mathfrak{P}^{8}$ 133, 233, 369
$\mathfrak{P}^{9}$ 80, 130, 133, 233, 372
$\mathfrak{P}^{10}$ 117, 133, 233, 370
$\mathfrak{P}^{11}$ 116, 133, 370
$\mathfrak{P}^{12}$ 80, 117, 130, 133, 146, 233, 371
$\mathfrak{P}^{13}$ 80, 130, 134, 146, 371
$\mathfrak{P}^{14}$ 102, 134, 234, 370
$\mathfrak{P}^{15}$ 80, 121, 134, 233, 370
$\mathfrak{P}^{16}$ 80, 130, 134, 233, 370
$\mathfrak{P}^{17}$ 134, 233, 371

$\mathfrak{P}^{18}$ 80, 130, 134, 146, 233, 372
$\mathfrak{P}^{19}$ 102, 134, 234, 367
$\mathfrak{P}^{20}$ 80, 130, 134, 233, 372
$\mathfrak{P}^{21}$ 135, 234, 367
$\mathfrak{P}^{22}$ 80, 135, 146, 233, 368
$\mathfrak{P}^{23}$ 80, 130, 135, 233, 372
$\mathfrak{P}^{24}$ 135, 233, 372
$\mathfrak{P}^{25}$ 135, 367
$\mathfrak{P}^{26}$ 135, 235, 370
$\mathfrak{P}^{27}$ 80, 130, 135, 233, 370
$\mathfrak{P}^{28}$ 80, 130, 135, 233, 368
$\mathfrak{P}^{29}$ 80, 130, 135, 233, 369
$\mathfrak{P}^{30}$ 80, 119, 136, 233, 371
$\mathfrak{P}^{31}$ 136, 235, 370
$\mathfrak{P}^{32}$ 80, 82, 136, 233, 371
$\mathfrak{P}^{33+58}$ 136, 234, 369
$\mathfrak{P}^{34}$ 119, 136, 235, 370
$\mathfrak{P}^{35}$ 130, 136, 233, 367
$\mathfrak{P}^{36}$ 137, 234, 368
$\mathfrak{P}^{37}$ 80, 130, 137, 233, 367
$\mathfrak{P}^{38}$ 80, 127, 130, 137, 158, 233, 369
$\mathfrak{P}^{39}$ 80, 130, 137, 233, 368
$\mathfrak{P}^{40}$ 80, 130, 137, 233, 370
$\mathfrak{P}^{41}$ 138, 369
$\mathfrak{P}^{42}$ 117, 138, 235, 368
$\mathfrak{P}^{43}$ 117, 138, 235, 372
$\mathfrak{P}^{44}$ 117, 119, 138, 235, 367-368
$\mathfrak{P}^{45}$ 67, 69, 71, 80-81, 83, 93, 116, 119, 121, 127-130, 137, 139, 367-369, 468, 479-480, 526
$\mathfrak{P}^{46}$ 68, 71, 80-81, 83, 104, 113, 116, 119, 121-122, 127-128, 130-131, 134, 139, 370-371, 440, 445
$\mathfrak{P}^{47}$ 70, 80-82, 116, 121, 124, 130, 139, 156, 372-373
$\mathfrak{P}^{48}$ 80, 86, 102, 127, 130, 140, 158, 233, 369
$\mathfrak{P}^{49}$ 80, 140, 233, 370
$\mathfrak{P}^{50}$ 117, 140, 234, 369
$\mathfrak{P}^{51}$ 140, 234, 370
$\mathfrak{P}^{52}$ 80, 95, 105, 116-117, 119, 130, 140, 233, 298, 368
$\mathfrak{P}^{53}$ 80, 119, 140, 233, 367, 369
$\mathfrak{P}^{54}$ 140, 234, 372
$\mathfrak{P}^{55}$ 117, 141, 235, 368
$\mathfrak{P}^{56}$ 141, 234, 369
$\mathfrak{P}^{57}$ 141, 234, 369
$\mathfrak{P}^{58}$ 141
$\mathfrak{P}^{59}$ 117, 141, 368
$\mathfrak{P}^{60}$ 117, 141, 368
$\mathfrak{P}^{61}$ 119, 141, 235, 370-371
$\mathfrak{P}^{62}$ 117, 141, 233, 367
$\mathfrak{P}^{63}$ 117, 142, 234, 368
$\mathfrak{P}^{64+67}$ 80, 130, 142-143, 367
$\mathfrak{P}^{65}$ 80, 130, 142, 233, 371, 436
$\mathfrak{P}^{66}$ 71, 80-81, 83, 104-105, 116, 121, 123, 127-128, 130, 142, 368, 470
$\mathfrak{P}^{67}$ 143
$\mathfrak{P}^{68}$ 143, 235, 370
$\mathfrak{P}^{69}$ 80, 127, 130, 143, 158, 233, 368
$\mathfrak{P}^{70}$ 80, 130, 143, 233, 367
$\mathfrak{P}^{71}$ 143, 233, 367
$\mathfrak{P}^{72}$ 69, 80-81, 116, 119, 121, 126-127, 130-131, 143, 372
$\mathfrak{P}^{73}$ 144
$\mathfrak{P}^{74}$ 116-117, 119-120, 131, 144, 369-370, 372, 468, 471, 516
$\mathfrak{P}^{75}$ 16, 52, 59, 61, 71, 80-81, 83, 90, 95, 104-105, 116, 119, 121, 125, 127-128, 130-131, 144, 155, 368, 467, 470, 478-480, 526
$\mathfrak{P}^{76}$ 144, 234, 368, 425
$\mathfrak{P}^{77}$ 80, 144, 233, 367
$\mathfrak{P}^{78}$ 80, 117, 130, 145, 233, 372

$\mathfrak{P}^{79}$ … 145, 235, 371
$\mathfrak{P}^{80}$ … 80, 117, 130, 145, 233, 368
$\mathfrak{P}^{81}$ … 145, 233, 372
$\mathfrak{P}^{82}$ … 145, 234, 368
$\mathfrak{P}^{83}$ … 145, 234
$\mathfrak{P}^{84}$ … 119, 145, 234
$\mathfrak{P}^{85}$ … 146, 234, 372
$\mathfrak{P}^{86}$ … 146, 234, 367
$\mathfrak{P}^{87}$ … 80, 130, 146, 233, 371
$\mathfrak{P}^{88}$ … 146, 233, 368
$\mathfrak{P}^{89}$–$\mathfrak{P}^{96}$ … 146, 371, 490
$\mathfrak{P}^{90}$ … 80, 119, 233, 368, 490
$\mathfrak{P}^{91}$ … 80, 369, 490
$\mathfrak{P}^{92}$ … 80, 370-371, 490
$\mathfrak{P}^{93}$ … 368, 491
$\mathfrak{P}^{94}$ … 370, 491
$\mathfrak{P}^{95}$ … 80, 368, 491
$\mathfrak{P}^{96}$ … 146, 367, 425, 491

대문자 사본

א 01(시내 사본, Codex Sinaiticus) … 14, 57-58, 100-101, 112-113, 148, 150, 155-156, 233, 284, 350-351, 355, 360-361, 363-364, 368-373, 392, 433, 435-437, 439, 441, 444-445, 447, 449-452, 456, 463, 466, 468, 470-471, 473, 476, 479, 480, 487, 492, 508, 510, 523, 527
A 02(알렉산드리아 사본, Codex Alexandrinus) … 6-7, 9, 54, 63, 70, 82, 99-101, 112-113, 150, 155-156, 220-221, 234, 308, 360, 368-373, 386, 435-436, 444-445, 456, 468, 471, 479-480, 493, 509-510, 523-524
B 03 (바티칸 사본, Codex Vaticanus) … 15-17, 23, 54, 62-63, 70-71, 81, 90, 99-101, 113, 127-128, 148, 150, 155-157, 233, 297, 351-352, 354-355, 357-358, 363, 366, 368-372, 393, 433, 436, 440-441, 444-445, 447, 449, 450-451, 456, 479, 487, 492, 509, 516, 523
C 04(에프라임-시루스 재생 사본, Codex Ephraemi Syri rescriptus) … 12-13, 55, 63, 99-101, 108, 112-113, 150, 156-157, 220-221, 234, 308, 352-353, 355, 359-360, 363, 366, 368-373, 435-436, 445, 452, 456, 468, 479, 492-493, 506, 508-509
D^{ea} 05(베자 켄터브리지언 사본, Codex Bezae Cantabrigiensis) … 3, 18, 22, 71-72, 89, 100-101, 148, 150, 157, 193, 234, 368-369, 492-493, 523, 525
D^{p} 06(클라로몬타나 사본, Codex Claromontanus) … 3, 19, 100-101, 150, 158, 193, 234, 370-371, 436, 456, 492, 494
D^{abs1} 046 … 100, 149, 158, 166, 236, 372-373
D^{abs2} 047 … 149, 158, 166, 175, 235
E^{e} 07(바젤 사본, Codex Basilensis) … 149, 159, 193, 235
E^{a} 08(라우드 사본, Codex Laudianus) · 150, 159, 234, 369
F^{e} 09(보렐리안 사본, Codex Boreelianus) … 149, 159, 235
F^{p} 010(아우기엔 사본, Codex Augiensis) … 159, 235, 370-371, 456
G^{e} 011(사이델리아 사본 I, Codex Seidelianus I) … 149, 159, 235
G^{p} 012(뵈너리아 사본, Codex Boernerianus) … 159-160, 235, 370-371, 456
H^{e} 013(사이델리아 사본 II, Codex Seidelianus II) … 149, 159, 235
H^{a} 014(무티넨 사본, Codex Mutinensis) … 149, 162, 235

H^{p} 015(코이슬리니아누스 사본, Codex Coislinianus) 150, 162, 234, 370-371

I 016(프리어 사본, Codex Freerianus) 28, 54, 101, 150, 162, 234, 370-371

K^{e} 017(시프리우스 사본, Codex Cyprius) 149, 162, 235, 374

K^{ap} 018(모스크바 사본, Codex Mosquensis) 149, 162, 235, 374

L^{e} 019(레기우스 사본, Codex Regius) 58-59, 161-162, 235, 368, 523-524, 526

L^{ap} 020(안젤리카 사본, Codex Angelicus) 149, 162, 235, 374

M 021(캄피안 사본, Codex Campianus) 149, 162, 212, 235

N 022(자색 페트로폴리탄 사본, Codex Petropolitanus Purpureus) 149-150, 163, 234, 374, 487

O 023(시노펜 사본, Codex Sinopensis) 54, 99, 101, 149-150, 163, 234

P^{e} 024(길퍼비탄 사본 A, Codex Guelferbytanus A) 108, 150, 163, 234, 374

P^{apr} 025(포르피리안 사본, Codex Porfirianus) 163, 235, 372-374

Q 026(길퍼비탄 사본 B, Codex Guelferbytanus B) 150, 163, 234, 374, 487

R 027(니트리안 사본, Codex Nitriensis) 150, 163, 234, 368

S 028(바티칸 사본 354, Codex Vaticanus) 164, 236, 403, 523-524

T 029(보르기아 사본, Codex Borgianus) 54, 101, 150, 164, 176-178, 368, 470

U 030(나니안 사본, Codex Nanianus) 164, 235

V 031(모스크바 사본, Codex Mosquensis) 164, 236

W 032(프레리아누스, Codex Freerianus) 54, 101, 150, 164, 168, 234, 352-353, 355, 358-360, 364, 366, 368-369, 393, 439, 444, 452, 463-464, 480, 487, 523, 527

X 033(모나헨 사본, Codex Monacensis) 164, 236

Y 034(마케도니아 사본, Codex Macedoniensis) 164, 236

Z 035(더블린 사본, Codex Dublinensis) 150, 164, 234, 350, 352, 355, 368, 393, 452, 470, 487

Γ 036(티쉔도르프 사본, Codex Tischendorfianus) 164, 236, 375, 434, 452, 487

Δ 037(성 갈렌 사본, Codex Sangallensis) 165, 235, 353, 363, 374-375, 434, 452, 470, 487

θ 038(코리데티아 사본, Codex Coridethianus) 52, 54, 165, 169, 207, 235, 352-355, 357-358, 360, 364, 368-369, 433, 452, 463, 470, 487, 523, 526

Λ 039(티쉔도르프 사본 III, Tischendorfianus III) 165, 196, 236, 434

Ξ 040(자킨티우스 사본, Codex Zakynthius) 150, 165, 234, 368

Π 041(페트로폴리탄 사본, Codex Petropolitanus) 165, 236, 434, 487

Σ 042(로사넨시스 사본, Codex Rossanensis) 150, 165, 174, 234

Φ 043(베라틴 사본, Codex Beratinus) 150, 165, 234

Ψ 044(라우렌의 아토스 사본, Codex Athous Laurensis) 52, 59, 165, 235, 368-372, 433, 435, 436, 437, 445, 451, 468, 470, 471, 476
Ω 045 166, 236
046 100, 149, 166, 236, 372-373
047 149, 175, 235
048 150, 166, 234, 369-372, 445, 456, 471
049 149, 166, 236, 468
050 166, 235, 368
051 149, 166, 236, 372
052 166, 236, 372
053 166, 236, 368
054 166, 235, 368
055 149, 152, 166
056 149, 167, 236, 468
057 85, 150, 167, 234, 369
058 150, 167, 233, 368
059 150, 167, 184, 234, 368
060 150, 167, 234, 368
061 150, 167, 234, 371
062 150, 167, 234, 370
063 167, 176, 236, 368
064 150, 167, 171-172, 234, 368
065 150, 167, 234, 368
066 150, 170, 234, 369
067 150, 170, 234, 368
068 150, 170, 234, 368
069 150, 170, 234, 368
070 149-150, 170, 176-177, 181-183, 234, 368
071 37, 150, 171, 234, 368
072 150, 171, 234, 368
073 150, 171-172, 234, 368
074 152, 167, 171, 368, 452
075 149, 171, 236
076 150, 171, 234, 369
077 150, 171, 234, 369
078 150, 171, 234, 368
079 150, 171, 234, 368
080 150, 171
081 150, 171, 234, 370
082 150, 171, 234, 370
083 172, 176, 185, 235, 368
084 152, 171-172, 368
085 150, 172, 234, 368
086 150, 172, 234, 368
087 150, 172, 234, 368
088 150, 172, 234, 370-371, 440
089 150, 172, 234, 368
090 152, 167, 172, 368
091 150, 172, 234, 368
092a 152, 172, 368
092b 152, 172, 368
093 150, 172, 234, 369, 372
094 150, 172, 235, 368
095 173, 177, 235, 369
096 173, 235, 369
097 173, 235, 369
098 173, 235, 370
099 57, 173, 235, 368, 451
0100 152, 173, 182, 368
0101 173, 235, 368
0102 173, 178, 235, 368
0103 173, 235, 368
0104 173, 235, 368, 464
0105 176, 236, 368
0106 176-177, 235, 368
0107 176, 235, 368
0108 176, 235, 368
0109 176, 235, 368
0110 152, 170, 176, 368
0111 176, 235, 371

0112 152, 172, 176, 368, 451
0113 152, 164, 176, 368
0114 176, 235, 368
0115 176, 236, 368
0116 176, 235
0117 152, 167, 176, 368
0118 177, 368
0119 152, 176-177, 368, 452
0120 177, 236, 369
0121a 177, 236, 370
0121b 177, 236, 371
0122 177, 235, 370-371
0123 152, 173, 177, 369
0124 152, 170, 177, 368, 470
0125 152, 164, 177, 368, 470
0126 177, 235, 368
0127 177, 235, 368
0128 177, 235, 368
0129 152, 177, 242
0130 177, 235, 368
0131 178, 235, 368
0132 178, 235, 368
0133 178, 192, 236, 360
0134 178, 235, 368
0135 178, 236, 368, 452
0136 178, 236, 368
0137 152, 178, 368
0138 152, 173, 178, 352-353, 355, 358, 368, 487
0139 59, 152, 164, 178, 368
0140 178, 236, 369
0141 149, 178, 236
0142 149, 178, 236, 468
0143 150, 178, 234, 368
0144 179
0145 179, 235, 368
0146 179, 235, 368
0147 150, 179, 234, 368
0148 179, 235, 368
0149 152, 179
0150 149, 179, 235
0151 149, 179, 236
0152 152, 179
0153 152, 179
0154 179
0155 179, 235
0156 179, 235, 372
0157 179
0158 150, 180
0159 150, 180, 234
0160 150, 180, 234, 368
0161 180, 235, 368
0162 80, 105, 130, 152, 180, 233, 368
0163 150, 180, 234, 372
0164 180, 235, 368
0165 150, 180, 234, 369
0166 150, 180, 234, 369, 372
0167 180, 235, 368
0168 180
0169 102, 150, 181, 233, 372
0170 150, 181, 234, 368
0171 80, 86, 105, 130, 152, 158, 181, 233, 368
0172 150, 181, 234, 370
0173 150, 181, 234, 372, 511
0174 150, 181, 370
0175 150, 181, 234, 369
0176 150, 181, 234, 370
0177 181, 236, 368
0178 152, 170, 181, 368
0179 152, 170, 181, 368
0180 152, 170, 181, 368
0181 150, 181, 234, 368
0182 150, 181, 234, 368

0183 181, 235, 371
0184 150, 182, 235, 368
0185 150, 182, 234, 370
0186 150, 182, 184, 234, 370
0187 150, 179, 182, 234, 368
0188 150, 182, 233, 368
0189 80, 105, 130, 150-151, 182, 233, 368-369
0190 152, 170, 182, 368
0191 152, 170, 182, 368
0192 152, 182
0193 152, 170, 182, 368
0194 152, 170, 182
0195 152, 173, 182
0196 182
0197 182, 236, 368
0198 150, 182, 234, 370
0199 182, 235, 370
0200 182, 235, 368
0201 150, 183, 234, 370
0202 152, 170, 183, 368
0203 152, 177, 183
0204 183, 235, 368
0205 183, 235
0206 150, 183, 233, 372
0207 150, 183, 233, 372
0208 102, 150, 183, 234, 370-371
0209 183, 235, 370, 372
0210 183, 235, 368
0211 149, 183, 235
0212 78, 80, 82, 105, 130, 150, 183, 233
0213 150, 184, 234, 368
0214 150, 184, 234, 368
0215 152, 167, 184, 368
0216 150, 184, 234, 368
0217 150, 184, 234, 368
0218 150, 184, 234, 368
0219 150, 183-184, 234, 370
0220 80, 84, 105, 130, 152, 184, 233, 368, 370
0221 150, 184, 233, 370
0222 150, 184, 234, 370
0223 150, 184, 235, 370
0224 152, 182, 184, 370
0225 150, 184, 235, 370
0226 150, 184, 234, 371
0227 150, 184, 234, 371
0228 150, 185, 233, 371
0229 185, 235, 372
0230 150, 185, 370
0231 150, 185, 233, 368
0232 150, 185, 234, 372, 511
0233 149, 185, 235, 366
0234 185, 235, 368
0235 152, 172, 185, 368
0236 150, 185, 234, 369
0237 150, 185, 234, 368
0238 185, 235, 368
0239 185, 235, 368
0240 150, 188, 234, 371
0241 150, 188, 235, 371
0242 150, 188, 234, 368
0243 188, 236, 370
0244 150, 188, 234, 369
0245 150, 188, 235, 372
0246 150, 188, 234, 372, 507
0247 150, 188, 234, 372
0248 149, 188, 236
0249 188, 236, 368
0250 149, 188, 235, 425
0251 150, 189, 235, 372
0252 150, 189, 234, 371
0253 150, 189, 234, 368
0254 150, 189, 234, 370

0255 189, 236, 368
0256 189, 235, 368
0257 149, 189, 236
0258 150, 189
0259 189, 235, 371
0260 150, 189, 235, 368
0261 150, 189, 234, 370
0262 189, 235, 371
0263 150, 192, 368
0264 150, 192, 368
0265 150, 192, 234, 368
0266 150, 192, 235, 368
0267 150, 192, 368
0268 192, 368
0269 192, 235, 368
0270 150, 192, 234, 370
0271 192, 235, 368
0272 192, 236, 368
0273 192, 236, 368
0274 150, 192, 234, 368, 425, 463, 470
0275-0299 193
0275 193, 368, 491
0276 368, 491
0277 491
0278 149, 491
0278-0296 491
0281 149
0285 152
0293 152, 172
0296 150, 491
0297 491
0298 491
0299 103, 193, 491

소문자 사본

f^1(소문자 사본가족 1) 52, 58-59, 93, 153, 191, 194-195, 210, 233, 352-355, 357-361, 364, 366, 369, 374, 406, 433, 452, 470, 487
f^{13}(소문자 사본가족 13) 52, 59, 93, 153, 191, 195, 233, 352-355, 357, 359, 361, 364, 366, 369, 374, 406, 452, 487
f^{157}(소문자 사본가족 157) 196
f^{1424}(소문자 사본가족 1424) 210

1 58, 100, 190, 194, 369
2 100, 194
2^e 4, 495, 497
2^{ap} 227, 230
3 495, 497
4 100
5 195
6 195, 376, 377, 445
7 100, 212
7^p 100, 495, 497
8 495, 497
9 495, 497
11 495, 497
12 495, 497
13 191, 195, 369
20 196, 495, 497
21 59, 495, 497
22 58-59
27 212, 495, 497
28 195, 352, 374-375, 406, 487
33 58-59, 193-195, 199, 352-354, 366, 374-376, 435, 445, 463, 487
36 195-196, 376
61 195
69 53, 101, 195, 369, 377
71 212
81 196, 374, 376, 445
88 196
94 196

103 196
104 196, 374, 376, 436-437, 445
115 212
118 194, 369
124 59, 195, 369
131 194, 369
157 196
160 212
164 196
174 195, 369
179 212
180 196
181 196
185 212, 495, 498
189 197, 376
205 197
205[abs] 112
206 197
209 194, 197, 369
215 196, 495, 497
218 197
225 433
230 195, 369
254 197
256 197
262 196, 495, 497
263 197
267 212, 495, 497
300 196, 227, 229
304 450, 495, 497
307 200
322 200, 204, 377
323 200, 204, 374, 376-377
326 200, 376-377, 436
330 200
346 195, 200, 369
348 59
349 212
365 200, 374, 376, 435
376 196, 227, 229
378 200
398 200
424 200, 205, 376-377
424* 201
424[c] 201
428 196
429 101, 201
431 201
436 201
441 201
442 201
451 201
453 201, 376
459 201
461 193, 202, 207, 227, 495, 497
467 202
517 212
522 202
543 195, 202, 369
565 165, 196, 202, 207, 374-375, 406, 470, 487, 501
579 202, 451
597 202, 496, 498
610 202
614 158, 202, 208, 222, 374, 376-377, 507, 510-511, 516-518
618 228, 230, 508
621 202
623 203, 377
629 203, 377
630 203, 374, 376, 445
632 228, 229, 230
642 203
659 212

686 196, 496, 498
692 212, 228, 230
700 165, 203, 207, 352, 357, 366, 374-375, 470, 487, 501
718 196, 496, 498
720 203
788 195, 203, 369
826 195, 203, 369
827 212
828 195, 203, 369
849 203
886 203
892 58, 209-210, 352-354, 366, 374-375, 463, 470, 476, 487
911 210, 220, 228, 230
915 210
917 210
918 210
945 210, 212, 374, 376-377, 445
954 212
983 195, 210, 369
990 212
1006 210, 372
1009 465
1010 210, 212, 351, 374-375, 487
1067 210
1071 196, 211, 364
1082 212
1175 211, 215-216, 374, 376, 445, 471
1188 212, 496-497
1194 212
1207 212, 228-229
1223 212, 496-497
1227 228, 229, 230
1230 363-364
1241 211, 216, 353, 359, 374-376, 433, 470-471, 480, 487
1242 363-364, 496, 498
1243 211, 377
1251 211
1292 211, 507, 517
1293 212
1319 211
1342 211
1359 211
1391 212
1398 211
1402 212
1409 212
1424 212, 352-353, 357-358, 374-375
1448 212
1505 212, 377, 517-518
1506 212, 374, 376
1523 212
1524 212
1542b 213
1563 213
1573 213
1579 59
1582 58-59, 194, 213, 217, 369, 406
1606 212
1611 213, 372, 518
1642 213
1675 212
1678 213
1689 195, 369
1704 213, 376
1709 195, 369
1718 213
1735 214, 510
1739 214, 218, 374, 376, 445, 471, 501, 510, 516, 528
1751 214
1836 214

1838 ········· 214
1841 ········· 214, 372
1842 ········· 214
1844 ········· 214
1845 ········· 214
1846 ········· 214, 377
1852 ········· 214, 377, 516
1854 ········· 219, 372
1874 ········· 219
1875 ········· 219
1877 ········· 219
1881 ········· 219, 223, 374, 376-377, 445
1884 ········· 219, 376
1891 ········· 219, 376
1908 ········· 219
1910 ········· 219
1912 ········· 219
1942 ········· 220
1959 ········· 220
1962 ········· 220
2005 ········· 220
2030 ········· 220, 372
2050 ········· 220, 372
2053 ········· 220, 224, 372-373
2062 ········· 220, 372-373
2110 ········· 220
2127 ········· 220
2138 ········· 220, 517-518
2147 ········· 220
2191 ········· 212, 228, 230
2193 ········· 58-59, 221
2197 ········· 221
2200 ········· 221, 518
2298 ········· 221, 377
2306 ········· 229, 230
2329 ········· 221, 372
2344 ········· 221, 225-226, 372-373, 510
2351 ········· 221, 372
2374 ········· 221
2377 ········· 221, 372-373
2400 ········· 221
2412 ········· 158, 202, 221, 507, 510, 517-518
2427 ········· 222, 226, 476
2464 ········· 222, 374, 376, 377, 471
2492 ········· 222
2495 ········· 222, 374, 376, 436, 471, 517-518
2516 ········· 222
2523 ········· 222
2541 ········· 222
2542 ········· 222
2544 ········· 222
2596 ········· 227
2646 ········· 425, 496, 498
2652 ········· 227
2718 ········· 227
2744 ········· 227
2795 ········· 425, 494
2812 ········· 227, 495

성구집

l 1 ········· 101
l 2 ········· 101
l 3 ········· 101
l 19 ········· 465
l 260 ········· 465
l 299 ········· 165
l 963 ········· 173
l 974 ········· 243
l 1043 ········· 105
l 1547 ········· 102
l 1565 ········· 102
l 1575 ········· 177, 183, 242
l 1602 ········· 301
l 1604 ········· 105, 182

l 1609 103
l 1684 185
l 1997 425
l 2094 189
l 2209 425
l 2210-*l* 2281 499-500
l 2281 103

신약성서 고대 역본

고대 교회 슬라브어 역본

에반겔리움 도브로미리(Evangelium Dobromiri) 315

라틴어 역본

고대 라틴어 역본(Vetus Latina)
a (베르셀렌시스 사본, Vercellensis) 279, 340, 359, 433
aur (아우레우스 사본, Aureus) 278, 340, 359
b (베로넨시스 사본, Veronensis) 279, 340
c (콜베르티누스 사본, Colbertinus) 59, 61, 278-279, 340, 352
d (베자 켄터브리지언 사본, Cantabrigiensis) 281, 340
e (팔라티누스 사본, Palatinus) 61-62, 279, 350, 352, 463
f (브릭시아누스 사본, Brixianus) 278, 340, 487
ff[1] (코르베이엔시스 사본 I, Corbeiensis I) 278, 350, 352, 463
ff[2] (코르베이엔시스 사본 II, (Corbeiensis II) 281, 340
g[1] (상거마넨시스 사본, Sangermanensis I) 278
gig (거인 사본, Gigas) 278
i (빈도보넨시스 사본, Vindobonensis) 281, 341
k (보비엔시스, Bobiensis) 277, 279-280, 341, 450-451
l (레디게라누스 사본, Rehdigeranus) 59, 278, 340
q (모나켄시스 사본, Monacensis) 278, 340, 487
r[1] (우쎄리아누스 사본 I, Usserianus I) 340, 433
불가타(Vulgata)
A (아미아티누스 사본, Amiatinus) 285
F (풀다 사본, Fuldensis) 285-286
G (상거마넨시스 사본, Sangermanensis) 285
M (메디올라넨시스 사본, Mediolanensis) 285
N (복음서들) 285
R (레기넨시스 사본, Reginensis) 285
S (상갈렌시스 사본, Sangallensis) 285
Z (할레이아누스 사본, Harleianus) 285

고트어 역본

아르겐테우스 사본 (Codex Argenteus) 312, 314

시리아어 역본

고대 시리아어 역본(Vetus Syra)
시리아어 시내 사본(Sinai-Syrer, sy^{s}) 20, 51, 62, 288-289, 352, 433, 450, 485
쿠레톤의 시리아어 역본 (Cureton-Syrer, sy^{c}) 20, 51, 288, 290, 341, 352, 355, 379

아르메니아어 역본
에치미아진 229(Etchmiadzin 229) ····212, 305

에티오피아어 역본
코덱스 에티오피아 42 (Codex. Aeth. 42) ···310

조지아어 역본
사본 A(Codex A) ···309

콥트어 역본
𝔓[6] ···303
보드머 파피루스 신약사본 III (Papyrus Bodmer III) ···303
곁가지 아크밈 방언 요한복음(Subachmimische Johanneshandschrift) ···303
베를린 필사본 (Berliner Handschrift) ···302-303
미시시피 사본 (Mississippi-Codex) ···302
쇠이데 사본(Scheide-Codex) ···303
P. Michigan 3521 ···303
P. Palau Rib 181 ···303
P. Palau Rib 182 ···300, 303
피어폰트모건도서관(Pierpont Morgan Libr.) M 569 ···302, 303
피어폰트모건도서관(Pierpont Morgan Libr.) M 570 ···302
피어폰트모건도서관(Pierpont Morgan Libr.) M 571 ···302
피어폰트모건도서관(Pierpont Morgan Libr.) M 572 ···302, 304
비티 성서 파피루스 A(Chester Beatty Codex A) ···302, 304
비티 성서 파피루스 B(Chester Beatty Codex B) ···302, 304
l 1602 ···301

3. 명칭 및 개념

가우덴티우스(Gaudentius) ···319
가이사랴(Cäsarea) ···9, 57, 69, 90-92, 252, 256, 260, 262-266, 271-272, 373, 450
가이사랴 본문(Cäsarea-Texte) → 본문 형태(Textformen)를 보라.
가정법(Konjunktiv) ···440
가죽(Leder) ···104-107, 146
간행 요목(Kolophon) ···196, 207
갈라디아서(Galatebrief) ···37, 39, 67-68, 113, 118, 139-140, 162, 167, 177, 180-181, 189, 219, 256, 370, 385, 438
갈리아(Gallien) ···73-76, 284, 321, 329
갈리치아-볼리니아 (Galizien-Wolhynien) ···316
감독(Bischöfe) ···6, 16, 67, 73, 75, 83, 89-91, 94, 97, 155, 250, 256-267, 269-274, 285, 293-294, 298, 305, 311, 314, 319-331
감독 유세비우스, 니코메디아(Euseb von Nikomedien) ···89, 314
개별적인 실수(Singulärversehen) ···349
개역표준역(RSV)(Revised Standard Version) ···334, 345, 408, 482
개정(작업) 또는 개정본(Rezension) ···27, 70, 127
거룩한 신명(Nomina sacra) ···105, 148, 435
검토(examinatio) ···501
게르하르트 폰 마아스트리히트(Gerhard von Maastricht) ···11
겐나디우스, 마르세이유(Gennadius von Marseille) ···319

겐나디우스 1세, 콘스탄티노플(Gennadius I. von Konstantinopel) 256
겔라시우스, 키지쿠스(Gelasius von Cyzicus) 256
견본 본문("Mustertext") → 본문 형태(Textformen)를 보라.
경건주의(Pietismus) 9, 12
계몽가 그레고리 (Gregor der Erleuchter) 305
계보(Stemma) 47, 431, 449, 453, 475, 489
계보의 원칙(Genealogisches Prinzip) 431
고대 네덜란드어(Altniederländisch) 287
고대 라틴어 역본(Vetus Latina, Itala[it]) 20, 51, 276-277, 282, 318, 340-341, 350-355, 358, 378, 485
고대 시리아어 역본(Vetus Syra) 20, 276, 282, 287-288, 291, 293, 305, 307, 350, 354, 463, 487
고린도(Korinth) 68, 73
고린도전서(1.Korintherbrief) 37, 39, 68, 113, 118, 133-134, 136, 139, 141, 143, 158, 160, 162, 172, 177, 182-184, 188, 192, 256, 286, 292, 370, 427, 434, 437, 440-441, 445, 481
고린도후서(2.Korintherbrief) 37, 39, 118, 128, 136, 139, 155, 171, 173, 177, 182-184, 188, 220, 256, 370, 427
고문헌학(Paläographie) 72, 136, 138
고전문헌학(Klassische Philologie) 47, 414
고정 본문("fester" Text) → 본문 형태(Textformen)를 보라.
골로새서(Kolosserbrief) 38-39, 68, 118, 139, 141, 162, 182-183, 370, 386
공관복음(서)(Synoptiker) 11, 154, 193, 386, 388-389, 397, 399, 401, 403, 405, 447, 453, 522
'공관복음 대조서'(Synopsis Scripturae Sacrae) 262
공동번역(einheitsübersetzung) 409
공동서신(Katholische Briefe) 2, 30, 34-35, 40, 57, 69-70, 88, 93, 99-100, 112-114, 117, 127-128, 131, 154, 162-163, 194-197, 235-240, 244-245, 266-267, 282, 292, 294, 302, 308, 316, 341, 371, 373-374, 376-377, 379, 386, 390, 426, 449, 502
괄호(Klammern)
  대괄호(einfache eckige) 52, 59, 61-63, 348, 354, 356, 366, 392, 450, 462, 476-478, 480-481
  이중 대괄호(doppelte eckige) 348, 354, 356, 450, 480
교구(Kirchenprovinz) 77, 79, 83, 90, 96-98, 241
교부(Kirchenväter) 12, 21, 24, 26, 47, 76, 90, 113, 131, 133, 157, 164, 199, 249-256, 264-265, 277, 291-292, 299, 316, 318-319, 324, 329, 339, 342, 358, 361, 403, 415, 417-419, 426-427
교부 주석(서)(Kirchenväterkommentare) 250, 342
교부들의 인용/교부 인용문 (Kirchenväterzitate) 15, 30, 49-52, 54, 113, 156, 249, 251-252, 264, 277, 292, 318-319, 366, 381, 403-405, 408, 426-427, 431, 436, 442, 449, 451, 457, 474, 480
교부들의 해석(Katene) 199, 265
교정자(교정본)(Korrektor) 436-437, 439, 441, 492
교황 요한 바울 2세(Johannes Paul II.) 283
교황 클레멘스 8세(Clemens VIII.) 283
교회(Kirche) 22, 48, 82-83, 88-89, 93-97, 447, 473

가톨릭 교회(katholische) 6, 32, 40-41, 48, 283
동방 교회(des Ostens) 69, 71, 73, 76 89, 91, 93, 456
동방 정교회(orthodoxe) 115, 244
서방 교회(des Westens) 16, 68, 71-73, 75-76, 89, 93-94, 456
신생 교회(Junge Kirchen) 41, 61, 63
교회력(Kirchenjahr) 173, 177-178, 192, 241, 246
교회사(교회의 역사)(Kirchengeschichte) 69, 72, 75, 90-91, 93, 245, 256, 261, 266, 284, 321
교회와 관련된 이유로 변경(Kirchliche Bearbeitung) 88, 454
구두점(Interpunktion) 45, 61-62, 64-65, 336, 342, 344-347, 367, 442-443
구약 인용문/ 구약성서 인용(문) (Alttestamentlicher Zitate) 65, 347, 395, 404, 432, 447
구약성서(Altes Testament) 1, 2, 65, 68, 71-72, 77, 88, 90-91, 95, 105, 127, 155, 197, 246, 263, 266, 269, 271, 273, 283-284, 322-323, 336, 347, 385-386, 395, 404, 426, 432, 447-448
구텐베르크(Gutenberg, Johannes) 1
국제 프로젝트("International Projekt") 29-30
굿스피드(Goodspeed, Edgar Johnson) 416
그레고리, 기적행사자 (Gregor der Wundertäter) 256
그레고리, 나지안즈(Gregor von Nazianz) 256, 260
그레고리, 니사(Gregor von Nyssa) 256, 260
그레고리우스, 엘비라(Gregorius von Elvira) 319
그렌펠/헌트(Grenfell/Hunt) 132-137
그로타페라타(Grottaferrata) 74, 115, 173, 203, 214
그리벤(Greeven, Heinrich) 31, 48, 334, 397-401, 403
그리보몽(Gribomont, Jean) 284, 378
그리스(Griechenland) 54, 115, 196, 253, 317-318, 322, 324, 330, 418
그리스어(Griechisch) 54, 56, 59-60, 64-65, 72-73, 93-94, 164-165, 275-276, 304-305, 307, 317, 353
유대 그리스어(Judengriechisch) 72
〈그리스어 신약성서〉 (Greek New Testament) 3, 16, 22, 25, 29, 31, 38, 40-47, 49-52, 60-66, 92-93, 99, 101-102, 116, 121, 131, 148, 194, 239-240, 248, 253, 256, 278-279, 318-319, 332-336, 339-344, 346-349, 361, 367, 377, 382, 387, 390, 396-397, 402, 404, 406, 410-412, 414, 418, 421-422, 424, 436, 450, 453, 458, 465-466, 468, 475, 479-481, 486, 522
〈그리스어 신약성서〉(Greek New Testament)의 초판(1. Ausgabe 1966) 424, 453, 458, 465, 468, 475, 481, 486
〈그리스어 신약성서 2판〉(Greek New Testament[2])(2. Ausgabe 1968) 44, 481
〈그리스어 신약성서 3판〉(Greek New Testament[3])(3. Ausgabe 1975) 40-41, 45, 49-51, 60, 194, 319, 332, 334-335, 339-340, 347-348, 367, 382, 390, 396-397, 406, 411-412, 424, 458, 468, 475, 479, 486
〈그리스어 신약성서 3a판〉(Greek New Testament[3a])(3a-Ausgabe) 45, 65, 412, 480

〈그리스어 신약성서 4판〉(Greek New Testament[4])(4. Ausgabe) 46, 248, 253, 319, 341, 346
〈그리스어-영어 사복음서 대조서〉(Synopsis of the Four Gospels) 41, 334, 408
〈그리스어-영어 사복음서 대조서〉(Synopsis of the Four Gospels) 제2판(2. Ausgabe 1975) 334
〈그리스어-영어 사복음서 대조서〉(Synopsis of the Four Gospels) 제3판(3. Ausgabe 1979) 334
〈그리스어-영어 사복음서 대조서〉(Synopsis of the Four Gospels) 제7판 제8판(7/8. Ausgabe 1987) 334
〈그리스어-영어 사복음서 대조서 8판〉(8. Ausgabe 1987) 334
그린리(Greenlee, Harold J.) 165, 423
그윌리엄(Gwilliam, George Henry) 292
기독교(Christentum) 74, 88, 105, 146, 298, 305, 311, 314, 318
기독교 박해(Christenverfolgung) 320
데키우스(Decische) 265
데키우스-발레리안(Decisch-Valerianische) 70, 88
디오클레티아누스(Diokletianische) 70, 88-90, 97, 110, 320
기본 원칙("Guiding Principles") 11, 27, 41, 46, 48, 56, 332, 383, 429-430, 441, 462, 467-468, 511, 516, 518, 520
기준(Kriterien)
내적 기준(innere) 47, 355, 392, 403, 428, 429, 430, 431, 441, 445, 455, 464, 467
외적 기준(äußere) 47
길다스(Gildas) 319
끈질긴 형태 보존 현상(Tenazität) 80, 96-97, 430, 449-450, 452, 454-455, 463
나누기 표시들(Obeli: ÷) 295-296
나이링크(Neirynck, Frans) 429
나일강(Nil) 75, 103, 268
나폴리(Neapel) 75, 176, 196, 219
난외 독법(Randlesart) 23, 52, 296, 363, 379, 391, 393-394
낭독(Lesung) 77, 157, 244, 246
네덜란드성서공회(Niederländische Bibelgesellschaft) 42
네르세스(Nersēs von Lampron) 305
네복음서조화본(Evangelienharmonie) 78, 287, 324
네스토리우스(Nestorius) 256, 292
네스토리우스파(Nestorianer) 292
네슬("Nestle") 12, 22-23, 25, 31-35, 59-61, 67
〈네슬 초판〉(N1) 23-25
〈네슬 13판〉(N13) 24
〈네슬 15판〉(N15) 334
〈네슬 15판〉/〈네슬 16판〉(N15/16 1932/36) 412
〈네슬 21판〉(N21 1952) 26, 41, 413
〈네슬-알란트 22판〉(N22 1956) 26
〈네슬-알란트 23판〉(N23 1957) 26
〈네슬-알란트 25판〉(N25 1963) 24, 33-35, 37, 39, 43-44, 48, 61, 350-351, 367, 382, 391-394, 436, 440-442, 489
〈네슬-알란트 26판〉(N26 1979) 40-41, 45-46, 48-51, 64, 121, 157, 159, 194, 232, 239, 256, 276, 278-279, 319, 332-335, 339, 341, 347-349, 382-383, 390-394, 396-398, 442, 450, 453, 458, 522
〈네슬-알란트 26판 개정본〉(N26 1983)(7. rev. Druck) 50, 332, 492-494
〈네슬-알란트 26판〉 그리스어-독일어 대조

인쇄본(Griechisch-deutsche Ausgabe) 41, 409
〈네슬-알란트 26판〉 그리스어-라틴어 대조 인쇄본(Griechisch-lateinische Ausgabe) 41, 409
〈네슬-알란트 26판〉 그리스어-영어 대조 인쇄본(Griechisch-englsiche Ausgabe) 41, 409
〈네슬-알란트〉(Nestle-Aland) 34, 35
노바티아누스(Novatian) 75, 94, 319
논누스, 파노폴리스(Nonnus von Panopolis) 257
놀리(Nolli, Gianfranco) 32, 333
누가복음(Lukasevangelium) 7-8, 10, 13-14, 16-18, 29-30, 37, 39, 81, 117-118, 125, 127, 131, 158, 161, 169, 212-213, 216, 244, 257, 259, 306, 323, 401-402, 407, 437, 470, 477
누가복음 1장 찬가(Oden) 117
누미디아(Numidien) 74-75, 323-324, 328
뉴욕(New York) 42, 133, 138, 141, 152, 163-164, 171, 302
니케타스, 레메시아나(Nicetas von Remesiana) 319
니콜라우스 1세(Nikolaus I.) 12
닐루스, 앙카라(Nilus von Ancyra) 257
다니엘(Daniel) 9, 265, 385, 395
다니엘 메이스(Mace, Daniel) 9
다리스(Daris, Sergio) 145-146
다마수스(Damasus) 90, 323, 325
단락(Perikope) 50, 52, 55, 61, 240, 245, 247, 249-250, 264, 397-399, 407, 433, 447-448
단락 구분 숫자(Sektionszahlen) 383
단락 표제어(Perikopenüberschrift) 65
단락의 배열(Absatzgliederung) 45
단성론자들(Monophysiten) 292
단일신론자들(Monarchianer) 76
단편(Fragment) 81-82, 112, 119-121, 129, 148-149, 154, 159, 239, 272, 281, 302, 390
단편들의 정체를 확인(Fragment identifizierung) 152
대다수본문(Mehrheitstext) → 본문 형태(Textformen)를 보라.
대문자 (필)사본(Majuskeln) 6, 11-12, 15-16, 30-31, 50, 53-54, 71, 80-81, 99-103, 111-112, 130-131, 148-150, 152-155, 187, 193-194, 227, 231-233, 239-240, 242, 336, 350-353, 403, 406, 425-426, 444, 470-471, 491-494
대본(Vorlage) 95, 127, 156, 158, 248, 252, 276, 278, 283-284, 291-294, 304-305, 308, 313, 316-318, 354, 379, 395, 434-435, 441-442, 451, 456, 458, 475, 485, 487, 517-519
대비평본(Editio critica maior) 22, 30, 408, 492-494, 501
대학(Universität) 48, 83
더디오(Tertius) 441
더블린(Dublin) 80, 139, 142, 164, 195, 491
던롭 깁슨(Gibson, Dunlop M.) 288
덧붙인 첨가 구절("Versatzstücke") 355, 474
데메트리우스, 알렉산드리아(Demetrius von Alexandria) 83, 298
데살로니가전서(1.Thessalonicherbrief) 38-39, 68, 118, 136, 139, 141-142, 162, 181, 183-184, 371, 436, 438
데살로니가후서(2.Thessalonicherbrief) 38-39, 68, 81, 118, 136, 156, 176, 371, 490
도마복음(Thomasevangelium) 397, 405

도마행전(Thomasakten)············329
독문학(Germanistik)············313-314
독법(Lesarten)············9, 21-23, 24, 27, 33, 52, 63, 96, 239-240, 281, 302, 338-339, 401, 429-431, 505-511
 가장 어려운 이문(lectio difficillima)··432, 488
 개연성이 큰 이문(lectio potior)······431-432
 독특한 이문/특수 이문 (Singulärlesarten)············182
 서로 견줄 만한 이문들 (Konkurrenzlesart)············252, 338, 430, 482
 어려운 이문(lectio difficilior)······431-432, 437, 444, 475
 이문(varia lectio)············342, 363
 이문 형성 과정(Variantenbildung)······433-434
 이차적 이문들(Untervariante)············339
 짧은 독법(lectio brevior)······446, 463, 477
 특수 독법(Sonderlestarten)············154, 213, 506-509, 511, 522, 524-525
 혼합 독법(Mischlesart)············452-453, 456, 464, 475
독일(Bundesrepublik Deutschland)······1, 9, 24, 26, 41-42, 56, 101, 106, 116, 287, 317-318, 340, 397, 403, 409, 417-418, 427-428, 441-442, 445, 500
동로마 제국(Byzanz)············91, 115
동의어(Synonyma)············357, 419, 448
동일 문두 반복(Homoioarcton)············438
동일 문미 반복(Homoioteleuton)············438
두라/유로포스(Dura/Europos)············78, 82
두루마리(Rolle)············104, 146, 184
드루트마루스, 코르비(Druthmarus von Corbie)············320
듣기 실수(Hörversehen)············95, 439
디다스칼리아(Didascalia)············257
디다케(Didache)············257, 474
디도, 보스트라(Titus von Bostra)······57, 257, 288
디도서(Titusbrief)············38-39, 118, 136, 141, 162, 172, 183, 188, 371, 386
디디무스, 알렉산드리아(Didymus von Alexandria)············257
디모데전서(1.Timotheusbrief)············38-39, 118, 156, 167, 188-189, 371, 435, 449
디모데후서(2.Timotheusbrief)············38-39, 118, 214, 371, 437
디아도쿠스, 포티케(Diadochus von Photike)············258
디아테사론(Diatessaron)············20, 78, 80, 130, 135, 150, 183, 270, 285, 287-288, 291, 318, 329, 331, 339-340
디오그네트(Diognet)············258
디오니시우스 엑시구스 (Dionysius Exiguus)············261
디오니시우스, 알렉산드리아 (Dionysius von Alexandria)············258
디오도레, 다소(Diodor von Tarsus)············258
라무유(Lamouille, Arnaud)············403
라벤나(Ravenna)············73, 285
라불라(Rabbula)············293
라오디게아서신(Laodicenebrief)············68
라우드(Laud, William)············159
라이언(Lyon, Robert W.)············157
라이트푸트(Lightfoot, Josef Barber)············428
라틴어(Lateinisch)············72-74, 157-160, 314
락탄츠(Lactanz)············320
랄프스(Rahlfs, Alfred)············102, 395
람페(Lampe, G. W. H.)············418-419
런던(London)············6, 115, 131-140, 143-145, 155-156, 159, 163, 165, 170, 172, 177-178, 182-183, 185, 192, 196-

197, 200, 203, 210, 285, 292, 379, 490-491
런던 여러 말 대조 성서(Londoner Polyglotte) → 여러 말 대조 성서 (Polyglotte)를 보라.
레그(Legg, S. C. E.) 29-30, 402
레닌그라드(Leningrad) 115, 133, 143, 158, 162-163, 165, 167, 170-173, 176-178, 193, 200, 202, 219-220, 222
레쉬(Resch, Alfred) 404
레오 1세, 대교황(Leo I. der Große) 320, 328
레온티우스, 비잔틴(leontius von Byzanz) 258
레이크 그룹(f^1도 참고) (Lake-Gruppe[s. a. f^1]) 191
로까-푸익(Roca-Puig, Ramon) 142-143, 145, 152
로마(Rom) 115, 139, 156-157, 162-164, 166, 177, 196, 201-203, 214, 220, 257, 259, 260, 264-265, 267-270, 273-274, 283, 305, 314, 319-321, 323, 325-328, 378
로마서(Römerbrief) 19, 37, 39, 68, 75, 84, 96, 113, 118, 122, 128, 133, 135-139, 141, 152, 158, 160, 181, 183-184, 199, 204-205, 215, 223, 225, 256, 263, 286, 292, 302, 370, 383, 385, 426-427, 434, 438, 440-441, 449, 455-456, 462, 469, 481, 491
로버츠(Roberts, Colin Henderson) 116, 140, 142-143
로베르 에스티앙(Estienne, Robert) 5
로이흘린(Reuchlin, Johannes) 2
루네 문자(Runen) 314
루돌프 카서(Kasser, Rudolf) 302
루시퍼, 칼리아리(Lucifer von Calaris) 320
루이스 세공(Segond, Louis) 345
루키안(Lukian) 89-91, 263
〈루터성경개정판〉(1912년)(Luther-Revision 1912) 26
〈루터성경개정판〉(1956년)(Luther-Revision 1956) 345, 444-445
〈루터성경개정판〉(1975년)(Luther-Revision 1975) 445
〈루터성경개정판〉(1984년)(Luther-Revision 1984) 409, 445
루트비히 라더마허(Radermacher, Ludwig) 421
루퍼트, 도이츠(Rupert von Deutz) 320
루피누스/루핀(Rufin) 262, 266, 320
리네커(Rienecker, Fritz) 418
리델(Liddell)/스코트(Scott) 418-419
리바니우스(Libanius) 265, 269, 271
리베라투스(Liberatus) 320
리베르 그라두움(Liber Graduum) 329
리차드 벤틀리(Bentley, Richard) 9
마가복음(Markusevangelium) 29, 37, 39, 43-44, 57, 96, 118, 139, 145-146, 161-162, 164-165, 167-168, 170-173, 176-180, 182, 184, 189, 191-192, 195, 202, 207, 209, 211-213, 222, 226-227, 236-238, 241, 243-244, 260, 279-281, 300-302, 306, 312, 314-315, 336, 338, 348, 356, 368, 377, 379, 385, 388, 402, 407, 433-434, 442, 447-448, 450-456, 460-466, 473, 475-478, 480, 491
마가복음 결론 (부분)(Markusschluß) 161, 209, 226, 300, 306, 312, 455
마누엘 모쇼풀로스 (Manuel Moschopulos) 178
마니(Mani) 264, 330
마르쿠스 아우렐리우스(Marc. Aurel.) 263, 267

마르쿠스 에레미타(Marcus Eremita) 258
마르키온(Marcion) 27, 68, 75, 94, 113, 251, 259, 277, 455-456
마르티니(Martini, Carlo M.) 44, 46, 143, 157
(가이우스) 마리우스([Gaius] Marius Victorinus), 승리자 321
마리우스 메르카토르 (Marius Mercator) 321
마이(Mai, Angelo) 15-16, 156
마이어(Meyer, Heinrich August Wilhelm) 427
마카리우스 마그네스 (Macarius Magnes) 259
마카베오기(Makkabäer) 284, 385
마크로비우스(Macrobius) 321
마태복음(Mattähusevangelium) 33, 37, 113, 118, 241, 265, 271, 310, 320-321, 388-389, 401-402, 405, 437, 450, 452, 476, 488
마틴, 보드머 파피루스 (Bodmer, Martin) 142, 144, 302
막시무스, 고백자 (Maximus der Bekenner) 259
막시무스, 투린(Maximus von Turin) 321
막시미누스(Maximinus) 321
맨체스터(Manchester) 80, 136, 140, 188
메내움(Menäum) 173, 177-178, 192
메노로기움(Menologium) 188
메르크(Merk, Augustinus) 31-37, 139, 333, 391-394, 436, 440-441, 450, 485
메스로프(Mesrop) 305
메토디우스(Methodius) → 키릴루스와 메토디우스(Cyrillus und Methodius)를 보라.
멜리테네(Melitene) 74
멜리티우스(Melitius) 259
멜히텐(Melchiten) 297
명령형(Imperativ) 53
모르겐탈러(Morgenthaler, Robert) 413
모세 바 케파(Moses bar Kepha) 292
모세오경(Pentateuch) 155
모스크바(Moskau) 115, 162, 164, 166-167, 171, 185, 196, 220
모에시아(Mösien) 314
목회서신(Pastoralbriefe) 68, 81, 93
몰턴/제덴(Moulton/Geden) 410-412
몰턴/터너(Moulton, James Hope/Turner, Nigel) 420
무라토리 정경(Canon Murratori) 67-68, 75, 113
문법(Grammatiken) 95, 265, 267, 405, 410, 413, 418-420, 428, 445, 447
문헌학(Philologie) 46, 62, 70-71, 250, 444
미국(USA) 23, 27, 29, 41-42, 101, 116, 247, 332, 345, 490
미국성서공회(American Bible Society) 41-42, 332
미국표준역(American Standard Version) 345
미뉴(Migne, Jacques Paul) 249
미래형(Futur 1) 445
밍크(Mink, Gerd) 302, 418
바가나이(Vaganay, Léon) 423
바나바서(Barnabasbrief) 155
바르코흐바 폭동 (Bar-Kochba-Aufstand) 91
바리마둠(Varimadum) 321-322
바바라 알란트(Aland, Barbara) 46, 295, 500
바살리비(Barsalibi) 330
바실리우스, 가이사랴(Basilius von Cäsarea) 256, 260, 265

바울(Paulus)……57, 67-72, 75, 258, 271, 341, 402, 436-438, 441-442, 445, 468-469, 481
바울, 사모사타(Paulus von Samosata)……271
바울 6세(Paul VI.)……283, 333
바울서신(Paulusbriefe)……2, 16, 27, 30, 33-35, 40, 57, 67-71, 81, 88, 93, 99-101, 112-114, 121, 131, 139-140, 149, 154-157, 162-163, 166-167, 178, 193-197, 200-203, 210-214, 219-222, 227, 235-239, 245, 259, 261, 266-267, 270-271, 282, 285, 291, 294, 302, 314, 321-323, 328-329, 341, 370-371, 373-374, 376-377, 379, 385, 390, 427, 437-438, 445, 456-458, 500
바울서신 모음집(Corpus Paulinum)……93, 113, 370
바젤(Basel)……1-4, 159, 193-194
바티칸출판사(Vaticana)……32, 156, 333
받아쓰기(Diktat)……95
발레리안(Valerian)……321
발췌문들(Exzerpte)……117
발츠와 슈나이더(Balz, Horst R./Schneider, Gerhard)……417
발터 바우어(Baur, Walter)……415
버가몬(Pergamon)……106
버건(Burgon, John William)……22
범주(Kategorien)……52, 64, 85, 88, 131, 149, 153-159, 162-167, 170-173, 520-529
베네딕트 크라프트(Kraft, Benedikt)……56, 426
베네치아(Venedig)……197, 202, 227, 305, 340
베다(Beda)……321
베드로, 라오디게아(Petrus von Laodicea)……260
베드로, 알렉산드리아(Petrus von Alexandria)……260
베드로전서(1.Petrusbrief)……38, 40, 69, 118, 143-145, 172, 183, 188, 219, 242, 270, 372, 428
베드로후서(2.Pertusbrief)……38, 40, 69, 93, 119, 126-127, 143-144, 179, 183, 188, 199, 292, 372, 379
베른하르트(Bernhardt, Ernst)……23, 313
베른하르트 바이스(Weiß, Bernhard)……23
베셀리(Wessely, Karl)……131-133, 136, 138
베아투스, 리에바나(Beatus von Liébana)……321, 327
베자 켄터브리지언 사본 본문(D-Text) → 본문 형태(Textformen)를 보라.
벨하우젠(Weillhausen, Julius)……366, 486
변증가들(Apologeten)……76, 262, 416, 419
병행 구절(Parallelstellen)……51, 61, 78, 335-336, 383
병행 단락(Parallelperikopen)……384, 399, 407
병행 전승(Parallelüberlieferung bei den Evangelien)……452, 464, 466, 479
보드머 파피루스 신약 사본(Bodmer-Papyri)……80-81, 116, 120-121, 127, 142-144, 302
보버(Bover, José Maria)……31-37, 333, 344, 391-394, 436, 440-441, 450, 485
보조 도구(Hilfsmittel)……55, 275, 281, 395, 408, 410, 419, 421, 426, 431
보충 해설(Glosse)……430
복사본(Abschrift)……20, 66-67, 77, 79, 88, 97, 155-157, 284, 510
(사)복음서 대조서(Synopse)……397-398
그리스어-독일어 대조 인쇄본 (Griechisch-deutsche Ausgabe)……41, 409
복음서들(Evangelien)……6,

35-36, 38-40, 57, 67-68, 70-71, 88-89, 93-95, 99-100, 108, 112-114, 139, 149, 154-158, 165, 175, 180, 193-197, 200-203, 209-213, 220-222, 227, 234-241, 244-245, 248, 251, 259, 263, 265, 267, 279, 282, 284-285, 291, 294, 305, 308, 314, 320, 330, 336, 341, 366, 368-369, 371, 373-375, 379, 383-384, 386, 388, 390, 397, 406, 410, 421, 447, 462, 464-465, 470-471

'서방' 본문 순서 ("westliche" Reihenfolge) ... 113

본문 가족(Textfamilien) ... 79, 97, 521

본문 증거(Textzeugen) ... 49, 82, 127, 251, 281, 367, 424, 454, 458, 471

본문 형태(Textformen) ... 40, 70, 75, 77, 79, 88-91, 117-118, 232, 304, 526-527

가이사랴 본문(Cäsarea-Text) ... 82, 91-92, 165, 207, 252, 297, 424, 527-528

견본 본문("Mustertext") ... 88

고정 본문("fester" Text) ... 83-84, 88, 95, 128, 130-131, 135, 137, 142-143, 184

대다수본문(Mehrheitstext) ... 3, 23, 32, 52, 70, 131, 149, 152, 194, 207, 232, 239-240, 305, 333, 344, 352-353, 355, 361-362, 367, 374-375, 434, 436, 458, 468-469, 475, 480-482, 505-511, 516, 518, 521-522

베자 켄터브리지언 사본 본문(D-Text) ... 3, 86

비잔틴 본문(Byzantinischer Text) ... 3, 11, 16, 21, 37, 50, 79, 89, 91, 96-97, 131, 149-150, 153-154, 159, 162-167, 175, 178-179, 182-183, 188-189, 194, 227, 231-233, 240, 244, 247, 313, 316, 344, 374-377, 393, 406, 465, 472, 479, 482, 487, 501-502, 517-522

살아 있는 본문("lebender" Text) ... 16, 95, 247

서방 본문("Westlicher" Text, Abendländischer Text) ... 20, 45, 51, 71-72, 77, 82, 92, 208, 252, 279, 355, 403, 405, 424, 481

아프리카 본문("Afrikanischer" Text) ... 279

알렉산드리아 본문(Alexandrinischer Text) ... 11, 79, 82-83, 91-92, 97, 153, 155, 233, 297, 304, 403, 424, 523, 526, 528

알렉산드리아-이집트 본문 (Alexandrinisch-ägyptischer Text) ... 37, 374

예루살렘 본문(Jerusalem-Text) ... 58, 91-92

원본문(Urtext) ... 5, 16, 20, 31, 41, 49, 72, 248, 276, 307, 354, 483, 501, 505, 522

'유럽' 본문("europäischer" Text) ... 279

이전-가이사랴 본문(Prächäsareensischer Text) ... 82, 92, 424

이집트 본문(Ägyptischer Text) ... 37, 58, 79, 144, 153, 162, 164, 233, 304, 344, 374-375, 424, 526

일반 본문(Normaltext) ... 83, 88, 94-95, 119, 127, 130, 132, 134-136, 140, 143-144, 146, 180-182

지역 본문("Lokaltext") ... 76

초기 시대(의) 본문("Text der Frühzeit") ... 71, 76, 81-83, 88, 128, 130, 158, 252, 282, 505-506, 522, 524-527

코이네 본문(Koine-Text) → 코이네(Koine)를 보라.

풀어쓴 본문("paraphrasierender" Text) ... 83, 88, 130, 137, 140, 143, 181, 455

헤시키우스 본문(Hesychianischer Text) → 이집트 본문(Ägyptischer Text)을 보라.
혼합 본문("gemischter" Text) 82
본문(의) 역사(Textgeschichte) 27, 30, 41, 47, 60, 69, 79-81, 90, 93, 96-97, 153, 216, 232-233, 244, 248, 252-253, 276, 304, 313, 318, 335, 362, 372-373, 382, 397-399, 406, 427-428, 501-502, 520
본문비평(Textkritik) 36-37, 69-70, 72, 80, 82, 91-93, 96, 150, 218, 231, 240, 244, 246, 248-249, 275, 294, 304, 313-314, 344, 391, 427-432, 500-502
뵈외부스(Vööbus) 42, 44
부와마르(Boismard, Marie-Émile) 31, 48, 334, 403
부정사(Infinitiv) 53, 440
부활절 연대기(Chronicon Paschale) 260
북아프리카(Nordafrika) 72, 75, 157
불가리아(Bulgarien) 271, 316
불가타(Vulgata) 2, 6, 26, 32, 90, 159, 177, 278, 283-284, 286, 325, 328, 333, 338, 352-355, 358, 378, 395, 405, 409, 456
새-불가타(Neo-Vulgata) 32, 283, 333
슈투트가르트 불가타(Stuttgarter Vulgata) 284, 378
식스토-클레멘트/식스토-클레멘티나(Sixto-Clementina) 불가타 성서 26, 32, 409
식스티누스 판 불가타(Sixtina) 378
클레멘티누스 판 불가타(Clementina) 378
불트만(Bultmann, Rudolf) 457
뷔르템베르크성서공회(Württembergische Bibelanstalt) 22, 24, 42, 45
뷔르트바인(Würthwein, Ernst) iii
뷰론(Beuron) 182, 318, 378
브누아와 프리정(Benoît/Prigent) 427
브라이언 월튼(Walton, Brian) 6
브루스 메츠거(Metzger, Bruce Manning) 21
브룩 포스 웨스트코트(Westcott, Brooke Foss) 16
블랙(Black, Matthew) 42, 46
비길리우스, 탑수스(Vigilius von Thapsus) 321-322
비잔틴 교회(Byzantinische Kirche) 79, 95, 247, 254, 500
비잔틴 달력(Byzantinischer Kalender) 246
비잔틴 본문(Byzantinischer Text) → 본문 형태(Textformen)를 보라.
비티 성서 파피루스(Chester Beatty-Papyri) 80-81, 116, 121-122, 124, 127-128, 139, 142, 302
비평장치(Kritischer Apparat) 9, 11, 21, 41-42, 48-56, 58-63, 102, 116, 232, 239, 250, 278-279, 302, 313, 317, 332-336, 338-339, 403, 457-458
빅토르, 비타(Victor von Vita) 322
빅토르, 안디옥(Victor von Antiochia) 57, 260
빅토르, 카푸아(Victor von Capua) 285
빅토르, 튀니지(Victor von Tunnuna) 322
빅토린, 페타우(Victorin von Pettau) 322
빈턴 디어링(Dearing, Vinton A.) 30
빌라도행전(Pilatusaken) 260
빌레몬서(Philemonbrief) 38-39, 68, 81, 118, 141, 146, 156, 159, 162, 371, 386
빌립보서(Philipperbrief) 38-39, 68, 118, 134, 139, 141, 370, 385
사도(Apostolos) 2, 57, 67, 69,

99-100, 112, 143, 149, 155, 194, 240-241, 244, 257, 260, 264, 267, 283, 329, 390, 415
사도 교부들(Apostolische Väter) 76, 264, 415
사도 교훈집(Apostolische Konstitutionen) 260
사도 규범집(Apostolische Kanones) 260
사도행전(Apostelgeschichte) 2, 22, 33-35, 37, 39-40, 53, 57, 69-70, 72, 81, 89, 93-94, 99-101, 112-114, 117-118, 131, 154-159, 193-197, 265-267, 278, 291, 294, 296, 302, 311, 316, 326, 371, 373-374, 390, 404, 424-425, 467-471, 481
사무엘 프리도 트레겔(Tregelles, Samuel Prideaux) 22
〈사복음서 대조서〉(Synopsis Quattuor Evangeliorum) 41, 239, 332-335, 388, 397-398, 401-403, 405-410, 421, 462, 465, 492-494
〈사복음서 대조서 9판〉(Synopsis Quattuor Evangeliorum)(9. Ausgabe 1976) 333
〈사복음서 대조서 13판〉(Synopsis Quattuor Evangeliorum)(13. Ausgabe 1985) 239, 333-334, 462, 465, 492-494
사복음서 묶음집(Tetraevangelium) 245, 285, 291
사전(Wörterbücher) 30, 254, 265, 291, 410, 413, 415-419, 428
사하크(Sahak) 305
삭제(Expungieren) 58
살비안(Salvian) 322
살아 있는 본문("lebender" Text) → 본문 형태(Textformen)를 보라.
삽입(Einfügung) 350, 352, 356, 363, 365, 463-467, 479
삽입구(Interpolation) 366, 430, 466, 472, 479-480
상용 증거("Ständige Zeugen") 227, 367, 369-377, 390
새영어성경(NEV)(New English Bible) 345
생략(Auslassung) 51-52, 59, 62, 71, 158, 251, 288, 338, 350, 354, 356, 360, 363-364, 394, 438-439, 465, 467, 474, 476-477, 480
서방 본문("Westliche" Text, Abendländischer Text) → 본문 형태(Textformen)를 보라.
서방 본문의 비-삽입문(Western non-interpolations) 20, 45, 51, 355
서적 인쇄술(Buchdruck) 1
선교(Mission) 41, 89, 268, 272, 275, 305, 311, 316, 318, 330, 444
설교문(Homilie) 173, 176, 258, 263, 271, 321, 325
성경 전체(Vollbibel) 155-157, 285
성구집(Lektionare) 50, 58, 99-103, 107, 109-111, 117, 173, 177, 182-183, 185, 189, 240-249, 301, 305, 307, 316, 318, 342-344, 361, 365, 449, 451, 480, 499-500
성구집 체계(Lektionssystem) 244-248
성서(Heilige Schrift) 55, 88-89, 97, 447
성서 번역본(Bibelübersetzungen) 1, 15, 61, 275
고대 고지 독일어(Althochdeutsch) 287, 317-318
고대 교회 슬라브어(Altkrichenslawisch) 276, 316-317
고대 영어(Angelsächsisch) 317-318
고트어(Gotisch) 9, 275-276, 312-314, 317
누비아어(Nubisch) 317-318

독일어(Deutsch)······1, 26, 41, 287, 397, 403, 409, 417-418, 427-428, 500
라틴어(Lateinisch)······72, 157-160, 314
소하이디어(Soghdisch)······317-318
스페인어(Spanisch)······32, 333
시리아어(Syrisch)······6, 20-21, 51, 62, 72-73, 93, 163, 167, 170, 182, 189, 257, 261, 263, 275-276, 282, 285, 287-298, 304-305, 307-308, 313, 317-318, 329-330, 340-341, 350, 352-355, 361, 379-380, 433, 450-451, 463, 485, 487, 519
아랍어(Arabisch)······6, 145, 167, 171, 178, 180, 189, 287, 308, 317
아르메니아어(Armenisch)······263, 267, 275, 287, 304-307, 331, 340, 450
에티오피아어(Äthiopisch)······6, 275, 304, 308, 310-311
영어(Englisch)······31, 41, 43, 64-65, 253, 334, 336, 342, 345, 349, 355, 397, 403, 408-409, 416, 418-419, 422, 428
이탈리아어(Italienisch)······1
조지아어(Georgisch)······170-173, 188, 275, 304, 307, 309
중동지역 언어(Orientalisch)······54
콥트어(Koptisch)······9, 72-73, 79, 93-94, 131-132, 138, 170, 172-173, 176-177, 180-183, 185, 188, 242, 273, 275, 277, 298-302, 304, 308, 330, 341, 350, 353, 355, 361, 380-381, 451, 456, 463, 491-492
  곁가지 아크밈 방언 (Subachmimisch)······299, 303
  보하이르 방언(Bohairisch)······58, 299, 302-303, 352, 380-381
  사히드 방언(Sahidisch)······52, 299, 301-303, 330, 353, 357, 380-381, 405
  아크밈 방언(Achmimisch)······299, 303, 380
  원 보하이르 방언 (Protobohairisch)······299, 303, 380
  중부 이집트 방언(Mittelägyptisch)······299, 303, 352-353, 380
  파이윰 방언(Faijumisch)······299, 303, 380
페르시아어(Persisch)······6, 287, 317-318
프랑스어(Französisch)······1, 345, 403, 405
〈성서 번역자들을 위한 그리스어-영어 대조 성서〉(Greek-English Diglot for the use of Translators)······31, 43
성서 해석 학교(Exegetenschule von Antiochia)······89, 97
성서공회(Bibelgesellschaften)······22, 32, 40, 42-43, 47
세기(기원후)(Jahrhundert) (n. Chr.)
  1세기······93, 106-107, 454
  1-4세기······73
  2세기······20, 22, 49, 68, 71, 73, 75-77, 80, 93-95, 110, 113, 119, 121, 148, 233, 244-245, 252, 257-260, 263, 267-273, 276, 278, 287, 291, 348, 355, 451, 454-455, 474, 478, 480, 490
  2/3세기······71, 80-81, 105, 150-151, 233
  3세기······22, 51, 62, 67, 69-71, 73-75, 80-81, 84, 86, 91, 95, 98, 104-105, 110, 121, 124-125, 127, 129, 139-140, 150-152, 233, 239, 257, 259, 263, 265, 271, 273, 281, 299, 318-319, 329, 436, 490-491
  3/4세기······71, 80, 83, 88, 94, 105, 117, 119, 126-128, 130, 148, 150, 152-153, 158, 233, 320, 368, 454, 490
  4세기······12, 14, 16-17,

20-21, 62, 68-71, 73, 79-83, 88-91, 93-95, 97-98, 100, 103, 105, 117, 119, 126-128, 130, 148-150, 152-153, 155-156, 158, 167, 181-185, 188-189, 232-233, 244-247, 260, 264, 267-269, 273, 276-279, 289, 291, 297, 299, 302, 304, 307, 311, 320-321, 323-325, 327-329, 355, 368, 375, 454, 490, 526

4/5세기 ········ 85, 150, 167, 180-181, 184, 192, 234, 259, 267-268, 277, 280, 302, 304, 321, 326, 328-329, 450

4-6세기 ········ 92, 492

4-9세기 ········ 57

5세기 ········ 7, 12-13, 18, 62, 71, 79, 85, 94, 105, 150, 155, 157, 162-164, 166-168, 170-171, 180-181, 183-185, 188-189, 192, 234, 256-261, 265, 267-268, 271, 273, 277, 279-281, 284-285, 287, 289-293, 297, 300, 302, 304-305, 311, 319-322, 324, 326-330, 427, 450, 491, 524, 527, 529

5/6세기 ········ 150, 171-172, 180-182, 184-185, 188, 234, 491

6세기 ········ 19, 92, 107-108, 149-150, 158-159, 162-165, 167, 170-172, 174, 178-185, 188-189, 192, 234, 239, 258, 261, 265-266, 268-269, 273, 285, 292, 297-298, 314, 318, 320, 322-323, 328, 491-493

6/7세기 ········ 172, 180, 182, 235, 264, 267, 271, 451, 493, 499

7세기 ········ 117, 120, 131, 149, 172-173, 176, 179-183, 185, 189, 192, 235, 246, 260, 264, 267, 271, 283, 302, 307, 370, 451, 491-494, 499

7/8세기 ········ 149, 179, 235, 247, 491

8세기 ········ 3, 105, 107, 149, 159, 161-162, 166, 173, 175-180, 183, 185, 188-189, 235, 245-247, 262, 264, 266, 285, 301, 317, 451, 491, 526

8/9세기 ········ 165, 235, 451, 491

9세기 ········ 57, 82, 102, 107, 149, 158-160, 162-167, 169, 177-179, 182, 188-189, 192-193, 195, 199, 202, 207, 209-210, 222, 229, 235, 242, 285, 302, 305, 316-317, 322, 329, 451, 491, 493-494, 497, 526

10세기 ········ 30, 57, 100, 149, 158, 164, 166-167, 170-173, 176-178, 181, 188, 200, 212, 214, 218-221, 229, 236, 316, 494-495, 497

10/11세기 ········ 229, 311, 316, 491, 497

11세기 ········ 57, 74, 149, 155, 166, 195-196, 200-201, 203-205, 210-212, 214-215, 219-221, 225, 227, 229, 236, 271, 296, 311, 316, 491, 494-495, 497, 499, 510

11-14세기 ········ 110, 230

12세기 ········ 4, 57, 107, 157, 191, 194-197, 199-200, 202-203, 210-211, 213-214, 216, 219-222, 227, 230, 237, 264, 267, 305, 315-316, 450, 492-494, 497, 499

12/13세기 ········ 3, 213, 230, 237, 279, 495, 497, 500

13세기 ········ 3, 57, 191, 195-197, 200-203, 208, 210-211, 213-214, 220-222, 224, 227, 230, 237, 243, 278-279, 284, 347, 451, 494-495, 497, 499-500

14/15세기 ········ 3, 222, 238, 498

15세기 ········ 3, 6, 77, 110, 156, 195-197, 200-204, 214, 220, 222, 227, 231, 238, 498-499

16세기 1, 6, 73, 195, 210, 231, 239, 347, 450, 472, 482, 498-499
16-18세기 49
17세기 5-6, 115, 203, 222, 231, 239, 310, 498-499
18세기 9, 11, 49, 159
19세기 3, 11-12, 23, 30, 32, 103, 116, 148, 194, 250, 472, 481
19/20세기 95
20세기 11, 15, 24, 30-31, 35, 38, 48-49, 95, 103, 116, 148, 194, 268, 292, 302, 472
세둘리우스 스코투스(Sedulius Scotus) 322
세라피온, 트무이스(Serapion von Thmuis) 261
세베루스, 안디옥(Severus von Antiochia) 163, 261, 264, 266, 269, 322
세베리안, 가발라(Severian von Gabala) 261
셀윈(Selwyn, Edward Gordon) 428
셉티미우스 세베루스(Septimius Severus) 269
소문자 (필)사본(Minuskeln) 11, 15, 30, 50, 53, 57-59, 99-103, 107, 148-149, 191, 193-196, 229, 240, 283, 361-362, 369, 372-373, 400-401, 431-433, 436, 450-451, 471, 494-495, 500-501, 528
소비에트 연방(Sowjetunion) 305
소아시아(Kleinasien) 74-76, 92, 94, 106, 260, 262, 267, 269, 274, 329
소조메누스(Sozomenus) 261
소크라테스(Socrates) 261
속격(Genetiv) 438
쇼필드(Schofield, Ellwood M.) 131-141
숄츠(Scholz, Johann Martin August) 54
수도사(들의 삶)(Mönchtum) 94, 243, 248, 257-258, 261-262, 264, 267-268, 270, 273, 283, 294, 299, 311, 320-323, 327-330, 476
수업(Unterricht) 22, 31, 48, 60, 419
수용본문(Textus receptus) 3, 5-6, 9, 11-12, 22-24, 29-31, 49, 54, 247, 333, 344, 412, 472
수하노브(Suchanow) 115
술피키우스 세베루스(Sulpicius Severus) 322
쉐누테, 아트리페(Schenute von Atripe) 330
슈미트(Schmid, Josef) 154
슈비처/데브루너(Schwyzer/Debrunner) 420
슈테그뮐러(Stegmüller, Friedirch) 135, 142
슈트라이트베르크(Streitberg, Wilhelm) 313
스미스 루이스(Lewis, Agnes Smith) 288
스완슨(Swanson, Reuben) 405-406
스코틀랜드성서공회(Schottische Bibelgesellschaft) 42
스크리브너(Scrivener, Frederik Henry Ambrose) 53, 493
스테파누스(Stephanus) → 에스티앙(Estienne)을 보라.
스파크스(Sparks, H. F. D.) 283-284, 378
스페인(Spanien) 2, 32, 74-75, 284, 321, 324, 326, 329, 333
스펙쿨룸(Speculum) 323
스피크(Spicq, Ceslas) 417
슬라브 교부 콘스탄티노스(Konstantin, Slawenapostel) 316
시낙사르(Synaxar) 241
시내산(Sinai) → 카타리나수도원(Katharinenkloster)을 보라.
시네시우스, 키레네(Synesius

von Cyrene) 261
시리아 교회(Syrische Kirche) 20, 69, 292
시리아어(Syrisch) 73, 93, 307, 329-330
시메네스(Ximenes, Francisco) 1-2, 500
시제의 변화(Tempuswechsel) 53
시카고(Chicago) 42, 170, 180, 212, 221-222, 247
시편(Psalmen) 1, 143, 156, 188, 284, 299, 385, 395, 475
'신·구약성서 대조서'(Synopsis Veteris et Novi Testamenti) 269
신앙고백(Glaubensbekenntnis) 75, 94
신약성서(Neues Testament) 35, 54-56, 67, 70-71, 77, 100-103, 107, 112-113, 372-373, 390, 502, 505
신약성서(의) 문서군(Schriftengruppe) 99-100, 106-107, 112-113
신약성서 문서들의 순서(Reihenfolge der ntl. Schriften) 113
신약성서 학자(Neutestamentler) 55, 116, 443, 447
신약성서본문연구소(Institut für neutestamentliche Textforschung) 30, 65, 83, 103, 116, 152, 154, 157, 229, 247, 304, 335, 377, 414, 449, 483, 506, 519, 521-522
신학(Theologie) 6, 31, 71, 75-76, 94, 113, 181, 265, 293, 330, 414, 429, 431, 441-444, 447, 451, 453, 465
신학자(Theologen) 1, 6, 32, 47-48, 75-76, 89, 94, 158, 256, 266, 270, 272, 298, 328, 333, 454
심마쿠스(Symmachus) 386
아나스타시우스, 시내산(Anastasius Sinaita) 261-262
아나스타시우스 1세, 안디옥(Anastasius I. von Antiochia) 262
아다나시우스, 알렉산드리아(Athanasius von Alexandria) 90, 262, 298, 311
아다만티우스(Adamantius) 262
아다이(Addai) 330
아돌프 율리허(Jülicher, Adolf) 341
아돌프 폰 하르나크(Adolf v. Harnack) 74
아람어(Aramäisch) 72, 295
아랍어(Arabisch) 6, 145, 167, 171, 178, 180, 189, 287, 308, 317
아랍인(들)(Araber) 91, 107
아레타스(Arethas) 57, 262
아르노비우스 감독(Arnobius d. J.) 323
아리스티데스(Aristides) 263
아리안 사람들(Arianer) 89
아리우스(Arius) 263-264, 321, 329
아브가, 에데사(Abgar V. von Edessa) 311, 330
아스테리우스(Asterius) 263
아우구스트 헤르만 프랑케(Francke, August Hermann) 9
아우소니우스(Ausonius) 327
아일랜드(irland) 284, 322
아카시우스, 가이사랴(Acacius von Cäsarea) 263
아퀼라(Aquila) 386
아테나고라스(Athenagoras) 263
아테네(Athen) 115, 163, 166, 171-172, 180, 197, 203, 213, 219, 221-222, 227, 260, 263, 269, 495, 499
아토스산의 수도원들(Athos-Klöster) 115
아폴리나리스, 라오디게아(Apollinaris von Laodicea) 263
아프라아테스(Aphraates) 330
아프리카(Afrika) 74, 250, 263, 279, 320-324, 327-329
아프리카 본문("Afrikanischer" Text) →

본문 형태(Textformen)를 보라.
아프리카누스(Africanus) 263
아프링기우스(Apringius) 323
아헬라우스(Archelaus) 264, 273
아헬라우스의 행적(Acta Archelai) 264, 273
안드레아스, 가이사랴(Andreas von Caesarea) 57, 262, 264, 373
안드레아스, 크레타(Andreas von Kreta) 264
안디옥(Antiochia) 71, 74, 76, 88-90, 97-98, 163, 246, 256, 258-263, 266-267, 269-271, 468
안디옥 주석서(Antiochener Kommentare) 57
안스베르트(Ansbert) 323
안토니누스 피우스(Antoninus Pius) 263
안토니우스(Antonius) 264
안트베르펜 여러 말 대조 성서(Antwerpener Polyglotte) → 여러 말 대조 성서(Polyglotte)를 보라.
안티오쿠스(Antiochus) 264
알렉산더 세베루스(Alexander Severus) 264
알렉산더 수터(Souter, Alexander) 31
알렉산더, 알렉산드리아(Alexander von Alexandria) 264
알렉산드리아(Alexandria) 37, 70, 74, 79, 90-92, 97, 106, 171, 196, 250, 257-258, 260-270, 273, 294, 298, 311
알렉산드리아의 교리문답학교(Katechetenschule von Alexandria) 83, 257, 265, 273, 298
알렉산드리아-이집트 본문(Alexandrinisch-ägyptischer Text) → 본문 형태(Textformen)를 보라.
알칼라(Alcalá) 2
알쿠인(Alkuin) 284
알파벳 역순으로 정리한 단어 색인(Rückläufiges Wörterbuch) 414
알프레드 슈몰러(Schmoller, Alfred) 412
암모니우스, 알렉산드리아(Ammonius von Alexandria) 265
암모니우스, 트무이스(Ammonius von Thmuis) 261
암브로시아스터(Ambrosiaster) 323
암브로시우스(Ambrosius) 321, 323-324, 326
암필로키우스, 이코니온(Amphilochius von Iconium) 265
야고보서(Jakobusbrief) 38, 40, 69, 93, 118, 132, 134-135, 140, 144, 180-181, 188, 372, 386, 503, 517
야곱, 니시비스(Jacob von Nisibis) 330-331
양피지(Pergament) 55, 80, 102, 105-107, 119, 150-151, 153, 157, 163, 165, 171, 174, 184, 188, 194, 207, 273, 279
어거스틴(Augustin) 278, 282, 323-324, 326-328
어니스트 캐드먼 콜웰(Colwell, Ernest Cadman) 29
(구절의 위치나) 어순 변경(Umstellung) 71, 288, 350, 359
언셜 대문자(Unziale) 109, 111
에데사(Edessa) 74, 93, 285, 287, 293, 311, 330
에데시우스(Ädesius) 311
에드워드 웰즈(Wells, Edward) 9
에디티오 레기아(Editio regia) 5
에라스무스, 로테르담(Erasmus von Rotterdam) 1-6, 99, 193, 466, 472, 500
에르빈 네슬(Nestle, Erwin) 24,

26-27, 41, 374, 441
에른스트 케제만(Käsemann, Ernst) 438
에른스트 폰 돕쉬츠(Dobschütz, Ernst von) 102, 421, 427
에버하르트 네슬(Nestle, Eberhard) 22-23, 25, 41, 422
에베소서(Epheserbrief) 38-39, 68, 113, 118, 139-140, 158, 171, 180, 185, 370, 385, 490
에스트랑겔로(Estrangelo) 295
에치미아진(Etchmiadzin) 305
에티오피아(Äthiopien) 6, 275, 304, 308, 310-311, 451
에프라임-시루스 재생 사본(Ephraem der Syrer) 12-13, 55, 99, 156-157, 352-353, 355, 359, 435-436
에피파니우스, 살라미스(Epiphanius von Salamis) 138, 265, 273
엘리엇(Elliott, James Keith) 65
엘리제 쾨니히스(Koenigs, Elise) 27
엘제비어(Elzevier) 5, 54
여러 말 대조 성서(Polyglotte) 1-2, 5-6, 379
〈런던 여러 말 대조 성서〉(Londoner) 6
〈안트베르펜 여러 말 대조 성서〉(Antwerpener) 5
〈콤플루텐시스 여러 말 대조 성서〉(Complutensis) 2
〈파리 여러 말 대조 성서〉(Pariser) 6
(번)역본(Übersetzungen) → 성서 번역본(Bibelübersetzungen)을 보라.
고대 번역본(alte) 24, 252, 254, 275-276, 304
현대 번역본(moderne) 345, 356, 458, 472-473, 476-478, 482
연대기(Chronikbücher) 90, 183, 260, 264, 322, 492
연속 기록(Scriptio continua) 433
열왕기([Liber] Regum) 326, 385, 478
영감(Inspiration) 6, 316
영국(England) 3, 5-6, 9, 16, 22, 29, 31, 42-43, 115, 132, 134, 138, 155-156, 163, 165, 170, 172, 177-178, 182-183, 185, 192, 196, 200, 203, 210, 285, 319, 321, 327-328, 491
영국 왕 칼 1세(Karl I. von England) 156
영국성서공회(British and Foreign Bible Society) 22, 31, 42-43, 165
영어(Englisch) 31, 41, 43, 64-65, 253, 317-318, 334, 336, 342, 345, 349, 355, 397, 403, 408-409, 416, 418-419, 422, 428
영어개역(RV)(Revised Version) 345
영지주의(Gnosis) 83, 260, 268, 271, 273, 298
예레미야(Jeremia) 366, 385, 447
예레반(Erewan) 305
예루살렘(Jerusalem) 27, 58, 91-92, 115, 196, 211, 219, 246, 263-264, 266, 270, 273, 305, 320
예루살렘 본문(Jerusalem-Text) → 본문 형태(Textformen)를 보라.
예루살렘 성경(Jerusalem-Bibel) 345
예루살렘-간행 요목("Jerusalem-Kolophon") 196
예배(Gottedienst) 73-74, 77, 157, 167, 173, 176-178, 182-183, 192, 240-241, 244, 246-249, 454, 473
예배 예전 역사(Liturgiegeschichte) 246
오로시우스(Orosius) 324
오르시에시우스(Orsiesius) 265
오리겐(Origenes) 27, 89-91, 252, 256, 258, 262-263, 265-266, 272, 284, 298, 385
오스카 폰 겝하르트(Gebhardt,

Oscar von) 23
오스트라콘(Ostraka) 179
오처드(Orchard, Bernard) 31, 48, 334, 401-403
오피스토그래프(Opistograph) 146
오피츠(Opitz, Hans Georg) 48, 397
옥스퍼드(Oxford) 6, 29, 43, 115, 134-135, 140, 142-145, 155, 159, 165-166, 170, 178, 185, 188, 195, 200, 202, 219, 247, 283, 378, 490
옵타투스, 밀레베(Optatus von Mileve) 324
〈(그리스어 신약성서의) 완전한 용어 색인〉(Vollständige Konkordanz) 412-415, 437
외경(Apokryphe) 269, 329-330, 385, 397-398, 403-405, 408, 415, 426
외쿠메니우스(Oecumenius) 266
요약문(Summarien) 281
요하네스 그라마티쿠스(Johannes Grammaticus) 163
요하네스 바이스(Weiß, Johannes) 427
요하네스 벨스하임(Belsheim, Johannes) 341
요하네스 클리마쿠스(Johannes Climacus) 189
요한 서신(Johannesbriefe) 404
요한 알브레히트 벵엘(Bengel, Johann Abrecht) 8-9
요한 야콥 그리스바흐(Griesbach, Johann Jakob) 11
요한 야콥 베트슈타인(Wettstein, Johann Jakob) 9-10
요한 자우베르트(Sauber, Johann d. J.) 9
요한 프로벤(Froben, Johannes) 1
요한, 다마스쿠스(Johannes von Damaskus) 264, 266
요한1서(1. Johannesbrief) 38, 40, 69, 119, 133, 144, 179, 188, 214, 270, 372, 377, 386, 482
요한2서(2. Johannesbrief) 38, 40, 69, 119, 144, 185, 270, 372, 379
요한3서(3. Johannesbrief) 38, 40, 69, 119, 144, 189, 218, 372, 379
요한계시록(Apokalypse, Offenbarung, Revelatio) 2, 9, 33-35, 38-40, 56-57, 67, 69-70, 72, 81, 88, 99-101, 112-114, 119, 124, 134-135, 138-140, 146, 149, 154-156, 163, 166, 180-181, 183, 185, 194, 196-197, 201, 210, 213-214, 219-221, 224, 226, 236-240, 245, 262, 264, 266, 278, 292, 308, 316, 320-323, 326-327, 329, 372-374, 376, 379, 386, 390, 471, 500
요한복음(Johannesevangelium) 8, 16-17, 25, 30, 37, 39, 43-44, 57, 81, 113, 117-119, 121, 123, 125, 127, 131-132, 135, 137-142, 144-145, 149, 152, 154-155, 163-167, 169-173, 175-179, 183-185, 189, 192, 207, 217, 241, 244, 257, 265, 273, 279, 292, 302, 314, 320-321, 323, 348, 368, 379, 382, 385, 397, 399, 403, 442-443, 452, 457, 461, 466-467, 470, 474-475, 481, 490-491
요한의 콤마(Comma Johnneum) 482
용어 색인(Konkordanz) 251, 410-415, 419, 428, 437
울필라스(Ulfilas=Wulfila) 313-314
워즈워스/화이트(Wordsworth/White) 90
원래 번역본(Urübersetzung) 276
원문 비교 대조 작업(Kollation) 83, 154, 334, 400, 432, 507, 516, 519, 521, 527
원본문(Urtext) → 본문 형태(Textformen)를 보라.

원형 본문(Archetypus) 27
웨스트코트/호트(Westcott/Hort) 11, 16, 20-24, 27, 31, 33-34, 37, 45, 51-52, 76, 148, 156, 276, 282, 335, 344, 354-355, 391-394, 428, 436, 440, 481, 484-485, 500
웨이머스(Weymouth, Richard Francis) 23
위경(Pseudepigrahphen) 385
위-디도(Titus, Pseudo-) 320
위-디오니시우스, 아레오바고(Dionysius Areopagita, Pseudo-) 258
위-비길리우스(Vigillius, Pseudo-) 322
위-아다나시우스(Athanasius, Pseudo-) 262
위-아우구스티누스(Augustinus, Pseudo-) 323
위-암브로시우스(Ambrosius, Pseudo-) 323
위-외쿠메니우스(Oecumenius, Pseudo-) 266
위-이그나티우스(Ignatius, Pseudo-) 267
위-저스틴(Justinus, Pseudo-) 268
위-제롬(Hieronymus, Pseudo-) 325
위-크리소스토무스(Chrysostomus, Pseudo-) 263, 269
위-키프리안(Cyprian, Pseudo-) 325, 327
위-테오둘루스(Theodulus, Pseudo-) 271
위-히폴리투스(Hippolytus, Pseudo-) 274
윅그렌(Wikgren, Allen) 42, 46
유나크(Junack, Klaus) 247
유다서(Judasbrief) 38, 40, 69, 81, 93, 119, 127, 130, 143-145, 189, 214, 218, 270, 292, 372, 379, 386, 434
유대 문헌(Jüdische Literatur) 104, 146, 415
유대 사막(Jüdische Wüste) 82, 145
유대 전쟁(Jüdische Krieg) 91
'유럽' 본문("Europäischer" Text) → 본문 형태(Textformen)를 보라.
유메네스(Eumenes) 106
유벤쿠스(Juvencus) 324
유세비우스, 가이사랴(Euseb von Cäsarea) 61, 69, 90-91, 252, 260-261, 263, 265-266, 271, 288, 330, 354, 364, 382-383, 388, 448, 450
유스타티우스, 안디옥(Eustathius von Antiochia) 266
유지삐우스(Eugippius) 325
유진 나이다(Nida, Eugene A.) 41
유탈리우스(Euthalius) 267
유테리우스(Eutherius) 267
유티미우스(Euthymius) 307
유티미우스 지가베누스(Euthymius Zigabenus) 267
율로기우스(Eulogius) 267
율리아누스, 에클라눔(Julianus von Aeclanum) 325
율리우스 1세(Julius I.) 325
은둔자 안토니우스(Antoniunus der Eremit) 299
이그나티우스(Ignatius) 76, 267
이레네우스(Irenäus) 67, 73, 76, 94, 251-252, 267-268, 272-273, 440
이문(Varianten) → 본문읽기(Lesarten)를 보라.
이슬람(Islam) 110, 317
이시도르, 세비야(Isidor von Sevila) 108, 163
이시도르, 펠루시움(Isidor von Pelusium) 268
이오타표기법(Itazismus) 365, 439-441
이전-가이사랴 본문(Präcäsareensischer Text) → 본문 형태(Textformen)를 보라.
이집트(Ägypten) 72, 74, 79, 82-83, 88, 90, 93-94, 97, 103-104, 106, 138, 146,

157, 246, 253, 257, 260-261, 265, 268, 274, 297, 304, 320, 325, 330, 490-491

이집트 본문(Ägyptischer Text) → 본문 형태(Textformen)를 보라.

이탈리아(Italien) 1, 73-76, 93, 134, 136-137, 140, 142, 284-285, 320

인쇄본들에 나타나는 이문들(Ausgaben-Varianten) 390

일반 본문(Normaltext) → 본문 형태(Textformen)를 보라.

자외선 촬영 기법(Ultraviloettephotographie) 12, 55

자유로운 본문("freier" Text) → 본문 형태(Textformen)를 보라.

자주색 양피지(Purpurpergament) 150, 163, 165, 171, 174, 194, 207, 279

작은 별 표시들(Asterisci: ※) 295-296, 379

작은 삽화(Miniatur) 107

장로 안드레아스(Andreas, Presbyter) 57

'장로' 요한('Presbyter' Johannes) 272

재생 사본(Palimpsest) 12-13, 55, 99, 108, 156-157, 163-167, 170-173, 176-178, 180, 182-185, 188-189, 192, 352-353, 355, 359, 435-436, 491

저스틴(Justin) 76, 88, 245, 251, 255, 268, 270, 454

전문 서적(Spezialliteratur) 410, 421

전승사(Überlieferungsgeschichte) 69

절 구분(Verseinteilung) 347

절충주의(Eklektizismus) 47, 431

정경(Kanon) 6, 69, 71, 75, 77, 88, 94-96, 127, 244, 266, 388, 404-405, 454

정경 목록(Kanones) 61, 113, 266, 382-383, 388

정경의 역사(Kanongeschichte) 69, 77, 127, 244

제2바울서신(Deuteropaulinen) 113

제거(eliminatio) 54, 102, 106, 241, 356, 376, 416, 477, 501-502, 521, 527

제네바 주의 콜로니(Cologny/Genf) 80

제노, 베로나(Zeno von Verona) 325

제믈러(Semler, Johann Salomo) 11

제임스왕역(King Jame's Version) 345, 408

조화(Harmonisierung) 78, 399

존 밀(Mill, John) 9

존 펠(Fell, John) 6

종이(Papier) 107, 194

주격(Nominativ) 411, 438

주석(Exegese) 9, 46, 72, 390, 410, 432, 437, 442-443, 469, 475, 481, 485

주석 딸린 필사본(Hermenien) 117

주석(서)(Kommentare) 427-428, 432

주요 오류(Leitfehler) 518

줄리안 황제(Julian) 321

중국인(Chinesen) 107

중립적인 본문("Neutraler" Text) → 본문 형태(Textformen)를 보라.

중복오사(Dittographie) 436

중세(Mittelalter) 77, 93, 107, 255, 284, 318, 463, 510

중자탈오(Haplographie) 436

지벤(Sieben, Hermann Josef) 417

지역 본문("Lokaltext") → 본문 형태(Textformen)를 보라.

지역-계보적 방법(Lokal-genealogische Methode) 47

지침("Guidelines") 28, 32, 39, 41, 48, 62, 148, 253, 257, 323, 332

지혜서(Weisheit [Buch]) 284, 385

직설법(Indikativ) 440-441

직접 화법(Direkte Rede) 45
집회서(Sirach) 284, 311, 385
참회 제도(Bußpraxis) 75
창세기(Genesis) 326, 384-386, 476
철자 차이(Buchstabendifferenz) 444
철자법(Orthographie) 37, 45, 65, 140, 347, 392
철자의 혼동(Buchstabenverwechslung) 434, 436
첨가 (구문)(Zufügung) 71, 473, 482, 487
초기 (시대) 본문("alter" Text) → 본문 형태(Textformen)를 보라.
최초의 인쇄본(Editio princeps) 3, 284, 500
축자적 영감론(Verbalinspiration) 6
취리히 성경(Zürcher Bibel) 345
치머만(Zimmermann, Heinrich) 422
침해(gewaltsamer Eingriff) 454-457
카라비도풀로스(Karawidopulos, Joahnnes) 46
카르포크라테스(Carpocrates) 268
카르피안(Karpian) 382
카스파르 르네 그레고리(Gregory, Caspar René) 101
카시안(Cassian) 325
카시오도르(Cassiodor) 324-325
카타리나수도원(Katharinenkloster) 12, 94, 103, 114, 155, 172, 211, 219, 222, 246, 491, 495, 499
칼 대제(Karl der Große) 284
칼 라흐만(Lachmann, Karl) 12
칼리스투스(Kallist) 75
칼빈(Calvin, Johannes) 3
칼케돈(Chalcedon) 270, 297
캐사리우스, 나지안즈(Caesarius von Nazianz) 268
캐사리우스, 아를(Caesarius von Arles) 326
커솝 레이크(Lake, Krisopp) 27
컴퓨터(Computer) 30, 232, 413-415, 505, 511, 519
컴퓨터 용어 색인 (Computer-Konkordanz) 415
케년(Kenyon, Frederic Geroge) 139, 156, 422
케임브리지(Cambridge) 16, 26, 115, 133-135, 157, 159, 162, 164, 171-172, 178, 183, 188-189, 200, 379
케팔라이아(Kephalaia) 161, 169, 382-383, 387
켈레스티누스 1세(Caelestinus I.) 326
코덱스(Kodex) 104-105, 139, 146, 278, 300
코란(Koran) 127, 448
코레피스코푸스 폴리카프 (Polykarp, Chorepiskopus) 293
코르넬리우스(Cornelius) 75, 319
코모두스(Commodus) 263
코스마스 인디코플레우스테스 (Cosmas Indicopleustes) 268
코이네(Koine) 3, 27-29, 33, 53, 58, 71-72, 79, 89-92, 97, 194, 265, 284, 293-294, 297, 313, 344, 373-375, 403, 472, 487, 510-511, 524, 526
콘스탄티노스와 메토디우스 (Konstantin und Methodius) 316
콘스탄티노플(Konstantinopel) 90-91, 256-262, 264, 267, 269-273, 321-322, 325
콘스탄틴(Konstantin) 88-89, 91, 97, 244
콜리나에우스(Colines, Simon de) 5
콤플루텐시스 여러 말 대조 성서 (Complutensische Polyglotte) → 여러

말 대조 성서(Polyglotte)를 보라.
콤플루툼(Complutum) 2
콥트어(Koptisch) 9, 72-73, 79, 93-94, 131-132, 138, 170, 172-173, 176-177, 180-183, 185, 188, 242, 273, 275, 277, 298-302, 304, 308, 330, 341, 350, 353, 355, 361, 380-381, 451, 456, 463, 491-492
콰드불트데우스(Quodvultdeus) 324, 326
쿠레톤(Cureton, William) 20, 51, 62, 288, 290, 341, 352, 355, 379-380
쿠르트 알란트(Aland, Kurt) 26, 41, 46, 103, 153, 332, 334, 341, 405-406, 417, 424, 426, 442-443, 455
퀴너/게르트(Kühner/Gerth) 420
크레타(Kreta) 74-75, 264
크로마시우스(Chromatius) 326
크뤼거(Krüger) 56
크리소스토무스(Chrysostomus, Johannes) 57, 246, 263, 266, 268-269, 272, 274, 318, 325
크리스티안, 스타블로 (Christian von Stablo) 320
클라우디우스(Claudius von Turin) 326
클레멘스, 로마(Clemens von Rom) 269
클레멘스, 로마, 위-클레멘스서(Clemens von Rom, Pseudoclementinen) 269
클레멘스, 알렉산드리아(Clemens von Alexandria) 260, 269-270, 436, 440, 463
클레멘스1서(1.Klemensbrief) 68, 73, 76, 132, 156
클레멘스2서(2.Klemensbrief) 76
클로타 3세(Chlothar III.) 323
클리쉬(Kliesch, Klaus) 422
키레나이카(Cyrenaica) 74-75
키릴 루카리스(Kyrill Lukaris) 155
키릴, 알렉산드리아(Cyrill von Alexandria) 250, 266, 270
키릴, 예루살렘(Cyrill von Jerusalem) 270
키릴루스와 메토디우스(Cyrillus und Methodius) 272
키케로(Cicero)) 324
키텔(Kittel, Gerhard) 416-417
키프로스(Cypern) 74, 265, 273, 494
키프리안(Cyprian) 250, 277-278, 325-327
킬패트릭(Kilpatrick, George Dunbar) 31, 43
타르굼(Targum) 2
타티안(Tatian) 20, 27, 58, 78, 270, 285, 287, 318, 340
태스커(Tasker, R. V. G.) 31
탤리즈먼(Talismane) 117, 136, 179
테르툴리아누스(Tertullian) 73, 252, 277, 326-327
테스트 구절(Teststellensystem) 131, 154, 193, 502-503, 505-509, 511, 516-518, 521-525, 527-528
테오데리쿠스 대왕(Theoderich d. Gr.) 326
테오도레트, 키루스(Theodoret von Cyrus) 259, 270
테오도루스 스튜디타(Theodorus Studita) 270
테오도르 베자(Beza, Theodor) 3
테오도르 찬(Zahn, Theodor) 428
테오도르, 몹수에스티아(Theodor von Mopsuestia) 271
테오도르, 헤라클레아(Theodor von Heraclea) 266, 271, 428
테오도시우스 1세(Theodosius I.) 327
테오도트(Theodot) 271
테오도트, 앙카라(Theodot von Ancyra) 271

테오도티온(Theodotion) 386
테오테크누스(Theotecnus) 271
테오필락트(Theophylact) 57, 271
테오필루스(Theophilus) 271
토마스, 하르켈(Thomas von Harqel) 294, 421
톰슨(Thompson, Herbert) 156, 302
투라 파피루스(Tura-Papyri) 257
트라키아(Thrazien) 74, 271
트르닷 3세(Trdat III.) 305
트리테미우스(Trithemius) 320
티쉔도르프, 콘스탄틴(Tischendorf, Constantin v.) 11-16, 21-23, 26, 29-31, 33-34, 37, 48, 50-55, 61, 100, 102, 116, 148-149, 155-157, 164-165, 335, 391-394, 402, 412, 425, 436, 440, 445, 450, 484-485, 492, 500
티코니우스(Tyconius) 327
티피콘(Typicum) 176, 182
틸레(Thiele, Walter) 284, 378
파리(Paris) 6, 115, 132, 142, 157-158, 162-164, 166-167, 170, 173, 176-178, 189, 195-197, 200, 202, 211, 219-221, 284-285, 491
파리 성경(Pariser Bibel) 284
〈파리 여러 말 대조 성서〉(Pariser Polyglotte) → 여러 말 대조 성서(Polyglotte)를 보라.
파스타드(Farstad, Arthur L.) 32, 333
파스티디우스(Fastidiu) 327
파우스투스, 리에(Faustius von Riez) 327
파우스투스, 밀레베(Fautinus von Mileve) 327
파우스티누스(Faustinus) 327
파울 마스(Maas, Paul) 501
파울리누스, 놀라(Paulinus von Nola) 319, 327
파코미우스(Pachomius) 265, 299
파쿤두스(Facundus) 328
파키안(Pacian) 328
파트모스(Patmos) 115, 163, 179, 211, 222
파피루스(Papyrus) 15-16, 28, 30-31, 50, 55, 80-83, 88-89, 92, 95, 101-106, 116-122, 131, 194, 232-233, 239-240, 246, 257, 302, 365, 367-372, 426, 431-432, 483, 490-491, 527
파피루스 책(Papyrusbuch) 67, 81
파피아스(Papias) 272
팔라디우스(Palladius) 272
팔라비(Pehlevi) 184
팔레스타인(Palästina) 76, 90-91, 135, 145, 257-258, 262, 265, 268, 295, 297, 324, 328
팔레스타인 성구집(Palästinensisches Lektionar) 58
팔레스타인-시리아어 역본(Palästinisch-syrische Version) 287, 295, 297
팜필루스(Pamphilus) 90, 266, 272
퍼지(Pusey, Philipp Eduard) 77, 292
페라 그룹(Ferrargruppe[f^{13}도 참고]) 195
페란두스(Ferrandus) 328
페르시아(Persien) 91-92, 244, 256, 305, 318, 330, 340
페르시아어(Persisch) 6, 287, 317-318
페쉬타(Perschitta) 59, 287, 292-293, 297, 330, 352, 355, 379-380
페틸리안(Petilian) 328
펜튼 존 안토니 호트(Hort, Fenton John Anthony) 16, 21, 428
펠라기우스(Pelagius) 284, 325, 328
편집자(Redaktor) 1, 32, 46-49, 62-63, 71, 250-251, 332-333, 336, 338, 340, 346, 354, 361, 400-402, 404-405, 457,

478, 480, 482-483
포겔스(Vogels, Heinrich Joseph) 31-37, 391-394, 423, 436, 440, 445, 485
포르피리오스(Porphyrius) 448
포시디우스(Possidius) 328
포에바디우스(Phoebadius) 328
포티우스(Photius) 272-273
폰 조덴(Soden, Hermann Freiherr von) 15, 24, 26-29, 31-37, 48, 50-52, 55-60, 70, 91, 101-102, 313, 333, 374, 387, 391-393, 402, 425-426, 436, 440, 449, 484-485, 500
폴리카프(Polycarp) 88, 272, 293
푸테올리(Puteoli) 75
풀겐티우스, 루스페(Fulgentius von Ruspe) 328
풀어쓴 본문("paraphrasierender" Text) → 본문 형태(Textformen)를 보라.
프란시스 토마스 기냑(Gignac, Francis Thomas) 421
프랑스(Frankreich) 1, 5, 115, 132, 321, 328, 345, 403, 405
프레데(Frede, Hermann Josef) 284, 378
프로스퍼, 아퀴타니아(Prosper von Aquitanien) 183, 324, 328
프로이쉔(Preuschen, Erwin) 417-418
프로콥, 가자(Procop von Gaza) 272
프로클루스(Proclus) 273
프루멘티우스(Frumentius) 311
프리드리히 블라스/알베르트 데브루너(Blass, Friedirch/Debrunner, Albert) 420
프리마시우스(Primasius) 329
프리스킬리안(Priscillian) 329
프리어-로기온(Freer-Logion) 164, 168
프리정(Prigent, Pierre) 427
프리츠 힌체(Hintze, Fritz) 302
프톨레매우스(Ptolemäus) 273
플레크(Fleck, Ferdinand Florian) 157
플로렌스(Florenz) 115, 131, 134, 136-137, 140, 142-143, 152, 181, 183, 185, 197, 200-201, 285, 327, 490-491, 499
플리니우스 1세(Plinius d. Ä.) 105
피곤함을 드러내는 현상 (Ermüdungserscheinungen) 438
피르미쿠스 마테르누스 (Firmicus Maternus) 329
피셔(Fischer, Bonifatius) 279, 281-284, 378
피스티스 소피아(Pistis Sophia) 273
피에리우스(Pierius) 273
필로, 카르파시(Philo von Carpasia) 273
필록세누스, 마북 (Philoxenus von Mabbug) 293
필록세니아 역본(Philoxenianna) 287, 293-294, 379
필사 실수(Schreibversehen) 95
필사 연습(Schreibübungen) 117
필사 작업실(Skriptorium) 77, 83, 89-90, 97, 252, 363, 439, 441
필사가(Schreiber) 439, 452, 476
필사본(handschriften)
  내용별 분류(Inhaltsgliederung) 112, 114, 373
  보관 장소(Aufbewahrungsorte) 114, 116, 145, 189
  시대별 분포(Altersgliederung) 109
필사본 목록(Handschriftenliste) 101-103, 118, 127-128, 131, 152, 155, 194, 240-241, 278, 367, 376-378, 390, 425, 521, 527
필사본 표시 기호 (Handschriftenbezeichnung) 53, 55
필사본들에 대한 결과물 (Handschriftenfunde) 48

필사지 재료(Beschreibstoffe) 103, 106-107, 117, 194
하드리안(Hadrian) 263
하르켈 시리아어 역본(Harklensis) 287, 292, 294, 296, 317, 352, 355, 379, 519
하이델베르크(Heidelberg) 115, 137-138, 180, 182
하이모, 오세르(Haymo von Auxerre) 329
하인리히 크라프트(Kraft, Heinrich) 416
하팍스레고메나(Hapaxlegomenon) 414
한스 리츠만(Lietzmann, Hans) 397, 427
한스 마틴 쉥케(Schenke, hans Martin) 302
한스 빈디쉬(Windisch, Hans) 427
한스 크벡케(Quecke, Hans) 302
해당본문(Lemma) 11, 52, 250-251, 350, 356-357, 363, 366, 368, 389, 392, 411-412, 415
핸첸(Haenchen, Ernst) 72
헉-그리벤(Huck-Greeven) 398-401, 403
헉-리츠만(Huck-Lietzmann) 48, 334, 397-399, 404
헤게모니우스(Hegemonius) 264, 273
헤게시푸스(Hegesipp) 273
헤라클레온(Heracleon) 273
헤르마스의 목자서(Hirte des Hermas) 76, 155, 264
헤르만 예술-재단(Hermann Kunst-Stiftung) 138
헤시키아 본문(Hesychianischer Text) → 이집트 본문(Ägyptischer Text)을 보라.
(예루살렘의) 헤시키우스 (Hesychius von Jerusalem) 273
헤시키우스(Hesychius) 90
헤시키우스, 살로나(Hesychius von Salona) 274
헥사플라(Hexapla) 266, 284
현대 그리스어(Neugriechisch) 440
호너(Horner, George W.) 299, 302, 341, 348, 381
호세 오캘러헌(O'Callaghan, José) 333
호지스(Hodges, Zane C.) 32, 333
화이트(White, Joseph) 283, 378-379
화학 물질(Giobertische Tinktur) 12
확인 작업(recensio) 501
훙어(Hunger, Herbert) 144
히르슈(Hirsch, Emanuel) 486
히브리서(Hebräerbrief) 38-39, 68, 72, 76, 88, 93, 99-100, 113, 118, 133-134, 139, 145, 154, 156, 159, 162, 173, 176-177, 184-185, 189, 194, 219-220, 256, 323, 370-371, 379, 386, 434, 437, 490
히브리어(Hebräisch) 71-72, 172
히에로니무스(Hieronymus) 90, 259, 263, 278, 283, 319, 325, 409, 450
힐라리우스, 푸아티에(Hilarius von Poitiers) 329
2개 언어 대조(Zweisprachige Ausgaben) 65, 158-159, 397
3개 언어 대조(Trilingue) 333, 397
70인역(Septuaginta) 72, 77, 90, 102, 105, 347, 366, 385-386, 389, 395, 423, 432, 447

성서 역본들, 세기별 분류, 본문읽기 등의 주제와 관련된 개념들은 기본적으로 별도 분류하여 색인 목록에 수록하지는 않았다.

그림 출처

모든 그림은 바흐만[H. Bachmann]과 슈트라우스[A. Strauss]가 신약성서본문연구소의 자료에서 발췌한 것임.

그림 1 로테르담의 에라스무스에 작성된 최초의 그리스어 신약성서 인쇄본 (바젤, 1516년) ······ xvi
그림 2 에라스무스가 사용했던 필사본들 가운데 하나: 소문자 사본 2^{e} ······ 4
그림 3 알렉산드리아 사본(A, 02) ······ 7
그림 4 요한 알브레히트 벵엘의 인쇄본, 1734년 ······ 8
그림 5 요한 야콥 베트슈타인의 인쇄본, 1751/1752년 ······ 10
그림 6 에프라임-시루스 재생 사본 (C, 04) ······ 13
그림 7 시내 사본(א, 01) ······ 14
그림 8 바티칸 사본(B, 03) ······ 17
그림 9 베자 켄터브리지언 사본 (D^{ea}, 05) ······ 18
그림 10 클라로몬타나 사본(D^{p} 06) ······ 19
그림 11 에버하르트 네슬의 그리스어 신약성서 인쇄본 초판, 1898년 ······ 25
그림 12 최근 100여 년간 인쇄본들의 본문 대조 상황 ······ 33
그림 13 (64쪽, 접어서 제본한 자료) 누가복음 24장에 대한 여러 인쇄본들 간의 비교: 〈티쉔도르프〉, 〈폰 조덴〉, 〈네슬-알란트 26판〉, 〈그리스어 신약성서〉(Greek New Testament) ······ 80
그림 14 두라/유로포스에서 발견된 그리스어 네복음서조화본(0212)의 단편 ······ 78
그림 15 대문자 사본 0220 ······ 84
그림 16 대문자 사본 057 ······ 85
그림 17 파피루스 48 ······ 86
그림 18 대문자 사본 0171 ······ 87
그림 19 길퍼비탄 사본(P^{e}, 024) ······ 108
그림 20 신약성서 본문 필사본의 시대별 분포 ······ 111
그림 21 성구집의 시대별 분포 ······ 111
그림 22 신약성서 본문 필사본의 내용별 분류 ······ 114
그림 23 파피루스 52 ······ 117
그림 24 파피루스 74 ······ 120
그림 25 파피루스 46 ······ 122
그림 26 파피루스 66 ······ 123
그림 27 파피루스 47 ······ 124
그림 28 파피루스 75 ······ 125
그림 29 파피루스 72 ······ 126
그림 30 파피루스 45 ······ 129

그림 31 신약성서 목록별 파피루스 사본 분포도 147
그림 32 대문자 사본 0189 151
그림 33 뵈너리아 사본(G^p 012) 160
그림 34 레기우스 사본(L^e, 019) 161
그림 35 프리어 사본(W 032) 168
그림 36 코리데티아 사본(Θ 038) 169
그림 37 로사넨시스 사본(Σ 042) 174
그림 38 복음서 사본 047 175
그림 39 신약성서 목록별 대문자 사본 분포도 186-187
그림 40 소문자 사본 1 190
그림 41 소문자 사본 13 191
그림 42 소문자 사본 33 198
그림 43 소문자 사본 36 199
그림 44 소문자 사본 322와 323 204
그림 45 소문자 사본 424 205
그림 46 소문자 사본 461 206
그림 47 소문자 사본 565 207
그림 48 소문자 사본 614 208
그림 49 소문자 사본 892 209
그림 50 소문자 사본 1175 215
그림 51 소문자 사본 1241 216
그림 52 소문자 사본 1582 217
그림 53 소문자 사본 1739 218
그림 54 소문자 사본 1881 223
그림 55 소문자 사본 2053 224
그림 56 소문자 사본 2344 225
그림 57 소문자 사본 2427 226
그림 58 대문자 성구집 *l* 1575 242
그림 59 소문자 성구집 *l* 974 243
그림 60 보비엔시스 사본(k) 280
그림 61 풀다 사본(F) 286
그림 62 시리아어 시내 사본(sy^s) 289
그림 63 쿠레톤의 시리아어 역본(sy^c) 290
그림 64 하르켈 시리아어 역본 296
그림 65 콥트어 코덱스 P. Palau Rib. 182 300
그림 66 그리스어-콥트어 성구집 *l* 1602 301
그림 67 아르메니아어 필사본 에치미아진 229 306
그림 68 조지아어 필사본 A 309
그림 69 에티오피아어 복음서 필사본 310
그림 70 고트어 아르겐테우스 사본 312
그림 71 고대 교회 슬라브어 복음서 필사본 (Dobromiri) 315

감사의 말씀

—역자 후기를 갈음하여—

대한성서공회 성경원문연구소에서는 2005년 6월에 브루스 M. 메츠거(Bruce M. Metzger)의 『신약 그리스어 본문 주석』 제2판(*A Textual Commentary on the Greek New Testament*)의 번역서를 냈습니다. 이 책은 세계성서공회연합회 『그리스어 신약성서』(개정 4판)(*Greek New Testament*, UBS 4th ed.)의 자매편으로, 이후 『그리스어 신약성서』가 5판으로 개정되면서 2016년에 약간 수정 증보된 바가 있습니다.

이번에 번역해서 내는 『신약성서 본문: 역사와 본문비평』(*Der Text des Neuen Testaments: Einführung in die wissenschaftlichen Ausgaben sowie in Theorie und Praxis der modernen Textkritik*, 1989)은 에른스트 뷔르트바인(Ernst Würthwein)의 뒤를 이어 알렉산더 아킬레스 피셔(Alexander Achilles Fischer)가 완전히 새롭게 쓴 『구약성서 본문: 역사와 본문비평』(*Der Text des Alten Testaments*)(2009)과 짝을 이룹니다. 이 두 권의 책을 번역하도록 허락한 독일성서공회에 감사드립니다.

신약성서 원문 연구의 기초 교과서이기는 하지만 이 책의 원문은 번역하기에 쉽지 않습니다. 전문적인 내용이 들어 있을 뿐 아니라 독일어 문장이 상당히 복잡하고 또 어려운 경우가 참 많기 때문입니다. 그런 가운데서도 이 책을 앞부분(I-III)과 뒷부분(IV-VIII)으로 나누어 심혈을 기울여 번역을 맡아 해 주신 김동희 박사님과 김문경 교수님(장로회신학대학교)[1], 참 감사합니다! 두 분의 헌신이 아니었더라면 이 책을 한국어로

1) 이 역서의 번역은, 2015년에 대한예수교장로회 여전도회전국연합회의 '옥은 석좌교수 최초 연구기금'을 장로회신학대학교 연구지원처를 통해 김문경 교수님이 지원 받아 김동희 박사님과 함께 해 주셨습니다.

읽을 기회를 얻지 못할 뻔했습니다. 특히 김문경 교수님은 2017년에 이 책의 공동저자 중 한 분이신 바바라 알란트 교수님에게 직접 연락하셔서 이 책의 한국어 번역 출판을 시작할 계기를 마련해 주셨습니다. 이를 계기로 바바라 알란트 교수님이 주선하셔서 독일성서공회와 대한성서공회는 공식적으로 번역 저작권 계약을 맺게 되었습니다.

민경식 교수님(연세대학교)에게도 감사의 뜻을 전합니다. 민 교수님은 바바라 알란트 교수님의 제자로서, 신약성서 사본과 관련된 전문용어 번역과 외국인 학자 이름의 한글 음역을 검토하고 정확한 번역어와 음역을 위해 좋은 제안을 해 주셨습니다. 이 번역어와 음역이 앞으로 한국 성서학계에 널리 쓰일 수 있기를 바랍니다. 원문에서 난해한 부분 몇 곳의 번역은 민경식 교수님과 저 박동현(장로회신학대학교 은퇴 교수, 본 성서공회 성경원문연구소 소장, 상임번역자문)의 자문을 거쳤습니다.

이 밖에도 이 책의 한글 번역본이 나올 수 있도록 실무를 맡아 수고해 주신 대한성서공회 번역실 일꾼 여러분의 노고를 기억합니다. 독일성서공회와 번역 계약을 맺고 그에 따른 여러 가지 행정적인 뒷받침을 비롯하여 이번 번역 작업 전체 과정이 잘 진행되도록 수고해 주신 분들, 번역 원고를 여러 차례 읽으며 번역의 일관성을 갖추고 한글을 교정하고 색인 작업 등 본문 번역에 뒤따르는 작업을 해 주신 분들의 수고도 잊을 수 없습니다. 아울러 출판 기획과 조판, 디자인, 교정에 함께 하신 대한성서공회 개발부의 여러 일꾼에 대한 감사의 말씀도 빠뜨릴 수 없습니다. 무엇보다도 이러한 전문적인 서적을 낼 수 있도록 한결같이 격려하며 용기를 주신 대한성서공회 임직원 여러분께도 감사의 뜻을 전합니다.

신약성서 원문에 대한 한국 교회와 그리스도인들의 이해가 이 책을 통해 한층 더 깊어지기를 기대하고 기도합니다.

2020년 8월

대한성서공회 성경원문연구소 소장

박동현 올림